Nova Lei de Licitações e Contratos Administrativos

Lei n. 14.133/2021

Álvaro do Canto Capagio
Reinaldo Couto

Nova Lei de Licitações e Contratos Administrativos

Lei n. 14.133/2021

■ Comentários e quadros comparativos

2021

saraiva
EDUCAÇÃO | **saraiva** *jur*

Av. Paulista, 901, Edifício CYK, 3º andar
Bela Vista – SP – CEP 01310-100

SAC | sac.sets@saraivaeducacao.com.br

Direção executiva	Flávia Alves Bravin
Direção editorial	Ana Paula Santos Matos
Gerência editorial e de projetos	Fernando Penteado
Novos projetos	Dalila Costa de Oliveira
Gerência editorial	Isabella Sánchez de Souza
Edição	Iris Lopes de Mello Dias Ferrão
Produção editorial	Daniele Debora de Souza (coord.)
	Rosana Peroni Fazolari
Arte e digital	Mônica Landi (coord.)
	Camilla Felix Cianelli Chaves
	Claudirene de Moura Santos Silva
	Deborah Mattos
	Guilherme H. M. Salvador
	Tiago Dela Rosa
Projetos e serviços editoriais	Daniela Maria Chaves Carvalho
	Kelli Priscila Pinto
	Marília Cordeiro
	Nicoly Wasconcelos Razuk
Diagramação	SBNigri Artes e Textos Ltda.
Revisão	Carmem Becker
Capa	Tiago Dela Rosa
Produção gráfica	Marli Rampim
	Sergio Luiz Pereira Lopes
Impressão e acabamento	Vox Gráfica

DADOS INTERNACIONAIS DE CATALOGAÇÃO NA PUBLICAÇÃO (CIP)
VAGNER RODOLFO DA SILVA - CRB-8/9410

C236n Capagio, Álvaro do Canto

Nova Lei de licitações e contratos administrativos: Lei n. 14.133/2021 / Álvaro do Canto Capagio, Reinaldo Couto. São Paulo : Saraiva Educação, 2021.
496 p.

ISBN: 978-65-5559-825-4

1. Direito. 2. Direito administrativo. 3. Lei de licitações. 4. Contratos administrativos. 5. Lei n. 14.133/2021. I. Couto, Reinaldo. II. Título.

	CDD 342
2021-2000	CDU 342

Índice para catálogo sistemático:

1. Direito administrativo   342

Data de fechamento da edição: 25-6-2021

Dúvidas? Acesse www.editorasaraiva.com.br/direito

Abreviaturas e Siglas

ABNT – Associação Brasileira de Normas Técnicas

ADPF – Arguição de Descumprimento de Preceito Fundamental

AgRg – Agravo Regimental

AGU – Advocacia-Geral da União

AI – Agravo de Instrumento

ANP – Agência Nacional do Petróleo

ANTT – Agência Nacional de Transportes Terrestres

ANVISA – Agência Nacional de Vigilância Sanitária

BACEN – Banco Central do Brasil

BID – Banco Interamericano de Desenvolvimento

CADE – Conselho Administrativo de Defesa Econômica

CATMAT/CATSER – Catálogo de Materiais e Serviços do Poder Executivo Federal

CAUC – Cadastro Único de Convênios

CEIS – Cadastro Nacional de Empresas Inidôneas e Suspensas

CGCRE – Coordenação Geral de Acreditação do Inmetro

CGU – Controladoria-Geral da União

CNEP – Cadastro Nacional de Empresas Punidas

CNJ – Conselho Nacional de Justiça

CONMETRO – Conselho Nacional de Metrologia, Normalização e Qualidade Industrial

CONPET – Programa Nacional da Racionalização do Uso dos Derivados do Petróleo e do Gás Natural

CPC – Código de Processo Civil

CPP – Código de Processo Penal

CTN – Código Tributário Nacional

CRFB – Constituição da República Federativa do Brasil de 1988

DNIT – Departamento Nacional de Infraestrutura de Transportes

DOE – *Diário Oficial do Estado*

DOU – *Diário Oficial da União*

EC – Emenda Constitucional

EDcl – Embargos de Declaração

EREsp – Embargos de Divergência em Recurso Especial

ENCE – Etiqueta Nacional de Conservação de Energia

ETP – Estudo Técnico Preliminar

EVTEA – Estudo de Viabilidade Técnica, Econômica e Ambiental

IBAMA – Instituto Brasileiro do Meio Ambiente e dos Recursos Naturais Renováveis

IBGE – Instituto Brasileiro de Geografia e Estatística

INMETRO – Instituto Nacional de Metrologia, Qualidade e Tecnologia

ISO – *International Organization for Standardization*

LINDB – Lei de Introdução às Normas do Direito Brasileiro

MERCOSUL – Mercado Comum do Sul

MP – Medida Provisória

NBR – Norma Brasileira

NR – Norma Regulamentadora

OAB – Ordem dos Advogados do Brasil

OMC – Organização Mundial de Comércio

PBACV – Programa Brasileiro de Avaliação do Ciclo de Vida

PBE – Programa Brasileiro de Etiquetagem

PMI – Procedimento de Manifestação de Interesse

PPP – Parceria Público-Privada

PROCEL – Programa Nacional de Conservação de Energia Elétrica

Rcl – Reclamação

RDC – Regime Diferenciado de Contratações Públicas

REsp – Recurso Especial

S/A – Sociedade Anônima

SaaS – *software as a service*

SICRO – Sistema de Custos Referenciais de Obras

SINAPI – Sistema Nacional de Pesquisa de Custos e Índices da Construção Civil

SINMETRO – Sistema Nacional de Metrologia, Normalização e Qualidade Industrial

SRP – Sistema de Registro de Preços

SPPI – Secretaria Especial do Programa de Parcerias de Investimentos

STF – Supremo Tribunal Federal

STJ – Superior Tribunal de Justiça

SUS – Sistema Único de Saúde

TCE – Tribunal de Contas do Estado

TCM – Tribunal de Contas dos Municípios

TCU – Tribunal de Contas da União

TIC – Tecnologia da Informação e Comunicação

Sumário

Subseção III – Dos Serviços em Geral

Subseção IV – Da Locação de Imóveis

Subseção V – Das Licitações Internacionais

CAPÍTULO III – Da Divulgação do Edital de Licitação

CAPÍTULO IV – Da Apresentação de Propostas E Lances

CAPÍTULO V – Do Julgamento

CAPÍTULO VI – Da Habilitação

CAPÍTULO VII – Do Encerramento da Licitação

CAPÍTULO VIII – Da Contratação Direta

Seção I – Do Processo de Contratação Direta

Seção II – Da Inexigibilidade de Licitação

Seção III – Da Dispensa de Licitação

CAPÍTULO IX – Das Alienações

CAPÍTULO X – Dos Instrumentos Auxiliares

Seção I – Dos Procedimentos Auxiliares

Seção II – Do Credenciamento

Seção III – Da Pré-Qualificação

Seção IV – Do Procedimento de Manifestação de Interesse

Seção V – Do Sistema de Registro de Preços

Seção VI – Do Registro Cadastral

TÍTULO III – DOS CONTRATOS ADMINISTRATIVOS

CAPÍTULO I – Da Formalização dos Contratos

CAPÍTULO II – Das Garantias

CAPÍTULO III – Da Alocação de Riscos

CAPÍTULO IV – Das Prerrogativas da Administração

CAPÍTULO V – Da Duração dos Contratos

CAPÍTULO VI – Da Execução dos Contratos

CAPÍTULO VII – Da Alteração dos Contratos e dos Preços

CAPÍTULO VIII – Das Hipóteses de Extinção dos Contratos

CAPÍTULO IX – Do Recebimento do Objeto do Contrato

CAPÍTULO X – Dos Pagamentos

CAPÍTULO XI – Da Nulidade dos Contratos

CAPÍTULO XII – Dos Meios Alternativos de Resolução de Controvérsias

TÍTULO IV – DAS IRREGULARIDADES

CAPÍTULO I – Das Infrações e Sanções Administrativas

CAPÍTULO II – Das Impugnações, dos Pedidos s Esclarecimento e dos Recursos

Apresentação

É com grande alegria que apresentamos a presente obra. Trata-se de comentários à nova Lei de Licitação de Contratos Administrativos (Lei n. 14.133/2021) que vai direto ao ponto, pois se preocupou em não tomar o seu tempo de maneira desnecessária.

Há comentários em todos os artigos da nova lei, porém nem todas as normas foram comentadas. Não há dúvidas de que existem partes do texto legal que são autoexplicativas e não demandam qualquer aprofundamento, em virtude da sua obviedade.

Entendemos que o quadro comparativo entre a nova e as antigas leis irá ajudar muito a aplicar os novos dispositivos, portanto inserimos, em todos os artigos pertinentes, os dispositivos das normas antigas.

Pensamos em escrever de maneira mais clara e objetiva sem perder a densidade nos conteúdos importantes, tornando a matéria assimilável e as classificações precisas.

É conveniente lembrar que as soluções básicas e simplificadas no direito nem sempre levam aos melhores resultados, portanto, apesar de a maioria dos assuntos desta obra ser de fácil compreensão, alguns tópicos exigem uma leitura mais concentrada e paciente. Quando estes tópicos surgirem, lembre-se dos resultados que espera alcançar na sua vida e siga em frente com a perseverança dos fortes.

Sem dúvida, não menosprezamos a sua inteligência com exemplos infantis ou linguagem inapropriada, tendo a convicção de que nossos leitores buscam aprimoramento profissional em todos os níveis.

Assim, temos a certeza de que esta obra será útil aos seus propósitos relacionados a Licitação e Contratos Administrativos.

Abraços fraternos,

Álvaro Capagio
Reinaldo Couto

Lei n. 14.133, de 1º de abril de 2021

Lei de Licitações e Contratos Administrativos.

O Presidente da República. Faço saber que o Congresso Nacional decreta e eu sanciono a seguinte Lei:

TÍTULO I
DISPOSIÇÕES PRELIMINARES

CAPÍTULO I
Do Âmbito de Aplicação desta Lei

Art. 1º Esta Lei estabelece normas gerais de licitação e contratação para as Administrações Públicas diretas, autárquicas e fundacionais da União, dos Estados, do Distrito Federal e dos Municípios, e abrange:

DISPOSITIVO CORRELATO (Lei n. 8.666/93)

Art. 1º Esta Lei estabelece normas gerais sobre licitações e contratos administrativos pertinentes a obras, serviços, inclusive de publicidade, compras, alienações e locações no âmbito dos Poderes da União, dos Estados, do Distrito Federal e dos Municípios.

I – os órgãos dos Poderes Legislativo e Judiciário da União, dos Estados e do Distrito Federal e os órgãos do Poder Legislativo dos Municípios, quando no desempenho de função administrativa;

DISPOSITIVO CORRELATO (Lei n. 8.666/93)

Art. 117. As obras, serviços, compras e alienações realizados pelos órgãos dos Poderes Legislativo e Judiciário e do Tribunal de Contas regem-se pelas normas desta Lei, no que couber, nas três esferas administrativas.

II – os fundos especiais e as demais entidades controladas direta ou indiretamente pela Administração Pública.

DISPOSITIVO CORRELATO (Lei n. 8.666/93)

Art. 1º [...]
Parágrafo único. Subordinam-se ao regime desta Lei, além dos órgãos da administração direta, os fundos especiais, as autarquias, as fundações públicas, as empresas públicas, as sociedades de economia mista e demais entidades controladas direta ou indiretamente pela União, Estados, Distrito Federal e Municípios.

---

§ 1º Não são abrangidas por esta Lei as empresas públicas, as sociedades de economia mista e as suas subsidiárias, regidas pela Lei n. 13.303, de 30 de junho de 2016, ressalvado o disposto no art. 178 desta Lei.

§ 2º As contratações realizadas no âmbito das repartições públicas sediadas no exterior obedecerão às peculiaridades locais e aos princípios básicos estabelecidos nesta Lei, na forma de regulamentação específica a ser editada por ministro de Estado.

DISPOSITIVO CORRELATO (Lei n. 8.666/93)

Art. 123. Em suas licitações e contratações administrativas, as repartições sediadas no exterior observarão as peculiaridades locais e os princípios básicos desta Lei, na forma de regulamentação específica.

---

§ 3º Nas licitações e contratações que envolvam recursos provenientes de empréstimo ou doação oriundos de agência oficial de cooperação estrangeira ou de organismo financeiro de que o Brasil seja parte, podem ser admitidas:

DISPOSITIVO CORRELATO (Lei n. 8.666/93)

Art. 42. [...]

§ 5º Para a realização de obras, prestação de serviços ou aquisição de bens com recursos provenientes de financiamento ou doação oriundos de agência oficial de cooperação estrangeira ou organismo financeiro multilateral de que o Brasil seja parte, poderão ser admitidas, na respectiva licitação, as condições decorrentes de acordos, protocolos, convenções ou tratados internacionais aprovados pelo Congresso Nacional, bem como as normas e procedimentos daquelas entidades, inclusive quanto ao critério de seleção da proposta mais vantajosa para a administração, o qual poderá contemplar, além do preço, outros fatores de avaliação, desde que por elas exigidos para a obtenção do financiamento ou da doação, e que também não conflitem com o princípio do julgamento objetivo e sejam objeto de despacho motivado do órgão executor do contrato, despacho esse ratificado pela autoridade imediatamente superior. (Redação dada pela Lei n. 8.883, de 1994.)

I – condições decorrentes de acordos internacionais aprovados pelo Congresso Nacional e ratificados pelo Presidente da República;

II – condições peculiares à seleção e à contratação constantes de normas e procedimentos das agências ou dos organismos, desde que:

a) sejam exigidas para a obtenção do empréstimo ou doação;

b) não conflitem com os princípios constitucionais em vigor;

c) sejam indicadas no respectivo contrato de empréstimo ou doação e tenham sido objeto de parecer favorável do órgão jurídico do contratante do financiamento previamente à celebração do referido contrato;

d) (Vetado).

§ 4º A documentação encaminhada ao Senado Federal para autorização do empréstimo de que trata o § 3º deste artigo deverá fazer referência às condições contratuais que incidam na hipótese do referido parágrafo.

§ 5º As contratações relativas à gestão, direta e indireta, das reservas internacionais do País, inclusive as de serviços conexos ou acessórios a essa atividade, serão disciplinadas em ato normativo próprio do Banco Central do Brasil, assegurada a observância dos princípios estabelecidos no *caput* do art. 37 da Constituição Federal.

COMENTÁRIOS

Normas gerais de licitação e contratação

As expressões jurídicas "normas gerais" e "normas específicas" comportam duas classificações. A primeira quanto ao pacto federativo e distribuição de competências constitucionais para os entes. A segunda, sistêmica e interna do ordenamento jurídico (conjunto de normas).

É preciso em relação à primeira classificação ter em mente que a União tem duas possibilidades constitucionais de legislar, podendo fazê-lo para tratar das situações apenas do âmbito federal ou das situações dos quatro entes federativos (a própria União, os Estados, o Distrito Federal e os Municípios).

Quando a Constituição Federal de 1988 afirma que a União será responsável por normas gerais em relação à licitação e contratos administrativos, deixa claro que essas normas terão caráter nacional e, consequentemente, serão aplicáveis ao Governo Federal e aos demais governos da Federação.

O art. 22, XXVII, da Constituição da República, com redação dada pela Emenda Constitucional n. 19, de 4 de junho de 1998, dispõe que compete privativamente à União legislar sobre "normas gerais de licitação e contratação, em todas as modalidades, para as administrações públicas diretas, autárquicas e fundacionais da União, Estados, Distrito Federal e Municípios".

Logo, o texto constitucional atribui reserva de competência à União para legislar sobre normas gerais, enquanto os outros entes federados (Estados, Distrito Federal e Municípios) podem legislar sobre normas especiais de licitações e contratos.

A competência para legislar sobre normas gerais de licitações é da União, enquanto a competência para legislar sobre normas especiais de licitação é concorrente entre União, Estados, Distrito Federal e Municípios.

Por isso, além da União, as outras pessoas políticas podem legislar sobre aspectos processuais, ritos, procedimentos na área de licitações, desde que não contrariem o disposto nas normas gerais.

Por exemplo, o ente político pode legislar sobre a forma de composição de uma comissão de contratação, mas não pode criar uma nova modalidade de licitação, haja vista que as modalidades de licitações enquadram-se entre as normas gerais, de competência legislativa reservada à União.

Em relação a licitação e contratos, tem-se que a Lei n. 14.133/2021 é geral e, por exemplo, as leis que tratam da licitação e das contratações de serviços de publicidade (Lei n. 12.232/2010), as normas que tratam da licitação e das contratações das empresas estatais (Lei n. 13.303/2016) são especiais.

Segundo o pacto federativo brasileiro, há quatro esferas de Administração Pública que coincidem com os entes autônomos da Federação: a federal, a estadual, a distrital e a municipal.

O Poder Constituinte Originário, a fim de garantir a observância dos princípios da impessoalidade e da isonomia por todos os entes federados, estabeleceu, no inciso XXVII do art. 22, que, apesar da autonomia, a competência para elaborar **normas gerais** de licitação e contratação, em todas as modalidades, para as administrações públicas diretas, autárquicas e fundacionais da União, Estados, Distrito Federal e Municípios, é da própria União. Eis o inciso:

> Art. 22. Compete privativamente à União legislar sobre:
>
> [...]
>
> XXVII – normas gerais de licitação e contratação, em todas as modalidades, para as administrações públicas diretas, autárquicas e fundacionais da União, Estados, Distrito Federal e Municípios, obedecido o disposto no art. 37, XXI, e para as empresas públicas e sociedades de economia mista, nos termos do art. 173, § 1º, III;

Saliente-se que a competência legislativa para normas específicas sobre licitação e contratos é do ente da Federação envolvido sob pena de violação às normas instituidoras da Federação contidas na CF/88. Logo, a União, os Estados, o Distrito federal e os Municípios gozam de competência legislativa plena para editar normas específicas sobre licitação e contratos administrativos.

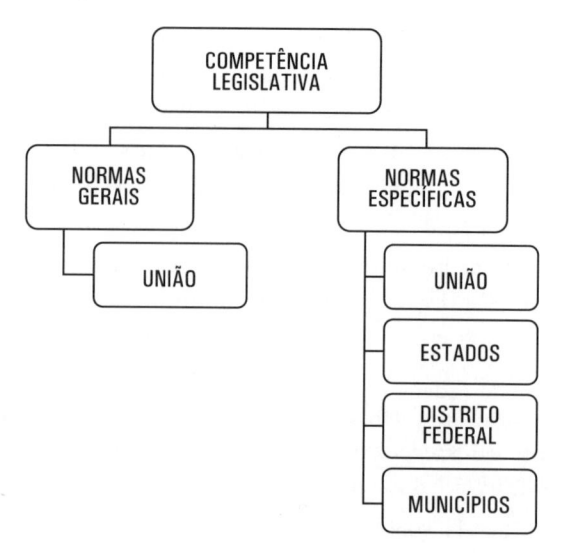

No âmbito das normas gerais e das normas específicas da União foi editada a Lei n. 8.666/93, atualmente substituída pela Lei n. 14.133/2021, que regulamenta o art. 37, XXI, da Constituição Federal, instituindo regras para licitações e contratos da Administração Pública.

A obrigatoriedade de licitar não abrange apenas a Administração Pública direta; abarca também as pessoas jurídicas de direito privado integrantes da Administração Pública indireta.

Observe-se, porém, que, com a edição da Lei n. 13.303/2016, foi estabelecido procedimento licitatório próprio para as empresas públicas, sociedades de economias mista e subsidiárias. Consequentemente, a utilização da atual Lei n. 14.133/2021 pelas empresas estatais mencionadas é subsidiária.

Além da Lei n. 14.133/2021, podem ser listadas como principais leis federais que tratam de licitação as seguintes:

a) Lei n. 8.666/93, que regulamenta o art. 37, inciso XXI, da Constituição Federal, institui normas para licitações e contratos da Administração Pública e dá outras providências (**continua vigente**);

b) Lei n. 8.987/95 que dispõe sobre o regime de concessão e permissão da prestação de serviços públicos previsto no art. 175 da Constituição Federal, e dá outras providências;

c) Lei n. 11.079/2004, que institui normas gerais para licitação e contratação de parceria público-privada no âmbito da Administração Pública;

d) Lei n. 12.232/2010, que dispõe sobre as normas gerais para licitação e contratação pela Administração Pública de serviços de publicidade prestados por intermédio de agências de propaganda e dá outras providências;

e) Lei n. 10.520/2002 que institui, no âmbito da União, Estados, Distrito Federal e Municípios, nos termos do art. 37, inciso XXI, da Constituição Federal, modalidade de licitação denominada pregão, para aquisição de bens e serviços comuns, e dá outras providências (**continua vigente**);

f) Lei n. 12.462/2011 que institui o Regime Diferenciado de Contratações Públicas (RDC) e dá outras providências (**continua vigente**).

PRINCIPAIS LEIS FEDERAIS QUE TRATAM DE LICITAÇÃO	
	Lei n. 14.133/2021
	Lei n. 8.666/93
	Lei n. 10.520/2002
	Lei n. 12.462/2011
	Lei n. 8.987/95
	Lei n. 11.079/2004
	Lei n. 12.232/2010

Administração Pública direta, autárquica e fundacional

A República Federativa do Brasil deriva do federalismo centrífugo, pois, ao contrário do que aconteceu nos Estados Unidos da América, havia um Estado unitário disciplinado pela Constituição Imperial de 1824 que se transformou – após a Proclamação da República em 1889 e, formalmente, com a edição da Constituição de 1891 – em Estado federado.

Dessa maneira, no caso brasileiro, não foram Estados independentes que se uniram para formar uma só nação, o Estado unitário foi cindido para que fossem criados outros entes da Federação dotados de autonomia.

O federalismo dos Estados Unidos da América é centrípeto, uma vez que os Estados independentes se agregaram por vontade própria para a formação de um novo ente, abrindo mão somente da sua soberania, mas conservando a independência.

A criação dos entes da Federação, Administração Pública Direta, antecede logicamente a criação das entidades da Administração Pública Indireta, configurando o marco fundamental da formação do Estado. No Brasil, segundo o *caput* do art. 1º da CF/88, os entes são: a União, os Estados, os Municípios e o Distrito Federal.

Os entes federados são pessoas jurídicas de direito público interno, essas pessoas gozam dos poderes, das prerrogativas e dos deveres do regime jurídicoadministrativo. Por exemplo, editam atos administrativos, celebram contratos administrativos com cláusulas exorbitantes, exercem poder de polícia, submetem-se às restrições constitucionais e legais para a aquisição de bens e serviços, para a contratação ou nomeação de empregados e servidores públicos, podem intervir no domínio econômico e na propriedade privada etc.

Tais pessoas jurídicas de direito público têm prevalência sobre as suas criaturas, podendo dispor, dentro dos limites constitucionais, sobre todos os aspectos das suas entidades da Administração Indireta. Assim, gozam de todos os poderes e prerrogativas das suas criaturas e do poder e da discricionariedade política atribuída pela Carta Maior.

Administração Pública direta

Na forma do inciso I do art. 4º do Decreto-lei n. 200/67, a Administração direta da União compreende os serviços integrados na estrutura administrativa da Presidência da República e dos Ministérios.

O conjunto normativo referente à estrutura da Presidência de República e dos Ministérios é a Lei n. 10.683/2003, que estabelece a divisão e as atribuições dos diversos órgãos da Presidência da República e a divisão e as atribuições dos Ministérios.

A Lei n. 14.133/2021 aplica-se à administração direta de todos os entes federados. Por administração direta compreende-se o conjunto de órgãos públicos, como os ministérios, no Poder Executivo Federal, e as secretarias, nos Estados, Distrito Federal e Municípios.

O conceito de órgão público também abrange os tribunais e demais órgãos do Poder Judiciário, os Tribunais de Contas, Ministério Público e Defensoria Pública.

Um traço característico dos órgãos públicos é a relação hierárquica, classificando-se, quanto à posição estatal, principalmente os seguintes: independentes, autônomos, superiores e subalternos.

Ressalte-se que órgãos públicos não possuem personalidade jurídica, configurando-se como centros de competência da pessoa política que integram.

Decerto, comumente os órgãos públicos têm inscrição no Cadastro Nacional de Pessoas Jurídicas (CNPJ), administrado pela Secretaria da Receita Federal. Mas disso não se depreende a existência de personalidade jurídica, uma vez que a inscrição dos órgãos públicos tem finalidade fiscal.

Quando os órgãos contratam serviços ou aquisições de materiais, por exemplo, é necessária a identificação do número de inscrição no CNPJ nos documentos fiscais. Igualmente, enquanto unidades orçamentárias, os órgãos realizam despesas públicas, como o pagamento de servidores, razão por que se submetem às normas de controle orçamentário e financeiro.

Administração Pública indireta

Na administração indireta, por sua vez, não existem órgãos, mas entidades, dotadas de personalidade jurídica própria: autarquias, empresas públicas, sociedades de economia mista e fundações.

Ante a inexistência de uma codificação administrativa no Brasil, o Decreto-lei n. 200, de 25 de fevereiro de 1967, embora vetusto, comumente é apontado como o principal diploma a definir as entidades da administração indireta.

Sua leitura deve ser feita em consonância com o art. 37, XIX, da Constituição da República, o qual dispõe que somente por lei específica poderá ser criada autarquia e autorizada a instituição de empresa pública, de sociedade de economia mista e de fundação, cabendo à lei complementar, neste último caso, definir as áreas de sua atuação.

Com efeito, os órgãos públicos, enquanto repartições de competência das pessoas políticas integrantes da Federação, devem ser instituídos por lei, aplicando-se o mesmo pressuposto às autarquias, porquanto pessoas jurídicas de direito público interno (art. 41, IV, do Código Civil).

Quanto às fundações públicas, empresas públicas e sociedades de economia mista, há de se ter em conta que essas entidades, consoante o comando do art. 44, II e III, do Código Civil, são pessoas jurídicas de direito privado. Por isso, a criação dessas entidades deve observar as normas de regência para a criação de sociedades empresárias e de fundações, como a inscrição em Junta Comercial, registro do estatuto ou ato constitutivo etc., conforme a espécie aplicável. À lei cabe tão somente autorizar a sua criação.

Por simetria, cabem as mesmas definições para as entidades da Administração Pública indireta dos Estados, Distrito Federal e Municípios, alterando-se tão somente a relação de vínculo, supervisão e processo legislativo para a criação ou autorização.

A essas figuras administrativas, atualmente cabe acrescentar os consórcios públicos, conforme o art. 6º, § 1º, da Lei n. 11.107/2005: "O consórcio público com personalidade jurídica de direito público integra a administração indireta de todos os entes da Federação consorciados".

Os consórcios públicos são instituídos por entes federados diversos que contratam entre si, com vistas à realização de objetivos de interesse comum, mediante a prévia subscrição de protocolo de intenções.

A lei de regência admite a formação de consórcio público como associação pública – ocasião em que integra a Administração Pública indireta dos entes federados contratantes – ou pessoa jurídica de direito privado sem fins econômicos.

Qualquer que seja a forma de constituição do consórcio público, este sujeita-se ao regime jurídico geral de licitações, por força do art. 6º, § 2º, da Lei n. 11.107/2005, o qual determina que o consórcio público, "com personalidade jurídica de direito público ou privado, observará as normas de direito público no que concerne à realização de licitação, à celebração de contratos".

A Administração indireta é constituída, segundo o inciso II do art. 4º do Decreto-lei n. 200/67, das autarquias, das empresas públicas, das sociedades de economia mista e das fundações públicas.

A Administração Pública indireta existe em virtude de descentralização legal de determinada função administrativa ou da necessidade de exploração direta da atividade econômica para resguardar a segurança nacional ou relevante interesse coletivo.

ADMINISTRAÇÃO PÚBLICA DIRETA (ENTES)	ADMINISTRAÇÃO PÚBLICA INDIRETA (ENTIDADES)
UNIÃO	AUTARQUIA
ESTADOS	FUNDAÇÃO PÚBLICA
DISTRITO FEDERAL	EMPRESA PÚBLICA
MUNICÍPIOS	SOCIEDADE DE ECONOMISTA MISTA
	ASSOCIAÇÃO PÚBLICA (CONSÓRCIO PÚBLICO)

Como pode ser visto no quadro acima, a palavra "ente" refere-se à Administração Pública direta como um todo, ou seja, à pessoa jurídica de direito público federativa que possui natureza política, já a palavra "entidade" refere-se às pessoas jurídicas da Administração Pública indireta. A doutrina, a jurisprudência e as leis não são unânimes na utilização da terminologia acima, porém, a maioria a utiliza.

O valor atribuído à forma de criação das pessoas jurídicas de direito público pode ser notado com desejo da sociedade, através do Poder Constituinte Originário, de que norma constitucional disciplinasse tal matéria. Segue o texto:

> Art. 37. A administração pública direta e indireta de qualquer dos Poderes da União, dos Estados, do Distrito Federal e dos Municípios obedecerá aos princípios de legalidade, impessoalidade, moralidade, publicidade e eficiência e, também, ao seguinte:
>
> [...]
>
> XIX – somente por lei específica poderá ser criada autarquia e autorizada a instituição de empresa pública, de sociedade de economia mista e de fundação, cabendo à lei complementar, neste último caso, definir as áreas de sua atuação.

Ressalte-se que, ao contrário do que se pode pensar, é o Código Civil que lista quais são as pessoas jurídicas de direito público, traço remanescente da época em que inexistia divisão entre o direito civil e o direito administrativo. Eis o texto:

> Art. 40. As pessoas jurídicas são de direito público, interno ou externo, e de direito privado.
>
> Art. 41. São pessoas jurídicas de direito público interno:
>
> I – a União;
>
> II – os Estados, o Distrito Federal e os Territórios;
>
> III – os Municípios;
>
> IV – as autarquias, inclusive as associações públicas;
>
> V – as demais entidades de caráter público criadas por lei.
>
> Parágrafo único. Salvo disposição em contrário, as pessoas jurídicas de direito público, a que se tenha dado estrutura de direito privado, regem-se, no que couber, quanto ao seu funcionamento, pelas normas deste Código
>
> Art. 42. São pessoas jurídicas de direito público externo os Estados estrangeiros e todas as pessoas que forem regidas pelo direito internacional público.
>
> [...]
>
> Art. 44. São pessoas jurídicas de direito privado:
>
> I – as associações;
>
> II – as sociedades;
>
> III – as fundações;
>
> IV – as organizações religiosas;
>
> V – os partidos políticos.

No regime jurídico de direito privado, não há necessidade de lei e, na maioria dos casos, não existe necessidade de autorização legislativa para criação de pessoa jurídica. No regime jurídico de direito público, a lei sempre será necessária, seja para autorizar a criação seja para efetivamente criar.

Autarquia

O vocábulo *autarquia* integrou-se há poucas décadas ao vocabulário jurídico nacional; forma-se por dois elementos, "auto", que significa próprio, e "arquia", que significa governo. Dessa forma, o verbete ilustra algo dotado de direção própria[1].

---

1   CRETELLA JÚNIOR, José. *Administração indireta brasileira*. Rio de Janeiro: Forense, 1980.

Autarquia é a pessoa jurídica de direito público interno, criada por lei, com capacidade de autoadministração, para o desempenho de serviço público descentralizado, mediante controle administrativo exercido nos limites da lei, que faz parte da Administração Pública Indireta. Pode ser dito que as autarquias desempenham atividades típicas de Estado na prestação do serviço público descentralizado pelo ente criador[2].

Quando a autarquia for do Poder Executivo, a iniciativa da lei de criação é do seu chefe, na forma da alínea *b* do inciso II do § 1º do art. 61 da CF/88. A criação de autarquias pelos Poderes Judiciário e Legislativo fere a finalidade estabelecida no inciso I do art. 5º do Decreto-lei n. 200/67, posto que aquela norma é clara ao afirmar que se trata de entidade voltada à execução de atividades típicas da Administração Pública. Segue a norma:

> Art. 5º Para os fins desta lei, Considera-se:
>
> I – Autarquia – o serviço autônomo, criado por lei, com personalidade jurídica, patrimônio e receita próprios, para executar atividades típicas da Administração Pública, que requeiram, para seu melhor funcionamento, gestão administrativa e financeira descentralizada.

Somente o Poder Executivo desempenha atividades típicas de Administração Pública, sendo que os demais Poderes exercem atividademeio de Administração Pública. Contudo, era possível encontrar autarquias vinculadas a órgãos do Poder Judiciário e do Poder Legislativo. Por exemplo, o Instituto Pedro Ribeiro de Administração Judiciária (IPRAJ), vinculado ao Tribunal de Justiça do Estado da Bahia, que foi extinto.

O Conselho Nacional de Justiça, através da manifestação do Ministro Gilson Dipp, firmou o posicionamento acima na Consulta IPRAJ/TJ/BA, processo n. 337.015, aduzindo:

> [...] Primeiro, a existência de uma autarquia judiciária, mesmo criada por lei, tecnicamente constitui um equívoco posto que essa modalidade de instituição pública tem perfil de agente de execução de atividadefim da administração. Ou, em outros termos, é pessoa jurídica de direito público distinta do ente criador com finalidade e objetos próprios, ainda quando complementar ou convergente daqueles objetivos do interesse público.

Essas pessoas jurídicas de direito público não podem ser utilizadas para a exploração da atividade econômica, pois, na forma do art. 173 da CF/88, a União dispõe de outros instrumentos para atuar diretamente no mercado, que são as empresas públicas e as sociedades de economia mista.

São características básicas das autarquias:

(i) criação e extinção por lei;

(ii) personalidade de direito público;

(iii) autonomia administrativa;

(iv) especialização das atividades e dos fins; e

(v) sujeição ao controle do ente criador somente em relação aos seus fins institucionais.

A sua atuação é pautada na supremacia do interesse público sobre o privado, na indisponibilidade do interesse público, na possibilidade de utilização de cláusulas exorbitantes nos seus contratos administrativos, na possibilidade de edição de atos administrativos, na possibilidade do exercício do poder de polícia e demais poderes administrativos, inclusive da autotutela, na possibilidade de intervenção no domínio econômico, ou seja, goza de todos os instrumentos, na sua área de atuação, do ente criador de acordo com a verticalidade da atuação estatal. Assim, respeitadas as suas formas, quase todas as disposições normativas que se aplicam aos entes federados são também aplicáveis às autarquias.

---

2   DI PIETRO, Maria Sylvia Zanella. *Direito administrativo*. 25. ed. São Paulo: Atlas, 2012.

O controle é exercido pelo ente através da nomeação e exoneração *ad nutum* dos seus dirigentes, da aferição finalística do que foi estabelecido pela lei e da possibilidade de recurso hierárquico impróprio para o ministro ou secretário da pasta à qual a entidade está vinculada.

O controle do ente criador pode ser chamado também de poder de supervisão ou tutela administrativa. Não há relação hierárquica com o ente criador, sendo necessário, contudo, o controle finalístico. Assim, será averiguado o atendimento à finalidade estabelecida em lei para a autarquia, a sua adequação ao orçamento aprovado pelo Congresso Nacional e o atingimento de metas e execução de planos estabelecidos pela Administração Pública direta, pela lei e pelos órgãos de controle externo.

A fiscalização contábil, financeira, orçamentária, operacional e patrimonial da União e das entidades da administração direta e indireta, quanto à legalidade, legitimidade, economicidade, aplicação das subvenções e renúncia de receitas, será exercida pelo Congresso Nacional, mediante controle externo, e pelo sistema de controle interno de cada Poder, na forma do art. 70 da Carta Maior.

Assim, além do controle interno que é feito pela própria Administração Pública criadora e pelos órgãos de controle das próprias autarquias, há o controle externo realizado pelo Poder Legislativo através do Tribunal de Contas da União. O Ministério Público e a sociedade também exercem controle sobre as autarquias, visto que dispõem de instrumentos judiciais e extrajudiciais para a verificação do atendimento às suas finalidades gerais e específicas.

O patrimônio da autarquia é considerado público, gozando, portanto, das prerrogativas de impenhorabilidade, de imprescritibilidade (impossibilidade de aquisição por usucapião, § 3º do art. 183 da CF/88), de não onerabilidade e de inalienabilidade relativa.

Fundação pública

Apesar de o inciso IV do art. 5º do Decreto-lei n. 200/67 afirmar textualmente que a sua personalidade jurídica é de direito privado, as fundações públicas de direito público, segundo a maioria da doutrina e a jurisprudência pátrias, têm a mesma natureza jurídica das autarquias, sendo certo que o seu regime é de direito público.

Contudo, diferem destas por representarem a afetação de um determinado patrimônio para uma finalidade específica. Assim, enquanto as autarquias têm o seu patrimônio como elemento acessório, as fundações têm o patrimônio como elemento principal da sua existência.

Ressalte-se que tudo que foi estudado sobre autarquias nos itens anteriores aplica-se às fundações públicas que são chamadas, inclusive, de autarquias fundacionais ou fundações autárquicas.

Não obstante, existe fecundo debate na doutrina sobre a natureza jurídica de direito público ou privado das fundações. Sobre a natureza jurídica da fundação pública, digladiam-se três correntes:

a) a que defende a impossibilidade de o Poder Público criar fundações;

b) a que defende a sua natureza ser apenas de direito privado, mesmo quando criadas pelo Poder Público; e

c) a que defende que o Poder Público pode criar fundações com natureza jurídica de direito privado ou direito público por sua escolha.

A primeira entende que as fundações somente podem ser instituídas por particulares, visto que o seu regime privado é incompatível com as finalidades e restrições que são próprias das relações estatais.

A segunda entende que o Poder Público não pode mudar a essência das fundações, portanto, apesar de poder se valer desse instrumento, não pode alterar a sua natureza jurídica de direito privado e não pode afastar a incidência completa das normas do Código Civil.

A terceira afirma, com grande pertinência, que o ente da Federação pode criar, por sua escolha, fundação com personalidade jurídica de direito público ou personalidade jurídica de direito privado[3].

---

3 DI PIETRO, Maria Sylvia Zanella. *Direito administrativo*. 25. ed. São Paulo: Atlas, 2012.

Importa lembrar que houve alteração normativa no conceito jurídico formal de fundação. A Lei n. 7.596/87, quando alterou o inciso IV do art. 5º do Decreto-lei n. 200/67, incluiu as fundações públicas entre as entidades da Administração Pública indireta, atribuindo-lhe natureza de direito privado[4].

Logo, é incontestável a possiblidade legal de criação de fundações pelo Poder Público. Além disso, a própria CF/88 possibilitou a sua criação, seja com natureza autárquica, seja com natureza de direito privado. Quando a natureza for de fundação pública de direito público (fundação autárquica), a criação dar-se-á através de lei.

Quando a sua natureza for de fundação pública de direito privado, a sua criação será precedida de lei autorizativa. Eis a norma constitucional da qual podem ser extraídas as conclusões acima, gravada no inciso XIX do art. 37: "Somente por lei específica poderá ser criada autarquia e autorizada a instituição de empresa pública, de sociedade de economia mista e de fundação, cabendo à lei complementar, neste último caso, definir as áreas de sua atuação".

O controle é exercido pelo ente através da nomeação e exoneração *ad nutum* dos seus dirigentes, da aferição finalística do que foi estabelecido pela lei e da possibilidade de recurso hierárquico impróprio para o Ministro ou Secretário da pasta à qual a entidade está vinculada.

O controle do ente criador pode ser chamado também de poder de supervisão ou tutela administrativa.

A fiscalização contábil, financeira, orçamentária, operacional e patrimonial da União e das entidades da administração direta e indireta, quanto à legalidade, legitimidade, economicidade, aplicação das subvenções e renúncia de receitas, será exercida pelo Congresso Nacional, mediante controle externo, e pelo sistema de controle interno de cada Poder, na forma do art. 70 da Carta Maior.

Assim, além do controle interno que é feito pela própria Administração Pública criadora e pelos órgãos de controle das próprias fundações públicas, há o controle externo realizado pelo Poder Legislativo através do Tribunal de Contas da União.

O Ministério Público e a sociedade também exercem controle sobre as fundações públicas, visto que dispõem de instrumentos judiciais e extrajudiciais para a verificação do atendimento às suas finalidades gerais e específicas.

Conceito de licitação

A Lei n. 14.133/2021 estabelece normas gerais de licitação e contratação para as Administrações Públicas diretas, autárquicas e fundacionais da União, dos Estados, do Distrito Federal e dos Municípios.

Licitação é o procedimento administrativo por meio do qual a Administração seleciona candidatos para com ela celebrar contratos ou assumir permissões ou concessões de serviços públicos ou do uso de bens públicos, mediante prévia habilitação dos proponentes e julgamento objetivo de propostas[5].

José dos Santos Carvalho Filho[6] explica que para conceituar objetivamente a licitação, não se pode deixar de considerar dois elementos: a natureza jurídica do instituto, isto é, como este se insere no quadro jurídico; e o objetivo a que se preordena, o que constitui sua própria *ratio essendi*. Com fundamento nessas premissas, conceitua-se a licitação como:

---

4   MOTTA, Carlos Pinto Coelho (Coord.). *Curso prático de direito administrativo*. 2. ed. Belo Horizonte: Del Rey, 2004.

5   SOUTO, Marcos Juruena Villela. *Direito administrativo contratual:* licitações contratos administrativos. Rio de Janeiro: Lumen Juris, 2004.

6   CARVALHO FILHO, José dos Santos. *Manual de direito administrativo*. 28. ed. São Paulo: Atlas, 2015. p. 240.

[...] procedimento administrativo vinculado por meio do qual os entes da Administração Pública e aqueles por ela controlados selecionam a melhor proposta entre as oferecidas pelos vários interessados, com dois objetivos – a celebração de contrato, ou a obtenção do melhor trabalho técnico, artístico ou científico.

A vantagem para o ente da Federação envolvido não prescinde da observância dos princípios da legalidade, da boa-fé, da vedação ao enriquecimento sem causa e dos direitos dos contratados. A forma da licitação representa uma sucessão ordenada de atos administrativos tendente a um ato administrativo final.

De Plácido e Silva[7] traz interessante conceito sobre licitação, ao dizer:

> Do latim *licitatio*, dos verbos *liceri* ou *licitari* (lançar em leilão, dar preço, oferecer lanço), possui o vocábulo, em sentido literal, a significação do ato de licitar ou fazer preço sobre a coisa posta em leilão ou a venda em almoeda. Assim, não se confunde com o leilão ou com a hasta pública, porque é simplesmente parte deles, isto pois que é o lançamento do preço, a oferta do preço. O leilão é o ato, em que os lançadores ou licitantes fazem a licitação. Neste sentido também compreendiam os romanos, considerando a *licitatio* como o lançamento, para a venda da coisa e distribuição entre os proprietários dela do maior preço obtido. Em verdade, anotado o sentido de *liceri* ou de *licitari*, também formado *deliceri*, *licitatio*, por sua origem, não poderia ter acepção diversa: é o ato pelo qual se lança ou se faz o preço, para compra ou aquisição da coisa, em concorrência com outros interessados nesta aquisição.

Obrigatoriedade de licitar

A obrigatoriedade de licitação para as contratações da Administração Pública é decorrente, em especial, de dois princípios constitucionais: o da **impessoalidade** (art. 37, *caput*, da CF/88) e o da **isonomia** (art. 5º, *caput*, da CF/88).

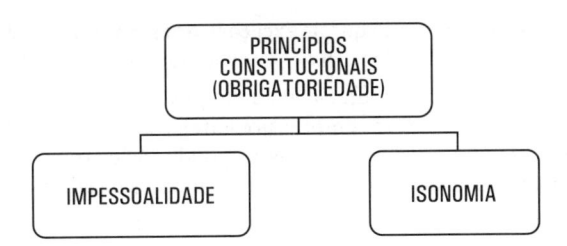

Os particulares podem, em regra, escolher os seus fornecedores de bens e serviços, pois têm plena disponibilidade sobre o seu patrimônio; podem, inclusive, aceitar propostas desvantajosas sem que haja qualquer violação ao ordenamento jurídico. A Administração Pública não pode, pois está limitada pelos princípios estabelecidos na Carta Maior.

No Brasil, a licitação deve ser a regra. Logo, a sua não utilização deve ser exceção. Todavia, há países nos quais as hipóteses de licitação são taxativas. Tem-se como exemplo a Argentina, onde a licitação para celebrar contratos só é exigível quando a norma requer[8].

A interpretação da doutrina argentina sobre as hipóteses de licitação observa mais o regime de direito privado do que o de direito público, o que é incabível no Brasil.

---

7   SILVA, De Plácido e. *Vocabulário jurídico*. 27. ed. Atualizado por Nagib Slaibi Filho e Gláucia Carvalho. Rio de Janeiro: Forense, 2006. p. 846.

8   MARIENHOFF, Miguel S. *Tratado de derecho administrativo*. 3. ed. atual. Buenos Aires: AbeledoPerrot, 1980.

As contratações de obras e serviços, as compras, alienações e locações realizadas pela Administração Pública geram benefícios econômicos aos particulares escolhidos. Assim, devem ser facultadas a todos, desde que atendidos os requisitos referentes ao interesse público, a possibilidade de executar obras e serviços, de vender, de comprar e de locar para a Administração Pública.

O Poder Público, segundo o princípio da isonomia, tem que tratar os iguais igualmente e os desiguais desigualmente na medida das suas desigualdades, não podendo o agente público, fora das exceções constitucionais, criar discriminações entre particulares.

Caso fosse outorgada ao agente público a possibilidade de escolher com que contratar, não somente os princípios da impessoalidade e da isonomia seriam maculados, mas haveria violação também às normas constitucionais que estabelecem a titularidade da coisa pública.

Uma das demonstrações do princípio da impessoalidade é a impossibilidade de participação no certame de empresa que possua no seu quadro de pessoal servidor público, efetivo ou ocupante de cargo em comissão ou função gratificada, ou dirigente do órgão contratante ou responsável pela licitação.

O povo é o titular da coisa pública, portanto somente o povo diretamente, ou por meio dos seus representantes, pode determinar as formas de escolha de quem vai contratar com a Administração Pública, sendo certo que a sua opção política, formalizada através do Poder Constituinte Originário, foi a seguinte:

> Art. 37. A administração pública direta e indireta de qualquer dos Poderes da União, dos Estados, do Distrito Federal e dos Municípios obedecerá aos princípios de legalidade, impessoalidade, moralidade, publicidade e eficiência e, também, ao seguinte:
>
> [...]
>
> XXI – ressalvados os casos especificados na legislação, as obras, serviços, compras e alienações serão contratados mediante processo de licitação pública que assegure igualdade de condições a todos os concorrentes, com cláusulas que estabeleçam obrigações de pagamento, mantidas as condições efetivas da proposta, nos termos da lei, o qual somente permitirá as exigências de qualificação técnica e econômica indispensáveis à garantia do cumprimento das obrigações.

A regra, portanto, é licitar, sendo que as **exceções devem estar listadas em lei,** ou seja, até as exceções são estabelecidas nas normas jurídicas editadas pelos representantes do povo.

Como já foi dito, em virtude da natureza de direito privado e da necessidade de adequação às dinâmicas do mercado vistas em relação às **empresas estatais**, o § 1º do art. 173 da CF/88 determinou que fosse criado por lei o estatuto daquelas empresas, dispondo, inclusive, sobre licitação e contratação de obras, serviços, compras e alienações, observados os princípios da administração pública.

Observando o comando constitucional, foi editada a Lei n. 13.303/2016, que dispõe sobre o estatuto jurídico da empresa pública, da sociedade de economia mista e de suas subsidiárias, no âmbito da União, dos Estados, do Distrito Federal e dos Municípios.

A lei em questão estabeleceu, nos seus arts. 28 a 67, as normas sobre licitação aplicáveis às pessoas jurídicas acima mencionadas.

Por fim, deve ser lembrado que o *caput* do art. 175 da CF/88 estabeleceu ao Poder Público a **obrigatoriedade** de licitar sempre quando conceder ou permitir a prestação de serviços públicos.

Aplicação da Lei de Licitações e Contratos

A Lei n. 14.133/2021 aplica-se aos órgãos de todos os Poderes da República, quando no exercício da função administrativa. Logo, abrange as Casas Legislativas, os órgãos judiciários, o Ministério Público, os tribunais de contas e a Defensoria Pública, na União, nos Estados, no Distrito Federal e nos Municípios, onde existentes.

A teoria clássica da separação dos poderes do Estado distingue sua atuação por meio de poderes autônomos, complementares e interdependentes, submetidos a controles recíprocos, fundados em um sistema de freios e contrapesos: *checks and balances system*.

Consoante o art. 2º da Constituição da República, são poderes da União o Legislativo, Executivo e Judiciário; o modelo é reproduzido nos Estados-membros, cuja distinção refere-se ao Legislativo, que é unicameral. Nos Municípios – onde o Poder Legislativo é formado também por órgão unicameral –, não há Poder Judiciário.

Os Poderes são vocacionados ao exercício de funções proclamadas no texto constitucional. Ao Poder Executivo compete a ampla função administrativa, ao Legislativo compete legislar e fiscalizar, enquanto ao Judiciário compete julgar conflitos.

Quando um Poder exerce atividades que não integram esse núcleo vocacional, diz-se que exerce funções atípicas. Assim, o Poder Executivo exerce atipicamente a função legislativa quando edita um ato normativo, por exemplo, um decreto, e a função judicial quando comina uma sanção a um administrado, por exemplo, uma multa em desfavor de um licitante.

Os Poderes Legislativo e Judiciário exercem atipicamente a função executiva quando realizam atividades administrativas, dentre elas as licitações.

Com efeito, a Lei de Licitações e Contratos aplica-se a todos os órgãos dos Poderes Legislativo e Judiciário, e também àqueles órgãos autônomos e independentes, elencados pela Constituição da República, que não se enquadram em nenhum dos Poderes: tribunais de contas (órgãos auxiliares do Poder Legislativo); Ministério Público e Defensoria Pública, funções essenciais à Justiça.

Essas instituições obrigam-se ao regime jurídico das licitações e contratos porque se estruturam em órgãos e, portanto, integram a administração direta da União, Estados, e Distrito Federal.

No caso dos Municípios, ressalva-se a existência de tribunais de contas em São Paulo e no Rio de Janeiro, onde já existiam quando da promulgação da Constituição Federal de 1988, cujo art. 31, § 4º, veda a criação de Tribunais, Conselhos ou órgãos de Contas Municipais.

Por conseguinte, a Lei n. 14.133/2021 aplica-se a todos os órgãos, autarquias e fundações da União, Estados, Distrito Federal e Municípios, de quaisquer dos Poderes ou funções constitucionais.

Fundos especiais

O art. 71 da Lei n. 4.320, de 17 de março de 1964, dispõe que um fundo especial é constituído pelo "produto de receitas especificadas que por lei se vinculam à realização de determinados objetivos ou serviços, facultada a adoção de normas peculiares de aplicação".

Em seguimento, o art. 74 do mesmo diploma legal determina que em nenhuma hipótese a competência dos órgãos de contas pode ser afastada do controle externo dos fundos especiais.

Essa cautela do legislador justifica-se em vista da significativa soma de numerários que usualmente corresponde aos fundos especiais, cuja criação requer autorização legislativa, por força do art. 167, IX, da Constituição da República.

Os fundos também são abrangidos pelas regras de planejamento orçamentário. Segundo o art. 5º, I e III, da Constituição da República, a Lei Orçamentária Anual deve contemplar, nos orçamentos fiscal e da seguridade social, os fundos instituídos e mantidos pelo Poder Público.

Demais entidades

A Lei n. 14.133/2021 aplica-se, além dos fundos especiais, às demais entidades controladas direta ou indiretamente pela Administração Pública.

Merece ênfase a delimitação das **autarquias e fundações públicas**, dentre as entidades da administração indireta, suprimindo-se as empresas públicas e as sociedades de economia mista.

Empresas públicas

O comando do § 1º traz significativo avanço em relação à Lei n. 8.666/93, cujo regime é anacrônico para as empresas públicas e sociedades de economia mista, dada a dinâmica de mercado característica dessas entidades. Atualmente, as licitações e contratações das empresas estatais regem--se pela Lei n. 13.303/2016.

As empresas públicas e sociedades de economia mista são entidades empresariais instituídas excepcionalmente, como mecanismo de intervenção direta do Estado na atividade econômica, "quando necessária aos imperativos da segurança nacional ou a relevante interesse coletivo" (art. 173, *caput*, da CF/88).

Logo, a inclusão dessas entidades no regime geral de licitações significa um fardo burocrático prejudicial à dinâmica que se requer de entidades empresariais, cuja viabilidade demanda ágil adaptação às variações e tendências do mercado.

A mesma lógica aplica-se às subsidiárias das empresas públicas e das sociedades de economia mista, cuja criação requer autorização legislativa, *ex vi* do art. 37, XX, da Constituição da República.

A discussão sobre o regime de licitações das empresas estatais e suas subsidiárias alcança significativa magnitude quando considerada a quantidade de entidades e nichos econômicos envolvidos.

Por força do art. 173, III, da Constituição da República, as empresas públicas, as sociedades de economia mista e suas subsidiárias são obrigadas a licitar a contratação de obras, serviços, compras e alienações, observados os princípios da administração pública.

Todavia, não o fazem na forma desta Lei, mas, como já foi dito, segundo o regramento instituído pelo Capítulo I do Título II da Lei n. 13.303, de 30 de junho de 2016.

O § 1º do art. 1º da Lei n. 14.133/2021 ressalva o disposto no art. 178 desta Lei, que altera o Código Penal, acrescentando ao Título XI o Capítulo II-B, que trata dos crimes em licitações e contratos administrativos.

Portanto, a prática de crimes em licitações e contratos administrativos que afetem as empresas públicas, as sociedades de economia mista e suas subsidiárias, sujeita-se às sanções cominadas pelo Código Penal, tal como em relação aos demais órgãos e entidades da Administração Pública.

Repartições públicas sediadas no exterior

O Estado brasileiro possui diversas representações no exterior: embaixadas, consulados e vice-consulados, sediadas nos países com os quais o Brasil mantém relações diplomáticas.

Esses órgãos, que formam a denominada rede consular brasileira, integram a estrutura do Ministério das Relações Exteriores, órgão da Administração Federal direta e, por isso, adstrito à Lei Geral de Licitações.

Todavia, quando instalados em outros países, há de se reconhecer a soberania das nações amigas em matéria administrativa, regulatória e comercial.

É possível, por exemplo, que a comercialização de determinado produto seja proibida em um país, ou sujeita a restrições técnicas que tornem desinteressante a aquisição.

As autoridades reguladoras nacionais são competentes para instituir restrições ambientais, fitossanitárias, de segurança e de qualidade para a produção e fornecimento de produtos ou mesmo para a prestação de serviços.

A título de exemplo, nos Estados-membros da União Europeia, onde o Brasil possui diversas representações diplomáticas, é proibida, desde 2 de janeiro de 2020, a comercialização de papel térmico com concentrações de bisfenol A superiores a 0,02% em massa.

A restrição foi instituída por meio do Regulamento (UE) n. 2.235 da Comissão, de 12 de dezembro de 2016. Por sua natureza jurídica, o ato tem efeito vinculante para toda a União Europeia.

Papéis térmicos são utilizados em impressoras térmicas, como aquelas que equipam máquinas de cartão de crédito, de registro de protocolo, e de emissão de senhas para atendimento, ainda muito utilizadas mundialmente.

Na hipótese de um órgão brasileiro sediado na União Europeia realizar licitação para a compra de papel térmico, as especificações do material devem obedecer ao regulamento comunitário, configurando-se uma peculiaridade local.

Financiamento por bancos de fomento ou organismos de cooperação internacional

Em contratações para as quais sejam necessários vultosos aportes de investimento, é usual o financiamento ou suporte técnico por bancos de fomento ou organismos de cooperação internacional.

Dentre essas instituições, destacam-se o Banco Internacional de Reconstrução e Desenvolvimento (Banco Mundial) e o Banco Interamericano de Desenvolvimento, que financiam projetos em áreas como saúde, educação, transporte, saneamento e agricultura, fomentando iniciativas consideradas relevantes para o desenvolvimento nacional e/ou regional.

Existem outras agências estrangeiras ou internacionais de fomento, citando-se alguns exemplos: Agência dos Estados Unidos para o Desenvolvimento Internacional; Agência de Crédito de Reconstrução da Alemanha; a Agência Francesa de Desenvolvimento; Banco Japonês para a Cooperação Internacional; Banco Europeu de Investimentos; Banco de Investimentos e Infraestrutura da Ásia; Fundo Internacional para o Desenvolvimento da Agricultura; Fundo Mundial para o Ambiente; Fundo Financeiro para Desenvolvimento da Bacia do Prata.

Dentre as mais recentes instituições, destaca-se o Novo Banco de Desenvolvimento, também conhecido como Banco dos BRICS, com sede em Xangai, China. Seu ato constitutivo foi celebrado em 15 de julho de 2014, na cidade de Fortaleza, pelos dignitários dos Estados-membros dos BRICS: Brasil, Rússia, China, Índia e África do Sul. O banco destina-se a financiar projetos de infraestrutura e de desenvolvimento sustentável nos BRICS e em países em desenvolvimento.

Por força do art. 1º do Decreto n. 9.075/2017, os projetos ou programas do setor público com apoio de natureza financeira de fontes externas devem ser analisados e autorizados pela Comissão de Financiamentos Externos, órgão colegiado do Ministério da Economia.

A Comissão delibera por unanimidade, mediante resolução, presente a maioria absoluta de seus membros, e tem o Instituto de Pesquisa Econômica Aplicada como órgão consultivo.

Superada essa etapa, compete à Secretaria de Assuntos Econômicos Internacionais da Secretaria Especial de Comércio Exterior e Assuntos Internacionais do Ministério da Economia iniciar as tratativas e elaboração das minutas contratuais.

Em observância ao art. 52, V, VII e VIII, da Constituição da República, compete privativamente ao Senado Federal autorizar as operações de crédito externo de interesse da União, Estados, Distrito Federal e Municípios.

Conforme o art. 389 e s. do Regimento Interno do Senado Federal, cabe à Comissão de Assuntos Econômicos do Senado Federal a elaboração de projeto de resolução com o fim de autorizar ou denegar a operação de crédito externo.

Para sua análise, a Comissão aprecia o parecer do órgão do Poder Executivo e a autorização do órgão legislativo do ente federado interessado. Quando autorizada a operação financeira, a resolução senatorial deve constar do contrato firmado com a organização estrangeira.

Das peculiaridades mencionadas, depreende-se que o processo brasileiro para a aprovação de operações externas de natureza financeira é bastante complexo, obedece a diversas fases de tramitação e pareceres de órgãos dos Poderes Executivo e Legislativo.

Todavia, a apreciação dos organismos estrangeiros ou internacionais usualmente também segue um rito minucioso, que perpassa a análise de projetos, de pertinência do objeto aos propósitos da instituição, planos de trabalho, garantias, cronogramas de execução, e mecanismos de *compliance*.

Isso porque os organismos de cooperação visam à promoção de determinados fins, e na análise dos projetos empreendem esforços para se certificarem de que existe um patamar satisfatório de adequação, plausibilidade e relevância dos programas para os quais se requer a concessão de crédito, tal como em relação às garantias oferecidas.

Por isso, não raro os bancos de fomento impõem certas condições para a aprovação dos projetos, que podem afetar os editais de licitações, como requisitos ambientais, sociais, técnicos e econômicos.

A título de exemplo, para aquisição de bens e contratação de obras financiadas pelo Banco Interamericano de Desenvolvimento, exige-se que o mutuário apresente ao Banco um plano de aquisições, que deve ser atualizado anualmente ou conforme necessário durante a execução do projeto, sujeito à aprovação do Banco.

O mutuário deve estipular requisitos de sustentabilidade econômica e financeira, social, ambiental e institucional, entre outras, que se aplicam aos bens, obras e serviços a serem adquiridos ou contratados.

No que concerne à aplicabilidade de normas técnicas, o Banco exige a priorização de normas técnicas internacionais, preferíveis às normas técnicas nacionais, orientando que as normas e especificações técnicas indicadas nos documentos de licitação devem promover a mais ampla concorrência possível e, ao mesmo tempo, assegurar o cumprimento cabal dos requisitos de funcionamento para os bens ou para as obras a serem contratados, priorizando-se a indicação de normas técnicas internacionais.

Outrossim, o Banco reserva-se o direito de revisar os atos, documentos e processos da licitação, com o fim de auditar sua conformidade aos pressupostos pactuados no instrumento de cooperação.

Portanto, essas exigências não importam em ofensa à soberania nacional, ou malferimento ao ordenamento jurídico pátrio, porquanto enumeradas como cláusulas de excepcionalidade no próprio regime geral de licitações.

A aceitação desses pressupostos é condição para a obtenção do crédito, e as tratativas e análises jurídicas levadas a efeito pelos órgãos nacionais de assessoramento têm o exato fim de verificar a adequação desses requisitos aos princípios constitucionais que regem a atuação do Estado brasileiro e o funcionamento da Administração Pública.

As exigências feitas pelos organismos internacionais normalmente importam em medidas salutares para os negócios jurídicos celebrados, estabelecendo-se instrumentos de transparência e sustentabilidade mais robustos que aqueles comumente exigidos pelas legislações nacionais.

Se em um caso concreto as exigências estipuladas pelos organismos de fomento não se coadunarem com as cláusulas de exceção tabuladas no art. 1º, § 3º, desta Lei, só restarão dois caminhos possíveis: a revisão e adequação da minuta contratual ao ordenamento jurídico brasileiro ou, não se logrando êxito, a desistência do negócio.

Essa probabilidade de frustração, no caso do Brasil, apresentam-se como remota, haja vista os princípios norteadores esculpidos no art. 37, *caput*, da Constituição da República, e do art. 5º desta Lei, cujos efeitos vão ao encontro dos princípios comumente tutelados pelos organismos de cooperação.

A respeito da antinomia entre normas, o Tribunal de Contas da União firmou o entendimento de que quando constatada a incompatibilidade entre as normas de licitação do Banco Internacional para Reconstrução e Desenvolvimento e da Lei Geral de Licitações, opera-se a prevalência daquelas.

Desse modo, a regra constante da Lei Geral de Licitações poderá ter sua "aplicação afastada, caso seja incompatível com as regras estabelecidas por essas entidades, exceto se tais regras implicarem inobservância de princípios da Constituição Federal brasileira relativos a licitações públicas"[9].

O acórdão mencionado decorre de consulta feita à Corte de Contas pelo então Ministro de Estado da Fazenda, sobre a possibilidade de acolhimento das regras de seleção da proposta mais vantajosa, em licitação promovida pelas Centrais Elétricas Brasileiras S.A.

---

9   BRASIL. Tribunal de Contas da União. Acórdão n. 1.866/2015. Plenário, rel. Min. José Mucio Monteiro. Brasília, 29 de julho de 2015.

Por derradeiro, o mesmo raciocínio é aplicável a qualquer licitação pública para a execução de objeto financiado por organismo internacional de fomento, examinando-se, de acordo com os elementos do caso concreto, a validade nas normas perante o texto constitucional.

Autorização para operações externas

O § 4º tem por escopo positivar na Lei Geral de Licitações a praxe já adotada na Casa Legislativa, disposta no art. 389 do Regimento Interno do Senado Federal, o qual dispõe que o pedido de autorização para operações externas deve ser instruído com os seguintes itens: (i) documentos que possibilitem ao Senado conhecer perfeitamente a operação, os recursos indicados para cumprir as obrigações e sua finalidade; (ii) publicação do ato legislativo de autorização (nos pedidos oriundos dos Estados, Distrito Federal e Municípios); (iii) parecer do órgão de assessoramento do Poder Executivo, função incumbida ao Ministério da Economia.

O propósito do dispositivo legal é exatamente oferecer ao órgão legislativo ao qual compete a competência constitucional para a autorização do negócio, o conjunto de documentos e informações necessários para a sua apreciação e, consequentemente, a tomada de decisão.

Reservas internacionais

Reservas internacionais – ou reservas cambiais – são ativos em valores internacionais mantidos por autoridades monetárias nacionais com o fim de atender prontamente necessidades de pagamentos ou intervenção no mercado de câmbio.

Tradicionalmente, os países acumulam reservas em ouro, tendência alterada desde a Segunda Guerra Mundial, quando o dólar americano assumiu protagonismo em relação ao metal.

São frequentes notícias veiculadas na imprensa, a respeito da realização de leilões de dólares, promovidos pelo Banco Central do Brasil, de modo a ofertar a moeda americana no mercado nacional.

Essas medidas são adotadas como mecanismo de contenção da cotação da moeda estrangeira, que acima de determinado patamar provoca efeitos deletérios para a economia nacional, como a alta de preços para a importação de insumos.

Com a instituição do Plano Real, em julho de 1994, o Brasil adotou a política de câmbio fixo, em um regime de paridade entre as moedas brasileira e americana. Porém, em janeiro de 1999, o país aderiu à política cambial internacionalmente adotada, efetivando-se o câmbio flutuante, em que o valor da moeda é definido de acordo com as variações de oferta e demanda no mercado.

Por isso, as reservas internacionais são instrumentos importantíssimos para a segurança monetária e, consequentemente, a estabilidade econômica do país.

Com fulcro no art. 10, VIII, da Lei n. 4.595/64, compete privativamente ao Banco Central do Brasil "ser depositário das reservas oficiais de ouro e moeda estrangeira".

Na estrutura orgânica do Banco Central do Brasil, cuja natureza jurídica é de autarquia federal, a administração das reservas internacionais cabe ao Departamento das Reservas Internacionais.

O art. 108 do Regimento Interno do Banco Central enumera as atribuições atinentes à administração das reservas internacionais, como leilões de compra e venda de moeda estrangeira para investimentos no exterior e realização de outras operações cambiais.

A administração das reservas internacionais sujeita-se a distintos tipos de controle:

(i) controle interno do Departamento das Reservas Internacionais;
(ii) controle interno pelo Departamento de Riscos Corporativos e Referências Operacionais;
(iii) controle interno da Auditoria do Banco Central do Brasil;
(iv) controle do Poder Executivo, por meio da Controladoria-Geral da União;
(v) controle externo do Tribunal de Contas da União e;
(vi) controle por auditoria independente[10].

---

10 BC (Banco Central do Brasil). Relatório de Gestão das Reservas Internacionais. v. 11. Brasília, 2019.

Portanto, o Banco Central do Brasil é a autoridade reguladora das atividades monetárias e cambiais do país. Uma vez que as reservas internacionais traduzem-se em instituto de essencial relevo para a soberania nacional, a inteligência do legislador denota-se em atribuir à autarquia a regulamentação dos processos licitatórios atinentes às reservas internacionais.

As normatizações efetivadas pelo Banco Central do Brasil devem respeitar os dogmas norteadores cinzelados no art. 37, *caput*, da Constituição da República, porque regentes de toda a Administração Pública: legalidade, impessoalidade, moralidade, publicidade e eficiência.

Art. 2º Esta Lei aplica-se a:

> **DISPOSITIVO CORRELATO (Lei n. 8.666/93)**
>
> Art. 2º As obras, serviços, inclusive de publicidade, compras, alienações, concessões, permissões e locações da Administração Pública, quando contratadas com terceiros, serão necessariamente precedidas de licitação, ressalvadas as hipóteses previstas nesta Lei.

I – alienação e concessão de direito real de uso de bens;

II – compra, inclusive por encomenda;

III – locação;

IV – concessão e permissão de uso de bens públicos;

V – prestação de serviços, inclusive os técnico-profissionais especializados;

VI – obras e serviços de arquitetura e engenharia;

VII – contratações de tecnologia da informação e de comunicação.

COMENTÁRIOS

A licitação pública, segundo o art. 2º da Lei n. 14.133/2021, tem como objetos: alienação e concessão de direito real de uso de bens; compra, inclusive por encomenda; locação; concessão e permissão de uso de bens públicos; prestação de serviços, inclusive os técnico-profissionais especializados; obras e serviços de arquitetura e engenharia; contratações de tecnologia da informação e de comunicação.

Todavia, mais dois objetos, na forma do *caput* do art. 175 da CF/88, devem ser incluídos: a concessão e a permissão.

O objeto da licitação sempre se confunde com o objeto do contrato, visto que a licitação não se apresenta como fim, sendo instrumento para a celebração de um contrato.

O objeto do procedimento licitatório pode ser[11]:

a) imediato; e

b) mediato.

O primeiro é a seleção de determinada proposta que melhor atenda aos interesses da Administração. O segundo consiste na obtenção de certa obra, serviço, compra, alienação, locação ou prestação de serviço público, a serem produzidos ou fornecidos por particular.

O art. 2º da Lei n. 8.987/95, que trata das concessões e das permissões, afirma:

a) concessão de serviço público é a delegação de sua prestação, feita pelo poder concedente, mediante licitação, na modalidade de concorrência, à pessoa jurídica ou consórcio de empresas que demonstre capacidade para seu desempenho, por sua conta e risco e por prazo determinado;

---

11   CARVALHO FILHO, José dos Santos. *Manual de direito administrativo*. 28. ed. São Paulo: Atlas, 2015.

b) concessão de serviço público precedida da execução de obra pública é a construção, total ou parcial, conservação, reforma, ampliação ou melhoramento de quaisquer obras de interesse público, delegada pelo poder concedente, mediante licitação, na modalidade de concorrência, à pessoa jurídica ou consórcio de empresas que demonstre capacidade para a sua realização, por sua conta e risco, de forma que o investimento da concessionária seja remunerado e amortizado mediante a exploração do serviço ou da obra por prazo determinado; e

c) permissão de serviço público é a delegação, a título precário, mediante licitação, da prestação de serviços públicos, feita pelo poder concedente à pessoa física ou jurídica que demonstre capacidade para seu desempenho, por sua conta e risco.

Todos os itens acima citados neste artigo representam objetos possíveis de um procedimento licitatório. Quando se trata de obra ou serviços, a Administração Pública poderá executar direta ou indiretamente.

A execução direta acontece, como o nome ilustra, quando a obra ou o serviço for executado pela própria Administração Pública através dos seus órgãos e agentes públicos.

A execução indireta ocorre quando a Administração Pública firma contrato com terceiro para a realização da obra ou do serviço.

Art. 3º Não se subordinam ao regime desta Lei:

I – contratos que tenham por objeto operação de crédito, interno ou externo, e gestão de dívida pública, incluídas as contratações de agente financeiro e a concessão de garantia relacionadas a esses contratos;

DISPOSITIVO CORRELATO (Lei n. 8.666/93)

Art. 121. [...]
Parágrafo único. Os contratos relativos a imóveis do patrimônio da União continuam a reger-se pelas disposições do Decreto-lei n. 9.760, de 5 de setembro de 1946, com suas alterações, e os relativos a operações de crédito interno ou externo celebrados pela União ou a concessão de garantia do Tesouro Nacional continuam regidos pela legislação pertinente, aplicando-se esta Lei, no que couber.

II – contratações sujeitas a normas previstas em legislação própria.

COMENTÁRIOS

A Lei n. 14.133/2021 tem natureza de norma geral de licitações e contratos. Todavia, por razões de política legislativa, é possível a edição de lei especial para normatizar segmentos específicos das contratações públicas, a exemplo da Lei n. 13.303/2016, Estatuto Jurídico da Empresa Pública, da Sociedade de Economia Mista e de suas Subsidiárias (ou Lei das Estatais), cujos capítulos I e II do título II tratam, respectivamente, das licitações e contratos realizados por essas entidades.

A lei especial em comento tem por finalidade estabelecer normas para licitações e contratos condizentes com a dinâmica funcional em que inseridas essas entidades, que exercem atuação direta no domínio econômico.

Art. 4º Aplicam-se às licitações e contratos disciplinados por esta Lei as disposições constantes dos arts. 42 a 49 da Lei Complementar n. 123, de 14 de dezembro de 2006.

DISPOSITIVO CORRELATO (Lei n. 8.666/93)

Art. 5º-A. As normas de licitações e contratos devem privilegiar o tratamento diferenciado e favorecido às microempresas e empresas de pequeno porte na forma da lei. (Incluído pela Lei Complementar n. 147, de 2014.)

§ 1º As disposições a que se refere o *caput* deste artigo não são aplicadas:

I – no caso de licitação para aquisição de bens ou contratação de serviços em geral, ao item cujo valor estimado for superior à receita bruta máxima admitida para fins de enquadramento como empresa de pequeno porte;

II – no caso de contratação de obras e serviços de engenharia, às licitações cujo valor estimado for superior à receita bruta máxima admitida para fins de enquadramento como empresa de pequeno porte.

§ 2º A obtenção de benefícios a que se refere o *caput* deste artigo fica limitada às microempresas e às empresas de pequeno porte que, no ano-calendário de realização da licitação, ainda não tenham celebrado contratos com a Administração Pública cujos valores somados extrapolem a receita bruta máxima admitida para fins de enquadramento como empresa de pequeno porte, devendo o órgão ou entidade exigir do licitante declaração de observância desse limite na licitação.

§ 3º Nas contratações com prazo de vigência superior a 1 (um) ano, será considerado o valor anual do contrato na aplicação dos limites previstos nos §§ 1º e 2º deste artigo.

COMENTÁRIOS

Os arts. 42 a 49 da Lei Complementar n. 123/2006 estabelecem tratamento diferenciado e simplificado para as microempresas e empresas de pequeno porte nas contratações da Administração Pública. Eis o texto do art. 47, *caput*, da lei em comento:

> Nas contratações públicas da administração direta e indireta, autárquica e fundacional, federal, estadual e municipal, deverá ser concedido tratamento diferenciado e simplificado para as microempresas e empresas de pequeno porte objetivando a promoção do desenvolvimento econômico e social no âmbito municipal e regional, a ampliação da eficiência das políticas públicas e o incentivo à inovação tecnológica.

O tratamento diferenciado e simplificado para as microempresas e empresas de pequeno porte observa desde a simplificação da apresentação de documentos quanto critérios preferenciais para contratação.

Tal razão de discrímen funda-se em mandamento constitucional, na forma do art. 146, *d*, da CF/88, que assim dispõe:

> Art. 146. Cabe à lei complementar:
> [...]
> d) definição de tratamento diferenciado e favorecido para as microempresas e para as empresas de pequeno porte, inclusive regimes especiais ou simplificados no caso do imposto previsto no art. 155, II, das contribuições previstas no art. 195, I e §§ 12 e 13, e da contribuição a que se refere o art. 239. (Incluído pela Emenda Constitucional n. 42, de 19-12-2003.)

CAPÍTULO II
Dos Princípios

Art. 5º Na aplicação desta Lei, serão observados os princípios da legalidade, da impessoalidade, da moralidade, da publicidade, da eficiência, do interesse público, da probidade administrativa, da igualdade, do planejamento, da transparência, da eficácia, da segregação de funções, da motivação, da vinculação ao edital, do julgamento objetivo, da segurança jurídica, da razoabilidade, da competitividade, da proporcionalidade, da celeridade, da economicidade e do desenvolvimento nacional sustentável, assim como as disposições do Decreto-lei n. 4.657, de 4 de setembro de 1942 (Lei de Introdução às Normas do Direito Brasileiro).

> **DISPOSITIVO CORRELATO (Lei n. 8.666/93)**
>
> Art. 3º A licitação destina-se a garantir a observância do princípio constitucional da isonomia, a seleção da proposta mais vantajosa para a administração e a promoção do desenvolvimento nacional sustentável e será processada e julgada em estrita conformidade com os princípios básicos da legalidade, da impessoalidade, da moralidade, da igualdade, da publicidade, da probidade administrativa, da vinculação ao instrumento convocatório, do julgamento objetivo e dos que lhes são correlatos. (Redação dada pela Lei n. 12.349, de 2010.)

COMENTÁRIOS

O Capítulo II do Título I da Lei n. 14.133/2021 dedica-se unicamente à positivação dos cânones normativos regentes do diploma legal, na forma dos seguintes princípios: da legalidade, da impessoalidade, da moralidade, da publicidade, da eficiência, do interesse público, da probidade administrativa, da igualdade, do planejamento, da transparência, da eficácia, da segregação de funções, da motivação, da vinculação ao edital, do julgamento objetivo, da segurança jurídica, da razoabilidade, da competitividade, da proporcionalidade, da celeridade, da economicidade e do desenvolvimento nacional sustentável.

Alguns desses princípios, clássicos do direito administrativo, a exemplo daqueles insculpidos no art. 37, *caput*, da CRFB, foram mantidos do regime jurídico anterior, enquanto outros constituem a nova face jurídica do estatuto de licitações, a orientar a atuação dos agentes públicos e órgãos de controle.

Os mais importantes princípios da Administração Pública aparecem no ordenamento jurídico consubstanciados em regra, ou seja, encontram-se explícitos em textos normativos.

O art. 37 da CF/88 lista, entre outros, os cinco princípios mais relevantes: o da **legalidade**, o da **impessoalidade**, o da **moralidade**, o da **publicidade** e o da **eficiência**.

Podem ser extraídos outros princípios da Administração Pública da Carta Maior. V.*g.*, o da **segurança jurídica** não está consubstanciado em regra naquele texto, mas poderá ser claramente visto no inciso XXXVI do art. 5º:

> Art. 5º Todos são iguais perante a lei, sem distinção de qualquer natureza, garantindo-se aos brasileiros e aos estrangeiros residentes no país a inviolabilidade do direito à vida, à liberdade, à igualdade, à segurança e à propriedade, nos termos seguintes:
>
> [...]
>
> XXXVI – a lei não prejudicará o direito adquirido, o ato jurídico perfeito e a coisa julgada.

Interessante notar que o princípio da segurança jurídica está consubstanciado na regra do art. 2º da Lei n. 9.784/99:

> Art. 2º A Administração Pública obedecerá, dentre outros, aos princípios da legalidade, finalidade, motivação, razoabilidade, proporcionalidade, moralidade, ampla defesa, contraditório, segurança jurídica, interesse público e eficiência.

De fato, não é apenas a CF/88 que veicula princípios para a Administração Pública, normas infraconstitucionais podem também apresentar tais enunciados gerais.

A Lei n. 14.133/2021 lista no seu art. 5º diversos princípios relacionados às licitações e aos contratos administrativos:

> Art. 5º Na aplicação desta Lei, serão observados os princípios da legalidade, da impessoalidade, da moralidade, da publicidade, da eficiência, do interesse público, da probidade administrativa, da igualdade, do planejamento, da transparência, da eficácia, da segregação de funções, da motivação, da vinculação ao edital, do julgamento objetivo, da segurança jurídica, da razoabilidade, da competitividade, da proporcionalidade, da celeridade, da economicidade e do desenvolvimento nacional

sustentável, assim como as disposições do Decreto-lei n. 4.657, de 4 de setembro de 1942 (Lei de Introdução às Normas do Direito Brasileiro).

A Lei n. 8.429/92 também lista princípios no seu art. 11.

Assim, em virtude da ausência de codificação, vários princípios da Administração Pública poderão ser vistos espalhados pelo conjunto de textos legais.

Princípio da supremacia do interesse público sobre o privado

O primeiro aspecto que diferencia a relação jurídico-administrativa das demais relações está ligado ao seu objeto, pois, segundo a maioria dos autores, existe a sua supremacia sobre o objeto da relação jurídica de direito privado.

O interesse público pode ser conceituado como o anseio de satisfação de uma necessidade social ou estatal considerada relevante à sua época, podendo ser encontrado nos fragmentos comuns extraídos de alguns interesses privados juridicamente protegidos.

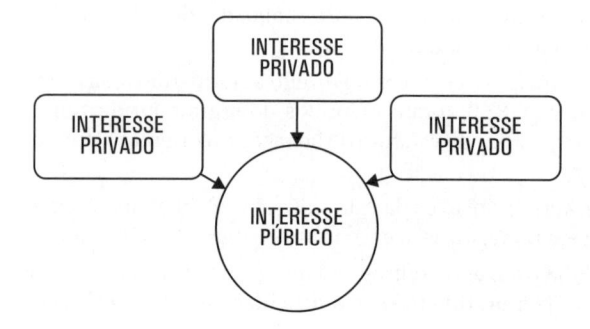

O interesse público é um somatório de interesses individuais coincidentes em torno de um bem da vida que lhes significa um valor, proveito ou utilidade de ordem moral ou material, que cada pessoa deseja adquirir, conservar ou manter em sua própria esfera de valores[12].

Renato Alessi[13] ilustra que qualquer grupo social tem densa rede de interesses em várias relações, alguns coincidentes e outros conflitantes entre si.

Qualquer interesse é sempre individual, pois todo interesse em sociedade somente existe em razão de, ao menos, um indivíduo o encampar, mas se o mesmo interesse é de comunidade mais ampla de cidadãos torna-se interesse geral sentido por todos ou quase todos como expressão unitária de multiplicidade de interesses individuais coincidentes.

---

12   BORGES, Alice Gonzalez. Supremacia do interesse público: desconstrução ou reconstrução? *Revista Diálogo Jurídico*, Salvador, Centro de Atualização Jurídica, n. 15, jan./mar. 2007.

13   ALESSI, Renato. *Principi di diritto amministrativo*. 3. ed. Milano: Giuffrè, 1974. p. 226227. Ele afirma:"Questi interessi pubblici, collettivi, dei quali l'amministrazione deve curare il soddisfacimento, non sono, si noti bene, semplicemente l'interesse dell'Amministrazione intesa come apparato organizzativo autonomo, sibbene quello che è stato chimato l'interesse collettivo primario, formato dal complesso degli interessi individuali prevalenti una determinata organizzazzione giuridica della collettività, mente l'interesse dell'apparato, se può esser concepito un interesse dell'apparato unitariamente considerato, sarebbe semplicemente uno degli interessi secondari che si fanno sentire in seno alla collettività, e che possono essere realizzati soltanto in caso di coincidenza, e nei limiti di siffatta coincidenza, con l'interesse collettivo primario. La peculiarità della posizione giuridica della pubblica Amministrazione sta appunto in ciò, che la sua funzione consiste nella realizzazione dell'interesse collettivo, pubblico, primario".

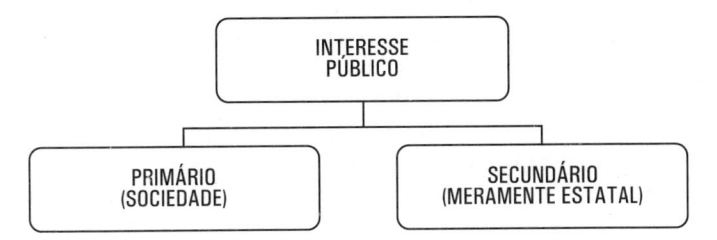

A organização jurídica da sociedade é a preponderância de determinado conjunto de interesses gerais sobre todos os outros interesses, individuais ou coletivos, existentes no seio da própria sociedade. Esses interesses prevalentes são chamados, de forma concisa, **interesses públicos primários ou interesses da sociedade**.

Já o interesse público secundário ou meramente estatal seria o interesse patrimonial do ente federativo ou das pessoas jurídicas de direito público, podendo ser visualizado quando o Estado pretende aumentar o máximo possível determinado tributo.

O interesse público secundário pode, em muitas situações, **colidir** com o interesse público primário. Ciente dessa potencial colisão, o Poder Constituinte Originário de 1988 criou a Advocacia-Geral da União.

Antes da CF/88, tanto a União quanto a sociedade eram defendidas pela Procuradoria-Geral da República, ou seja, não raro dois procuradores da República estavam em lados opostos da lide defendendo interesses públicos colidentes.

Atualmente, os interesses primários e secundários são defendidos pela Advocacia-Geral da União e os interesses primários pelo Ministério Público. O Estado deve sempre defender tanto o interesse primário quanto o interesse secundário, mas, em algumas situações, pode haver antagonismo. Por exemplo, quando a União causar algum dano ambiental, o Ministério Público deve defender o interesse difuso ambiental e a Advocacia Pública deve defender a observância do contraditório, da ampla defesa, da razoabilidade e da proporcionalidade da eventual sanção.

Gize-se que a doutrina defendida por Renato Alessi foi apresentada na sua obra já citada, que data de 1974, portanto existia muito antes da CF/88.

Em consequência, segundo a maioria dos autores, pode ser encontrada, no ordenamento jurídico atual, a seguinte gradação de interesses:

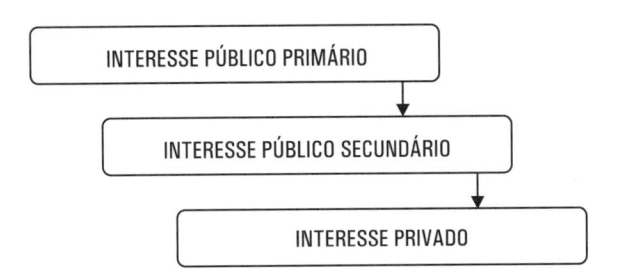

A 2ª Turma do STJ ilustrou a supremacia do interesse público primário sobre o secundário quando entendeu que os direitos fundamentais não podem ser afastados com base na teoria da reserva do possível, pois as normas jurídicas orçamentárias não têm como afastar o mínimo existencial trazido pelo Poder Constituinte no art. 6º da CF/88[14].

---

14   STJ, REsp 1.041.197/MS, rel. Min. Humberto Martins, 2ª Turma, julgado em 25-8-2009, *DJe* 16-9-2009.

Tanto o interesse público primário quanto o secundário sobrepõem-se ao individual. A proteção do interesse público irradia poderes diferenciados ao seu curador, encetando verdadeira supremacia dotada de poderesdeveres para um dos sujeitos da relação jurídica: a Administração Pública[15].

Feita a análise conceitual sobre o interesse público, deve ser observado que o interesse coletivo, segundo o inciso II do parágrafo único do art. 81 da Lei n. 8.078/90 (Código de Defesa do Consumidor), apresentase como o anseio transindividual, de natureza indivisível, de satisfação de uma necessidade titularizada por grupo, categoria ou classe de pessoas ligadas entre si ou com a parte contrária por uma relação jurídica base.

Apesar de a doutrina e de o legislador tratarem o interesse público e o interesse coletivo como sinônimos, após a entrada em vigor do CDC, foi criada pela norma uma clara distinção entre ambos, pois não se pode afirmar que o anseio de apenas um grupo, de uma categoria ou de uma classe confunda-se necessariamente com um anseio social ou estatal. Observe-se que, apesar de o conceito de interesse ou direito coletivo restar restrito ao CDC, o direito deve ser interpretado de maneira sistêmica, a fim de que sejam evitadas incongruências. A sua linguagem técnica não permite a ambivalência de significados para a mesma expressão ou vocábulo.

Já o interesse privado é o anseio de satisfação de uma necessidade, em regra, disponível (através de formas mais simples), restrita e decorrente da pura autonomia da vontade. Observe-se que o Estado pode travar relação jurídica pautada no direito privado, mas os seus interesses, apesar da natureza horizontal da avença, nunca serão considerados privados em uma República. A horizontalidade não tem o condão de transformar os interesses finalísticos do Estado em interesses privados.

Apresentados os conceitos acima, nota-se que há duas formas de supremacia do interesse público sobre o privado: a geral e a especial. A primeira é a ascendência da Administração Pública sobre os administrados não abrangidos por normas específicas relacionadas a situações jurídicas peculiares. Exemplo: a regulação da concorrência que tem reflexo indireto nas relações privadas de consumo. A segunda é a ascendência sobre determinados administrados em virtude de situação jurídica peculiar, cuja disciplina normativa pode ultrapassar ou suprir os preceitos legais desde que não lhes seja contrária. Não há, por exemplo, lei federal regulamentadora da relação entre o usuário e uma biblioteca pública, incidindo, portanto, a supremacia especial da Administração Pública que poderá normatizar internamente os procedimentos da biblioteca.

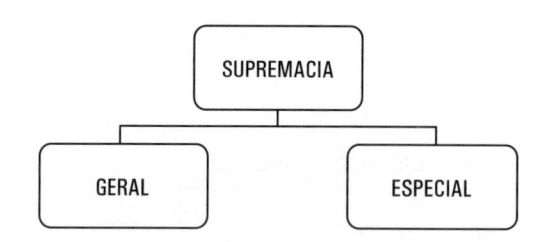

Em relação aos direitos fundamentais, a análise é mais complexa, pois aqueles não encontram limite no interesse público primário nem no interesse público secundário; ao contrário, é o interesse público que encontra limite nos direitos fundamentais, conforme pode ser notado, inclusive, no discurso dos defensores da inoponibilidade da reserva do possível[16] à efetivação de direitos fundamentais.

---

15   MELLO, Celso Antônio Bandeira de. *Curso de direito administrativo*. 30. ed. São Paulo: Malheiros, 2012.

16   O princípio da reserva do possível tem como escopo conciliar as prestações sociais relacionadas ao mínimo existencial com a escassez dos recursos públicos. O seu surgimento remonta à década de 50, quando o Poder Judiciário da Alemanha (*BVerwG*) construiu jurisprudencialmente a "cláusula de comunidade", que impedia o exercício de direitos fundamentais que se opusessem aos interesses relevantes da comunidade. Porém, o princípio da reserva do possível é mais restrito do que a "cláusula de comunidade", pois aquele não trata dos interesses

Segundo Daniel Sarmento, existem direitos fundamentais individuais, cujo exercício é encetado por um só indivíduo e, sobre essa possibilidade, há interesses privados que constituem direitos fundamentais, mas há outros interesses privados não abarcados por proteção jurídica tão reforçada[17].

Assim, não apenas o interesse público secundário curva-se ante o direito fundamental, mas o interesse público primário também deve ceder a direito fundamental, inclusive de natureza privada.

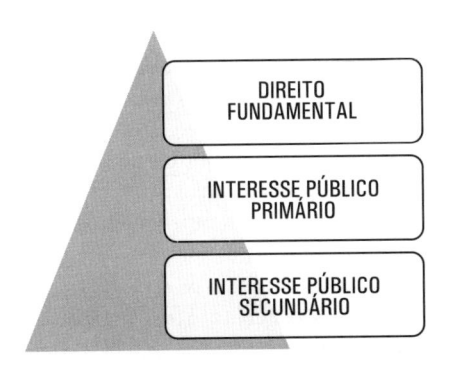

Luís Roberto Barroso[18] entende que os direitos fundamentais encetam sempre interesses públicos primários. Eis as suas palavras:

> O interesse público primário, consubstanciado em valores fundamentais como justiça e segurança, há de desfrutar de supremacia em um sistema constitucional e democrático. Deverá ele pautar todas as relações jurídicas e sociais – dos particulares entre si. O interesse público primário desfruta de supremacia porque não é passível de ponderação. Ele é o parâmetro da ponderação. Em suma: o interesse público primário consiste na melhor realização possível, à vista da situação concreta a ser apreciada, da vontade constitucional, dos valores fundamentais que ao intérprete cabe preservar ou promover.
>
> O problema ganha em complexidade quando há confronto entre o interesse público primário consubstanciado em uma meta coletiva e o interesse público primário que se realiza mediante a garantia de um direito fundamental.

Alice Gonzales Borges[19] também é menos radical do que Daniel Sarmento, afirmando:

---

legítimos da comunidade e, sim, das restrições financeiras faticamente estabelecidas do Estado. A impossibilidade fática de satisfação de todas as prestações exigíveis do Estado resta bem ilustrada nas leis orçamentárias que refletem a programação de dispêndio do Poder Público. Apesar de o Estado existir em função do indivíduo, não o contrário, concepção que não é tão atual como pregam alguns juristas, todas as prestações exigíveis do Poder Público geram custos, conforme bem asseverado por Stephen Holmes e Cass Sunstein. *The costs of rights*: why liberty depends on taxes. New York: W. W. Norton, 1999. A ponderação entre a reserva do possível e a satisfação do mínimo existencial deve ser feita através dos legítimos meios ofertados pela sociedade ou a própria sociedade pode optar pela tributação em percentuais mais elevados para atender a um maior número de demandas relacionadas aos direitos sociais.

17 SARMENTO, Daniel (Org.). *Interesses públicos versus interesses privados*: desconstruindo o princípio de supremacia do interesse público. Rio de Janeiro: Lumen Juris, 2010.

18 BARROSO, Luis Roberto. Prefácio. O estado contemporâneo, os direitos fundamentais e a redefinição da supremacia do interesse público. In: SARMENTO, Daniel (Org.). *Interesses públicos versus interesses privados*: desconstruindo o princípio da supremacia do interesse público. Rio de Janeiro: Lumen Juris, 2010. p. xiii e s.

19 BORGES, Alice Gonzalez. Supremacia do interesse público: desconstrução ou reconstrução? *Revista Diálogo Jurídico*, Salvador, Centro de Atualização Jurídica, n. 15, jan./mar. 2007, p. 1-2.

O interesse público – o mais indeterminado dos conceitos – sempre esteve ameaçado pelos donos do poder. Objeto das mais solertes manipulações, sempre tem sido invocado, através dos tempos, a torto e a direito, para acobertar as "razões de Estado", quando não interesses menos nobres, e até inconfessáveis. Mais especificamente, tem sido manejado por certas administrações públicas como verdadeiro escudo, que imunizaria de quaisquer críticas suas posições autoritárias, e as resguardaria até, em nome de pretensa independência de poderes, do imprescindível controle do Poder Judiciário.

Mas agora surge de outra parte uma nova espécie de ataque, até então inimaginável. De repente, uma plêiade de jovens e conceituados juristas – animados, força é que se diga, pela mais cristalina e louvável das intenções – ergue-se na defesa da eficácia e efetividade dos direitos fundamentais, em salutar movimento em prol da constitucionalização do direito. Para tanto, resolve congregar forças para desconstruir (*sic*) o princípio da supremacia do interesse público, como sendo a base de um autoritarismo retrógrado, ultrapassado e reacionário do direito administrativo.

À primeira vista, tais colocações assustam os aplicadores do direito, em sua cruzada contra as prerrogativas da Administração Pública, baseadas na necessidade e preservação da supremacia do interesse público, agora tidas como resquício de uma concepção reacionária do direito administrativo, e trazem uma certa perplexidade.

Se a Administração Pública, no exercício de suas funções, não pudesse usar, por exemplo, de certas prerrogativas de potestade pública, tais como a imperatividade, a exigibilidade e a presunção de legitimidade dos seus atos, nem, em circunstâncias especiais perfeitamente delineadas pela lei, a autoexecutoriedade de certas medidas urgentes, então teríamos verdadeiro caos. Ficaríamos com uma sociedade anárquica e desorganizada, e os cidadãos ver-se--iam privados de um de seus bens mais preciosos, que é o mínimo de segurança jurídica indispensável para a vida em sociedade.

Alice Gonzalez Borges e Luís Roberto Barroso têm razão sob um aspecto, pois o cumprimento da esmagadora maioria dos direitos fundamentais é interesse público primário, a sociedade exige sejam tais direitos tutelados pelos seus representantes e pelos Poderes Constituídos, inclusive pelo Ministério Público.

Em primeira análise, quase todos os direitos fundamentais são exigíveis pelo *Parquet*, logo, mesmo havendo colisão entre o direito fundamental vazado pelo interesse público primário e qualquer outro interesse público primário, a natureza daquele resta intacta pela utilização da ponderação de valores para o caso concreto.

Daniel Sarmento também tem razão, pois existe um direito fundamental não tutelado pelo Ministério Público e relativo a interesse privado, qual seja, o direito de herança consignado no inciso XXX do art. 5º da CF/88 que, mesmo com tal natureza jurídica, não deve ser limitado pelo interesse público primário.

É inaplicável ao direito de herança[20] a "supremacia do interesse público sobre o interesse privado", uma vez que, havendo colisão entre o citado direito e o interesse público primário, aquele deverá prevalecer.

---

20 Nos primórdios da humanidade, não existia direito de herança, pois os bens eram compartilhados por todos os membros da comunidade da mesma forma que se nota em relação aos indígenas do século passado. Tudo que era colhido, produzido, cultivado e caçado deveria ser dividido, mesmo com aqueles que já não tinham condições de, em virtude da idade avançada ou de alguma moléstia, exercer o labor na comunidade. O direito de herança surgiu com a atribuição individual da propriedade, mas a citada atribuição não implicava existência daquele direito, visto que a opção política estatal, por vezes, abarcava apenas o direito de propriedade, por entender que a destinação de bens a sucessores prejudicaria a mobilidade social e a produção real de riqueza pela ambição e trabalho próprios.

O conflito de ideias acima descrito mostra que existem, no Direito Administrativo brasileiro, duas Escolas, quais sejam, a paulista e a carioca. A primeira formada na década de 1970, tendo como expoentes Celso Antônio Bandeira de Mello e Maria Sylvia Zanella Di Pietro. A segunda inaugurada no fim da década de 1990 pelo gaúcho Humberto Ávila, mas conduzida aos dias atuais pelos ilustres Daniel Sarmento e Gustavo Binenbojm.

Princípio da indisponibilidade do interesse público pela Administração

O segundo aspecto que diferencia a relação jurídica de direito administrativo é a indisponibilidade pela Administração do interesse público. A indisponibilidade tem estreita relação com a supremacia.

O interesse público – primário ou secundário – tem como titular, em uma República, o povo.

A **Administração Pública** exerce a função de **gestora de coisa alheia**, portanto, não tem poderes de disposição. Somente o seu titular tem tais poderes, sendo que o seu exercício dar-se-á diretamente ou através dos seus representantes.

Isto significa afirmar que os representantes do povo podem dispor, por exemplo, do patrimônio público e podem eleger interesses públicos prioritários através da alocação orçamentária de recursos públicos.

Na Administração Pública, os bens não estão à livre disposição da vontade do administrador, tendo este, essencialmente, dever de cuidado sobre a titularidade dos interesses públicos[21].

Não há como concordar, entretanto, com o entendimento de que o titular do interesse público é o Estado (povo + território + governo), pois, como organização jurídicopolítica, o conceito de Estado não se confunde com o conceito de povo apenas e o parágrafo único do art. 1º da CF/88 ilustra bem que, em uma República, o titular do interesse público é o povo: "Todo o poder emana do povo, que o exerce por meio de representantes eleitos ou diretamente, nos termos desta Constituição".

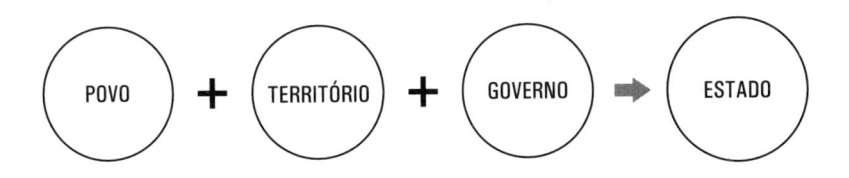

Caso o Estado fosse o titular do interesse público, a organização jurídicopolítica existiria como **fim em si mesma**, deixando de ser forma de agrupamento com função instrumental para tornar-se objeto principal.

---

21 MELLO, Celso Antônio Bandeira de. *Curso de direito administrativo*. 30. ed. São Paulo: Malheiros, 2012.

Nos regimes absolutos, poder-se-ia ter o Estado como fim em si mesmo, mas, em uma República Federativa colocada pelo Poder Constituinte Originário como Estado Democrático de Direito, a **autorreferencialidade** deve ser banida.

O **Congresso Nacional**, com a participação do chefe do Executivo no processo legislativo, pode *dispor do patrimônio público* e pode valorar entre os interesses públicos quais são os mais caros à sociedade, visto que as necessidades públicas são ilimitadas, mas a arrecadação de recursos tem limites claros no direito individual de propriedade e nos preceitos da ordem econômica.

Dessa forma, somente a lei que é a manifestação de vontade do povo através dos seus representantes pode dispor do interesse público em uma república qualificada como Estado Democrático de Direito.

Princípio da legalidade

A compreensão do princípio da legalidade passa obrigatoriamente pela análise histórica do que os juristas de língua inglesa chamam de *the rule of law (império da lei)*. O conceito deste instituto jurídico é impreciso inclusive para os doutrinadores ingleses.

Há quatro sentidos básicos e que se completam para a expressão *the rule of law*[22]:

a) a obrigatoriedade instituída pela *Magna Charta* de 1215 da observância do processo justo legalmente previsto quando os cidadãos estiverem sujeitos a restrições a direitos relacionados à sua liberdade e propriedade;

b) a prevalência das leis e dos costumes perante a discricionariedade do rei;

c) a sujeição de todos os atos da Administração Pública ao Parlamento; e

d) a igualdade de acesso aos tribunais por parte dos cidadãos.

A tradução técnicojurídica mais precisa de *the rule of law* do inglês para o português é Estado de Direito, sendo certo que a expressão portuguesa representa a tradução do vocábulo *Rechtsstaat* da língua alemã.

O *Rechtsstaat* ilustra a oposição ao Estado de Polícia ao Estado eudemonista[23], pois este, baseado na vontade pura do seu governante, escolhe o caminho da felicidade para os seus súditos com clara invasão da sua esfera pessoal.

A limitação do Estado pelo direito deve ser estendida ao próprio rei, que é colocado como órgão seu e não mais como algo metajurídico de origem desconhecida ou divina.

Em França, a Declaração de Direitos do Homem e do Cidadão, de 26 de agosto de 1789, apresenta claramente a noção de *L'État legal*. Eis alguns dos seus artigos:

Art. 5º A lei não proíbe senão as acções nocivas à sociedade. Tudo que não é vedado pela lei não pode ser obstado e ninguém pode ser constrangido a fazer o que ela não ordene.

Art. 6º A lei é a expressão da vontade geral. Todos os cidadãos têm o direito de concorrer, pessoalmente ou através de mandatários, para a sua formação. Ela deve ser a mesma para todos, seja para proteger, seja para punir. Todos os cidadãos são iguais a seus olhos e igualmente admissíveis a todas as dignidades, lugares e empregos públicos, segundo a sua capacidade e sem outra distinção que não seja a das suas virtudes e dos seus talentos.

Art. 7º Ninguém pode ser acusado, preso ou detido senão nos casos determinados pela lei e de acordo com as formas por esta prescritas. Os que solicitam, expedem, executam ou mandam executar ordens arbitrárias devem ser punidos; mas qualquer cidadão convocado ou detido em virtude da lei deve obedecer imediatamente, caso contrário torna-se culpado de resistência.

---

22 CANOTILHO, José Joaquim Gomes. *Direito constitucional e teoria da Constituição*. 3. ed. Coimbra: Almedina, 1999.

23 Relacionado à felicidade.

Art. 8º A lei apenas deve estabelecer penas estrita e evidentemente necessárias e ninguém pode ser punido senão por força de uma lei estabelecida e promulgada antes do delito e legalmente aplicada.

Ressalte-se que o seu art. 5º ilustra o princípio da legalidade sob a ótica privada.

Dois tipos de Estados devem ser contrapostos: o Estado Absolutista e o Estado de Direito. A fonte de poder nos Estados Absolutistas tem natureza autônoma, enquanto nos Estados de Direito a fonte de poder tem característica essencialmente heterônoma.

A **autonomia**, considerado o aspecto sociológico, é o **estatuto interno** do indivíduo, a sua vontade pura e independente dos fatores e elementos externos. A **heteronomia** é o **estatuto externo**, criado consensualmente, baseado na integração negociada da vontade pura, a fim de que seja alcançada uma vontade coletiva.

AUTONOMIA	HETERONOMIA
ESTATUTO INTERNO	ESTATUTO EXTERNO

Essa vontade coletiva não precisa ser unânime, mas deve tomar como decisão a vontade média, ou seja, aqueles elementos que podem ser encontrados na maioria dos estatutos internos.

A busca por falsa legitimação criou expressões como *the king was the source of law and the maintainer of order*[24]. Ora, quando o poder está centralizado no rei, a palavra **lei** tem **conteúdo meramente decorativo**, pois o rei poderá dar aos seus atos o nome que desejar: leis, normas, decretos, regras, portarias, mandos, ordenações, comandos, regulamentos, imperativos etc. Entretanto, haverá sempre a expressão da vontade pura de uma só pessoa que irá comandar as ações e omissões de diversas outras pessoas.

A verdadeira supremacia da lei implica inexistência de fonte autônoma, somente comportando um poder acima do seu: o do povo. A lei material deve ser heterônoma, extraída dos fragmentos comuns de vontade individual que podem ser notados na maioria.

Essa percepção fica mais clara quando se afirma que o ordenamento jurídico da Inglaterra, apesar de adotar sistema consuetudinário, tem como característica fundamental a supremacia da lei.

Ora, como um sistema em que alguns direitos fundamentais não estão positivados pode adotar *"the rule of law"*?

A **supremacia da lei** não reside na forma, mas no consensualismo. De fato, a forma garante segurança jurídica ao consensualismo e outorga maior precisão aos comandos construídos pela maioria, mas não é elemento indispensável.

O **Estado de Direito** contrasta com qualquer sistema de governo baseado no exercício individual da autoridade de maneira arbitrária ou de forma a atacar discricionariamente direitos. Tal configuração de Estado representa acima de tudo a restrição do poder encetada pela vontade coletiva.

---

24 "O rei era a fonte da lei e o mantenedor da ordem." DICEY, Albert Venn. *Introduction to the study of the law of the constitution*. 8. ed. London: Macmillan, 1915.

O Estado de Direito, quando não se apresenta como simulacro, é também Estado Constitucional, visto que a supremacia da lei deve decorrer de norma fundamental. A lei, apesar da sua força institucional, deve estar abaixo do que for estipulado pelo Poder Constituinte Originário.

As garantias encetadas pelo Estado de Direito devem ter fonte suprema e completamente autônoma que forme uma nação independente e soberana, sendo tal fonte a Constituição.

A República Federativa do Brasil, sem dúvida, optou pelo Estado Democrático de Direito. Eis o *caput* e o parágrafo único do art. 1º da CF/88:

> Art. 1º A República Federativa do Brasil, formada pela união indissolúvel dos Estados e Municípios e do Distrito Federal, constitui-se em Estado Democrático de Direito e tem como fundamentos:
> [...]
> Parágrafo único. Todo o poder emana do povo, que o exerce por meio de representantes eleitos ou diretamente, nos termos desta Constituição.

O princípio da legalidade da Administração Pública e o princípio da legalidade na esfera privada decorrem do Estado de Direito[25]. O primeiro é uma pauta fechada de atuação do gestor público, determinando que todas as suas ações ou omissões somente serão desencadeadas quando ordenado pela lei. O segundo é uma pauta aberta para a atuação dos particulares, facultando as suas ações ou omissões desde que não haja vedação legal.

No primeiro caso, a inexistência de lei impede a ação. No segundo, a inexistência faculta o agir e a existência apenas fixa balizas para a ação.

O princípio da legalidade na esfera privada pode ser visto na norma constitucional que segue:

> Art. 5º Todos são iguais perante a lei, sem distinção de qualquer natureza, garantindose aos brasileiros e aos estrangeiros residentes no país a inviolabilidade do direito à vida, à liberdade, à igualdade, à segurança e à propriedade, nos termos seguintes:
> [...]
> II – ninguém será obrigado a fazer ou deixar de fazer alguma coisa senão em virtude de lei.

Já o princípio da legalidade na Administração Pública é listado na seguinte norma constitucional:

> Art. 37. A administração pública direta e indireta de qualquer dos Poderes da União, dos Estados, do Distrito Federal e dos Municípios obedecerá aos princípios de legalidade, impessoalidade, moralidade, publicidade e eficiência e, também, ao seguinte:

Em resumo, a legalidade[26], como princípio da Administração Pública incrustado no *caput* do artigo acima, significa que o gestor público está, em toda a sua atividade funcional, sujeito aos mandamentos da lei e às exigências do bem comum, e deles não se pode afastar ou desviar, sob pena de praticar ato inválido e sujeitar-se às sanções administrativas, cíveis e penais previstas no ordenamento jurídico[27].

Por fim, cumpre registrar que Celso Antonio Bandeira de Mello[28] entende existir três restrições excepcionais ao princípio da legalidade, em que

> [...] a Constituição faculta ao Presidente da República que adote providências incomuns e proceda na conformidade delas para enfrentar contingências anômalas, excepcionais, exigentes

---

25   STJ, AgRg no AgRg no Ag 1.078.217/SP, rel. Min. Mauro Campbell Marques, 2ª Turma, julgado em 14-4-2009, *DJe* 4-5-2009.

26   STJ, RMS 28.259/PR, rel. Min. Benedito Gonçalves, 1ª Turma, julgado em 15-9-2009, *DJe* 23-9-2009.

27   MEIRELLES, Hely Lopes. *Direito administrativo brasileiro*. 35. ed. São Paulo: Malheiros, 2009.

28   MELLO, Celso Antônio Bandeira de. *Curso de direito administrativo*. 30. ed. São Paulo: Malheiros, 2012. p. 109.

de atuação sumamente expedita, ou eventos gravíssimos que requerem atuação particularmente enérgica.

Portanto, as cláusulas excepcionalíssimas, todas trazidas pela CF/88, são as seguintes:

a) a Medida Provisória (art. 62);
b) o Estado da Defesa (art. 136); e
c) o Estado de Sítio (arts. 137 a 139).

RESTRIÇÕES EXCEPCIONAIS AO PRINCÍPIO DA LEGALIDADE		
MEDIDA PROVISÓRIA	ESTADO DE DEFESA	ESTADO DE SÍTIO

Princípio da reserva legal

Não se pode confundir o princípio da legalidade com o **princípio da reserva legal**. O primeiro exige que a atuação seja pautada na lei. O segundo exige que certas matérias somente possam ser inseridas no ordenamento jurídico através de lei. Dessa forma, havendo a reserva legal, o assunto não pode ser trazido originariamente ao mundo jurídico por decreto ou qualquer outra espécie normativa distinta da lei. Exemplo do princípio da reserva legal pode ser visto na norma da CF/88 abaixo transcrita:

> Art. 5º Todos são iguais perante a lei, sem distinção de qualquer natureza, garantindo-se aos brasileiros e aos estrangeiros residentes no país a inviolabilidade do direito à vida, à liberdade, à igualdade, à segurança e à propriedade, nos termos seguintes:
>
> [...]
>
> XXIV – a lei estabelecerá o procedimento para desapropriação por necessidade ou utilidade pública, ou por interesse social, mediante justa e prévia indenização em dinheiro, ressalvados os casos previstos nesta Constituição.

Assim, o procedimento para desapropriação por necessidade ou utilidade pública não pode ser estabelecido por decreto, portaria, resolução administrativa etc.

Princípio da segurança jurídica

Inicialmente, surge a seguinte pergunta: O **princípio da segurança jurídica** confunde-se com o direito à segurança mencionado no preâmbulo e estabelecido no *caput* do art. 5º da CF/88?

A resposta deve ser negativa, pois o direito à segurança estabelecido na norma constitucional citada apresenta-se, naquele contexto, como direito instrumental de inviolabilidade do direito à vida, à liberdade, à igualdade e à propriedade.

A segurança jurídica não existe essencialmente para prevenir violações a direitos, existe para dar estabilidade ao sistema jurídico, possibilitando inclusive que lesões a direito efetivadas não possam mais ser debatidas em juízo.

Ninguém pode afirmar que o instituto da prescrição existe para assegurar a defesa do direito à vida, posto que há prazos prescricionais listados no Código Penal para o crime de homicídio. A segurança jurídica oferta também estabilidade a lesões consumadas à propriedade quando permite, por exemplo, a aquisição daquele direito real pela usucapião.

Assim, segurança jurídica não se confunde com segurança pública, segurança alimentar, seguridade social etc. O direito à segurança não se confunde com o princípio estabilizador da segurança jurídica.

O princípio da segurança jurídica representa o conjunto de imperativos e garantias que torna possível às pessoas o conhecimento antecipado das consequências diretas dos seus atos e fatos à luz de uma liberdade conhecida; representa também a estabilização e a desejada **imutabilidade** do que foi praticado com base nesta liberdade[29].

Como decorrência do princípio da segurança jurídica, Nota-se o princípio da proteção da confiança: o primeiro está ligado a elementos objetivos da ordem jurídica, garantindo a estabilidade jurídica, a segurança de orientação e a realização do direito; o segundo está ligado às ações dos indivíduos em relação aos efeitos dos atos jurídicos do Poder Público.

Para efetividade do princípio da segurança jurídica, tem-se, dentre outros comandos normativos, a obrigação estipulada no art. 22, § 1º, da Lei n. 14.133/2021, referente à alocação dos riscos e às responsabilidades das partes contratantes.

Logo, a definição precisa dos riscos delimita as consequências para a Administração e para o contratado e a exata compreensão das "regras do jogo", evitando-se surpresas e, consequentemente, insegurança jurídica.

Como mandamento para os administradores, o art. 30 da LINDB determina que "as autoridades públicas devem atuar para aumentar a segurança jurídica na aplicação das normas, inclusive por meio de regulamentos, súmulas administrativas e respostas a consultas".

O **princípio da segurança jurídica** estará, normalmente, em **colisão** com o **princípio da justiça**, visto que a busca pela justiça pode durar a eternidade, mas a sociedade precisa, dentro do menor espaço de tempo possível, pacificar os seus conflitos.

A clássica ideia de justiça representa, basicamente, os seguintes imperativos:

(i) a cada um segundo o seu mérito;

(ii) a cada um segundo a sua contribuição;

(iii) a cada um segundo as suas necessidades;

(iv) a cada um segundo a sua capacidade; e

(v) a cada um segundo a sua posição ou condição[30].

JUSTIÇA	MÉRITO
	CONTRIBUIÇÃO
	NECESSIDADES
	CAPACIDADE
	POSIÇÃO OU CONDIÇÃO

Apesar destes imperativos, as instituições, em virtude de serem compostas por seres humanos, erram e cometem injustiças tão graves que são notadas de forma consensual.

---

29 VANOSSI, Jorge Reinaldo A. *El estado de derecho en el constitucionalismo social.* Buenos Aires: Universitaria, 1982.

30 ROSS, Alf. *Direito e justiça.* Bauru: Edipro, 2000.

Em alguns casos, é mais valiosa uma injustiça pacificada no seio da sociedade do que a eterna busca por justiça, pois os conflitos permanentes podem gerar irresignações aptas a destruir as instituições e tornar a sociedade instável.

Mesmo não estando consubstanciado em regra na CF/88, o princípio da segurança jurídica pode, como já foi dito, ser extraído do inciso XXXVI do seu art. 5º, entretanto, aparece expressamente no art. 2º da Lei n. 9.784/99.

Como decorrência do princípio da segurança jurídica, nota-se o **princípio da proteção da confiança**[31]; o primeiro está ligado a elementos objetivos da ordem jurídica, garantindo a estabilidade jurídica, a segurança de orientação e realização do direito; o segundo está ligado às ações dos indivíduos em relação aos efeitos dos atos jurídicos do Poder Público.

Afinal, o indivíduo e a sociedade têm o direito de acreditar que os seus atos não sofrerão novas e eternas confrontações com o intercambiante ordenamento jurídico[32].

Há, ao menos, cinco institutos jurídicos que desempenham a tarefa estabilizadora:

(i) a prescrição;
(ii) a decadência;
(iii) o ato jurídico perfeito;
(iv) a coisa julgada; e
(v) o direito adquirido.

Princípio da impessoalidade

O **princípio da impessoalidade** da Administração Pública é espécie do **princípio constitucional da isonomia** e seu conteúdo está relacionado ao tratamento igualitário que deve ser dispensado aos administrados.

A Administração Pública não deve apresentar preferências fora dos limites finalísticos do interesse público, ou seja, somente poderá haver **preferências objetivas** para melhor satisfação da finalidade pública.

O princípio da impessoalidade concebeu-se na doutrina europeia, da concepção subjetiva do dever de **neutralidade** dos funcionários públicos, independência da Administração Pública e garantia da prossecução exclusiva do interesse público definido pela lei, perpassando pela ideia de igualdade. Tal princípio evoluiu para a concepção objetiva, compreendida como dever da Administração de proceder a uma adequada ponderação e comparação valorativa de todos os interesses jurídicos protegidos pelo ordenamento, sejam públicos ou privados, que possam ser afetados pela atividade administrativa[33].

Assim, o princípio da impessoalidade reflete também o princípio da finalidade, que impõe ao Administrador apenas a prática de atos que busquem o seu fim legal. A finalidade terá sempre objetivo certo e inafastável pelo gestor público, qual seja, a satisfação do interesse público[34].

O princípio da impessoalidade pode ser claramente visto, por exemplo, na necessidade de concurso público para acesso aos cargos efetivos[35] e na obrigatoriedade de licitação na maior parte das contratações relativas a serviços e a produtos para a Administração Pública.

---

31   CANOTILHO, José Joaquim Gomes. *Direito constitucional e teoria da Constituição*. 3. ed. Coimbra: Almedina, 1999.

32   STJ, EREsp 575.551/SP, rel. Min. Nancy Andrighi, Corte Especial, julgado em 1º-4-2009, *DJe* 30-4-2009.

33   MORAES, Germana de Oliveira. *Controle jurisdicional da administração pública*. São Paulo: Dialética, 1999.

34   MEIRELLES, Hely Lopes. *Direito administrativo brasileiro*. 35. ed. São Paulo: Malheiros, 2009.

35   STJ, REsp 711.732/SP, rel. Min. Luiz Fux, 1ª Turma, julgado em 28-3-2006, *DJ* 10-4-2006. p. 139.

Pode ser mencionada como exemplo de norma que protege o princípio da impessoalidade a seguinte do § 1º do art. 37 da CF/88:

> A publicidade dos atos, programas, obras, serviços e campanhas dos órgãos públicos deverá ter caráter educativo, informativo ou de orientação social, dela não podendo constar nomes, símbolos ou imagens que caracterizem promoção pessoal de autoridades ou servidores públicos.

Dessa maneira, o agente público que utiliza de publicidade governamental com a finalidade de se promover viola o princípio estudado e também o princípio da moralidade administrativa.

A **impessoalidade** pode também ser vista em relação ao exercício do poder pelo titular do interesse público, visto que nos Estados Democráticos de Direito restou consagrada a opção pelo imperativo *one man, one vote*, que outorga a cada cidadão, independentemente das suas qualidades pessoais, jurídicas, sociais ou políticas, apenas um voto, garantindo-se, desta maneira, quantidade idêntica de poder a todos, a fim de impedir privilégios e regalias incompatíveis com a isonomia.

A impessoalidade decorre do **princípio da isonomia**, pois a Administração Pública deve tratar igualmente os iguais, na medida das suas igualdades, e desigualmente os desiguais, na medida das suas desigualdades.

A igualdade deve ser formal e material, sendo que o tratamento desigual é justificado pela igualdade material ou compensatória prevista na própria Constituição Federal ou na lei.

José Afonso da Silva apresenta outro aspecto do princípio da impessoalidade, afirmando que os atos ou provimentos administrativos são imputáveis não ao funcionário que os pratica, mas ao órgão, à entidade ou ao ente em nome do qual age o funcionário, pois o gestor é mero agente da Administração Pública, sendo a sua vontade pessoal irrelevante em face da Constituição, da lei e dos atos infralegais que pautam o seu agir[36].

Por isso, a responsabilidade civil direta – mesmo que o agente tenha, no exercício das suas funções, praticado ato ilícito – é do ente ou da entidade da qual faz parte e em nome da qual agiu. Contudo, deve ser observado também, em tais casos, o **princípio da intranscendência**, visto que, apesar de a Administração Pública ser percebida de maneira impessoal, as sanções não podem ser aplicadas a pessoas diversas das que cometeram o ilícito.

Assim, o gestor atual não pode ser sancionado pelos atos ilegalmente praticados pelo gestor anterior, pois a responsabilidade é pessoal e subjetiva do agente que não se pautou nas normas vigentes. Este responderá diretamente perante a Administração Pública e regressivamente em relação aos danos causados aos particulares.

Princípio da moralidade

No século XIX, restou consolidada a distinção entre moral e direito. Kant[37] ilustra que a moral faz parte da autonomia, do estatuto interno, e o direito é consensual, faz parte do estatuto externo; é heterônomo. A **moral** está ligada à **vontade pura** como **imperativo categórico** que não comporta juízo externo de valor, está vinculada ao desejo interno e não comporta qualquer convenção. O direito é vinculado ao dever-ser, comportando conduta contrária à convencionalmente desejada e, consequentemente, sanção.

A ação legal é a em conformidade com o direito, não interessando para os neokantianos[38] o seu motivo, podendo, portanto, ser movida por qualquer desígnio. Não há relevância se o dever jurídico foi cumprido por medo de sanção, por medo da não obtenção de prêmio após a morte ou por considerar a observância da norma salutar para a sua comunidade.

O juízo é objetivo: interessa apenas o cumprimento do que foi estabelecido pela norma jurídica.

---

36 SILVA, José Afonso da. *Curso de direito constitucional positivo*. 29. ed. São Paulo: Malheiros, 2007.

37 KANT, Immanuel. *Fundamentação da metafísica dos costumes*. 5. ed. Lisboa: Lisboa Editora, 1999.

38 GOMES, Alexandre Travessoni; MERLE, Jean-Christophe. *A moral e o direito em Kant*: ensaios analíticos. Belo Horizonte: Mandamentos, 2007.

A conduta moral independe para a sua consecução de outro juízo além do puro respeito ao seu desejo. Assim, o Direito, ao contrário da moral, admite coação exterior.

Após os estudos de Kant acerca da moral, surgiu a corrente capitaneada por Maurice Hauriou, ex-professor da Universidade de Toulouse, de que o administrador público não está sujeito apenas ao princípio da legalidade, mas também ao princípio da moralidade, em virtude dos conjuntos direito e moral representarem círculos concêntricos, havendo, portanto, normas jurídicas pautadas em valores de uma moralidade consensual mínima.

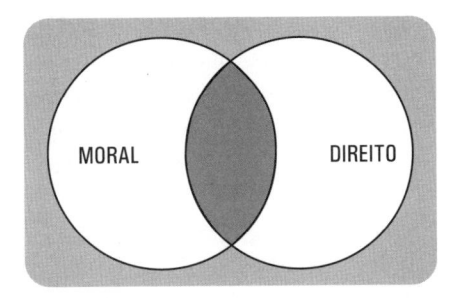

Há, para Hauriou[39], uma moral comum e cognoscível pela maioria dentro da comunidade, existindo condutas que, apesar de não serem sancionadas pelo ordenamento jurídico, são reprovadas pelos outros membros do convívio social. A sanção é psicológica, pois inflige ao imoral sofrimento decorrente da rejeição da sua conduta ou presença pelos seus pares.

Para o ex-professor da Universidade de Toulouse, qualquer ser humano é capaz de distinguir o bem do mal e a atividade administrativa não foge a essa possibilidade.

Adepta desta corrente, Germana de Oliveira Moraes[40] aduz, em síntese, que o princípio da moralidade administrativa – no sentido estrito de confrontação da conduta dos agentes públicos, sob a perspectiva da ética, além de conexo aos princípios da impessoalidade e da publicidade – relaciona-se aos valores confiança, honestidade, lealdade e respeito aos valores culturais predominantes em determinada sociedade, aos quais correspondem as seguintes dimensões:

(i) boa-fé (tutela da confiança);

(ii) probidade administrativa (deveres de honestidade e de lealdade);

(iii) razoabilidade (expectativa de conduta *civiliter*, do homem comum, da parte do agente público).

39 HAURIOU, Maurice. *Précis de droit administratif et de droit public*. 7. ed. Paris: Sirey, 1911.

40 MORAES, Germana de Oliveira. *Controle jurisdicional da administração pública*. São Paulo: Dialética, 1999.

Essa corrente entende que, além dos deveres de licitude, o gestor público está adstrito aos imperativos de honestidade, ainda que a lei não apresente sanção clara para a violação daqueles imperativos.

A corrente que despreza o princípio da moralidade, por entender ser inútil, foi liderada por Léon Duguit[41]. Ele, usando os postulados de Kant, diz que todo ato reputado imoral implicará **desvio de finalidade** ou, como preferem alguns autores, **desvio de poder**, pois a finalidade que norteia a prática de qualquer ato da Administração é a satisfação do interesse público[42].

Qualquer ato que ilustre outro propósito além deste não será imoral, mas será ilegal, comportará sanção prevista no ordenamento jurídico para o agente e maculará a validade do ato.

Com toda certeza, Duguit apresenta solução mais objetiva segundo o postulado do Estado Democrático de Direito de que nenhuma sanção pode ser aplicada senão em virtude de lei.

Há verdadeiramente colisão de valores entre a reserva legal da sanção penal e administrativa e a moralidade administrativa.

Cabe destacar que o juízo de desvio de poder é mais que um juízo de legalidade, porque atua como juiz dos institutos morais dos agentes públicos, na medida em que esses institutos podem afetar a regularidade jurídica do ato e, consequentemente, da própria ordem jurídica[43].

De fato, sob o aspecto prático da Administração Pública, o princípio da moralidade é de grande valia, pois possibilita controle além da legalidade, permitindo a aferição dos desejos do administrador mesmo quando observada a lei.

Sob o ponto de vista teórico, alguns séculos de evolução da ciência do direito serão desprezados, mas o ordenamento jurídico não existe como fim em si mesmo, o que implica reconhecimento de todos os instrumentos que possam beneficiar a observância e a satisfação do interesse público, inclusive o instrumento de moralidade pública.

Quando a conduta do agente público, embora em consonância com a lei, ofender a moral, os bons costumes, as regras de boa administração, os princípios de justiça e de equidade, a ideia comum de honestidade, haverá violação ao princípio em tela.

Exemplo de norma que protege o princípio da moralidade é a Súmula Vinculante n. 13, do STF, que veda o nepotismo. Eis o seu conteúdo:

> A nomeação de cônjuge, companheiro ou parente em linha reta, colateral ou por afinidade, até o terceiro grau, inclusive, da autoridade nomeante ou de servidor da mesma pessoa jurídica investido em cargo de direção, chefia ou assessoramento, para o exercício de cargo em comissão ou de confiança ou, ainda, de função gratificada na administração pública direta e indireta em qualquer dos poderes da União, dos Estados, do Distrito Federal e dos Municípios, compreendido o ajuste mediante designações recíprocas, viola a Constituição Federal.

Princípio da publicidade

A titularidade do interesse público pelo povo exige **ciência**, a fim de que possa ser exercido **controle** ou para **mero conhecimento**, dos atos dos seus gestores. Qualquer exercício de atos de gestão sem a titularidade da coisa, tanto na esfera privada quanto no setor público, prevê a garantia da comunicação do ato praticado.

---

41 DUGUIT, Leon. *Manuel de droit constitutionnel.* Paris: Fontemoing et Cie., 1927.

42 STJ, EREsp 260.821/SP, rel. Min. Luiz Fux, Rel. p/ Acórdão Min. João Otávio de Noronha, 1ª Seção, julgado em 23-11-2005, *DJ* 13-2-2006, p. 654.

43 BRANDÃO, Antônio José. Moralidade administrativa. *Boletim de Direito Administrativo*, ano XII, n. 2, fev. 1996.

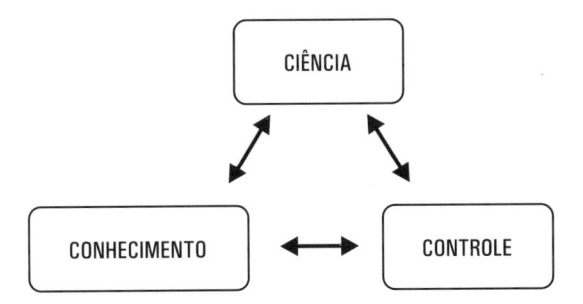

Até alguns atos da esfera privada precisam de publicidade, a fim de que a sua oponibilidade seja *erga omnes*[44], entre eles, a transferência da propriedade de bem imóvel.

Esse requisito acentua-se quando se trata dos interesses públicos vislumbrados em uma República Federativa, pois de nada adiantaria a titularidade popular da coisa sem a ciência dos atos de gestão que são praticados por terceiros.

Indubitável que o princípio da publicidade se aplica a quase todos os atos da Administração Pública, inclusive aos contratos administrativos. É óbvio, entretanto, que deverá ser compatibilizado com a regra do inciso X do art. 5º da CF/88. Segue o texto: "São invioláveis a intimidade, a vida privada, a honra e a imagem das pessoas, assegurado o direito a indenização pelo dano material ou moral decorrente de sua violação".

Existem atos administrativos que tratam da intimidade e da vida privada dos destinatários, sendo certo que a sua publicidade será obrigatória, mas a identidade dos envolvidos deverá ser devidamente preservada.

Tem-se como exemplo deste tipo de ato a remoção de agentes da Agência Brasileira de Inteligência (ABIN), para o serviço em embaixadas da República Federativa do Brasil no exterior. Na publicação, não aparece o nome do servidor, mas apenas o seu número de registro interno e secreto.

Eis exemplo de despacho sem a indicação do nome dos servidores da ABIN:

GABINETE DE SEGURANÇA INSTITUCIONAL

AGÊNCIA BRASILEIRA DE INTELIGÊNCIA

DESPACHOS DO DIRETORGERAL

O DIRETOR-GERAL SUBSTITUTO DA AGÊNCIA BRASILEIRA DE INTELIGÊNCIA DO GABINETE DE SEGURANÇA INSTITUCIONAL DA PRESIDÊNCIA DA REPÚBLICA, no uso das atribuições conferidas pelo Regimento Interno da ABIN, aprovado pela Portaria n. 037-GSIPR/CH/ABIN, de 17-10-2008, publicada no *DOU* de 20-10-2008, e alterado pela Portaria n. 07/GSIPR/CH/ABIN, de 3-2-2009, publicada no *DOU* de 5-2-2009, e consoante os Decretos de 29-12-2008 publicados na edição extra do *DOU* 252-A, de 29-12-2008, e tendo em vista a competência que lhe foi subdelegada conforme inciso I do art. 2º da Portaria n. 44/ GSIPR, de 14 de março de 2003, publicada no *DOU* de 17-3-2003, resolve:

Autorizar o afastamento do país dos servidores da Agência Brasileira de Inteligência matrículas n. 0033967 e 0910078, com ônus para esta Agência, conforme consta nos Memorandos n. 622 e 627/82100/ABIN, datados de 5 de outubro de 2009 (Processo n. 01180000014/ 2009).

Em 7 de outubro de 2009.

---

44 Para todos.

Portanto, a Administração Pública, de maneira correta, tem conferido interpretação extensiva aos incisos XXXIII (regulamentado pela Lei n. 12.527/2011) e LX do art. 5º da CF/88, a fim de abarcar a **segurança da sociedade ou do Estado** e o interesse coletivo como limitadores da publicidade.

EXCEÇÕES FUNDAMENTADAS AO PRINCÍPIO DA PUBLICIDADE	
	– SEGURANÇA NACIONAL
	– RELEVANTE INTERESSE COLETIVO
	– INTIMIDADE
	– VIDA PRIVADA
	– HONRA

A publicidade é também requisito de eficácia do ato administrativo *lato sensu*, visto que, apesar da possibilidade de o ato postergar o início da sua entrada em vigor, isto não pode acontecer sem a ciência dos interessados[45].

Há diversos instrumentos de publicação de atos oficiais, entre eles: os diários oficiais e os boletins de serviço. De fato, nem todos os atos precisam ser publicados nos diários oficiais, tendo os boletins de serviço a função de dar publicidade aos atos administrativos de interesse interno de determinada instituição.

A veiculação do ato praticado pela Administração Pública na "Voz do Brasil", programa de âmbito nacional, dedicado a divulgar fatos e ações ocorridos ou praticados no âmbito dos três Poderes da União, não é suficiente para ter-se como atendido o princípio da publicidade.

A publicidade das atividades da Administração Pública não pode ser deturpada para ensejar promoção pessoal. Na forma do § 1º do art. 37 da CF/88, a publicidade dos atos, programas, obras, serviços e campanhas dos órgãos públicos deverá ter caráter educativo, informativo ou de orientação social, dela não podendo constar nomes, símbolos ou imagens que caracterizem promoção pessoal de autoridades ou servidores públicos.

Acesso à informação pública

A Lei n. 12.527/2011 dispõe sobre os procedimentos a serem observados pela União, Estados, Distrito Federal e Municípios, com o fim de garantir o **acesso a informações** previsto no inciso XXXIII do art. 5º, no inciso II do § 3º do art. 37 e no § 2º do art. 216 da Constituição Federal, considerando que:

a) todos têm direito a receber dos órgãos públicos informações de seu interesse particular, ou de interesse coletivo ou geral, que serão prestadas no prazo da lei, sob pena de responsabilidade, ressalvadas aquelas cujo sigilo seja imprescindível à segurança da sociedade e do Estado;

b) ao usuário de serviço público deve ser garantido o acesso dos usuários a registros administrativos e a informações sobre atos de governo; e

c) cabem à Administração Pública, na forma da lei, a gestão da documentação governamental e as providências para franquear sua consulta a quantos dela necessitem.

Cumpre ressaltar que, apesar de ser uma norma federal, a lei em questão aplica-se aos quatro entes: União, Estados, Distrito Federal e Municípios, estando adstritos à sua observância os órgãos públicos integrantes da Administração direta dos Poderes Executivo, Legislativo, incluindo as Cortes de Contas, e Judiciário e do Ministério Público e as autarquias, as fundações públicas, as empresas públicas, as sociedades de economia mista e demais entidades controladas direta ou indiretamente pela União, Estados, Distrito Federal e Municípios.

---

45   STJ, RMS 22.508/BA, rel. Min. Arnaldo Esteves Lima, 5ª Turma, julgado em 3-4-2008, *DJe* 2-6-2008.

Aplicam-se as suas disposições, no que couber, às entidades privadas sem fins lucrativos que recebam, para realização de ações de interesse público, recursos públicos diretamente do orçamento ou mediante subvenções sociais, contrato de gestão, termo de parceria, convênios, acordo, ajustes ou outros instrumentos congêneres, sendo certo que a publicidade a que estão submetidas as entidades citadas refere-se à parcela dos recursos públicos recebidos e à sua destinação, sem prejuízo das prestações de contas a que estejam legalmente obrigadas.

As diretrizes básicas do acesso à informação estatal são (art. 3º):

I – observância da **publicidade como preceito geral** e do sigilo como exceção;

II – **divulgação de informações de interesse público**, independentemente de solicitações;

III – utilização de meios de comunicação viabilizados pela **tecnologia da informação**;

IV – fomento ao desenvolvimento da cultura de **transparência na administração pública**;

V – desenvolvimento do **controle social da administração pública**.

A crescente relevância jurídica da rede mundial de computadores (internet) não foi esquecida pelo legislador, pois ficou estabelecido o dever de utilizar todos os meios e instrumentos legítimos de que dispuserem, sendo obrigatória a divulgação em sítios oficiais da internet. Entretanto, os Municípios com população de até dez mil habitantes ficam dispensados da divulgação obrigatória em questão, mantida a obrigatoriedade de divulgação, em tempo real, de informações relativas à execução orçamentária e financeira, nos critérios e prazos previstos no art. 73-B da Lei Complementar n. 101, de 4 de maio de 2000 (Lei de Responsabilidade Fiscal).

Os órgãos e entidades públicas têm o dever de promover, independentemente de requerimentos, a divulgação em local de fácil acesso, no âmbito de suas competências, de informações de interesse coletivo ou geral por eles produzidas ou custodiadas. Assim, optou-se pela ação de ofício em relação às informações estatais.

É salutar a inexigibilidade de motivo ou explicação para o interessado solicitar e ter acesso a informações de interesse público.

Em relação ao agente público, ficou estabelecido o dever de autorizar ou conceder o acesso imediato à informação disponível, exceto quando for impossível, mas, mesmo neste caso, estará adstrito, em prazo não superior a vinte dias, a:

a) comunicar a data, local e modo para se realizar a consulta, efetuar a reprodução ou obter a certidão;

b) indicar as razões de fato ou de direito da recusa, total ou parcial, do acesso pretendido; ou

c) comunicar que não possui a informação, indicar, se for do seu conhecimento, o órgão ou a entidade que a detém, ou, ainda, remeter o requerimento a esse órgão ou entidade, cientificando o interessado da remessa de seu pedido de informação.

O prazo citado poderá ser prorrogado por mais dez dias, mediante justificativa expressa, da qual será cientificado o requerente.

Interessante notar que o serviço de busca e fornecimento da informação é **gratuito**, salvo nas hipóteses de reprodução de documentos pelo órgão ou entidade pública consultada, situação em que poderá ser cobrado exclusivamente o valor necessário ao ressarcimento do custo dos serviços e dos materiais utilizados. Contudo, estará isento de ressarcir os custos previstos no *caput* todo aquele cuja situação econômica não lhe permita fazê-lo sem prejuízo do sustento próprio ou da família, declarada nos termos da Lei n. 7.115, de 29 de agosto de 1983.

Não poderá ser negado acesso à informação necessária à tutela judicial ou administrativa de direitos fundamentais. As informações ou documentos que versem sobre condutas que impliquem violação dos direitos humanos praticada por agentes públicos ou a mando de autoridades públicas não poderão ser objeto de restrição de acesso. Todavia, com o objetivo de, observando o caso concreto, preservar valores mais relevantes que a publicidade, conservam-se as demais hipóteses legais de sigilo e de segredo de justiça e as hipóteses de segredo industrial decorrentes da exploração direta de atividade econômica pelo Estado ou por pessoa física ou entidade privada que tenha qualquer vínculo com o Poder Público.

Apesar da opção pela publicidade das informações estatais, o sigilo constitucional referente à segurança da sociedade ou do Estado foi mantido e regulamentado pela Lei n. 12.527/2011 da seguinte forma:

Art. 23. São consideradas imprescindíveis à segurança da sociedade ou do Estado e, portanto, passíveis de classificação as informações cuja divulgação ou acesso irrestrito possam:

I – pôr em risco a defesa e a soberania nacionais ou a integridade do território nacional;

II – prejudicar ou pôr em risco a condução de negociações ou as relações internacionais do país, ou as que tenham sido fornecidas em caráter sigiloso por outros Estados e organismos internacionais;

III – pôr em risco a vida, a segurança ou a saúde da população;

IV – oferecer elevado risco à estabilidade financeira, econômica ou monetária do país;

V – prejudicar ou causar risco a planos ou operações estratégicos das Forças Armadas;

VI – prejudicar ou causar risco a projetos de pesquisa e desenvolvimento científico ou tecnológico, assim como a sistemas, bens, instalações ou áreas de interesse estratégico nacional;

VII – pôr em risco a segurança de instituições ou de altas autoridades nacionais ou estrangeiras e seus familiares; ou

VIII – comprometer atividades de inteligência, bem como de investigação ou fiscalização em andamento, relacionadas com a prevenção ou repressão de infrações.

Art. 24. A informação em poder dos órgãos e entidades públicas, observado o seu teor e em razão de sua imprescindibilidade à segurança da sociedade ou do Estado, poderá ser classificada como ultrassecreta, lembre-secreta ou reservada.

§ 1º Os prazos máximos de restrição de acesso à informação, conforme a classificação prevista no *caput*, vigoram a partir da data de sua produção e são os seguintes:

I – ultrassecreta: 25 (vinte e cinco) anos;

II – secreta: 15 (quinze) anos; e

III – reservada: 5 (cinco) anos.

§ 2º As informações que puderem colocar em risco a segurança do Presidente e Vice-Presidente da República e respectivos cônjuges e filhos(as) serão classificadas como reservadas e ficarão sob sigilo até o término do mandato em exercício ou do último mandato, em caso de reeleição.

§ 3º Alternativamente aos prazos previstos no §1º, poderá ser estabelecida como termo final de restrição de acesso a ocorrência de determinado evento, desde que este ocorra antes do transcurso do prazo máximo de classificação.

§ 4º Transcorrido o prazo de classificação ou consumado o evento que defina o seu termo final, a informação tornar-se-á, automaticamente, de acesso público.

§ 5º Para a classificação da informação em determinado grau de sigilo, deverá ser observado o interesse público da informação e utilizado o critério menos restritivo possível, considerados:

I – a gravidade do risco ou dano à segurança da sociedade e do Estado; e

II – o prazo máximo de restrição de acesso ou o evento que defina seu termo final.

CLASSIFICAÇÃO DAS INFORMAÇÕES RESTRITAS

Desta forma, vista a presente síntese da Lei de Acesso à Informação Pública, percebe-se a busca do equilíbrio entre o livre acesso à informação e as restrições concernentes à preservação do Estado e da sociedade, devendo ficar claro, sobretudo, que a norma em questão não é favor feito ao cidadão pelo Estado, mas apenas a necessária regulamentação do direito fundamental à informação.

Proteção de dados pessoais

Em 14 de agosto de 2018, foi editada a Lei n. 13.709, que dispõe sobre a proteção de dados pessoais, sendo aplicável à União, aos Estados, ao Distrito Federal e aos Municípios. O seu texto é relevante também para o direito administrativo, pois disciplinou o tratamento de dados pessoais pelo Poder Público.

Segundo o conceito normativo, dado pessoal é gênero que comporta duas espécies, são elas: dado pessoal sensível e dado anonimizado.

DADO PESSOAL	
DADO PESSOAL SENSÍVEL	DADO ANONIMIZADO

Dado pessoal é a informação relacionada a pessoa natural identificada ou identificável.

Dado pessoal sensível é o dado pessoal sobre origem racial ou étnica, convicção religiosa, opinião política, filiação a sindicato ou a organização de caráter religioso, filosófico ou político, dado referente à saúde ou à vida sexual, dado genético ou biométrico, quando vinculado a uma pessoa natural.

Dado anonimizado é dado relativo a titular que não possa ser identificado, considerando a utilização de meios técnicos razoáveis e disponíveis na ocasião de seu tratamento.

O tratamento de dados pessoais pelas pessoas jurídicas de direito público deverá ser realizado para o atendimento de sua finalidade pública, na persecução do interesse público, com o objetivo de executar as competências legais ou cumprir as atribuições legais do serviço público, desde que:

I – sejam informadas as hipóteses em que, no exercício de suas competências, realizam o tratamento de dados pessoais, fornecendo informações claras e atualizadas sobre a previsão legal, a finalidade, os procedimentos e as práticas utilizadas para a execução dessas atividades, em veículos de fácil acesso, preferencialmente em seus sítios eletrônicos; e

II – seja indicado um encarregado quando realizarem operações de tratamento de dados pessoais, nos termos do art. 39 da lei em comento.

Foi criada a figura da **autoridade nacional** que é o órgão da Administração Pública responsável por zelar, implementar e fiscalizar o cumprimento desta Lei em todo o território nacional.

A autoridade nacional poderá dispor sobre as formas de publicidade das operações de tratamento.

A autoridade nacional poderá solicitar, a qualquer momento, aos órgãos e às entidades do Poder Público a realização de operações de tratamento de dados pessoais, informações específicas sobre o âmbito e a natureza dos dados e outros detalhes do tratamento realizado e poderá emitir parecer técnico complementar para garantir o cumprimento da lei em tela.

A autoridade nacional poderá estabelecer normas complementares para as atividades de comunicação e de uso compartilhado de dados pessoais.

Os serviços notariais e de registro exercidos em caráter privado, por delegação do Poder Público, terão o mesmo tratamento dispensado às pessoas jurídicas de direito público.

Os órgãos notariais e de registro devem fornecer acesso aos dados por meio eletrônico para a administração pública, tendo em vista o atendimento de sua finalidade pública, na persecução do interesse público, com o objetivo de executar as competências legais ou cumprir as atribuições legais do serviço público.

As empresas públicas e as sociedades de economia mista que atuam em regime de concorrência terão o mesmo tratamento dispensado às pessoas jurídicas de direito privado particulares.

As empresas públicas e as sociedades de economia mista, quando estiverem operacionalizando políticas públicas e no âmbito da execução delas, terão o mesmo tratamento dispensado aos órgãos e às entidades do Poder Público.

Os dados deverão ser mantidos em formato interoperável e estruturado para o uso compartilhado, com vistas à execução de políticas públicas, à prestação de serviços públicos, à descentralização da atividade pública e à disseminação e ao acesso das informações pelo público em geral.

O uso compartilhado de dados pessoais pelo Poder Público deve atender a finalidades específicas de execução de políticas públicas e atribuição legal pelos órgãos e pelas entidades públicas, respeitados os princípios de proteção de dados pessoais da lei em estudo.

É vedado ao Poder Público transferir às entidades privadas dados pessoais constantes de bases de dados a que tenha acesso, exceto:

I – em casos de execução descentralizada de atividade pública que exija a transferência, exclusivamente para esse fim específico e determinado, observado o disposto na Lei de Acesso à Informação;

II – nos casos em que os dados forem acessíveis publicamente, observadas as disposições da lei ora analisada;

III – quando houver previsão legal ou a transferência for respaldada em contratos, convênios ou instrumentos congêneres; ou

IV – na hipótese de a transferência dos dados objetivar exclusivamente a prevenção de fraudes e irregularidades, ou proteger e resguardar a segurança e a integridade do titular dos dados, desde que vedado o tratamento para outras finalidades.

Os contratos e convênios relativos à transferência de dados pessoais a entidades privadas deverão ser comunicados à autoridade nacional.

A autoridade nacional poderá solicitar, a qualquer momento, às entidades do Poder Público, a realização de operações de tratamento de dados pessoais, informe específico sobre o âmbito e a natureza dos dados e demais detalhes do tratamento realizado e poderá emitir parecer técnico complementar para garantir o cumprimento das normas da lei em estudo.

A autoridade nacional poderá estabelecer normas complementares para as atividades de comunicação e de uso compartilhado de dados pessoais.

Assim, a publicização pela Administração Pública deve observar os limites trazidos nos arts. 23 a 30 da Lei n. 13.709/2018.

Princípio da eficiência

O **princípio da eficiência**[46] foi consubstanciado em regra quando incluído no *caput* do art. 37 da CF/88 pela Emenda Constitucional n. 19, de 4 de junho de 1998. Antes da emenda citada, o inciso II do art. 74 da CF/88 já previa o seguinte:

> Art. 74. Os Poderes Legislativo, Executivo e Judiciário manterão, de forma integrada, sistema de controle interno com a finalidade de:
>
> [...]
>
> II – comprovar a legalidade e avaliar os resultados, quanto à *eficácia e eficiência*, da gestão orçamentária, financeira e patrimonial nos órgãos e entidades da administração federal, bem como da aplicação de recursos públicos por entidades de direito privado. (grifo nosso)

---

46   A Constituição Espanhola de 1978 já previa, no seu art. 103, que "a administração pública serve com objetividade aos interesses gerais e atua de acordo com os princípios de eficiência, hierarquia, descentralização, desconcentração e coordenação, com obediência plena à lei e ao Direito".

Interessantes as críticas de Lúcia Valle Figueiredo[47] sobre a inclusão do princípio da eficiência no art. 37, *caput*, da Constituição Federal, anotando que:

> É de se perquirir o que muda com a inclusão do princípio da eficiência, pois, ao que se infere, com segurança, à Administração Pública sempre coube agir com eficiência em seus cometimentos. Na verdade, no novo conceito instaurado de Administração Gerencial, de "cliente", em lugar de administrado, o novo "clichê" produzido pelos reformadores, fazia--se importante, até para justificar perante o país as mudanças constitucionais pretendidas, trazer ao texto o princípio da eficiência. Tais mudanças, na verdade, redundaram em muito pouco de substancialmente novo, e em muito trabalho aos juristas para tentar compreender figuras emprestadas sobretudo do Direito Americano, absolutamente diferente do Direito brasileiro.

Critica-se também a inclusão do princípio da eficiência em detrimento do **princípio da qualidade do serviço,** que não foi adotado pelo Poder Constituinte Derivado Reformador, o que parece não ter sido a melhor escolha já que o aprovado tem sentido mais restrito do que o rejeitado[48].

A burocratização[49] e a falta de recursos no serviço público causam, além de dissabores, lesão aos direitos do administrado. Assim, apesar da impossibilidade de trazer boa parte dos preceitos da administração privada para a pública, a sua inclusão no rol do *caput* do art. 37 da CF/88, se não apresentou grandes mudanças e benefícios, males não causou.

No regime jurídicoadministrativo, **a eficiência será sempre subordinada à legalidade**, visto que a busca pela eficiência implantada somente pelo gestor, de modo a desconsiderar o estabelecido pelo legislador, não encontra guarida no Estado Democrático de Direito. Consequentemente, o princípio da eficiência jamais será absoluto.

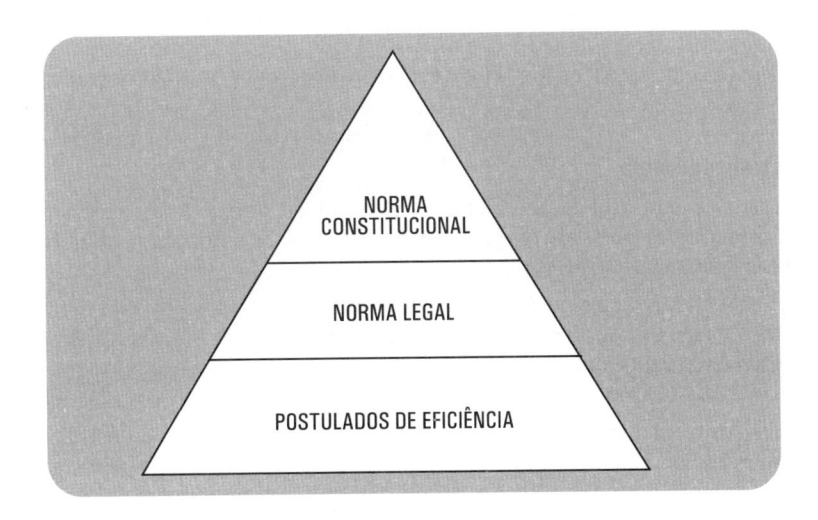

Assim, esse **princípio gerencial** deve ser implantado pelo gestor de acordo com a lei, existindo também como pauta de política legislativa para os representantes do povo, pois é comando constitucional.

---

47 FIGUEIREDO, Lúcia Valle. *Curso de direito administrativo*. 5. ed. São Paulo: Malheiros, 2001. p. 63.

48 PEREIRA, Cláudia Fernanda de Oliveira. *Reforma administrativa*: o Estado, o serviço público e o servidor, Brasília: Brasília Jurídica, 1998.

49 STJ, REsp 1.044.158/MS, rel. Min. Castro Meira, 2ª Turma, julgado em 27-5-2008, *DJe* 6-6-2008.

O **princípio da eficiência** dispõe que a atividade administrativa seja exercida com presteza, busca da perfeição e bom rendimento funcional[50], derivando do direito fundamental à **boa administração pública**.

Eficiência não é um conceito jurídico, mas de **administração de empresa**, que representa a busca dos melhores resultados com os menores custos e organização racional dos meios, recursos humanos, materiais e institucionais, para a prestação de serviço público de qualidade com razoável rapidez[51].

Representa a busca incessante, pautada na legalidade, da **maior rentabilidade social**, tendo inclusive clara atuação na atividade dos servidores públicos que podem perder o cargo por insuficiência de desempenho, na forma do inciso III do § 1º do art. 41 da CF/88.

Princípio do planejamento

Infelizmente, a realidade cotidiana da Administração Pública, salvo alguns centros de excelência, ocorre mediante tomada de decisão sem qualquer estudo prévio, baseada em percepções subjetivas dos gestores, não se instruindo processo de decisão lógica, que contemple os benefícios e riscos advindos da decisão.

Na área de licitações, esse problema sistêmico é bastante perceptível nos períodos de fim do ciclo orçamentário anual, quando muitos órgãos e entidades engendram licitações às pressas – ou adesão a atas de registro de preços – a fim de promover a execução orçamentária das rubricas com as quais foram contemplados.

Quando da execução dos contratos, é frequente a ausência de procedimentos de medição e correção de não conformidades, sem o que a Administração desconhece se os contratos firmados efetivamente servem aos fins que motivaram sua formação.

A Lei n. 14.133/2021 traz em seu bojo diversos mecanismos de planejamento, como o estudo técnico preliminar (art. 18, I) e a matriz dos riscos alocados ao contratante e ao contratado (art. 22, § 1º), instrumentalizando-se adequado planejamento das licitações e contratações, tal como os meios de controle.

Princípio da transparência

A transparência constitui dever maior que a publicidade, porque transcende a dimensão formal desta. É comum o respeito às regras de publicidade dos atos oficiais, sem a observância do princípio da transparência.

Não se pode olvidar que o gestor público não cuida de negócios dos quais é titular, mas do interesse público, razão por que a publicidade dos processos administrativos é pressuposto umbilicalmente ligado à sua legitimidade, de modo que o uso de senhas para o acesso a processos administrativos é condição deveras singular.

Não subsistindo elementos de excepcionalidade como segredo de indústria, informações sensíveis de mercado ou afetas à segurança ou defesa nacional, impõe-se a publicidade dos atos, na mais ampla acepção da palavra, tendo-se como primeira dimensão dessa premissa o franco acesso aos autos dos processos administrativos, independentemente de petição ou manifestação de interesse.

O art. 184 da Lei n. 14.133/2021 dispõe que o conteúdo desta lei aplica-se, no que couber e na ausência de norma específica, aos convênios, acordos, ajustes e outros instrumentos congêneres celebrados por órgãos e entidades da Administração Pública, na forma estabelecida em regulamento do Poder Executivo federal.

---

50 MEIRELLES, Hely Lopes. *Direito administrativo brasileiro*. 35. ed. São Paulo: Malheiros, 2009.

51 SILVA, José Afonso da. *Curso de direito constitucional positivo*. 29. ed. São Paulo: Malheiros, 2007.

O dever de transparência recai sobre todos os atos e negócios públicos, mesmo quando não onerosos. Nesse espectro de negócios jurídicos celebrados pela Administração, tem-se exemplo de malferimento à norma de transparência a realização de acordo de cooperação técnica sem a observância de chamamento público.

Haja vista que poderia haver outros interessados – que jamais teriam conhecimento da pretensão da Administração – em firmar o mesmo negócio jurídico, tal fato caracteriza ofensa ao princípio da publicidade e, por reflexo, da isonomia e do controle social.

Ademais, no caso em tela, a norma de regência impõe explícita observância ao princípio da transparência, *ex vi* do art. 5º, IV, da Lei n. 13.019/2014, que consigna como fundamentos do regime jurídico das parcerias entre a Administração Pública e as organizações da sociedade civil, em regime de mútua cooperação, "o direito à informação, à transparência e ao controle social das ações públicas".

O marco legal singulariza a única cláusula de excepcionalidade, consoante o teor do art. 87 do mesmo diploma, assim transcritas:

> [...] as exigências de transparência e publicidade previstas em todas as etapas que envolvam a parceria, desde a fase preparatória até o fim da prestação de contas, naquilo que for necessário, serão excepcionadas quando se tratar de programa de proteção a pessoas ameaçadas ou em situação que possa comprometer a sua segurança, na forma do regulamento.

O mandamento legal é clarividente quando impõe, como requisito de validade dos atos destinados à consecução do instrumento de parceria, a transparência e publicidade, desde o momento embrionário.

Do comando normativo emana a imperiosidade do amplo acesso e divulgação dos atos levados a efeito, tal como a inteligibilidade das iniciativas e fins almejados, possibilitando-se o controle pelos órgãos de controle interno, corte de contas, órgãos legislativos, órgão supervisor – quando o negócio é formado por entidade da administração indireta –, funções essenciais à Justiça, organismos de imprensa e por qualquer cidadão, amparado pelo poder democrático de controle social.

O princípio da transparência também é violado quando a informação, embora ostensiva e devidamente divulgada, não se revela de modo claro, impossibilitando-se sua compreensão.

Isso ocorre, por exemplo, mediante o uso de linguagem extremamente tecnicista – quando desnecessária – em documentos oficiais, ou quando, embora possível a ampla divulgação de projetos da Administração, mediante chamamento público e lançamento na internet, opta-se apenas pelo meio de publicidade formal, com publicação de extrato na imprensa oficial, do qual se presume ciência ficta.

Quando atua dessa forma, a Administração não favorece o processo de participação e controle social, enfraquece os preceitos de *accountability* e torna a coisa pública blindada em relação ao povo, que é seu titular.

No que tange à divulgação do plano anual de contratações, deve ser mantido à disposição do público em sítio eletrônico oficial (art. 12, § 1º).

Quanto à característica redacional, as regras de transparência dispostas na Lei n. 14.133/2021 alcançam não apenas os gestores, mas os advogados públicos. O art. 53, II, do diploma legal determina a redação de parecer jurídico "em linguagem simples e compreensível e de forma clara e objetiva".

Obviamente, disso não se extrai qualquer autorização legislativa para o emprego de linguagem vulgar em documentos oficiais, mas de linguagem compatível com o nível intelectual mediano dos indivíduos da sociedade, de forma a maximizar o alcance da informação.

Excepcionalizam-se situações em que o assunto é pertinente a matéria de elevada tecnicalidade ou cientificidade, quando o uso de vocábulos e expressões de significado próprio é indispensável para a compreensão da mensagem.

Princípio da eficácia

O princípio da eficácia relaciona-se diretamente aos objetivos alcançados a partir dos processos; enquanto a eficiência refere-se à efetividade do processo, a eficácia mede-se pelo resultado da licitação.

Importa salientar que o princípio da eficácia em nada se relaciona com os planos de existência, validade e eficácia dos negócios jurídicos. Sua gênese não está no direito, mas na teoria da administração, sobretudo no campo de gestão de processos.

É possível, pois, que uma licitação seja eficiente, mas não seja eficaz, quando, embora o processo tenha transcorrido sem vícios ou empecilhos, a contratação não alcance o resultado almejado.

Também é possível que a licitação seja eficaz, mas não eficiente, quando tenha a capacidade de satisfazer o resultado desejado, mas o processo seja conturbado, lento ou oneroso.

Por óbvio, da correlação entre os princípios da eficiência e da eficácia, a vontade da lei manifesta-se em processos eficientes e resultados eficazes.

A constatação da eficácia é possível por meio da determinação precisa de resultados, metas e objetivos, conforme a sistemática adotada em sistemas de gestão da qualidade, a exemplo dos requisitos constantes da norma técnica NBR ISO 9001.

Princípio da segregação de funções

A segregação de funções tem especial relevância nas atividades de contabilidade e auditoria, com vistas à prevenção de erros ou fraudes. O Conselho Federal de Contabilidade conceitua a segregação de funções como "princípio básico do sistema de controle interno que consiste na separação de funções, nomeadamente de autorização, aprovação, execução, controle e contabilização das operações"[52].

Por conseguinte, o agente público que emite a nota de empenho não deve efetuar a liquidação da despesa, e quem realiza a liquidação não deve emitir a ordem bancária em favor do credor.

A segregação de funções é objeto de preocupação dos órgãos de planejamento. Dentre as normas infralegais que versam sobre esse tema, a Instrução Normativa n. 5, de 26 de maio de 2017, da Secretaria de Gestão do Ministério do Planejamento, Desenvolvimento e Gestão, determina, para a contratação de serviços sob regime de execução indireta no âmbito da Administração Pública Federal, a existência de cláusula específica para vedar a contratação de uma mesma empresa para dois ou mais serviços quando, por sua natureza, exigirem a segregação de funções, como aqueles de execução e de assistência à fiscalização.

Por óbvio, quem executa projeto ou empreendimento, regra geral, não pode atuar na fiscalização desses objetos, seja diretamente, seja mediante assessoramento, salvo excepcionais hipóteses em que o conhecimento singular do projetista seja relevante para o apoio às atividades de fiscalização, sob supervisão exclusiva de agentes públicos do órgão ou entidade incumbida da fiscalização.

A separação de funções é recomendada pela Organização Internacional de Entidades Fiscalizadoras Superiores (International Organization of Supreme Audit Institutions – INTOSAI), cujas diretrizes são adotadas pelo TCU, que é membro pleno da organização, razão por que a Corte de Contas considera referido princípio em suas normas de auditoria, o que reflete em suas decisões.

Tem-se como exemplo o recentíssimo excerto em que o órgão de controle externo aponta ausência de separação entre as funções de gestores e de fiscais de contratos, "bem como a falta de segregação de funções no recebimento provisório e definitivo dos objetos contratados, com vistas a que o recebimento provisório ateste a realização do serviço e o definitivo"[53].

Por força do princípio em comento, obriga-se a segregação entre as atividades de planejamento da licitação, execução do certame e fiscalização do contrato. Portanto, quem elabora o termo de

---

52   CFC (Conselho Federal de Contabilidade). *Manual de Auditoria do Sistema CFC/CRCs*. Brasília: CFC, 2007. p. 109.

53   TCU, Relatório de auditoria, Acórdão 4.039/2020, Plenário, rel. Min. Walton Alencar Rodrigues, Brasília/DF, 8 de dezembro de 2020.

referência não deve exercer a função de agente de contratação, tal como quem participa do processo licitatório não deve exercer a fiscalização do contrato.

O art. 7º, § 1º, da Lei n. 14.133/2021, dispõe sobre o princípio da segregação de funções, de forma a vedar "a designação do mesmo agente público para atuação simultânea em funções mais suscetíveis a riscos".

Princípio da motivação

A motivação é a razão ou justificativa de decidir; representa a fundamentação fática e jurídica do ato administrativo editado. Não é somente a exposição dos motivos, mas a explicação do objeto adotado em relação aos motivos advindos.

Ressalte-se que motivo e motivação não são, na linguagem técnica, sinônimos. Aquele é a situação que enseja a edição do ato administrativo, a causa necessária à edição do ato ou acontecimento fático ou jurídico que exige ou faculta a ação administrativa. Esta é a justificação da existência do motivo (fato) e da adequação do ato decorrente do fato aos postulados normativos (fundamento jurídico).

O motivo é elemento do ato administrativo, precedente à declaração da Administração, porquanto integra o universo dos fatos. A motivação, por sua vez, integra a forma do ato, que também é elemento de sua constituição. Por conseguinte, vícios de motivação repercutem vícios de forma.

A motivação *aliunde* – que admite a mera declaração de concordância com fundamentos de anteriores pareceres, informações, decisões ou propostas –, e a motivação padrão, utilizada para matérias repetitivas, da mesma natureza, com fundamentos respectivos no art. 50, §§ 1º e 2º, da Lei n. 9.784/99, são possibilidades jurídicas que se coadunam com o princípio da eficiência.

No que concerne à motivação para as licitações, o art. 18, IX, da Lei n. 14.133/2021, determina a "motivação circunstanciada das condições do edital", elemento indispensável à validade do certame.

Princípio da razoabilidade

O princípio da razoabilidade realiza-se quando, na determinação de obrigações e na tomada de decisão, o administrador tenha em vista os problemas que realmente precisa considerar, devendo excluir da sua avaliação problemas reputados irrelevantes.

O **princípio da razoabilidade** surgiu no caso *Associated Provincial Pictures Houses Ltd.* versus *Wednesbury Corporation*, em 1948, julgado por Tribunal britânico[54].

A decisão judicial criou o teste de razoabilidade. O Lord Greene, presidente do Tribunal, em *obiter dictum*, afirmou:

> É verdade, discricionariedade deve ser exercida com razoabilidade... Por exemplo, uma pessoa investida de discricionariedade deve, por assim dizer, conduzir-se dentro da lei. Ela deve chamar a sua própria atenção para as matérias que são de consideração obrigatória. Ela deve excluir das suas considerações as matérias irrelevantes. Se não obedecer a tais regras, ela pode realmente ter a sua ação classificada como irrazoável. Da mesma forma, pode haver algo tão absurdo, que nenhuma pessoa sensata poderia sonhar que estava dentro dos poderes de autoridade[55].

---

54 MORAES, Germana de Oliveira. *Controle jurisdicional da administração pública*. São Paulo: Dialética, 1999.

55 EWCA (England and Wales Court of Appeal (Civil Division) Decisions. Associated Provincial Picture Houses Ltd v Wednesbury Corporation [1947] EWCA Civ 1, 10 nov. 1947. No original: It is true the discretion must be exercised reasonably. Now what does that mean? Lawyers familiar with the phraseology commonly used in relation to exercise of statutory discretions often use the word "unreasonable" in a rather comprehensive sense. It has frequently been used and is frequently used as a general description of the things that must not be done. For instance, a person entrusted with a discretion must, so to speak, direct himself properly in law. He must call his own attention to the matters which he is bound to consider. He must exclude from his consideration matters

O magistrado inglês entende que o **poder discricionário** deve ser exercido de maneira razoável. A pessoa dotada deste poder deve direcionar-se ao domínio da lei. Ela deve prestar atenção aos problemas que realmente precisa considerar, devendo excluir da sua avaliação problemas reputados irrelevantes. Se não forem obedecidas tais normas, as suas ações serão qualificadas como desarrazoadas e ilustrarão algo tão absurdo que nenhuma pessoa sensata poderia sonhar que tais ações fariam parte dos poderes da autoridade.

A partir desse julgamento, formulou-se no direito britânico o **princípio Wednesbury**, como limite às decisões irrazoáveis. Os Tribunais ingleses deixaram de se contentar apenas com o exame da legalidade e da regularidade procedimental da decisão administrativa.

De fato, os britânicos não somente passaram a buscar a racionalidade da decisão, mas também fixaram como critério de razoabilidade **preceitos morais geralmente aceitos** (*accepted moral standards*).

Observe-se que os ingleses passaram a utilizar o critério objetivo de **homem médio**, ou seja, a sensatez vista não no homem dotado de racionalidade acima do normal nem no mais estúpido dos seres humanos, e sim na maioria dos membros da sua sociedade[56].

A razoabilidade é observada quando, na interpretação da lei, do edital e do contrato, presume-se o que normalmente acontece, não o extraordinário ou improvável, de modo que as normas indiquem, em relação aos fatos jurídicos, aqueles que se adstringem ao universo da normalidade e aqueles que mereçam a repulsa do Direito[57].

Os acontecimentos e atitudes tidos por razoáveis balizam-se pela Teoria do Homem Médio, concebida no direito britânico, que consiste em considerar o adequado grau de sensatez vista não no homem dotado de racionalidade acima do normal nem no mais estúpido dos seres humanos, e sim na maioria dos membros da sua sociedade[58].

Não é razoável, portanto, que a Administração exija atestados de capacidade técnica que demonstrem a realização de objetos desnecessários ou impertinentes em relação ao objeto da licitação, o que importaria em ofensa ao art. 62, *caput*, da Lei n. 14.133/2021, o qual define a habilitação como fase do certame "em que se verifica o conjunto de informações e documentos necessários e suficientes para demonstrar a capacidade do licitante de realizar o objeto da licitação".

Princípio da competitividade

O princípio da competitividade veda à pessoa licitante criar barreira ou impedimentos à participação mais universal possível na licitação, não sendo válidas disposições do edital que comprometam, restrinjam ou frustrem o caráter competitivo.

Norma jurídica que exemplifica a adoção do princípio em tela pode ser vista no art. 9º, I, *a*, da Lei n. 14.133/2021, que proíbe aos agentes públicos admitir, prever, incluir ou tolerar situações que "comprometam, restrinjam ou frustrem o caráter competitivo do processo licitatório".

Determinadas regras licitatórias, como o dever de sigilo das propostas, asseguram a competitividade e inibem que os preços sejam artificialmente alterados ou acordados para beneficiar licitantes e prejudicar a Administração.

A proibição de exigências desnecessárias para o cumprimento do objeto da licitação e a obrigação de publicidade e transparência são fatores que maximizam o alcance da licitação e a potencial participação de interessados.

---

which are irrelevant to what he has to consider. If he does not obey those rules, he may truly be said, and often is said, to be acting"unreasonably." Similarly, there may be something so absurd that no sensible person could ever dream that it lay within the powers of the authority.

56   STJ, REsp 658.458/PR, rel. Min. Luiz Fux, 1ª Turma, julgado em 2-6-2005, *DJ* 27-6-2005, p. 244.

57   ÁVILA, Humberto. *Teoria dos princípios da definição à aplicação dos princípios jurídicos*. 9. ed. São Paulo: Malheiros, 2009.

58   STJ, REsp 658.458/PR, 1ªTurma, rel. Min. Luiz Fux, Brasília/DF, 2 de junho de 2005.

Princípio da proporcionalidade

O princípio da proporcionalidade ou da proibição de excessos tem nítido escopo de proteção aos direitos fundamentais, por limitar a discricionariedade do Estado perante os direitos conquistados pelos indivíduos nos Estados Constitucionais modernos.

A proporcionalidade "é a relação equilibrada entre causa e consequência"[59]; é respeitada quando coexistentes os seguintes pressupostos: (i) a medida levar à realização da finalidade (exame da adequação); (ii) a medida ser a menos restritiva aos direitos envolvidos dentre aquelas que poderiam ser utilizadas para atingir a finalidade (exame da necessidade); e (iii) a finalidade pública ser tão valorosa que justifique tamanha restrição (exame da proporcionalidade em sentido estrito)[60].

O exame de adequação consiste em determinar a relação empírica entre meio e fim, isto é, aferir se efetivamente o meio eleito para a promoção do bem jurídico tem a capacidade de realizar o fim pretendido.

O exame da necessidade funda-se no sentido de cotejar a relação de adequação dos meios possíveis e, dentre as medidas possíveis, qual apresenta menor restrição ao administrado, promovendo-se o mesmo fim.

O exame da proporcionalidade em sentido estrito perfaz-se na ponderação entre os benefícios colimados pela norma e as restrições impostas ao administrado e o conjunto de fatores que o circundam.

Uma Constituição, por mais analítica que seja, não consegue limitar ou prever todas as potenciais violações a direitos individuais pelo Estado. Assim, faz-se necessário instrumento de conteúdo aberto que possa impor limites causais às ações de quem detém o poder.

A proporcionalidade é a **relação equilibrada entre causa e consequência**, é a imputação balanceada do efeito que envolve lógica (elemento metajurídico). A clássica frase de Jellinek ("Não se abatem pardais disparando canhões") ilustra bem a dificuldade de criação do conceito único de proporcionalidade e a facilidade de percepção do seu conteúdo quando aplicado ao caso concreto. A seta transversal abaixo representa a proporcionalidade:

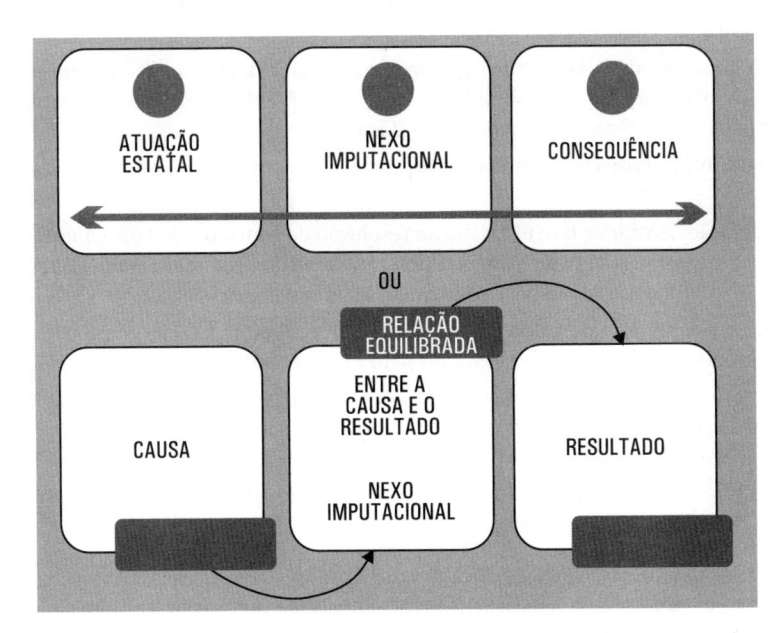

59 COUTO, Reinaldo. *Curso de direito administrativo.* 4. ed. São Paulo: Saraiva, 2020. p. 151.

60 ÁVILA, Humberto. *Teoria dos princípios da definição à aplicação dos princípios jurídicos.* 9. ed. São Paulo: Malheiros, 2009. p. 162-163.

Alguns autores debatem se a sua origem deriva do Estado de Direito (*the rule of law*) ou dos direitos fundamentais. Entretanto, o princípio da proporcionalidade representa o ponto de equilíbrio que permite a proteção real dos direitos fundamentais e a existência material e efetiva do Estado de Direito.

Tal princípio tem como elementos básicos a necessidade, a adequação e a proporcionalidade em sentido estrito.

A verificação da sua observância exige três perguntas:

a)   A consequência imputada à conduta é necessária?
b)   A consequência imputada à conduta é adequada?
c)   A consequência imputada à conduta preservou o equilíbrio constitucionalmente estabelecido para os valores em oposição?

A resposta afirmativa as três perguntas acima formuladas implica observância ao princípio da proporcionalidade. Todavia, a resposta negativa a qualquer delas revela inobservância a tal princípio.

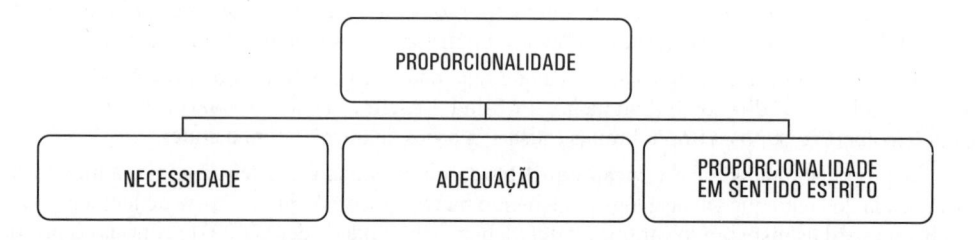

A **necessidade** decorre da indispensabilidade da ação. O Estado não pode resolver a situação sem agir. A **adequação** decorre da correta escolha dos meios ou instrumentos. O Estado escolherá, por exemplo, entre servidão e desapropriação.

É lógico que o agir deve, dentro da legalidade e economicidade, buscar o **menor prejuízo** para as partes envolvidas, pois, entre possibilidades legalmente previstas, não será proporcional a escolha pela que possa causar mais ônus a qualquer das partes.

A **proporcionalidade em sentido estrito** tem relação com o equilíbrio ou ponderação de bens ou valores.

A ponderação de valores tem utilidade na resolução de conflito entre princípios, pois, ao contrário das regras, a colisão de princípios não determina necessariamente o afastamento completo de um deles, mas apenas a prevalência ponderada de um ou alguns deles.

Assim, na ponderação de valores não há, obrigatoriamente, relação causa/consequência. O princípio da proporcionalidade pode ser usado para dirimir conflitos entre bens jurídicos[61].

O princípio da proporcionalidade não tem aplicação apenas nas atividades executiva e judiciária, devendo ser observado também em sede de *política legislativa*, visto que a lei deve impor o mínimo possível de restrições a direito.

Interessante notar que o princípio da proporcionalidade está consubstanciado na regra do art. 2º da Lei n. 9.784/99. Eis os seus dizeres:

> Art. 2º A Administração Pública obedecerá, dentre outros, aos princípios da legalidade, finalidade, motivação, razoabilidade, proporcionalidade, moralidade, ampla defesa, contraditório, segurança jurídica, interesse público e eficiência.

---

61   CANOTILHO, José Joaquim Gomes. *Direito constitucional e teoria da Constituição*. 3. ed. Coimbra: Almedina, 1999.

O inciso VI do parágrafo único do citado artigo ilustra bem a proporcionalidade ao exigir da Administração Pública **adequação entre meios e fins, vedada a imposição de obrigações, restrições e sanções em medida superior àquelas estritamente necessárias ao atendimento do interesse público**.

Entretanto, o Poder Constituinte Originário preferiu colocá-lo como proposição geral que pode ser extraída de algumas das regras constitucionais, não o listando expressamente.

Princípio da celeridade

O princípio da celeridade traduz-se na agilidade dos atos e procedimentos, com vistas à realização da licitação e à formação dos contratos em tempo hábil e satisfatório. A promoção da celeridade requer a supressão de entraves burocráticos desnecessários, como o reconhecimento de firma.

A esse respeito, o art. 12, V, da Lei n. 14.133/2021 dispõe que no processo licitatório "o reconhecimento de firma somente será exigido quando houver dúvida de autenticidade, salvo imposição legal".

Principalmente antes da estruturação de processos eletrônicos na Administração, e mecanismos de assinatura e certificação digital, eram frequentes idas e vindas de representantes de licitantes a estabelecimentos cartoriais com o único fim de autenticar documentos ou reconhecimento de firma, desperdiçando-se tempo e recursos das empresas, onerando-se os procedimentos licitatórios.

Nesse sentido, a celeridade impõe-se não apenas no delineamento das rotinas internas da Administração, mas no tratamento dispensado ao particular.

Prática também bastante frequente consiste na redação de pareceres e peças informativas exageradamente prolixas, que excedem em muito os requisitos exigidos para aptidão ao fim a que se destina.

Quando o agente público atua dessa maneira, desperdiça recursos da Administração, porque estende o tempo necessário para a realização dos atos, afetando-se a celeridade do processo.

A celeridade é componente do princípio da eficiência. Enquanto a eficiência é aferida a partir da otimização dos recursos para a condução dos processos, a celeridade concerne diretamente ao tempo do processo.

Princípio do desenvolvimento nacional sustentável

A sustentabilidade socioeconômico-ambiental constitui um dos mais atuais e sensíveis temas relacionados às políticas públicas e ordenamento da atuação dos agentes econômicos.

A preocupação com a sustentabilidade partiu de uma concepção voltada ao meio ambiente. Estudiosos da segunda metade do século XX definiam sustentabilidade como a possibilidade de manutenção, por longo período, das atividades baseadas na exploração de recursos naturais.

O conceito inicial de sustentabilidade ligava-se à noção de preservação de reservas naturais com vistas à continuidade das atividades econômicas, que deveriam evitar o esgotamento dos recursos necessários para a produção[62].

Com a evolução do tema, agregaram-se outros valores à matriz ambiental, compreendendo-se o desenvolvimento sustentável como o nível de desenvolvimento dos povos fundado em um patamar ótimo de interação entre os sistemas ambiental, produtivo e social[63].

Preconizavam-se as primeiras ideias que viriam a formar o conceito de *triple bottom line*, expressão cunhada em 1994 por John Elkington, que conjuga os componentes *people, planet and profit*, designados pela sigla 3P.

---

62 Por todos: HOWE, Charles W. *Natural resource economics:* issues, analysis, and policy. New York: John Wiley and Sons, 1979.

63 BARBIER, E. *Economics, natural resource scarcity and development:* conventional and alternative views. London: Earthscan, 1989.

A expressão é conhecida entre nós como "tripé da sustentabilidade", e funda-se na ideia de que os elementos social, ambiental e econômico devem estar em equilíbrio para que se alcance o saldo positivo das organizações.

Tal como nas técnicas de ponderação existentes na ferramenta de gestão estratégica denominada *balanced scorecard*, os aspectos não econômicos merecem tanta atenção quanto os econômicos, haja vista que da combinação entre esses fatores resulta a eficiência da organização.

Todos esses elementos interagem mutuamente no complexo de relações que constroem a dimensão econômica de uma atividade, a partir do trabalho canalizado enquanto energia social que, por sua vez, transforma em valor social as riquezas latentes da natureza, de modo a suprirem as necessidades humanas[64].

O conceito mais propalado sobre desenvolvimento sustentável tem origem no relatório "Nosso Futuro Comum", publicado em 1987 pela Comissão Mundial sobre o Meio Ambiente e Desenvolvimento, conhecida como Comissão Brundtland,[65] segundo o qual:

> Desenvolvimento sustentável é o desenvolvimento que encontra as necessidades atuais sem comprometer a habilidade das futuras gerações de atender suas próprias necessidades.

O Relatório *Brundtland* define os alicerces do desenvolvimento sustentável, elementos norteadores que devem orientar toda a atuação pública e privada na construção da sustentabilidade.

Tais elementos revestem-se do conteúdo hermenêutico principiológico, fontes para a estruturação de uma ordem jurídica internacional de fomento e proteção ao desenvolvimento sustentável.

Do princípio do desenvolvimento nacional sustentável, edificado a partir do tripé da sustentabilidade, espraiam-se os subprincípios da eficácia econômica, da equidade social e da preservação ambiental.

A eficácia econômica é compreendida como o dimensionamento dos custos de concepção, instalação, desenvolvimento, operação, entrega e prestação de produtos e serviços considerando-se não apenas os custos econômicos, mas os custos socioambientais.

Os índices econômicos, isoladamente considerados, conduzem às soluções técnicas menos onerosas, despreocupadas com a preservação ambiental e com os impactos da atividade produtiva sobre a vida das comunidades afetadas.

A projeção macroeconômica da eficácia econômica transpõe o país do rumo do crescimento para a trilha do desenvolvimento, composto por indicadores econômicos e sociais.

A equidade social importa no tratamento justo sobre as necessidades apresentadas pelos indivíduos e comunidades de uma região, ponderando-se suas semelhanças e diferenças, na busca da concretização de seus interesses comuns.

A equidade projeta-se no tempo, zelando-se pelos direitos intergeracionais a um meio ambiente hígido e equacionamento das dívidas públicas, e no espaço, o que se concretiza pelo respeito às diversidades culturais nas diversas regiões de um país, continente ou no mundo.

A preservação ambiental envolve o uso inteligente dos recursos naturais, assegurando-se a conservação dos ecossistemas e a qualidade de vida da população atual e das gerações futuras.

Em observância ao subprincípio da preservação ambiental, o Estado deve adotar políticas de incentivo às iniciativas técnicas e industriais de preservação ambiental, bem como medidas de desestímulo às práticas poluentes e degradantes.

---

64   LOPES, Uaçaí de Magalhães. *Educação e sustentabilidade*. Salvador: UFBA, 2009. p. 126.

65   A Comissão Mundial sobre o Meio Ambiente e Desenvolvimento, instituída no âmbito do Programa das Nações Unidas para o Meio Ambiente, era presidida pela médica *Gro Harlem Brundtland*, mestre em saúde pública e ex-Primeira Ministra da Noruega.

A competência tributária serve como importante ferramental para o alcance desses propósitos, por meio de benefícios ou onerações fiscais sobre os agentes econômicos cujas atividades promovam impactos ambientais.

A tributação ambientalmente orientada é um mecanismo de internalização dos custos da degradação ambiental aos produtos e serviços ambientalmente nocivos. Assim, o direito tributário serve de estímulo à produção e circulação de bens e serviços que sejam ecologicamente favoráveis, alcançando menor custo de mercado[66].

Outrossim, o desenvolvimento sustentável deve contemplar a pesquisa e desenvolvimento de fontes de energia e tecnologias alternativas, como formas de mitigação do uso de recursos naturais não renováveis e da promoção do uso de energia limpa[67][68].

O desenvolvimento nacional sustentável, edificado sobre o tripé socioeconômico-ambiental, dinamiza-se a partir da harmônica relação entre as forças econômicas de produção, as necessidades humanas e as limitações do meio físico, de modo a se impor uma barreira ao impulso desenfreado de apropriação e esgotamento dos recursos naturais e bem-estar das pessoas.

A preservação ambiental é pensada no futuro, projetando-se o uso racional dos recursos naturais, conservando-os para as próximas gerações, inibindo-se medidas e intentos de máximo aproveitamento imediato. No direito ambiental brasileiro, a natureza intergeracional do princípio do desenvolvimento sustentável decorre do art. 225, *caput*, da CRFB, consistente no dever do Estado e da coletividade em assegurar o meio ambiente ecologicamente equilibrado e "preservá-lo para as presentes e futuras gerações".

O Estado, por meio das licitações, tem elevado potencial para influenciar o comportamento de agentes econômicos, mediante requisitos de sustentabilidade para a participação em licitações ou critérios de preferência.

Tem-se o exemplo do art. 26, II, da Lei n. 14.133/2021, que dispõe sobre a opção de determinação, no edital da licitação, de margem de preferência para "bens reciclados, recicláveis ou biodegradáveis, conforme regulamento".

Princípios tabulados na LINDB

A Lei de Introdução às Normas do Direito Brasileiro (Decreto-lei n. 4.657, de 4 de setembro de 1942), tem natureza *lex legum*, isto é, norma sobre normas, que tem a finalidade de orientar a aplicação do direito. Seus dispositivos contêm cânones hermenêuticos que, lidos de forma sistêmica com os diplomas normativos, indicam o melhor caminho para o intérprete da lei, como nos casos em que houver lacuna da lei ou do regulamento, situação para a qual o art. 4º da LINDB dispõe que, "quando a lei for omissa, o juiz decidirá o caso de acordo com a analogia, os costumes e os princípios gerais de direito".

O art. 5º da LINDB dita que "na aplicação da lei, o juiz atenderá aos fins sociais a que ela se dirige e às exigências do bem comum". Logo, a LINDB dispõe sobre a interpretação teleológica das

---

66   FIGUEIREDO, Douglas Dias Vieira de; AMARAL, Paulo Adyr Dias do. *Tributação regulatória e extrafiscalidade ambiental*. Florianópolis: Conpedi, 2014.

67   Como instrumento de elaboração das políticas de preservação ambiental, tem-se a Lei n. 11.097, de 13 de janeiro de 2005, que dispõe sobre a introdução do biodiesel na matriz energética brasileira. A produção de biodiesel é fomentada pelo Programa Nacional de Produção e Uso de Biodiesel, programa interministerial do Governo Federal que objetiva a produção e uso do *biodiesel* de forma sustentável, com enfoque na inclusão social e no desenvolvimento regional.

68   A Lei n. 12.305, de 2 de agosto de 2010, institui a Política Nacional de Resíduos Sólidos, dispondo sobre seus princípios, objetivos e instrumentos, bem como sobre as diretrizes relativas à gestão integrada e ao gerenciamento de resíduos sólidos, incluídos os perigosos, às responsabilidades dos geradores e do poder público e aos instrumentos econômicos aplicáveis.

normas, de modo que o intérprete observe, quanto ao seu conteúdo e seu alcance, o bem jurídico tutelado, a fim de que os atos e as formalidades do processo não sejam vistos como fim em si mesmo, mas como meios para a consecução de fins residentes na vontade da lei.

CAPÍTULO III
Das Definições

Art. 6º Para os fins desta Lei, consideram-se:

I – órgão: unidade de atuação integrante da estrutura da Administração Pública;

II – entidade: unidade de atuação dotada de personalidade jurídica;

III – Administração Pública: administração direta e indireta da União, dos Estados, do Distrito Federal e dos Municípios, inclusive as entidades com personalidade jurídica de direito privado sob controle do poder público e as fundações por ele instituídas ou mantidas;

DISPOSITIVO CORRELATO (Lei n. 8.666/93)
Art. 6º [...]
XI – Administração Pública – a administração direta e indireta da União, dos Estados, do Distrito Federal e dos Municípios, abrangendo inclusive as entidades com personalidade jurídica de direito privado sob controle do poder público e das fundações por ele instituídas ou mantidas;

IV – Administração: órgão ou entidade por meio do qual a Administração Pública atua;

DISPOSITIVO CORRELATO (Lei n. 8.666/93)
Art. 6º [...]
XII – Administração – órgão, entidade ou unidade administrativa pela qual a Administração Pública opera e atua concretamente;

V – agente público: indivíduo que, em virtude de eleição, nomeação, designação, contratação ou qualquer outra forma de investidura ou vínculo, exerce mandato, cargo, emprego ou função em pessoa jurídica integrante da Administração Pública;

VI – autoridade: agente público dotado de poder de decisão;

VII – contratante: pessoa jurídica integrante da Administração Pública responsável pela contratação;

DISPOSITIVO CORRELATO (Lei n. 8.666/93)
Art. 6º [...]
XIV – Contratante – é o órgão ou entidade signatária do instrumento contratual;

VIII – contratado: pessoa física ou jurídica, ou consórcio de pessoas jurídicas, signatária de contrato com a Administração;

DISPOSITIVO CORRELATO (Lei n. 8.666/93)
Art. 6º [...]
XV – Contratado – a pessoa física ou jurídica signatária de contrato com a Administração Pública;

IX – licitante: pessoa física ou jurídica, ou consórcio de pessoas jurídicas, que participa ou manifesta a intenção de participar de processo licitatório, sendo-lhe equiparável, para os fins desta Lei, o fornecedor ou o prestador de serviço que, em atendimento à solicitação da Administração, oferece proposta;

X – compra: aquisição remunerada de bens para fornecimento de uma só vez ou parceladamente, considerada imediata aquela com prazo de entrega de até 30 (trinta) dias da ordem de fornecimento;

DISPOSITIVO CORRELATO (Lei n. 8.666/93)

Art. 6º [...]

III – Compra – toda aquisição remunerada de bens para fornecimento de uma só vez ou parceladamente;

XI – serviço: atividade ou conjunto de atividades destinadas a obter determinada utilidade, intelectual ou material, de interesse da Administração;

DISPOSITIVO CORRELATO (Lei n. 8.666/93)

Art. 6º [...]

II – Serviço – toda atividade destinada a obter determinada utilidade de interesse para a Administração, tais como: demolição, conserto, instalação, montagem, operação, conservação, reparação, adaptação, manutenção, transporte, locação de bens, publicidade, seguro ou trabalhos técnico-profissionais;

XII – obra: toda atividade estabelecida, por força de lei, como privativa das profissões de arquiteto e engenheiro que implica intervenção no meio ambiente por meio de um conjunto harmônico de ações que, agregadas, formam um todo que inova o espaço físico da natureza ou acarreta alteração substancial das características originais de bem imóvel;

DISPOSITIVO CORRELATO (Lei n. 8.666/93)

Art. 6º [...]

I – Obra – toda construção, reforma, fabricação, recuperação ou ampliação, realizada por execução direta ou indireta;

XIII – bens e serviços comuns: aqueles cujos padrões de desempenho e qualidade podem ser objetivamente definidos pelo edital, por meio de especificações usuais de mercado;

DISPOSITIVO CORRELATO (Lei n. 10.520/2002)

Art. 1º [...]

Parágrafo único. Consideram-se bens e serviços comuns, para os fins e efeitos deste artigo, aqueles cujos padrões de desempenho e qualidade possam ser objetivamente definidos pelo edital, por meio de especificações usuais no mercado.

XIV – bens e serviços especiais: aqueles que, por sua alta heterogeneidade ou complexidade, não podem ser descritos na forma do inciso XIII do *caput* deste artigo, exigida justificativa prévia do contratante;

XV – serviços e fornecimentos contínuos: serviços contratados e compras realizadas pela Administração Pública para a manutenção da atividade administrativa, decorrentes de necessidades permanentes ou prolongadas;

XVI – serviços contínuos com regime de dedicação exclusiva de mão de obra: aqueles cujo modelo de execução contratual exige, entre outros requisitos, que:

a) os empregados do contratado fiquem à disposição nas dependências do contratante para a prestação dos serviços;

b) o contratado não compartilhe os recursos humanos e materiais disponíveis de uma contratação para execução simultânea de outros contratos;

c) o contratado possibilite a fiscalização pelo contratante quanto à distribuição, controle e supervisão dos recursos humanos alocados aos seus contratos;

XVII – serviços não contínuos ou contratados por escopo: aqueles que impõem ao contratado o dever de realizar a prestação de um serviço específico em período predeterminado, podendo ser prorrogado, desde que justificadamente, pelo prazo necessário à conclusão do objeto;

XVIII – serviços técnicos especializados de natureza predominantemente intelectual: aqueles realizados em trabalhos relativos a:

> **DISPOSITIVO CORRELATO (Lei n. 8.666/93)**
>
> Art. 13. Para os fins desta Lei, consideram-se serviços técnicos profissionais especializados os trabalhos relativos a:

a) estudos técnicos, planejamentos, projetos básicos e projetos executivos;

> **DISPOSITIVO CORRELATO (Lei n. 8.666/93)**
>
> Art. 13. [...]
>
> I – estudos técnicos, planejamentos e projetos básicos ou executivos;

b) pareceres, perícias e avaliações em geral;

> **DISPOSITIVO CORRELATO (Lei n. 8.666/93)**
>
> Art. 13. [...]
>
> II – pareceres, perícias e avaliações em geral;

c) assessorias e consultorias técnicas e auditorias financeiras e tributárias;

> **DISPOSITIVO CORRELATO (Lei n. 8.666/93)**
>
> Art. 13. [...]
>
> III – assessorias ou consultorias técnicas e auditorias financeiras ou tributárias; (Redação dada pela Lei n. 8.883, de 1994.)

d) fiscalização, supervisão e gerenciamento de obras e serviços;

> **DISPOSITIVO CORRELATO (Lei n. 8.666/93)**
>
> Art. 13. [...]
>
> IV – fiscalização, supervisão ou gerenciamento de obras ou serviços;

e) patrocínio ou defesa de causas judiciais e administrativas;

> **DISPOSITIVO CORRELATO (Lei n. 8.666/93)**
>
> Art. 13. [...]
>
> V – patrocínio ou defesa de causas judiciais ou administrativas;

f) treinamento e aperfeiçoamento de pessoal;

> **DISPOSITIVO CORRELATO (Lei n. 8.666/93)**
>
> Art. 13. [...]
> VI – treinamento e aperfeiçoamento de pessoal;

g) restauração de obras de arte e de bens de valor histórico;

> **DISPOSITIVO CORRELATO (Lei n. 8.666/93)**
>
> Art. 13. [...]
> VII – restauração de obras de arte e bens de valor histórico.

h) controles de qualidade e tecnológico, análises, testes e ensaios de campo e laboratoriais, instrumentação e monitoramento de parâmetros específicos de obras e do meio ambiente e demais serviços de engenharia que se enquadrem na definição deste inciso;

XIX – notória especialização: qualidade de profissional ou de empresa cujo conceito, no campo de sua especialidade, decorrente de desempenho anterior, estudos, experiência, publicações, organização, aparelhamento, equipe técnica ou outros requisitos relacionados com suas atividades, permite inferir que o seu trabalho é essencial e reconhecidamente adequado à plena satisfação do objeto do contrato;

> **DISPOSITIVO CORRELATO (Lei n. 8.666/93)**
>
> Art. 25. [...]
> § 1º Considera-se de notória especialização o profissional ou empresa cujo conceito no campo de sua especialidade, decorrente de desempenho anterior, estudos, experiências, publicações, organização, aparelhamento, equipe técnica, ou de outros requisitos relacionados com suas atividades, permita inferir que o seu trabalho é essencial e indiscutivelmente o mais adequado à plena satisfação do objeto do contrato.

XX – estudo técnico preliminar: documento constitutivo da primeira etapa do planejamento de uma contratação que caracteriza o interesse público envolvido e a sua melhor solução e dá base ao anteprojeto, ao termo de referência ou ao projeto básico a serem elaborados caso se conclua pela viabilidade da contratação;

XXI – serviço de engenharia: toda atividade ou conjunto de atividades destinadas a obter determinada utilidade, intelectual ou material, de interesse para a Administração e que, não enquadradas no conceito de obra a que se refere o inciso XII do *caput* deste artigo, são estabelecidas, por força de lei, como privativas das profissões de arquiteto e engenheiro ou de técnicos especializados, que compreendem:

a) serviço comum de engenharia: todo serviço de engenharia que tem por objeto ações, objetivamente padronizáveis em termos de desempenho e qualidade, de manutenção, de adequação e de adaptação de bens móveis e imóveis, com preservação das características originais dos bens;

b) serviço especial de engenharia: aquele que, por sua alta heterogeneidade ou complexidade, não pode se enquadrar na definição constante da alínea *a* deste inciso;

XXII – obras, serviços e fornecimentos de grande vulto: aqueles cujo valor estimado supera R$ 200.000.000,00 (duzentos milhões de reais);

DISPOSITIVO CORRELATO (Lei n. 8.666/93)

Art. 6º [...]

V – Obras, serviços e compras de grande vulto – aquelas cujo valor estimado seja superior a 25 (vinte e cinco) vezes o limite estabelecido na alínea *c* do inciso I do art. 23 desta Lei;

XXIII – termo de referência: documento necessário para a contratação de bens e serviços, que deve conter os seguintes parâmetros e elementos descritivos:

a) definição do objeto, incluídos sua natureza, os quantitativos, o prazo do contrato e, se for o caso, a possibilidade de sua prorrogação;

b) fundamentação da contratação, que consiste na referência aos estudos técnicos preliminares correspondentes ou, quando não for possível divulgar esses estudos, no extrato das partes que não contiverem informações sigilosas;

c) descrição da solução como um todo, considerado todo o ciclo de vida do objeto;

d) requisitos da contratação;

e) modelo de execução do objeto, que consiste na definição de como o contrato deverá produzir os resultados pretendidos desde o seu início até o seu encerramento;

f) modelo de gestão do contrato, que descreve como a execução do objeto será acompanhada e fiscalizada pelo órgão ou entidade;

g) critérios de medição e de pagamento;

h) forma e critérios de seleção do fornecedor;

i) estimativas do valor da contratação, acompanhadas dos preços unitários referenciais, das memórias de cálculo e dos documentos que lhe dão suporte, com os parâmetros utilizados para a obtenção dos preços e para os respectivos cálculos, que devem constar de documento separado e classificado;

j) adequação orçamentária;

XXIV – anteprojeto: peça técnica com todos os subsídios necessários à elaboração do projeto básico, que deve conter, no mínimo, os seguintes elementos:

DISPOSITIVO CORRELATO (Lei n. 12.462/2011)

Art. 9º [...]

§ 2º [...]

I – o instrumento convocatório deverá conter anteprojeto de engenharia que contemple os documentos técnicos destinados a possibilitar a caracterização da obra ou serviço, incluindo:

a) demonstração e justificativa do programa de necessidades, avaliação de demanda do público-alvo, motivação técnico-econômico-social do empreendimento, visão global dos investimentos e definições relacionadas ao nível de serviço desejado;

DISPOSITIVO CORRELATO (Lei n. 12.462/2011)

Art. 9º [...]

§ 2º [...]

I – [...]

a) a demonstração e a justificativa do programa de necessidades, a visão global dos investimentos e as definições quanto ao nível de serviço desejado;

b) condições de solidez, de segurança e de durabilidade;

DISPOSITIVO CORRELATO (Lei n. 12.462/2011)
Art. 9º [...] § 2º [...] I – [...] b) as condições de solidez, segurança, durabilidade e prazo de entrega, observado o disposto no *caput* e no § 1º do art. 6º desta Lei;

c) prazo de entrega;

d) estética do projeto arquitetônico, traçado geométrico e/ou projeto da área de influência, quando cabível;

DISPOSITIVO CORRELATO (Lei n. 12.462/2011)
Art. 9º [...] § 2º [...] I – [...] c) a estética do projeto arquitetônico; e

e) parâmetros de adequação ao interesse público, de economia na utilização, de facilidade na execução, de impacto ambiental e de acessibilidade;

DISPOSITIVO CORRELATO (Lei n. 12.462/2011)
Art. 9º [...] § 2º [...] I – [...] d) os parâmetros de adequação ao interesse público, à economia na utilização, à facilidade na execução, aos impactos ambientais e à acessibilidade;

f) proposta de concepção da obra ou do serviço de engenharia;

g) projetos anteriores ou estudos preliminares que embasaram a concepção proposta;

h) levantamento topográfico e cadastral;

i) pareceres de sondagem;

j) memorial descritivo dos elementos da edificação, dos componentes construtivos e dos materiais de construção, de forma a estabelecer padrões mínimos para a contratação;

XXV – projeto básico: conjunto de elementos necessários e suficientes, com nível de precisão adequado para definir e dimensionar a obra ou o serviço, ou o complexo de obras ou de serviços objeto da licitação, elaborado com base nas indicações dos estudos técnicos preliminares, que assegure a viabilidade técnica e o adequado tratamento do impacto ambiental do empreendimento e que possibilite a avaliação do custo da obra e a definição dos métodos e do prazo de execução, devendo conter os seguintes elementos:

DISPOSITIVO CORRELATO (Lei n. 8.666/93)
Art. 6º [...] IX – Projeto Básico – conjunto de elementos necessários e suficientes, com nível de precisão adequado, para caracterizar a obra ou serviço, ou complexo de obras ou serviços objeto da licitação, elaborado com base nas indicações dos estudos técnicos preliminares, que assegurem a viabilidade técnica e o adequado tratamento do impacto ambiental do empreendimento, e que possibilite a avaliação do custo da obra e a definição dos métodos e do prazo de execução, devendo conter os seguintes elementos:

a) levantamentos topográficos e cadastrais, sondagens e ensaios geotécnicos, ensaios e análises laboratoriais, estudos socioambientais e demais dados e levantamentos necessários para execução da solução escolhida;

DISPOSITIVO CORRELATO (Lei n. 8.666/93)

Art. 6º [...]

IX – [...]

a) desenvolvimento da solução escolhida de forma a fornecer visão global da obra e identificar todos os seus elementos constitutivos com clareza;

---

b) soluções técnicas globais e localizadas, suficientemente detalhadas, de forma a evitar, por ocasião da elaboração do projeto executivo e da realização das obras e montagem, a necessidade de reformulações ou variantes quanto à qualidade, ao preço e ao prazo inicialmente definidos;

DISPOSITIVO CORRELATO (Lei n. 8.666/93)

Art. 6º [...]

IX – [...]

b) soluções técnicas globais e localizadas, suficientemente detalhadas, de forma a minimizar a necessidade de reformulação ou de variantes durante as fases de elaboração do projeto executivo e de realização das obras e montagem;

---

c) identificação dos tipos de serviços a executar e dos materiais e equipamentos a incorporar à obra, bem como das suas especificações, de modo a assegurar os melhores resultados para o empreendimento e a segurança executiva na utilização do objeto, para os fins a que se destina, considerados os riscos e os perigos identificáveis, sem frustrar o caráter competitivo para a sua execução;

DISPOSITIVO CORRELATO (Lei n. 8.666/93)

Art. 6º [...]

IX – [...]

c) identificação dos tipos de serviços a executar e de materiais e equipamentos a incorporar à obra, bem como suas especificações que assegurem os melhores resultados para o empreendimento, sem frustrar o caráter competitivo para a sua execução;

---

d) informações que possibilitem o estudo e a definição de métodos construtivos, de instalações provisórias e de condições organizacionais para a obra, sem frustrar o caráter competitivo para a sua execução;

DISPOSITIVO CORRELATO (Lei n. 8.666/93)

Art. 6º [...]

IX – [...]

d) informações que possibilitem o estudo e a dedução de métodos construtivos, instalações provisórias e condições organizacionais para a obra, sem frustrar o caráter competitivo para a sua execução

---

e) subsídios para montagem do plano de licitação e gestão da obra, compreendidos a sua programação, a estratégia de suprimentos, as normas de fiscalização e outros dados necessários em cada caso;

DISPOSITIVO CORRELATO (Lei n. 8.666/93)
Art. 6º [...] IX – [...] e) subsídios para montagem do plano de licitação e gestão da obra, compreendendo a sua programação, a estratégia de suprimentos, as normas de fiscalização e outros dados necessários em cada caso;

f) orçamento detalhado do custo global da obra, fundamentado em quantitativos de serviços e fornecimentos propriamente avaliados, obrigatório exclusivamente para os regimes de execução previstos nos incisos I, II, III, IV e VII do *caput* do art. 46 desta Lei;

DISPOSITIVO CORRELATO (Lei n. 8.666/93)
Art. 6º [...] IX – [...] f) orçamento detalhado do custo global da obra, fundamentado em quantitativos de serviços e fornecimentos propriamente avaliados;

XXVI – projeto executivo: conjunto de elementos necessários e suficientes à execução completa da obra, com o detalhamento das soluções previstas no projeto básico, a identificação de serviços, de materiais e de equipamentos a serem incorporados à obra, bem como suas especificações técnicas, de acordo com as normas técnicas pertinentes;

DISPOSITIVO CORRELATO (Lei n. 8.666/93)
Art. 6º [...] X – Projeto Executivo – o conjunto dos elementos necessários e suficientes à execução completa da obra, de acordo com as normas pertinentes da Associação Brasileira de Normas Técnicas – ABNT;

XXVII – matriz de riscos: cláusula contratual definidora de riscos e de responsabilidades entre as partes e caracterizadora do equilíbrio econômico-financeiro inicial do contrato, em termos de ônus financeiro decorrente de eventos supervenientes à contratação, contendo, no mínimo, as seguintes informações:

a) listagem de possíveis eventos supervenientes à assinatura do contrato que possam causar impacto em seu equilíbrio econômico-financeiro e previsão de eventual necessidade de prolação de termo aditivo por ocasião de sua ocorrência;

b) no caso de obrigações de resultado, estabelecimento das frações do objeto com relação às quais haverá liberdade para os contratados inovarem em soluções metodológicas ou tecnológicas, em termos de modificação das soluções previamente delineadas no anteprojeto ou no projeto básico;

c) no caso de obrigações de meio, estabelecimento preciso das frações do objeto com relação às quais não haverá liberdade para os contratados inovarem em soluções metodológicas ou tecnológicas, devendo haver obrigação de aderência entre a execução e a solução predefinida no anteprojeto ou no projeto básico, consideradas as características do regime de execução no caso de obras e serviços de engenharia;

XXVIII – empreitada por preço unitário: contratação da execução da obra ou do serviço por preço certo de unidades determinadas;

DISPOSITIVO CORRELATO (Lei n. 8.666/93)

Art. 6º [...]

VIII – [...]

b) empreitada por preço unitário – quando se contrata a execução da obra ou do serviço por preço certo de unidades determinadas;

XXIX – empreitada por preço global: contratação da execução da obra ou do serviço por preço certo e total;

DISPOSITIVO CORRELATO (Lei n. 8.666/93)

Art. 6º [...]

VIII – [...]

a) empreitada por preço global – quando se contrata a execução da obra ou do serviço por preço certo e total;

XXX – empreitada integral: contratação de empreendimento em sua integralidade, compreendida a totalidade das etapas de obras, serviços e instalações necessárias, sob inteira responsabilidade do contratado até sua entrega ao contratante em condições de entrada em operação, com características adequadas às finalidades para as quais foi contratado e atendidos os requisitos técnicos e legais para sua utilização com segurança estrutural e operacional;

DISPOSITIVO CORRELATO (Lei n. 8.666/93)

Art. 6º [...]

VIII – [...]

e) empreitada integral – quando se contrata um empreendimento em sua integralidade, compreendendo todas as etapas das obras, serviços e instalações necessárias, sob inteira responsabilidade da contratada até a sua entrega ao contratante em condições de entrada em operação, atendidos os requisitos técnicos e legais para sua utilização em condições de segurança estrutural e operacional e com as características adequadas às finalidades para que foi contratada;

XXXI – contratação por tarefa: regime de contratação de mão de obra para pequenos trabalhos por preço certo, com ou sem fornecimento de materiais;

DISPOSITIVO CORRELATO (Lei n. 8.666/93)

Art. 6º [...]

VIII – [...]

d) tarefa – quando se ajusta mão-de-obra para pequenos trabalhos por preço certo, com ou sem fornecimento de materiais;

XXXII – contratação integrada: regime de contratação de obras e serviços de engenharia em que o contratado é responsável por elaborar e desenvolver os projetos básico e executivo, executar obras e serviços de engenharia, fornecer bens ou prestar serviços especiais e realizar montagem, teste, pré-operação e as demais operações necessárias e suficientes para a entrega final do objeto;

DISPOSITIVO CORRELATO (Lei n. 12.462/2011)

Art. 9º [...]

§ 1º A contratação integrada compreende a elaboração e o desenvolvimento dos projetos básico e executivo, a execução de obras e serviços de engenharia, a montagem, a realização de testes, a pré-operação e todas as demais operações necessárias e suficientes para a entrega final do objeto.

XXXIII – contratação semi-integrada: regime de contratação de obras e serviços de engenharia em que o contratado é responsável por elaborar e desenvolver o projeto executivo, executar obras e serviços de engenharia, fornecer bens ou prestar serviços especiais e realizar montagem, teste, pré-operação e as demais operações necessárias e suficientes para a entrega final do objeto;

XXXIV – fornecimento e prestação de serviço associado: regime de contratação em que, além do fornecimento do objeto, o contratado responsabiliza-se por sua operação, manutenção ou ambas, por tempo determinado;

XXXV – licitação internacional: licitação processada em território nacional na qual é admitida a participação de licitantes estrangeiros, com a possibilidade de cotação de preços em moeda estrangeira, ou licitação na qual o objeto contratual pode ou deve ser executado no todo ou em parte em território estrangeiro;

XXXVI – serviço nacional: serviço prestado em território nacional, nas condições estabelecidas pelo Poder Executivo federal;

DISPOSITIVO CORRELATO (Lei n. 8.666/93)
Art. 6º [...] XVIII – serviços nacionais – serviços prestados no País, nas condições estabelecidas pelo Poder Executivo federal; (Incluído pela Lei n. 12.349, de 2010.)

XXXVII – produto manufaturado nacional: produto manufaturado produzido no território nacional de acordo com o processo produtivo básico ou com as regras de origem estabelecidas pelo Poder Executivo federal;

DISPOSITIVO CORRELATO (Lei n. 8.666/93)
Art. 6º [...] XVII – produtos manufaturados nacionais – produtos manufaturados, produzidos no território nacional de acordo com o processo produtivo básico ou com as regras de origem estabelecidas pelo Poder Executivo federal; (Incluído pela Lei n. 12.349, de 2010.)

XXXVIII – concorrência: modalidade de licitação para contratação de bens e serviços especiais e de obras e serviços comuns e especiais de engenharia, cujo critério de julgamento poderá ser:

DISPOSITIVO CORRELATO (Lei n. 8.666/93)
Art. 22. [...] § 1º Concorrência é a modalidade de licitação entre quaisquer interessados que, na fase inicial de habilitação preliminar, comprovem possuir os requisitos mínimos de qualificação exigidos no edital para execução de seu objeto.

a) menor preço;

b) melhor técnica ou conteúdo artístico;

c) técnica e preço;

d) maior retorno econômico;

e) maior desconto;

XXXIX – concurso: modalidade de licitação para escolha de trabalho técnico, científico ou artístico, cujo critério de julgamento será o de melhor técnica ou conteúdo artístico, e para concessão de prêmio ou remuneração ao vencedor;

> **DISPOSITIVO CORRELATO (Lei n. 8.666/93)**
>
> Art. 22. [...]
>
> § 4º Concurso é a modalidade de licitação entre quaisquer interessados para escolha de trabalho técnico, científico ou artístico, mediante a instituição de prêmios ou remuneração aos vencedores, conforme critérios constantes de edital publicado na imprensa oficial com antecedência mínima de 45 (quarenta e cinco) dias.

XL – leilão: modalidade de licitação para alienação de bens imóveis ou de bens móveis inservíveis ou legalmente apreendidos a quem oferecer o maior lance;

> **DISPOSITIVO CORRELATO (Lei n. 8.666/93)**
>
> Art. 22. [...]
>
> § 5º Leilão é a modalidade de licitação entre quaisquer interessados para a venda de bens móveis inservíveis para a administração ou de produtos legalmente apreendidos ou penhorados, ou para a alienação de bens imóveis prevista no art. 19, a quem oferecer o maior lance, igual ou superior ao valor da avaliação. (Redação dada pela Lei n. 8.883, de 1994.)

XLI – pregão: modalidade de licitação obrigatória para aquisição de bens e serviços comuns, cujo critério de julgamento poderá ser o de menor preço ou o de maior desconto;

> **DISPOSITIVO CORRELATO (Lei n. 10.520/2002)**
>
> Art. 1º Para aquisição de bens e serviços comuns, poderá ser adotada a licitação na modalidade de pregão, que será regida por esta Lei.

XLII – diálogo competitivo: modalidade de licitação para contratação de obras, serviços e compras em que a Administração Pública realiza diálogos com licitantes previamente selecionados mediante critérios objetivos, com o intuito de desenvolver uma ou mais alternativas capazes de atender às suas necessidades, devendo os licitantes apresentar proposta final após o encerramento dos diálogos;

XLIII – credenciamento: processo administrativo de chamamento público em que a Administração Pública convoca interessados em prestar serviços ou fornecer bens para que, preenchidos os requisitos necessários, se credenciem no órgão ou na entidade para executar o objeto quando convocados;

XLIV – pré-qualificação: procedimento seletivo prévio à licitação, convocado por meio de edital, destinado à análise das condições de habilitação, total ou parcial, dos interessados ou do objeto;

XLV – sistema de registro de preços: conjunto de procedimentos para realização, mediante contratação direta ou licitação nas modalidades pregão ou concorrência, de registro formal de preços relativos a prestação de serviços, a obras e a aquisição e locação de bens para contratações futuras;

XLVI – ata de registro de preços: documento vinculativo e obrigacional, com característica de compromisso para futura contratação, no qual são registrados o objeto, os preços, os fornecedores, os órgãos participantes e as condições a serem praticadas, conforme as disposições contidas no edital da licitação, no aviso ou instrumento de contratação direta e nas propostas apresentadas;

XLVII – órgão ou entidade gerenciadora: órgão ou entidade da Administração Pública responsável pela condução do conjunto de procedimentos para registro de preços e pelo gerenciamento da ata de registro de preços dele decorrente;

XLVIII – órgão ou entidade participante: órgão ou entidade da Administração Pública que participa dos procedimentos iniciais da contratação para registro de preços e integra a ata de registro de preços;

XLIX – órgão ou entidade não participante: órgão ou entidade da Administração Pública que não participa dos procedimentos iniciais da licitação para registro de preços e não integra a ata de registro de preços;

L – comissão de contratação: conjunto de agentes públicos indicados pela Administração, em caráter permanente ou especial, com a função de receber, examinar e julgar documentos relativos às licitações e aos procedimentos auxiliares;

DISPOSITIVO CORRELATO (Lei n. 8.666/93)

Art. 6º [...]

XVI – Comissão – comissão, permanente ou especial, criada pela Administração com a função de receber, examinar e julgar todos os documentos e procedimentos relativos às licitações e ao cadastramento de licitantes.

LI – catálogo eletrônico de padronização de compras, serviços e obras: sistema informatizado, de gerenciamento centralizado e com indicação de preços, destinado a permitir a padronização de itens a serem adquiridos pela Administração Pública e que estarão disponíveis para a licitação;

LII – sítio eletrônico oficial: sítio da internet, certificado digitalmente por autoridade certificadora, no qual o ente federativo divulga de forma centralizada as informações e os serviços de governo digital dos seus órgãos e entidades;

DISPOSITIVO CORRELATO (Lei n. 8.666/93)

Art. 6º [...]

XIII – Imprensa Oficial – veículo oficial de divulgação da Administração Pública, sendo para a União o *Diário Oficial da União*, e, para os Estados, o Distrito Federal e os Municípios, o que for definido nas respectivas leis; (Redação dada pela Lei n. 8.883, de 1994.)

LIII – contrato de eficiência: contrato cujo objeto é a prestação de serviços, que pode incluir a realização de obras e o fornecimento de bens, com o objetivo de proporcionar economia ao contratante, na forma de redução de despesas correntes, remunerado o contratado com base em percentual da economia gerada;

LIV – seguro-garantia: seguro que garante o fiel cumprimento das obrigações assumidas pelo contratado;

DISPOSITIVO CORRELATO (Lei n. 8.666/93)

Art. 6º [...]

VI – Seguro-Garantia – o seguro que garante o fiel cumprimento das obrigações assumidas por empresas em licitações e contratos;

LV – produtos para pesquisa e desenvolvimento: bens, insumos, serviços e obras necessários para atividade de pesquisa científica e tecnológica, desenvolvimento de tecnologia ou inovação tecnológica, discriminados em projeto de pesquisa;

DISPOSITIVO CORRELATO (Lei n. 8.666/93)

Art. 6º [...]

XX – produtos para pesquisa e desenvolvimento – bens, insumos, serviços e obras necessários para atividade de pesquisa científica e tecnológica, desenvolvimento de tecnologia ou inovação tecnológica, discriminados em projeto de pesquisa aprovado pela instituição contratante. (Incluído pela Lei n. 13.243, de 2016.)

LVI – sobrepreço: preço orçado para licitação ou contratado em valor expressivamente superior aos preços referenciais de mercado, seja de apenas 1 (um) item, se a licitação ou a contratação for por preços unitários de serviço, seja do valor global do objeto, se a licitação ou a contratação for por tarefa, empreitada por preço global ou empreitada integral, semi-integrada ou integrada;

LVII – superfaturamento: dano provocado ao patrimônio da Administração, caracterizado, entre outras situações, por:

a) medição de quantidades superiores às efetivamente executadas ou fornecidas;

b) deficiência na execução de obras e de serviços de engenharia que resulte em diminuição da sua qualidade, vida útil ou segurança;

c) alterações no orçamento de obras e de serviços de engenharia que causem desequilíbrio econômico-financeiro do contrato em favor do contratado;

d) outras alterações de cláusulas financeiras que gerem recebimentos contratuais antecipados, distorção do cronograma físico-financeiro, prorrogação injustificada do prazo contratual com custos adicionais para a Administração ou reajuste irregular de preços;

LVIII – reajustamento em sentido estrito: forma de manutenção do equilíbrio econômico--financeiro de contrato consistente na aplicação do índice de correção monetária previsto no contrato, que deve retratar a variação efetiva do custo de produção, admitida a adoção de índices específicos ou setoriais;

DISPOSITIVO CORRELATO (Lei n. 8.666/93)

Art. 40. [...]

XI – critério de reajuste, que deverá retratar a variação efetiva do custo de produção, admitida a adoção de índices específicos ou setoriais, desde a data prevista para apresentação da proposta, ou do orçamento a que essa proposta se referir, até a data do adimplemento de cada parcela;

LIX – repactuação: forma de manutenção do equilíbrio econômico-financeiro de contrato utilizada para serviços contínuos com regime de dedicação exclusiva de mão de obra ou predominância de mão de obra, por meio da análise da variação dos custos contratuais, devendo estar prevista no edital com data vinculada à apresentação das propostas, para os custos decorrentes do mercado, e com data vinculada ao acordo, à convenção coletiva ou ao dissídio coletivo ao qual o orçamento esteja vinculado, para os custos decorrentes da mão de obra;

LX – agente de contratação: pessoa designada pela autoridade competente, entre servidores efetivos ou empregados públicos dos quadros permanentes da Administração Pública, para tomar decisões, acompanhar o trâmite da licitação, dar impulso ao procedimento licitatório e executar quaisquer outras atividades necessárias ao bom andamento do certame até a homologação.

COMENTÁRIOS

Agente público

A Lei n. 14.133/2021 confere ampla latitude à definição de agente público, de modo a abranger a diversidade de funcionalidades e vínculos – em caráter permanente ou transitório – comportados pela Administração.

Entende-se por agente público, portanto, toda e qualquer pessoa dotada de capacidade jurídica (competência) para dizer ou atuar em nome da Administração.

Se dotado de poder de decisão, o agente público é autoridade administrativa (art. 6º, VI, da Lei n. 14.133/2021).

Estudo Técnico Preliminar

O Estudo Técnico Preliminar (ETP) consta do texto da Lei n. 8.666/93, tal como no Regime Diferenciado de Contratações Públicas (RDC). Porém, sua menção é restrita a obras e a serviços. Ademais, carece de definição e pressupostos para a sua formação.

No caso de licitação para a concessão de serviço público, o Estudo de Viabilidade Técnica, Econômica e Ambiental (EVTEA) é imprescindível à instrução do procedimento licitatório, por força do art. 21 da Lei n. 8.987/95.

Embora não tenha a mesma complexidade do EVTEA, o ETP tem fins semelhantes: demonstrar a necessidade, a viabilidade, os impactos, os custos e a solução para a contratação.

No regime da Lei n. 14.133/2021, o ETP é documento indispensável ao planejamento da licitação, qualquer que seja o objeto do contrato. É "documento constitutivo da primeira etapa do planejamento de uma contratação que caracteriza o interesse público envolvido e a sua melhor solução" (art. 6º, XX).

O Estudo tem por principal finalidade indicar a viabilidade técnica e econômica da contratação, a partir da explicitação da necessidade da contratação, sua aderência ao Plano Anual de Contratações (se adotado pelo ente federativo), requisitos da contratação, levantamento de mercado e estimativa das quantidades e valor da contratação.

O ETP deve demonstrar os resultados pretendidos quanto à economicidade, as providências a serem adotadas quanto à capacitação de servidores, impactos ambientais previamente identificados, tal como contratações correlatas ou interdependentes.

Imagine-se uma licitação para a aquisição de equipamentos biomédicos – até então indisponíveis – para um hospital público, e a licitação em si seja exitosa, perfazendo-se o adimplemento contratual, mediante a entrega tempestiva dos equipamentos, conforme as especificações exigidas.

Todavia, durante a preparação da licitação, os gestores esqueceram-se de que os servidores públicos incumbidos da operação desses equipamentos não têm qualificação técnica para esse mister.

Além disso, não se providenciou a aquisição de peças sobressalentes, e a edificação não comporta espaço adequado e suficiente para a instalação dos equipamentos, que requerem ambiente climatizado para o seu funcionamento. Mais, os componentes descartados quando exaurido o ciclo de vida demandam transporte especial, sujeito aos regulamentos de transporte de produtos perigosos.

O caso hipotético – não muito distante de lastimáveis experiências ocorridas no país – serve para ilustrar que uma contratação permeia-se por diversas circunstâncias e negócios acessórios que, quando ignorados, comprometem a eficácia do processo, em detrimento do interesse público.

São elementos obrigatórios do ETP, *ex vi* do art. 18, § 2º, da Lei n. 14.133/2021: (i) motivação da necessidade da contratação; (ii) estimativa das quantidades contratadas; (iii) estimativa do valor contratado; (iv) justificativa para o parcelamento ou não da solução.

Outrossim, o Estudo **sempre** deve concluir pela adequação ou não da contratação para o atendimento da necessidade a que se destina. Nesse sentido, o ETP é um poderoso instrumento de planejamento das licitações, que obriga a mudança de cultura dos gestores públicos, a fim de que as contratações públicas aconteçam de modo inteligente e eficaz.

Termo de Referência

O Termo de Referência é instrumento disciplinado para o pregão, conforme regulamentado pelo Decreto n. 5.450/2005. É documento que contém elementos para a avaliação do custo pela Administração, ante orçamento detalhado, a definição dos métodos, a estratégia de suprimento, o valor estimado conforme o preço de mercado, o cronograma físico-financeiro, o critério de aceitação do objeto, os deveres do contratado e do contratante, os procedimentos de fiscalização e o gerenciamento do contrato, o prazo de execução e as sanções.

A Lei n. 14.133/2021 consolida a experiência advinda para a Administração Pública, a partir da modalidade pregão, e incorpora ao seu texto as disposições atinentes ao Termo de Referência. Baseado no Estudo Técnico Preliminar, o Termo de Referência é o documento descritivo, continente das especificações do objeto, necessário para a contratação de bens e serviços.

O art. 6º, XXIII, enumera requisitos necessariamente abrangidos pelo Termo de Referência: (i) definição do objeto; (ii) fundamentação da contratação; (iii) descrição da solução; (iv) requisitos da contratação; (v) modelo de execução do objeto; (vi) modelo de gestão do contrato; (viii) critérios de medição e de pagamento; (vii) forma e critérios de seleção do fornecedor; (viii) estimativas do valor da contratação; (ix) adequação orçamentária.

O Termo de Referência contém, pois, a modelagem do negócio que a Administração pretende realizar – consoante as informações contidas no Estudo Técnico Preliminar –, os pressupostos para o certame, como a motivação e a disponibilidade orçamentária, a forma de execução, os resultados almejados e os mecanismos de fiscalização contratual.

Interessante novidade trazida pela Lei n. 14.133/2021 concerne à abrangência exigida para a descrição da solução no Termo de Referência, que deve considerar o ciclo de vida do objeto.

Para a contratação de compras, o Termo de Referência deve enumerar, adicionalmente: a especificação do produto, preferencialmente conforme catálogo eletrônico de padronização; os locais de entrega e as regras para recebimento provisório e definitivo; e garantia exigida e condições de manutenção e assistência técnica, quando cabíveis (art. 40, § 1º, da Lei n. 14.133/2021).

Em continuidade à tendência já observada nas licitações públicas, o Termo de Referência será o documento especificativo comumente empregado nos certames, haja vista contemplar a maioria dos bens e serviços a serem contratados pela Administração Pública.

Nesse diapasão, admite-se o uso do Termo de Referência para a especificação de obras e serviços comuns de engenharia – dispensando-se os projetos básico e executivo –, desde que o Estudo Técnico Preliminar aponte a "inexistência de prejuízos para aferição dos padrões de desempenho e qualidade almejados" (art. 18, § 3º, da Lei n. 14.133/2021).

Ciclo de vida

O ciclo de vida deve ser considerado na elaboração do Termo de Referência, como elemento descritivo do objeto, relacionando-se diretamente com o conceito de vantajosidade da contratação.

É composto de "estágios consecutivos e encadeados de um sistema de produto, desde a aquisição da matéria-prima ou de sua geração a partir de recursos naturais até a disposição final"[69].

A importância do ciclo de vida para as contratações públicas tem atraído a atenção dos órgãos de planejamento, engendrando-se algumas iniciativas para o tratamento da questão. Para a contratação de soluções de Tecnologia da Informação e Comunicação, no âmbito do Poder Executivo Federal, o art. 11, III, *a*, da Instrução Normativa n. 1, de 4 de abril de 2019, dispõe que o estudo técnico preliminar deve contemplar análise comparativa de custos totais de propriedade "por meio da obtenção dos custos inerentes ao ciclo de vida dos bens e serviços de cada solução, a exemplo dos valores de aquisição dos ativos, insumos, garantia, manutenção".

A inteligência do dispositivo regulamentar extrai-se do fato de que o custo total de um produto não se compõe tão somente por seu preço, mas por todos os custos associados à sua manutenção durante todo o ciclo de vida. É possível, pois, que um produto cujo preço seja significativamente superior a outro, revele-se mais econômico se os valores despendidos para a sua manutenção, insumos e garantia compensarem o custo de aquisição.

A análise do ciclo de vida, agora, é requisito legal, constante do art. 6º, XXIII, *c*, da Lei n. 14.133/2021. Não é algo simples. Métodos internacionais estipulam fases inter-relacionadas para definição do objeto e escopo, análise de inventário, avaliação de impactos e interpretação do ciclo de vida.

O Termo de Referência deve abordar, tanto quanto possível, a avaliação das entradas e saídas relacionadas ao produto, tal como os impactos ambientais previsíveis durante seu ciclo de vida.

A esse respeito, importante iniciativa oficial provém do Programa Brasileiro de Avaliação do Ciclo de Vida (PBACV), instituído no âmbito do Sistema Nacional de Metrologia, Normalização e Qualidade Industrial (Sinmetro), que tem por objetivo desenvolver e difundir metodologia para avaliação do ciclo de vida, a fim de avaliar: (i) as cargas ambientais associadas a um produto, processo ou atividade; (ii) o impacto da energia e materiais lançados no meio ambiente; e (iii) oportunidades de melhoramento ambiental durante o ciclo de vida do produto, processo ou atividade, abrangida "a extração e o processamento de matérias-primas brutas, manufatura, transporte, distribuição, uso, reuso, manutenção, reciclagem e destinação final"[70].

Adequação orçamentária

O termo de referência deve explicitar a adequação orçamentária, cuja declaração pela autoridade competente é requisito imprescindível para o prosseguimento do feito.

A CF/88 estabeleceu como princípio a responsabilidade fiscal. Eis o seu inciso II do art. 167:

> Art. 167. São vedados:
> I – o início de programas ou projetos não incluídos na lei orçamentária anual;
> II – a realização de despesas ou a assunção de obrigações diretas que excedam os créditos orçamentários ou adicionais.

Ora, não somente a contratação, mas a própria licitação depende de previsão de recursos orçamentários consignados na Lei Orçamentária Anual (LOA), sendo que tal previsão somente se concretiza com a entrada em vigor da citada norma.

O surgimento dos recursos orçamentários deve ser anterior ao início do procedimento licitatório, jamais poderá ser concomitante, visto que a inexistência da fonte dos citados recursos no

---

69 ASSOCIAÇÃO BRASILEIRA DE NORMAS TÉCNICAS. *ABNT NBR ISO 14040:2009:* gestão ambiental: avaliação do ciclo de vida: princípios e estrutura. Rio de Janeiro, 2009. p. 1.

70 CONSELHO NACIONAL DE METROLOGIA, NORMALIZAÇÃO E QUALIDADE INDUSTRIAL (CONMETRO). *Resolução n. 4, de 15 de dezembro de 2010.* Dispõe sobre a Aprovação do Programa Brasileiro de Avaliação do Ciclo de Vida e dá outras providências. *Diário Oficial da União*, Brasília/DF, 4-1-2011.

momento da assinatura do pedido de aquisição caracteriza a abertura de licitação com expectativa de crédito, fato que viola frontalmente o disposto na Lei de Licitação e Contratos.

As decisões do Tribunal de Contas da União ratificam esse entendimento, de modo que o órgão de controle externo tem reputado inválidos os atos iniciais dos procedimentos licitatórios antecedentes à existência de real fonte de recursos orçamentários. Eis decisões sobre o tema:

i) Nosso analista na SECEX/PA, endossado pelo DiretorSubstituto da 1ª Divisão Técnica e pela Secretária Substituta, considerados procedentes as justificativas apresentadas pela SUDAM (fls. 256/263), propõe:

[...]

b.2) não iniciar procedimentos licitatórios sem a devida dotação orçamentária[71].

ii) A afirmativa ratifica que não havia disponibilidade de recursos orçamentários ou financeiros definidos quando do certame licitatório, ao contrário do que determinava o art. 6º, do Decretolei n. 2.300/40[72].

iii) 8.1 Com respeito à abertura de procedimento licitatório sem a correspondente dotação orçamentária, o responsável argumenta que tal fato somente ocorreu no final do exercício, ante a previsão de créditos suplementares e de modo a que os valores pudessem ser empenhados e liquidados ainda no mesmo exercício, e considerando a necessidade do uso de tais recursos na manutenção das atividades de ensino, pesquisa e extensão da UFRRJ. A explicação apresentada não justifica a falta[73].

iv) Em dezembro de 1998, a proposta orçamentária para o exercício de 1999 constituía mera expectativa de créditos, porquanto a sua indicação não supria as exigências dos arts. 14, da Lei n. 8.666/93, e 60, da Lei n. 9.473/97, haja vista que o Orçamento da União só foi aprovado, ulteriormente, pela Lei n. 9.789, de 23-2-1999. Inexistia, pois, à época, disponibilidade de dotação orçamentária comprovada e suficiente capaz de viabilizar a execução da despesa[74].

Observe-se que os administradores públicos, não raro, recorrem à alegação de que a licitação deve ser iniciada mesmo sem a prévia dotação orçamentária, sob os seguintes argumentos:

a)   já existe dotação no projeto de lei orçamentária anual; e
b)   o princípio constitucional da eficiência deve ser observado.

O princípio da legalidade, no Brasil, significa que a Administração Pública somente pode fazer o que a lei manda, ao contrário dos particulares, que podem fazer tudo que a lei não proíbe. Logo, mesmo buscando a máxima eficiência, a Administração Pública somente pode proceder da forma previamente autorizada pela lei.

Portanto, o princípio da eficiência nunca terá mais força que o princípio da legalidade e, havendo conflito aparente, pode ser dispensada a utilização do princípio da ponderação de valores, visto que o princípio decorrente do Estado de Direito se sobrepõe de tal maneira ao princípio da eficiência que afasta a sua incidência.

Assim, o princípio da eficiência somente será utilizado quando não se confrontar com o princípio da legalidade.

---

71   TCU. Acórdão 53/1997 – Plenário, Nome do Documento AC005310/97P, Processo n. TC 450.191/958, Anexo: TC 450.161/943.

72   TCU. Decisão 145/1997 – Plenário, Nome do Documento DC014510/97P, Processo n. TC 007.763/948sigiloso.

73   TCU. Acórdão 307/1998 – 1ª Câmara, Nome do Documento AC 030724/981, Processo n. 575.427/19965.

74   TCU. Acórdão 848/2002 – 1ª Câmara, Nome do Documento AC084843/021, Processo n. 004.430/19999.

A previsão orçamentária exigida para a licitação não pressupõe a disponibilidade financeira, conforme decidiu o STJ no acórdão abaixo:

> ADMINISTRATIVO. RECURSO ESPECIAL. LICITAÇÃO. OBRA PÚBLICA. ART. 7º, § 2º, INCISO III, DA LEI N. 8.666/93. EXIGÊNCIA DE PREVISÃO DE RECURSOS ORÇAMENTÁRIOS. [...] 4. A Lei n. 8.666/93 exige para a realização da licitação a existência de "previsão de recursos orçamentários que assegurem o pagamento das obrigações decorrentes de obras ou serviços a serem executadas no exercício financeiro em curso, de acordo com o respectivo cronograma", ou seja, a lei não exige a disponibilidade financeira (fato da administração ter o recurso disponível ou liberado), mas, tão somente, que haja previsão destes recursos na lei orçamentária. 5. Recurso especial provido (REsp 1.141.021/SP, rel. Min. Mauro Campbell Marques, 2ª Turma, julgado em 21-8-2012, *DJe* 30-8-2012).

O orçamento público apresenta uma previsão ou expectativa de receitas que pode se concretizar ou não. Consequentemente, a mera existência de dotação orçamentária não significa que os recursos correspondentes estão necessariamente disponíveis. Contudo, conforme a jurisprudência acima, basta a dotação orçamentária para autorizar a abertura de procedimento licitatório.

Por fim, deve ser lembrado que, no caso de registro de preços sem contratação imediata, pode ser dispensada a indicação da dotação orçamentária. Contudo, se for efetivada futura contratação não se dispensará a indicação.

Anteprojeto

O anteprojeto é legalmente regulamentado desde a edição do RDC. O art. 9º, § 2º, I, da Lei n. 12.462/2011 dispõe que no caso de contratação integrada o "instrumento convocatório deverá conter anteprojeto de engenharia que contemple os documentos técnicos destinados a possibilitar a caracterização da obra ou serviço".

O art. 6º, XXIV, da Lei n. 14.133/2011, define Anteprojeto como "peça técnica com todos os subsídios necessários à elaboração do projeto básico".

A redação é clara: reúnem-se no Anteprojeto todas as informações sem as quais não é possível a satisfatória elaboração do projeto básico, o que se faz mediante a satisfação dos requisitos mínimos elencados nas alíneas do inciso XXIV do art. 6º da lei, tais quais: visão global dos investimentos e definições relacionadas ao nível de serviço desejado; condições de solidez, de segurança e de durabilidade; traçado geométrico; projeto da área de influência; pareceres de sondagem; parâmetros de impacto ambiental e de acessibilidade.

Os elementos definidores do anteprojeto conferem nítida ênfase aos projetos de empreendimentos de infraestrutura, como na área de transportes, em que parâmetros geométricos e de nível de serviço devem ser minuciosamente dimensionados para a adequação do bem construído às finalidades pretendidas.

O diagnóstico correto dos fatores de influência para o projeto requer, pois, a identificação: (i) dos aspectos e impactos técnicos – como características de relevo, contorno ou passagens em nível, canalização de cursos d'água, adequação de materiais e tecnologias às características ambientais; (ii) dos impactos sociais, como áreas de povoamento afetadas ou interceptadas pela infraestrutura, necessidades de reassentamento ou mitigação dos impactos, restrições atinentes às áreas remanescentes de comunidades de quilombos e reservas indígenas; e (iii) dos impactos ambientais, como volumes de cortes e rejeitos, localização e exploração de jazidas, áreas de preservação ambiental, remanejamento de área verde e mecanismos de compensação.

Somente quando identificadas as soluções e restrições para o objeto da contratação, consideradas todas as variáveis sensíveis, anota-se o atendimento dos pressupostos para o projeto básico, evitando-se surpresas, medidas contraproducentes, desperdício de tempo e recursos materiais.

Portanto, o Anteprojeto, concebido a partir das indicações do Estudo Técnico Preliminar, é importante documento para o planejamento da licitação, visando-se à sua eficiência e eficácia.

Elementos da edificação

No âmbito das contratações públicas de órgãos ou entidades da União, merece ênfase a Instrução Normativa n. 2, de 4 de junho de 2014, da Secretaria de Logística e Tecnologia da Informação do Ministério do Planejamento, Orçamento e Gestão, que dispõe sobre regras para a aquisição ou locação de máquinas e aparelhos consumidores de energia pela Administração Pública Federal direta, autárquica e fundacional, e uso da Etiqueta Nacional de Conservação de Energia (ENCE) nos projetos e respectivas edificações públicas federais novas ou que recebam *retrofit*.

Por força do normativo infralegal, os projetos de edificações públicas federais novas devem obter a ENCE Geral de Projeto classe a[75]. De igual modo, a edificação construída deve ser etiquetada com a ENCE classe a, também de âmbito geral: envoltória, iluminação e climatização.

Para as obras de retrofit[76], exige-se a obtenção de ENCE parcial classe "A" para os sistemas de iluminação e condicionamento de ar, ressalvados os casos de inviabilidade técnica ou econômica.

A etiquetagem de edificações é um mecanismo de avaliação de conformidade voluntário. Todavia, no que tange aos prédios públicos federais[77], sua aplicação é compulsória, por força da Instrução Normativa SLTI/MPOG n. 2/2014, cuja natureza jurídica é de regulamento.

Em respeito ao princípio da autonomia dos entes federados, a extensão da etiquetagem compulsória de edificações públicas aos Estados, Distrito Federal e Municípios depende da edição de regulamentos próprios em cada ente da Federação, ou da edição de lei formal que institua essa obrigação para as diversas esferas políticas.

Projeto Básico

Por definição do art. 6º, IX, da Lei n. 8.666/93, Projeto Básico é o conjunto de elementos, com adequada precisão, "para caracterizar a obra ou serviço, ou complexo de obras ou serviços objeto da licitação, elaborado com base nas indicações dos estudos técnicos preliminares".

Da leitura da norma, depreende-se a vocação do Projeto Básico para licitações de obras e serviços de engenharia; *a contrario sensu*, o instrumento seria dispensado para a licitação de objetos não abarcados por essa definição.

Dessarte, a interpretação lógica dos dispositivos legais em comento conduz ao alcance restritivo do verbete "serviços" gravado no art. 7º da Lei n. 8.666/93, que exige a elaboração de projeto básico e projeto executivo para as "licitações para a execução de obras e para a prestação de serviços".

Não há sentido em exigir projeto básico em outras espécies de serviço, senão de engenharia. Para o documento que, nas contratações não categorizadas como obras e serviços de engenharia, exerça função semelhante ao projeto básico, a Lei n. 8.666/93 não atribui nome. Em qualquer situação, porém, é imperioso que as licitações "deverão ser antecedidas da elaboração de documentos equivalentes ao projeto básico e ao projeto executivo"[78].

---

75 Estão dispensadas da exigência as edificações com até 500m^2 de área construída ou cujo valor da obra seja inferior ao equivalente ao Custo Unitário Básico da Construção Civil Médio Brasil aplicado a uma edificação de 500m^2.

76 Conforme o art. 2º, II, da Instrução Normativa SLTI/MPOG n. 2, de 4 de junho de 2014, *retrofit* é "qualquer reforma que altere os sistemas de iluminação, condicionamento de ar ou a envoltória da edificação".

77 O art. 2º, I, da Instrução Normativa SLTI/MPOG n. 2, de 4 de junho de 2014, define edificações públicas federais como imóveis construídos ou adaptados com recursos públicos federais para exercício de atividade administrativa ou para a prestação de serviços públicos, tais como edifícios administrativos, escolas, hospitais, postos de saúde, clínicas, museus, instituições de pesquisa e outras instituições ou associações de diversos tipos.

78 JUSTEN FILHO, Marçal. *Comentários à lei de licitações e contratos administrativos*: Lei 8.666/93. 18. ed. rev., atual. e ampl. São Paulo: Thomson Reuters Brasil, 2019. p. 215.

Obviamente, o gestor pode editar documento especificativo para outros objetos de contratação e lhe atribuir o nome de projeto básico. Nisso, irregularidade nenhuma existe, embora o documento não contenha todos os elementos distintivos de um projeto básico.

Logo, no atual quadro de licitações, tem-se que o Projeto Básico é o documento especificativo utilizado para obras e serviços de engenharia, caracterizados por nível de complexidade e características técnicas próprias para o uso desse documento.

O projeto básico é conceito vindo da Engenharia para as licitações; sua gênese é extrínseca ao direito. Segundo o art. 1º da Resolução n. 361, de 10 de dezembro de 1991, do Conselho Federal de Engenharia, Arquitetura e Agronomia[79], projeto básico é o "conjunto de elementos que define a obra, o serviço ou complexo de obras e serviços que compõem o empreendimento", de modo a possibilitar a estimativa de custos e prazos de execução.

Desde o advento da modalidade Pregão (Lei n. 10.520/2002), aventava-se a possibilidade de seu uso – cujo edital instrui-se não por Projeto Básico, mas por Termo de Referência – para a contratação de obras e serviços de engenharia.

Em sede jurisprudencial, a questão tornou-se pacífica desde a edição, em 28 de abril de 2010, da Súmula 257 do Tribunal de Contas da União, a qual assevera que o "uso do pregão nas contratações de serviços comuns de engenharia encontra amparo na Lei n. 10.520/2002".

A Lei n. 14.133/2021 sistematiza os desdobramentos observados no regime anterior, confere maior segurança jurídica e precisão às licitações e contratos, mediante conjunto de requisitos obrigatórios para o Projeto Básico, cujo conceito, esculpido no art. 6º, XXV, contém sutil aperfeiçoamento redacional em relação ao diploma anterior.

A lei confere maior rigor aos requisitos do Projeto Básico, como "levantamentos topográficos e cadastrais, sondagens e ensaios geotécnicos, ensaios e análises laboratoriais, estudos socioambientais e demais dados e levantamentos necessários para execução da solução escolhida" (art. 6º, XXV, *a*, Lei n. 14.133/2021).

A norma colima transformar a indesejável realidade consistente em celebrações de termos aditivos causadas por insuficiência ou falha de projeto em situações que não configurariam caso fortuito, que poderiam ser tratadas nos projetos básico e executivo.

Tem-se como exemplo a exigência de investigação geotécnica, com o fim de fornecer informações como tipos de solos, suas profundidades e ocorrências, posição no nível de água e índice de resistência à penetração[80].

Pareceres de sondagem são altamente relevantes para a definição do tipo de fundação, elemento de infraestrutura em que defeitos têm elevado potencial para inviabilizar a obra ou oneerá-la demasiadamente, ante circunstâncias que seriam facilmente evitáveis se adotados os devidos cuidados na elaboração do Projeto Básico.

Projeto Executivo

Projeto Executivo é o documento que descreve o detalhamento necessário para a execução de obra ou serviço de engenharia, seu cronograma, plantas, quantificação de materiais e equipamentos, orçamentos e especificações técnicas.

---

79 Desde a publicação da Lei n. 12.378/2010, os profissionais de arquitetura e urbanismo têm sua atividade normatizada pelo Conselho de Arquitetura e Urbanismo do Brasil, de forma que a antiga autarquia federal passou a ser denominada Conselho Federal de Engenharia e Agronomia, mantendo-se a sigla tradicional utilizada para o sistema Confea/Crea.

80 ASSOCIAÇÃO BRASILEIRA DE NORMAS TÉCNICAS. *ABNT NBR 6.484:2020: Solo:* Sondagem de simples reconhecimento com SPT: Método de ensaio. Rio de Janeiro, 2020.

Conforme o art. 6º, X, da Lei n. 8.666/93, projeto executivo é o "conjunto dos elementos necessários e suficientes à execução completa da obra, de acordo com as normas pertinentes da Associação Brasileira de Normas Técnicas – ABNT".

O art. 6º, XXVI, da Lei n. 14.133/2021 promove a reformulação da definição, vinculando-se o projeto executivo ao detalhamento das soluções previstas no projeto básico e obrigando a "identificação de serviços, de materiais e de equipamentos a serem incorporados à obra, bem como suas especificações técnicas, de acordo com as normas técnicas pertinentes".

A respeito do Projeto Executivo, a lei traz dois pontos muito importantes. O primeiro, concernente à vinculação entre o Projeto Executivo e detalhamentos do Projeto Básico.

O comando legal atua como enlace ao Projeto Básico, exigindo-se a completude deste, de forma a impossibilitar a elaboração de Projeto Executivo sem que todas as informações necessárias para a obra ou serviço de engenharia sejam analisadas.

Especificações técnicas

A Lei n. 14.133/2021 não contém definição de especificação técnica, embora faça diversas menções à expressão, tecendo-se os seguintes exemplos:

(i)   ao descrever o projeto executivo, determina que as especificações técnicas devem respeitar as normas técnicas pertinentes (art. 6º, XXVI);

(ii)   ao normatizar a observância do princípio da padronização, considera a compatibilidade de especificações estéticas, técnicas ou de desempenho (art. 40, V, *a*);

(iii)   ao reger a desclassificação de propostas, elenca as que não obedecerem às especificações técnicas pormenorizadas no edital (art. 59, II).

Em harmonia com a terminologia técnica internacional, poder-se-ia conceituar especificação técnica como o conjunto de requisitos técnicos a serem atendidos por um produto ou serviço[81].

A especificação contém descrição detalhada dos elementos que devem compor o objeto, segundo requisitos determinados em grau absoluto – quando aceita grandeza física, química ou de outra natureza precisa e unicamente – ou relativo, quando admitidas variações que preencham certos limites.

De modo geral, especificações técnicas devem conter, para um produto ou serviço, características como qualidade, desempenho, interoperabilidade e segurança, fatores relevantes para a descrição de bens.

Normas técnicas

Outra alteração significativa refere-se à qualificação das normas técnicas, para o que não se faz menção às normas editadas pela Associação Brasileira de Normas Técnicas (ABNT), mas às normas técnicas pertinentes.

Haja vista que a normalização técnica nacional compete à ABNT, e que a entidade desenvolve estreita relação com o Estado, é comum entre o público em geral a percepção de se tratar de entidade pública.

A ABNT é entidade privada, criada sob a forma de associação civil, sem fins lucrativos, com prazo de duração indeterminado e sede na cidade do Rio de Janeiro, responsável pela normalização técnica nacional, declarada de utilidade pública pela Lei n. 4.150/62 e reconhecida como único foro nacional de normalização, por meio da Resolução n. 7/92, do Conmetro.

A Associação representa o Brasil nos seguintes organismos internacionais de normalização: International Organization for Standardization (ISO), International Electrotechnical Comission

---

81 ASSOCIAÇÃO BRASILEIRA DE NORMAS TÉCNICAS. *ABNT ISO IEC Guia 2: normalização e atividades relacionadas:* vocabulário geral. Rio de Janeiro, 2006.

(IEC), Comissão Panamericana de Normas Técnicas (Copant) e Associação Mercosul de Normalização (AMN).

Sob a coordenação, orientação, supervisão e gerenciamento da ABNT, na qualidade de Foro Nacional de Normalização, as Normas Brasileiras (NBR) são elaboradas em três instâncias, usualmente denominadas Comitês Técnicos, que comportam as seguintes configurações: Comitês Brasileiros, Organismos de Normalização Setorial e Comissões de Estudo Especiais.

Os Comitês Brasileiros são órgãos de coordenação, planejamento e execução das atividades de normalização técnica relacionadas com seu âmbito de atuação. Integram permanentemente o organograma da ABNT[82], dedicando-se a áreas de estudo consideradas essenciais, devendo compatibilizar os interesses dos produtores com os dos consumidores.

A Resolução Conmetro n. 6, de 24 de agosto de 1992, define Organismo de Normalização Setorial (ONS) como organismo público, privado ou misto, sem fins lucrativos, que entre outras, tem atividade reconhecida no campo da normalização em um dado domínio setorial, e que tenha sido credenciado pela ABNT, segundo critérios aprovados pelo Conmetro.

As Comissões de Estudo Especiais são compostas para a elaboração de projetos de normas técnicas sobre setores muito específicos, não abrangidos pelo objeto de trabalho de nenhum dos Comitês Brasileiros.

Atualmente, toda norma homologada e publicada pela ABNT recebe a denominação de Norma Brasileira, designada pela sigla ABNT NBR.

O processo de elaboração de normas brasileiras é iniciado quando a sociedade se manifesta, produzindo uma demanda para o Comitê Brasileiro ou Organismo de Normalização Setorial, que analisa a solicitação, verifica sua viabilidade e a encaminha à Comissão de Estudo pertinente.

Quando o mérito da proposta é considerado relevante, encaminha-se seu conteúdo ao Comitê Técnico pertinente, para inserção no Plano de Normalização Setorial da Comissão de Estudo afeta à matéria, sendo possível também a criação de uma Comissão de Estudo Especial.

A comissão elabora o projeto de norma brasileira preferencialmente com base em normas internacionais. Concluído, o projeto é submetido a uma consulta nacional e qualquer interessado pode emitir opinião quanto ao seu conteúdo. O resultado da consulta recomenda à Comissão de Estudo a sua aprovação, com sugestões, ou a sua reprovação, com objeções técnicas.

A Comissão de Estudo analisa as sugestões ou objeções técnicas ao projeto de norma brasileira, convidando os seus autores a participarem da reunião final de aprovação, para que defendam suas posições. Como resultado, a Comissão pode aprovar o projeto como Norma Brasileira ou retornar à etapa anterior de elaboração, procedendo a um novo estudo, caso as objeções técnicas sejam julgadas relevantes.

Aprovado o projeto de norma, submete-se o seu texto à homologação da ABNT, momento em que é atribuído um número à norma. Em seguimento, realiza-se a sua publicação e inclusão no acervo das Normas Brasileiras.

Conquanto bastante difundida a ideia de que normas técnicas têm aplicação obrigatória, esse entendimento traduz-se em equívoco, que não se compatibiliza com os pressupostos de juridicidade.

Normas técnicas são documentos cuja elaboração é voluntária, tal como sua aplicabilidade. Enquanto instituição privada, a ABNT não tem legitimidade para obrigar terceiros ao cumprimento das normas técnicas, porque desprovidas do caráter de heteronomia típico das leis e dos regulamentos.

Significa dizer, carece a ABNT do poder extroverso que reveste os atos da Administração, ainda que dotada de distintivo reconhecimento oficial, por sua utilidade pública e relevância para a ciência e a tecnologia.

---

82 Conforme o art. 18, *i*, do Estatuto da ABNT, compete ao Conselho Deliberativo decidir sobre a criação, extinção, nome e o âmbito de atuação dos Comitês Brasileiros, por proposta da Diretoria Executiva, que deverá se fazer acompanhar do respectivo parecer do Conselho Técnico.

Portanto, normas técnicas, *de per si*, são voluntárias, consoante o item 3.1 do Termo de Referência do Sistema Brasileiro de Normalização, aprovado pela Resolução n. 6/2002, do Conmetro, documento que estabelece as diretrizes da atividade de normalização no Brasil. Consequentemente, a decisão sobre usar normas técnicas ou participar de seus processos de elaboração adstringe-se unicamente ao âmbito da autonomia da vontade.

É juridicamente possível a imposição de caráter compulsório às normas técnicas, o que prescinde da elaboração de lei em sentido formal, bastando que se observem os requisitos de validade e eficácia, podendo essa determinação resultar da edição de ato administrativo, emanado da autoridade investida de competência regulatória sobre a matéria. É o que comumente acontece no espaço normativo de atuação das agências reguladoras, legalmente atribuídas da regulação técnica setorial, e do Inmetro, nas matérias que não sejam privativas de outras entidades.

Para o fim de cumprimento da norma jurídica de regência, a norma técnica (voluntária) será obrigatória, não por iniciativa do organismo de normalização que a elaborou, mas por ato de império do Poder Público, na forma de lei ou regulamento.

Inadmissível se normas técnicas, elaboradas por instituições privadas, tivessem caráter compulsório, sendo que o Texto Constitucional gravou o princípio da legalidade como cláusula pétrea condicionante para a imposição de deveres limitadores da liberdade individual. É exatamente esse o modelo regulatório da Lei n. 8.666/93: as normas brasileiras (NBR), embora voluntárias, na seara das licitações e contratos administrativos têm força cogente, por obrigação legal.

A Lei n. 14.133/2021 trilha outro caminho: não delimita a observância de normas técnicas àquelas editadas pela ABNT. O que parece, a um primeiro olhar, ofender o interesse nacional, em verdade compatibiliza o estatuto de licitações com os institutos de comércio multilateral.

O Acordo sobre Barreiras Técnicas ao Comércio, no âmbito da Organização Mundial do Comércio (OMC), do qual o Brasil é signatário, convenciona que quando necessária a edição de "regulamentos técnicos e existam normas internacionais pertinentes ou sua formulação definitiva for iminente, os Membros utilizarão estas normas, ou seus elementos pertinentes, como base de seus regulamentos técnicos"[83].

O art. 3º, VI, da Lei n. 13.874/2019, chamada Lei de Liberdade Econômica, dispõe sobre o desenvolvimento de "produtos e de serviços quando as normas infralegais se tornarem desatualizadas por força de desenvolvimento tecnológico consolidado internacionalmente".

O comando legal é regulamentado pelo Decreto n. 10.229/2020, que, em seu art. 5º, *caput*, define que "a legitimidade para receber e processar requerimentos de revisão de normas desatualizadas é do órgão ou da entidade responsável pela edição de norma sobre a matéria".

A exegese que se pode extrair do vocábulo "normas" cinzelado no dispositivo regulamentar abrange, em sentido lato, normas técnicas (editadas por pessoas de direito privado ou de direito público) e regulamentos técnicos, documentos exclusivos de autoridades públicas. Isso porque tanto as normas técnicas quanto os regulamentos podem ser obsoletos ou mesmo já serem publicados nessa situação, ante o conteúdo das normas técnicas internacionais.

Há de se considerar, ainda, que, no caso de empreendimentos de infraestrutura, a restrição às normas técnicas nacionais pode ensejar lacunas técnicas – quando não existir norma publicada sobre determinado componente ou técnica projetada para a solução de engenharia – ou mesmo a inviabilização de participação, nos certames, de empresas estrangeiras, propiciando-se a concentração de mercado ou mesmo a formação de cartéis.

Como exemplo de entidades que desenvolvem atividades de normalização mundialmente referenciadas, citem-se a American Association of State Highway and Transportation Officials (AASHTO), a American Railway Engineering and Maintenance-of-Way Association (AREMA) e a

---

83 BRASIL. *Decreto n. 1.355, de 30 de dezembro de 1994*. Promulga a Ata Final que Incorpora os Resultados da Rodada Uruguai de Negociações Comerciais Multilaterais do GATT. *Diário Oficial da União*, Brasília/DF, 31-12-1994, Seção 1, p. 21394.

World Association for Waterborne Transport Infrastructure (PIANC), respectivamente nos segmentos de engenharia rodoviária, ferroviária e aquaviária.

Em muitas situações, normas brasileiras serão as mais completas e eficazes para a solução proposta. Para algumas soluções, porém, é possível que não existam normas brasileiras e, quando existirem, não tenha a completude de normas editadas por outros organismos de normalização.

A Lei n. 14.133/2021 admite, pois, que o Projeto Executivo contenha especificações técnicas extraídas de normas técnicas pertinentes ou eficazes para a solução adotada, não necessariamente normas brasileiras.

Licitação internacional

A licitação internacional é o procedimento de escolha da melhor proposta pela Administração Pública para a aquisição de bens ou serviços, desfazimento de bens ou escolha de trabalho técnico, científico ou artístico, cuja participação é extensível a empresas estrangeiras.

As empresas brasileiras não serão excluídas do certame, a principal característica da licitação internacional é a possibilidade de participação das estrangeiras. O conceito de empresa estrangeira é extraído por exclusão do *caput* do art. 60 do Decreto-lei n. 2.627/40. Eis o seu texto:

> Art. 60. São nacionais as sociedades organizadas na conformidade da lei brasileira e que têm no país a sede de sua administração. Assim, são estrangeiras as sociedades constituídas e organizadas segundo as leis de outras nações e com sede fora do Brasil.

CAPÍTULO IV
Dos Agentes Públicos

Art. 7º Caberá à autoridade máxima do órgão ou da entidade, ou a quem as normas de organização administrativa indicarem, promover gestão por competências e designar agentes públicos para o desempenho das funções essenciais à execução desta Lei que preencham os seguintes requisitos:

I – sejam, preferencialmente, servidor efetivo ou empregado público dos quadros permanentes da Administração Pública;

II – tenham atribuições relacionadas a licitações e contratos ou possuam formação compatível ou qualificação atestada por certificação profissional emitida por escola de governo criada e mantida pelo poder público; e

III – não sejam cônjuge ou companheiro de licitantes ou contratados habituais da Administração nem tenham com eles vínculo de parentesco, colateral ou por afinidade, até o terceiro grau, ou de natureza técnica, comercial, econômica, financeira, trabalhista e civil.

§ 1º A autoridade referida no *caput* deste artigo deverá observar o princípio da segregação de funções, vedada a designação do mesmo agente público para atuação simultânea em funções mais suscetíveis a riscos, de modo a reduzir a possibilidade de ocultação de erros e de ocorrência de fraudes na respectiva contratação.

§ 2º O disposto no *caput* e no § 1º deste artigo, inclusive os requisitos estabelecidos, também se aplica aos órgãos de assessoramento jurídico e de controle interno da Administração.

COMENTÁRIOS

Servidor público

Servidor público é o agente público que ocupa permanentemente cargo público, para o desempenho profissional de atividade do Estado, integrando o quadro funcional de pessoa jurídica de direito público interno, sob regime estatutário.

Observe-se que permanência não implica estabilidade, visto que há servidores públicos estatutários que não possuem essa garantia, por exemplo, os ocupantes de cargos em comissão.

Segundo o art. 2º da Lei n. 8.112/90, o vocábulo *servidor* somente pode ser usado para ocupante de cargo público. Eis o seu texto: "Para os efeitos desta Lei, servidor é a pessoa legalmente investida em cargo público".

O art. 3º da lei em tela traz a definição e requisitos do cargo público:

> Art. 3º Cargo público é o conjunto de atribuições e responsabilidades previstas na estrutura organizacional que devem ser cometidas a um servidor.
>
> Parágrafo único. Os cargos públicos, acessíveis a todos os brasileiros, são criados por lei, com denominação própria e vencimento pago pelos cofres públicos, para provimento em caráter efetivo ou em comissão.

A Carta de 1988 criou diferenças entre os servidores públicos, estabelecendo duas classes quanto à relevância das atribuições:

(i)   a daqueles que têm as suas funções ou as atribuições dos seus órgãos descritas na Constituição; e

(ii) a daqueles que têm as suas funções e atribuições dos seus órgãos listadas em norma infraconstitucional.

Os servidores de regime constitucional desempenham, conforme opção política do Poder Constituinte Originário, funções de maior relevância para o Estado: magistrados (inclusive os membros de tribunais de contas), membros do Ministério Público, defensores públicos, advogados públicos, auditores-fiscais, diplomatas, os responsáveis pela segurança pública e, antes da mudança feita pela Emenda Constitucional n. 18, os militares[84].

Normalmente, os agentes públicos citados possuem regime jurídico próprio, somente sendo utilizada a Lei n. 8.112/90 ou o regime jurídico geral do ente federativo subsidiariamente. Os servidores de regime infraconstitucional também desempenham funções importantes para o Estado, mas o Constituinte de 1988 reservou-lhes número menor de atribuições tipicamente de Estado e de garantias funcionais e institucionais.

Além disso, quanto à permanência no cargo, o inciso II do art. 37 da CF/88 e o já mencionado parágrafo único do art. 3º da Lei n. 8.112/90 apresentaram dois tipos de servidores estatutários:

a)   o ocupante de cargo efetivo; e

b)   o ocupante de cargo em comissão.

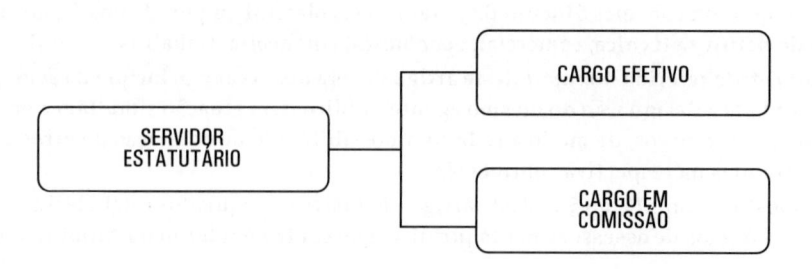

Os cargos públicos, acessíveis a todos os brasileiros, são criados por lei, com denominação própria e vencimento pago pelos cofres públicos, para provimento em caráter efetivo ou em comissão.

---

84 Os militares das Forças Armadas continuam sendo agentes públicos que desempenham função de extrema relevância, porém, não figuram mais como servidores públicos.

A nomeação far-se-á:

I – em caráter efetivo, quando se tratar de cargo isolado de provimento efetivo ou de carreira;

II – em comissão, inclusive na condição de interino, para cargos de confiança vagos.

Atualmente, para a investidura em cargo efetivo exige-se a aprovação prévia em concurso público de provas ou de provas e títulos e, ao contrário do que possa parecer, antes da CF/88 também era imposta a aprovação em concurso público para a nomeação nos cargos efetivos, conforme dispõe o § 1º do art. 95 da Constituição Federal da 1967.

Assim, a exigência de concurso público de provas ou de provas e títulos não é uma inovação da Constituição Federal de 1988. O servidor público de cargo efetivo goza, após ultrapassado o prazo de três anos e aprovação no estágio probatório ou, no caso dos vitalícios, de dois anos e aprovação no estágio probatório, de estabilidade ou vitaliciedade, possuindo um regime próprio de previdência social.

Os servidores públicos titulares de cargos em comissão são livremente nomeados e livremente exonerados, pois não há falar em estabilidade ou vitaliciedade, são exoneráveis *ad nutum*, sem que haja a necessidade de motivação. Contudo, se a autoridade motivar a exoneração, ficará vinculada aos motivos alegados.

Em relação ao regime de previdência do ocupante de cargo em comissão, o § 1º do art. 183 da Lei n. 8.112/90 é claro ao excluí-lo do Plano de Seguridade Social dos servidores titulares de cargos efetivos, ao aduzir que o servidor ocupante de cargo em comissão que não seja, simultaneamente, ocupante de cargo ou emprego efetivo na Administração Pública direta, autárquica e fundacional não terá direito aos benefícios do Plano de Seguridade Social, com exceção da assistência à saúde.

Assim, deve ser filiado ao Regime Geral de Previdência Social, na forma da alínea *g* do inciso I do art. 12 da Lei n. 8.212/90. Por fim, deve ser observado que a existência de vínculo estatutário, decorrente não de contrato, mas da própria lei, para os servidores públicos não impede as futuras alterações legislativas para reduzir direitos ou benefícios, portanto não há direito adquirido a regime jurídico, conforme tem decidido de maneira reiterada o STF.

Empregado público

Empregados públicos são os agentes públicos efetivos das pessoas jurídicas de direito público, cuja relação com o Estado é regida por contrato de trabalho disciplinado pelo Decreto-lei n. 5.452, de 1º de maio de 1943, Consolidação das Leis do Trabalho (CLT), pela legislação trabalhista correlata e pela Lei n. 9.962/2000. Não se confundem com os empregados estatais.

As diferenças entre o empregado público e o empregado estatal são:

a) o empregado público é um agente público e o empregado estatal é um agente privado equiparado, nas situações previstas na Constituição e nas leis, ao agente público;

b) o empregado público tem como empregadora uma pessoa jurídica de direito público e o empregado estatal tem como empregadora uma pessoa jurídica de direito privado da Administração Pública indireta, ou seja, uma empresa estatal;

c) o empregado público tem a sua relação regida pela CLT, pela legislação trabalhista correlata e pela Lei n. 9.962/2000 e o empregado estatal tem a sua relação regida pela CLT e pela legislação trabalhista correlata, sem a incidência da Lei n. 9.962/2000; e

d) o empregado público, segundo o art. 3º da Lei n. 9.962/2000, tem garantias contra a dispensa imotivada e o empregado estatal não as tem, segundo a jurisprudência dominante do Tribunal Superior do Trabalho[85].

---

85 TST. RR 886300 -12.2001.5.09.0004, rel. Min. Aloysio Corrêa da Veiga, 6ªTurma, julgado em 11-6-2008, publicado em 13-6-2008.

Em relação ao empregado público, as garantias do art. 3º da Lei n. 9.962/2000 podem ser afastadas quando a contratação decorrer da autonomia de gestão de que trata o § 8º do art. 37 da Constituição Federal.

Apesar de a jurisprudência do TST possibilitar a dispensa imotivada do empregado estatal, a melhor solução é a despedida com base em critérios objetivos e anteriormente estabelecidos na norma geral e abstrata sobre o assunto da empresa pública ou sociedade de economia mista, a fim de que seja observado o princípio da impessoalidade do *caput* do art. 37 da Carta Magna e, especificamente, a similitude das formas, visto que a contratação obedece ao critério objetivo do concurso público.

Eis julgado do STF em sentido diverso do entendimento do TST:

> EMPRESA BRASILEIRA DE CORREIOS E TELÉGRAFOS – ECT. DEMISSÃO IMOTIVADA DE SEUS EMPREGADOS. IMPOSSIBILIDADE. NECESSIDADE DE MOTIVAÇÃO DA DISPENSA. RE PARCIALMENTE PROVIDO.
>
> I – Os empregados públicos não fazem jus à estabilidade prevista no art. 41 da CF, salvo aqueles admitidos em período anterior ao advento da EC n. 19/98. Precedentes.
>
> II – Em atenção, no entanto, aos princípios da impessoalidade e isonomia, que regem a admissão por concurso público, a dispensa do empregado de empresas públicas e sociedades de economia mista que prestam serviços públicos deve ser motivada, assegurando -se, assim, que tais princípios, observados no momento daquela admissão, sejam também respeitados por ocasião da dispensa.
>
> III – A motivação do ato de dispensa, assim, visa a resguardar o empregado de uma possível quebra do postulado da impessoalidade por parte do agente estatal investido do poder de demitir.
>
> IV – Recurso extraordinário parcialmente provido para afastar a aplicação, ao caso, do art. 41 da CF, exigindo-se, entretanto, a motivação para legitimar a rescisão unilateral do contrato de trabalho (STF, RE 589.998, rel. Min. Ricardo Lewandowski, Tribunal Pleno, julgado em 20-3-2013, Acórdão Eletrônico Repercussão Geral – Mérito, *DJe*-179, divulg. 11-9-2013, public. 12-9-2013).

Os empregados públicos e os empregados estatais não podem, além das hipóteses trazidas pelo inciso XVI do art. 37 da CF/88, acumular cargos, empregos ou funções, de acordo com o inciso XVII do mesmo artigo. Os empregados públicos não podem receber além do teto remuneratório estipulado no inciso XI do art. 37 da CF/88.

Em relação ao empregado estatal, não será aplicado o teto remuneratório, salvo se, na forma do § 9º do art. 37 da CF/88, fizer parte de empresas públicas e sociedades de economia mista, e suas subsidiárias, que receberem recursos da União, dos Estados, do Distrito Federal ou dos Municípios para pagamento de despesas de pessoal ou de custeio em geral. Os empregados públicos e os empregados estatais respondem por atos de improbidade administrativa da Lei n. 8.429/92, podem ser autoridades coatoras para mandado de segurança, são funcionários públicos para fins penais e submetem -se a concurso público de provas ou de provas e títulos.

Não há falar em estabilidade para ambos, na forma da Súmula 390, II, do TST. *Vide* texto:

> Ao empregado de empresa pública ou de sociedade de economia mista, ainda que admitido mediante aprovação em concurso público, não é garantida a estabilidade prevista no art. 41 da CF/1988 (ex-OJ 229 da SBDI -1 – inserida em 20-6-2001).

Requisitos para atuação de agentes públicos

O Capítulo IV do Título I da lei dispõe sobre diretrizes e obrigações para a atuação dos agentes públicos em licitações e contratos, de forma que a nova lei exige a profissionalização dos ativos intelectuais da Administração.

Infelizmente, é corriqueira a atuação de agentes públicos em licitações ou fiscalização de contratos sem a necessária capacitação, causando-se a responsabilização dessas pessoas por erros ou a ocorrência de danos à Administração, em detrimento do interesse público.

Com vistas a superar essa falha histórica, o art. 7º, II, da Lei n. 14.133/2021 impõe a gestão por competências e a exigência de que os agentes exerçam "atribuições relacionadas a licitações e contratos ou possuam formação compatível **ou** qualificação atestada por certificação profissional emitida por escola de governo criada e mantida pelo poder público".

Logo, a autoridade não poderá designar agentes públicos à sua livre e irrestrita escolha para atuação na área de licitações e contratos, porquanto a lei impõe limites para a aferição da discricionariedade.

São alternativos os pressupostos de comprovação: atribuições relacionadas a licitações e contratos; formação compatível; ou qualificação profissional emitida por escola de governo.

Dessarte, a lei elenca três opções para a aferição da capacidade do agente público: a atribuição – constatada por experiência pretérita ou exercício de cargo ou função específica –, a formação – sendo razoável que compreenda os níveis superior e técnico –, ou, na ausência de um desses elementos, a capacitação profissional.

Evidentemente, a capacitação profissional por escola de governo é o requisito de base para a designação dos agentes públicos, o que não inviabiliza a complementação por capacitação específica, mediante ações de treinamento destinadas ao aperfeiçoamento ou formação.

Os requisitos de qualificação exigidos dos gestores estendem-se aos membros das unidades de consultoria e assessoramento jurídico e de controle.

Art. 8º A licitação será conduzida por agente de contratação, pessoa designada pela autoridade competente, entre servidores efetivos ou empregados públicos dos quadros permanentes da Administração Pública, para tomar decisões, acompanhar o trâmite da licitação, dar impulso ao procedimento licitatório e executar quaisquer outras atividades necessárias ao bom andamento do certame até a homologação.

§ 1º O agente de contratação será auxiliado por equipe de apoio e responderá individualmente pelos atos que praticar, salvo quando induzido a erro pela atuação da equipe.

§ 2º Em licitação que envolva bens ou serviços especiais, desde que observados os requisitos estabelecidos no art. 7º desta Lei, o agente de contratação poderá ser substituído por comissão de contratação formada por, no mínimo, 3 (três) membros, que responderão solidariamente por todos os atos praticados pela comissão, ressalvado o membro que expressar posição individual divergente fundamentada e registrada em ata lavrada na reunião em que houver sido tomada a decisão.

DISPOSITIVO CORRELATO (Lei n. 12.432/2011)

Art. 34. [...]
§ 2º Os membros da comissão de licitação responderão solidariamente por todos os atos praticados pela comissão, salvo se posição individual divergente estiver registrada na ata da reunião em que houver sido adotada a respectiva decisão.

---

§ 3º As regras relativas à atuação do agente de contratação e da equipe de apoio, ao funcionamento da comissão de contratação e à atuação de fiscais e gestores de contratos de que trata esta Lei serão estabelecidas em regulamento, e deverá ser prevista a possibilidade de eles contarem com o apoio dos órgãos de assessoramento jurídico e de controle interno para o desempenho das funções essenciais à execução do disposto nesta Lei.

DISPOSITIVO CORRELATO (Lei n. 12.432/2011)

Art. 34. [...]

§ 1º As regras relativas ao funcionamento das comissões de licitação e da comissão de cadastramento de que trata esta Lei serão estabelecidas em regulamento.

§ 4º Em licitação que envolva bens ou serviços especiais cujo objeto não seja rotineiramente contratado pela Administração, poderá ser contratado, por prazo determinado, serviço de empresa ou de profissional especializado para assessorar os agentes públicos responsáveis pela condução da licitação.

§ 5º Em licitação na modalidade pregão, o agente responsável pela condução do certame será designado pregoeiro.

COMENTÁRIOS

Designação para a condução da licitação

No anterior regime jurídico, da Lei n. 8.666/93 (art. 51, *caput*), as propostas dos licitantes são "processadas e julgadas por comissão permanente ou especial de, no mínimo, três membros".

Na modalidade pregão, a condução do certame é realizada por pregoeiro, designado dentre os servidores do órgão ou da entidade, para o "recebimento das propostas e lances, a análise de sua aceitabilidade e sua classificação, bem como a habilitação e a adjudicação do objeto do certame ao licitante vencedor" (art. 3º, IV, da Lei n. 10.520/2002).

Portanto, a regra geral é a atuação de comissão de licitações, salvo quando realizada a licitação segundo a modalidade pregão.

A Lei n. 14.133/2021 inverte essa lógica, de modo que "a licitação será conduzida por **agente de contratação** designado dentre os agentes públicos dos quadros permanentes da Administração (art. 8º, *caput*).

Tal como a equipe de apoio do pregoeiro (no regime da Lei n. 10.520/2002), o agente de contratação será auxiliado por equipe de apoio, e a responsabilização por seus atos será individualizada, exceto se induzido a erro pela equipe de apoio.

Conjecture-se a hipótese em que a licitação requeira conhecimentos técnicos especializados, providos pela equipe de apoio, cujas informações induzam a erro o agente de contratação. Nesse caso, cabe a responsabilização não do agente de contratação, mas dos servidores culpáveis pelo erro.

A disciplina sobre a modalidade pregão, outrora regulamentada por lei esparsa, agora integra o corpo da Lei n. 14.133/2021, e quando escolhida essa modalidade, dá-se ao agente de contratação o nome de **pregoeiro**.

Licitação para contratação de bens ou serviços especiais

Quando o objeto da licitação contemplar bens ou serviços especiais, a licitação **poderá** ser efetuada por **comissão de contratação**, formada por no mínimo três membros, exigida de todos a comprovação de formação, atribuição ou qualificação profissional requerida do agente de contratação.

A regra geral, pois, é da condução da licitação por órgão singular: agente de contratação. Nas situações em que a Administração considerar que o objeto possui alta complexidade, poder-se-á designar comissão, segundo decisão discricionária da autoridade competente.

A lógica do processamento da licitação por um único servidor – auxiliado por equipe de apoio – já tem sido observada há algum tempo, com a gradativa ampliação do conceito de bens e serviços comuns adotado no pregão. Com efeito, mesmo objetos de maior complexidade consideram-se comuns quando admitem especificações usuais de mercado.

Por isso, o conceito de bens e serviços especiais abarca categorias de produtos e prestações deveras singulares, razão por que se espera que o emprego de comissões de contratação ocorrerá em situações peculiares.

Os membros da comissão de contratação respondem solidariamente pelos atos praticados, salvo quem anotar em ata seu posicionamento divergente.

Assessores jurídicos e auditores internos

A Lei n. 14.133/2021 reclama dos assessores jurídicos e membros de controle interno o exercício de efetivo assessoramento aos agentes de contratação.

No caso do *staff* jurídico, a atividade de consultoria mormente exaure-se a partir da assinatura de parecer, enquanto a assessoria requer do assessor jurídico a atuação junto aos agentes atribuídos dos atos administrativos, com a efetiva participação do órgão jurídico na preparação e na realização dos processos.

Quanto ao controle interno, a atuação em sincronismo com os agentes de contratação ensejará o fortalecimento das atividades de monitoramento e significativo efeito preventivo contra erros e fraudes.

Os assessores jurídicos e membros do controle interno, assim como os agentes de contratação, devem ter formação compatível com as atribuições desempenhadas. O art. 8º, § 3º, obriga a Administração a disciplinar em regulamento a possibilidade de apoio dos órgãos de assessoramento jurídico e de controle interno aos agentes de contratação, comissões de contratação, fiscais e gestores de contratos.

Essa medida contribui para a eficiência, a celeridade e a eficácia das licitações, uma vez que a atuação simultânea dos órgãos de assessoramento jurídico e de controle interno terá a capacidade de sanar vícios logo que percebidos, evitando-se o transcurso da licitação contaminada por atos inválidos.

Frequentemente, processos e procedimentos transcorrem desde a origem permeados por vícios – às vezes, desde a sua formação – e nesse estado tramitam até o momento de análise dos órgãos de assessoria jurídica e de controle interno, que então se manifestam pela irregularidade dos atos desencadeados.

Em situações outras, anotam-se divergências entre os órgãos de assessoria jurídica e de controle interno, prejudicando-se o impulso processual.

Essas práticas induzem perda de tempo e recursos, em detrimento dos princípios regentes das licitações públicas. A dinâmica estatuída pela lei tem por bússola a correção dessa linha de atuação dos agentes públicos, órgãos e entidades.

Art. 9º É vedado ao agente público designado para atuar na área de licitações e contratos, ressalvados os casos previstos em lei:

DISPOSITIVOS CORRELATOS (Lei n. 8.666/93)
Art. 3º [...]   § 1º É vedado aos agentes públicos: I – admitir, prever, incluir ou tolerar, nos atos de convocação, cláusulas ou condições que comprometam, restrinjam ou frustrem o seu caráter competitivo, inclusive nos casos de sociedades cooperativas, e estabeleçam preferências ou distinções em razão da naturalidade, da sede ou domicílio dos licitantes ou de qualquer outra circunstância impertinente ou irrelevante para o específico objeto do contrato, ressalvado o disposto nos §§ 5º a 12 deste artigo e no art. 3º da Lei n. 8.248, de 23 de outubro de 1991; (Redação dada pela Lei n. 12.349, de 2010.)

II – estabelecer tratamento diferenciado de natureza comercial, legal, trabalhista, previdenciária ou qualquer outra, entre empresas brasileiras e estrangeiras, inclusive no que se refere a moeda, modalidade e local de pagamentos, mesmo quando envolvidos financiamentos de agências internacionais, ressalvado o disposto no parágrafo seguinte e no art. 3º da Lei n. 8.248, de 23 de outubro de 1991.

I – admitir, prever, incluir ou tolerar, nos atos que praticar, situações que:

a) comprometam, restrinjam ou frustrem o caráter competitivo do processo licitatório, inclusive nos casos de participação de sociedades cooperativas;

b) estabeleçam preferências ou distinções em razão da naturalidade, da sede ou do domicílio dos licitantes;

c) sejam impertinentes ou irrelevantes para o objeto específico do contrato;

II – estabelecer tratamento diferenciado de natureza comercial, legal, trabalhista, previdenciária ou qualquer outra entre empresas brasileiras e estrangeiras, inclusive no que se refere a moeda, modalidade e local de pagamento, mesmo quando envolvido financiamento de agência internacional;

III – opor resistência injustificada ao andamento dos processos e, indevidamente, retardar ou deixar de praticar ato de ofício, ou praticá-lo contra disposição expressa em lei.

§ 1º Não poderá participar, direta ou indiretamente, da licitação ou da execução do contrato agente público de órgão ou entidade licitante ou contratante, devendo ser observadas as situações que possam configurar conflito de interesses no exercício ou após o exercício do cargo ou emprego, nos termos da legislação que disciplina a matéria.

DISPOSITIVO CORRELATO (Lei n. 8.666/93)

Art. 9º Não poderá participar, direta ou indiretamente, da licitação ou da execução de obra ou serviço e do fornecimento de bens a eles necessários: [...]

III – servidor ou dirigente de órgão ou entidade contratante ou responsável pela licitação.

§ 2º As vedações de que trata este artigo estendem-se a terceiro que auxilie a condução da contratação na qualidade de integrante de equipe de apoio, profissional especializado ou funcionário ou representante de empresa que preste assessoria técnica.

COMENTÁRIOS

Responsabilidade dos agentes públicos

A Lei n. 14.133/2021 estabelece conjunto de condutas vedadas aos agentes públicos, com vistas à preservação dos princípios regentes das licitações públicas, cuja inobservância pode ensejar a responsabilização em diferentes esferas, conforme a conduta e suas consequências.

O agente público responde civil, penal e administrativamente pelo exercício irregular de suas atribuições, pois o Estado Democrático de Direito tem como um dos princípios fundantes o da isonomia, que impossibilita a existência de classes especiais de cidadãos.

A responsabilidade civil, segundo o art. 122 da Lei n. 8.112/90, decorre de ato omissivo ou comissivo, doloso ou culposo, que resulte em prejuízo ao erário ou a terceiros.

Segundo o art. 123 da lei em tela, a responsabilidade penal abrange os crimes e contravenções imputadas ao servidor, nessa qualidade.

O art. 124 da Lei n. 8.112/90 afirma que a responsabilidade civil-administrativa resulta de ato omissivo ou comissivo praticado no desempenho do cargo ou função.

Em virtude da sua atuação sob regime jurídico diferenciado que lhe outorga certos poderes não extensíveis aos particulares, o agente público deve ser mais cioso, posto que a sociedade tem o direito de conhecer e fiscalizar as suas condutas.

A responsabilidade civil do agente público é subjetiva; depende, consequentemente, da existência de ação ou omissão, culposa ou dolosa. A responsabilidade civil do Estado com o seu agente público também é subjetiva, visto que o Estado não presta serviço público para os seus agentes na relação jurídica laboral.

A conduta do agente público deve ser culposa ou dolosa, a fim de que a sanção seja aplicada. O elemento subjetivo é indispensável não sendo suficientes apenas a conduta, o nexo de causalidade e o resultado. Não há falar em responsabilidade objetiva do servidor público.

As sanções penais, cíveis e administrativas são cumuláveis entre si e independentes, na forma do art. 125 da Lei n. 8.112/90. Em regra, a absolvição na esfera penal ou a improcedência na esfera cível não implica arquivamento da sindicância ou de processo administrativo disciplinar. Eis jurisprudência do STF sobre o tema:

> ADMINISTRATIVO. AGRAVO REGIMENTAL. RECURSO ORDINÁRIO EM MANDADO DE SEGURANÇA. POLICIAL RODOVIÁRIO FEDERAL. COBRANÇA DE PROPINA. DEMISSÃO POR IMPROBIDADE ADMINISTRATIVA E PELA UTILIZAÇÃO DO CARGO PARA LOGRAR PROVEITO PESSOAL OU DE OUTREM, EM DETRIMENTO DA DIGNIDADE DA FUNÇÃO PÚBLICA. PROCESSO CRIMINAL. ABSOLVIÇÃO POR FALTA DE PROVAS. REPERCUSSÃO NO PROCESSO ADMINISTRATIVO DISCIPLINAR. INEXISTÊNCIA. PRECEDENTES. PENA APLICADA POR FORÇA DE PREVISÃO LEGAL, APÓS MINUCIOSA INVESTIGAÇÃO NA SEARA ADMINISTRATIVA. OFENSA AOS PRINCÍPIOS DA PROPORCIONALIDADE E DA RAZOABILIDADE. NÃO CONFIGURAÇÃO. AGRAVO REGIMENTAL A QUE SE NEGA PROVIMENTO (RMS 34.041 AgR, rel. Min. Teori Zavascki, Segunda Turma, julgado em 29-3-2016, Processo Eletrônico, *DJe*-082, divulg. 27-4-2016, public. 28-4-2016).

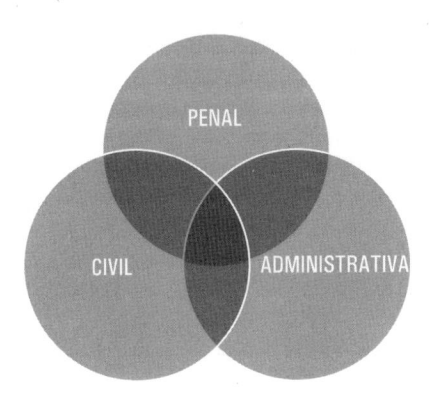

Existe, excepcionalmente, a possibilidade de o julgamento penal influenciar a responsabilidade civil e a responsabilidade administrativa[86].

---

86 ADMINISTRATIVO. SERVIDOR PÚBLICO. DEMISSÃO. PROCESSO ADMINISTRATIVO DISCIPLINAR. INDEPENDÊNCIA DAS ESFERAS ADMINISTRATIVA E PENAL.

[...] Pacificou-se na doutrina e na jurisprudência o entendimento segundo o qual a esfera administrativa só se subordina à penal na hipótese de sentença criminal absolutória que reconheça a não ocorrência do fato ou negue a sua autoria, o que não é o caso dos autos, em que a absolvição veio lastreada no inciso VII do art. 386 do Código de Processo Penal, ou seja, por insuficiência de provas.

Conforme o art. 126 da Lei n. 8.112/90, a responsabilidade administrativa será afastada no caso de absolvição criminal que negue a existência do fato ou sua autoria[87]. Segue a norma: "A responsabilidade administrativa do servidor será afastada no caso de absolvição criminal que negue a existência do fato ou sua autoria".

Entretanto, a Súmula 18, do STF, estabelece: "Pela falta residual, não compreendida na absolvição pelo juízo criminal, é admissível a punição administrativa do servidor público".

A responsabilidade civil é independente da criminal, porém, não se pode questionar mais sobre a existência do fato, ou sobre quem seja o seu autor, quando estas questões se acharem decididas no juízo criminal, na forma do art. 935 do Código Civil de 2002. *Ipsis litteris*:

> Art. 935. A responsabilidade civil é independente da criminal, não se podendo questionar mais sobre a existência do fato, ou sobre quem seja o seu autor, quando estas questões se acharem decididas no juízo criminal.

Apesar de existirem diversas classificações de responsabilidade (penal, civil, administrativa contratual, administrativa licitatória, administrativa decorrente do poder de polícia, administrativa regulatória etc.), a responsabilidade que deve ser analisada aqui é a responsabilidade administrativa funcional do servidor público ou, nas palavras da Lei n. 8.112/90, responsabilidade civil administrativa.

Lembre-se que a República Federativa do Brasil ratificou e promulgou, mediante o Decreto n. 5.687/2006, a Convenção das Nações Unidas contra a Corrupção que exige, no seu art. 8, códigos e normas de condutas para os servidores públicos.

Conflito de interesses

Na esfera do Executivo Federal, merece atenção a Lei n. 12.813/2013, cujo art. 3º, I, define conflito de interesses como a situação gerada pelo confronto entre interesses públicos e privados, que possa comprometer o interesse coletivo ou influenciar, de maneira imprópria, o desempenho da função pública.

[...] Embora possam se originar a partir do mesmo fato ilícito, a aplicação de penalidade de demissão realizada no Processo Administrativo Disciplinar decorreu da aplicação da Lei n. 8.112/90 (arts. 116, II, e 117, IX), e, de forma alguma, confunde-se com a ação de improbidade administrativa, processada perante o Poder Judiciário, a quem incumbe a aplicação das penalidades previstas no art. 12 da Lei n. 8.429/92.

[...] Recurso ordinário em mandado de segurança não provido (STJ, MS 17.873/DF, rel. Min. Napoleão Nunes Maia Filho, rel. p/ Acórdão Min. Mauro Campbell Marques, Primeira Seção, julgado em 8-8-2012, DJe 2-10-2012).

87   RECURSO ORDINÁRIO EM MANDADO DE SEGURANÇA. POLICIAL MILITAR DO ESTADO DE PERNAMBUCO. ACUSAÇÃO DE HOMICÍDIO. EXCLUSÃO DA CORPORAÇÃO. SUPERVENIENTE SENTENÇA CRIMINAL ABSOLUTÓRIA COM BASE NO MESMO FATO. NEGATIVA DE AUTORIA. INEGÁVEL REPERCUSSÃO NA SEARA ADMINISTRATIVA. RECURSO PROVIDO.

[...] O Processo Administrativo Disciplinar não é dependente da instância penal, porém, quando o Juízo Penal já se pronunciou sobre os fatos que constituem, ao mesmo tempo, o objeto do PAD, exarando sentença absolutória por negativa de autoria, não há como se negar a sua inevitável repercussão no âmbito administrativo sancionador.

[...] A teor do art. 126 da Lei n. 8.112/90, aplicável ao caso por analogia, a responsabilidade do Servidor deverá ser afastada no caso de absolvição criminal que negue a existência do fato ou sua autoria, exceto se houver falta disciplinar residual, não englobada na sentença penal absolutória (Súmula 18/STF).

[...] Refoge ao senso de justiça que se tenha o mesmo fato por não provado no crime e provado na esfera administrativa punitiva, como se esta pudesse se satisfazer com prova incompleta, deficiente ou inconclusiva; a necessária independência entre as instâncias administrativa e penal, não exclui o imperioso equilíbrio entre elas, capaz de impingir coerência às decisões sancionatórias emanadas do Poder Público, sejam proferidas pelo Executivo ou pelo Judiciário.

[...] Recurso especial improvido (STJ, REsp 1.090.425/AL, rel. Min. Maria Thereza de Assis Moura, 6ª Turma, julgado em 1º-9-2011, DJe 19-9-2011).

Conforme o art. 5º da lei em tela, enumeram-se estas situações a configurar conflito de interesses no exercício do cargo ou emprego:

I – divulgar ou fazer uso de informação privilegiada, em proveito próprio ou de terceiro, obtida em razão das atividades exercidas;

II – exercer atividade que implique a prestação de serviços ou a manutenção de relação de negócio com pessoa física ou jurídica que tenha interesse em decisão do agente público ou de colegiado do qual este participe;

III – exercer, direta ou indiretamente, atividade que em razão da sua natureza seja incompatível com as atribuições do cargo ou emprego, considerando-se como tal, inclusive, a atividade desenvolvida em áreas ou matérias correlatas;

IV – atuar, ainda que informalmente, como procurador, consultor, assessor ou intermediário de interesses privados nos órgãos ou entidades da administração pública direta ou indireta de qualquer dos Poderes da União, dos Estados, do Distrito Federal e dos Municípios;

V – praticar ato em benefício de interesse de pessoa jurídica de que participe o agente público, seu cônjuge, companheiro ou parentes, consanguíneos ou afins, em linha reta ou colateral, até o terceiro grau, e que possa ser por ele beneficiada ou influir em seus atos de gestão;

VI – receber presente de quem tenha interesse em decisão do agente público ou de colegiado do qual este participe fora dos limites e condições estabelecidos em regulamento; e

VII – prestar serviços, ainda que eventuais, a empresa cuja atividade seja controlada, fiscalizada ou regulada pelo ente ao qual o agente público está vinculado.

Por fim, as situações que configuram conflito de interesses aplicam-se aos ocupantes dos cargos ou empregos públicos ainda que em gozo de licença ou em período de afastamento.

Art. 10. Se as autoridades competentes e os servidores públicos que tiverem participado dos procedimentos relacionados às licitações e aos contratos de que trata esta Lei precisarem defender-se nas esferas administrativa, controladora ou judicial em razão de ato praticado com estrita observância de orientação constante em parecer jurídico elaborado na forma do § 1º do art. 53 desta Lei, a advocacia pública promoverá, a critério do agente público, sua representação judicial ou extrajudicial.

§ 1º Não se aplica o disposto no *caput* deste artigo quando:

I – (Vetado);

II – provas da prática de atos ilícitos dolosos constarem nos autos do processo administrativo ou judicial.

§ 2º Aplica-se o disposto no *caput* deste artigo inclusive na hipótese de o agente público não mais ocupar o cargo, emprego ou função em que foi praticado o ato questionado.

COMENTÁRIOS

Parecer jurídico

No que concerne aos pareceres jurídicos, lembre-se que, no âmbito do Executivo Federal, o parecer do Advogado-Geral da União de que tratam os arts. 40 e 41 da Lei Complementar n. 73, 10 de fevereiro de 1993, aprovado pelo Presidente da República e publicado no *Diário Oficial da União* juntamente com o despacho presidencial, vincula os órgãos e as entidades da Administração Pública federal, que ficam obrigados a lhe dar fiel cumprimento.

O parecer do Advogado-Geral da União aprovado pelo Presidente da República, mas não publicado, obriga apenas as repartições interessadas, a partir do momento em que dele tenham ciência.

Os pareceres acima citados têm prevalência sobre outros mecanismos de uniformização de entendimento.

Os pareceres das consultorias jurídicas e dos órgãos de assessoramento jurídico, de que trata o art. 42 da Lei Complementar n. 73/93, aprovados pelo respectivo Ministro de Estado, vinculam o órgão e as respectivas entidades vinculadas.

A autoridade que representa órgão central de sistema poderá editar orientações normativas ou enunciados que vincularão os órgãos setoriais e seccionais.

As controvérsias jurídicas sobre a interpretação de norma, instrução ou orientação de órgão central de sistema poderão ser submetidas à Advocacia -Geral da União.

A submissão à Advocacia-Geral da União acima tratada será instruída com a posição do órgão jurídico do órgão central de sistema, do órgão jurídico que divergiu e dos outros órgãos que se pronunciaram sobre o caso.

A autoridade máxima de órgão ou da entidade da Administração Pública poderá editar enunciados que vinculem o próprio órgão ou a entidade e os seus órgãos subordinados.

Compete aos órgãos e às entidades da Administração Pública manter atualizados, em seus sítios eletrônicos, as normas complementares, as orientações normativas, as súmulas e os enunciados.

Representação judicial ou extrajudicial de agente público

A Lei n. 14.133/2021 traz uma série de disposições sobre a Advocacia Pública não tratadas nos regimes anteriores. O novo diploma colima a profissionalização dos agentes públicos dedicados às licitações e aos contratos.

Esse panorama afeta mormente os profissionais de consultoria e assessoramento jurídico, de modo que a estruturação de carreiras públicas para o cumprimento da lei é providência inadiável. O projeto de lei (PL 4.253/2020) restringia o direito de representação judicial dos agentes públicos pela advocacia pública, conforme o caráter de nomeação do advogado signatário do parecer jurídico na licitação.

Assim dispunha o dispositivo vetado (inciso I do § 1º do art. 10): "O responsável pela elaboração do parecer jurídico não pertencer aos quadros permanentes da Administração".

Se prosperasse a redação do projeto de lei, suas consequências seriam incalculáveis.

Ora, o art. 10, *caput*, dispõe que se o agente público que atue em licitações e contratos for demandado nas esferas administrativa, controladora ou judicial, em razão de atos praticados conforme orientações assinaladas em parecer do órgão de consultoria e assessoramento jurídico, assiste-lhe a representação judicial ou extrajudicial pela advocacia pública.

Na esfera federal, a representação judicial de agentes públicos dos Poderes da República é disciplinada, em nível infralegal, pela Portaria n. 428, de 28 de agosto de 2019, do Advogado-Geral da União, cujo art. 2º, *caput*, dispõe que a representação "em juízo somente ocorrerá mediante **solicitação** do interessado e **desde que** o fato questionado tenha ocorrido no exercício de suas atribuições constitucionais, legais ou regulamentares" (grifos nossos), demonstrando-se o interesse público da pessoa política, órgão ou entidade pertinente.

Significa dizer que o órgão de consultoria e assessoramento jurídico da União tem a prerrogativa de indeferir o pedido de representação judicial se, de modo fundamentado, entender pela inexistência de interesse público. A regra tabulada pela Lei n. 14.133/2021, porém, eleva o direito de representação judicial à categoria de direito público subjetivo, uma vez que, presente requisito legal de admissibilidade – ato administrativo em conformidade com parecer jurídico –, impõe-se a representação por advogado público.

Porém, o inciso I do § 1º do art. art. 10, vetado pelo Presidente da República, explicitava que o direito de representação pela advocacia pública não se aplica quando "o responsável pela elaboração do parecer jurídico **não pertencer aos quadros** permanentes da Administração". A restrição indigitada teria bastante impacto para Municípios cujas assessorias jurídicas são formadas por advogados investidos tão somente em cargos comissionados.

Mesmo na União, o dispositivo em comento causaria sérias repercussões. A Advocacia-Geral da União (AGU) representa a União judicial e extrajudicialmente e exerce as atividades de consultoria e assessoramento jurídicos ao Poder Executivo Federal (art. 131, *caput*, da CRFB c/c o art. 1º, parágrafo único, da Lei Complementar n. 73/93).

Logo, a AGU exerce as atividades de consultoria e assessoramento jurídico do Poder Executivo Federal e, no âmbito contencioso, representa todos os Poderes da União e instituições autônomas.

Ocorre que atividades de consultoria e assessoramento jurídico prestadas pela AGU inserem-se no rol de atribuições adstritas ao Executivo. É cediço que nos órgãos do Poder Judiciário Federal as atividades de consultoria e assessoramento jurídico são desempenhadas por servidores do quadro de pessoal dos tribunais, analistas ou técnicos judiciários, bacharéis em Direito, investidos em funções de assessoramento jurídico.

Portanto, esses assessores jurídicos são bacharéis em Direito, não inscritos nos quadros da Ordem dos Advogados do Brasil (OAB). Aliás, o art. 28, IV, do Estatuto da Advocacia, institui cláusula de impedimento desses servidores, vedando-lhes o exercício da advocacia.

Consoante atribuições dispostas no art. 31 do Regulamento Administrativo do Senado Federal, a consultoria e assessoramento jurídico compete aos advogados do Senado Federal. Semelhante disposição não existe na Câmara dos Deputados, que adota a mesma configuração dos órgãos do Poder Judiciário: nomeação de bacharéis em Direito para o exercício de funções de consultoria e assessoramento jurídico.

O § 6º do art. 52 da Lei (vetado), dispunha que o **membro da advocacia pública** seria civil e regressivamente responsável quando agisse com dolo ou fraude na elaboração do parecer jurídico.

Parece-nos que a vontade do legislador manifestava-se no sentido de que os pareceres jurídicos fossem lavrados por advogados públicos. Noutra linha, não haveria qualquer congruência lógica em dispor sobre a responsabilidade dos advogados públicos – embora a previsão legal em comento seja despicienda para a configuração da responsabilidade – e não fazê-lo em relação aos bacharéis em Direito no exercício de atividades de assessoria jurídica.

Portanto, o texto da lei causaria enorme impasse. Isso porque a Lei n. 14.133/2021 não poderia disciplinar a organização interna dos órgãos dos Poderes da República, haja vista a autonomia e independência funcional das Casas Legislativas, dos tribunais e das instituições autônomas como as cortes de contas e o Ministério Público.

A solução consentânea com a realidade verte-se em admitir que os pareceres jurídicos sejam lavrados por bacharéis em Direito, mesmo que não inscritos na OAB. Essa lógica não se aplica ao Executivo Federal, onde a consultoria e assessoramento jurídico competem à AGU.

Responsabilidade do parecerista

O STF dissecou a responsabilidade do parecerista em dois julgamentos realizados no mesmo dia e assim ementados:

> ADVOGADO PÚBLICO – RESPONSABILIDADE – ART. 38 DA LEI N. 8.666/93 – TRIBUNAL DE CONTAS DA UNIÃO – ESCLARECIMENTOS. Prevendo o art. 38 da Lei n. 8.666/93 que a manifestação da assessoria jurídica quanto a editais de licitação, contratos, acordos, convênios e ajustes não se limita a simples opinião, alcançando a aprovação, ou não, descabe a recusa à convocação do Tribunal de Contas da União para serem prestados esclarecimentos[88].
>
> CONSTITUCIONAL. ADMINISTRATIVO. CONTROLE EXTERNO. AUDITORIA PELO TCU. RESPONSABILIDADE DE PROCURADOR DE AUTARQUIA POR EMISSÃO DE PARECER TÉCNICOJURÍDICO DE NATUREZA OPINATIVA. SEGURANÇA DEFERIDA.

---

88 STF, MS 24584, rel. Min. Marco Aurélio, Tribunal Pleno, julgado em 9-8-2007, *DJe* 112, 20-6-2008.

I. Repercussões da natureza jurídicoadministrativa do parecer jurídico: (i) quando a consulta é facultativa, a autoridade não se vincula ao parecer proferido, sendo que seu poder de decisão não se altera pela manifestação do órgão consultivo; (ii) quando a consulta é obrigatória, a autoridade administrativa se vincula a emitir o ato tal como submetido à consultoria, com parecer favorável ou contrário, e se pretender praticar ato de forma diversa da apresentada à consultoria, deverá submetêlo a novo parecer; (iii) quando a lei estabelece a obrigação de decidir à luz de parecer vinculante, essa manifestação de teor jurídica deixa de ser meramente opinativa e o administrador não poderá decidir senão nos termos da conclusão do parecer ou, então, não decidir.

II. No caso de que cuidam os autos, o parecer emitido pelo impetrante não tinha caráter vinculante. Sua aprovação pelo superior hierárquico não desvirtua sua natureza opinativa, nem o torna parte de ato administrativo posterior do qual possa eventualmente decorrer dano ao erário, mas apenas incorpora sua fundamentação ao ato.

III. Controle externo: É lícito concluir que é abusiva a responsabilização do parecerista à luz de uma alargada relação de causalidade entre seu parecer e o ato administrativo do qual tenha resultado dano ao erário. Salvo demonstração de culpa ou erro grosseiro, submetida às instâncias administrativodisciplinares ou jurisdicionais próprias, não cabe a responsabilização do advogado público pelo conteúdo de seu parecer de natureza meramente opinativa. Mandado de segurança deferido[89].

TÍTULO II
DAS LICITAÇÕES

CAPÍTULO I
Do Processo Licitatório

Art. 11. O processo licitatório tem por objetivos:

DISPOSITIVO CORRELATO (Lei n. 8.666/93)

Art. 3º A licitação destina-se a garantir a observância do princípio constitucional da isonomia, a seleção da proposta mais vantajosa para a administração e a promoção do desenvolvimento nacional sustentável e será processada e julgada em estrita conformidade com os princípios básicos da legalidade, da impessoalidade, da moralidade, da igualdade, da publicidade, da probidade administrativa, da vinculação ao instrumento convocatório, do julgamento objetivo e dos que lhes são correlatos. (Redação dada pela Lei n. 12.349, de 2010.)

I – assegurar a seleção da proposta apta a gerar o resultado de contratação mais vantajoso para a Administração Pública, inclusive no que se refere ao ciclo de vida do objeto;

II – assegurar tratamento isonômico entre os licitantes, bem como a justa competição;

III – evitar contratações com sobrepreço ou com preços manifestamente inexequíveis e superfaturamento na execução dos contratos;

IV – incentivar a inovação e o desenvolvimento nacional sustentável.

Parágrafo único. A alta administração do órgão ou entidade é responsável pela governança das contratações e deve implementar processos e estruturas, inclusive de gestão de riscos e controles internos, para avaliar, direcionar e monitorar os processos licitatórios e os respec-

---

89   STF, MS 24.631, rel. Min. Joaquim Barbosa, Tribunal Pleno, julgado em 9-8-2007, *DJe* 018 1º-2-2008.

tivos contratos, com o intuito de alcançar os objetivos estabelecidos no *caput* deste artigo, promover um ambiente íntegro e confiável, assegurar o alinhamento das contratações ao planejamento estratégico e às leis orçamentárias e promover eficiência, efetividade e eficácia em suas contratações.

COMENTÁRIOS

A licitação é realizada pela Administração Pública para selecionar a proposta mais vantajosa à satisfação do interesse público em questão. Trata-se de um procedimento prévio à contratação que atinge a sua finalidade quando a melhor proposta é escolhida.

O procedimento licitatório é uma série de atos concatenados, praticados pelas partes em colaboração, tendente a um ato administrativo final dependente dos anteriores. A licitação é preordenada para a satisfação de determinado objeto, que traduz o bem ou serviço pretendido pela Administração, guiada por certos objetivos por serem alcançados.

A licitação visa a selecionar a proposta mais vantajosa à satisfação do interesse público em questão. Trata-se de procedimento prévio à contratação que atinge a sua finalidade quando a melhor proposta é escolhida.

Deve ser lembrado que a Constituição Federal e as leis tratam a licitação, em determinadas passagens, como procedimento e, em outras, como processo administrativo.

Convém realçar que processo administrativo é uma série de atos concatenados, praticados extrajudicialmente pelas partes, em contraposição, tendentes a um ato administrativo final dependente dos anteriores.

No processo administrativo, há lide, ou seja, a contraposição de interesses é fundamental, sendo certo que a própria Constituição Federal entendeu existir sempre lide no processo administrativo ao exigir a observância, no inciso LV do seu art. 5º, do contraditório, da ampla defesa e dos meios e recursos a ela inerentes.

O processo administrativo é conjunto de atos ordenados, cronologicamente praticados e necessários a produzir uma decisão sobre certa controvérsia de natureza administrativa. Já o procedimento administrativo é uma série de atos concatenados, praticados pelas partes em colaboração, tendentes a um ato administrativo final dependente dos anteriores. Observe -se que, no procedimento administrativo, não há lide, não há conflito de interesses[90].

Tanto no processo administrativo quanto no procedimento administrativo cada um dos atos preparatórios do ato administrativo final deve observar a forma estabelecida pela lei ou pela Administração Pública nos seus atos normativos.

Não se deve confundir rito com procedimento. O rito é a dinâmica do processo ou do procedimento, sendo a forma através da qual os seus diversos atos internos relacionam-se.

Pode-se afirmar que o rito fiscal, o rito disciplinar e o rito geral, no processo administrativo, são diferentes entre si. O rito licitatório, o rito de provimento de cargos públicos e o rito de desapropriação consensual, no procedimento administrativo, são diferentes entre si. Este posicionamento não é unânime na doutrina e na jurisprudência, pois há quem entenda que processo e procedimento administrativo são sinônimos.

Qualquer que seja a posição adotada, é certo que a licitação visa à realização de determinados objetivos enumerados na lei:

Vantajosidade

A licitação tem por objetivo assegurar que o resultado da contratação seja o mais vantajoso para a Administração. Há de se considerar, porém, que a vantajosidade não se infere tão somente

---

90 GASPARINI, Diógenes. *Direito administrativo*. 15. ed. São Paulo: Saraiva, 2010.

do menor preço ou qualidade do produto ou serviço, mas de fatores que mensuram o desempenho do objeto na linha do tempo, como o ciclo de vida.

Determinada aquisição, cujo bem tenha ciclo de vida maior que um exemplar símile de menor custo, pode resultar em maior economicidade e, por isso, satisfazer em maior grau o objetivo de vantajosidade.

Por isso, o art. 34, § 1º, da Lei n. 14.133/2021, dispõe que custos indiretos de manutenção, utilização, reposição, depreciação, impacto ambiental e outros poderão ser considerados para a definição do menor dispêndio.

Isonomia

A isonomia comporta duas dimensões: formal e material. A isonomia formal realiza-se pela estipulação das mesmas regras para todos os administrados a ela sujeitos; a isonomia material perfaz-se segundo a máxima aristotélica de conferir aos desiguais tratamentos diferenciados com o fim de equipará-los na disputa.

O objetivo isonômico da licitação aperfeiçoa-se com a ampla e justa competitividade entre os interessados, evitando-se critérios ilegítimos que limitem a participação ou ofereçam vantagem indevida a alguns licitantes.

Situações há, porém, em que critérios de discrímen propiciam exatamente a isonomia e a competitividade, desde que o fator de desigualação obedeça a elementos objetivos e guarde correlação lógica com os interesses absorvidos no sistema constitucional[91].

É o que ocorre em relação às microempresas e empresas de pequeno porte, que têm preferência para contratação em situações de empate, configurada quando «as propostas apresentadas pelas microempresas e empresas de pequeno porte sejam iguais ou até dez por cento superiores à proposta mais bem classificada" (art. 44, § 1º, da Lei Complementar n. 123/2006 c/c o art. 4º, *caput*, da Lei n. 14.133/2001).

O tratamento diferenciado para microempresas e empresas de pequeno porte funda-se no art. 179 da Constituição Federal, mediante mecanismos de estímulos para a inserção dessas empresas no rol de competidores, oferecendo-lhes condições de participação em grau de equivalência com grandes empresas.

Preço justo

A licitação visa a assegurar que a contratação dos agentes econômicos observe preço justo, afastando-se tanto do sobrepreço, que importaria em prejuízo à Administração, quanto preços demasiadamente reduzidos, que, em comparação com os valores médios de mercado, mostrem-se inexequíveis.

O sobrepreço fere o objetivo de vantajosidade, enquanto o preço ínfimo, além de enriquecimento sem causa da Administração, incrementa risco de inadimplemento contratual, comprometendo-se a eficácia da licitação.

Inovação e sustentabilidade

Enquanto agente normativo e regulador da economia, compete ao Estado, na forma da lei, a fiscalização, o incentivo e o planejamento das atividades de produção, circulação, distribuição e consumo (art. 174, *caput*, da Constituição Federal).

A era globalizada tem destacado a proeminência da expressão científico-tecnológica como meio de potencialização de outras dimensões da vida nacional A integração do mercado demanda

---

91   MELLO, Celso Antônio Bandeira de. *O conteúdo jurídico do princípio da igualdade*. 3. ed. São Paulo: Malheiros, 2017.

atento olhar para as tendências globais, nas áreas do conhecimento, da informação e da inovação tecnológica. Sobre essa questão, importa alertar que um novo olhar sobre o poder

> [...] permitirá aproximar sua lógica tradicional às novas tendências globais, nas áreas do conhecimento, da informação, do aprendizado, da inovação tecnológica, do risco e do controle. Essas áreas significam a ruptura com o passado, reformatam o presente e propõem o futuro da sociedade e da economia. As maciças transformações de nosso tempo abrem novas questões e estimulam novas políticas[92].

A inovação, elemento de soberania e desenvolvimento nacional, merece políticas de incentivo, sobretudo por meio de licitações. Essa lógica reflete-se em certos instrumentos manejáveis pela Administração, como a restrição de procedimentos de manifestação de interesse a startups de alto potencial, dedicadas "à pesquisa, ao desenvolvimento e à implementação de novos produtos ou serviços baseados em soluções tecnológicas inovadoras que possam causar alto impacto" (art. 81, § 4º, da Lei n. 14.133/2021).

Art. 12. No processo licitatório, observar-se-á o seguinte:

I – os documentos serão produzidos por escrito, com data e local de sua realização e assinatura dos responsáveis;

II – os valores, os preços e os custos utilizados terão como expressão monetária a moeda corrente nacional, ressalvado o disposto no art. 52 desta Lei;

DISPOSITIVO CORRELATO (Lei n. 8.666/93)
Art. 5º Todos os valores, preços e custos utilizados nas licitações terão como expressão monetária a moeda corrente nacional, ressalvado o disposto no art. 42 desta Lei, devendo cada unidade da Administração, no pagamento das obrigações relativas ao fornecimento de bens, locações, realização de obras e prestação de serviços, obedecer, para cada fonte diferenciada de recursos, a estrita ordem cronológica das datas de suas exigibilidades, salvo quando presentes relevantes razões de interesse público e mediante prévia justificativa da autoridade competente, devidamente publicada.

III – o desatendimento de exigências meramente formais que não comprometam a aferição da qualificação do licitante ou a compreensão do conteúdo de sua proposta não importará seu afastamento da licitação ou a invalidação do processo;

IV – a prova de autenticidade de cópia de documento público ou particular poderá ser feita perante agente da Administração, mediante apresentação de original ou de declaração de autenticidade por advogado, sob sua responsabilidade pessoal;

V – o reconhecimento de firma somente será exigido quando houver dúvida de autenticidade, salvo imposição legal;

VI – os atos serão preferencialmente digitais, de forma a permitir que sejam produzidos, comunicados, armazenados e validados por meio eletrônico;

VII – a partir de documentos de formalização de demandas, os órgãos responsáveis pelo planejamento de cada ente federativo poderão, na forma de regulamento, elaborar plano de contratações anual, com o objetivo de racionalizar as contratações dos órgãos e entidades sob sua competência, garantir o alinhamento com o seu planejamento estratégico e subsidiar a elaboração das respectivas leis orçamentárias.

---

92 SADEMBERG, Ronaldo Mota. Prefácio. In: MORGENTHAU, Hans J. *A política entre as nações:* a luta pelo poder e pela paz. São Paulo: IPRI, 2003. p. xxxvi.

§ 1º O plano de contratações anual de que trata o inciso VII do *caput* deste artigo deverá ser divulgado e mantido à disposição do público em sítio eletrônico oficial e será observado pelo ente federativo na realização de licitações e na execução dos contratos.

§ 2º É permitida a identificação e assinatura digital por pessoa física ou jurídica em meio eletrônico, mediante certificado digital emitido em âmbito da Infraestrutura de Chaves Públicas Brasileira (ICP-Brasil).

COMENTÁRIOS

Registo dos atos da licitação

O fiel registro dos atos levados a efeito é elemento essencial para o controle de regularidade das licitações e contratações administrativas, haja vista que determinados atos dependem de providências anteriores.

Erros formais

Não raro, o licitante supre os pressupostos exigidos pela lei e pelo edital, mas comete algum erro formal na apresentação de proposta ou outro ato do certame, havendo situações em que o erro em nada compromete a compreensão do conteúdo apresentado.

Nessas situações, impõe-se o aproveitamento do ato, possibilitando-se até o deferimento de prazo para a apresentação de documento retificador, evitando-se o afastamento de licitantes por erros formais em situações que ofenderiam o princípio da competitividade.

Reconhecimento de firma

Mesmo no bojo de processos judiciais, compreende-se gradativamente o reconhecimento de firma como exigência desnecessária.

Ainda sob a égide do CPC/73, a Lei n. 8.952/94 promoveu alterações naquela lei instrumental a fim de prever que

> A procuração geral para o foro, conferida por instrumento público, ou particular assinado pela parte, habilita o advogado a praticar todos os atos do processo, salvo para receber citação inicial, confessar, reconhecer a procedência do pedido, transigir, desistir, renunciar ao direito sobre que se funda a ação, receber, dar quitação e firmar compromisso.

O art. 105, *caput*, do CPC/2015 dispõe:

> A procuração geral para o foro, outorgada por instrumento público ou particular assinado pela parte, habilita o advogado a praticar todos os atos do processo, exceto receber citação, confessar, reconhecer a procedência do pedido, transigir, desistir, renunciar ao direito sobre o qual se funda a ação, receber, dar quitação, firmar compromisso e assinar declaração de hipossuficiência econômica, que devem constar de cláusula específica.

Ora, se nos processos judiciais, caracterizados por maior rigor formal, o reconhecimento de firma torna-se providência arcaica, razão não há para não se admitir o mesmo entendimento em procedimentos administrativos.

Evidentemente, qualquer assinatura falsa sujeita o autor do fato à responsabilização administrativa, civil e penal.

Assinatura digital

A Medida Provisória n. 2.200-2/2001 institui a Infraestrutura de Chaves Públicas Brasileira – ICP – Brasil, com o fim de:

> Garantir a autenticidade, a integridade e a validade jurídica de documentos em forma eletrônica, das aplicações de suporte e das aplicações habilitadas que utilizem certificados digitais, bem como a realização de transações eletrônicas seguras.

O uso de assinaturas eletrônicas em interações com entes públicos é regulamentado por meio da Lei n. 14.063/2020. O art. 3º do diploma legal traz as seguintes definições:

I – autenticação: o processo eletrônico que permite a identificação eletrônica de uma pessoa natural ou jurídica;

II – assinatura eletrônica: os dados em formato eletrônico que se ligam ou estão logicamente associados a outros dados em formato eletrônico e que são utilizados pelo signatário para assinar, observados os níveis de assinaturas apropriados para os atos previstos nesta Lei;

III – certificado digital: atestado eletrônico que associa os dados de validação da assinatura eletrônica a uma pessoa natural ou jurídica;

IV – certificado digital ICP-Brasil: certificado digital emitido por uma Autoridade Certificadora (AC) credenciada na Infraestrutura de Chaves Públicas Brasileira (ICP-Brasil), na forma da legislação vigente.

O instrumento de assinatura digital tornou-se tendência também nos processos judiciais, conforme o art. 105, § 1º, do CPC/2015, o qual dispõe que "a procuração pode ser assinada digitalmente, na forma da lei".

Art. 13. Os atos praticados no processo licitatório são públicos, ressalvadas as hipóteses de informações cujo sigilo seja imprescindível à segurança da sociedade e do Estado, na forma da lei.

DISPOSITIVO CORRELATO (Lei n. 8.666/93)

Art. 3º [...]

§ 3º A licitação não será sigilosa, sendo públicos e acessíveis ao público os atos de seu procedimento, salvo quanto ao conteúdo das propostas, até a respectiva abertura.

Parágrafo único. A publicidade será diferida:

I – quanto ao conteúdo das propostas, até a respectiva abertura;

II – quanto ao orçamento da Administração, nos termos do art. 24 desta Lei.

COMENTÁRIOS

O gestor público não cuida de negócios dos quais é titular, mas do interesse público, razão por que a publicidade dos processos administrativos – e, com especial ênfase, dos processos licitatórios – é pressuposto umbilicalmente ligado à sua legitimidade, de modo que a decisão sobre sigilo em licitação é condição deveras singular.

No procedimento licitatório, podem existir o sigilo relativo ao orçamento, o sigilo relativo a questões de segurança da sociedade e do Estado e o sigilo relativo às propostas, caso o interesse público possa ser justificado pelo Administrador Público.

Não subsistindo elementos de excepcionalidade como os apontados acima, impõe-se a publicidade dos atos, na mais ampla acepção da palavra, tendo-se como primeira dimensão dessa premissa o franco acesso aos autos, por qualquer instituição ou cidadão, independentemente de figurar como parte interessada no certame.

Art. 14. Não poderão disputar licitação ou participar da execução de contrato, direta ou indiretamente:

DISPOSITIVO CORRELATO (Lei n. 8.666/93)

Art. 9º Não poderá participar, direta ou indiretamente, da licitação ou da execução de obra ou serviço e do fornecimento de bens a eles necessários:

I – autor do anteprojeto, do projeto básico ou do projeto executivo, pessoa física ou jurídica, quando a licitação versar sobre obra, serviços ou fornecimento de bens a ele relacionados;

DISPOSITIVO CORRELATO (Lei n. 8.666/93)
Art. 9º [...]
I – o autor do projeto, básico ou executivo, pessoa física ou jurídica;

II – empresa, isoladamente ou em consórcio, responsável pela elaboração do projeto básico ou do projeto executivo, ou empresa da qual o autor do projeto seja dirigente, gerente, controlador, acionista ou detentor de mais de 5% (cinco por cento) do capital com direito a voto, responsável técnico ou subcontratado, quando a licitação versar sobre obra, serviços ou fornecimento de bens a ela necessários;

DISPOSITIVO CORRELATO (Lei n. 8.666/93)
Art. 9º [...]
II – empresa, isoladamente ou em consórcio, responsável pela elaboração do projeto básico ou executivo ou da qual o autor do projeto seja dirigente, gerente, acionista ou detentor de mais de 5% (cinco por cento) do capital com direito a voto ou controlador, responsável técnico ou subcontratado;

III – pessoa física ou jurídica que se encontre, ao tempo da licitação, impossibilitada de participar da licitação em decorrência de sanção que lhe foi imposta;

IV – aquele que mantenha vínculo de natureza técnica, comercial, econômica, financeira, trabalhista ou civil com dirigente do órgão ou entidade contratante ou com agente público que desempenhe função na licitação ou atue na fiscalização ou na gestão do contrato, ou que deles seja cônjuge, companheiro ou parente em linha reta, colateral ou por afinidade, até o terceiro grau, devendo essa proibição constar expressamente do edital de licitação;

DISPOSITIVO CORRELATO (Lei n. 8.666/93)
Art. 9º [...]
III – servidor ou dirigente de órgão ou entidade contratante ou responsável pela licitação.

V – empresas controladoras, controladas ou coligadas, nos termos da Lei n. 6.404, de 15 de dezembro de 1976, concorrendo entre si;

VI – pessoa física ou jurídica que, nos 5 (cinco) anos anteriores à divulgação do edital, tenha sido condenada judicialmente, com trânsito em julgado, por exploração de trabalho infantil, por submissão de trabalhadores a condições análogas às de escravo ou por contratação de adolescentes nos casos vedados pela legislação trabalhista.

§ 1º O impedimento de que trata o inciso III do *caput* deste artigo será também aplicado ao licitante que atue em substituição a outra pessoa, física ou jurídica, com o intuito de burlar a efetividade da sanção a ela aplicada, inclusive a sua controladora, controlada ou coligada, desde que devidamente comprovado o ilícito ou a utilização fraudulenta da personalidade jurídica do licitante.

§ 2º A critério da Administração e exclusivamente a seu serviço, o autor dos projetos e a empresa a que se referem os incisos I e II do *caput* deste artigo poderão participar no apoio das atividades de planejamento da contratação, de execução da licitação ou de gestão do contrato, desde que sob supervisão exclusiva de agentes públicos do órgão ou entidade.

DISPOSITIVO CORRELATO (Lei n. 8.666/93)

Art. 9º [...]

§ 1º É permitida a participação do autor do projeto ou da empresa a que se refere o inciso II deste artigo, na licitação de obra ou serviço, ou na execução, como consultor ou técnico, nas funções de fiscalização, supervisão ou gerenciamento, exclusivamente a serviço da Administração interessada.

---

§ 3º Equiparam-se aos autores do projeto as empresas integrantes do mesmo grupo econômico.

§ 4º O disposto neste artigo não impede a licitação ou a contratação de obra ou serviço que inclua como encargo do contratado a elaboração do projeto básico e do projeto executivo, nas contratações integradas, e do projeto executivo, nos demais regimes de execução.

DISPOSITIVO CORRELATO (Lei n. 8.666/93)

Art. 9º [...]

§ 2º O disposto neste artigo não impede a licitação ou contratação de obra ou serviço que inclua a elaboração de projeto executivo como encargo do contratado ou pelo preço previamente fixado pela Administração.

---

§ 5º Em licitações e contratações realizadas no âmbito de projetos e programas parcialmente financiados por agência oficial de cooperação estrangeira ou por organismo financeiro internacional com recursos do financiamento ou da contrapartida nacional, não poderá participar pessoa física ou jurídica que integre o rol de pessoas sancionadas por essas entidades ou que seja declarada inidônea nos termos desta Lei.

COMENTÁRIOS

Participação indireta

Considera-se participação indireta a existência de qualquer vínculo de natureza técnica, comercial, econômica, financeira ou trabalhista entre o autor do projeto, pessoa física ou jurídica, e o licitante ou responsável pelos serviços, fornecimentos e obras, incluindose os fornecimentos de bens e serviços a estes necessários.

Pessoas suspensas ou impedidas

Não podem participar do procedimento licitatório aqueles que tenham sido sancionados com a suspensão temporária de participação em licitação, impedimento de contratar com a Administração, declaração de inidoneidade para licitar ou contratar com a Administração Pública enquanto perdurarem os motivos determinantes da punição ou até que seja promovida a reabilitação perante a autoridade que aplicou a penalidade.

Participação de autor do projeto

Ressalte-se, porém, que é permitida a participação do autor do projeto ou da empresa a que se refere o inciso II acima, no apoio das atividades de planejamento da contratação, de execução da licitação ou de gestão do contrato, desde que sob supervisão exclusiva de agentes públicos do órgão ou entidade.

A possibilidade jurídica da contratação do autor do projeto ou da empresa, nessas situações, é perfeitamente salutar, haja vista que o autor do projeto, enquanto elaborador das especificações técnicas e dimensionamentos que devem ser respeitados na execução, é importante conhecedor do objeto da contratação, podendo prestar relevantes serviços à Administração, durante a execução ou gerenciamento da obra.

Art. 15. Salvo vedação devidamente justificada no processo licitatório, pessoa jurídica poderá participar de licitação em consórcio, observadas as seguintes normas:

> **DISPOSITIVO CORRELATO (Lei n. 8.666/93)**
>
> Art. 33. Quando permitida na licitação a participação de empresas em consórcio, observar-se-ão as seguintes normas:

I – comprovação de compromisso público ou particular de constituição de consórcio, subscrito pelos consorciados;

> **DISPOSITIVO CORRELATO (Lei n. 8.666/93)**
>
> Art. 33. [...]
>
> I – comprovação do compromisso público ou particular de constituição de consórcio, subscrito pelos consorciados;

II – indicação da empresa líder do consórcio, que será responsável por sua representação perante a Administração;

> **DISPOSITIVO CORRELATO (Lei n. 8.666/93)**
>
> Art. 33. [...]
>
> II – indicação da empresa responsável pelo consórcio que deverá atender às condições de liderança, obrigatoriamente fixadas no edital;

III – admissão, para efeito de habilitação técnica, do somatório dos quantitativos de cada consorciado e, para efeito de habilitação econômico-financeira, do somatório dos valores de cada consorciado;

> **DISPOSITIVO CORRELATO (Lei n. 8.666/93)**
>
> Art. 33. [...]
>
> III – apresentação dos documentos exigidos nos arts. 28 a 31 desta Lei por parte de cada consorciado, admitindo-se, para efeito de qualificação técnica, o somatório dos quantitativos de cada consorciado, e, para efeito de qualificação econômico-financeira, o somatório dos valores de cada consorciado, na proporção de sua respectiva participação, podendo a Administração estabelecer, para o consórcio, um acréscimo de até 30% (trinta por cento) dos valores exigidos para licitante individual, inexigível este acréscimo para os consórcios compostos, em sua totalidade, por micro e pequenas empresas assim definidas em lei;

IV – impedimento de a empresa consorciada participar, na mesma licitação, de mais de um consórcio ou de forma isolada;

> **DISPOSITIVO CORRELATO (Lei n. 8.666/93)**
>
> Art. 33. [...]
>
> IV – impedimento de participação de empresa consorciada, na mesma licitação, através de mais de um consórcio ou isoladamente;

V – responsabilidade solidária dos integrantes pelos atos praticados em consórcio, tanto na fase de licitação quanto na de execução do contrato.

DISPOSITIVO CORRELATO (Lei n. 8.666/93)

Art. 33. [...]

V – responsabilidade solidária dos integrantes pelos atos praticados em consórcio, tanto na fase de licitação quanto na de execução do contrato.

§ 1º O edital deverá estabelecer para o consórcio acréscimo de 10% (dez por cento) a 30% (trinta por cento) sobre o valor exigido de licitante individual para a habilitação econômico-financeira, salvo justificação.

§ 2º O acréscimo previsto no § 1º deste artigo não se aplica aos consórcios compostos, em sua totalidade, de microempresas e pequenas empresas, assim definidas em lei.

§ 3º O licitante vencedor é obrigado a promover, antes da celebração do contrato, a constituição e o registro do consórcio, nos termos do compromisso referido no inciso I do *caput* deste artigo.

DISPOSITIVO CORRELATO (Lei n. 8.666/93)

Art. 33. [...]

§ 2º O licitante vencedor fica obrigado a promover, antes da celebração do contrato, a constituição e o registro do consórcio, nos termos do compromisso referido no inciso I deste artigo.

§ 4º Desde que haja justificativa técnica aprovada pela autoridade competente, o edital de licitação poderá estabelecer limite máximo para o número de empresas consorciadas.

§ 5º A substituição de consorciado deverá ser expressamente autorizada pelo órgão ou entidade contratante e condicionada à comprovação de que a nova empresa do consórcio possui, no mínimo, os mesmos quantitativos para efeito de habilitação técnica e os mesmos valores para efeito de qualificação econômico-financeira apresentados pela empresa substituída para fins de habilitação do consórcio no processo licitatório que originou o contrato.

COMENTÁRIOS

Para a execução de certos objetos, a formação de consórcio é fator que agrega capacidade técnica e econômica às empresas interessadas em licitar e contratar com a Administração Pública.

Essa peculiaridade encontra maior relevo quando o objeto contratado abrange obrigações complexas e tecnicamente operacionalizadas por setores distintos. Imagine-se, por exemplo, a construção de usina hidrelétrica, que requer vultosos aportes e capacidade de mobilização, e domínio em duas grandes áreas da engenharia: civil e elétrica.

O consórcio entre empresas de construção civil e de sistemas elétricos agregaria o conhecimento, experiência e capacidade técnica para o desempenho do contrato.

Indispensável, porém, a exata definição da empresa líder, que responderá pelo consórcio perante a Administração, tal como a aceitação do órgão ou entidade para substituição de consorciado, com vistas a assegurar a manutenção da capacidade técnica e econômica, e da regularidade jurídica.

Art. 16. Os profissionais organizados sob a forma de cooperativa poderão participar de licitação quando:

I – a constituição e o funcionamento da cooperativa observarem as regras estabelecidas na legislação aplicável, em especial a Lei n. 5.764, de 16 de dezembro de 1971, a Lei n. 12.690, de 19 de julho de 2012, e a Lei Complementar n. 130, de 17 de abril de 2009;

II – a cooperativa apresentar demonstrativo de atuação em regime cooperado, com repartição de receitas e despesas entre os cooperados;

III – qualquer cooperado, com igual qualificação, for capaz de executar o objeto contratado, vedado à Administração indicar nominalmente pessoas;

IV – o objeto da licitação referir-se, em se tratando de cooperativas enquadradas na Lei n. 12.690, de 19 de julho de 2012, a serviços especializados constantes do objeto social da cooperativa, a serem executados de forma complementar à sua atuação.

COMENTÁRIOS

Assim como a Constituição da República confere tratamento simplificado e diferenciado às microempresas e empresas de pequeno porte, reside mandamento constitucional destinado às cooperativas.

Conforme o art. 5º, XVIII, da CF/88, "a criação de associações e, na forma da lei, a de cooperativas independem de autorização, sendo vedada a interferência estatal em seu funcionamento".

O art. 4º, *caput*, da Lei n. 5.764/1971 define as cooperativas como "sociedades de pessoas, com forma e natureza jurídica próprias, de natureza civil, não sujeitas a falência, constituídas para prestar serviços aos associados".

As cooperativas distinguem-se das demais sociedades pelas seguintes características:

I – adesão voluntária, com número ilimitado de associados, salvo impossibilidade técnica de prestação de serviços;

II – variabilidade do capital social representado por quotas-partes;

III – limitação do número de quotas-partes do capital para cada associado, facultado, porém, o estabelecimento de critérios de proporcionalidade, se assim for mais adequado para o cumprimento dos objetivos sociais;

IV – incessibilidade das quotas-partes do capital a terceiros, estranhos à sociedade;

V – singularidade de voto, podendo as cooperativas centrais, federações e confederações de cooperativas, com exceção das que exerçam atividade de crédito, optar pelo critério da proporcionalidade;

VI – quórum para o funcionamento e deliberação da Assembleia Geral baseado no número de associados e não no capital;

VII – retorno das sobras líquidas do exercício, proporcionalmente às operações realizadas pelo associado, salvo deliberação em contrário da Assembleia Geral;

VIII – indivisibilidade dos fundos de Reserva e de Assistência Técnica Educacional e Social;

IX – neutralidade política e indiscriminação religiosa, racial e social;

X – prestação de assistência aos associados, e, quando previsto nos estatutos, aos empregados da cooperativa;

XI – área de admissão de associados limitada às possibilidades de reunião, controle, operações e prestação de serviços.

Art. 17. O processo de licitação observará as seguintes fases, em sequência:

I – preparatória;

II – de divulgação do edital de licitação;

III – de apresentação de propostas e lances, quando for o caso;

IV – de julgamento;

V – de habilitação;

VI – recursal;

VII – de homologação.

DISPOSITIVOS CORRELATOS (Lei n. 12.462/2011)

Art. 12. O procedimento de licitação de que trata esta Lei observará as seguintes fases, nesta ordem:
I – preparatória;

II – publicação do instrumento convocatório;
III – apresentação de propostas ou lances;
IV – julgamento;
V – habilitação;
VI – recursal; e
VII – encerramento.

§ 1º A fase referida no inciso V do *caput* deste artigo poderá, mediante ato motivado com explicitação dos benefícios decorrentes, anteceder as fases referidas nos incisos III e IV do *caput* deste artigo, desde que expressamente previsto no edital de licitação.

DISPOSITIVO CORRELATO (Lei n. 12.462/2011)

Art. 12 [...]
Parágrafo único. A fase de que trata o inciso V do *caput* deste artigo poderá, mediante ato motivado, anteceder as referidas nos incisos III e IV do *caput* deste artigo, desde que expressamente previsto no instrumento convocatório.

§ 2º As licitações serão realizadas preferencialmente sob a forma eletrônica, admitida a utilização da forma presencial, desde que motivada, devendo a sessão pública ser registrada em ata e gravada em áudio e vídeo.

DISPOSITIVO CORRELATO (Lei n. 12.462/2011)

Art. 13. As licitações deverão ser realizadas preferencialmente sob a forma eletrônica, admitida a presencial.

§ 3º Desde que previsto no edital, na fase a que se refere o inciso IV do *caput* deste artigo, o órgão ou entidade licitante poderá, em relação ao licitante provisoriamente vencedor, realizar análise e avaliação da conformidade da proposta, mediante homologação de amostras, exame de conformidade e prova de conceito, entre outros testes de interesse da Administração, de modo a comprovar sua aderência às especificações definidas no termo de referência ou no projeto básico.

§ 4º Nos procedimentos realizados por meio eletrônico, a Administração poderá determinar, como condição de validade e eficácia, que os licitantes pratiquem seus atos em formato eletrônico.

DISPOSITIVO CORRELATO (Lei n. 12.462/2011)

Art. 13. [...]
Parágrafo único. Nos procedimentos realizados por meio eletrônico, a administração pública poderá determinar, como condição de validade e eficácia, que os licitantes pratiquem seus atos em formato eletrônico.

§ 5º Na hipótese excepcional de licitação sob a forma presencial a que refere o § 2º deste artigo, a sessão pública de apresentação de propostas deverá ser gravada em áudio e vídeo, e a gravação será juntada aos autos do processo licitatório depois de seu encerramento.

§ 6º A Administração poderá exigir certificação por organização independente acreditada pelo Instituto Nacional de Metrologia, Qualidade e Tecnologia (Inmetro) como condição para aceitação de:

I – estudos, anteprojetos, projetos básicos e projetos executivos;

II – conclusão de fases ou de objetos de contratos;

III – material e corpo técnico apresentados por empresa para fins de habilitação.

COMENTÁRIOS

A licitação, destinada à realização de determinado objeto, transcorre mediante fases, vocacionadas à realização de atos específicos conforme o nível de instrução e maturidade do procedimento.

A Lei n. 8.666/93 não contém definição legal sobre as fases do procedimento licitatório, conteúdo formado a partir das lições doutrinárias, formando-se nítido consenso acerca da existência de duas fases da licitação: interna e externa.

A fase interna representa a série de atos praticados pela Administração Pública impostos pela lei antes de dar ciência à sociedade sobre o seu desejo inequívoco de contratar a prestação de determinado serviço ou a aquisição ou desfazimento de bens.

Observe-se que alguns atos públicos que servem para dar elementos para a certeza da necessidade de contratação e sobre a definição do objeto fazem parte da fase interna, por exemplo, as audiências públicas.

Apesar de ser denominada fase interna, os atos administrativos praticados neste momento são públicos e devem ser de livre consulta e acesso ao cidadão, salvo nos casos de sigilo constitucional para preservar direitos fundamentais e a segurança do país, na forma do inciso XXXIII do art. 5º da CF/88.

A necessidade do órgão deve ser formalmente exposta, a fim de que fique comprovada a carência de algum serviço ou bem ou que determinados bens móveis ou imóveis não são úteis ao atendimento da finalidade pública. Assim, deve ser elaborada exposição de motivos detalhada e fundamentada para iniciar a fase interna de qualquer licitação.

A exposição de motivos fará parte do termo de referência ou do projeto básico que representam documentos elaborados a partir de estudos técnicos preliminares com elementos necessários, precisos e suficientes para caracterizar o objeto da licitação.

Imediatamente após a elaboração do termo de referência ou do projeto básico, deve ser declarada a adequação orçamentária. A Administração Pública deve sempre ter noção de qual é o valor de mercado do serviço ou do bem que será objeto da licitação. Dessa forma, a cotação do valor no mercado é indispensável para que o princípio da economicidade seja preservado e para que sejam fixados preços de referência. Também integra a fase interna o parecer jurídico, de conteúdo obrigatório.

Apesar de todos os atos da fase interna do procedimento licitatório serem, salvo imperativos de sigilo constitucionalmente ou legalmente previstos, passíveis de consulta pelos interessados, somente com a publicização do edital terá início a fase externa, que transcorre até a conclusão do procedimento licitatório.

O art. 12 da Lei n. 12.462/2011 enumera fases definidas para a condução do procedimento licitatório, experiência a qual o legislador pátrio aproveitou para a configuração do modelo atual, insculpido na Lei n. 14.133/2021.

Fase preparatória

A **fase preparatória** é caracterizada pelo planejamento e deve "abordar todas as considerações técnicas, mercadológicas e de gestão que podem interferir na contratação" (art. 18, *caput*, da Lei n. 14.133/2021).

Essa fase é interna, consiste na elaboração de especificações técnicas, na consideração do motivo para a licitação e na concepção do ato convocatório.

A fase preparatória orienta-se pelo princípio do planejamento e deve guardar aderência com o Plano Anual de Contratações, documento instituído pelos entes federados, mediante decisão discricionária, a fim de "racionalizar as contratações dos órgãos e entidades sob sua competência, garantir o alinhamento com o seu planejamento estratégico e subsidiar a elaboração das respectivas leis orçamentárias" (art. 12, VII, da Lei n. 14.133/2021).

A preparação da licitação deve abranger um conjunto de documentos suficientes para fundamentar as escolhas da Administração, tal como a modelagem contratual por ser adotada. Dentre os itens indispensáveis à instrução processual, destacam-se os seguintes:

a) Estudo Técnico Preliminar;
b) Termo de Referência;
c) Projeto Básico;
d) Anteprojeto;
e) Projeto Executivo;
f) Pesquisa de preços;
g) Orçamento.

Divulgação do edital de licitação

O edital é o instrumento convocatório da licitação, por meio do qual a Administração confere ampla publicidade e externaliza as regras para a participação no certame, requisitos de habilitação, critério de julgamento, sanções, formas de execução, tal como as condições de pagamento.

O princípio da vinculação ao instrumento convocatório exige absoluta clareza e objetividade do edital ou do substitutivo, a fim de que os interessados possam elaborar as suas propostas.

Logo, o edital deve reunir as informações necessárias para que potenciais interessados decidam sobre o ingresso no procedimento competitivo. A minuta do contrato, o termo de referência, o anteprojeto, o projeto básico, o projeto executivo, o orçamento e outros documentos especificativos do objeto e das obrigações encartam-se como anexos do edital.

Ao fim da fase preparatória, analisados os aspectos técnicos, os pressupostos jurídicos – pelo órgão de consultoria e assessoramento jurídico –, a conveniência e a oportunidade da licitação, a autoridade competente determinará a divulgação do edital e anexos em sítio eletrônico oficial, "sem necessidade de registro ou de identificação para acesso" (art. 25, § 3º, da Lei n. 14.133/2021).

A prática infelizmente corriqueira de exigência de cadastro para o acesso às informações públicas que deveriam ser ostensivas, ante as normas tabuladas na Lei n. 14.133/2021, é ilegal, propiciando-se a responsabilização dos agentes públicos que lhes derem ensejo.

Para o cumprimento da regra de publicidade, é obrigatória a divulgação e a manutenção do edital e anexos no Portal Nacional de Contratações Públicas (PNCP), por força do art. 54, *caput*, da Lei n. 14.133/2021.

A Lei n. 14.133/2021 coaduna-se com os costumes e a evolução social, prestigiando-se a divulgação dos atos da Administração em sítio eletrônico, em prol da transparência, atenuando-se tradicionais exigências que prestigiam mais a forma que a eficácia, como a publicação na imprensa oficial.

Se efetuada alteração no instrumento convocatório que influencie a formulação de propostas, impõe-se a republicação, pelos mesmos meios, reiniciando-se os prazos para apresentação de propostas e lances.

Apresentação de propostas e lances

A Lei n. 14.133/2021 estabelece prazos mínimos para apresentação de propostas e lances sob dinâmica bastante distinta da Lei n. 8.666/93; enquanto este diploma vincula referidos prazos às modalidades de licitação, a Lei n. 14.133/2021 toma em consideração o objeto da licitação e o critério de julgamento.

Efetivamente, essa configuração é mais adequada, porquanto o grau de complexidade da licitação não decorre tão somente da modalidade, mas de seu objeto e da forma de processamento e aceitação das propostas e lances.

No regime da Lei n. 8.666/93, é possível a especificação de bens ou serviços comuns que, por seu valor, submetam a contratação à licitação na modalidade concorrência, com prazo editalício mínimo de trinta dias até o recebimento das propostas, a despeito da simplicidade do objeto.

Consoante o art. 55 e seus incisos da Lei n. 14.133/2021, anotam-se os seguintes prazos para apresentação de propostas e lances, a partir da divulgação do edital:

(i)   para aquisição de bens: oito dias úteis, se adotado o julgamento por menor preço ou maior desconto; quinze dias úteis, se adotado outro critério de julgamento;

(ii) para contratação de serviços comuns e de obras e serviços comuns de engenharia: dez dias úteis, quando adotados os critérios de julgamento de menor preço ou de maior desconto;

(iii) para contratação de serviços especiais e de obras e serviços especiais de engenharia: vinte e cinco dias úteis, quando adotados os critérios de julgamento de menor preço ou de maior desconto;

(iv) quando o regime de execução for de contratação integrada: sessenta dias úteis;

(v)   quando o regime de execução for de contratação semi-integrada ou para contratação de serviços e obras não abrangidos pelas hipóteses anteriores: trinta e cinco dias úteis;

(vi) quando o critério de julgamento for de maior lance: quinze dias úteis;

(vii) quando o critério de julgamento for de técnica e preço ou de melhor técnica ou conteúdo artístico: trinta e cinco dias úteis.

Todos os prazos contam-se em dias úteis, em perfeita consonância com a tendência legiferante. Cada vez mais, acentua-se a percepção de que prazos contados em dias corridos importam efeitos práticos de supressão de prazo. Não por outra razão, o art. 219, *caput,* do CPC dita nova métrica para os prazos processuais, computando-se somente os dias úteis.

Exclusivamente nas licitações promovidas pelo Ministério da Saúde, no âmbito do SUS, os prazos mínimos para apresentação de propostas e lances poderão ser reduzidos até a metade, mediante cláusula editalícia explícita e decisão fundamentada (art. 55, § 2º, da Lei n. 14.133/2021).

A previsão legal é bem-vinda, haja vista situações para as quais não há motivo suficiente para a contratação direta, mas os prazos convencionais provoquem risco à contratação e ao cumprimento do objeto.

Para a apresentação de propostas e lances, admitem-se os modos de disputas aberto, fechado ou a combinação destes, procedimento semelhante ao já adotado no RDC e no pregão eletrônico.

Julgamento

O **julgamento** é a fase do processo licitatório em que o agente ou comissão de contratação decide sobre a aceitação das propostas ofertadas pelas licitantes e consequente classificação.

A decisão deve ocorrer em estrita observância ao princípio do julgamento objetivo (art. 5º da Lei n. 14.133/2021), de modo que julgamento pautado em preferências pessoais dos agentes públicos ou fatores de diferenciação não autorizados por lei é nulo. Logo, é vedada a utilização de qualquer elemento, critério ou fator sigiloso, secreto, subjetivo ou reservado que possa, ainda que indiretamente, elidir o princípio da igualdade entre os licitantes.

Serão desclassificadas propostas que não atendam às especificações do edital, que sejam inexequíveis ou superiores ao orçamento estimado para contratação ou que contenham vícios insanáveis.

Em caso de empate entre propostas, aplicam-se sucessivamente esses critérios de desempate entre as licitantes: (i) disputa final, possibilitando-se a apresentação de nova proposta; (ii) avaliação do desempenho contratual prévio; (iii) prática demonstrada de ações de equidade entre homens e mulheres no trabalho; e (iv) desenvolvimento de programa de integridade.

A verificação de conformidade da proposta em relação às regras da licitação poderá ser feita exclusivamente em relação à proposta mais bem classificada (art. 59, § 1º, da Lei n. 14.133/2021).

Nessa esteira, a Lei n. 14.133/2021 acolhe o teor integral do § 1º do art. 24 do RDC, conferindo-se a todas as licitações a economia processual praticada por meio do regime diferenciado.

A avaliação de todas as propostas é providência que requer tempo, dispêndio de recursos materiais, do capital intelectual da Administração, e traduz-se em pouca utilidade, uma vez que a ordem de classificação é pressuposto para a adjudicação do objeto.

A Lei n. 14.133/2021 também traz importantes inovações em relação aos critérios de julgamento, ao acolher as premissas regidas pelo RDC. Outrossim, em vez da categorização em tipos de licitação – modelo adotado pela Lei n. 8.666/93 –, a Lei n. 14.133/2021 institui terminologia relacionada aos critérios de julgamento.

Habilitação

A **habilitação** dos licitantes preserva a mesma lógica da Lei n. 8.666/93. É a fase destinada à verificação de informações que demonstrem aptidão para a realização do objeto da licitação, mediante o exame de documentação: jurídica; técnica; fiscal, social e trabalhista; e econômico-financeira.

A Lei n. 14.133/2021 adere à sistemática procedimental já admitida na Lei do Pregão (Lei n. 10.520/2002), na Lei de Concessões (Lei n. 8.987/95), no RDC (Lei n. 12.462/2011) e na Lei das Estatais (Lei n. 13.303/2016), promovendo-se a inversão das fases, a fim de que a apresentação e o julgamento de propostas aconteçam antes da fase de habilitação.

Aliás, a Lei n. 14.133/2021 inverte o procedimento adotado na Lei n. 8.666/93, tornando-se impositiva a habilitação após o julgamento. Portanto, o que antes se considerava inversão de fases, agora é o procedimento natural.

Quando houver fundamentos para que a habilitação seja prévia à apresentação e julgamento das propostas, a Administração tem o dever de justificar os benefícios dessa escolha no edital de licitação (art. 17, § 1º, da Lei n. 14.133/2021).

Em outro ponto, a Lei n. 8.666/93 também é anacrônica, por disciplinar procedimento contraproducente, exigindo-se a habilitação para todos os licitantes, afetando-se a eficiência do procedimento, principalmente em licitações das quais participe número expressivo de empresas.

A Lei n. 14.133/2021, diferentemente, dispõe que "será exigida a apresentação dos documentos de habilitação apenas pelo licitante vencedor" (art. 63, II), salvo quando a fase de habilitação preceder a fase de julgamento, mediante motivação consignada no instrumento convocatório.

No que concerne à exigência de atestados de capacidade técnica para as parcelas de maior relevância do objeto da licitação, enquanto a Lei n. 8.666/93 confere discricionariedade ao gestor público para a sua definição em instrumento convocatório, o § 1º do art. 67 da Lei n. 14.133/2021 contém restrição explícita, considerando-se relevantes as parcelas cujo valor individual seja igual ou superior a 4% do valor total estimado da contratação.

O comando legal tem por fim impossibilitar abusos no exercício da discricionariedade administrativa, ou mesmo desvio de finalidade, impondo-se obrigações técnicas írritas para o cumprimento do objeto, com o intuito de restringir a competitividade em benefício de determinado licitante.

Fase recursal

Conquanto o art. 17, VI, da Lei n. 14.133/2021, inclua a **fase recursal** dentre aquelas do procedimento licitatório, é certo que a interposição de recurso é faculdade processual cabível em diversos momentos, sempre que a decisão administrativa afetar a esfera jurídica da parte interessada.

Depreende-se da leitura da lei que a mencionada fase recursal é aquela imediatamente posterior à habilitação – ou julgamento, quando invertidas as fases –, ocasião em que o processo é encaminhado à autoridade superior para homologação da licitação.

Editado o ato de habilitação ou inabilitação da licitante ou de julgamento das propostas, cabe recurso no prazo de três dias úteis, precedida de imediata manifestação, sob pena de preclusão, quando da intimação ou lavratura de ata.

Assiste ao licitante também o direito de interpor recurso contra decisão sobre pré-qualificação ou inscrição em registro cadastral, anulação ou revogação da licitação e extinção de contrato mediante ato unilateral da Administração.

Admite-se pedido de reconsideração sobre atos para os quais não caibam recursos e, quanto à impugnação de edital, é legitimado qualquer cidadão, mediante pedido protocolado com a antecedência mínima de três dias em relação à data de abertura das propostas.

Homologação

A fase de **homologação** ocorre após a habilitação e o exaurimento dos recursos, quando os autos já não estão em poder do agente ou comissão de contratação, mas da autoridade superior.

O ato homologatório tem natureza jurídica declaratória, isto é, não constitui direitos, tão somente reconhece a validade dos atos praticados no certame. A homologação é condição para a adjudicação do objeto à licitante vencedora, obrigando-se-lhe à contratação, se mantidas as razões de conveniência e oportunidade que motivaram a realização da licitação.

Se, na fase de homologação, a autoridade superior identificar vícios sanáveis, deve regressar os autos ao agente ou à comissão de contratação para o seu saneamento e, ante a detecção de vícios insanáveis, declarar a anulação da licitação, hipótese em que não haverá homologação.

Amostras

A Lei n. 14.133/2021 trata de questão regida pelo art. 7º, II, do RDC, mas ausente na Lei n. 8.666/93, no que se refere à exigência e à apresentação de amostras.

A exigência de amostras tem sido admitida pelos órgãos de controle, mas nunca como critério de habilitação; deve respeitar parâmetros de razoabilidade, de modo que seja pertinente para a demonstração dos atributos objetivos que a Administração pretende satisfazer. Outrossim, o prazo para apresentação de amostras deve ser compatível com a natureza do objeto e as circunstâncias logísticas para a sua entrega à Administração[93].

O art. 17, § 3º, da Lei n. 14.133/2021 dispõe sobre a possibilidade de se exigir do licitante provisoriamente vencedor, na fase de julgamento, a homologação de amostras, exame de conformidade e prova de conceito, entre outros testes de interesse da Administração, com o fim de se demonstrar o atendimento das especificações constantes do termo de referência ou projeto básico.

A constatação da conformidade do produto entregue como amostra pode ocorrer mediante a verificação das especificações constantes de nota técnica ou manual do fabricante, por certificado de conformidade, laudo de ensaio, laudo de inspeção e outros meios hábeis de atestação.

A exigência de amostras pode ocorrer, conforme previsto no edital, no procedimento de pré--qualificação, na fase de julgamento das propostas ou de lances, durante a execução contratual ou vigência de ata de registro de preços.

Acreditação

A compreensão da acreditação demanda o entendimento de todos os institutos até aqui estudados, principalmente a finalidade das diversas espécies de documentos normativos e dos

---

93   Sobre apresentação de amostras, em sede de pregão, o seguinte excerto: "Esse tipo de exigência somente se justifica quando necessário à Administração atestar a qualidade do bem a ser fornecido ou a sua conformidade com as especificações técnicas do edital". No mesmo julgado: "Ilegal a exigência de apresentação de amostras em prazo insuficiente e desarrazoado em face de dificuldades logísticas ou outros fatores impostos aos licitantes" (TCU, Representação. Acórdão 2.972/2020, Plenário, Rel. Min. Ana Arraes, Brasília/DF, 4 de novembro de 2020).

mecanismos de avaliação da conformidade, correlacionados à realidade contemporânea do mercado global.

A sistemática que envolve a aplicabilidade de normas e regulamentos técnicos funda-se na promoção de um princípio basilar, que atua como início e fim dos mecanismos de avaliação da conformidade: a confiança.

Documentos normativos descrevem conteúdos como requisitos, métodos, diretrizes, padrões de desempenho e recomendações, com vistas ao alcance e manutenção de um grau ótimo de qualidade ou proteção de bens jurídicos como a vida e o meio ambiente.

Mecanismos de avaliação da conformidade instrumentalizam-se como ferramentas de verificação de atendimento aos requisitos especificados, almejando-se a promoção de um adequado grau de confiança, em benefício de consumidores, governos, agências reguladoras, investidores, seguradoras e diversos segmentos integrantes das cadeias de negócios.

Todo esse arranjo institucional, técnico, jurídico, econômico e operacional tem por intento assegurar a confiança de que um produto – compreendido em sentido amplo, englobando serviços, sistemas e processos –, corresponde fielmente às suas especificações.

O universo de instituições e aparatos técnicos dedicados a esse tema visa, pois, a proteger o mercado, promovendo a concorrência justa, compensando a hipossuficiência técnica de consumidores, mitigando a assimetria de informações que incide sobre as agências reguladoras e efetivando a transparência das relações negociais[94], em prol do interesse de investidores e órgãos fiscais e de controle.

A confiança na avaliação da conformidade tem como pressuposto inicial a demonstração de competência do organismo que emite a atestação, em termos de estrutura, conhecimentos técnicos, pessoal qualificado, independência econômica, imparcialidade e idoneidade moral.

Nesse contexto, convém que todas as organizações envolvidas em atividades de avaliação da conformidade demonstrem suas competências por um mecanismo adequado[95].

A completude dessa cadeia de confiança é alcançada por meio da acreditação, que é a "atestação de terceira parte relacionada a um organismo de avaliação da conformidade, comunicando a demonstração formal de sua competência para realizar tarefas específicas de avaliação da conformidade"[96].

Logo, a acreditação funciona como o reconhecimento da competência de um organismo de avaliação da conformidade para atuar sobre um determinado escopo, o conjunto de serviços específicos de avaliação da conformidade para os quais a acreditação é desejada ou foi concedida[97].

A acreditação é materializada por meio de um certificado de acreditação, "documento formal ou um conjunto de documentos declarando que uma acreditação foi concedida para um escopo definido"[98].

---

94 A transparência das relações negociais não pode deixar de preservar, porém, informações confidenciais legitimamente tuteladas pelo ordenamento jurídico, a exemplo dos segredos de indústria ou de comércio de que tratam a Lei n. 9279, de 14 de maio de 1996, e a Lei n. 10.603, de 17 de dezembro de 2002.

95 Na linha da recomendação normalizada pelo ISO/IEC *Guide 60:2004: Conformity Assessment – Code of Good Practice.*

96 INTERNATIONAL STANDARDIZATION FOR ORGANIZATION. *ISO IEC 17000:2004: Conformity assessment:* Vocabulary and general principles. Geneva, 2004. p. 5.

97 ASSOCIAÇÃO BRASILEIRA DE NORMAS TÉCNICAS. *ABNT NBR ISO/IEC 17011:2019: Avaliação da conformidade:* Requisitos gerais para os organismos de acreditação que realizam acreditação de organismos de avaliação de conformidade. Rio de Janeiro, 2019.

98 ASSOCIAÇÃO BRASILEIRA DE NORMAS TÉCNICAS. *ABNT NBR ISO/IEC 17011:2019: Avaliação da conformidade:* Requisitos gerais para os organismos de acreditação que realizam acreditação de organismos de avaliação de conformidade. Rio de Janeiro, 2019. p. 2.

O certificado de acreditação é emitido por um organismo de acreditação, geralmente de alcance nacional e revestido de reconhecimento oficial.

Competência para a acreditação

No Brasil, a acreditação compete à Coordenação Geral de Acreditação do Instituto Nacional de Metrologia, Qualidade e Tecnologia, autarquia federal vinculada ao Ministério da Economia.

Essa atribuição tem por fundamento legal o art. 3º, VI, da Lei n. 9.933/99 c/c o art. 8º, II, do Decreto n. 6.275/2007, regulamento que atribui à CGCRE a função de acreditação de organismos de avaliação de conformidade, conforme as normas, as guias e os regulamentos internacionalmente reconhecidos.

Logo, por razões de política legislativa, o Brasil adotou a máxima da *single voice accreditation*, regida pelo princípio da oficialidade, em alinhamento ao modelo predominante no mundo, com ênfase para a União Europeia.

Considerando-se que a acreditação é serviço técnico de caráter não comercial e não concorrencial, as atividades desenvolvidas pelo organismo de acreditação não comportam fins de lucro. Por isso, a acreditação é função singularmente incumbida ao organismo de acreditação, cujas atribuições devem ser nitidamente diferenciadas das de outros órgãos e entidades nacionais.

É nesse sentido que se delimita a atividade de acreditação, que consiste em exímio exercício de poder regulatório. A Coordenação Geral de Acreditação (CGCRE) possui competência exclusiva de regulação técnica no campo da acreditação de organismos de avaliação da conformidade.

A acreditação resulta em nítido estímulo ao comportamento dos agentes de mercado, estimulando-se a implementação de técnicas de avaliação da conformidade consentâneas com as boas práticas internacionais.

Dessa forma, a acreditação concretiza os valores elencados no art. 3º, IV, da Lei n. 9.933, de 20 de dezembro de 1999, com especial ênfase para a segurança, a proteção da vida e da saúde humana, a proteção do meio ambiente e a prevenção de infrações da ordem econômica.

O art. 174, *caput*, da Constituição da República, atribui ao Estado o papel determinante no exercício das funções de planejamento, incentivo e fiscalização, como agente normativo e regulador da atividade econômica.

O conjunto de ferramentais técnicos, jurídicos e econômicos manejados para a persecução desses fins compreende o arcabouço regulatório que fundamenta a titularidade da acreditação no Brasil a uma autarquia federal.

O poder regulatório atribuído à Coordenação Geral de Acreditação é fruto de uma escolha política que sedimenta o modelo brasileiro de regulação técnica, realizando-se a vontade constitucional, cujo comando dirige ao Estado o papel regulador da atividade econômica.

O Inmetro tem competência regulatória privativa no âmbito da metrologia legal e residual em outros segmentos da regulação técnica. Considerando-se a diversidade de setores produtivos não abrangidos por entidades de regulação setorial – como as agências reguladoras –, a competência regulatória da autarquia metrológica alcança uma infinidade de objetos, demandas e programas específicos.

Dada a diversidade de atribuições do Inmetro, essas circunstâncias poderiam sinalizar ofensa ao princípio da singularidade, se a estrutura regimental da autarquia metrológica federal não delimitasse, na forma do art. 8º, II, do Decreto n. 6.275/2007, a competência sobre acreditação à CGCRE.

A CGCRE não tem relação hierárquica com as outras áreas da autarquia, como as unidades de avaliação de conformidade e de metrologia científica e tecnologia. A CGCRE tem símbolos próprios, que evitam a confusão de suas atividades em relação às outras atribuições do Inmetro. A concessão de certificado de acreditação compete ao Coordenador-Geral de Acreditação, sem qualquer possibilidade de influência da máxima autoridade autárquica.

A acreditação comporta duas dimensões: o reconhecimento oficial da competência técnica de um organismo para a emissão de atestações referentes a um produto e o reconhecimento multilateral decorrente da assinatura de acordos internacionais.

Nesse contexto, não o Inmetro, enquanto autarquia, mas a CGCRE, enquanto organismo nacional de acreditação, é dotada de reconhecimento formal por fóruns internacionais como a Inter American Accreditation Cooperation (IAAC), a International Laboratory Accreditation Cooperation (ILAC) e o International Accreditation Forum (IAF).

O arranjo jurídico adotado pode causar estranheza, dados os princípios de direito administrativo – como o da hierarquia –, uma vez que a CGCRE é unidade do organograma do Inmetro. Mas a acreditação, tal como a normalização técnica e a avaliação da conformidade, é orientada por princípios de direito econômico internacional, que escapam aos dogmas clássicos do direito administrativo.

Arranjos jurídicos semelhantes são adotados em outros países. Na Áustria, a acreditação é legalmente designada ao Bundesministerium *für* Wissenschaft, Forschung und Wirtschaft (Ministério Federal da Ciência, Pesquisa e Economia), que instituiu em sua estrutura a Akkreditierung Austria, unidade organizacional responsável pela acreditação no país. Na Bélgica, o Belgische Accreditatie-instelling integra a estrutura do Ministério da Economia, o FOD Economie, K.M.O., Middenstand en Energie. Na Finlândia, o Finnish Accreditation Service vincula-se à Finnish Safety and Chemicals Agency.

Configurações semelhantes, em que ocorre a delimitação de competências na estrutura de um órgão ou agência pública, ocorrem em outros países, como Suécia, Suíça, Noruega, Singapura, Egito e Peru.

Uma vez que a CGCRE é signatária de acordos internacionais assinados por organismos nacionais de acreditação, o processo de acreditação no Brasil observa os requisitos mundialmente empregados, tendo-se por destaque o marco regulatório da União Europeia.

Haja vista que a cooperação econômica funciona como o fundamento da União, as tratativas e regulações engendradas para o fortalecimento do livre comércio, pautado em regras de segurança e qualidade, propiciaram a concepção de um sistema europeu de acreditação que serve de lição para o mundo.

O sistema jurídico europeu sobre acreditação, positivado nos ordenamentos nacionais e, na esfera comunitária, por meio do Regulamento (CE) n. 765, de 9 de julho de 2008, do Parlamento Europeu e do Conselho, estabelece os requisitos de acreditação e fiscalização do mercado relativos à comercialização de produtos.

A legislação comunitária abarca princípios explícitos e implícitos, estes decorrentes da interpretação sistemática do tecido normativo, em consonância com o conjunto de valores inspirados pela legislação europeia, nos campos de direito administrativo-econômico relacionados à acreditação.

Princípios da acreditação

A regulação técnica é matéria de incipiente estudo no Brasil, não havendo registros da formação de doutrina especializada sobre a matéria, anotando-se esparsos artigos científicos e documentos técnicos.

Não é demais dizer que, mesmo no âmbito dos espaços públicos de regulação – como as agências reguladoras –, o instituto é mal compreendido, e desconhecidos seus propósitos e efeitos.

Para fins de estudo de direito comparado, enumerar-se-ão os princípios-base da acreditação, cuja aplicabilidade, que tem na União Europeia sua gênese, espraia-se como fonte para a criação de sistemas de acreditação nas principais economias do mundo.

Uma vez que o modelo de acreditação brasileiro inspirou-se na experiência europeia, é bastante perceptível a coincidência entre os princípios regentes da atividade de acreditação no espaço econômico europeu e a configuração adotada pela República Federativa do Brasil.

Princípio da confiança

A confiança é o princípio fundamental da acreditação, situado em um patamar de superprincípio, porque dele decorrem todos os outros elementos norteadores das atividades de acreditação e, por uma consequência lógica, da avaliação da conformidade.

A relação de confiança que permeia os atos de acreditação não transcende, porém, os limites da responsabilidade administrativa, civil e penal de um organismo de avaliação da conformidade.

Desse modo, quando um acreditador declara a competência técnica de um organismo de avaliação da conformidade, por meio de um certificado de acreditação, não se sub-roga nas atribuições, atividades e responsabilidades deste, mas apenas atesta a competência do organismo de avaliação da conformidade para atuar em um determinado escopo.

Princípio da prevalência

Sempre que a legislação determine a seleção de organismos de avaliação da conformidade com vistas à aceitação de produtos, serviços e outros objetos atestáveis, deve-se preferir a acreditação como forma de demonstração da competência técnica desses organismos.

Sendo a acreditação o instrumento oficial apto à declaração de aptidão técnica de um organismo de avaliação da conformidade, por uma razão de logicidade, é um instrumento que deve prevalecer sobre outros meios administrativos.

Exceção a essa regra ocorre quando a autoridade pública que determine a avaliação da conformidade seja tecnicamente apta para realizá-la mediante o emprego de meios próprios.

Princípio da universalidade

Um sistema de acreditação regido por regras vinculativas contribui para o fortalecimento dos laços de confiança mútua entre Estados, no que concerne à competência dos organismos de avaliação da conformidade e, consequentemente, às atestações emitidas, na forma de certificados, relatórios, laudos ou declarações.

Razões atreladas ao nível de desenvolvimento industrial de um país, às peculiaridades de seu mercado e sua vocação na cadeia global de comércio e serviços determinam a edição de métodos normalizados de ensaios e outras formas de avaliação da conformidade, bem como a regulamentação por autoridades reguladoras.

Assim, existem produtos, processos e serviços submetidos à avaliação da conformidade compulsória, mediante a edição de um regulamento de autoridade pública dotada de competência regulatória setorial ou residual, enquanto outros espectros de produtos não são abrangidos por regulamentos.

Os produtos não regulamentados podem ser avaliados e atestados mediante mecanismos voluntários de avaliação da conformidade, segundo métodos normalizados ou especificados pelo organismo, quando inexistente uma norma técnica, especificação técnica ou documento normativo de referência.

Porém, para efeitos de reconhecimento mútuo entre diversos acreditadores e sistemas nacionais de avaliação da conformidade, os efeitos da acreditação incidem sobre organismos que atuam em domínios regulamentados ou não regulamentados, não se fazendo qualquer distinção entre esses segmentos.

Princípio do monopólio

A acreditação é instituto de primordial interesse público de natureza não comercial, que se traduz em uma declaração formal, proferida pelo Estado, acerca da competência técnica de organismos de avaliação da conformidade públicos ou privados.

Portanto, as atribuições relacionadas à acreditação devem ser realizadas por um organismo nacional único, a fim de que não incida sobre essas atividades qualquer caráter de competição.

A coexistência de organismos de acreditação distintos para um mesmo mercado nacional poderia conduzir à situação paradoxal em que organismos nacionais de acreditação, vinculados aos princípios da não concorrência e da não comercialidade, seriam livres para competir[99].

Assim, a concorrência entre organismos nacionais de acreditação poderia levar a sua atividade a adquirir um caráter de empresa, o que seria incompatível com o papel que desempenham como instância final de controle na cadeia de avaliação da conformidade.

Princípio da oficialidade

A acreditação tem caráter oficial, independentemente do estatuto jurídico do organismo de acreditação, se público ou privado. Logo, a acreditação é provida por autoridade pública ou por entidade privada no exercício de autoridade pública.

O organismo de acreditação brasileiro é juridicamente instituído em similitude ao congênere português: uma entidade da administração federal indireta, dotada de autonomia administrativa e patrimônio próprio.

Portanto, o Brasil adotou o modelo de entidade pública de acreditação, delimitando-se essa competência à Coordenação-Geral de Acreditação, unidade do organograma do Instituto Nacional de Metrologia, Qualidade e Tecnologia, autarquia federal vinculada ao Ministério da Indústria, Comércio Exterior e Serviços.

A reserva legal de competência estritamente pública para a acreditação é adotada na Áustria, Albânia, Bélgica, Noruega, Finlândia, Suécia, Portugal, Rússia, China, Polônia, Eslováquia, Coreia do Sul, Singapura, Hong Kong, Tailândia, Vietnã, Egito, Macedônia, Malásia, Arábia Saudita, Marrocos, Filipinas, Emirados Árabes Unidos, Peru, África do Sul, Equador e Venezuela. Corresponde a modelos regulatórios em que o Estado exerce um papel marcante na política industrial.

Princípio da finalidade não lucrativa

Considerando-se que a acreditação é serviço técnico de caráter não comercial e não concorrencial, as atividades desenvolvidas pelo organismo de acreditação não devem comportar fins de lucro.

Por essa razão, quando não atribuída a um órgão ou entidade da Administração Pública, o credenciamento oficial para a acreditação é comumente confiado a uma entidade privada constituída sob a forma de associação sem fins lucrativos.

A ausência de finalidade lucrativa não se confunde com gratuidade, de modo que os serviços prestados pelo organismo de acreditação podem ter caráter oneroso, o que é a praxe observada mundialmente.

Dessa forma, geralmente o organismo de avaliação da conformidade que requer a acreditação tem que pagar pelo cumprimento desse processo, desencadeado em etapas como análise da solicitação, análise da documentação, avaliação, auditoria de medição e finalização do processo, bem como pelos valores referentes à manutenção da acreditação.

Todavia, os excedentes financeiros resultantes desses serviços devem ser investidos na melhoria do organismo de acreditação, como investimentos em infraestrutura, desenvolvimento de softwares e qualificação do quadro técnico.

Princípio da confidencialidade

A acreditação comporta duas dimensões: o reconhecimento oficial da competência técnica de um organismo para a emissão de atestações referentes a um produto – principalmente quando

---

99 EUROPEAN COMMISSION, Enterprise and Industry Directorate-General. *CERTIF 2013-01 REV3* –'Non--national accreditation bodies' that claim to provide accreditation. Brussels: European Commission, 2014. p. 3.

relacionado a regulamentos técnicos –, e o reconhecimento multilateral decorrente da assinatura de acordos internacionais.

Nesse contexto, a autoridade acreditadora brasileira é dotada de reconhecimento formal de fóruns internacionais como a Inter American Accreditation Cooperation (IAAC), a International Laboratory Accreditation Cooperation (ILAC) e o International Accreditation Forum (IAF).

Mundialmente, organismos nacionais de acreditação conduzem seus ritos e procedimentos de acordo com a norma ISO/IEC 17011, a qual dispõe que o "organismo de acreditação deve manter mecanismos adequados para salvaguardar a confidencialidade das informações obtidas no processo de suas atividades de acreditação".

Por essa razão, os processos de acreditação de organismos de avaliação da conformidade conduzidos pela Coordenação Geral de Acreditação têm natureza confidencial, com acesso limitado aos servidores diretamente envolvidos nas atividades de acreditação – especificamente em relação aos atos de que participaram – e à parte interessada.

Princípio da imparcialidade

O organismo de acreditação deve possuir estrutura jurídico-administrativa que assegure a imparcialidade de suas atividades, em relação ao governo, indústria, setores da sociedade civil organizada e, principalmente, em relação à parte diretamente interessada, solicitante da acreditação.

Convém discernir que imparcialidade não se confunde com neutralidade. A relação de imparcialidade no processo de acreditação requer que os especialistas, analistas e autoridade decisora não tenham interesse no resultado do processo, não estejam envolvidos em disputas com a parte interessada e atuem desprovidos de qualquer viés, preferência ou preconceito em relação ao requerente[100].

A imparcialidade, por sua vez, é garantida quando o processo de acreditação observa regras gerais e abstratas, aceitas prévia e independentemente do caso concreto, evitando-se que as preferências pessoais da autoridade influenciem o sentido da decisão[101].

Por isso, o processo de acreditação deve ser regulamentado no âmbito do organismo, segundo regras claras, para cumprimento das partes interessadas e de todo o pessoal envolvido no processo de acreditação.

A observância de uma disciplina regulamentada é imprescindível para se assegurar critérios de objetividade na realização de atos de análise e atos decisórios no bojo do processo de acreditação.

A prática internacional orienta que o organismo de acreditação seja organizado e opere "de forma a salvaguardar a imparcialidade e objetividade de suas atividades, assegurando-se a representação equilibrada e eficaz das partes interessadas"[102].

Princípio da singularidade

A acreditação é uma função singularmente incumbida ao organismo de acreditação, cujas atribuições devem ser nitidamente diferenciadas das de outros órgãos e entidades nacionais.

Ao organismo de acreditação compete única e privativamente o desempenho das atividades de acreditação, não se admitindo em sua estrutura regimental atividades de outra natureza, ainda que tecnicamente relevantes.

---

100 GRAMBERG, Bernadine Van. *Managing workplace conflict:* alternative dispute resolution in Australia. Sydney: The Federation Press, 2006. p. 31.

101 MONTEFIORE, Alan. (Ed.). *Neutrality and impartiality:* the university and political commitment. Cambridge: Cambridge University Press, 2010. p. 72.

102 INTERNATIONAL ORGANIZATION FOR STANDARDIZATION. *ISO/IEC 17011:2017 Conformity assessment:* General requirements for accreditation bodies accrediting conformity assessment bodies. Geneva, 2017. p. 5.

Isso porque o princípio da singularidade é corolário do princípio da imparcialidade, dado que o exercício de atividades estranhas à acreditação poderia comprometer a independência funcional do organismo acreditador.

O envolvimento do organismo de acreditação em outras atividades, como avaliação da conformidade, consultoria, assessoramento ou fiscalização de mercado, poderia submetê-lo à influência de grupos de interesse do governo, do setor produtivo ou de organizações da sociedade civil, de modo a comprometer a tecnicidade, objetividade e imparcialidade de suas decisões.

Portanto, sobre o organismo acreditador não deve recair qualquer espectro de competência que não se adstrinja ao universo especializado das atividades de acreditação.

Princípio da territorialidade

A acreditação comporta dois efeitos de reconhecimento: o reconhecimento do governo nacional sobre a competência técnica de organismos de avaliação da conformidade, e o reconhecimento internacional das atestações emitidas por esses organismos, quando o acreditador é signatário de acordos de reconhecimento multilateral.

Assim, a acreditação origina-se pelo reconhecimento nacional do organismo de avaliação da conformidade e, a partir de relações multilaterais do organismo acreditador, projeta-se esse reconhecimento sobre o espaço internacional.

Logo, o organismo de avaliação da conformidade deve solicitar a acreditação ao organismo nacional de acreditação do país em que sediado. A inobservância desse princípio provocaria a indesejável situação de concorrência entre organismos de acreditação, ferindo-se, no plano internacional, o princípio da não concorrência que rege o funcionamento dos organismos de acreditação.

Todavia, situações há em que a acreditação transfronteiriça seja admitida, sem que essa iniciativa importe em ofensa ao princípio em comento.

A vinculação ao organismo nacional de acreditação tem por propósito evitar a acreditação múltipla e a concorrência entre organismos nacionais de acreditação, fortalecendo-se os laços de cooperação e reconhecimento internacional entre essas entidades.

Nas ocasiões em que um Estado não seja dotado de um organismo de acreditação, não há que se falar em ofensa a esses postulados, porque sequer existente um órgão nacional apto a prover o reconhecimento de um organismo de avaliação da conformidade.

Uso da acreditação em licitações públicas

A Lei n. 8.666/93 desconhece o instituto da acreditação; o art. 7º, III, do RDC, dispõe que em licitação para aquisição de bens, a Administração Pública poderá "solicitar a certificação da qualidade do produto ou do processo de fabricação, inclusive sob o aspecto ambiental, por qualquer instituição oficial competente ou por entidade credenciada".

Da leitura do dispositivo do RDC, anota-se equívoco técnico, por conta do empego do vocábulo "credenciada", além de limitar o instituto às licitações para aquisição de bens.

Infere-se, pois, a possibilidade de especificação técnica a abranger bens certificados por organismos de certificação de produto acreditados, não alcançando serviços, cuja avaliação da conformidade por organismo acreditado é igualmente possível.

A Lei n. 14.133/2021 confere completude à matéria, na forma do § 6º do art. 17, que assim dispõe:

> § 6º A Administração poderá exigir certificação por organização independente acreditada pelo Instituto Nacional de Metrologia, Qualidade e Tecnologia (Inmetro) como condição para aceitação de:
> I – estudos, anteprojetos, projetos básicos e projetos executivos;
> II – conclusão de fases ou de objetos de contratos;
> III – material e corpo técnico apresentados por empresa para fins de habilitação.

O dispositivo legal é aderente ao princípio da oficialidade da acreditação, cabendo a mera ressalva de que o organismo de acreditação atua em respeito ao princípio da singularidade, de forma que exerce única e privativamente o desempenho das atividades de acreditação, não se admitindo o desempenho de atividades de outra natureza, ainda que relevantes.

Da leitura do inciso I, observa-se a possibilidade de certificação de estudos, anteprojetos, projetos básicos e projetos executivos por organismo de certificação acreditado pela Coordenação Geral de Acreditação do Inmetro.

A inovação regulatória é muito salutar, haja vista a traumática experiência brasileira em gestão de projetos e obras, marcada por erros de dimensionamento, atraso nos cronogramas de execução, sobrepreço e obras paralisadas.

A certificação de projetos tem o condão de atestar sua aderência aos requisitos e métodos de elaboração, adequação das técnicas e compatibilidade com o fim almejado.

O inciso II abrange a conclusão de fases ou objetos de contratos, do que se extrai relevante utilidade para os contratos relacionados à construção de edificações e empreendimentos de infraestrutura, que comportam diversas etapas de medição.

Dessarte, a certificação por organismo acreditado confere adequado grau de confiança aos fiscais do contrato, conferindo-se maior segurança para o ato de recebimento.

Obviamente, a certificação nunca deve importar no recebimento automático do objeto do contrato pela Administração, mas tão somente de subsídio técnico para sua tomada de decisão.

O inciso III abrange materiais e corpo técnico, respectivamente relacionados à certificação de produto e à certificação de pessoas, mediante pressupostos e normas técnicas próprias.

A certificação tem por objeto a declaração, por terceira pessoa, visando a atestar que certos requisitos, constantes de uma norma técnica, regulamento, especificação ou outro documento normativo são cumpridos.

Esses requisitos especificados podem corresponder, entre outros parâmetros, a características construtivas ou funcionais de um produto, parâmetros de planejamento, monitoramento ou controle de um sistema de gestão, aspectos operacionais de um serviço ou atividades de um processo.

Logo, os requisitos especificados relacionam-se a um objeto, consubstanciado em um produto, serviço, processo ou sistema.

Entretanto, os requisitos especificados – e, por conseguinte, a certificação –, pode corresponder a um sujeito, quando o desempenho de atividades específicas requer certos pressupostos de qualificação.

Nesse diapasão, a certificação de pessoas consiste em um reconhecimento formal por um organismo de certificação, mediante avaliação, de que uma pessoa atende a requisitos preestabelecidos em normas específicas, para o exercício de uma determinada atividade, função ou ocupação[103].

Por meio de uma análise funcional, identificam-se funções, subfunções e tarefas que são desempenhadas por um profissional no contexto de uma atividade produtiva.

A essas funções correlaciona-se uma ocupação, permeada por fatores técnicos, pessoais e ambientais requeridos de uma pessoa para o desempenho satisfatório de seus encargos.

Todo o processo de certificação volta-se à aferição de elementos de competência de uma pessoa, que consistem em um conjunto de ações e resultados que um trabalhador deve lograr e demonstrar no desempenho de uma ocupação específica.

Compreenda-se competência não como a capacidade jurídica para a realização de um ato ou negócio. Tecnicamente, a competência reside na capacidade de mobilizar, desenvolver e aplicar conhecimentos, habilidades e atitudes no desempenho do trabalho, para obter ou superar resultados.

---

103 ASSOCIAÇÃO BRASILEIRA DE NORMAS TÉCNICAS. *ABNT NBR 15801:2010: Certificação de pessoas*: Terminologia. Rio de Janeiro, 2010.

Como enfatizado no conceito supracitado, a competência é formada principalmente pela integração de três componentes: conhecimentos, habilidades e atitudes.

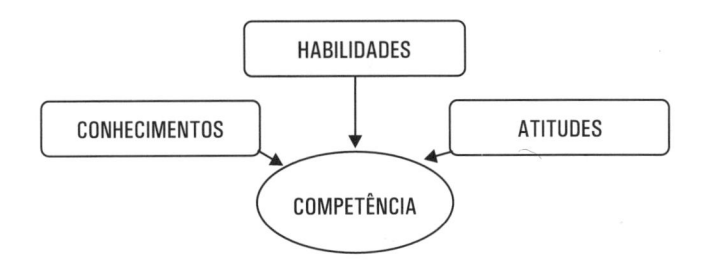

A realização de uma tarefa específica demanda o emprego de faculdades formadoras de uma unidade de competência, o conjunto de elementos afins relacionados a uma realização no processo produtivo.

A unidade de competência forma-se, logo, por elementos de competência, em quantidades e níveis de complexidade compatíveis com o grau de dificuldade que recai sobre as obrigações exigidas de um profissional.

Sobre esse ponto volta-se o processo de certificação de pessoa, em demonstrar que um profissional reúne os elementos de competência, o conjunto de ações e resultados que um trabalhador deve lograr e demonstrar no desempenho de uma ocupação específica[104].

Para a avaliação da conformidade, definem-se critérios de desempenho, cujo atendimento é demonstrado mediante evidências de desempenho, que podem ser informações, resultados obtidos em exames, objetivos alcançados.

As evidências de desempenho fornecem os subsídios cognitivos necessários para o julgamento em uma avaliação, a fim de confirmar se uma pessoa atende aos critérios de desempenho, a partir de seus conhecimentos, habilidades e atitudes.

A certificação de pessoas é comumente empregada para a demonstração de competências específicas, em relação a critérios de desempenho cujo desatendimento pode importar em sensível prejuízo à qualidade ou segurança na realização do processo produtivo.

Tem-se como exemplo a certificação de profissionais para acesso por corda. Cordas são utilizadas como ferramentas de locomoção de pessoas ou cargas até locais de difícil acesso, em atividades de construção civil, mineração, resgate, todas de elevado grau de periculosidade.

O acesso por corda é definido como uma técnica de progressão utilizando cordas, em conjunto com outros equipamentos mecânicos, para ascender, descender ou se deslocar horizontalmente no local de trabalho, assim como para posicionamento no ponto de trabalho[105].

A avaliação de acesso por corda possibilita três níveis de certificação, que atestam a satisfação de conhecimentos, habilidades e atitudes relacionados a equipamentos de proteção individuais e coletivos, materiais têxteis e metálicos, ancoragens, cinemática de trauma, manobras, resgate, movimentação de pessoas e objetos, análise de riscos e primeiros socorros.

Nesse sentido, a certificação de pessoa atua como significativo fator de proteção ao profissional, assegurando-lhe a preparação para o desempenho de uma atividade de risco.

---

104 ASSOCIAÇÃO BRASILEIRA DE NORMAS TÉCNICAS. *ABNT NBR 15801:2010: Certificação de pessoas:* Terminologia. Rio de Janeiro, 2010.

105 ASSOCIAÇÃO BRASILEIRA DE NORMAS TÉCNICAS. *ABNT NBR 15475:2015: Acesso por corda:* Qualificação e certificação de pessoas. Rio de Janeiro, 2015.

Ao mesmo tempo, serve como instrumento de segurança para o empregador e para o ambiente de trabalho, minimizando-se os riscos de acidentes, interrupção das atividades e todos os efeitos negativos decorrentes dessas ocorrências.

Assim como no exemplo mencionado, a certificação de pessoas é predominantemente voluntária, de modo que a titularidade de um certificado não é requisito oficial para o desempenho de uma função.

Mas, o certificado pode ser exigido por força de contrato, servindo como atributo de demonstração da qualificação profissional exigida.

Como acontece em relação a todos os mecanismos de avaliação de conformidade, razões de interesse público fundamentam a obrigatoriedade legal da certificação para o exercício de um ofício.

Nesse ponto, convém lembrar o art. 5º, XIII, da Constituição da República, cuja cláusula pétrea proclama que "é livre o exercício de qualquer trabalho, ofício ou profissão, atendidas as qualificações profissionais que a lei estabelecer".

O dispositivo constitucional traduz-se em uma norma jurídica de eficácia contida. Disso resulta que mandamentos constitucionais ou infraconstitucionais podem impor certa restrição ao alcance da norma, formando-se pressupostos ou obrigações no espaço de atuação profissional em que esses fatores restritivos não existiam.

O sentido do vocábulo "lei" descrito no dispositivo deve ser interpretado em sentido lato, englobando-se a legislação regente da atividade – leis, convenções, tratados, decretos, resoluções etc. –, isto é, o arcabouço jurídico regulatório da profissão.

Isso porque a Administração Pública detém o poder normativo para a operacionalização da vontade da lei, muitas vezes elaborada em cláusulas abertas, com vistas à sua perenidade e efetividade.

Nessas ocasiões, órgãos e entidades reguladoras, no exercício de suas prerrogativas legais, estatuem o modo de realização do direito, que pode ocorrer pela exigência de uma certificação.

Merece realce o alcance do verbete "certificação". Como explicado dantes, a certificação é espécie do gênero "mecanismos de avaliação da conformidade".

Portanto, em determinadas situações, conforme o objeto do contrato, outro mecanismo de avaliação da conformidade, como o ensaio ou a inspeção, pode ser a opção técnica mais viável, quer sob aspectos técnicos e operacionais, quer sob aspectos econômicos.

Tome-se por exemplo a inspeção de empreendimentos de infraestrutura. Em determinadas situações, a avaliação da conformidade previamente ao recebimento pela Administração pode ser suficiente para prover o adequado grau de confiança.

Nesse escopo, merece atenção o programa de acreditação de organismos de inspeção de projetos e obras de infraestrutura, motivado pelo Acordo de Cooperação Técnica n. 8/2017, celebrado entre a Secretaria Especial do Programa de Parcerias de Investimentos (SPPI) e o Inmetro.

Para a atestação de conformidade de materiais, muitas vezes a realização de ensaio por laboratório acreditado pela CGCRE, do qual resulte laudo que assevere sua conformidade perante os requisitos especificados em normas técnicas e regulamentos é documento suficiente a prover adequado grau de confiança.

Significa dizer que não necessariamente a certificação é o melhor mecanismo para todo e qualquer objeto, de modo que convém ao gestor e pessoal técnico ponderar, diante das diversas soluções possíveis, aquela que melhor realize o fim pretendido pela avaliação da conformidade: prover adequado grau de confiança, balanceando-se os aspectos técnicos e econômicos da escolha.

Por isso, a nosso ver, a melhor leitura do dispositivo legal em comento traduz-se no sentido de admitir, como mecanismo de avaliação da conformidade, não apenas a certificação, mas qualquer daqueles contemplados pelo Sistema Brasileiro de Avaliação da Conformidade, de acordo com as necessidades características do caso concreto.

CAPÍTULO II
Da Fase Preparatória

Seção I
Da Instrução do Processo Licitatório

Art. 18. A fase preparatória do processo licitatório é caracterizada pelo planejamento e deve compatibilizar-se com o plano de contratações anual de que trata o inciso VII do *caput* do art. 12 desta Lei, sempre que elaborado, e com as leis orçamentárias, bem como abordar todas as considerações técnicas, mercadológicas e de gestão que podem interferir na contratação, compreendidos:

I – a descrição da necessidade da contratação fundamentada em estudo técnico preliminar que caracterize o interesse público envolvido;

II – a definição do objeto para o atendimento da necessidade, por meio de termo de referência, anteprojeto, projeto básico ou projeto executivo, conforme o caso;

III – a definição das condições de execução e pagamento, das garantias exigidas e ofertadas e das condições de recebimento;

IV – o orçamento estimado, com as composições dos preços utilizados para sua formação;

V – a elaboração do edital de licitação;

VI – a elaboração de minuta de contrato, quando necessária, que constará obrigatoriamente como anexo do edital de licitação;

VII – o regime de fornecimento de bens, de prestação de serviços ou de execução de obras e serviços de engenharia, observados os potenciais de economia de escala;

VIII – a modalidade de licitação, o critério de julgamento, o modo de disputa e a adequação e eficiência da forma de combinação desses parâmetros, para os fins de seleção da proposta apta a gerar o resultado de contratação mais vantajoso para a Administração Pública, considerado todo o ciclo de vida do objeto;

IX – a motivação circunstanciada das condições do edital, tais como justificativa de exigências de qualificação técnica, mediante indicação das parcelas de maior relevância técnica ou valor significativo do objeto, e de qualificação econômico-financeira, justificativa dos critérios de pontuação e julgamento das propostas técnicas, nas licitações com julgamento por melhor técnica ou técnica e preço, e justificativa das regras pertinentes à participação de empresas em consórcio;

X – a análise dos riscos que possam comprometer o sucesso da licitação e a boa execução contratual;

XI – a motivação sobre o momento da divulgação do orçamento da licitação, observado o art. 24 desta Lei.

§ 1º O estudo técnico preliminar a que se refere o inciso I do *caput* deste artigo deverá evidenciar o problema a ser resolvido e a sua melhor solução, de modo a permitir a avaliação da viabilidade técnica e econômica da contratação, e conterá os seguintes elementos:

I – descrição da necessidade da contratação, considerado o problema a ser resolvido sob a perspectiva do interesse público;

II – demonstração da previsão da contratação no plano de contratações anual, sempre que elaborado, de modo a indicar o seu alinhamento com o planejamento da Administração;

III – requisitos da contratação;

IV – estimativas das quantidades para a contratação, acompanhadas das memórias de cálculo e dos documentos que lhes dão suporte, que considerem interdependências com outras contratações, de modo a possibilitar economia de escala;

V – levantamento de mercado, que consiste na análise das alternativas possíveis, e justificativa técnica e econômica da escolha do tipo de solução a contratar;

VI – estimativa do valor da contratação, acompanhada dos preços unitários referenciais, das memórias de cálculo e dos documentos que lhe dão suporte, que poderão constar de anexo classificado, se a Administração optar por preservar o seu sigilo até a conclusão da licitação;

VII – descrição da solução como um todo, inclusive das exigências relacionadas à manutenção e à assistência técnica, quando for o caso;

VIII – justificativas para o parcelamento ou não da contratação;

IX – demonstrativo dos resultados pretendidos em termos de economicidade e de melhor aproveitamento dos recursos humanos, materiais e financeiros disponíveis;

X – providências a serem adotadas pela Administração previamente à celebração do contrato, inclusive quanto à capacitação de servidores ou de empregados para fiscalização e gestão contratual;

XI – contratações correlatas e/ou interdependentes;

XII – descrição de possíveis impactos ambientais e respectivas medidas mitigadoras, incluídos requisitos de baixo consumo de energia e de outros recursos, bem como logística reversa para desfazimento e reciclagem de bens e refugos, quando aplicável;

XIII – posicionamento conclusivo sobre a adequação da contratação para o atendimento da necessidade a que se destina.

§ 2º O estudo técnico preliminar deverá conter ao menos os elementos previstos nos incisos I, IV, VI, VIII e XIII do § 1º deste artigo e, quando não contemplar os demais elementos previstos no referido parágrafo, apresentar as devidas justificativas.

§ 3º Em se tratando de estudo técnico preliminar para contratação de obras e serviços comuns de engenharia, se demonstrada a inexistência de prejuízo para a aferição dos padrões de desempenho e qualidade almejados, a especificação do objeto poderá ser realizada apenas em termo de referência ou em projeto básico, dispensada a elaboração de projetos.

COMENTÁRIOS

O orçamento, com as composições dos preços utilizados para sua formação, é pressuposto indispensável para a licitação, devendo ser elaborado em sua fase preparatória; visa à satisfação de distintos fins:

(i)   planejamento, execução e controle orçamentário;

(ii) adequação ao planejamento anual de contratações, uma vez que a disponibilidade orçamentária para determinada contratação pode afetar outras contratações;

(iii) preço justo, evitando-se contratações com sobrepreço ou com preços manifestamente inexequíveis e superfaturamento na execução dos contratos; e

(iv) controle interno, externo e social das contratações públicas.

Na forma do art. 59, III, da Lei n. 14.133/2021, serão desclassificadas as propostas que "apresentarem preços inexequíveis ou permanecerem acima do orçamento estimado para a contratação".

Nas licitações de obras e serviços de engenharia, cuja precificação perpassa por variáveis mais complexas que as compras e prestação de serviços comuns, a Lei n. 14.133/2021 simplifica o exame de exequibilidade da proposta – em relação à Lei n. 8.666/93 –, mediante critério objetivo absoluto, conforme o § 4º do art. 59: "Serão consideradas inexequíveis as propostas cujos valores forem inferiores a 75% (setenta e cinco por cento) do valor orçado pela Administração".

Ao compreender o espírito da lei, considera-se que a aplicabilidade do comando legal sobredito não deve ocorrer de maneira mecânica e automatizada, o que poderia resultar em ferimento a princípios regentes das licitações e dos contratos, sobretudo da vantajosidade e competitividade.

A inteligência do dispositivo reside em prevenir a Administração contra riscos de inadimplemento contratual. Igualmente, estatui regramento voltado a repelir práticas anticoncorrenciais, que ofenderiam o princípio da livre concorrência, esculpido no art. 170, IV, da Constituição Federal.

Ocorre que a Administração, em sua relação com os agentes econômicos – administrados –, por mais que engendre esforços para a máxima mensuração do custo do objeto, não é "dona do negócio", acometendo-se invariavelmente dos efeitos da assimetria de informação.

A interpretação sistemática das leis oferece elementos para o conteúdo hermenêutico do dispositivo em comento: o art. 36, § 1º, da Lei n. 12.529/2011 diz que "a conquista de mercado resultante de processo natural fundado na maior eficiência de agente econômico em relação a seus competidores" não caracteriza o domínio de mercado relevante de bens e serviços.

Considere-se situação de uma empresa de construção civil, que no momento da licitação realiza empreendimento de infraestrutura – resultante de outra contratação sem qualquer relação com a licitação em andamento – nas proximidades de onde a Administração pretende construir.

No caso em tela, presume-se que a licitante possui prévio conhecimento do local, características de solo, cursos d'água, jazidas, aspectos de flora e fauna, impactos ambientais e mecanismos de remediação, influências urbanas, interseções, nível de eficiência e de integridade dos órgãos públicos locais, isto é, um universo de informações de difícil mensuração, que lhe atribui significativa redução de custos de transação em relação a seus concorrentes.

Ademais, tal vantagem competitiva pode advir do domínio e da experiência prévia de determinadas soluções, sua realização em grande escala e, consequentemente, diminuição dos custos unitários de produção e dos custos logísticos para entrega.

Considere-se que essa empresa, engajada em vencer o procedimento licitatório e firmar contrato com a Administração, ofereça proposta em valor global equivalente a 70% do valor estimado e, por conseguinte, desclassificada. Essa situação não traduziria a realização dos fins tabulados na Lei n. 14.133/2021.

Por conseguinte, em casos de inexequibilidade que não revelem distorção flagrante, convém a realização de diligências pelo agente ou pela comissão de contratação, permitindo-se ao licitante apresentar informações sobre a viabilidade de sua proposta. Tal medida funda-se em norma explícita, *ex vi* do § 2º do art. 59 da lei, o qual dispõe que "a Administração poderá realizar diligências para aferir a exequibilidade das propostas ou exigir dos licitantes que ela seja demonstrada".

Tal estratégia insere-se no espaço de risco do licitante, haja vista que seus argumentos podem ser motivadamente rejeitados pela Administração.

Art. 19. Os órgãos da Administração com competências regulamentares relativas às atividades de administração de materiais, de obras e serviços e de licitações e contratos deverão:

I – instituir instrumentos que permitam, preferencialmente, a centralização dos procedimentos de aquisição e contratação de bens e serviços;

II – criar catálogo eletrônico de padronização de compras, serviços e obras, admitida a adoção do catálogo do Poder Executivo federal por todos os entes federativos;

DISPOSITIVO CORRELATO (Lei n. 12.462/2011)

Art. 33. O catálogo eletrônico de padronização de compras, serviços e obras consiste em sistema informatizado, de gerenciamento centralizado, destinado a permitir a padronização dos itens a serem adquiridos pela administração pública que estarão disponíveis para a realização de licitação.

III – instituir sistema informatizado de acompanhamento de obras, inclusive com recursos de imagem e vídeo;

IV – instituir, com auxílio dos órgãos de assessoramento jurídico e de controle interno, modelos de minutas de editais, de termos de referência, de contratos padronizados e de outros documentos, admitida a adoção das minutas do Poder Executivo federal por todos os entes federativos;

V – promover a adoção gradativa de tecnologias e processos integrados que permitam a criação, a utilização e a atualização de modelos digitais de obras e serviços de engenharia.

§ 1º O catálogo referido no inciso II do *caput* deste artigo poderá ser utilizado em licitações cujo critério de julgamento seja o de menor preço ou o de maior desconto e conterá toda a documentação e os procedimentos próprios da fase interna de licitações, assim como as especificações dos respectivos objetos, conforme disposto em regulamento.

DISPOSITIVO CORRELATO (Lei n. 12.462/2011)

Art. 33. [...]

Parágrafo único. O catálogo referido no *caput* deste artigo poderá ser utilizado em licitações cujo critério de julgamento seja a oferta de menor preço ou de maior desconto e conterá toda a documentação e procedimentos da fase interna da licitação, assim como as especificações dos respectivos objetos, conforme disposto em regulamento.

---

§ 2º A não utilização do catálogo eletrônico de padronização de que trata o inciso II do *caput* ou dos modelos de minutas de que trata o inciso IV do *caput* deste artigo deverá ser justificada por escrito e anexada ao respectivo processo licitatório.

§ 3º Nas licitações de obras e serviços de engenharia e arquitetura, sempre que adequada ao objeto da licitação, será preferencialmente adotada a Modelagem da Informação da Construção (*Building Information Modelling – BIM*) ou tecnologias e processos integrados similares ou mais avançados que venham a substituí-la.

COMENTÁRIOS

Poder regulamentar

O poder regulamentar, na esfera federal, decorre especialmente do inciso IV do art. 84 da CF/88: "Compete privativamente ao Presidente da República: [...] IV – sancionar, promulgar e fazer publicar as leis, bem como expedir decretos e regulamentos para sua fiel execução".

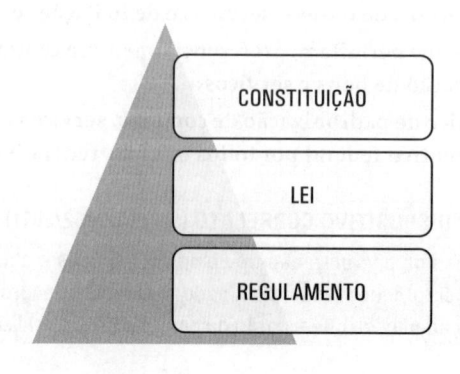

Representa a atribuição constitucional de o chefe do Poder Executivo de qualquer das esferas federais, em virtude do princípio da simetria, mediante a forma de decreto, expedir atos normativos para o cumprimento das leis.

Há debates calorosos sobre a natureza regulamentar dos atos administrativos gerais e abstratos editados por outros órgãos além do chefe do Poder Executivo. Parte da doutrina entende que somente o chefe do Poder Executivo tem poder regulamentar e que os demais órgãos possuem poder normativo.

Assim, o poder regulamentar seria uma espécie do poder normativo da Administração Pública, o primeiro restringido a titular específico e exclusivo (o chefe do Poder Executivo) e o segundo podendo ser manejado por órgãos aos quais tenha sido atribuída por lei ou pela Constituição Federal a possibilidade de editar atos administrativos gerais e abstratos, ainda que não estejam relacionados ao chefe do Poder Executivo.

Maria Sylvia Zanella Di Pietro[106] indica que, normalmente, fala-se em poder regulamentar, ao que prefere "falar em poder normativo, já que aquele não esgota toda a competência normativa da Administração Pública; é apenas uma de suas formas de expressão, coexistindo com outras".

O poder regulamentar consiste na faculdade que a Constituição confere ao Presidente da República – ou chefe do Executivo, em geral, Governador e Prefeito – para dispor sobre medidas necessárias ao fiel cumprimento da vontade legal, dando providências que estabeleçam condições para tanto. Sua função é facilitar a execução da lei, especificá-la de modo praticável e, sobretudo, acomodar o aparelho administrativo, para bem observá-la[107].

Por meio do poder regulamentar, atribui-se aos chefes do Executivo capacidade para explicar, esclarecer, explicitar e conferir fiel execução às leis, ou para disciplinar matéria que não se sujeita à iniciativa de lei. Esse poder é materializado mediante a expedição de regulamentos, que são atos administrativos normativos, portanto, gerais e abstratos[108].

Limites do poder regulamentar

Além da limitação ao estabelecido pela lei, a possibilidade de edição de decreto regulamentar é confrontada pelo próprio Poder Constituinte Originário no inciso V do art. 49 da Carta Magna. A propósito: "É da competência exclusiva do Congresso Nacional: [...] V – sustar os atos normativos do Poder Executivo que exorbitem do poder regulamentar ou dos limites de delegação legislativa".

A CF/88 revelou grande coerência sistêmica ao atribuir o poder de regulamentar as leis ao chefe do Poder Executivo e possibilitar ao criador das leis, o Poder Legislativo, o controle sobre tal atribuição.

De fato, a regulamentação, salvo a hipótese do inciso VI do art. 84 da Carta Maior, é acessória às leis, portanto, o seu exercente não pode controlar e limitar a si próprio. A essência de qualquer controle é a separação orgânica entre o controlado e o controlador, pois a confusão entre tais funções terminaria por tornar inexistente qualquer limite.

Indelegabilidade do poder regulamentar

O poder regulamentar, como espécie do poder normativo, tem uma característica incomum em relação aos poderes da Administração Pública, qual seja, a indelegabilidade, na forma do parágrafo único do art. 84 da CF/88.

---

106 DI PIETRO, Maria Sylvia Zanella. *Direito administrativo*. 25. ed. São Paulo: Atlas, 2012. p. 91.

107 ATALIBA, Geraldo. Decreto regulamentar no sistema brasileiro, *Revista de Direito Administrativo*, Rio de Janeiro, v. 97, jul./set. 1969.

108 CUNHA JÚNIOR, Dirley da. *Curso de direito administrativo*. 4. ed. Salvador: JusPodivm, 2006.

Os poderes administrativos são, salvo estipulação normativa em contrário, delegáveis na esfera da própria Administração Pública, porém, em relação ao poder regulamentar, existe vedação expressa à delegação.

A indelegabilidade do poder normativo, gênero do qual o poder regulamentar é espécie, pode ser vista também no inciso I do art. 13 da Lei n. 9.784/99. Eis o texto: "Art. 13. Não podem ser objeto de delegação: I – a edição de atos de caráter normativo".

Princípio da similitude das formas

Assim como as leis, os regulamentos estão adstritos à observância do Princípio da Similitude das Formas. O seu conteúdo estabelece que qualquer alteração normativa somente darseá por normas de forma idêntica. Assim, norma constitucional revoga norma constitucional, lei complementar revoga lei complementar, lei ordinária revoga lei ordinária, decreto revoga decreto, portaria revoga portaria.

Quando a norma constitucional superveniente torna incompatível norma infraconstitucional não se fala em revogação, mas em não recepção. Já quando a lei ordinária nova dispõe de maneira diversa do estipulado em decreto não há revogação e, sim, retirada da eficácia do decreto. Entretanto, o STF modificou a terminologia jurídica para considerar não recepção e revogação como designações sinônimas[109], o que torna o entendimento dos autores desta obra minoritário.

Em virtude da taxatividade constitucional que relaciona as matérias às suas formas normativas, não prospera, no Brasil, a tese da delegificação ou deslegalização defendida por Giuseppe de Vergottini, segundo a qual o próprio Poder Legislativo poderia destinar certas matérias de sua competência para serem tratadas não por leis, mas por decreto regulamentar do Poder Executivo[110].

Catálogo eletrônico de padronização

O catálogo eletrônico de padronização de compras, serviços e obras é "sistema informatizado, de gerenciamento centralizado e com indicação de preços, destinado a permitir a padronização de itens a serem adquiridos pela Administração Pública e que estarão disponíveis para a licitação" (art. 6º, LI, da Lei n. 14.133/2021).

O art. 19, II, da Lei n. 14.133/2021, determina que os órgãos da Administração dotados de competência regulamentar sobre administração de materiais, de obras e serviços e de licitações e contratos deverão "criar catálogo eletrônico de padronização de compras, serviços e obras, **admitida a adoção do catálogo do Poder Executivo federal** por todos os entes federativos".

No Poder Executivo Federal, rege-se em nível infralegal a catalogação dos materiais destinados às atividades da Administração, abrangendo a identificação, descrição e classificação dos materiais, na forma do Catálogo de Materiais e Serviços (CATMAT/CATSER), conforme Instrução Normativa n. 2, de 16 de agosto de 2011, da Secretaria de Logística e Tecnologia da Informação do Ministério do Planejamento, Orçamento e Gestão.

A observância do princípio da padronização perfaz-se mediante a compatibilidade das especificações técnicas. Nesse sentido, a padronização importa, sobretudo, no uso de especificações técnicas alinhadas a um grau de semelhança ou compatibilidade, com vistas à uniformidade, interoperabilidade, eficiência e economicidade de produtos, serviços e sistemas.

O catálogo eletrônico de padronização é aplicável às licitações com julgamento por critério de menor preço ou o de maior desconto, tipicamente usados em licitações para aquisição de bens e serviços comuns. Nessas licitações, a não utilização do catálogo deve ser justificada pelo agente público responsável.

---

109 STF, AI 582.280AgRg, rel. Min. Celso de Mello, 2ª Turma, julgado em 12-9-2006, *DJ* 6-11-2006.

110 VERGOTTINI, Giuseppe de. A delegificação e sua incidência no sistema de fontes do direito. Trad. Fernando Aurélio Zilveti. In: *Estudos em homenagem a Manoel Gonçalves Ferreira Filho*. São Paulo: Dialética, 1999.

Art. 20. Os itens de consumo adquiridos para suprir as demandas das estruturas da Administração Pública deverão ser de qualidade comum, não superior à necessária para cumprir as finalidades às quais se destinam, vedada a aquisição de artigos de luxo.

§ 1º Os Poderes Executivo, Legislativo e Judiciário definirão em regulamento os limites para o enquadramento dos bens de consumo nas categorias comum e luxo.

§ 2º A partir de 180 (cento e oitenta) dias contados da promulgação desta Lei, novas compras de bens de consumo só poderão ser efetivadas com a edição, pela autoridade competente, do regulamento a que se refere o § 1º deste artigo.

§ 3º (Vetado).

COMENTÁRIOS

O art. 20, *caput*, dispõe que bens de consumo adquiridos para suprir as demandas da Administração devem ter qualidade comum, não superior à mínima necessária para o cumprimento das finalidades a que se destinam. Disso não se depreende, porém, a aquisição de qualquer produto, pois a economicidade decorre da qualidade das especificações técnicas exigidas.

Bens comuns

Consideram-se bens comuns aqueles cujos padrões de desempenho e qualidade podem ser objetivamente definidos pelo edital, por meio de especificações usuais de mercado.

A categorização de produto comum não requer necessária simplicidade ou baixo valor, mas reside no bojo das especificações. Por isso, um bem tecnologicamente complexo, como uma aeronave, pode ser considerado bem comum, se suas especificações forem inteligíveis a todos os licitantes que possuem condições de fornecer o referido bem e estejam interessados em participar do certame[111].

Então, bens e serviços especiais, por sua significativa heterogeneidade ou complexidade, não podem ser descritos segundo especificações técnicas usuais, porque revestidos de especial singularidade.

A qualidade mínima necessária pode resultar em produto diverso daquele abrangido pela descrição pura e simples das características construtivas, quando abrange requisitos de desempenho, interoperabilidade, segurança, ciclo de vida, logística reversa, emissões, isto é, um universo de fatores que devem ser tomados em consideração para o alcance dos objetivos da licitação.

Bens de luxo

Bens de luxo, por sua vez, são aqueles indicativos de alto padrão de consumo, afetados pelo denominado efeito de *Veblen*, quando a procura pelo bem decorre exatamente de seu preço exorbitante, como elemento de ostentação de riqueza e reputação social.

É vedada à Administração a aquisição de bens de luxo, porquanto tal pretensão não se compatibiliza com os princípios constitucionais regentes da Administração Pública – art. 37, *caput*, da CRFB – e de gestão da coisa pública.

Prazo para regulamentação

O legislador optou pela **vigência ambivalente**, tanto das antigas leis sobre licitações quanto da Lei n. 14.133/2021, durante o prazo de dois anos a partir de sua publicação, cujo termo final culminará na revogação da Lei n. 8.666/93, da Lei n. 10.520/2002 e do Capítulo I da Lei n. 12.462/2011.

Durante esse período, o gestor público poderá escolher entre aplicar a Lei n. 14.133/2021 ou alguma das leis antigas, conforme o objeto colimado, não sendo permitida a aplicação combinada da Lei n. 14.133/2021 com disposições das leis antigas.

111 TCU. Denúncia. Acórdão 157/2008. Plenário, rel. Min. Raimundo Carreiro, Brasília/DF, 13-2-2008.

Porém, para a aquisição de bens de consumo, o art. 20, § 2º, da Lei n. 14.133/2021 determinou prazo de 180 dias para a edição de regulamento específico, com o fim de determinar os traços distintivos entre bens comuns e bens de luxo.

A edição do regulamento – pelos Poderes da União, dos Estados, do Distrito Federal e dos Municípios – até 180 dias da promulgação da lei é condição indispensável para novas compras de bens de consumo.

Embora a Lei n. 14.133/2021 explicite a obrigação para os Poderes da República, a autonomia administrativa do Ministério Público, da Defensoria Pública e dos Tribunais de Contas requer desses órgãos a edição de regulamento semelhante, uma vez que exercem, atipicamente, a função administrativa, destinada à manutenção de suas atividades, especialmente no que tange à aquisição de bens de consumo.

Saliente-se que a obrigação em comento é exigível qualquer que seja o regime jurídico aplicado para a licitação – quer pelas regras de alguma das leis antigas, quer segundo a Lei n. 14.133/2021.

Dada a importância de bens de consumo para o funcionamento da Administração Pública, a edição do mencionado regulamento é providência prioritária, de modo a evitar carência de suprimentos.

Veto ao § 3º do art. 20

O § 3º do art. 20 continha a seguinte redação: "Os valores de referência dos três Poderes nas esferas federal, estadual, distrital e municipal não poderão ser superiores aos valores de referência do Poder Executivo federal".

Acertadamente, em razões do veto, indigita-se que o dispositivo, ao limitar a organização administrativa e as peculiaridades dos demais Poderes e entes federados, viola o princípio da separação dos poderes, nos termos do art. 2º da Constituição da República, e do pacto federativo, inscrito no art. 18 da Carta Magna.

Art. 21. A Administração poderá convocar, com antecedência mínima de 8 (oito) dias úteis, audiência pública, presencial ou a distância, na forma eletrônica, sobre licitação que pretenda realizar, com disponibilização prévia de informações pertinentes, inclusive de estudo técnico preliminar e elementos do edital de licitação, e com possibilidade de manifestação de todos os interessados.

DISPOSITIVO CORRELATO (Lei n. 8.666/93)
Art. 39. Sempre que o valor estimado para uma licitação ou para um conjunto de licitações simultâneas ou sucessivas for superior a 100 (cem) vezes o limite previsto no art. 23, inciso I, alínea c desta Lei, o processo licitatório será iniciado, obrigatoriamente, com uma audiência pública concedida pela autoridade responsável com antecedência mínima de 15 (quinze) dias úteis da data prevista para a publicação do edital, e divulgada, com a antecedência mínima de 10 (dez) dias úteis de sua realização, pelos mesmos meios previstos para a publicidade da licitação, à qual terão acesso e direito a todas as informações pertinentes e a se manifestar todos os interessados.

Parágrafo único. A Administração também poderá submeter a licitação a prévia consulta pública, mediante a disponibilização de seus elementos a todos os interessados, que poderão formular sugestões no prazo fixado.

COMENTÁRIOS

Audiência pública

A **audiência pública** é um claro instrumento de efetivação do princípio da publicidade estabelecido no *caput* do art. 37 da CF/88.

Ouvem-se os interessados para, com os debates ocorridos, melhor realizar o certame, mas a Administração Pública não se vincula às argumentações ou conclusões dos presentes, podendo adotar ou não as suas sugestões.

Outrossim, a audiência pública é mecanismo de participação e controle social das atividades da Administração Pública.

A prática administrativa tem evoluído para uma interpenetração entre as esferas pública e privada no desenho das atividades públicas e na análise de conveniência da atuação estatal.

Uma das grandes contribuições da teoria da regulação inteligente tem sido apontar que a contribuição para a satisfação do interesse público pode ser realizada não apenas pelo Estado, mas por diversas outras instituições, como órgãos de classe, corporações e organizações não governamentais[112].

Desse modo, há de se considerar a multiplicidade de agentes formuladores e destinatários do sistema, em que o particular é um ator de destaque no cenário, compartilhando com o Estado os esforços e as responsabilidades pela consecução do interesse coletivo[113].

Não é demais dizer que, destinada a licitação a viabilizar contratação com agentes do mercado para a execução do objeto pretendido pela Administração, é na esfera desses agentes que reside o maior espectro de conhecimento e experiência sobre o objeto colimado.

Eventos como a audiência pública sinalizam a adoção de modelo de gestão pública voltada a afinar o diálogo e manter dialética de legitimidade "sinfônica com todo o arranjo normativo constitucional, sob a batuta instrumental e horizontalizante do Estado constitucional de direito e do paradigma emergente da Administração Pública democrática"[114].

Contudo, a Administração deve ponderar, de outra via, se a realização da audiência pública coaduna-se com o princípio da proporcionalidade, revelando-se como impertinente a promoção do ato solene quando visivelmente desnecessário, não existindo qualquer complexidade ou peculiaridade do objeto que se pretende contratar.

Não se pode olvidar que o funcionamento da Administração ocorre mediante elevados custos, razão por que não se justifica a sua atuação em vazio, não vertida ao alcance de uma realização determinada.

Consulta pública

Tal como a audiência pública, a **consulta pública** é instrumento de participação e controle social, que possibilita aos particulares, ou mesmo agentes públicos, oferecer contribuições ou críticas que possam aperfeiçoar a modelagem do negócio jurídico almejado pela Administração.

A consulta pública é relevante para o planejamento da licitação, porque possibilita a correção de rumo, o saneamento de erros, o aperfeiçoamento de requisitos, antes do momento de verificação de conformidade do edital e anexos, evitando-se refazimento de pesquisas, especificações, precificações e outros atos necessários à adequação do certame aos fins legais.

A consulta pública é amplamente praticada pelas agências reguladoras, quando da edição ou revisão de marcos regulatórios que afetem a esfera jurídica das pessoas físicas e jurídicas alcançadas pela regulação pública.

---

112 BALDWIN, Robert; CAVE, Martin; LODGE, Martin. *Understanding regulation:* theory, strategy, and practice. 2. ed. Oxford: Oxford University Press, 2012.

113 ARANHA, Marcio Iorio. *Manual de direito regulatório:* fundamentos de direito regulatório. 3. ed. rev. ampl. Londres: Laccademia Publishing, 2015.

114 CRISTÓVAM, José Sérgio da Silva. O estado democrático de direito como princípio constitucional estruturante do direito administrativo: uma análise a partir do paradigma emergente da Administração Pública democrática, *Revista de Direito Administrativo e Gestão Pública*, Curitiba, v. 2, n. 2, p. 145-167, jul.-dez. 2016, p. 146.

Embora usualmente constante das normas internas das agências reguladoras, a partir da edição da Lei n. 13.848/2019, o instrumento é obrigatório, na forma do art. 9º, § 1º, do diploma legal, que oferece o conceito de consulta pública. Eis o texto:

> Art. 9º Serão objeto de consulta pública, previamente à tomada de decisão pelo conselho diretor ou pela diretoria colegiada, as minutas e as propostas de alteração de atos normativos de interesse geral dos agentes econômicos, consumidores ou usuários dos serviços prestados.
>
> § 1º A consulta pública é o instrumento de apoio à tomada de decisão por meio do qual a sociedade é consultada previamente, por meio do envio de críticas, sugestões e contribuições por quaisquer interessados, sobre proposta de norma regulatória aplicável ao setor de atuação da agência reguladora.

Obviamente, na situação apontada pelo art. 9º, § 1º, da Lei n. 13.848/2019, não se está a tratar de procedimento licitatório, mas do exercício da função normativa.

Todavia, um importante aspecto comum orienta a motivação para a realização de consulta pública: a gestão colaborativa e o interesse das partes afetadas.

Imagine-se situação em que a Administração engendre solução técnica onerosa e ineficiente, a partir de informações erroneamente coletadas do mercado durante a concepção do termo de referência ou projeto básico.

Situação dessa natureza afetaria o interesse de potenciais licitantes, que poderiam oferecer solução técnica melhor do que aquela por ser vinculada no instrumento convocatório.

Assim, a consulta pública possibilita a correção dos requisitos constantes do projeto, homenageando-se os princípios regentes da licitação, como a eficiência, competitividade, economicidade e desenvolvimento nacional sustentável.

Art. 22. O edital poderá contemplar matriz de alocação de riscos entre o contratante e o contratado, hipótese em que o cálculo do valor estimado da contratação poderá considerar taxa de risco compatível com o objeto da licitação e com os riscos atribuídos ao contratado, de acordo com metodologia predefinida pelo ente federativo.

DISPOSITIVO CORRELATO (Lei n. 12.462/2011)

Art. 9º [...]
§ 5º Se o anteprojeto contemplar matriz de alocação de riscos entre a administração pública e o contratado, o valor estimado da contratação poderá considerar taxa de risco compatível com o objeto da licitação e as contingências atribuídas ao contratado, de acordo com metodologia predefinida pela entidade contratante. (Incluído pela Lei n. 13.190, de 2015.)

---

§ 1º A matriz de que trata o *caput* deste artigo deverá promover a alocação eficiente dos riscos de cada contrato e estabelecer a responsabilidade que caiba a cada parte contratante, bem como os mecanismos que afastem a ocorrência do sinistro e mitiguem os seus efeitos, caso este ocorra durante a execução contratual.

§ 2º O contrato deverá refletir a alocação realizada pela matriz de riscos, especialmente quanto:

I – às hipóteses de alteração para o restabelecimento da equação econômico-financeira do contrato nos casos em que o sinistro seja considerado na matriz de riscos como causa de desequilíbrio não suportada pela parte que pretenda o restabelecimento;

II – à possibilidade de resolução quando o sinistro majorar excessivamente ou impedir a continuidade da execução contratual;

III – à contratação de seguros obrigatórios previamente definidos no contrato, integrado o custo de contratação ao preço ofertado.

§ 3º Quando a contratação se referir a obras e serviços de grande vulto ou forem adotados os regimes de contratação integrada e semi-integrada, o edital obrigatoriamente contemplará matriz de alocação de riscos entre o contratante e o contratado.

§ 4º Nas contratações integradas ou semi-integradas, os riscos decorrentes de fatos supervenientes à contratação associados à escolha da solução de projeto básico pelo contratado deverão ser alocados como de sua responsabilidade na matriz de riscos.

COMENTÁRIOS

Como asseverado por Milton Carvalho Gomes[115], enquanto as leis delegam ao contrato:

A função de fixar as regras de repartição de riscos com ampla liberdade, os contratos firmados – quando contém tais cláusulas – não trazem previsões suficientemente claras e específicas sobre o tema. A imprecisão dos textos normativos e contratuais acerca da alocação de riscos frequentemente resulta em dois problemas: 1) comportamento oportunista do contratado, por meio de reiteradas tentativas de renegociação do contrato e de transferência de responsabilidades ao Poder Público e 2) maior exposição da burocracia estatal ao risco de captura, dada a maior discricionariedade na interpretação e aplicação do contrato.

É essencial a distinção econômica entre risco e incerteza. O risco pode ser calculado *ex ante*, possibilitando-se a repartição contratual das responsabilidades de cada parte por sua ocorrência, enquanto a incerteza não possibilita mensuração, porquanto sujeita a maior nível de indeterminação.

A partir das lições de Lucian Bebchuk e Steven Shavell, e dos ensinamentos de Melvin Eisenberg, o autor explica:

A contratualização de riscos influi decisivamente na forma como as partes se comportarão no cumprimento do contrato em um cenário de incertezas, gerando incentivos para que minimizem os danos ou reduzam a probabilidade de sua ocorrência. A comunicação clara dos riscos envolvidos no projeto e a fixação e delimitação das responsabilidades das partes são importantes estágios dessa contratualização[116], cumprindo as funções de um *fair disclosure* sobre as expectativas recíprocas[117].

De outro lado, quanto às incertezas, tendo em conta a impossibilidade de realização de cálculos sobre sua ocorrência e/ou sobre seus impactos, a melhor solução contratual é a construção de um mecanismo para a repartição posterior das suas consequências. Para essa função, será aqui proposta a utilização de uma espécie de cláusula de *hardship*, cuja modelagem é flexível e admite completa conformação ao contexto particular dos contratos públicos de concessão.

Para a definição da matriz de riscos, é de alta relevância, pois a correta distinção entre eventos efetivamente caracterizados como risos e aqueles que, embora indesejáveis, submetam-se exatamente às cláusulas ordinariamente dispostas no contrato.

Art. 23. O valor previamente estimado da contratação deverá ser compatível com os valores praticados pelo mercado, considerados os preços constantes de bancos de dados públicos e as quantidades a serem contratadas, observadas a potencial economia de escala e as peculiaridades do local de execução do objeto.

115 GOMES, Milton Carvalho. Riscos e incertezas em contratos públicos de concessão: uma análise econômica da repartição de responsabilidades, *Revista Jurídica Luso-Brasileira*, Lisboa, ano 6 (2020), n. 4, p. 2181-2182.

116 BEBCHUK, Lucian A.; SHAVELL, Steven. Information and the scope of liability for breach of contract: the rule of Hadley V. Baxendale. *Journal of Law, Economics and Organization*, v. 7, p. 284-312.

117 EISENBERG, Melvin Aron. The principle of Hadley V. Baxendale. *California Law Review*, v. 80, 03, article 2, p. 563-613.

§ 1º No processo licitatório para aquisição de bens e contratação de serviços em geral, conforme regulamento, o valor estimado será definido com base no melhor preço aferido por meio da utilização dos seguintes parâmetros, adotados de forma combinada ou não:

I – composição de custos unitários menores ou iguais à mediana do item correspondente no painel para consulta de preços ou no banco de preços em saúde disponíveis no Portal Nacional de Contratações Públicas (PNCP);

II – contratações similares feitas pela Administração Pública, em execução ou concluídas no período de 1 (um) ano anterior à data da pesquisa de preços, inclusive mediante sistema de registro de preços, observado o índice de atualização de preços correspondente;

III – utilização de dados de pesquisa publicada em mídia especializada, de tabela de referência formalmente aprovada pelo Poder Executivo federal e de sítios eletrônicos especializados ou de domínio amplo, desde que contenham a data e hora de acesso;

IV – pesquisa direta com no mínimo 3 (três) fornecedores, mediante solicitação formal de cotação, desde que seja apresentada justificativa da escolha desses fornecedores e que não tenham sido obtidos os orçamentos com mais de 6 (seis) meses de antecedência da data de divulgação do edital;

V – pesquisa na base nacional de notas fiscais eletrônicas, na forma de regulamento.

§ 2º No processo licitatório para contratação de obras e serviços de engenharia, conforme regulamento, o valor estimado, acrescido do percentual de Benefícios e Despesas Indiretas (BDI) de referência e dos Encargos Sociais (ES) cabíveis, será definido por meio da utilização de parâmetros na seguinte ordem:

I – composição de custos unitários menores ou iguais à mediana do item correspondente do Sistema de Custos Referenciais de Obras (Sicro), para serviços e obras de infraestrutura de transportes, ou do Sistema Nacional de Pesquisa de Custos e Índices de Construção Civil (Sinapi), para as demais obras e serviços de engenharia;

DISPOSITIVO CORRELATO (Lei n. 12.462/2011)

Art. 8º [...]

§ 3º O custo global de obras e serviços de engenharia deverá ser obtido a partir de custos unitários de insumos ou serviços menores ou iguais à mediana de seus correspondentes ao Sistema Nacional de Pesquisa de Custos e Índices da Construção Civil (Sinapi), no caso de construção civil em geral, ou na tabela do Sistema de Custos de Obras Rodoviárias (Sicro), no caso de obras e serviços rodoviários.

II – utilização de dados de pesquisa publicada em mídia especializada, de tabela de referência formalmente aprovada pelo Poder Executivo federal e de sítios eletrônicos especializados ou de domínio amplo, desde que contenham a data e a hora de acesso;

DISPOSITIVO CORRELATO (Lei n. 12.462/2011)

Art. 8º [...]

§ 4º No caso de inviabilidade da definição dos custos consoante o disposto no § 3º deste artigo, a estimativa de custo global poderá ser apurada por meio da utilização de dados contidos em tabela de referência formalmente aprovada por órgãos ou entidades da administração pública federal, em publicações técnicas especializadas, em sistema específico instituído para o setor ou em pesquisa de mercado.

III – contratações similares feitas pela Administração Pública, em execução ou concluídas no período de 1 (um) ano anterior à data da pesquisa de preços, observado o índice de atualização de preços correspondente;

IV – pesquisa na base nacional de notas fiscais eletrônicas, na forma de regulamento.

§ 3º Nas contratações realizadas por Municípios, Estados e Distrito Federal, desde que não envolvam recursos da União, o valor previamente estimado da contratação, a que se refere o *caput* deste artigo, poderá ser definido por meio da utilização de outros sistemas de custos adotados pelo respectivo ente federativo.

DISPOSITIVO CORRELATO (Lei n. 12.462/2011)
Art. 8º [...] § 6º No caso de contratações realizadas pelos governos municipais, estaduais e do Distrito Federal, desde que não envolvam recursos da União, o custo global de obras e serviços de engenharia a que se refere o § 3º deste artigo poderá também ser obtido a partir de outros sistemas de custos já adotados pelos respectivos entes e aceitos pelos respectivos tribunais de contas.

§ 4º Nas contratações diretas por inexigibilidade ou por dispensa, quando não for possível estimar o valor do objeto na forma estabelecida nos §§ 1º, 2º e 3º deste artigo, o contratado deverá comprovar previamente que os preços estão em conformidade com os praticados em contratações semelhantes de objetos de mesma natureza, por meio da apresentação de notas fiscais emitidas para outros contratantes no período de até 1 (um) ano anterior à data da contratação pela Administração, ou por outro meio idôneo.

§ 5º No processo licitatório para contratação de obras e serviços de engenharia sob os regimes de contratação integrada ou semi-integrada, o valor estimado da contratação será calculado nos termos do § 2º deste artigo, acrescido ou não de parcela referente à remuneração do risco, e, sempre que necessário e o anteprojeto o permitir, a estimativa de preço será baseada em orçamento sintético, balizado em sistema de custo definido no inciso I do § 2º deste artigo, devendo a utilização de metodologia expedita ou paramétrica e de avaliação aproximada baseada em outras contratações similares ser reservada às frações do empreendimento não suficientemente detalhadas no anteprojeto.

DISPOSITIVO CORRELATO (Lei n. 12.462/2011)
Art. 9º [...] § 2º No caso de contratação integrada: [...] II – o valor estimado da contratação será calculado com base nos valores praticados pelo mercado, nos valores pagos pela administração pública em serviços e obras similares ou na avaliação do custo global da obra, aferida mediante orçamento sintético ou metodologia expedita ou paramétrica. (Redação dada pela Lei n. 12.980, de 2014.)

§ 6º Na hipótese do § 5º deste artigo, será exigido dos licitantes ou contratados, no orçamento que compuser suas respectivas propostas, no mínimo, o mesmo nível de detalhamento do orçamento sintético referido no mencionado parágrafo.

COMENTÁRIOS

A mensuração do valor estimado para a contratação pauta-se em pesquisa de preços, com vistas à satisfação do objetivo indigitado no art. 11, III, da Lei n. 14.133/2021: "Evitar contratações com sobrepreço ou com preços manifestamente inexequíveis e superfaturamento na execução dos contratos".

A pesquisa de preços singulariza-se em conhecida tormenta para os agentes públicos atribuídos dessa função, haja vista as técnicas arcaicas comumente empregadas. Na pesquisa de preços perante fornecedores, é comum o desinteresse destes em colaborar com as unidades de compras dos órgãos e das entidades, uma vez que do tempo dispendido para isso não resulta expectativa de contratação.

A consequência das amarras burocráticas é conhecida: sobrepreços, que elevam exageradamente o orçamento para a contratação, podendo comprometer a disponibilidade orçamentária para outras despesas, e a conhecida prática dos "orçamentos de cobertura", quando o mesmo fornecedor obtém cotações em nome de outras pessoas jurídicas, de modo simulado.

O gradual incremento de meios informatizados e integração de dados tem permitido maior eficiência à atividade de pesquisa de preços, para o que o marco legal de licitações até então não oferecia parâmetros. No Poder Executivo Federal, a matéria é disciplinada, em nível infralegal, pela Instrução Normativa n. 73, de 5 de agosto de 2020, da Secretaria de Gestão do Ministério da Economia, que dispõe sobre o "procedimento administrativo para a realização de pesquisa de preços para aquisição de bens e contratação de serviços em geral, no âmbito da administração pública federal direta, autárquica e fundacional".

Trazendo o tratamento da matéria para a lei ordinária, o legislador colaciona uma série de premissas para a pesquisa de preços que, mediante ferramentas alternativas, destina-se a compor o orçamento estimado para a contratação, perfazendo-se a obrigação determinada no art. 18, IV, da Lei n. 14.133/2021.

Para a pesquisa de preços, admitem-se formas como a consulta ao Portal Nacional de Contratações Públicas, verificação de contratações similares feitas pela Administração, documentos referenciais aprovados pelo Poder Executivo Federal e sítios eletrônicos especializados.

Merecem destaque instrumentos regulamentados por meio do Decreto n. 7.983/2013, como o Sistema Nacional de Pesquisa de Custos e Índices da Construção Civil (Sinapi), alimentado com parâmetros de engenharia da Caixa Econômica Federal e pesquisa de preço pelo Instituto Brasileiro de Geografia e Estatística (IBGE), e o Sistema de Custos Referenciais de Obras (Sicro), gerido pelo Departamento Nacional de Infraestrutura de Transportes (Dnit).

A formação de preços também pode ser efetuada mediante consulta à base nacional de notas fiscais eletrônicas, na forma de regulamento. Por fim, a pesquisa de preços pode ser instruída a partir de cotações obtidas junto a pelo menos três fornecedores, mediante solicitação formal, colacionando-se aos autos a justificativa da escolha desses fornecedores.

Art. 24. Desde que justificado, o orçamento estimado da contratação poderá ter caráter sigiloso, sem prejuízo da divulgação do detalhamento dos quantitativos e das demais informações necessárias para a elaboração das propostas, e, nesse caso:

DISPOSITIVO CORRELATO (Lei n. 8.666/93)

Art. 3º [...]
§ 3º A licitação não será sigilosa, sendo públicos e acessíveis ao público os atos de seu procedimento, salvo quanto ao conteúdo das propostas, até a respectiva abertura.

I – o sigilo não prevalecerá para os órgãos de controle interno e externo;
II – (Vetado).

DISPOSITIVO CORRELATO (Lei n. 12.462/2011)

Art. 6º Observado o disposto no § 3º, o orçamento previamente estimado para a contratação será tornado público apenas e imediatamente após o encerramento da licitação, sem prejuízo da divulgação do detalhamento dos quantitativos e das demais informações necessárias para a elaboração das propostas.
§ 1º Nas hipóteses em que for adotado o critério de julgamento por maior desconto, a informação de que trata o *caput* deste artigo constará do instrumento convocatório.
§ 2º No caso de julgamento por melhor técnica, o valor do prêmio ou da remuneração será incluído no instrumento convocatório.
§ 3º Se não constar do instrumento convocatório, a informação referida no *caput* deste artigo possuirá caráter sigiloso e será disponibilizada estrita e permanentemente aos órgãos de controle externo e interno.

Parágrafo único. Na hipótese de licitação em que for adotado o critério de julgamento por maior desconto, o preço estimado ou o máximo aceitável constará do edital da licitação.

COMENTÁRIOS

Publicidade do orçamento

Questão proeminente concerne à publicidade do orçamento. A publicidade e transparência são valores jurídicos alicerçados em princípios reitores das licitações e contratações públicas. Porém, certas vezes há em que a plena observância desses princípios cria rota de colisão com outros princípios, como a vantajosidade e a competitividade, ruindo os objetivos e a eficácia da licitação, em detrimento do interesse público que a publicidade almeja tutelar.

Isso acontece porque, principalmente quando existem poucos licitantes, em vista da especialidade do objeto ou das limitações geográficas atinentes ao local de cumprimento da obrigação, o prévio conhecimento do valor estimado da contratação serve de estímulo à hipertrofia de preços e às práticas antijurídicas de acordo, combinação, manipulação ou ajuste de preços entre licitantes.

No regime da Lei n. 8.666/93, a regra da publicidade do orçamento é inescusável, por força de seu art. 40, § 2º, que institui como anexo do edital o "orçamento estimado em planilhas de quantitativos e preços unitários".

Em licitações promovidas com base no RDC, o art. 6º, § 3º, da Lei n. 12.462/2011 admite a manutenção do sigilo do orçamento até o encerramento da licitação, salvo em relação aos órgãos de controle.

Quanto à modalidade pregão, haja vista a inexistência de cláusula de publicidade do orçamento no teor do art. 3º, III, c/c o art. 4º, III, da Lei n. 10.520/2002 – conquanto o orçamento necessariamente conste nos autos do processo licitatório –, a jurisprudência tem efetuado interpretação consentânea com a realidade de mercado, em prol do princípio da competitividade, cuja expressão é mais acentuada na modalidade pregão.

É o que se infere do seguinte excerto, do Tribunal de Contas da União: «Na modalidade pregão, não se configura violação ao princípio da publicidade o resguardo do sigilo do orçamento estimado elaborado pela Administração até a fase de lances"[118].

O art. 24, *caput*, da Lei n. 14.133/2021 prestigia o princípio da segurança jurídica, ao admitir expressamente a manutenção de sigilo do orçamento, desde que justificada essa escolha pela Administração, tornando-se pública a peça estimativa de custos imediatamente após o julgamento das propostas.

Evidentemente, nenhuma razão existiria para a oposição de sigilo perante os órgãos de controle, o que inviabilizaria o exercício de suas funções institucionais.

Veto ao inciso II do art. 24

O inciso II do art. 24, vetado pelo Presidente da República, determinava que apenas e imediatamente após a fase de julgamento de propostas o orçamento seria tornado público.

Em razões do veto, justifica-se que esse comando normativo estabeleceria de maneira rígida que o orçamento deve ser tornado público após o julgamento das propostas e resultaria na impossibilidade, por exemplo, de que ele fosse utilizado na fase de negociação, fase essa posterior à de julgamento e estratégica para a definição da contratação.

Acertadas, em nosso sentir, as razões que motivaram o veto presidencial, uma vez que o momento oportuno para a publicidade do orçamento é posterior ao esgotamento da negociação.

---

118 TCU. Representação. Acórdão 2080/2012, Plenário, rel. Min. José Jorge, Brasília/DF, 8 -8-2012.

Art. 25. O edital deverá conter o objeto da licitação e as regras relativas à convocação, ao julgamento, à habilitação, aos recursos e às penalidades da licitação, à fiscalização e à gestão do contrato, à entrega do objeto e às condições de pagamento.

DISPOSITIVO CORRELATO (Lei n. 8.666/93)

Art. 40. O edital conterá no preâmbulo o número de ordem em série anual, o nome da repartição interessada e de seu setor, a modalidade, o regime de execução e o tipo da licitação, a menção de que será regida por esta Lei, o local, dia e hora para recebimento da documentação e proposta, bem como para início da abertura dos envelopes, e indicará, obrigatoriamente, o seguinte:

I – objeto da licitação, em descrição sucinta e clara;

II – prazo e condições para assinatura do contrato ou retirada dos instrumentos, como previsto no art. 64 desta Lei, para execução do contrato e para entrega do objeto da licitação;

III – sanções para o caso de inadimplemento;

IV – local onde poderá ser examinado e adquirido o projeto básico;

V – se há projeto executivo disponível na data da publicação do edital de licitação e o local onde possa ser examinado e adquirido;

VI – condições para participação na licitação, em conformidade com os arts. 27 a 31 desta Lei, e forma de apresentação das propostas;

VII – critério para julgamento, com disposições claras e parâmetros objetivos;

VIII – locais, horários e códigos de acesso dos meios de comunicação à distância em que serão fornecidos elementos, informações e esclarecimentos relativos à licitação e às condições para atendimento das obrigações necessárias ao cumprimento de seu objeto;

IX – condições equivalentes de pagamento entre empresas brasileiras e estrangeiras, no caso de licitações internacionais;

X – o critério de aceitabilidade dos preços unitário e global, conforme o caso, permitida a fixação de preços máximos e vedados a fixação de preços mínimos, critérios estatísticos ou faixas de variação em relação a preços de referência, ressalvado o disposto nos parágrafos 1° e 2° do art. 48; (Redação dada pela Lei n. 9.648, de 1998.)

XI – critério de reajuste, que deverá retratar a variação efetiva do custo de produção, admitida a adoção de índices específicos ou setoriais, desde a data prevista para apresentação da proposta, ou do orçamento a que essa proposta se referir, até a data do adimplemento de cada parcela; (Redação dada pela Lei n. 8.883, de 1994.)

XII – (Vetado). (Redação dada pela Lei n. 8.883, de 1994.)

XIII – limites para pagamento de instalação e mobilização para execução de obras ou serviços que serão obrigatoriamente previstos em separado das demais parcelas, etapas ou tarefas;

XIV – condições de pagamento, prevendo:

a) prazo de pagamento não superior a trinta dias, contado a partir da data final do período de adimplemento de cada parcela; (Redação dada pela Lei n. 8.883, de 1994.)

b) cronograma de desembolso máximo por período, em conformidade com a disponibilidade de recursos financeiros;

c) critério de atualização financeira dos valores a serem pagos, desde a data final do período de adimplemento de cada parcela até a data do efetivo pagamento; (Redação dada pela Lei n. 8.883, de 1994.)

d) compensações financeiras e penalizações, por eventuais atrasos, e descontos, por eventuais antecipações de pagamentos;

e) exigência de seguros, quando for o caso;

---

§ 1° Sempre que o objeto permitir, a Administração adotará minutas padronizadas de edital e de contrato com cláusulas uniformes.

DISPOSITIVO CORRELATO (Lei n. 12.462/2011)

Art. 4º Nas licitações e contratos de que trata esta Lei serão observadas as seguintes diretrizes: [...]

II – padronização de instrumentos convocatórios e minutas de contratos, previamente aprovados pelo órgão jurídico competente;

---

§ 2º Desde que, conforme demonstrado em estudo técnico preliminar, não sejam causados prejuízos à competitividade do processo licitatório e à eficiência do respectivo contrato, o edital poderá prever a utilização de mão de obra, materiais, tecnologias e matérias-primas existentes no local da execução, conservação e operação do bem, serviço ou obra.

§ 3º Todos os elementos do edital, incluídos minuta de contrato, termos de referência, anteprojeto, projetos e outros anexos, deverão ser divulgados em sítio eletrônico oficial na mesma data de divulgação do edital, sem necessidade de registro ou de identificação para acesso.

DISPOSITIVO CORRELATO (Lei n. 8.666/93)

Art. 21. Os avisos contendo os resumos dos editais das concorrências, das tomadas de preços, dos concursos e dos leilões, embora realizados no local da repartição interessada, deverão ser publicados com antecedência, no mínimo, por uma vez: (Redação dada pela Lei n. 8.883, de 1994.)

I – no *Diário Oficial da União*, quando se tratar de licitação feita por órgão ou entidade da Administração Pública Federal e, ainda, quando se tratar de obras financiadas parcial ou totalmente com recursos federais ou garantidas por instituições federais; (Redação dada pela Lei n. 8.883, de 1994.)

II – no *Diário Oficial do Estado*, ou do Distrito Federal quando se tratar, respectivamente, de licitação feita por órgão ou entidade da Administração Pública Estadual ou Municipal, ou do Distrito Federal; (Redação dada pela Lei n. 8.883, de 1994.)

III – em jornal diário de grande circulação no Estado e também, se houver, em jornal de circulação no Município ou na região onde será realizada a obra, prestado o serviço, fornecido, alienado ou alugado o bem, podendo ainda a Administração, conforme o vulto da licitação, utilizar-se de outros meios de divulgação para ampliar a área de competição. (Redação dada pela Lei n. 8.883, de 1994.)

---

§ 4º Nas contratações de obras, serviços e fornecimentos de grande vulto, o edital deverá prever a obrigatoriedade de implantação de programa de integridade pelo licitante vencedor, no prazo de 6 (seis) meses, contado da celebração do contrato, conforme regulamento que disporá sobre as medidas a serem adotadas, a forma de comprovação e as penalidades pelo seu descumprimento.

§ 5º O edital poderá prever a responsabilidade do contratado pela:

I – obtenção do licenciamento ambiental;

II – realização da desapropriação autorizada pelo poder público.

§ 6º Os licenciamentos ambientais de obras e serviços de engenharia licitados e contratados nos termos desta Lei terão prioridade de tramitação nos órgãos e entidades integrantes do Sistema Nacional do Meio Ambiente (Sisnama) e deverão ser orientados pelos princípios da celeridade, da cooperação, da economicidade e da eficiência.

§ 7º Independentemente do prazo de duração do contrato, será obrigatória a previsão no edital de índice de reajustamento de preço, com data-base vinculada à data do orçamento estimado e com a possibilidade de ser estabelecido mais de um índice específico ou setorial, em conformidade com a realidade de mercado dos respectivos insumos.

DISPOSITIVO CORRELATO (Lei n. 8.666/93)

Art. 40. O edital conterá no preâmbulo o número de ordem em série anual, o nome da repartição interessada e de seu setor, a modalidade, o regime de execução e o tipo da licitação, a menção de que será regida por esta Lei, o local, dia e hora para recebimento da documentação e proposta, bem como para início da abertura dos envelopes, e indicará, obrigatoriamente, o seguinte: [...]
XI – critério de reajuste, que deverá retratar a variação efetiva do custo de produção, admitida a adoção de índices específicos ou setoriais, desde a data prevista para apresentação da proposta, ou do orçamento a que essa proposta se referir, até a data do adimplemento de cada parcela; (Redação dada pela Lei n. 8.883, de 1994.)

§ 8º Nas licitações de serviços contínuos, observado o interregno mínimo de 1 (um) ano, o critério de reajustamento será por:

I – reajustamento em sentido estrito, quando não houver regime de dedicação exclusiva de mão de obra ou predominância de mão de obra, mediante previsão de índices específicos ou setoriais;

II – repactuação, quando houver regime de dedicação exclusiva de mão de obra ou predominância de mão de obra, mediante demonstração analítica da variação dos custos.

DISPOSITIVO CORRELATO (Lei n. 8.666/93)

Art. 65. Os contratos regidos por esta Lei poderão ser alterados, com as devidas justificativas, nos seguintes casos: [...]
II – por acordo das partes: [...]
d) para restabelecer a relação que as partes pactuaram inicialmente entre os encargos do contratado e a retribuição da administração para a justa remuneração da obra, serviço ou fornecimento, objetivando a manutenção do equilíbrio econômico-financeiro inicial do contrato, na hipótese de sobrevirem fatos imprevisíveis, ou previsíveis porém de consequências incalculáveis, retardadores ou impeditivos da execução do ajustado, ou, ainda, em caso de força maior, caso fortuito ou fato do príncipe, configurando álea econômica extraordinária e extracontratual. (Redação dada pela Lei n. 8.883, de 1994.)

§ 9º O edital poderá, na forma disposta em regulamento, exigir que percentual mínimo da mão de obra responsável pela execução do objeto da contratação seja constituído por:
I – mulheres vítimas de violência doméstica;
II – oriundos ou egressos do sistema prisional.

DISPOSITIVO CORRELATO (Lei n. 8.666/93)

Art. 40. [...]
§ 5º A Administração Pública poderá, nos editais de licitação para a contratação de serviços, exigir da contratada que um percentual mínimo de sua mão de obra seja oriundo ou egresso do sistema prisional, com a finalidade de ressocialização do reeducando, na forma estabelecida em regulamento. (Incluído pela Lei n. 13.500, de 2017.)

COMENTÁRIOS

Saliente-se que o rol de requisitos do edital não é taxativo, podendo a Administração Pública inserir novos itens desde que proporcionais e razoáveis[119], entretanto não pode descumprir as normas e condições do edital, ao qual se acha estritamente vinculada.

---

119 STJ, REsp 1.019.503/SC, rel. Min. Castro Meira, 2ª Turma, julgado em 4-11-2008, *DJe* 16-12-2008.

Programa de integridade

Os arts. 317 e 333 do Código Penal tipificam, respectivamente, os crimes de corrupção passiva (conduta de funcionário público) e ativa (conduta de particular).

Em resposta ao cenário de corrupção no ambiente de negócios públicos, editou-se como norma especial coibidora de práticas de corrupção por particulares, a Lei n. 12.846/2013 – Lei Anticorrupção –, que dispõe sobre a responsabilização administrativa e civil de pessoas jurídicas pela prática de atos contra a Administração Pública, nacional ou estrangeira.

O art. 41, *caput*, do Decreto n. 8.420/2015, regulamento da Lei Anticorrupção, define programa de integridade como, no âmbito de uma pessoa jurídica, conjunto de mecanismos e procedimentos internos de integridade, auditoria e incentivo à denúncia de irregularidades e na aplicação efetiva de códigos de ética e de conduta, políticas e diretrizes com objetivo de detectar e sanar desvios, fraudes, irregularidades e atos ilícitos praticados contra a administração pública, nacional ou estrangeira.

A implementação de programa de integridade pode ser orientada a partir de normas técnicas de *compliance*, como a norma internacional ISO 19600 (Sistema de gestão de compliance – Diretrizes) e a norma ABNT NBR ISO 37001 (Sistemas de gestão antissuborno – Requisitos com orientações para uso), que admitem certificação.

Obviamente, a existência de sistema de gestão de *compliance*, certificado por terceira parte, não impede a ocorrência de corrupção, mas minimiza os riscos de que ela aconteça, mediante ferramentas de controle.

O programa de integridade é um programa de *compliance* específico para prevenção de atos lesivos gravados na Lei Anticorrupção, que "tem como foco, além da ocorrência de suborno, também fraudes nos processos de licitações e execução de contratos com o setor público"[120].

Sabidamente, contratos que têm por objeto obras e serviços de engenharia são historicamente espaço fértil para a corrupção, haja vista a complexidade técnica e elevadas cifras. Por isso, o art. 25, § 4º, da Lei n. 14.133/2021 dispõe que para contratações de obras, serviços e fornecimentos de grande vulto, o edital regerá a obrigatoriedade de implantação de programa de integridade pelo licitante vencedor, em até seis meses desde a celebração do contrato.

Desapropriação

O contratado pelo Poder Público não se reveste de competência para, *de per si*, promover a desapropriação, salvo quando em atos de execução autorizados pelo Poder Público.

A CF/88, observando a tríade do direito natural[121], resguardou, no inciso XXII do seu art. 5º, o direito de propriedade como objeto a ser protegido e limite da atuação do Estado, mas estabeleceu que o seu exercício se subordina à função social, na forma do inciso XXIII do artigo em questão.

A função social não se confunde meramente com os interesses do Estado, denotando a necessidade de satisfação ao interesse público secundário e, principalmente, ao interesse público primário.

O Poder Constituinte Originário deixou claro que um dos instrumentos de atendimento à função social da propriedade é a desapropriação. Eis a norma:

> Art. 5º Todos são iguais perante a lei, sem distinção de qualquer natureza, garantindose aos brasileiros e aos estrangeiros residentes no país a inviolabilidade do direito à vida, à liberdade, à igualdade, à segurança e à propriedade, nos termos seguintes:
>
> [...]

---

120 CONTROLADORIA-GERAL DA UNIÃO (CGU). *Programa de Integridade:* diretrizes para empresas privadas. Brasília: CGU, 2015. p. 6.

121 Direito à vida, direito à liberdade e direito à propriedade.

XXIV – a lei estabelecerá o procedimento para desapropriação por necessidade ou utilidade pública, ou por interesse social, mediante justa e prévia indenização em dinheiro, ressalvados os casos previstos nesta Constituição.

Determinadas situações exigem não apenas limitação temporária ou parcial, mas sim a inversão duradoura e completa do direito de propriedade, a fim de que o interesse público seja satisfeito ou, no caso de certas expropriações, seja resguardado interesse privado legítimo e socialmente relevante (direito fundamental). As expropriações realizadas pelo Poder Público são supressivas e formas originárias de aquisição do direito real envolvido.

A desapropriação pode ser conceituada como a transferência compulsória ao Poder Público, de forma originária, da propriedade de particular, de ente, ou de pessoa jurídica de direito público, menos abrangente, mediante declaração prévia de necessidade pública, utilidade pública ou interesse social e justa indenização.

Desapropriação por necessidade pública

O § 1º do art. 590 do Código Civil de 1916, atualmente revogado, estabelecia que os casos de necessidade pública eram a defesa do território nacional, a segurança pública, os socorros públicos, a calamidade e a salubridade públicas.

No entanto, o Decreto-lei n. 3.365/41 revogou a categoria necessidade pública, enquadrando todos estes casos como utilidade pública. Assim, a classificação "necessidade pública" apresenta, atualmente, relevância apenas doutrinária.

O texto do Decreto-lei citado apresentase contraditório, pois apesar de ter revogado esta classificação, a Medida Provisória n. 2.18356, de 2001, que alterou o texto do Decreto-lei em questão, citoua no art. 15-A. Eis o texto:

> Art. 15-A. No caso de imissão prévia na posse, na desapropriação por necessidade ou utilidade pública e interesse social, inclusive para fins de reforma agrária, havendo divergência entre o preço ofertado em juízo e o valor do bem, fixado na sentença, expressos em termos reais, incidirão juros compensatórios de até seis por cento ao ano sobre o valor da diferença eventualmente apurada, a contar da imissão na posse, vedado o cálculo de juros compostos.

Mesmo com tal contradição, resta claro que, com base em uma interpretação sistêmica, não existe legalmente a classificação própria de hipóteses de desapropriação por necessidade pública, mas observe-se que a CF/88, no inciso XXIV do seu art. 5º, fala em desapropriação por necessidade ou utilidade pública, ou por interesse social

Desapropriação por utilidade pública

Depois da análise supracitada sobre a desapropriação por necessidade pública, chegase à conclusão de que os conceitos doutrinários sobre utilidade e necessidade pública são considerados irrelevantes para o legislador.

O art. 5º do Decreto-lei n. 3.365/41 lista os casos de desapropriação por utilidade pública que englobam também as hipóteses de necessidade pública:

a) a segurança nacional;

b) a defesa do Estado;

c) o socorro público em caso de calamidade;

d) a salubridade pública;

e) a criação e o melhoramento de centros de população, seu abastecimento regular de meios de subsistência;

f) o aproveitamento industrial das minas e das jazidas minerais, das águas e da energia hidráulica;

g) a assistência pública, as obras de higiene e decoração, casas de saúde, clínicas, estações de clima e fontes medicinais;

h) a exploração ou a conservação dos serviços públicos;

i) a abertura, a conservação e o melhoramento de vias ou logradouros públicos; a execução de planos de urbanização; o parcelamento do solo, com ou sem edificação, para sua melhor utilização econômica, higiênica ou estética; a construção ou ampliação de distritos industriais;

j) o funcionamento dos meios de transporte coletivo;

k) a preservação e conservação dos monumentos históricos e artísticos, isolados ou integrados em conjuntos urbanos ou rurais, bem como as medi das necessárias a manter-lhes e realçar-lhes os aspectos mais valiosos ou característicos e, ainda, a proteção de paisagens e locais particularmente dotados pela natureza;

l) a preservação e a conservação adequada de arquivos, documentos e outros bens móveis de valor histórico ou artístico;

m) a construção de edifícios públicos, monumentos comemorativos e cemitérios;

n) a criação de estádios, aeródromos ou campos de pouso para aeronaves;

o) a reedição ou divulgação de obra ou invento de natureza científica, artística ou literária;

p) os demais casos previstos por leis especiais.

Os casos de desapropriação não podem ser ampliados por ato do Poder Executivo, pois somente a lei poderá disciplinar tal matéria.

Fase declaratória da desapropriação

Na desapropriação por utilidade pública, que, atualmente, abarca a necessidade pública, devem ser observadas as normas procedimentais do Decreto-lei n. 3.365/41.

A primeira fase é a declaratória, que será efetivada, com base em um juízo de discricionariedade, por decreto do chefe do Poder Executivo federal, estadual, distrital ou municipal, no qual declarará a utilidade pública do bem devidamente individualizado, na forma do art. 6º do Decreto-lei n. 3.365/41.

Excepcionalmente, o atual art. 10 da Lei n. 9.074/95[122] possibilita a declaração de utilidade pública pela Aneel; o inciso XIX do art. 24 da Lei n. 10.233/2001[123] possibilita a declaração pela ANTT, e o inciso IX do art. 82 da mesma lei[124] possibilita a declaração pelo Dnit.

O Poder Legislativo também poderá tomar a iniciativa da desapropriação através da edição de lei de efeito concreto, cumprindo, neste caso, ao Executivo, praticar os atos necessários à sua efetivação.

Observe-se que é indispensável a autorização do legislador nos casos de desapropriação de bens do domínio dos Estados, Municípios, Distrito Federal e Territórios pela União e nos casos de desapropriação de bens dos Municípios pelos Estados, de acordo com a exigência do § 2º do art. 2º do Decreto-lei n. 3.365/41.

Em relação à ótica federativa, na forma do § 3º do art. 2º do Decreto-lei n. 3.365/41, deve ser ressaltado novamente que é vedada a desapropriação, pelos Estados, Distrito Federal, Territórios e Municípios de ações, cotas e direitos representativos do capital de instituições e empresas cujo

---

122 "Art. 10. Cabe à Agência Nacional de Energia Elétrica (Aneel) declarar a utilidade pública, para fins de desapropriação ou instituição de servidão administrativa, das áreas necessárias à implantação de instalações de concessionários, permissionários e autorizados de energia elétrica." (Redação dada pela Lei n. 9.648, de 1998.)

123 "Art. 24. Cabe à ANTT, em sua esfera de atuação, como atribuições gerais:

[...]

XIX – declarar a utilidade pública para fins de desapropriação ou de servidão administrativa de bens e propriedades necessários à execução de obras no âmbito das outorgas estabelecidas." (Incluído pela Lei n. 13.448, de 2017.)

124 "Art. 82. São atribuições do DNIT, em sua esfera de atuação:

[...]

IX – declarar a utilidade pública de bens e propriedades a serem desapropriados para implantação do Sistema Federal de Viação."

funcionamento dependa de autorização do Governo Federal e se subordine à sua fiscalização, salvo mediante prévia autorização, por decreto do Presidente da República.

O juízo realizado pelo chefe do Poder Executivo sobre a utilidade pública do bem é, conforme o art. 9º do Decreto-lei n. 3.365/41, insuscetível de avaliação pelo Poder Judiciário, sob pena de violação do art. 2º da CF/88. Assim, a fase declaratória compreende a edição do decreto ou da lei que declara o bem devidamente individualizado de utilidade pública, enquadrandose em uma das hipóteses descritas nas alíneas do art. 5º do Decreto-lei n. 3.365/41.

Decorrem os seguintes efeitos da declaração de utilidade pública:

a)   o principal efeito da declaração de utilidade pública do bem está descrito no art. 7º, qual seja, autorizar as autoridades administrativas a penetrarem no imóvel, podendo utilizar, em caso de oposição, auxílio de força policial;

b)   a fixação do estado do bem é um dos seus efeitos, pois a penetração do expropriante no imóvel pode alterar o seu estado e dos seus acessórios;

c)   outro efeito importante é propiciar o início da contagem do prazo de caducidade descrito no *caput* do art. 10. Eis a norma:

> Art. 10. A desapropriação deverá efetivar-se mediante acordo ou intentarse judicialmente, dentro de CINCO ANOS, contados da data da expedição do respectivo decreto e findos os quais este caducará. Neste caso, somente decorrido um ano, poderá ser o mesmo bem objeto de nova declaração.

Gize-se que o prazo de caducidade da declaração de interesse social, rural ou urbana, é de dois anos. As benfeitorias realizadas no bem após a declaração de utilidade pública serão indenizáveis quando necessárias, sendo que as úteis poderão ser indenizadas se autorizadas pelo expropriante[125], conforme o § 1º do art. 26 do Decreto-lei n. 3.365/41.

Fase executória da desapropriação

A fase executória pode ser **consensual** ou **litigiosa**[126].

Na fase declaratória, os entes da Federação, através dos titulares do Poder Executivo ou do seu Poder Legislativo, devem, em regra, atuar. Nesta segunda etapa, a fase executória, na forma do art. 3º do Decreto-lei n. 3.365/41, também os concessionários de serviços públicos e os estabelecimentos de caráter público ou que exerçam funções delegadas de poder público poderão promover desapropriações mediante autorização expressa constante em lei ou contrato.

A declaração de utilidade pública é feita normalmente pelo ente da Federação, mas a promoção ou execução poderá ser feita pelo ente da Federação ou por outras pessoas, inclusive pessoas jurídicas de direito privado, desde que exerçam funções ou serviços públicos.

A execução administrativa ou consensual somente será possível se houver concordância do titular do bem desapropriado em relação à própria desapropriação e ao valor ofertado.

Nesse tipo de execução, será iniciado procedimento administrativo, no qual os atos principais são a avaliação do bem e a verificação da dotação orçamentária para a efetivação da desapropriação.

Na forma do art. 10-A, incluído no Decreto-lei n. 3.365/41 pela Lei n. 13.867/2019, o Poder Público deverá notificar o proprietário e apresentar-lhe oferta de indenização, sendo que a notificação conterá:

I – cópia do ato de declaração de utilidade pública;

II – planta ou descrição dos bens e suas confrontações;

---

125 STJ, REsp 1.121.057/RS, rel. Min. Eliana Calmon, 2ª Turma, julgado em 20-4-2010, *DJe* 3-5-2010.

126 "Art. 10. A desapropriação deverá efetivar-se mediante acordo ou intentarse judicialmente, dentro de cinco anos, contados da data da expedição do respectivo decreto e findos os quais este caducará."

III – valor da oferta; e

IV – informação de que o prazo para aceitar ou rejeitar a oferta é de 15 (quinze) dias e de que o silêncio será considerado rejeição.

Caso seja aceita a oferta e realizado o pagamento, será lavrado acordo, o qual será título hábil para a transcrição no registro de imóveis. Rejeitada a oferta, ou transcorrido o prazo sem manifestação, o Poder Público deverá ajuizar a ação de desapropriação.

A verdadeira novidade trazida pela Lei n. 13.867/2019 foi a inclusão do art. 10-B ao Decreto-lei n. 3.365/41 que possibilita e trata da mediação e da arbitragem no caso de desapropriação.

Ficou estabelecido que, feita a opção pela mediação ou pela via arbitral, o particular indicará um dos órgãos ou instituições especializados em mediação ou arbitragem previamente cadastrados pelo órgão responsável pela desapropriação. A mediação seguirá as normas da Lei n. 13.140, de 26 de junho de 2015, e, subsidiariamente, os regulamentos do órgão ou instituição responsável.

Poderá ser eleita câmara de mediação criada pelo Poder Público, nos termos do art. 32 da Lei n. 13.140, de 26 de junho de 2015. A arbitragem seguirá as normas da Lei n. 9.307, de 23 de setembro de 1996, e, subsidiariamente, os regulamentos do órgão ou instituição responsável.

Não há falar em lide na desapropriação consensual, consequentemente não serão necessários o contraditório e a ampla defesa. Não havendo acordo ou sentença arbitral em relação ao preço ofertado, os legitimados promoverão a desapropriação judicial, na qual o titular do bem desapropriado somente poderá, na forma do art. 20, alegar questões relativas ao preço ofertado ou a vício processual, sendo que as outras questões devem ser objeto de ação direta.

A ação, quando a União for autora, será proposta no Distrito Federal ou no foro da Capital do Estado onde for domiciliado o réu, perante o juízo privativo, se houver; sendo outro o autor, no foro da situação dos bens.

Somente os juízes que tiverem garantia de vitaliciedade, inamovibilidade e irredutibilidade de vencimentos poderão conhecer dos processos de desapropriação.

No processo de desapropriação, vige o princípio da contenciosidade limitada, ou seja, a sindicabilidade judicial foi restringida pela lei, não podendo o magistrado decidir sobre a utilidade pública do bem ou questões além do preço e dos vícios processuais; *vide* art. 20 do Decreto-lei em tela.

Nesse diapasão, os critérios de validade do ato declaratório da desapropriação não podem ser debatidos no processo judicial de desapropriação. Caso, por exemplo, o ato tenha sido editado por Ministro de Estado, a sua nulidade deverá ser objeto de ação própria, não podendo ser considerada na ação de desapropriação.

A designação de perito para avaliar o bem é exigência do art. 14 do Decreto-lei n. 3.365/41, sendo facultada às partes a indicação de assistentes técnicos do perito. Na forma do art. 15, se o expropriante alegar urgência e depositar quantia arbitrada em conformidade com o CPC, o juiz mandará imiti-lo provisoriamente na posse dos bens, podendo, inclusive, a imissão na posse ocorrer antes da citação do expropriado, desde que realizado um dos depósitos descritos no § 1º do artigo em tela. Eis o seu texto:

§ 1º A imissão provisória poderá ser feita, independente da citação do réu, mediante o depósito:

a) do preço oferecido, se este for superior a 20 (vinte) vezes o valor locativo, caso o imóvel esteja sujeito ao imposto predial;

b) da quantia correspondente a 20 (vinte) vezes o valor locativo, estando o imóvel sujeito ao imposto predial e sendo menor o preço oferecido;

c) do valor cadastral do imóvel, para fins de lançamento do imposto territorial, urbano ou rural, caso o referido valor tenha sido atualizado no ano fiscal imediatamente anterior;

d) não tendo havido a atualização a que se refere o inciso c, o juiz fixará independente de avaliação, a importância do depósito, tendo em vista a época em que houver sido fixado originalmente o valor cadastral e a valorização ou desvalorização posterior do imóvel.

A alegação de urgência, que não poderá ser renovada, obrigará o expropriante a requerer a imissão provisória dentro do prazo improrrogável de 120 (cento e vinte) dias. Excedido o prazo, não será concedida a imissão provisória. A imissão provisória na posse será registrada no registro de imóveis competente.

A citação far-se-á por mandado na pessoa do proprietário dos bens; a do marido dispensa a da mulher; a de um sócio, ou administrador, a dos demais, quando o bem pertencer a sociedade; a do administrador da coisa no caso de condomínio – exceto o de edifício de apartamento constituindo cada um propriedade autônoma – a dos demais condôminos, e a do inventariante, e, se não houver, a do cônjuge, herdeiro, ou legatário, detentor da herança, a dos demais interessados, quando o bem pertencer a espólio.

Quando não encontrar o citando, mas ciente de que se encontra no território da jurisdição do juiz, o oficial portador do mandado marcará desde logo hora certa para a citação, ao fim de 48 horas, independentemente de nova diligência ou despacho.

Quando a ação não for proposta no foro do domicílio ou da residência do réu, a citação farseá por precatória, se ele estiver em lugar certo, fora do território da jurisdição do juiz. A citação farseá por edital se o citando não for conhecido, ou estiver em lugar ignorado, incerto ou inacessível, ou, ainda, no estrangeiro, o que dois oficiais do juízo certificarão.

Feita a citação, a causa seguirá o rito ordinário. A instância não se interrompe. No caso de falecimento do réu, ou perda de sua capacidade civil, o juiz, logo que disso tenha conhecimento, nomeará curador à lide, até que se lhe habilite o interessado.

Os atos praticados da data do falecimento ou perda da capacidade à investidura do curador à lide poderão ser ratificados ou impugnados por ele, ou pelo representante do espólio, ou do incapaz. Havendo concordância sobre o preço, o juiz o homologará por sentença no despacho saneador.

Findo o prazo para a contestação e não havendo concordância expressa quanto ao preço, o perito apresentará o laudo em cartório até cinco dias, pelo menos, antes da audiência de instrução e julgamento.

Antes de proferido o despacho saneador, poderá o perito solicitar prazo especial para apresentação do laudo. Na audiência de instrução e julgamento procederseá na conformidade do Código de Processo Civil. Encerrado o debate, o juiz proferirá sentença fixando o preço da indenização.

Se não se julgar habilitado a decidir, o juiz designará desde logo outra audiência que se realizará dentro de 10 dias, a fim de publicar a sentença.

O juiz indicará na sentença os fatos que motivaram o seu convencimento e deverá atender, especialmente, à estimação dos bens para efeitos fiscais; ao preço de aquisição e interesse que deles aufere o proprietário; à sua situação, estado de conservação e segurança; ao valor venal dos da mesma espécie, nos últimos cinco anos, e à valorização ou depreciação de área remanescente, pertencente ao réu.

Da sentença que fixar o preço da indenização caberá apelação com efeito simplesmente devolutivo, quando interposta pelo expropriado, e com ambos os efeitos (devolutivo e suspensivo), quando o for pelo expropriante. A desapropriação é forma originária de aquisição da propriedade, logo as relações travadas entre o particular titular do bem e terceiros, ainda que tenham por objeto direito real ou divergência sobre domínio, não são oponíveis ao expropriante.

Assim, o eventual fundo de comércio do locatário não estará abrangido na indenização, conforme denota o seguinte artigo: "Art. 26. No valor da indenização, que será contemporâneo da avaliação, não se incluirão os direitos de terceiros contra o expropriado".

O bem desapropriado não será utilizado para a exploração comercial e sim para a satisfação do interesse público. No entanto, esta situação pode, em alguns casos, ensejar grande injustiça para o locatário surpreendido pela atuação do Estado que deverá buscar, através de ação própria, o ressarcimento das perdas e danos causados[127].

---

127 STJ, REsp 406.502/SP, rel. Min. Garcia Vieira, 1ª Turma, julgado em 23-4-2002, DJ 27-5-2002 p. 139.

O fundo de comércio do próprio titular do bem deve ser abrangido pelo valor da indenização, portanto precisa ser considerado na avaliação[128].

A supremacia estatal pode ser vista também em relação ao credor do titular do bem que possua garantia real, pois o art. 31 determina que ficam subrogados no preço quaisquer ônus ou direitos sobre o bem expropriado.

Deve ser ressaltado que, apesar das prerrogativas relacionadas ao interesse público, o expropriante não está dispensado de registrar a desapropriação, seja consensual ou litigiosa, no Cartório de Registro de Imóveis

Desapropriação por interesse social

As duas formas listadas constitucionalmente de desapropriação por interesse social do imóvel urbano e do imóvel rural já foram acima tratadas quando se falou de desapropriaçãosanção, mas tais formas não representam todos os casos desta modalidade de desapropriação no ordenamento jurídico.

A desapropriação por interesse social ilustra claramente o escopo de satisfazer ao interesse público primário ou ao interesse privado legítimo e socialmente relevante (direito fundamental), pois, em regra, o destino dos bens desapropriados não é a Administração Pública e sim a sociedade ou certos administrados, desde que preencham requisitos objetivos fixados no ordenamento jurídico.

A Lei n. 4.132/62, que trata de outras hipóteses de desapropriação por interesse social além das descritas na CF/88, lista os seguintes casos de interesse social:

I)   o aproveitamento de todo bem improdutivo ou explorado sem correspondência com as necessidades de habitação, trabalho e consumo dos centros de população a que deve ou possa suprir por seu destino econômico;

II)   a instalação ou a intensificação das culturas nas áreas em cuja exploração não se obedeça a plano de zoneamento agrícola;

III)   o estabelecimento e a manutenção de colônias ou cooperativas de povoamento e trabalho agrícola;

IV)   a manutenção de posseiros em terrenos urbanos onde, com a tolerância expressa ou tácita do proprietário, tenham construído sua habilitação, formando núcleos residenciais de mais de 10 (dez) famílias;

V)   a construção de casas populares;

VI)   as terras e águas suscetíveis de valorização extraordinária, pela conclusão de obras e serviços públicos, notadamente de saneamento, portos, transporte, eletrificação, armazenamento de água e irrigação, no caso em que não sejam ditas áreas socialmente aproveitadas;

VII)   a proteção do solo e a preservação de cursos e mananciais de água e de reservas florestais; e

VIII)   a utilização de áreas, locais ou bens que, por suas características, sejam apropriados ao desenvolvimento de atividades turísticas.

Os incisos I e III do artigo em tela não poderão ser aplicados aos casos que estejam abrangidos pelas desapropriações do inciso III do § 4º do art. 182 e do art. 184, ambos da CF/88, pois as duas hipóteses constitucionais, a desapropriação por interesse social de imóvel urbano e a desapropriação por interesse social de imóvel rural, são regulamentadas, respectivamente, pela Lei n. 10.257/2001 e pela Lei Complementar n. 76/93.

Assim, somente poderão ser considerados casos de desapropriação por interesse social da Lei n. 4.132/62 os que não estejam abrangidos nas desapropriaçõessanções estabelecidas na Carta Magna.

A análise da Lei n. 4.132/62 leva à conclusão de que, excluídas as hipóteses constitucionais de desapropriaçãosanção que têm legitimados específicos, todos os entes federativos são sujeitos ativos para a sua desapropriação por interesse social[129].

---

128 STJ, REsp 1.076.124/RJ, rel. Min. Eliana Calmon, 2ª Turma, julgado em 18-8-2009, *DJe* 3-9-2009.

129 STJ, REsp 20.896/SP, rel. Min. Eliana Calmon, 2ª Turma, julgado em 19-10-1999, *DJ* 13-12-1999, p. 128

Por fim, tem-se que o prazo de caducidade é de dois anos, visto que expropriante tem o prazo de 2 (dois) anos, a partir da decretação da desapropriação por interesse social, para efetivar a aludida desapropriação e iniciar as providências de aproveitamento do bem expropriado.

Para a desapropriação por interesse social, baseada na Lei n. 4.132/62, tem-se que, na forma do seu art. 3º, o expropriante dispõe do prazo de dois anos, a partir da decretação da desapropriação por interesse social, para efetivar a aludida desapropriação e iniciar as providências de aproveitamento do bem expropriado; consequentemente o prazo de caducidade é menor do que o prazo da desapropriação por utilidade pública que é de cinco anos[130].

Apesar da diferença em relação ao prazo de caducidade, o procedimento da desapropriação por utilidade pública deve ser utilizado na desapropriação por interesse social, na forma do art. 5º da Lei n. 4.132/62.

Desapropriação indireta

Antes de tratar da desapropriação indireta, cumpre esclarecer o que é a direta. A desapropriação direta, se não for amigável (via administrativa), deve observar o processo judicial legalmente estabelecido.

Como limitação patrimonial extrema, a desapropriação deve ter previsão constitucional ou legal não apenas das suas hipóteses, mas também do rito processual no caso de não contar com a anuência do titular do bem. Todas as espécies já abordadas nos itens anteriores são enquadradas como desapropriação direta.

A essência do Estado Democrático de Direito, estabelecido pelo *caput* do art. 1º da CF/88, aplica-se tanto ao administrado quanto ao Poder Público. Assim, a atuação estatal para restringir direitos, na forma do inciso II do art. 5º daquela Carta, deve ser precedida de lei.

A desapropriação indireta ou apossamento administrativo é a que ocorre sem a concordância do titular do bem e sem a observância do processo legalmente estabelecido.

O Poder Público apodera-se do bem ilegalmente. Alguns autores defendem que a prescrição da ação que vise a indenização por restrições decorrentes de atos do Poder Público implica usucapião em favor do Poder Público, porém não se trata de prazo prescricional para a retomada do imóvel tal como acontece na prescrição aquisitiva e sim prazo prescricional para a indenização.

É certo que a violação ao direito de propriedade privada perpetrada por outro particular tendente a consolidar a usucapião enseja, em regra, provimento judicial principal de retorno ao *status quo ante*, o que não é possível quando o violador é o Poder Público, em virtude de a lesão resolverse em perdas e danos. A desapropriação indireta, segundo o STJ[131], pressupõe três situações, quais sejam:

(i) apossamento do bem pelo Estado sem prévia observância do devido processo legal;

(ii) afetação do bem, ou seja, destiná-lo à utilização pública; e

(iii) irreversibilidade da situação fática a tornar ineficaz a tutela judicial específica.

Em relação aos juros compensatórios, deve ser observada a **Súmula 114 do STJ**. Eis o seu teor:

Os juros compensatórios, na desapropriação indireta, incidem a partir da ocupação, calculados sobre o valor da indenização, corrigido monetariamente.

Juros

Em virtude do princípio da contenciosidade limitada, os dois temas mais importantes sobre desapropriação são a justa indenização e os juros. A justa indenização já foi tratada nas modalidades de desapropriação.

---

130 STJ, REsp 631.543/MG, rel. Min. Francisco Falcão, 1ª Turma, julgado em 6-12-2005, *DJ* 6-3-2006, p. 172.

131 STJ. EREsp 922.786/SC, rel. Min. Benedito Gonçalves, 1ª Seção, julgado em 9-9-2009, *DJe* 15-9-2009.

Os juros são obrigações acessórias legais ou convencionais que têm como escopo ressarcir o despojamento ou não recebimento de determinado bem jurídico.

Nem sempre os juros estão associados à prática de ato ilícito pelo devedor, ressarcindo a ausência da posse do bem ou a impossibilidade de utilização do capital voluntária ou involuntária.

Os juros moratórios são os decorrentes da não extinção da obrigação na época exigida ou convencionada, sendo devidos por quem der causa ao não cumprimento da obrigação principal. A sua natureza é claramente sancionatória do descumprimento da obrigação pelo devedor ou pelo não recebimento do objeto pelo credor.

Os juros compensatórios são os decorrentes do uso e da fruição legal, decorrente de decisão do Poder Judiciário ou convencional do bem jurídico, a fim de que seja evitado o enriquecimento sem causa do beneficiário e de que o titular do direito não seja prejudicado.

A sua natureza não é sancionatória. Os arts. 15-A e 15-B do Decreto-lei n. 3.365/41 estabelecem:

> Art. 15-A. A No caso de imissão prévia na posse, na desapropriação por necessidade ou utilidade pública e interesse social, inclusive para fins de reforma agrária, havendo divergência entre o preço ofertado em juízo e o valor do bem, fixado na sentença, expressos em termos reais, incidirão juros compensatórios de até seis por cento ao ano sobre o valor da diferença eventualmente apurada, a contar da imissão na posse, vedado o cálculo de juros compostos. (Incluído pela Medida Provisória n. 2.183-56, de 2001.)
>
> § 1º Os juros compensatórios destinam-se, apenas, a compensar a perda de renda comprovadamente sofrida pelo proprietário. (Incluído pela Medida Provisória n. 2.183-56, de 2001) (*Vide* ADI n. 2.3322.)
>
> § 2º Não serão devidos juros compensatórios quando o imóvel possuir graus de utilização da terra e de eficiência na exploração iguais a zero. (Incluído pela Medida Provisória n. 2.183-56, de 2001.) (*Vide* ADI n. 2.332-2)
>
> § 3º O disposto no *caput* deste artigo aplica-se também às ações ordinárias de indenização por apossamento administrativo ou desapropriação indireta, bem assim às ações que visem a indenização por restrições decorrentes de atos do Poder Público, em especial aqueles destinados à proteção ambiental, incidindo os juros sobre o valor fixado na sentença. (Incluído pela Medida Provisória n. 2.183-56, de 2001.)
>
> § 4º Nas ações referidas no § 3º, não será o Poder Público onerado por juros compensatórios relativos a período anterior à aquisição da propriedade ou posse titulada pelo autor da ação. (Incluído pela Medida Provisória n. 2.183-56, de 2001.) (*Vide* ADI n. 2.332-2.)
>
> Art. 15-B. Nas ações a que se refere o art. 15-A, os juros moratórios destinam-se a recompor a perda decorrente do atraso no efetivo pagamento da indenização fixada na decisão final de mérito, e somente serão devidos à razão de até seis por cento ao ano, a partir de 1º de janeiro do exercício seguinte àquele em que o pagamento deveria ser feito, nos termos do art. 100 da Constituição. (Incluído pela Medida Provisória n. 2.183-56, de 2001.)

Os arts. 15-A e 15-B incidem sobre todos os tipos de desapropriação, inclusive indireta, estabelecendo os critérios de fixação dos juros compensatórios e moratórios devidos pelo expropriante.

Sobre os juros compensatórios, faz-se necessária uma análise histórica das decisões do STF. Observe-se, inicialmente, que o STF suspendeu, na Medida Cautelar na Ação Direta de Inconstitucionalidade n. 2.332/DF, acórdão publicado em 13-9-2001, a eficácia da expressão até seis por cento ao ano, constante do *caput*, e dos §§ 1º, 2º e 4º, todos do art. 15-A acima transcrito, em relação aos juros compensatórios.

O STF, na forma da sua superada Súmula 618[132], estabeleceu, para garantir a justa indenização, que os juros compensatórios eram de 12% (doze por cento) ao ano da diferença entre 80% (oitenta por cento) do preço ofertado em juízo e o valor do bem fixado na sentença expressos em termos

---

132 "Na desapropriação, direta ou indireta, a taxa dos juros compensatórios é de 12% (doze por cento) ao ano" (entendimento superado com o julgamento, em 17-5-2018, da ADI 2.332/DF que fixou os juros compensatórios em exatos 6% ao ano).

reais, a fim de assegurar a justa indenização. Portanto, após a publicação do acórdão da Medida Cautelar, os juros compensatórios não seriam de até 6% (seis por cento) e a base de cálculo não seria a diferença entre o valor ofertado em juízo e o fixado na sentença.

Resumindo, conforme a Súmula 408 do STJ, nas ações de desapropriação, os juros compensatórios incidentes após a Medida Provisória n. 1.577, de 11-6-1997, devem ser fixados em até 6% ao ano até 13-9-2001 e, a partir de 13-9-2001, em 12% ao ano, na forma da Medida Cautelar na ADI citada e da Súmula 618 do STF[133].

Contudo, no dia 17-5-2018, o Supremo Tribunal Federal, mudando o seu entendimento anterior da concessão da Medida Cautelar, decidiu que devem ser de exatamente de 6%, e não mais de 12%, os juros compensatórios incidentes sobre as desapropriações por necessidade ou utilidade pública e interesse social ou para fins de reforma agrária, no caso em que haja imissão prévia na posse pelo Poder Público e divergência entre o preço ofertado em juízo e o valor do bem, fixado em sentença judicial.

Os ministros, por maioria do Plenário, julgaram parcialmente procedente a Ação Direta de Inconstitucionalidade n. 2.332, ajuizada pelo Conselho Federal da Ordem dos Advogados do Brasil contra dispositivos da Medida Provisória 2.027-43/2000 e demais reedições, que alterou o Decreto-lei n. 3.365/41, que trata de desapropriações por utilidade pública. Os dispositivos estavam suspensos desde 13-9-2001, em razão de medida liminar concedida pelo Plenário do STF.

No mesmo julgamento do dia 17-5-2018, foram consideradas – também alterando o entendimento anterior – constitucionais as restrições à incidência dos juros compensatórios quando não houver comprovação de efetiva perda de renda pelo proprietário com a imissão provisória na posse (art. 15-A, § 1º) e quando o imóvel tenha graus de utilização da terra e de eficiência na exploração iguais a zero (§ 2º do mesmo artigo).

Antes do julgamento da ADI 2.332/DF pelo STF, em 17-5-2018, os juros compensatórios eram devidos mesmo quando a desapropriação se dava em relação a propriedades improdutivas, conforme decidiu o STJ em acórdãos superados. Por fim, foi mantida a interpretação conforme para adotar como base de cálculo a diferença entre 80% do preço ofertado pelo ente público e o valor fixado na sentença judicial.

São devidos juros compensatórios nas ações ordinárias de indenização por apossamento administrativo ou desapropriação indireta, bem assim nas ações que visem a indenização por restrições decorrentes de atos do Poder Público, em especial aqueles destinados à proteção ambiental, incidindo os juros sobre o valor fixado na sentença.

Os juros moratórios limitam-se a 6% (seis por cento) ao ano e destinam-se a recompor a perda decorrente do atraso no efetivo pagamento da indenização fixada na decisão final de mérito, sendo devidos a contar de 1º de janeiro do exercício seguinte àquele em que o pagamento deveria ser feito, na forma do art. 100 da CF/88.

A Súmula Vinculante 17, do STF, estabeleceu que, durante o período previsto no § 1º do art. 100 da Constituição, não incidem juros moratórios sobre os precatórios que nele sejam pagos.

Os juros moratórios e os juros compensatórios incidem a partir de momentos diversos, não sendo mais possível a cumulação. Assim, na forma do novo entendimento abaixo do STJ, a sua Súmula 12 não tem mais aplicabilidade. Eis acórdão recente:

> ADMINISTRATIVO. PROCESSUAL CIVIL. RECURSO ESPECIAL. ENUNCIADO ADMINIS-
> TRATIVO 2/STJ. INTERVENÇÃO DO ESTADO NA PROPRIEDADE. DESAPROPRIAÇÃO POR
> INTERESSE SOCIAL PARA FINS DE REFORMA AGRÁRIA. INDENIZAÇÃO LASTREADA NO
> LAUDO PERICIAL. CONTEMPORANEIDADE. COMINAÇÃO DE JUROS COMPENSATÓRIOS,
> JUROS MORATÓRIOS E CORREÇÃO MONETÁRIA. VIOLAÇÃO A NORMATIVOS FEDERAIS.
> PRESTAÇÃO JURISDICIONAL INCOMPLETA. DESCARACTERIZAÇÃO. JULGAMENTO CON-

---

133 STJ, AgRg no REsp 1.081.512/CE, rel. Min. Luiz Fux, 1ª Turma, julgado em 28-9-2010, *DJe* 8-10-2010.

TRÁRIO AOS INTERESSES DA PARTE. VALOR INDENIZATÓRIO. CONTEMPORANEIDADE À AVALIAÇÃO JUDICIAL. JURISPRUDÊNCIA DO STJ. DESCONSTITUIÇÃO DO VALOR IN-DENIZATÓRIO. REVISÃO DO LAUDO PERICIAL. IMPOSSIBILIDADE. SÚMULA 07/STJ. CABIMENTO DE JUROS COMPENSATÓRIOS. IRRELEVÂNCIA DA IMPRODUTIVIDADE DO IMÓVEL RURAL. JURIS PRUDÊNCIA DO STF E DO STJ. CUMULAÇÃO DE JUROS. INEXIS-TÊNCIA. PERÍODOS DISTINTOS. [...] 5. "Segundo jurisprudência assentada por ambas as Turmas da 1ª Seção, os juros compensatórios, em desapropriação, somente incidem até a data da expedição do precatório original. Tal entendimento está agora também confirmado pelo § 12 do art. 100 da CF, com a redação dada pela EC 62/2009. Sendo assim, não ocorre, no atual quadro normativo, hipótese de cumulação de juros moratórios e juros compensatórios, eis que se tratam de encargos que incidem em períodos diferentes: os juros compensatórios têm incidência até a data da expedi-ção de precatório, enquanto que os moratórios somente incidirão se o precatório expedido não for pago no prazo constitucional" (REsp 1.118.103/SP, rel. Min. Teori Albino Zavascki, 1ª Seção, julga-do em 24-2-2010, *DJe* 8-3-2010). 6. Recurso especial conhecido em parte e, nessa extensão, não provido (REsp 1.713.075/MT, rel. Min. Mauro Campbell Marques, 2ª Turma, julgado em 1º-3-2018, *DJe* 7-3-2018).

O STJ tem súmulas sobre juros em desapropriação. Eis o teor de cada uma delas:

Súmula 12. Em desapropriação, são cumuláveis juros compensatórios e moratórios[134] (atualmente, não está sendo adotada pela Corte).

Súmula 56. Na desapropriação para instituir servidão administrativa são devidos os juros compen-satórios pela limitação de uso da propriedade[135].

Súmula 67. Na desapropriação, cabe a atualização monetária, ainda que por mais de uma vez, inde-pendente do decurso de prazo superior a um ano entre o cálculo e o efetivo pagamento da indenização.

Súmula 69. Na desapropriação direta, os juros compensatórios são devidos desde a antecipada imis-são na posse e, na desapropriação indireta, a partir da efetiva ocupação do imóvel[136].

Súmula 70. Os juros moratórios, na desapropriação direta ou indireta, contamse desde o trânsito em julgado da sentença[137].

Súmula 113. Os juros compensatórios, na desapropriação direta, incidem a partir da imissão na posse, calculados sobre o valor da indenização, corrigido monetariamente[138].

Súmula 114. Os juros compensatórios, na desapropriação indireta, incidem a partir da ocupação, calculados sobre o valor da indenização, corrigido monetariamente[139].

Súmula 119. A ação de desapropriação indireta prescreve em vinte anos (superada pelo entendimen-to atual do STJ e será objeto de uniformização).

Súmula 131. Nas ações de desapropriação incluemse no cálculo da verba advocatícia as parcelas relativas aos juros compensatórios e moratórios, devida mente corrigidas.

---

134 1ª Seção, julgado em 30-10-1990, *DJ* 5-11-1990, p. 12448.

135 1ª Seção, julgado em 29-9-1992, *DJ* 6-10-1992, p. 17215.

136 1ª Seção, julgado em 15-12-1992, *DJ* 4-2-1993, p. 775.

137 1ª Seção, julgado em 15-12-1992, *DJ* 4-2-1993, p. 775.

138 1ª Seção, julgado em 25-10-1994, *DJ* 3-11-1994, p. 29768.

139 1ª Seção, julgado em 25-10-1994, *DJ* 3-11-1994, p. 29768.

Súmula 141. Os honorários de advogado em desapropriação direta são calculados sobre a diferença entre a indenização e a oferta, corrigidas monetariamente (superada pela interpretação conforme do STF que adotou como base de cálculo a diferença entre 80% do preço ofertado pelo ente público e o valor fixado na sentença judicial).

Súmula 408. Nas ações de desapropriação, os juros compensatórios incidentes após a Medida Provisória n. 1.577, de 1161997, devem ser fixados em 6% ao ano até 1392001 e, a partir de então, em 12% ao ano, na forma da Súmula 618 do Supremo Tribunal Federal[140] (entendimento superado pelo julgamento da ADI 2.332/DF, em 17-5-2018, que fixou os juros compensatórios em exatos 6% ao ano).

Correção monetária

A correção monetária representa os ajustes contábeis e financeiros feitos com o objetivo de demonstrar os preços de aquisição em moeda em circulação no país em relação a índices de inflação e com o objetivo de compensar a perda de valor da moeda.

Em relação ao valor da indenização devido ao titular do bem desapropriado, o § 2º do art. 26 do decreto-lei em estudo determina que, decorrido prazo superior a um ano a partir da avaliação, o juiz ou tribunal, antes da decisão final, determinará a correção monetária do valor apurado, conforme índice que será fixado, trimestralmente, pela Secretaria de Planejamento da Presidência da República.

O § 12 do art. 100 da CF/88 estabeleceu que, a partir da promulgação da Emenda Constitucional n. 62, de 9-12-2009, a atualização de valores de requisitórios, após sua expedição, até o efetivo pagamento, independentemente de sua natureza, será feita pelo índice oficial de remuneração básica da caderneta de poupança, e, para fins de compensação da mora, incidirão juros simples no mesmo percentual de juros incidentes sobre a caderneta de poupança, ficando excluída a incidência de juros compensatórios.

Apesar de a norma acima contar da expedição de precatório ou Requisição de Pequeno Valor (RPV), poderá incidir atualização ou correção monetária antes se a sentença ou acordão determinar.

O STF, ao julgar a ADI n. 4.425, declarou inconstitucional a utilização do índice oficial de remuneração básica da caderneta de poupança para a correção ou atualização monetária por não ser suficiente para compensar a inflação. Contudo, precisou modular os efeitos da declaração de inconstitucionalidade da seguinte forma:

QUESTÃO DE ORDEM. MODULAÇÃO TEMPORAL DOS EFEITOS DE DECISÃO DECLARATÓRIA DE INCONSTITUCIONALIDADE (LEI N. 9.868/99, ART. 27). POSSIBILIDADE. NECESSIDADE DE ACOMODAÇÃO OTIMIZADA DE VALORES CONSTITUCIONAIS CONFLITANTES. PRECEDENTES DO STF. REGIME DE EXECUÇÃO DA FAZENDA PÚBLICA MEDIANTE PRECATÓRIO. EMENDA CONSTITUCIONAL N. 62/2009. EXISTÊNCIA DE RAZÕES DE SEGURANÇA JURÍDICA QUE JUSTIFICAM A MANUTENÇÃO TEMPORÁRIA DO REGIME ESPECIAL NOS TERMOS EM QUE DECIDIDO PELO PLENÁRIO DO SUPREMO TRIBUNAL FEDERAL. [...] 2. *In casu*, modulamse os efeitos das decisões declaratórias de inconstitucionalidade proferidas nas ADIs n. 4.357 e 4.425 para manter a vigência do regime especial de pagamento de precatórios instituído pela Emenda Constitucional n. 62/2009 por 5 (cinco) exercícios financeiros a contar de primeiro de janeiro de 2016. 3. Confere-se eficácia prospectiva à declaração de in constitucionalidade dos seguintes aspectos da ADI, fixando como marco inicial a data de conclusão do julgamento da presente questão de ordem (25-3-2015) e mantendose válidos os precatórios expedidos ou pagos até esta data, a saber: (i) fica mantida a aplicação do índice oficial de remuneração básica da caderneta de poupança (TR), nos termos da Emenda Constitucional n. 62/2009, até 2532015, data após a qual (a) os créditos em precatórios deverão ser corrigidos pelo Índice de Preços ao Consumidor Amplo Especial (IPCAE) e (b) os precatórios tributários deverão observar os mesmos critérios pelos quais a Fazenda

---

140 1ª Seção, julgado em 28-10-2009, *DJe* 24-11-2009, republicado em 25-11-2009.

Pública corrige seus créditos tributários; e (ii) ficam resguardados os precatórios expedidos, no âmbito da administração pública federal, com base nos arts. 27 das Leis n. 12.919/13 e n. 13.080/15, que fixam o IPCAE como índice de correção monetária. [...]

(ADI 4.425 QO, rel. Min. Luiz Fux, Tribunal Pleno, julgado em 25-3-2015, Processo Eletrônico *DJe* 152, divulg. 3-8-2015, public. 4-8-2015).

Direito de extensão

A desapropriação pode ser total ou parcial, sendo que a parcial pode tornar o restante do bem inservível ou causar o seu esvaziamento econômico. O Poder Público não deve imputar prejuízos injustificados aos administrados, portanto, neste caso, ressarcirá o dano causado através da desapropriação do restante do bem.

O direito de extensão implica possibilidade daquele que teve o seu bem parcialmente desapropriado de exigir – em caso de esvaziamento econômico ou impossibilidade de uso da parte remanescente – a desapropriação do restante.

O Decreto-lei n. 3.365/41 e a Lei n. 4.132/62 não trataram expressamente sobre o direito de extensão, mas a Lei Complementar n. 76/93, mitigando o princípio da contenciosidade limitada, permitiu, no inciso II do seu art. 4º, que o proprietário alegasse na contestação redução da área à superfície inferior à da pequena propriedade rural ou prejuízo substancial em suas condições de exploração econômica, caso o seu valor seja inferior ao da parte desapropriada.

Nada impede, no entanto, que o direito de extensão seja oponível em todas as modalidades de desapropriação[141], inclusive na desapropriação indireta, a fim de que sejam evitadas as interferências desproporcionais e injustas do Poder Público no domínio privado. O direito de extensão, quando exercido, implica apenas aumento no valor da indenização devida, não tendo o condão de impedir a desapropriação.

Preferência, tredestinação e retrocessão

O bem desapropriado passava a integrar o patrimônio público, não podendo o expropriado reivindicá-lo seja qual for a alegação, na forma do art. 35 do Decreto-lei n. 3.365/41, mas o art. 519 do CC de 2002, ao tratar do direito pessoal de preempção ou preferência, afirma que "se a coisa expropriada para fins de necessidade ou utilidade pública, ou por interesse social, não tiver o destino para que se desapropriou, ou não for utilizada em obras ou serviços públicos, caberá ao expropriado direito de preferência, pelo preço atual da coisa", revogando a norma do art. 35 do Decreto--lei n. 3.365/41.

A preempção, ou preferência, impõe ao comprador a obrigação de oferecer ao vendedor a coisa que vai vender ou dar em pagamento, para que este use de seu direito de prelação na compra, tanto por tanto.

Assim, estipula-se para aquele que adquiriu anteriormente a coisa o dever de, querendo vendê-la ou quitar uma dívida com ela, ofertar, em igualdade de condições, à pessoa que lhe tinha vendido.

Assim, em relação à preferência ou preempção na desapropriação, caso o expropriado não esteja disposto a pagar o valor, a Administração Pública poderá, observado o procedimento legal, ofertar o bem a outros interessados, a fim de obter a melhor proposta ou conservar o bem no seu patrimônio.

Ressalte-se, por fim, que, quando a venda for a própria finalidade da desapropriação, não haverá falar em direito de preempção ou preferência. A retrocessão é a possibilidade de retorno do bem expropriado ao patrimônio do particular, em virtude de a Administração Pública não ter dado a destinação prevista no ato de desapropriação ou outra destinação de interesse público, mediante o pagamento do preço atual da coisa. Não se trata de venda ou dação em pagamento.

---

141 STJ, REsp 986.386/SP, rel. Min. Castro Meira, 2ª Turma, julgado em 4-3-2008, *DJe* 17-3-2008.

Não basta apenas a devolução da indenização auferida, sendo necessário o pagamento baseado no preço de mercado. A retrocessão não seria voluntária para a Administração Pública como nos casos de venda e dação em pagamento, gerando uma faculdade para o expropriado, o que torna a constitucionalidade do art. 519 do CC de 2002 e a sua possibilidade algo controverso na doutrina.

Alguns autores entendem ser um direito real e outros entendem ser um direito pessoal a possibilidade de o expropriado reaver o bem em virtude da inércia da Administração Pública.

O STF entende que se aplica o prazo de prescrição das ações reais para o caso de retrocessão em alguns dos seus acórdãos. Observe-se, por fim, que o STJ tem reconhecido o direito do expropriado à retrocessão quando houver tredestinação ilícita do bem desapropriado. Eis acordão do STJ sobre a questão:

> ADMINISTRATIVO. E PROCESSUAL CIVIL. DESAPROPRIAÇÃO. MUNICÍPIO DE CUBATÃO. TREDESTINAÇÃO LÍCITA. RETROCESSÃO. INOCORRÊNCIA 1. O Tribunal de origem, ao avaliar o conteúdo fático probatório dos autos, concluiu que não houve retrocessão, pois o imóvel recebeu destinação pública relevante. 2. A discussão sobre eventual cláusula de renúncia ao direito de preempção inserida em escritura pública de desapropriação amigável se mostra inócua após constatada a não ocorrência da retrocessão. 3. Recurso especial não provido (REsp 814.570/SP, rel. Min. Mauro Campbell Marques, 2ª Turma, julgado em 17-8-2010, *DJe* 20-9-2010). A tredestinação lícita, ou seja, a utilização do bem em finalidade diversa da estipulada no ato de desapropriação, mas atendendo ao interesse público, não enseja, como já foi dito, retrocessão. Deve ser observado que, na preferência, não há um dever jurídico imediato para o Poder Público, pois, ainda que não utilizado o bem, o particular somente terá direito se a Administração resolver vender a coisa ou dála em pagamento. Na retrocessão, surge o dever jurídico imediato, pois, não o utilizando, o particular terá a possibilidade de retorno do bem. A tredestinação ilícita ou a destinação ocorre quando a desapropriação servir para a transferência do bem a terceiro com desvio de finalidade (ausência de interesse público). Como já foi dito, parte da doutrina entende que não enseja qualquer ação real do expropriado, mas apenas a possibilidade de como cidadão buscar, através de ação popular, a nulidade do ato ilegal e perdas e danos em virtude da não observância do seu direito de preferência. Contudo, o acordão abaixo reafirma o entendimento do STJ de ser possível a retrocessão neste caso ADMINISTRATIVO E PROCESSUAL CIVIL. AÇÃO INDENIZATÓRIA MOVIDA PELA SUCESSORA DA PARTE EXPROPRIADA CONTRA O MUNICÍPIO SUCESSOR DO ESTADO EXPROPRIANTE. ALEGAÇÃO DE IRREGULAR ALTERAÇÃO DA DESTINAÇÃO ORIGINARIAMENTE PREVISTA PARA O IMÓVEL EXPROPRIADO. FALHA NA PRESTAÇÃO JURISDICIONAL NÃO CONFIGURADA. LIMITES OBJETIVOS DA COISA JULGADA. VIOLAÇÃO. INOCORRÊNCIA. DESAPROPRIAÇÃO DIRETA. RESERVA BIOLÓGICA. POSTERIOR MUDANÇA NO ZONEAMENTO URBANO DO MUNICÍPIO. IMPLANTAÇÃO DE POLO DE CINE, VÍDEO E COMUNICAÇÃO. TREDESTINAÇÃO ILÍCITA NÃO CARACTERIZADA. INTERESSE PÚBLICO MANTIDO. [...] 5. Conforme preconizado no art. 1.150 do CC/1916 (atual art. 519 do CC/2002), não atendido o objetivo descrito no decreto expropriatório, constitui obrigação do Poder Público oferecer ao expropriado o direito de reaver o bem (retrocessão) ou, não sendo isso possível, de reparar os danos daí decorrentes. 6. Entretanto, pretensão desse jaez terá lugar somente quando o bem expropriado, comprovadamente, deixar de atender ao interesse público, em contexto que possa caracterizar a denominada tredestinação ilícita, esta sim geradora do direito à retrocessão ou, na sua impossibilidade, à correspondente indenização por perdas e danos em prol da parte expropriada. A tal propósito, como explica KIYOSHI HARADA, "só a destinação efetiva do bem a uma finalidade que não seja de interesse público é que revela objetivamente o desvio de finalidade ensejador da retrocessão" (*Desapropriação*. 11. ed. São Paulo: Atlas, 2015, p. 278). [...] 8. Recurso especial a que se nega provimento (REsp 1.421.618/RJ, rel. Min. Benedito Gonçalves, rel. p/ Acórdão Min. Sérgio Kukina, 1ª Turma, julgado em 26-9-2017, *DJe* 20-11-2017)

Avaliação dos bens

Atualmente, o sistema de valoração do bem a ser desapropriado está em crise, em virtude da falta de objetividade nos critérios adotados nas decisões judiciais, pois a bens com características bastante semelhantes podem ser atribuídos valores proporcionalmente diversos.

O Poder Judiciário deve buscar isonomia, sob pena de restar violado o postulado da justa indenização que tem como parâmetro também o que fora conseguido judicial ou extrajudicialmente por administrado em situação semelhante.

A crise é vista em muitos Estados Democráticos de Direito, inclusive na Espanha, que experimenta uma das crises do modelo expropriatório clássico: a *crisis del sistema de valoraciones*[142].

Inevitavelmente, o processo de desapropriação deve respeitar o direito fundamental insculpido no art. 5º, XXIV, da Constituição da República, obrigando-se o Estado – ou quem lhe faça as vezes, o delegatário de serviços públicos ou contratado pelo Poder Público – à justa e prévia indenização do particular submetido ao ato de império.

O caminho percorrido para a concretização do mandamento constitucional revela difíceis etapas e, mesmo onde a engenharia – caracterizada por seus precisos cálculos matemáticos – oferece importantes subsídios técnicos para orientar a decisão da autoridade administrativa ou judicial, permanece algum espaço de incerteza, pois os requisitos técnicos aplicáveis não satisfazem toda a matéria posta à apreciação do profissional.

Assim, algum grau de imprecisão na avaliação de bens é aceitável, previsível e mesmo inevitável. Admitido esse axioma, a valoração do imóvel em quantia superior ao seu potencial negociável é, sob um ponto de vista social, mais desejável que sua valoração a menor, afastando-se a imposição de vitável sacrifício ao particular, que não encontraria esteio no postulado da proporcionalidade.

Mas, no tratamento dessa difícil questão não é razoável transbordar para a supervaloração de bens desapropriados, o que resultaria em enriquecimento sem causa do particular, em detrimento da coletividade.

O interesse da Administração reside, pois, no pleno respeito ao comando do art. 5º, XXIV, da Constituição da República: uma indenização justa; nem mais, nem menos, admitidas variações consideradas escusáveis e toleradas pela engenharia de avaliações.

Os peritos e assistentes técnicos pautam-se em normas técnicas para proceder às avaliações de imóveis. Todavia, muitos fatores peculiares não são abordados pelas normas técnicas pertinentes.

Na parte de introdução da norma ABNT NBR 14653-1, o organismo nacional de normalização expõe o histórico brasileiro da avaliação de bens[143]:

> Na década de 50 surgem as primeiras normas de avaliação de imóveis organizadas por entidades públicas e institutos voltados para a engenharia de avaliações.
>
> O primeiro anteprojeto de normas da ABNT data de 1957. Sucedem-se outros, de grande importância, elaborados por institutos que atuam no ramo, mas o assunto ganha relevância na época do grande surto de desapropriações da década de 60, com estudos feitos por comissões de profissionais dedicados a perícias e avaliações judiciais. Outros trabalhos são desenvolvidos com a mesma finalidade nos anos 70.
>
> Em 1977 surge a primeira norma brasileira para avaliação de imóveis urbanos, a NBR 5676 (NB-502) da ABNT, cuja principal novidade é o estabelecimento de níveis de precisão para as avaliações. Nessa época a ABNT começa a produzir outras normas para avaliações, com a seguinte tipologia: imóveis rurais; unidades padronizadas; máquinas, equipamentos e complexos industriais; glebas urbanizáveis.
>
> Revista em 1989, a norma brasileira para avaliação de imóveis urbanos é registrada no Inmetro como NBR 5676. Nessa oportunidade os níveis de precisão são transformados em níveis de rigor. Segue-se a ela a norma para avaliação de servidões. Paralelamente, alguns institutos,

---

142 SANTAMARÍA PASTOR, Juan Alfonso. *Principios de derecho administrativo general*. Madrid: Iustel, 2004, v. II.

143 ASSOCIAÇÃO BRASILEIRA DE NORMAS TÉCNICAS. (ABNT) *Avaliação de bens: parte 1:* procedimentos gerais. Rio de Janeiro, 2001. p. 2.

com base na NBR 5676, produzem normas específicas com níveis maiores de detalhamento e respeitando as características de cada região.

Exemplificam-se as principais normas técnicas atualmente empregadas no Brasil para a avaliação de bens:

a) ABNT NBR 14653-1:2019 Avaliação de bens: Parte 1: Procedimentos gerais;
b) ABNT NBR 14653-2:2011 Avaliação de bens: Parte 2: Imóveis urbanos;
c) ABNT NBR 14653-3:2019 Avaliação de bens: Parte 3: Imóveis rurais e seus componentes;
d) ABNT NBR 14653-4:2002 Avaliação de bens: Parte 4: Empreendimentos;
e) ABNT NBR 14653-5:2006 Avaliação de bens: Parte 5: Máquinas, equipamentos, instalações e bens industriais em geral;
f) ABNT NBR 14653-6:2009 Avaliação de bens: Parte 6: Recursos naturais e ambientais;
g) ABNT NBR 14653-7:2009 Avaliação de bens: Parte 7: Bens de patrimônios históricos e artísticos.

No que concerne à avaliação de imóveis, deve existir cuidadosa seleção dos elementos de amostragem, sem o que a avaliação seria desprovida de confiabilidade.

Esse risco revela maior alcance em desapropriações realizadas para obras de infraestrutura de transportes – como rodovias e ferrovias –, que perfazem segmentos de centenas ou milhares de quilômetros, atravessando espaços geográficos os mais variados.

A título de exemplo, tome-se o seguinte excerto de laudo pericial[144]:

> [...] Amostra e variáveis independentes de homogeneização – Entende este perito que a amostra utilizada nos processos da base de referência indicada para comparação não é aplicável aos imóveis objeto de avaliação do laudo pericial deste perito, basicamente por se tratar de uma amostra desenvolvida para uma região geoeconômica distinta. Acrescenta-se a isto o fato de ser composta por lotes e glebas. Os preços do m^2 de lotes carregam os custos do parcelamento, destacando aí: a infraestrutura (pavimentação, terraplenagem, iluminação, drenagem etc.); a destinação de áreas para arruamento; a destinação de áreas para fins institucionais (ao município); a destinação de espaço para área verde; e a segregação das áreas que não são aproveitáveis no parcelamento por restrições ambientais e de relevo. Ao juntar lotes e glebas numa mesma amostra é necessária a introdução de variáveis explicativas de homogeneização, que não unicamente a variável Área, de forma a explicar adequadamente a variabilidade dos preços observados. Quanto mais homogênea a amostra menos variáveis explicativas se mostram necessárias. **Quanto mais heterogênea a amostra mais variáveis explicativas são necessárias, sempre restando a dúvida se as variáveis explicativas escolhidas promovem suficientemente a homogeneização de elementos amostrais tão distintos.** Por esta razão este perito opta por compor amostra com eventos que possa reconhecer e classificar como mais adequados e homogêneos ao processo avaliatório, mesmo que em menor número (grifos nossos).

Importantíssima a questão levantada pelo engenheiro de avaliações: no que concerne à avaliação de imóveis, deve existir cuidadosa seleção dos elementos de amostragem, sem o que a avaliação seria desprovida de confiabilidade.

Se para a avaliação de uma gleba compõe-se um conjunto amostral integrado por glebas – cujas áreas perfazem dezenas de milhares de metros quadrados, sem a implementação de qualquer infraestrutura – e lotes, está-se a promover uma exagerada hipertrofia sobre o *quantum* valorativo do bem.

---

144 Justiça Federal. Seção Judiciária do Estado de Santa Catarina. 4ªVara Federal de Florianópolis. Ação de Desapropriação n. 5022721-44.2017.4.04.7200/SC. Laudo pericial complementar. Perito: Luiz Alberto Duarte.

A implementação de loteamentos importa acentuados custos de infraestrutura e destinação de áreas para o cumprimento dos regulamentos públicos de regência, de modo que o valor de mercado de um lote é significativamente superior ao de uma gleba situada no mesmo espaço geoeconômico.

Portanto, quando utilizados os valores amostrais de lotes para a indução do valor de mercado de uma gleba, ocorre elevado erro na quantia aferida, apresentando-se uma discrepância em relação ao efetivo valor de mercado que a propriedade alcançaria.

Essa circunstância torna-se ainda mais grave quando o mesmo conjunto amostral, além de reunir glebas e lotes, fá-lo a partir de diferentes regiões geoeconômicas. Ainda que se considerem variáveis explicativas de homogeneização, as impropriedades técnicas dos elementos amostrais denotam-se tão flagrantes que resta prejudicada a possibilidade de eficaz tratamento estatístico.

Consequentemente, a avaliação do bem resulta em montante que não corresponde ao seu valor de mercado. Quando a propriedade avaliada situa-se em localidade pouco atrativa para o mercado imobiliário, ocorre a sua artificial supervalorização, causando-se exagerado benefício ao particular, em detrimento dos interesses da coletividade.

Essa prática importa ofensa ao requisito especificado na norma técnica brasileira de avaliação de bens, que orienta a coleta de dados de mercado com a maior semelhança possível em relação ao bem avaliado[145].

É imperiosa a plena observância ao direito fundamental insculpido no art. 5º, XXIV, da Constituição da República, obrigando-se o Estado – ou quem lhe faça as vezes, *in casu*, a delegatária de serviços públicos – à justa e prévia indenização do particular submetido ao ato de império.

O caminho percorrido para a concretização do mandamento constitucional revela difíceis etapas e, mesmo onde a engenharia – caracterizada por seus precisos cálculos matemáticos – oferece importantes subsídios técnicos para orientar a decisão da autoridade administrativa ou judicial, permanece algum espaço de incerteza, pois os requisitos técnicos aplicáveis não satisfazem toda a matéria posta à apreciação do profissional.

Assim, algum grau de imprecisão na avaliação de bens é aceitável, previsível e mesmo inevitável. Admitido esse axioma, a valoração do imóvel em quantia superior ao seu potencial negociável é, sob um ponto de vista social, mais desejável que sua valoração a menor, afastando-se a imposição de vitável sacrifício ao particular, que não encontraria esteio no postulado da proporcionalidade.

Mas, no tratamento dessa difícil questão não é razoável transbordar para a supervaloração dos imóveis desapropriados, o que resultaria em enriquecimento sem causa do particular, em detrimento da coletividade.

O interesse da Administração reside, pois, no pleno respeito ao comando do art. 5º, XXIV, da Constituição da República: uma indenização justa; nem mais, nem menos, admitidas variações consideradas escusáveis e toleradas pela engenharia de avaliações.

Para se desincumbir desse mister, requer-se do expert conhecimento, experiência e habilidades quando identifica nuanças que recomendam adequada interpretação das técnicas empregadas, visando à máxima eficácia do resultado pretendido.

Não se pode olvidar que o conceito de norma técnica não se confunde com o de norma jurídica, esta revestida de caráter heterônomo, aquela consistente em documento estabelecido por consenso que especifica, para uso comum e repetitivo, requisitos, diretrizes ou características para atividades ou seus resultados, visando à obtenção de um grau ótimo de realização[146].

---

145 ASSOCIAÇÃO BRASILEIRA DE NORMAS TÉCNICAS. *ABNT NBR 14653-1:2001: avaliação de bens:* procedimentos gerais. Rio de Janeiro, 2001.

146 ASSOCIAÇÃO BRASILEIRA DE NORMAS TÉCNICAS. *ABNT NBR ISO/IEC 17000:2005: avaliação de conformidade:* vocabulário e princípios gerais. Rio de Janeiro, 2005.

O grau ótimo de realização é *conditio sine qua non* para a manutenção de preceitos normativos técnicos. A confrontação por especialistas, quando o instrumento se mostre vetusto perante o estado da arte sedimentado pela evolução do saber, é contribuição relevante para a ciência.

A própria estruturação dos modelos matemáticos tem por fim explicar uma situação real, diante da variabilidade de fatores entendidos como significativos (variáveis estatisticamente significativas).

Todavia, deve-se ter em mente que pode haver limites para a aplicação dos modelos desenvolvidos, os quais devem se adaptar à realidade do evento e, logicamente, não o oposto. A capacidade de se superar esses desafios, com base em parâmetros técnico-científicos, revela o preparo do profissional de avaliações.

Art. 26. No processo de licitação, poderá ser estabelecida margem de preferência para:

DISPOSITIVO CORRELATO (Lei n. 8.666/93)
Art. 3º [...]
§ 5º Nos processos de licitação, poderá ser estabelecida margem de preferência para: (Redação dada pela Lei n. 13.146, de 2015.)

I – bens manufaturados e serviços nacionais que atendam a normas técnicas brasileiras;

DISPOSITIVO CORRELATO (Lei n. 8.666/93)
Art. 3º [...]
§ 5º [...]
I – produtos manufaturados e para serviços nacionais que atendam a normas técnicas brasileiras; e (Incluído pela Lei n. 13.146, de 2015.)

II – bens reciclados, recicláveis ou biodegradáveis, conforme regulamento.

DISPOSITIVO CORRELATO (Lei n. 8.666/93)
Art. 3º [...]
§ 5º [...]
II – bens e serviços produzidos ou prestados por empresas que comprovem cumprimento de reserva de cargos prevista em lei para pessoa com deficiência ou para reabilitado da Previdência Social e que atendam às regras de acessibilidade previstas na legislação. (Incluído pela Lei n. 13.146, de 2015.)

§ 1º A margem de preferência de que trata o *caput* deste artigo:
I – será definida em decisão fundamentada do Poder Executivo federal, no caso do inciso I do *caput* deste artigo;
II – poderá ser de até 10% (dez por cento) sobre o preço dos bens e serviços que não se enquadrem no disposto nos incisos I ou II do *caput* deste artigo;

DISPOSITIVO CORRELATO (Lei n. 8.666/93)
Art. 3º [...]
§ 8º As margens de preferência por produto, serviço, grupo de produtos ou grupo de serviços, a que se referem os §§ 5º e 7º, serão definidas pelo Poder Executivo federal, não podendo a soma delas ultrapassar o montante de 25% (vinte e cinco por cento) sobre o preço dos produtos manufaturados e serviços estrangeiros. (Incluído pela Lei n. 12.349, de 2010.)

III – poderá ser estendida a bens manufaturados e serviços originários de Estados Partes do Mercado Comum do Sul (Mercosul), desde que haja reciprocidade com o País prevista em acordo internacional aprovado pelo Congresso Nacional e ratificado pelo Presidente da República.

DISPOSITIVO CORRELATO (Lei n. 8.666/93)

Art. 3º [...]

§ 10. A margem de preferência a que se refere o § 5º poderá ser estendida, total ou parcialmente, aos bens e serviços originários dos Estados Partes do Mercado Comum do Sul – Mercosul. (Incluído pela Lei n. 12.349, de 2010.)

---

§ 2º Para os bens manufaturados nacionais e serviços nacionais resultantes de desenvolvimento e inovação tecnológica no País, definidos conforme regulamento do Poder Executivo federal, a margem de preferência a que se refere o *caput* deste artigo poderá ser de até 20% (vinte por cento).

DISPOSITIVO CORRELATO (Lei n. 8.666/93)

Art. 3º [...]

§ 7º Para os produtos manufaturados e serviços nacionais resultantes de desenvolvimento e inovação tecnológica realizados no País, poderá ser estabelecido margem de preferência adicional àquela prevista no § 5º (Incluído pela Lei n. 12.349, de 2010.)

---

§ 3º (Vetado).

§ 4º (Vetado).

§ 5º A margem de preferência não se aplica aos bens manufaturados nacionais e aos serviços nacionais se a capacidade de produção desses bens ou de prestação desses serviços no País for inferior:

DISPOSITIVO CORRELATO (Lei n. 8.666/93)

Art. 3º [...]

§ 9º As disposições contidas nos §§ 5º e 7º deste artigo não se aplicam aos bens e aos serviços cuja capacidade de produção ou prestação no País seja inferior: (Incluído pela Lei n. 12.349, de 2010.)

I – à quantidade a ser adquirida ou contratada; ou

DISPOSITIVO CORRELATO (Lei n. 8.666/93)

Art. 3º [...]

§ 9º [...]

I – à quantidade a ser adquirida ou contratada; ou (Incluído pela Lei n. 12.349, de 2010.)

II – aos quantitativos fixados em razão do parcelamento do objeto, quando for o caso.

DISPOSITIVO CORRELATO (Lei n. 8.666/93)

Art. 3º [...]

§ 9º [...]

II – ao quantitativo fixado com fundamento no § 7º do art. 23 desta Lei, quando for o caso. (Incluído pela Lei n. 12.349, de 2010.)

---

§ 6º Os editais de licitação para a contratação de bens, serviços e obras poderão, mediante prévia justificativa da autoridade competente, exigir que o contratado promova, em favor de órgão ou entidade integrante da Administração Pública ou daqueles por ela indicados a partir de processo isonômico, medidas de compensação comercial, industrial ou tecnológica ou acesso a condições vantajosas de financiamento, cumulativamente ou não, na forma estabelecida pelo Poder Executivo federal.

DISPOSITIVO CORRELATO (Lei n. 8.666/93)

Art. 3º [...]

§ 11. Os editais de licitação para a contratação de bens, serviços e obras poderão, mediante prévia justificativa da autoridade competente, exigir que o contratado promova, em favor de órgão ou entidade integrante da administração pública ou daqueles por ela indicados a partir de processo isonômico, medidas de compensação comercial, industrial, tecnológica ou acesso a condições vantajosas de financiamento, cumulativamente ou não, na forma estabelecida pelo Poder Executivo federal. (Incluído pela Lei n. 12.349, de 2010.)

---

§ 7º Nas contratações destinadas à implantação, à manutenção e ao aperfeiçoamento dos sistemas de tecnologia de informação e comunicação considerados estratégicos em ato do Poder Executivo federal, a licitação poderá ser restrita a bens e serviços com tecnologia desenvolvida no País produzidos de acordo com o processo produtivo básico de que trata a Lei n. 10.176, de 11 de janeiro de 2001.

DISPOSITIVO CORRELATO (Lei n. 8.666/93)

Art. 3º [...]

§ 12. Nas contratações destinadas à implantação, manutenção e ao aperfeiçoamento dos sistemas de tecnologia de informação e comunicação, considerados estratégicos em ato do Poder Executivo federal, a licitação poderá ser restrita a bens e serviços com tecnologia desenvolvida no País e produzidos de acordo com o processo produtivo básico de que trata a Lei n. 10.176, de 11 de janeiro de 2001. (Incluído pela Lei n. 12.349, de 2010.)

COMENTÁRIOS

Normas técnicas, documentos estabelecidos por consenso, aprovados por organismo reconhecido, fornecem "para uso comum e repetitivo, regras, diretrizes ou características para atividades ou seus resultados, visando à obtenção de um grau ótimo de ordenação em um dado contexto"[147].

Normas técnicas têm por propósito a abordagem de desempenho, de forma que, na edição de norma que estipule requisitos técnicos, estes devem ser concebidos preferencialmente de modo a abranger níveis de desempenho, em vez de elementos descritivos.

Isso porque a qualidade de produtos, serviços e sistemas é incrementada pela evolução do grau de desempenho, que pode ser alcançado mediante as mais variadas concepções tecnológicas.

A priorização de elementos descritivos limitaria o desenvolvimento tecnológico, principalmente na concepção de produtos, por restringir a amplitude de aplicação de materiais e métodos e, consequentemente, sua criação construtiva.

---

147 ASSOCIAÇÃO BRASILEIRA DE NORMAS TÉCNICAS. *ABNT ISO IEC Guia 2: normalização e atividades relacionadas:* vocabulário geral. Rio de Janeiro, 2006. p. 4.

Haja vista a dificuldade de agentes da Administração para a identificação de fatores de desempenho – o que muitas vezes requer conhecimento técnico especializado –, é comum que especificações priorizem aspectos construtivos, escolha que não assegura a qualidade do produto.

É perfeitamente possível que um produto satisfaça integralmente as especificações exigidas – mesmo que sejam boas especificações – e não apresente desempenho satisfatório.

Para ilustrar o problema, utilize-se o exemplo do lápis de grafite, presente na vida das pessoas desde os bancos escolares até os escritórios de arquitetura e salas de projetos de navios.

O grafite é forma alotrópica do carbono, além do fulereno, do grafeno e do diamante. O lápis de grafite pode ser especificado segundo sua dureza, propiciando-se, em desenho industrial, traçado de linhas de cota, de chamada ou linhas auxiliares por meio de grafite duro, e o desenho do objeto mediante grafite macio, de traçado mais expressivo.

O grau de dureza é facilmente especificado, segundo as opções H (*hardness*), B (*blackness*), F (*fine*) e HB, nível intermediário entre H e B. Além disso, e da madeira – para o que é recomendável origem de reflorestamento – não há muito o que especificar sobre um lápis, comumente um cilindro de madeira com uma mina de grafite e argila.

É possível, pois, que apesar de especificação cuidadosa, o produto revele desempenho insatisfatório, com a quebra constante da mina de grafite ou esfarelamento excessivo ao apontar, comprometendo-se sua durabilidade. Sobre esse produto, portanto, o que mais interessa ao consumidor não é a técnica de beneficiamento do grafite, mas seu desempenho durante a escrita, desenho e pintura, evidentemente critérios de difícil especificação.

É para isso que servem as normas técnicas, tendo-se no caso exemplificado a norma ABNT NBR 15795, que especifica os requisitos mínimos de desempenho de lápis (grafite e cor) destinados a escrita, desenho e pintura, durante as condições previsíveis de uso[148].

A tarefa do servidor incumbido da elaboração do Termo de Referência é facilitada mediante o uso de normas técnicas, de modo a tornar seus requisitos obrigatórios, por força do contrato (nos casos em que a norma técnica não tenha aplicabilidade compulsória determinada por lei ou regulamento).

O art. 26, I, da Lei n. 14.133/2021 – mantendo a política legislativa materializada na Lei n. 8.666/93 – possibilita margem de preferência para bens manufaturados e serviços nacionais que atendam a normas técnicas brasileiras.

Por normas técnicas brasileiras, compreenda-se normas técnicas editadas pela ABNT, dado que o Brasil adota foro nacional de normalização único, à semelhança da maioria dos Estados-Membros da União Europeia – com destaque para a Alemanha e a França – e dos países-membros do Mercosul[149].

A normalização responde, pois, a necessidades da sociedade industrial e de risco, revelando fenômeno em que os organismos privados de normalização exercem alta participação na definição de normas jurídicas públicas, contidas na regulação estatal.

O professor lusitano Pedro Antônio Pimenta da Costa Gonçalves acentua que "não raras vezes, essa regulação resume-se mesmo a uma referência a normas técnicas".

Isso ocorre, inclusive, por imperativos da ordem jurídica internacional, dado que o Acordo sobre Barreiras Técnicas ao Comércio (Acordo TBT) convenciona que:

> Quando forem necessários regulamentos técnicos e existam normas internacionais pertinentes ou sua formulação definitiva for iminente, os Membros utilizarão estas normas, ou seus elementos pertinentes, como base de seus regulamentos técnicos, exceto quando tais normas

---

148 ASSOCIAÇÃO BRASILEIRA DE NORMAS TÉCNICAS. *ABNT NBR ISO 15795:2010: lápis:* requisitos de desempenho. Rio de Janeiro, 2010.

149 A esse respeito, o Termo de Referência do Sistema Brasileiro de Normalização define Norma Brasileira (NBR) como norma homologada pelo Foro Nacional de Normalização. Por força da Resolução Conmetro n. 7, de 24 de agosto de 1992, é designada a ABNT como o Foro Nacional de Normalização.

internacionais ou seus elementos pertinentes sejam um meio inadequado ou ineficaz para a realização dos objetivos legítimos perseguidos, por exemplo, devido a fatores geográficos ou climáticos fundamentais ou problemas tecnológicos fundamentais[150].

Por conseguinte, a ordem econômica internacional verte-se no sentido de prevalecerem normas técnicas internacionais sobre normas técnicas nacionais, como imperativo de mitigação de barreiras técnicas ao comércio.

As barreiras técnicas estão inexoravelmente conectadas a normas técnicas e regulamentos técnicos, por consistirem em restrições comerciais que não atendam aos parâmetros de razoabilidade e proporcionalidade.

Sempre que a autoridade reguladora de um país impõe à produção e circulação de bens e à prestação de serviços condições desnecessárias, abusivas ou não aceitas internacionalmente, tem-se a configuração de uma barreira técnica.

Nessa esteira, o processo de integração econômica requer a unificação de padrões técnicos, com vistas à superação das barreiras técnicas e maior desenvolvimento industrial, científico e tecnológico. Esses são os vetores que resultaram na elaboração do Acordo Sobre Barreiras Técnicas ao Comércio.

Em nosso sentir, ao tempo em que o art. 26, I, da Lei n. 14.133/2021 serve de proteção e estímulo à indústria nacional, pode surtir efeito refratário à competitividade quando normas internacionais forem superiores aos padrões técnicos nacionais.

Art. 27. Será divulgada, em sítio eletrônico oficial, a cada exercício financeiro, a relação de empresas favorecidas em decorrência do disposto no art. 26 desta Lei, com indicação do volume de recursos destinados a cada uma delas.

DISPOSITIVO CORRELATO (Lei n. 8.666/93)

Art. 3º [...]
§ 13. Será divulgada na internet, a cada exercício financeiro, a relação de empresas favorecidas em decorrência do disposto nos §§ 5º, 7º, 10, 11 e 12 deste artigo, com indicação do volume de recursos destinados a cada uma delas. (Incluído pela Lei n. 12.349, de 2010.)

COMENTÁRIOS

O art. 26 da Lei n. 14.133/2021 dispõe sobre margem de preferência, na licitação, para bens manufaturados e serviços nacionais que atendam a normas técnicas brasileiras e bens reciclados, recicláveis ou biodegradáveis, conforme regulamento.

A margem de preferência poderá ser estendida a bens manufaturados e serviços originários de Estados Partes do Mercado Comum do Sul (Mercosul), desde que haja reciprocidade com o País prevista em acordo internacional aprovado pelo Congresso Nacional e ratificado pelo Presidente da República.

Trata-se de política pública voltada ao desenvolvimento nacional, mediante incremento da capacidade industrial e tecnológica do país e dos Estados-Membros do Mercosul.

A divulgação da internet consiste, pois, em instrumento de publicidade e transparência, voltado ao controle social, tal como no acesso às informações com vistas à formulação de indicadores e instrumentos de medição de sua efetividade, por instituições públicas e privadas atribuídas ou interessadas no tema.

---

150 BRASIL. *Decreto n. 1.355, de 30 de dezembro de 1994*. Promulga a Ata Final que Incorpora os Resultados da Rodada Uruguai de Negociações Comerciais Multilaterais do GATT. *Diário Oficial da União*, Brasília, DF, 31-12-1994. Seção 1, p. 21394.

Seção II
Das Modalidades de Licitação

Art. 28. São modalidades de licitação:

DISPOSITIVO CORRELATO (Lei n. 8.666/93)
Art. 22. São modalidades de licitação:

I – pregão;

DISPOSITIVO CORRELATO (Lei n. 10.520/2002)
Art. 1º Para aquisição de bens e serviços comuns, poderá ser adotada a licitação na modalidade de pregão, que será regida por esta Lei.

II – concorrência;

DISPOSITIVO CORRELATO (Lei n. 8.666/93)
Art. 22. [...] I – concorrência;

III – concurso;

DISPOSITIVO CORRELATO (Lei n. 8.666/93)
Art. 22. [...] IV – concurso;

IV – leilão;

DISPOSITIVO CORRELATO (Lei n. 8.666/93)
Art. 22. [...] V – leilão.

V – diálogo competitivo.

§ 1º Além das modalidades referidas no *caput* deste artigo, a Administração pode servir-se dos procedimentos auxiliares previstos no art. 78 desta Lei.

§ 2º É vedada a criação de outras modalidades de licitação ou, ainda, a combinação daquelas referidas no *caput* deste artigo.

DISPOSITIVO CORRELATO (Lei n. 8.666/93)
Art. 22. [...] § 8º É vedada a criação de outras modalidades de licitação ou a combinação das referidas neste artigo

COMENTÁRIOS

No regime jurídico da Lei n. 8.666/93, existem cinco modalidades de licitação: concorrência; tomada de preços; convite; concurso; leilão. A Lei n. 10.520/2002, por sua vez, regula a modalidade pregão.

A Lei n. 14.133/2021 extingue as modalidades tomada de preços e convite e cria o diálogo competitivo. Preservam-se as modalidades concorrência, concurso, leilão e pregão, com pressupostos formais aperfeiçoados.

No regime anterior, as modalidades aplicáveis variavam de acordo com o objeto e o valor estimado da contratação. Na disciplina da Lei n. 14.133/2021, as modalidades vocacionam-se à melhor forma de licitar os distintos objetos em razão de suas características.

Pregão

O **pregão**, regulado pela Lei n. 10.520/2002, surgiu como apêndice ao regime de licitações e, ao longo do tempo, assumiu a preponderância no universo das licitações, aplicando-se à maioria dos certames.

A análise histórica da legislação brasileira demonstra que a modalidade pregão foi trazida ao ordenamento jurídico nacional pelo parágrafo único do art. 54 da Lei n. 9.472/97, que dispõe sobre a organização dos serviços de telecomunicações, a criação e o funcionamento de um órgão regulador e outros aspectos institucionais, tendo sido instituída juntamente com a modalidade consulta, de maneira subsidiária, para as hipóteses não relacionadas à contratação de obras e serviços de engenharia civil. Foi estabelecida, segundo a norma legal em tela, para a Agência Nacional de Telecomunicações (Anatel).

A Medida Provisória n. 2.026, de 4-5-2000, convertida na Lei n. 10.520/2002, estendeu a possibilidade de utilização da modalidade licitatória pregão à União como um todo, Administração Pública Federal direta e indireta, e a Lei n. 10.520/2002 estendeu aos Estados, Municípios e Distrito Federal. Sua criação teve como objetivo tornar mais céleres as aquisições de bens e serviços comuns, cujos padrões de desempenho e qualidade possam ser objetivamente definidos pelo edital, por meio de especificações usuais no mercado.

A sua adoção era facultativa, porém a facultatividade relacionava-se à sua utilização em detrimento das outras modalidades de licitação, não sendo possível o gestor público utilizarse dessa discricionariedade para, sem observar os casos de dispensa de licitação do art. 24 da Lei n. 8.666/93, afastar o seu procedimento e efetuar a contratação direta.

Os objetivos principais da criação desta modalidade foram:

a)   acirramento da competitividade entre os licitantes;
b)   desburocratização do procedimento;
c)   agilidade nas contratações; e
d)   redução de gastos com o próprio procedimento licitatório.

Observe-se que não se buscou apenas a escolha da melhor proposta, buscou-se também reduzir os próprios custos do procedimento licitatório com a presente modalidade.

A possibilidade de oferecimento de lances verbais fez com que parte da doutrina o chamasse de leilão reverso. No leilão, vence a proposta mais alta e, no pregão, vence a proposta mais baixa, sendo este o motivo da utilização da expressão por alguns autores.

O critério de julgamento do pregão é o menor preço, observados os prazos máximos para fornecimento, as especificações técnicas e parâmetros mínimos de desempenho e qualidade definidos no edital, na forma do inciso X do art. 4º da Lei n. 10.520/2002.

O pregão pode ser usado para a aquisição de bens e a contratação de serviços comuns. Foi o Decreto n. 3.555/2000 que, no seu anexo II, listou quais seriam os bens e serviços comuns, entendendo os atualizadores do livro de Hely Lopes Meirelles que a lista é apenas exemplificativa.

Interessante notar que, apesar de a Lei do Pregão estabelecer a facultatividade na adoção da modalidade, o art. 3º do decreto aduz que a sua utilização na esfera da União será prioritária. *Ipsis litteris:*

Os contratos celebrados pela União, para a aquisição de bens e serviços comuns, serão precedidos, prioritariamente, de licitação pública na modalidade de pregão, que se destina a garantir, por meio de disputa justa entre os interessados, a compra mais econômica, segura e eficiente.

Como o critério de julgamento das propostas na modalidade pregão é o de melhor preço e o § 4º do art. 45 da Lei n. 8.666/93 estabelece como critério de julgamento das propostas para a contratação de bens e serviços de informática "técnica e preço", havia dúvida sobre a possibilidade de utilização desta modalidade para a contratação mencionada.

A polêmica foi resolvida pela Lei n. 11.077/2004, que alterou a redação do § 3º do art. 3º da Lei n. 8.248/91 e possibilitou a aquisição de bens e serviços de informática e automação, considerados como bens comuns, através da modalidade pregão.

Deve ser ressaltado que não há limite de valores para as aquisições de bens e serviços comuns através de pregão. Por fim, tem-se que a lei de criação da modalidade pregão ressaltou, no seu art. 9º, a aplicação subsidiária das normas da Lei n. 8.666/93, portanto, o pregão faz parte do sistema geral de licitação.

No regime jurídico da Lei n. 10.520/2002, faculta-se o uso da modalidade pregão para aquisição de bens e serviços comuns, oferecendo-se à Administração um rito mais eficiente que os modelos regidos pela Lei n. 8.666/93.

Agora, por força do art. 29, *caput*, da Lei n. 14.133/2021, o pregão é obrigatório "sempre que o objeto possuir padrões de desempenho e qualidade que possam ser objetivamente definidos pelo edital, por meio de especificações usuais de mercado".

Enfatize-se: nas situações em que o objeto tenha especificações usuais de mercado – o que abrange a maioria das licitações –, o pregão não é mais legalmente uma faculdade, é obrigatório.

Na esfera federal, o pregão, na forma eletrônica, de acordo com o § 1º do art. 1º do Decreto Presidencial n. 10.024/2019, já era obrigatório, mesmo a Lei n. 10.520/2002 denotando, em seu art. 1º, facultatividade.

A modalidade não se aplica a contratações de serviços técnicos especializados de natureza predominantemente intelectual nem obras e serviços de engenharia.

Admite-se o seu uso, porém, para a contratação de serviço comum de engenharia, que tem por objeto "ações, objetivamente padronizáveis em termos de desempenho e qualidade, de manutenção, de adequação e de adaptação de bens móveis e imóveis, com preservação das características originais dos bens".

Nessa modalidade de licitação, o agente de contratação incumbido de sua realização denomina-se **pregoeiro**.

Merece atenção o fato de que, durante o período de vigência ambivalente a que alude o art. 191 da Lei n. 14.133/2021, a Administração poderá realizar a modalidade pregão segundo o rito desta lei, ou de acordo com a Lei n. 10.520/2002, devendo respeitar a norma legal escolhida durante todo o certame.

Concorrência

Enquanto na Lei n. 8.666/93 a concorrência é modalidade de licitação vinculada ao valor estimado da contratação, no regime da Lei n. 14.133/2021 sua aplicabilidade existe puramente em razão do objeto.

Conforme o art. 6º, XXXVIII, da Lei n. 14.133/2021, cabe concorrência para a "contratação de bens e serviços especiais e de obras e serviços comuns e especiais de engenharia". Logo, essa modalidade restringe-se aos objetos qualificados como obras e serviços de engenharia. Para outros objetos, prevalecerá o pregão.

A concorrência admite todos os critérios de julgamento regidos pela Lei n. 14.133/2021, salvo o critério de maior lance, restrito à modalidade leilão.

Em concorrência para a contratação de bens e serviços especiais, da análise de sua complexidade, a autoridade pode constituir comissão de contratação, em substituição ao singular agente de contratação.

Concurso

Inicialmente, não se deve confundir a modalidade de licitação chamada **concurso** com o concurso de provas ou provas e títulos estabelecido no inciso II do art. 37 da CF/88.

O concurso público de provas ou de provas e títulos é o procedimento objetivo e prévio à nomeação em cargos ou empregos públicos na Administração Pública direta ou indireta, tendo como objetivo resguardar o princípio constitucional da impessoalidade, gravado no art. 37 da CF/88.

Concurso é modalidade destinada à seleção de trabalho técnico, científico ou artístico, oferecendo-se prêmio ou remuneração ao vencedor; admite único critério de julgamento: melhor técnica ou conteúdo artístico.

Igualmente ao regramento da Lei n. 8.666/93, o edital de concurso deve disciplinar a qualificação exigida dos participantes, diretrizes e formas de apresentação do trabalho e condições de realização, além de prêmio ou remuneração predeterminado.

Em concursos destinados à seleção de projeto, o titular dos direitos autorais deverá ceder à Administração todos os direitos patrimoniais relativos ao projeto e autorizar sua execução conforme a conveniência e a oportunidade da Administração (art. 30, parágrafo único, da Lei n. 14.133/2021).

Leilão

Segundo a mesma dinâmica regida pela Lei n. 8.666/93, o **leilão** é cabível para "alienação de bens imóveis ou de bens móveis inservíveis ou legalmente apreendidos a quem oferecer o maior lance" (art. 6º, XL, da Lei n. 14.133/2021).

O leilão pode ser cometido a agente de contratação ou a leiloeiro oficial, para o que o art. 31, § 1º, da Lei n. 14.133/2021 dispõe sobre o uso de credenciamento ou licitação na modalidade pregão, mediante critério de julgamento de maior desconto, observando-se a remuneração característica da profissão.

O edital de leilão deve ser divulgado em sítio eletrônico oficial e afixado em local de ampla circulação de pessoas na sede da Administração, permitindo-se meios adicionais para sua máxima publicidade.

O leilão é a modalidade de licitação que busca, através de lances públicos e diretos de valor igual ou superior ao valor da avaliação, a seleção de proposta mais vantajosa para a alienação de bem.

O leilão tem finalidade diversa das outras modalidades de licitação, visto que o seu objetivo principal não é a aquisição de bens ou serviços e sim de alienação de bens que pode ser definida como toda transferência de domínio de bens a terceiros.

A possibilidade de participação é irrestrita, sendo certo que não há exigência de cadastros prévios. Contudo, a capacidade civil para a aquisição e disposição de bens é exigida, sob pena de invalidação do negócio subsequente ao leilão.

São três as hipóteses de utilização da modalidade leilão:

a)   venda de bens inservíveis para a Administração Pública;
b)   venda de produtos legalmente apreendidos ou penhorados; e
c)   alienação de bens imóveis prevista no art. 19 da Lei n. 8.666/93.

Os bens inservíveis são os que não têm mais utilidade para a Administração Pública ou não se destinam mais às suas finalidades essenciais. Os custos de manutenção desses bens no patrimônio público superam os seus benefícios.

Os bens apreendidos são os que foram confiscados pelo Poder Público, em virtude da utilização ou aquisição ilícita ou em virtude do não pagamento de prestações estatais compulsórias.

Os bens penhorados são aqueles oferecidos como garantia de mútuo em operação denominada penhor. Trata-se de operação muito comum para a obtenção de empréstimos junto a instituições financeiras estatais com a entrega de objeto de valor como garantia de adimplemento. Não se trata aqui de leilão judicial decorrente de penhora, visto que o leilão judicial será feito pelo próprio Poder Judiciário.

Todo bem a ser leiloado será previamente avaliado pela Administração para fixação do preço mínimo de arrematação.

A licitação por leilão não tem fase de habilitação, e o critério de julgamento é o de maior lance.

Diálogo competitivo

O **diálogo competitivo** traduz significativa inovação regulatória, decorrente de exercício de direito administrativo comparado. O marco jurídico comunitário da União Europeia contempla distintos "procedimentos de adjudicação", a exemplo de parcerias para inovação – para aquisição de bem ou serviço ainda não disponível no mercado – e concursos de concepção, para a obtenção de ideias inovadoras.

Dentre os procedimentos de adjudicação empregados na União Europeia, figura o diálogo concorrencial, voltado à realização de propostas pelos licitantes com vistas a suprir determinada necessidade da Administração.

Consoante as considerações da Diretiva 2014/24/UE do Parlamento Europeu e do Conselho, de 26 de fevereiro de 2014, o procedimento é útil nas situações em que a Administração não consegue "definir as formas de satisfazer as suas necessidades ou avaliar o que o mercado pode oferecer em termos de soluções técnicas, financeiras ou jurídicas".

O diálogo competitivo serve à contratação de obras, serviços e compras, por meio do qual a Administração efetua diálogos com licitantes previamente selecionados mediante critérios objetivos, com o intuito de desenvolver uma ou mais alternativas capazes de atender às suas necessidades.

A modalidade restringe-se a situações peculiares, em que a Administração vise a contratar objeto caracterizado por inovação tecnológica ou técnica, quando impossível satisfazer a necessidade mediante a adaptação de soluções existentes, tal como a imprecisão das especificações técnicas. Logo, no diálogo competitivo a Administração conhece sua necessidade, mas não possui conhecimento técnico bastante para especificar a solução mais apta.

A modalidade possibilita o desencadeamento de processo dialético, mediante a interação com os agentes de mercado, mitigando-se a assimetria de informações que pesa em desfavor da Administração. Nessa modalidade, a licitação tem início com a publicação de edital em sítio eletrônico oficial, em que descritas as necessidades e as exigências previamente definidas, conferindo-se o prazo de 25 (vinte e cinco) dias para manifestação dos interessados.

Possibilita-se a determinação de fases sucessivas, restringindo-se gradativamente as soluções e propostas a serem discutidas em cada momento. Quando a Administração identifica a solução ou as soluções que preencham os requisitos especificados, declara-se a conclusão do diálogo, mediante a publicação de "edital contendo a especificação da solução que atenda às suas necessidades e os critérios objetivos a serem utilizados para seleção da proposta mais vantajosa" (art. 32, § 1º, VIII, da Lei n. 14.133/2021).

Referido edital inaugura a fase competitiva da licitação, concedendo-se prazo não inferior a sessenta dias para que os licitantes apresentem suas propostas, definindo-se como vencedora a mais vantajosa, de acordo com os critérios divulgados no início da competição.

O diálogo competitivo é imprescindivelmente conduzido por comissão de contratação, composta de ao menos três servidores efetivos integrantes dos quadros da Administração, possibilitando-se a contratação de especialistas para o fim de assessoramento técnico à comissão.

Reserva-se ao órgão de controle externo o direito de monitorar e se manifestar sobre a legalidade, a legitimidade e a economicidade da licitação, previamente à celebração de contrato.

O diálogo competitivo aplica-se também às licitações para **concessão de serviço público**, possibilitando-se ao Poder Concedente escolher entre essa modalidade e a concorrência.

Art. 29. A concorrência e o pregão seguem o rito procedimental comum a que se refere o art. 17 desta Lei, adotando-se o pregão sempre que o objeto possuir padrões de desempenho e qualidade que possam ser objetivamente definidos pelo edital, por meio de especificações usuais de mercado.

DISPOSITIVO CORRELATO (Lei n. 10.520/2002)
Art. 1º Para aquisição de bens e serviços comuns, poderá ser adotada a licitação na modalidade de pregão, que será regida por esta Lei. Parágrafo único. Consideram-se bens e serviços comuns, para os fins e efeitos deste artigo, aqueles cujos padrões de desempenho e qualidade possam ser objetivamente definidos pelo edital, por meio de especificações usuais no mercado.

Parágrafo único. O pregão não se aplica às contratações de serviços técnicos especializados de natureza predominantemente intelectual e de obras e serviços de engenharia, exceto os serviços de engenharia de que trata a alínea *a* do inciso XXI do *caput* do art. 6º desta Lei.

COMENTÁRIOS

Por força do art. 29, *caput*, da Lei n. 14.133/2021, o pregão é obrigatório "sempre que o objeto possuir padrões de desempenho e qualidade que possam ser objetivamente definidos pelo edital, por meio de especificações usuais de mercado".

Enfatize-se: nas situações em que o objeto tenha especificações usuais de mercado – o que abrange a maioria das licitações –, o pregão não é legalmente uma faculdade, mas obrigatório.

Na esfera federal, o pregão, na forma eletrônica, de acordo com o § 1º do art. 1º do Decreto Presidencial n. 10.024/2019, já era obrigatório, mesmo a Lei n. 10.520/2002 denotando, em seu art. 1º, facultatividade.

A modalidade não se aplica a contratações de serviços técnicos especializados de natureza predominantemente intelectual nem obras e serviços de engenharia.

Admite-se o seu uso, porém, para a contratação de serviço comum de engenharia, que tem por objeto ações, objetivamente padronizáveis em termos de desempenho e qualidade, de manutenção, de adequação e de adaptação de bens móveis e imóveis, com preservação das características originais dos bens.

Art. 30. O concurso observará as regras e condições previstas em edital, que indicará:

DISPOSITIVO CORRELATO (Lei n. 8.666/93)
Art. 22. [...]
§ 4º Concurso é a modalidade de licitação entre quaisquer interessados para escolha de trabalho técnico, científico ou artístico, mediante a instituição de prêmios ou remuneração aos vencedores, conforme critérios constantes de edital publicado na imprensa oficial com antecedência mínima de 45 (quarenta e cinco) dias.

I – a qualificação exigida dos participantes;

> **DISPOSITIVO CORRELATO (Lei n. 8.666/93)**
>
> Art. 52. O concurso a que se refere o § 4º do art. 22 desta Lei deve ser precedido de regulamento próprio, a ser obtido pelos interessados no local indicado no edital.
> § 1º O regulamento deverá indicar:
> I – a qualificação exigida dos participantes;

II – as diretrizes e formas de apresentação do trabalho;

> **DISPOSITIVO CORRELATO (Lei n. 8.666/93)**
>
> Art. 52. [...]
> II – as diretrizes e a forma de apresentação do trabalho;

III – as condições de realização e o prêmio ou remuneração a ser concedida ao vencedor.

> **DISPOSITIVO CORRELATO (Lei n. 8.666/93)**
>
> Art. 52. [...]
> III – as condições de realização do concurso e os prêmios a serem concedidos.

Parágrafo único. Nos concursos destinados à elaboração de projeto, o vencedor deverá ceder à Administração Pública, nos termos do art. 93 desta Lei, todos os direitos patrimoniais relativos ao projeto e autorizar sua execução conforme juízo de conveniência e oportunidade das autoridades competentes.

> **DISPOSITIVO CORRELATO (Lei n. 8.666/93)**
>
> Art. 111. A Administração só poderá contratar, pagar, premiar ou receber projeto ou serviço técnico especializado desde que o autor ceda os direitos patrimoniais a ele relativos e a Administração possa utilizá-lo de acordo com o previsto no regulamento de concurso ou no ajuste para sua elaboração.

COMENTÁRIOS

O art. 7º da Lei n. 9.610/98, Lei de Direitos Autorais, enumera as obras intelectuais tuteladas pelo direito, das quais merecem ênfase, no âmbito das licitações, aquelas discriminadas no inciso X. Eis o texto:

> Art. 7º São obras intelectuais protegidas as criações do espírito, expressas por qualquer meio ou fixadas em qualquer suporte, tangível ou intangível, conhecido ou que se invente no futuro, tais como:
> [...]
> X – os **projetos**, esboços e obras plásticas concernentes à geografia, **engenharia**, **topografia, arquitetura, paisagismo**, cenografia e ciência;
> (grifos nossos)

O art. 93, *caput*, da Lei n. 14.133/2021, disciplina que, nas contratações de projetos ou de serviços técnicos especializados:

> Inclusive daqueles que contemplem o desenvolvimento de programas e aplicações de internet para computadores, máquinas, equipamentos e dispositivos de tratamento e de comunicação da informação (software) – e a respectiva documentação técnica associada –, o autor deverá ceder todos os direitos patrimoniais a eles relativos para a Administração Pública, hipótese em que poderão ser livremente utilizados e alterados por ela em outras ocasiões, sem necessidade de nova autorização de seu autor.

Os direitos morais do autor são inalienáveis e irrenunciáveis, enquanto os direitos patrimoniais são disponíveis.

O parágrafo único do art. 30 da Lei n. 14.133/2021 dispõe sobre a cessão de todos os direitos patrimoniais relativos ao projeto e autorização para sua execução conforme juízo de conveniência e oportunidade da Administração.

A inteligência do dispositivo reside em que seria de todo inútil a realização de concurso para a seleção de projeto cujo conteúdo não integrasse a esfera patrimonial da Administração.

Por conseguinte, a lei preserva o direito moral do autor, mas transfere à Administração as prerrogativas de execução conforme suas razões de mérito.

Art. 31. O leilão poderá ser cometido a leiloeiro oficial ou a servidor designado pela autoridade competente da Administração, e regulamento deverá dispor sobre seus procedimentos operacionais.

> **DISPOSITIVO CORRELATO (Lei n. 8.666/93)**
>
> Art. 53. O leilão pode ser cometido a leiloeiro oficial ou a servidor designado pela Administração, procedendo-se na forma da legislação pertinente.

§ 1º Se optar pela realização de leilão por intermédio de leiloeiro oficial, a Administração deverá selecioná-lo mediante credenciamento ou licitação na modalidade pregão e adotar o critério de julgamento de maior desconto para as comissões a serem cobradas, utilizados como parâmetro máximo os percentuais definidos na lei que regula a referida profissão e observados os valores dos bens a serem leiloados.

§ 2º O leilão será precedido da divulgação do edital em sítio eletrônico oficial, que conterá:

> **DISPOSITIVO CORRELATO (Lei n. 8.666/93)**
>
> Art. 53. [...]
> § 4º O edital de leilão deve ser amplamente divulgado, principalmente no município em que se realizará. (Incluído pela Lei n. 8.883, de 1994.)

I – a descrição do bem, com suas características, e, no caso de imóvel, sua situação e suas divisas, com remissão à matrícula e aos registros;

II – o valor pelo qual o bem foi avaliado, o preço mínimo pelo qual poderá ser alienado, as condições de pagamento e, se for o caso, a comissão do leiloeiro designado;

III – a indicação do lugar onde estiverem os móveis, os veículos e os semoventes;

IV – o sítio da internet e o período em que ocorrerá o leilão, salvo se excepcionalmente for realizado sob a forma presencial por comprovada inviabilidade técnica ou desvantagem para a Administração, hipótese em que serão indicados o local, o dia e a hora de sua realização;

V – a especificação de eventuais ônus, gravames ou pendências existentes sobre os bens a serem leiloados.

§ 3º Além da divulgação no sítio eletrônico oficial, o edital do leilão será afixado em local de ampla circulação de pessoas na sede da Administração e poderá, ainda, ser divulgado por outros meios necessários para ampliar a publicidade e a competitividade da licitação.

§ 4º O leilão não exigirá registro cadastral prévio, não terá fase de habilitação e deverá ser homologado assim que concluída a fase de lances, superada a fase recursal e efetivado o pagamento pelo licitante vencedor, na forma definida no edital.

COMENTÁRIOS

O leilão pode ser cometido a servidor designado pela Administração ou a **leiloeiro oficial**.

A despeito da denominação, o leiloeiro oficial não integra os quadros da Administração, mas desfruta de reconhecimento oficial. Não se possibilita à Administração a designação de qualquer pessoa para a função de leiloeiro, mas de pessoa matriculada para o exercício desse mister.

Na forma do art. 1º do Decreto n. 21.981/32, a profissão de leiloeiro é exercida mediante matrícula concedida pelas juntas comerciais dos Estados e do Distrito Federal.

Para ser leiloeiro, é necessário:

(i)   ser cidadão brasileiro e estar no gozo dos direitos civis e políticos;

(ii) ser maior de vinte e cinco anos;

(iii) ser domiciliado no lugar em que pretenda exercer a profissão, há mais de cinco anos;

(iv) ter idoneidade comprovada.

Não podem ser leiloeiros:

(i)   os que não podem ser comerciantes;

(ii) os que tiverem sido destituídos anteriormente dessa profissão, salvo se o houverem sido a pedido;

(iii) os falidos não reabilitados e os reabilitados, quando a falência tiver sido qualificada como culposa ou fraudulenta.

Leiloeiros oficiais são **particulares em colaboração com o poder público**, pessoas físicas que, sem vínculo contratual, estatutário, profissional ou político, prestam serviços ao Estado ou em seu nome com ou sem contraprestação e com ou sem benefícios pessoais.

Durante o exercício da colaboração, a pessoa física torna-se agente público, podendo inclusive utilizar alguns poderes-deveres do regime jurídico-administrativo.

Os leiloeiros atuam como agentes delegados e, nessas qualidade, integram a categoria de pessoas físicas que executam determinada atividade em nome próprio, segundo sua conta e risco, porém, segundo as normas do Estado e sob sua permanente fiscalização, como os tabeliães, notários, tradutores e intérpretes oficiais.

Outrossim, para fins da lei penal, o leiloeiro oficial é considerado funcionário público. Dispõe o art. 327, *caput*, do Código Penal, que "considera-se funcionário público, para os efeitos penais, quem, embora transitoriamente ou sem remuneração, exerce cargo, emprego ou função pública".

Art. 32. A modalidade diálogo competitivo é restrita a contratações em que a Administração:

I – vise a contratar objeto que envolva as seguintes condições:

a) inovação tecnológica ou técnica;

b) impossibilidade de o órgão ou entidade ter sua necessidade satisfeita sem a adaptação de soluções disponíveis no mercado; e

c) impossibilidade de as especificações técnicas serem definidas com precisão suficiente pela Administração;

II – verifique a necessidade de definir e identificar os meios e as alternativas que possam satisfazer suas necessidades, com destaque para os seguintes aspectos:

a) a solução técnica mais adequada;

b) os requisitos técnicos aptos a concretizar a solução já definida;

c) a estrutura jurídica ou financeira do contrato;

III – (Vetado).

§ 1º Na modalidade diálogo competitivo, serão observadas as seguintes disposições:

I – a Administração apresentará, por ocasião da divulgação do edital em sítio eletrônico oficial, suas necessidades e as exigências já definidas e estabelecerá prazo mínimo de 25 (vinte e cinco) dias úteis para manifestação de interesse na participação da licitação;

II – os critérios empregados para pré-seleção dos licitantes deverão ser previstos em edital, e serão admitidos todos os interessados que preencherem os requisitos objetivos estabelecidos;

III – a divulgação de informações de modo discriminatório que possa implicar vantagem para algum licitante será vedada;

IV – a Administração não poderá revelar a outros licitantes as soluções propostas ou as informações sigilosas comunicadas por um licitante sem o seu consentimento;

V – a fase de diálogo poderá ser mantida até que a Administração, em decisão fundamentada, identifique a solução ou as soluções que atendam às suas necessidades;

VI – as reuniões com os licitantes pré-selecionados serão registradas em ata e gravadas mediante utilização de recursos tecnológicos de áudio e vídeo;

VII – o edital poderá prever a realização de fases sucessivas, caso em que cada fase poderá restringir as soluções ou as propostas a serem discutidas;

VIII – a Administração deverá, ao declarar que o diálogo foi concluído, juntar aos autos do processo licitatório os registros e as gravações da fase de diálogo, iniciar a fase competitiva com a divulgação de edital contendo a especificação da solução que atenda às suas necessidades e os critérios objetivos a serem utilizados para seleção da proposta mais vantajosa e abrir prazo, não inferior a 60 (sessenta) dias úteis, para todos os licitantes pré-selecionados na forma do inciso II deste parágrafo apresentarem suas propostas, que deverão conter os elementos necessários para a realização do projeto;

IX – a Administração poderá solicitar esclarecimentos ou ajustes às propostas apresentadas, desde que não impliquem discriminação nem distorçam a concorrência entre as propostas;

X – a Administração definirá a proposta vencedora de acordo com critérios divulgados no início da fase competitiva, assegurada a contratação mais vantajosa como resultado;

XI – o diálogo competitivo será conduzido por comissão de contratação composta de pelo menos 3 (três) servidores efetivos ou empregados públicos pertencentes aos quadros permanentes da Administração, admitida a contratação de profissionais para assessoramento técnico da comissão;

XII – (Vetado).

§ 2º Os profissionais contratados para os fins do inciso XI do § 1º deste artigo assinarão termo de confidencialidade e abster-se-ão de atividades que possam configurar conflito de interesses.

COMENTÁRIOS

Inovação tecnológica

Tratando-se de inovação tecnológica ou técnica, pressupõe-se a inexistência da solução pretendida no mercado, conquanto seja possível sua concepção em fase de pesquisa ou em momento de registro junto à entidade de propriedade industrial.

É situação a ensejar o diálogo competitivo, com vistas a identificar, entre os agentes de mercado, possíveis soluções para a necessidade apresentada pela Administração.

Possibilidade de adaptação de soluções existentes

Se os produtos, serviços e sistemas existentes no mercado possibilitam adaptação, como de desenho, uso, operação ou manutenção, não se releva adequada a realização de diálogo competitivo, porquanto tais adaptações não teriam significativa carga de inovação do produto.

Impossibilidade de especificação técnica suficiente

Produtos, serviços e sistemas são concebidos para satisfazer necessidades ou comodidades, isto é, prestam-se a um fim determinado.

Situações há, porém, em que exsurge a necessidade, mas porque inusitada, complexa ou imprevisível, não se vislumbram soluções existentes que possibilitem a suficiente especificação técnica.

Nessas situações, a Administração identifica a necessidade e o problema que requer solução, mas não conhece a solução técnica.

Durante a atual pandemia de Covid-19, noticiou-se diuturnamente a eficácia de determinada vacina que, todavia, requer baixíssima temperatura de armazenamento.

As características geográficas de continentalidade e restrições logísticas para o transporte no Brasil representam empecilho para a preservação da temperatura de conservação durante o transporte desses produtos, o que demanda soluções tecnológicas inovadoras.

Condições de contorno em empreendimentos de infraestrutura, mecanismos de mitigação de impacto ambiental, substituição de materiais, técnicas de controle de qualidade, são necessidades que podem ensejar diálogo competitivo, almejando-se colher do mercado as soluções criativas para as quais a Administração não possui expertise.

Seção III
Dos Critérios de Julgamento

Art. 33. O julgamento das propostas será realizado de acordo com os seguintes critérios:

DISPOSITIVO CORRELATO (Lei n. 8.666/93)
Art. 45. O julgamento das propostas será objetivo, devendo a Comissão de licitação ou o responsável pelo convite realizá-lo em conformidade com os tipos de licitação, os critérios previamente estabelecidos no ato convocatório e de acordo com os fatores exclusivamente nele referidos, de maneira a possibilitar sua aferição pelos licitantes e pelos órgãos de controle.   § 1º Para os efeitos deste artigo, constituem tipos de licitação, exceto na modalidade concurso: (Redação dada pela Lei n. 8.883, de 1994.)

I – menor preço;

DISPOSITIVO CORRELATO (Lei n. 8.666/93)
Art. 45. [...]   § 1º [...]   I – a de menor preço – quando o critério de seleção da proposta mais vantajosa para a Administração determinar que será vencedor o licitante que apresentar a proposta de acordo com as especificações do edital ou convite e ofertar o menor preço;

II – maior desconto;

DISPOSITIVO CORRELATO (Lei n. 12.462/2011)
Art. 18. [...]   I – menor preço ou maior desconto;

III – melhor técnica ou conteúdo artístico;

DISPOSITIVO CORRELATO (Lei n. 12.462/2011)
Art. 18. [...]
III – melhor técnica ou conteúdo artístico;

IV – técnica e preço;

DISPOSITIVO CORRELATO (Lei n. 8.666/93)
Art. 45. [...]
§ 1º [...]
III – a de técnica e preço.

V – maior lance, no caso de leilão;

DISPOSITIVO CORRELATO (Lei n. 8.666/93)
Art. 45. [...]
§ 1º [...]
IV – a de maior lance ou oferta – nos casos de alienação de bens ou concessão de direito real de uso. (Incluído pela Lei n. 8.883, de 1994.)

VI – maior retorno econômico.

DISPOSITIVO CORRELATO (Lei n. 12.462/2011)
Art. 18. [...]
V – maior retorno econômico.

COMENTÁRIOS

Menor preço

O critério de julgamento por **menor preço** sempre foi objeto de contundentes críticas dos gestores públicos, haja vista os malefícios decorrentes da consideração do preço como fator único para classificação da proposta.

A licitação de menor preço tem como objetivo selecionar a proposta que contenha o menor preço, entretanto o princípio da eficiência, o princípio da economicidade na Administração Pública e o da indisponibilidade do patrimônio público impõem que sejam observados padrões mínimos de qualidade[151].

A aquisição de produtos de qualidade duvidosa, considerando-se apenas o seu valor nominal, pode acarretar mais custos para a Administração Pública do que a aquisição de produtos com qualidade comprovada.

Assim, o gestor público deve, no edital ou no outro ato convocatório, estabelecer critérios mínimos de qualidade, baseados na média ofertada pelo mercado; deve também ficar atento às tentativas de fraudar o critério de escolha através da apresentação de proposta de menor preço inexequível ou exequível mediante complementação.

É incorreto o raciocínio que relaciona a licitação por menor preço a qualidade técnica irrelevante, dado que a qualidade técnica mínima é imprescindível para a satisfação do interesse estatal[152].

---

151 STJ, RMS 15.817/RS, rel. Min. João Otávio de Noronha, 2ª Turma, julgado em 6-9-2005, *DJ* 3-10-2005, p. 156.

152 JUSTEN FILHO, Marçal. *Curso de direito administrativo*. 10 ed. São Paulo: Revista dos Tribunais, 2014.

Há diversos elementos que gravitam em torno das especificações de um produto – mesmo um bem comum – para a mensuração de sua economicidade, como o rendimento energético, a demanda de manutenção, custos de insumos e vida útil. Por isso, é perfeitamente possível que determinado produto ofertado com o menor preço, ao longo do tempo, resulte em maior custo para a Administração, dados outros fatores relacionados ao seu funcionamento.

Dentre os exemplos de bens comuns afetados por essas nuances, menciona-se a impressora de papel, quando o custo do equipamento é reduzido, mas os cartuchos de tinta são excessivamente onerosos. Tal produto constaria com facilidade de proposta mais bem classificada e, nessa hipótese, o menor preço importaria maior dispêndio para a Administração do que se fosse adquirido produto de maior preço e menor custo de operação e manutenção.

A Lei n. 14.133/2021 confere inteligência ao conceito de menor preço, atrelando-o à economicidade contínua. Por isso, custos indiretos, relacionados a despesas de "manutenção, utilização, reposição, depreciação e impacto ambiental do objeto licitado, entre outros fatores vinculados ao seu ciclo de vida, poderão ser considerados para a definição do menor dispêndio" (art. 34, § 1º, da Lei n. 14.133/2021).

Nesse diapasão, fica muito claro que o critério "menor preço" sempre estará associado a padrões mínimos de qualidade, segurança, utilidade, rendimento e resistência.

Maior desconto

O critério de julgamento por **maior desconto** é aplicável quando a Administração, para a contratação de obras e serviços de engenharia, possui suficiente conhecimento sobre os valores praticados no mercado para o objeto da contratação.

Vislumbre-se a realização de obras baseadas em projetos idênticos, variáveis apenas no que concerne à localização, de maneira que a precificação seria adequadamente realizada mediante a aplicação de custos referenciais.

Inspirando-se no conteúdo do § 2º do art. 19 do RDC, o § 2º do art. 34 da Lei n. 14.133/2021 dispõe que "o julgamento por maior desconto terá como referência o preço global fixado no edital de licitação, e o desconto será estendido aos eventuais termos aditivos".

Em similitude ao regramento do RDC, o maior desconto incidirá sobre o preço global e afetará o termo aditivo, se celebrado. A norma em comento impossibilita a prática do conhecido "jogo de planilha", quando o licitante, conhecedor das imperfeições do projeto básico, superdimensiona os valores de itens para os quais identifica que serão necessários acréscimos, por meio de futuro termo aditivo necessário para viabilizar a conclusão da obra, locupletando-se em prejuízo da Administração.

Melhor técnica ou conteúdo artístico

O critério de julgamento por **melhor técnica ou conteúdo artístico** aplica-se à licitação para a contratação de projetos e trabalhos de natureza técnica, científica ou artística, para o que a Administração definirá previamente o prêmio ou a remuneração atribuída à vencedora.

Esse critério de julgamento, a reger contratações peculiares, tem importância quando a Administração conhece os requisitos que pretende alcançar, mas não o seu modo, atribuindo liberdade de criação aos licitantes, para que suas propostas sejam avaliadas mediante parâmetros objetivos.

Em situações dessa natureza, possibilita-se a escolha, avaliadas as propostas ofertadas à Administração, daquela que melhor realize o objeto. Igualmente, esse critério de julgamento permite a competição em contratações de conteúdo artístico, a exemplo das cerimônias esportivas durante a Copa do Mundo de 2014 e as Olimpíadas de 2016, na cidade do Rio de Janeiro, eventos que motivaram a edição do RDC, com vistas à celeridade das contratações.

Técnica e preço

O critério de **técnica e preço** segue os mesmos moldes da Lei n. 8.666/93, de forma a considerar a pontuação obtida da ponderação entre os quesitos técnicos e a proposta de preço, para licitações em que o menor preço não se revele como critério adequado, porquanto atinente a objetos de maior complexidade especificativa ou obrigacional.

Para o emprego desse critério de julgamento, o § 1º do art. 36 da Lei n. 14.133/2021 obriga a demonstração em Estudo Técnico Preliminar da prevalência da qualidade técnica das propostas, em relação aos requisitos especificados no edital, para a satisfação dos fins pretendidos pela Administração.

O critério de técnica e preço é aplicável preferencialmente para serviços técnicos especializados de natureza predominantemente intelectual, serviços majoritariamente dependentes de tecnologia sofisticada e de domínio restrito, bens e serviços especiais de Tecnologia da Informação e Comunicação (TIC), obras e serviços especiais de engenharia.

O julgamento por técnica e preço também é cabível para a licitação de objetos que admitam soluções específicas e alternativas e variações de execução que puderem ser adotadas à livre escolha das licitantes.

Questão bastante sensível refere-se ao *quantum* de valoração da proposta técnica, sobre o que havia certa lacuna legislativa no regime jurídico da Lei n. 8.666/93. Ao se espelhar na disciplina do § 2º do art. 20 do RDC, o § 2º do art. 36 da Lei n. 14.133/2021 determina a proporção máxima de 70% (setenta por cento) de valoração para a proposta técnica.

Para a atribuição de notas aos quesitos técnicos, formar-se-á banca com no mínimo três membros, agentes públicos ou profissionais contratados por seu reconhecido conhecimento sobre a matéria. Ademais, o desempenho passado em contratações com a Administração Pública, consignado em cadastro de atesto de cumprimento de obrigações – por ser regulamentado –, deve ser considerado na pontuação técnica.

É obrigatório o julgamento por melhor técnica ou técnica e preço para contratações com valor estimado superior a trezentos mil reais, cujo objeto seja estudo técnico, planejamento, projeto básico, projeto executivo, fiscalização, supervisão e gerenciamento de obras e serviços, serviços de controle de qualidade e tecnológico, análises, testes e ensaios de campo e laboratoriais, instrumentação e monitoramento de parâmetros específicos de obras.

Maior lance

O critério de julgamento por **maior lance** observa normas semelhantes às regidas pela Lei n. 8.666/93, aplicável somente à modalidade leilão.

O art. 56, § 3º, I, da Lei n. 14.133/2021, aperfeiçoa o regramento pertinente à apresentação de lances, ao dispor que, quando adotado o critério de maior lance, serão intermediários aqueles iguais ou inferiores ao maior ofertado.

Evidentemente, essa definição de lances intermediários aplica-se somente quando adotado o critério de maior lance, hipótese em que a Administração é quem dispõe dos bens ou direitos.

A licitação de maior lance é a que busca mais benefícios econômicos para a Administração Pública, em regra consiste na maior oferta em pecúnia, mas pode consistir em outras vantagens economicamente mensuráveis para o Poder Público.

Maior retorno econômico

O critério de julgamento por **maior retorno econômico** inspira-se no art. 23 do RDC, cuja disciplina jurídica a Lei n. 14.133/2021 transcreve, e destina-se unicamente à celebração de contratos de eficiência.

O contrato de eficiência visa à "prestação de serviços, que pode incluir a realização de obras e o fornecimento de bens, com o objetivo de proporcionar economia ao contratante, na forma de redução de despesas correntes" (art. 6º, LIII, da Lei n. 14.133/2021). Nessa espécie de contrato, a remuneração do contratado é diretamente proporcional à economia gerada para a Administração.

A licitação sob esse critério de julgamento requer a apresentação, pelos licitantes, de:

(i)   proposta de trabalho que contemple as obras, serviços ou bens e prazos de entrega, tal como a economia estimada, expressa em grandeza física e seu equivalente monetário; e

(ii) proposta de preços.

Será vencedora a proposta que proporcionar maior economia, deduzido o valor da proposta de preço. Na execução contratual, se a economia efetiva for inferior, a variação será descontada da remuneração do contratado.

Art. 34. O julgamento por menor preço ou maior desconto e, quando couber, por técnica e preço considerará o menor dispêndio para a Administração, atendidos os parâmetros mínimos de qualidade definidos no edital de licitação.

DISPOSITIVO CORRELATO (Lei n. 12.462/2011)
Art. 19. O julgamento pelo menor preço ou maior desconto considerará o menor dispêndio para a administração pública, atendidos os parâmetros mínimos de qualidade definidos no instrumento convocatório.

§ 1º Os custos indiretos, relacionados com as despesas de manutenção, utilização, reposição, depreciação e impacto ambiental do objeto licitado, entre outros fatores vinculados ao seu ciclo de vida, poderão ser considerados para a definição do menor dispêndio, sempre que objetivamente mensuráveis, conforme disposto em regulamento.

DISPOSITIVO CORRELATO (Lei n. 12.462/2011)
Art. 19. [...] § 1º Os custos indiretos, relacionados com as despesas de manutenção, utilização, reposição, depreciação e impacto ambiental, entre outros fatores, poderão ser considerados para a definição do menor dispêndio, sempre que objetivamente mensuráveis, conforme dispuser o regulamento.

§ 2º O julgamento por maior desconto terá como referência o preço global fixado no edital de licitação, e o desconto será estendido aos eventuais termos aditivos.

DISPOSITIVO CORRELATO (Lei n. 12.462/2011)
Art. 19. [...] § 2º O julgamento por maior desconto terá como referência o preço global fixado no instrumento convocatório, sendo o desconto estendido aos eventuais termos aditivos.

COMENTÁRIOS

Menor dispêndio

É importante compreender que determinado produto, serviço ou sistema possui preço absoluto e relativo. O preço absoluto consiste exatamente no valor pelo qual o produto é ofertado, enquanto o preço relativo se extrai de sua comparação com outros produtos existentes.

O custo total de um produto, por sua vez, resulta não apenas de seu valor imediato de aquisição, mas por diversos custos que lhe são correlatos, como, por exemplo, contratações acessórias para assegurar o adequado funcionamento do bem ou prestação do serviço.

O **menor dispêndio** deve ser mensurado a partir de todos os impactos econômicos decorrentes da contratação.

Custos indiretos

Não é acontecimento raro que determinado produto, embora adquirido por preço reduzido, apresente onerosas condições de operação e manutenção. Suponha-se, por exemplo, veículo automotor, embarcação ou aeronave que, adquirida por preço inferior àqueles ofertados por outros licitantes para produtos de mesma qualidade, apresente onerosos custos de operação, resultantes de maior consumo de combustível, ou altos custos de manutenção, por demandar substituição de componentes em menor período.

Portanto, a quantificação do menor dispêndio deve levar em conta os **custos indiretos**, relacionados com as despesas de manutenção, utilização, reposição, depreciação e impacto ambiental do objeto licitado, entre outros fatores vinculados ao seu ciclo de vida.

A exemplo dos custos de manutenção, destacam-se os seguintes:

a) **custos diretos:** abrangem mão de obra, ferramentas, insumos, peças sobressalentes e serviços necessários para o uso do bem;

b) **custos indiretos:** decorrem da depreciação do equipamento, relacionando-se às suas condições de manutenção e ciclo de vida;

c) **custos induzidos:** relacionam-se ao impacto ao processo de trabalho causado por falha de manutenção.

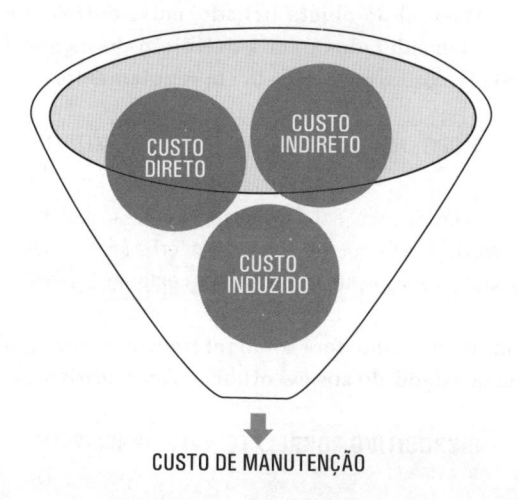

CUSTO DE MANUTENÇÃO

Art. 35. O julgamento por melhor técnica ou conteúdo artístico considerará exclusivamente as propostas técnicas ou artísticas apresentadas pelos licitantes, e o edital deverá definir o prêmio ou a remuneração que será atribuída aos vencedores.

DISPOSITIVO CORRELATO (Lei n. 12.462/2011)
Art. 21. O julgamento pela melhor técnica ou pelo melhor conteúdo artístico considerará exclusivamente as propostas técnicas ou artísticas apresentadas pelos licitantes com base em critérios objetivos previamente estabelecidos no instrumento convocatório, no qual será definido o prêmio ou a remuneração que será atribuída aos vencedores.

Parágrafo único. O critério de julgamento de que trata o *caput* deste artigo poderá ser utilizado para a contratação de projetos e trabalhos de natureza técnica, científica ou artística.

DISPOSITIVO CORRELATO (Lei n. 12.462/2011)

Art. 21. [...]

Parágrafo único. O critério de julgamento referido no *caput* deste artigo poderá ser utilizado para a contratação de projetos, inclusive arquitetônicos, e trabalhos de natureza técnica, científica ou artística, excluindo-se os projetos de engenharia.

COMENTÁRIOS

O parágrafo único do art. 35 da Lei n. 14.133/2021 dispõe que o julgamento por melhor técnica ou conteúdo artístico poderá ser utilizado para a contratação de projetos e trabalhos de natureza técnica, científica ou artística.

A *contrario sensu*, para a contratação de outros objetos não se justifica o emprego desse critério de julgamento, isso porque as atividades de natureza técnica, científica ou artísticas reportam-se aos nichos de conhecimento em que a criatividade e capacidade de inovação conformam elementos essenciais, a fundamentar a valoração exclusiva da proposta técnica.

Art. 36. O julgamento por técnica e preço considerará a maior pontuação obtida a partir da ponderação, segundo fatores objetivos previstos no edital, das notas atribuídas aos aspectos de técnica e de preço da proposta.

DISPOSITIVO CORRELATO (Lei n. 8.666/93)

Art. 46. [...]

§ 2º Nas licitações do tipo «técnica e preço» será adotado, adicionalmente ao inciso I do parágrafo anterior, o seguinte procedimento claramente explicitado no instrumento convocatório:

I – será feita a avaliação e a valorização das propostas de preços, de acordo com critérios objetivos preestabelecidos no instrumento convocatório;

---

§ 1º O critério de julgamento de que trata o *caput* deste artigo será escolhido quando estudo técnico preliminar demonstrar que a avaliação e a ponderação da qualidade técnica das propostas que superarem os requisitos mínimos estabelecidos no edital forem relevantes aos fins pretendidos pela Administração nas licitações para contratação de:

I – serviços técnicos especializados de natureza predominantemente intelectual, caso em que o critério de julgamento de técnica e preço deverá ser preferencialmente empregado;

DISPOSITIVO CORRELATO (Lei n. 8.666/93)

Art. 46. Os tipos de licitação "melhor técnica" ou "técnica e preço" serão utilizados exclusivamente para serviços de natureza predominantemente intelectual, em especial na elaboração de projetos, cálculos, fiscalização, supervisão e gerenciamento e de engenharia consultiva em geral e, em particular, para a elaboração de estudos técnicos preliminares e projetos básicos e executivos, ressalvado o disposto no § 4º do artigo anterior. (Redação dada pela Lei n. 8.883, de 1994.)

II – serviços majoritariamente dependentes de tecnologia sofisticada e de domínio restrito, conforme atestado por autoridades técnicas de reconhecida qualificação;

DISPOSITIVO CORRELATO (Lei n. 8.666/93)

Art. 46. [...]

§ 3º Excepcionalmente, os tipos de licitação previstos neste artigo poderão ser adotados, por autorização expressa e mediante justificativa circunstanciada da maior autoridade da Administração promotora constante do ato convocatório, para fornecimento de bens e execução de obras ou prestação de serviços de grande vulto majoritariamente dependentes de tecnologia nitidamente sofisticada e de domínio restrito, atestado por autoridades técnicas de reconhecida qualificação, nos casos em que o objeto pretendido admitir soluções alternativas e variações de execução, com repercussões significativas sobre sua qualidade, produtividade, rendimento e durabilidade concretamente mensuráveis, e estas puderem ser adotadas à livre escolha dos licitantes, na conformidade dos critérios objetivamente fixados no ato convocatório.

III – bens e serviços especiais de tecnologia da informação e de comunicação;

DISPOSITIVO CORRELATO (Lei n. 8.666/93)

Art. 45. [...]

§ 4º Para contratação de bens e serviços de informática, a administração observará o disposto no art. 3º da Lei n. 8.248, de 23 de outubro de 1991, levando em conta os fatores especificados em seu parágrafo 2º e adotando obrigatoriamente o tipo de licitação "técnica e preço", permitido o emprego de outro tipo de licitação nos casos indicados em decreto do Poder Executivo. (Redação dada pela Lei n. 8.883, de 1994.)

IV – obras e serviços especiais de engenharia;

V – objetos que admitam soluções específicas e alternativas e variações de execução, com repercussões significativas e concretamente mensuráveis sobre sua qualidade, produtividade, rendimento e durabilidade, quando essas soluções e variações puderem ser adotadas à livre escolha dos licitantes, conforme critérios objetivamente definidos no edital de licitação.

§ 2º No julgamento por técnica e preço, deverão ser avaliadas e ponderadas as propostas técnicas e, em seguida, as propostas de preço apresentadas pelos licitantes, na proporção máxima de 70% (setenta por cento) de valoração para a proposta técnica.

DISPOSITIVO CORRELATO (Lei n. 12.462/2011)

Art. 20. [...]

§ 2º É permitida a atribuição de fatores de ponderação distintos para valorar as propostas técnicas e de preço, sendo o percentual de ponderação mais relevante limitado a 70% (setenta por cento).

§ 3º O desempenho pretérito na execução de contratos com a Administração Pública deverá ser considerado na pontuação técnica, observado o disposto nos §§ 3º e 4º do art. 88 desta Lei e em regulamento.

COMENTÁRIOS

O § 1º do art. 36 da Lei n. 14.133/2021 traz disposição relevantíssima: a indicação em estudo técnico preliminar de que o critério de julgamento por técnica e preço for considerada a melhor opção para o êxito da contratação.

Da leitura da norma, depreende-se que a fundamentação mediante estudo técnico preliminar é condição indispensável para a adoção desse critério de julgamento.

A partir dessa obrigação, dirigida ao gestor público, a Lei n. 14.133/2021 minimiza as possibilidades de escolhas arbitrárias quando, embora o objeto da contratação possibilite a escolha do critério de julgamento por técnica e preço, as circunstâncias do caso concreto apontem que nenhuma consequência advirá dessa opção senão a majoração do valor contratado.

Art. 37. O julgamento por melhor técnica ou por técnica e preço deverá ser realizado por:

I – verificação da capacitação e da experiência do licitante, comprovadas por meio da apresentação de atestados de obras, produtos ou serviços previamente realizados;

II – atribuição de notas a quesitos de natureza qualitativa por banca designada para esse fim, de acordo com orientações e limites definidos em edital, considerados a demonstração de conhecimento do objeto, a metodologia e o programa de trabalho, a qualificação das equipes técnicas e a relação dos produtos que serão entregues;

III – atribuição de notas por desempenho do licitante em contratações anteriores aferida nos documentos comprobatórios de que trata o § 3º do art. 88 desta Lei e em registro cadastral unificado disponível no Portal Nacional de Contratações Públicas (PNCP).

§ 1º A banca referida no inciso II do *caput* deste artigo terá no mínimo 3 (três) membros e poderá ser composta de:

I – servidores efetivos ou empregados públicos pertencentes aos quadros permanentes da Administração Pública;

II – profissionais contratados por conhecimento técnico, experiência ou renome na avaliação dos quesitos especificados em edital, desde que seus trabalhos sejam supervisionados por profissionais designados conforme o disposto no art. 7º desta Lei.

§ 2º Ressalvados os casos de inexigibilidade de licitação, na licitação para contratação dos serviços técnicos especializados de natureza predominantemente intelectual previstos nas alíneas *a, d* e *h* do inciso XVIII do *caput* do art. 6º desta Lei cujo valor estimado da contratação seja superior a R$ 300.000,00 (trezentos mil reais), o julgamento será por:

I – melhor técnica; ou

II – técnica e preço, na proporção de 70% (setenta por cento) de valoração da proposta técnica.

COMENTÁRIOS

Contratações anteriores

Mostra-se bastante salutar a pontuação decorrente de contratações pretéritas exitosas com a Administração Pública, a requerer a construção de reputação positiva na relação entre o licitante e a Administração.

Se determinada empresa tem histórico de bom desempenho em contratações públicas, significa que os negócios públicos são valiosos para o seu funcionamento, merecendo a devida qualificação, porquanto tal evidência diminui os riscos de inadimplemento e, por conseguinte, contribui para a eficácia da licitação.

Pessoal para avaliação dos quesitos técnicos

Haverá ocasiões em que o órgão ou entidade não possui, em seu quadro de pessoal, agentes públicos qualificados para a avaliação dos quesitos de natureza técnica, a justificar a contratação de pessoas dotadas de conhecimento e experiência para o desempenho desse mister.

Todavia, seus trabalhos devem ser supervisionados por agentes públicos integrantes dos quadros permanentes da Administração.

Restabelecimento do § 2º

O § 2º do artigo em tela foi vetado pelo Presidente da República, sob os seguintes argumentos:

"Razões do veto

A propositura legislativa prevê a obrigatoriedade de julgamento por melhor técnica e técnica e preço nos serviços técnicos especializados de natureza predominantemente intelectual previstos nas alíneas *a, d* e *h* do inciso XVIII do *caput* do art. 6º desta Lei cujo valor estimado da contratação seja superior a R$ 300.000,00 (trezentos mil reais).

Entretanto, e embora a boa intenção do legislador, a medida contraria o interesse público, já que cabe ao gestor, analisando caso a caso, vocacionado no poder discricionário e com base na Lei, decidir, a depender do objeto a adoção do critério de julgamento.

Ademais, esta imposição, vinculada – critério de julgamento com base na melhor técnica ou técnica e preço –, não se mostra a mais adequada e fere o interesse público, tendo em vista que não se opera para todos os casos possíveis de contratação, ao contrário, poderá haver um descompasso entre a complexidade/rigor da forma de julgamento versus objeto de pouca complexidade que prescindem de valoração por técnica e preço."

Apesar de o veto ter sido derrubado pelo Congresso Nacional, portanto a norma integra o ordenamento jurídico, entende-se que os argumentos usados no veto do Presidente da República são pertinentes, pois a imposição dos dois critérios de julgamento, sendo que um deles com a exata proporção entre técnica e preço, retira a necessária discricionariedade do gestor público para avaliar, no caso concreto, a possibilidade de utilizar os demais critérios.

Art. 38. No julgamento por melhor técnica ou por técnica e preço, a obtenção de pontuação devido à capacitação técnico-profissional exigirá que a execução do respectivo contrato tenha participação direta e pessoal do profissional correspondente.

COMENTÁRIOS

Se o diferencial constante da proposta técnica é o ponto de maior relevância para a valoração da capacidade técnico-profissional, nenhuma razão haveria para subcontratar ou atribuir a pessoa diversa a execução do contrato, cuja obrigação satisfaz conteúdo personalíssimo.

Obviamente, situações excepcionais, como a cassação de registro profissional ou de habilitação emitida por entidade de classe, constituem fatos supervenientes a demandar solução mediante as circunstâncias do caso concreto, ponderando-se excepcionalmente pela plausibilidade de substituição por profissional revestido de igual ou superior qualificação, almejando-se a satisfatória execução do objeto.

Art. 39. O julgamento por maior retorno econômico, utilizado exclusivamente para a celebração de contrato de eficiência, considerará a maior economia para a Administração, e a remuneração deverá ser fixada em percentual que incidirá de forma proporcional à economia efetivamente obtida na execução do contrato.

DISPOSITIVO CORRELATO (Lei n. 12.462/2011)
Art. 23. No julgamento pelo maior retorno econômico, utilizado exclusivamente para a celebração de contratos de eficiência, as propostas serão consideradas de forma a selecionar a que proporcionará a maior economia para a administração pública decorrente da execução do contrato.

§ 1º Nas licitações que adotarem o critério de julgamento de que trata o *caput* deste artigo, os licitantes apresentarão:

I – proposta de trabalho, que deverá contemplar:

DISPOSITIVO CORRELATO (Lei n. 12.462/2011)
Art. 23. [...]   § 2º Na hipótese prevista no *caput* deste artigo, os licitantes apresentarão propostas de trabalho e de preço, conforme dispuser o regulamento.

a) as obras, os serviços ou os bens, com os respectivos prazos de realização ou fornecimento;

b) a economia que se estima gerar, expressa em unidade de medida associada à obra, ao bem ou ao serviço e em unidade monetária;

II – proposta de preço, que corresponderá a percentual sobre a economia que se estima gerar durante determinado período, expressa em unidade monetária.

§ 2º O edital de licitação deverá prever parâmetros objetivos de mensuração da economia gerada com a execução do contrato, que servirá de base de cálculo para a remuneração devida ao contratado.

§ 3º Para efeito de julgamento da proposta, o retorno econômico será o resultado da economia que se estima gerar com a execução da proposta de trabalho, deduzida a proposta de preço.

§ 4º Nos casos em que não for gerada a economia prevista no contrato de eficiência:

DISPOSITIVO CORRELATO (Lei n. 12.462/2011)
Art. 23. [...] § 3º Nos casos em que não for gerada a economia prevista no contrato de eficiência:

I – a diferença entre a economia contratada e a efetivamente obtida será descontada da remuneração do contratado;

DISPOSITIVO CORRELATO (Lei n. 12.462/2011)
Art. 23. [...] § 3º [...] I – a diferença entre a economia contratada e a efetivamente obtida será descontada da remuneração da contratada;

II – se a diferença entre a economia contratada e a efetivamente obtida for superior ao limite máximo estabelecido no contrato, o contratado sujeitar-se-á, ainda, a outras sanções cabíveis.

DISPOSITIVO CORRELATO (Lei n. 12.462/2011)
Art. 23. [...] § 3º [...] II – se a diferença entre a economia contratada e a efetivamente obtida for superior à remuneração da contratada, será aplicada multa por inexecução contratual no valor da diferença; e III – a contratada sujeitar-se-á, ainda, a outras sanções cabíveis caso a diferença entre a economia contratada e a efetivamente obtida seja superior ao limite máximo estabelecido no contrato.

COMENTÁRIOS

No julgamento pelo maior retorno econômico, utilizado exclusivamente para a celebração de contratos de eficiência, as propostas serão consideradas de forma a selecionar a que proporcionará a maior economia para a Administração Pública decorrente da execução do contrato.

Neste caso, os licitantes apresentarão propostas de trabalho e de preço. O contrato de eficiência terá por objeto a prestação de serviços, que pode incluir a realização de obras e o fornecimento de bens, com o objetivo de proporcionar economia ao contratante, na forma de redução de despesas correntes, sendo o contratado remunerado com base em percentual da economia gerada.

Seção IV
Disposições Setoriais

Subseção I
Das Compras

Art. 40. O planejamento de compras deverá considerar a expectativa de consumo anual e observar o seguinte:

I – condições de aquisição e pagamento semelhantes às do setor privado;

DISPOSITIVO CORRELATO (Lei n. 8.666/93)

Art. 15. As compras, sempre que possível, deverão: [...]

III – submeter-se às condições de aquisição e pagamento semelhantes às do setor privado;

II – processamento por meio de sistema de registro de preços, quando pertinente;

DISPOSITIVO CORRELATO (Lei n. 8.666/93)

Art. 15. [...]

II – ser processadas através de sistema de registro de preços;

III – determinação de unidades e quantidades a serem adquiridas em função de consumo e utilização prováveis, cuja estimativa será obtida, sempre que possível, mediante adequadas técnicas quantitativas, admitido o fornecimento contínuo;

DISPOSITIVO CORRELATO (Lei n. 8.666/93)

Art. 15. [...]

§ 7º Nas compras deverão ser observadas, ainda: [...]

II – a definição das unidades e das quantidades a serem adquiridas em função do consumo e utilização prováveis, cuja estimativa será obtida, sempre que possível, mediante adequadas técnicas quantitativas de estimação;

IV – condições de guarda e armazenamento que não permitam a deterioração do material;

DISPOSITIVO CORRELATO (Lei n. 8.666/93)

Art. 15. [...]

§ 7º [...]

III – as condições de guarda e armazenamento que não permitam a deterioração do material.

V – atendimento aos princípios:

a) da padronização, considerada a compatibilidade de especificações estéticas, técnicas ou de desempenho;

DISPOSITIVO CORRELATO (Lei n. 8.666/93)

Art. 15. [...]

I – atender ao princípio da padronização, que imponha compatibilidade de especificações técnicas e de desempenho, observadas, quando for o caso, as condições de manutenção, assistência técnica e garantia oferecidas;

---

b) do parcelamento, quando for tecnicamente viável e economicamente vantajoso;

DISPOSITIVO CORRELATO (Lei n. 8.666/93)

Art. 15. [...]

IV – ser subdivididas em tantas parcelas quantas necessárias para aproveitar as peculiaridades do mercado, visando economicidade;

c) da responsabilidade fiscal, mediante a comparação da despesa estimada com a prevista no orçamento.

DISPOSITIVO CORRELATO (Lei n. 8.666/93)

Art. 14. Nenhuma compra será feita sem a adequada caracterização de seu objeto e indicação dos recursos orçamentários para seu pagamento, sob pena de nulidade do ato e responsabilidade de quem lhe tiver dado causa.

§ 1º O termo de referência deverá conter os elementos previstos no inciso XXIII do *caput* do art. 6º desta Lei, além das seguintes informações:

I – especificação do produto, preferencialmente conforme catálogo eletrônico de padronização, observados os requisitos de qualidade, rendimento, compatibilidade, durabilidade e segurança;

II – indicação dos locais de entrega dos produtos e das regras para recebimentos provisório e definitivo, quando for o caso;

III – especificação da garantia exigida e das condições de manutenção e assistência técnica, quando for o caso.

§ 2º Na aplicação do princípio do parcelamento, referente às compras, deverão ser considerados:

DISPOSITIVO CORRELATO (Lei n. 8.666/93)

Art. 23. [...]

§ 1º As obras, serviços e compras efetuadas pela Administração serão divididas em tantas parcelas quantas se comprovarem técnica e economicamente viáveis, procedendo-se à licitação com vistas ao melhor aproveitamento dos recursos disponíveis no mercado e à ampliação da competitividade sem perda da economia de escala. (Redação dada pela Lei n. 8.883, de 1994.)

I – a viabilidade da divisão do objeto em lotes;

II – o aproveitamento das peculiaridades do mercado local, com vistas à economicidade, sempre que possível, desde que atendidos os parâmetros de qualidade; e

III – o dever de buscar a ampliação da competição e de evitar a concentração de mercado.

§ 3º O parcelamento não será adotado quando:

I – a economia de escala, a redução de custos de gestão de contratos ou a maior vantagem na contratação recomendar a compra do item do mesmo fornecedor;

II – o objeto a ser contratado configurar sistema único e integrado e houver a possibilidade de risco ao conjunto do objeto pretendido;

III – o processo de padronização ou de escolha de marca levar a fornecedor exclusivo.

§ 4º Em relação à informação de que trata o inciso III do § 1º deste artigo, desde que fundamentada em estudo técnico preliminar, a Administração poderá exigir que os serviços de manutenção e assistência técnica sejam prestados mediante deslocamento de técnico ou disponibilizados em unidade de prestação de serviços localizada em distância compatível com suas necessidades.

COMENTÁRIOS

O parcelamento do objeto é medida efetiva para a maximização do universo de competidores, em benefício da Administração e dos agentes econômicos, catalisando-se o poder de compra da Administração.

Porém, em determinados casos, o parcelamento impõe elevados ônus para a gestão de contratos, porque em vez de um único contrato, pode resultar em vários, sendo conhecida a insuficiência de pessoal em relevante parcela dos órgãos e entidades.

Dessa forma, o parcelamento pode surtir efeito inverso: causar prejuízo ao funcionamento da Administração, em ofensa ao princípio da eficiência.

Ademais, conforme o objeto, há de se considerar os custos logísticos, que podem ser mitigados quando do transporte de grandes volumes, e dos custos marginais de produção, que podem alcançar ponto ótimo quando do suprimento de grandes demandas.

Nessas circunstâncias, justifica-se a contratação da totalidade junto a um mesmo fornecedor.

Art. 41. No caso de licitação que envolva o fornecimento de bens, a Administração poderá excepcionalmente:

DISPOSITIVO CORRELATO (Lei n. 12.462/2011)
Art. 7º No caso de licitação para aquisição de bens, a administração pública poderá:

I – indicar uma ou mais marcas ou modelos, desde que formalmente justificado, nas seguintes hipóteses:

DISPOSITIVO CORRELATO (Lei n. 12.462/2011)
Art. 7º [...] I – indicar marca ou modelo, desde que formalmente justificado, nas seguintes hipóteses:

a) em decorrência da necessidade de padronização do objeto;

DISPOSITIVO CORRELATO (Lei n. 12.462/2011)
Art. 7º [...] I – [...] a) em decorrência da necessidade de padronização do objeto;

b) em decorrência da necessidade de manter a compatibilidade com plataformas e padrões já adotados pela Administração;

c) quando determinada marca ou modelo comercializados por mais de um fornecedor forem os únicos capazes de atender às necessidades do contratante;

DISPOSITIVO CORRELATO (Lei n. 12.462/2011)
Art. 7º [...] I – [...] b) quando determinada marca ou modelo comercializado por mais de um fornecedor for a única capaz de atender às necessidades da entidade contratante; ou

d) quando a descrição do objeto a ser licitado puder ser mais bem compreendida pela identificação de determinada marca ou determinado modelo aptos a servir apenas como referência;

DISPOSITIVO CORRELATO (Lei n. 12.462/2011)

Art. 7º [...]

I – [...]

c) quando a descrição do objeto a ser licitado puder ser melhor compreendida pela identificação de determinada marca ou modelo aptos a servir como referência, situação em que será obrigatório o acréscimo da expressão "ou similar ou de melhor qualidade";

II – exigir amostra ou prova de conceito do bem no procedimento de pré-qualificação permanente, na fase de julgamento das propostas ou de lances, ou no período de vigência do contrato ou da ata de registro de preços, desde que previsto no edital da licitação e justificada a necessidade de sua apresentação;

DISPOSITIVO CORRELATO (Lei n. 12.462/2011)

Art. 7º [...]

II – exigir amostra do bem no procedimento de pré-qualificação, na fase de julgamento das propostas ou de lances, desde que justificada a necessidade da sua apresentação;

III – vedar a contratação de marca ou produto, quando, mediante processo administrativo, restar comprovado que produtos adquiridos e utilizados anteriormente pela Administração não atendem a requisitos indispensáveis ao pleno adimplemento da obrigação contratual;

IV – solicitar, motivadamente, carta de solidariedade emitida pelo fabricante, que assegure a execução do contrato, no caso de licitante revendedor ou distribuidor.

Parágrafo único. A exigência prevista no inciso II do *caput* deste artigo restringir-se-á ao licitante provisoriamente vencedor quando realizada na fase de julgamento das propostas ou de lances.

COMENTÁRIOS

A constatação da conformidade do produto entregue como amostra pode ocorrer mediante a verificação das especificações constantes de nota técnica ou manual do fabricante, por certificado de conformidade, laudo de ensaio, laudo de inspeção e outros meios hábeis de atestação.

A exigência de amostras pode ocorrer, conforme previsto no edital, no procedimento de pré-qualificação, na fase de julgamento das propostas ou de lances, durante a execução contratual ou vigência de ata de registro de preços.

O art. 42, § 3º, da Lei n. 14.133/2021, dispõe sobre a possibilidade de exame das amostras por "instituição com reputação ético-profissional na especialidade do objeto, previamente indicada no edital".

Não dispondo a Administração de pessoal qualificado para exame das amostras, é desejável que tal mister seja cumprido por instituição dotada de suficiente qualificação técnica, como organismos de avaliação de conformidade, institutos de pesquisa e laboratórios.

É de alta importância que o exame da amostra seja documentado com suficiente grau de precisão, com vistas à vinculação do licitante, evitando-se práticas indesejáveis – e antijurídicas – de fornecimento de exemplares em desconformidade com a amostra aprovada.

Art. 42. A prova de qualidade de produto apresentado pelos proponentes como similar ao das marcas eventualmente indicadas no edital será admitida por qualquer um dos seguintes meios:

I – comprovação de que o produto está de acordo com as normas técnicas determinadas pelos órgãos oficiais competentes, pela Associação Brasileira de Normas Técnicas (ABNT) ou por outra entidade credenciada pelo Inmetro;

II – declaração de atendimento satisfatório emitida por outro órgão ou entidade de nível federativo equivalente ou superior que tenha adquirido o produto;

III – certificação, certificado, laudo laboratorial ou documento similar que possibilite a aferição da qualidade e da conformidade do produto ou do processo de fabricação, inclusive sob o aspecto ambiental, emitido por instituição oficial competente ou por entidade credenciada.

§ 1º O edital poderá exigir, como condição de aceitabilidade da proposta, certificação de qualidade do produto por instituição credenciada pelo Conselho Nacional de Metrologia, Normalização e Qualidade Industrial (Conmetro).

DISPOSITIVO CORRELATO (Lei n. 12.462/2011)

Art. 7º [...]

III – solicitar a certificação da qualidade do produto ou do processo de fabricação, inclusive sob o aspecto ambiental, por qualquer instituição oficial competente ou por entidade credenciada; e

---

§ 2º A Administração poderá, nos termos do edital de licitação, oferecer protótipo do objeto pretendido e exigir, na fase de julgamento das propostas, amostras do licitante provisoriamente vencedor, para atender a diligência ou, após o julgamento, como condição para firmar contrato.

DISPOSITIVO CORRELATO (Lei n. 12.462/2011)

Art. 7º [...]

II – exigir amostra do bem no procedimento de pré-qualificação, na fase de julgamento das propostas ou de lances, desde que justificada a necessidade da sua apresentação;

---

§ 3º No interesse da Administração, as amostras a que se refere o § 2º deste artigo poderão ser examinadas por instituição com reputação ético-profissional na especialidade do objeto, previamente indicada no edital.

COMENTÁRIOS

Prova de qualidade

O art. 42, I, da Lei n. 14.133/2021 dispõe sobre a exigência, como prova de qualidade, da:

> [...] comprovação de que o produto está de acordo com as normas técnicas determinadas pelos órgãos oficiais competentes, pela Associação Brasileira de Normas Técnicas (ABNT) ou por outra entidade credenciada pelo Inmetro.

Por órgãos oficiais competentes, compreendem-se agências reguladoras e órgãos ou entidades revestidas de poder regulatório para a determinação de requisitos técnicos para o mercado, como o Inmetro.

No que concerne às normas da ABNT, a associação, pessoa jurídica de direito privado (art. 44, I, do Código Civil), não se reveste de poder extroverso, com o fim de determinar a terceiros o conteúdo de seus documentos normativos. A compulsoriedade de normas técnicas depende de regulamento, ato privativo de autoridade pública, ou da edição de lei em sentido formal.

Do texto "Associação Brasileira de Normas Técnicas (ABNT) ou por outra entidade credenciada pelo Inmetro", há de se compreender que o Inmetro não possui competência para credenciar organismos de normalização. Por meio da Resolução Conmetro n. 7/92, o Conmetro resolve "designar a Associação Brasileira de Normas Técnicas (ABNT) como o Foro Nacional de Normalização". Mais uma vez, revela-se impróprio o emprego do vocábulo *credenciamento*.

Certificação, certificado, laudo laboratorial ou documento similar

O art. 42, III, da Lei n. 14.133/2021 dispõe sobre a exigência, como prova de qualidade de produto:

> Certificação, certificado, laudo laboratorial ou documento similar que possibilite a aferição da qualidade e da conformidade do produto ou do processo de fabricação, inclusive sob o aspecto ambiental, emitido por instituição oficial competente ou por entidade credenciada.

Há confusão terminológica no texto legal, do qual poderia se inferir, erroneamente, que certificação e certificado são meios diversos para a atestação de conformidade de um produto.

Com efeito, **certificação** é mecanismo de avaliação da conformidade, é procedimento realizado com o fim de demonstrar o cumprimento de requisitos especificados em normas técnicas ou regulamentos. **Certificado** é, tão somente, o documento resultante do processo de certificação, é o documento que atesta a conformidade do produto.

Laudo, por sua vez, é o documento de atestação resultante de outro mecanismo de avaliação da conformidade: ensaio.

A expressão "documento similar" abarca a variedade de mecanismos de avaliação da conformidade de que a Administração pode lançar mão para assegurar o sucesso da licitação. Delimitar-nos-emos, dentre os mecanismos de avaliação da conformidade existentes, àqueles mais relevantes e propícios ao procedimento licitatório.

Conceito de avaliação da conformidade

O ambiente da normalização técnica estrutura-se por disciplinas e terminologias próprias, e cada norma se reveste de uma finalidade. Seu âmbito de aplicação pode ser específico ou geral, mas sempre determinado.

Muitas normas técnicas estipulam características sobre métodos de produção e elementos construtivos, funcionais, operacionais e, especialmente, de qualidade, segurança e desempenho. Esse conjunto de parâmetros que conformam um produto corresponde ao que se denomina requisitos.

Assim, desde que um produto – aqui compreendido em sentido lato, abrangendo produtos, serviços, processos organizacionais e sistemas – seja implementado de acordo com os requisitos descritos na norma técnica de referência, significa que esse produto está conforme a norma, daí sobressaindo o aspecto da conformidade.

A conformidade de um produto é atributo que incide tanto em relação às normas técnicas quanto aos regulamentos, uma vez que ambos os documentos normativos podem descrever requisitos.

Ao consumidor – e aqui se inclui o Estado – é praticamente impossível conhecer as características precisas dos produtos e serviços que consome, dada sua hipossuficiência técnica, haja vista que as especificações técnicas observam linguagem própria, segmentada em matérias científicas ou tecnológicas peculiares, quase sempre ininteligíveis para as pessoas leigas.

Esse universo de pessoas leigas não se restringe às pessoas físicas, abrangendo também pessoas jurídicas que, a depender de seu incipiente nível de estrutura e organização, não dispõem de mecanismos técnicos suficientes para a verificação dos atributos integrantes dos produtos que adquirem[153].

---

153 A esse respeito, no que tange às relações de consumo, a jurisprudência do Superior Tribunal de Justiça tem evoluído, passando a atribuir a qualidade de destinatário final a quem usa o bem em benefício próprio, independentemente de servir diretamente a uma atividade profissional, ampliando-se o conceito de consumidor, de modo a abranger as pessoas jurídicas, desde que demonstrada, em concreto, a vulnerabilidade técnica, jurídica ou econômica. Entre outros julgados: STJ, Acórdão 0179393-5/2008, 3ª Turma, rel. Min. Nancy Andrighi, Brasília/DF, 17-8-2009.

Para assegurar que determinado produto ou serviço foi concebido de acordo com as normas técnicas ou regulamentos pertinentes, pode-se lançar mão de mecanismos de avaliação de conformidade, isto é, procedimentos por meio dos quais seja atestado que o objeto avaliado está conforme os requisitos descritos em normas técnicas ou regulamentos.

É habitual a percepção dos mecanismos de avaliação de conformidade como variáveis da certificação, o que denota um equívoco. Por essa razão, os casos que chegam à apreciação dos órgãos jurisdicionais ou das cortes de contas geralmente tratam da figura da certificação.

Então, cabe esclarecer que a avaliação de conformidade pode ser processada mediante mecanismos distintos – no que tange principalmente aos métodos e graus de complexidade –, constituindo-se amplo gênero do qual a certificação é espécie, talvez a que desfrute de maior evidência, mas não a única.

Segundo a norma NBR ISO/IEC 17000, a avaliação de conformidade é "demonstração de que requisitos especificados relativos a um produto, processo, sistema, pessoa ou organismo são atendidos"[154].

O Acordo sobre Barreiras Técnicas ao Comércio descreve os procedimentos de avaliação de conformidade como "qualquer procedimento utilizado, direta ou indiretamente, para determinar que as prescrições pertinentes de regulamentos técnicos ou normas são cumpridos".

O Termo de Referência do Sistema Brasileiro de Avaliação da Conformidade, aprovado pela Resolução Conmetro n. 4, de 2 de dezembro de 2002, define a avaliação de conformidade como:

> [...] processo sistematizado, com regras predefinidas, devidamente acompanhado e avaliado, de forma a propiciar adequado grau de confiança de que um produto, processo ou serviço, ou ainda um profissional, atende a requisitos preestabelecidos em normas ou regulamentos.

A sistematização da atividade de avaliação de conformidade é crucial para as partes diretamente envolvidas nesse processo ou por ele beneficiadas. É desse componente que se extrai o adequado grau de confiança. É o que se quer satisfazer por meio da avaliação de conformidade: a confiança de que um produto cumpre as normas técnicas e regulamentos pertinentes.

Partes interessadas na avaliação de conformidade

Há diversas partes interessadas na avaliação da conformidade de um produto: a exemplo dos próprios fabricantes e prestadores de serviço e, de outro lado da relação jurídica, o consumidor.

Especial ênfase é concebida aos governos nacionais e às agências reguladoras.

Governo

Ao governo também interessa a avaliação de conformidade, em vista de seu papel de fomento ao desenvolvimento econômico, científico e tecnológico, que traduz uma das principais facetas contemporâneas do interesse público.

Esse interesse é salientado principalmente quando correlato a questões de saúde, segurança ou proteção ao meio ambiente, que muitas vezes constituem motivos suficientes para a edição de regulamentos que impõem aos agentes econômicos, compulsoriamente, a realização de avaliação de conformidade sobre determinado espectro de produtos e serviços.

Essas medidas fundamentam-se no princípio da supremacia do interesse público sobre o particular. De igual modo, a avaliação de conformidade pode ser utilizada como elemento especificativo em licitações públicas com vistas à demonstração de certas qualidades inerentes ao objeto da contratação almejada.

---

154 ASSOCIAÇÃO BRASILEIRA DE NORMAS TÉCNICAS. *ABNT NBR ISO/IEC 17000: 2005: avaliação de conformidade:* vocabulário e princípios gerais. Rio de Janeiro, 2005. p. 1.

Quando aplicado o instituto da avaliação de conformidade em licitações públicas, traduz-se a medida em duas vertentes: de um lado, como demonstração objetiva de atendimento a requisitos especificados, servindo como parâmetro de qualidade mínima das contratações governamentais; de outro, como uso do poder governamental de compra enquanto elemento de estímulo à elevação do nível de qualidade dos fornecedores, assumindo o Estado um modelo de gestão voltado à tutela e efetivação dos interesses da coletividade de consumidores.

Agências reguladoras

As agências reguladoras podem selecionar mecanismos de avaliação de conformidade adequados ao cumprimento das regulamentações vigentes, obtendo-se, paralelamente, a facilitação de sua atividade fiscalizatória, pautada em comparações objetivas sobre requisitos avaliados em relação às disposições regulamentares.

Estritamente no que tange aos temas de indisponível interesse público, a avaliação da conformidade pode ser imposta aos setores regulados, como pressuposto para a atuação em determinada área econômica.

Em outra linha, a avaliação da conformidade pode ser estimulada pelas agências reguladoras quando consistir em importante ferramenta de demonstração de qualidade de produtos ou serviços.

Mais, reside na avaliação da conformidade um aliado para a mitigação da assimetria de informações entre as agências reguladoras e os setores regulados, pois ainda que as agências tenham acesso a informações confidenciais dos agentes econômicos, a prerrogativa legal não assegura o conhecimento de todos os aspectos técnicos, operacionais e comerciais envolvidos na implementação dos negócios.

No âmbito da regulação técnica, as agências estabelecem requisitos de qualidade, segurança, proteção à vida e ao meio ambiente, entre outros aspectos que justifiquem a intervenção no domínio econômico.

Dessa forma, a avaliação da conformidade por terceiros economicamente desinteressados possibilita maior segurança sobre o cumprimento dos regulamentos ou contratos de acordo com os requisitos determinados.

Objetivos da avaliação de conformidade

Os objetivos da avaliação da conformidade traduzem-se na transformação da realidade sob algum aspecto técnico, do qual resultam melhorias no cenário tecnológico, econômico, social ou ambiental.

Dentre os diversos objetivos da avaliação da conformidade, destacamos os que atendem aos princípios regentes das licitações:

Concorrência justa

A livre concorrência, constituída como dogma fundamental da atividade econômica, não é ilimitada. Os agentes econômicos têm por limites de sua atuação o interesse público tutelado pelas atividades de intervenção estatal no domínio econômico, nos princípios norteadores da participação no mercado de bens e serviços, nos regulamentos instituídos pelo Poder Público e, por decisão dos particulares, de seus pactos contratuais.

O princípio da concorrência justa quer dizer que a atividade econômica, conquanto fundada na livre-iniciativa, adstringe-se às leis do mercado e às limitações impostas pelo ordenamento jurídico.

Nesse jaez, o controle do Poder Público e dos particulares, contra as práticas anticoncorrenciais decorrentes de desvios de cunho técnico, como o *dumping* ambiental, encontram na avaliação da conformidade um poderoso instrumento de auxílio.

Isso porque a avaliação da conformidade assegura, com elevado grau de confiança, que produtos, processos e serviços atendem aos requisitos preestabelecidos para determinado setor produtivo.

Melhoria da qualidade

As normas técnicas de requisitos são baseadas em princípios estruturais de gestão de processos, tendo como um de seus pilares a busca da melhoria contínua, a partir de instrumentos de monitoramento, medição, controle e análise de resultados.

Ainda que a empresa ou organização tenha posição de liderança no mercado, a evolução tecnológica e circunstâncias variáveis como a preferência dos consumidores impõem aos mecanismos de produção um certo processo de obsolescência, cuja superação requer um eficiente programa de melhoria da qualidade.

A busca por melhoria contínua inspirou diversos programas de qualidade total, tendo como documento normativo de maior evidência mundial a norma ISO 9001, que dispõe sobre requisitos de sistemas de gestão da qualidade. Essa norma é, portanto, uma norma de sistema de gestão.

Todavia, mesmo as normas de produto ou de serviços adotam os princípios de melhoria contínua da norma de sistema de gestão da qualidade como elementos reitores dos processos organizacionais, com vistas à excelência na realização do produto.

Como consequência, a avaliação da conformidade sobre esses aspectos permite a redução dos custos operacionais e a otimização do processo produtivo, incrementando-se o índice de retorno sobre os investimentos realizados.

Proteção ao consumidor

Uma vez que o consumidor é o destinatário do produto ou serviço, ele pode estipular a realização de mecanismos de avaliação da conformidade com vistas à comprovação dos requisitos dispostos em normas técnicas, especificações ou outros documentos normativos.

Essa exigência é comum quando a relação de consumo envolve consumidores que atuam em grau de escala, aplicando os insumos em seus processos de produção.

Por óbvio, esses consumidores não são protegidos pelo Código de Defesa do Consumidor, salvo se, apesar de seu porte econômico, for indubitável a presença de vulnerabilidade técnica, circunstância muito incomum.

Imagine-se, por exemplo, a existência de uma montadora de automóveis em uma cadeia de relações negociais. Empresas desse tipo adquirem do setor de autopeças componentes variados para aplicação em sua linha de produção e concepção do produto final. Com vistas a garantir requisitos de qualidade e padronização, é comum a exigência de avaliação da conformidade.

Ao consumidor amparado pelo Código de Defesa do Consumidor, segundo os parâmetros de vulnerabilidade jurídica, econômica ou técnica, a avaliação da conformidade também lhe assegura o grau de confiabilidade adequado para as suas decisões de consumo.

Isso ocorre quando o fornecedor implementa a avaliação da conformidade mediante decisão estratégica para o aperfeiçoamento de seu catálogo de produtos ou quando compelido pelo Poder Público, presentes razões que justifiquem a intervenção estatal.

Incentivo ao mercado

Assim como os mecanismos de avaliação da conformidade atuam como facilitadores do acesso ao mercado externo, também servem como instrumentos de proteção do mercado interno contra a entrada de produtos e serviços em desconformidade com os parâmetros de qualidade desejados pelos consumidores ou determinados pelas autoridades públicas.

Desta forma, a avaliação da conformidade atua sobre uma via de mão dupla. Em um sentido, serve de mecanismo facilitador para as exportações do agente econômico que atende às normas ou regulamentos técnicos pertinentes. De outro lado, o fornecedor que não dispõe de produtos com conformidade avaliada em seu catálogo depara-se com certas restrições ou mesmo impedimentos à concretização de relações comerciais.

Isso ocorre porque tem se tornado muito comum em todo o mundo a exigência de procedimentos de avaliação da conformidade como forma de comprovação do cumprimento de características gerais ou específicas de produtos e serviços, visando-se à garantia de padrões mínimos de desempenho, segurança e proteção à saúde e ao meio ambiente.

Desse modo, conquanto as normas nacionais e internacionais sejam voluntárias, e também os correspondentes mecanismos de avaliação da conformidade, seus efeitos as tornam quase obrigatórias, pois o fornecedor que conceba um produto desprovido dessas prerrogativas estará em franca desvantagem em relação aos demais concorrentes no mercado internacional.

Cabe mais uma vez ressaltar que, por razões de interesse público, um mecanismo de avaliação da conformidade pode ser exigido por autoridades governamentais, vinculando-se a avaliação da conformidade a um regulamento. Nessa hipótese, o Estado intervém na liberdade de atuação dos agentes privados na economia, tutelando interesses coletivos situados em patamar superior à livre-iniciativa.

Mecanismos de avaliação de conformidade

Existem diversos mecanismos de avaliação de conformidade, que os limites desta obra não possibilitam enumerar, razão por que nos limitaremos a indicar os mais relevantes para as licitações.

Ensaio

Ensaio é um mecanismo de "determinação de uma ou mais características de um objeto de avaliação de conformidade, de acordo com um procedimento"[155].

O objeto do ensaio pode ser um processo ou serviço, mas se aplica predominantemente aos produtos, sendo frequentemente utilizado como atividade de determinação integrante de outros mecanismos de avaliação de conformidade, como a inspeção e a certificação.

Também é o mecanismo mais conhecido pela sociedade, comumente divulgado como "teste de qualidade" de produtos, promovido por órgãos de fiscalização que atuam na defesa dos interesses dos consumidores[156].

Os ambientes de realização dos ensaios são, por excelência, os laboratórios, que podem ser operados por uma variedade de organizações, como instituições de pesquisa, indústrias, agências governamentais e organismos de normalização.

Existem laboratórios para uso interno das organizações e laboratórios que se dedicam à realização de ensaios para atender às demandas de terceiros. Aqueles realizam atestações de primeira parte; estes realizam atestações de terceira parte.

Nessa hipótese, em que o laboratório realiza avaliações para terceiros, convém demonstrar sua imparcialidade diante de pressões comerciais, financeiras ou qualquer intromissão externa que possa influenciar no julgamento técnico.

Há duas espécies de competência para atuação dos laboratórios: calibração e ensaio. O primeiro pertence ao domínio metrológico, e se concretiza por meio dos certificados de calibração. O segundo é o mecanismo de avaliação de conformidade aqui tratado, cuja atestação concretiza-se por meio do relatório de ensaio.

---

155 ASSOCIAÇÃO BRASILEIRA DE NORMAS TÉCNICAS. *ABNT NBR ISO/IEC 17000: 2005: avaliação de conformidade:* vocabulário e princípios gerais. Rio de Janeiro, 2005. p. 3.

156 A respeito, a seguinte notícia: "Muitas pessoas têm medo de tomar injeção, todo mundo sabe. O que essas pessoas podem não saber é que a dor consequente da picada pode estar relacionada a irregularidades na agulha. Em testes realizados pelo Inmetro foram analisadas 13 marcas de seringas e agulhas usadas para injetar medicamentos. [...] Do total, apenas duas marcas estavam com as amostras dentro da conformidade". Disponível em: <http://www.inmetro.gov.br/noticias/>. Acesso em: 15 fev. 2021.

O ensaio pode ser realizado segundo métodos normalizados, métodos não normalizados e métodos desenvolvidos pelo laboratório. Preferencialmente, utilizam-se métodos publicados em normas internacionais, regionais ou nacionais.

Porém, é possível que para determinado caso concreto não exista documento normativo que especifique os requisitos aplicáveis ao ensaio de uma amostra. Nessa situação, torna-se necessário o emprego de procedimentos não abrangidos por métodos normalizados.

A aplicação de métodos não normalizados requer sua prévia validação, que é a "confirmação por exame e fornecimento de evidência objetiva de que os requisitos específicos para um determinado uso pretendido são atendidos"[157].

Muitas vezes, o objeto do ensaio possui dimensões imensuráveis ou apresenta inviabilidade para o seu exame total. Tem-se por exemplos os ensaios de solo, de minérios, de frutas integrantes de uma safra.

Nessas circunstâncias, adota-se o ensaio por amostragem, procedimento pelo qual uma parte de uma substância, material ou produto é retirada para produzir uma amostra representativa do todo.

Assim, a partir da análise das características apresentadas pela amostra, perante os requisitos especificados, atesta-se a conformidade ou não conformidade do objeto, por meio do relatório de ensaio.

A implementação de um sistema de gestão da qualidade e de procedimentos de monitoramento de desempenho são pressupostos para que um laboratório produza dados consistentemente confiáveis.

O nível de confiabilidade sobre o laboratório pode ser significativamente incrementado por meio da realização de ensaio de proficiência, que é a "avaliação do desempenho do participante contra critérios preestabelecidos por meio de comparações interlaboratoriais"[158].

Inspeção

A inspeção é mecanismo de avaliação de conformidade realizado por meio da observação e julgamento, subsidiado, conforme o objeto, por medições, ensaios ou uso de calibres. Visa à determinação da conformidade às normas, regulamentos, especificações técnicas, esquemas de inspeção ou contrato e o subsequente relato de resultados.

O mecanismo consiste no "exame de um produto, processo, serviço ou instalação ou seu projeto e determinação de sua conformidade com requisitos específicos ou com requisitos gerais, com base em julgamento profissional"[159].

Ressalte-se o sensível ponto de distinção entre a inspeção e outros mecanismos de avaliação de conformidade: na inspeção, a atividade de análise crítica, voltada à verificação de atendimento de requisitos, decorre de um julgamento profissional.

Por essa razão, exigem-se do inspetor as habilidades, qualificações e experiência sobre os métodos e procedimentos de inspeção específicos para cada escopo.

O julgamento profissional não decorre, porém, de um amplo campo de discricionariedade ou subjetivismo, porque as atividades de seleção e determinação, bem como a análise sobre o resultado dessas atividades devem observar métodos e procedimentos de inspeção preestabelecidos pelo organismo de inspeção.

---

157 ASSOCIAÇÃO BRASILEIRA DE NORMAS TÉCNICAS. *ABNT NBR ISO/IEC 17025:2005:* Requisitos gerais para a competência de laboratórios de ensaio e calibração. Rio de Janeiro, 2005. p. 15.

158 ASSOCIAÇÃO BRASILEIRA DE NORMAS TÉCNICAS. *ABNT NBR ISO/IEC 17043:2011: Avaliação da conformidade* – Requisitos gerais para ensaios de proficiência. Rio de Janeiro, 2011. p. 2.

159 ASSOCIAÇÃO BRASILEIRA DE NORMAS TÉCNICAS. *ABNT NBR ISO/IEC 17020:2013: Avaliação de conformidade:* Requisitos para o funcionamento de diferentes tipos de organismos que executam inspeção. Rio de Janeiro, 2013. p. 1.

Preferencialmente, o organismo de inspeção deve utilizar um método de inspeção padrão, publicado em normas técnicas internacionais, regionais ou nacionais.

Admitem-se como métodos padronizados de inspeção aqueles publicados por organizações técnicas renomadas, por associações de organismos de inspeção ou em textos ou publicações científicas.

Quando inexistentes essas referências técnico-científicas, é possível a elaboração do método de inspeção pelo próprio organismo de inspeção, em vista dos requisitos que lhe forem apresentados, ou mesmo pelo solicitante da avaliação de conformidade. Em ambas os casos, o método considera-se não padronizado, haja vista a sua não difusão pelos espaços de normalização técnica.

Em todas as hipóteses, o organismo de inspeção deve utilizar métodos e instruções documentadas para o planejamento da inspeção, amostragem e técnica de inspeção.

Os requisitos de inspeção podem abranger aspectos de quantidade, qualidade, segurança, adequação ao propósito e conformidade contínua da segurança das instalações ou de sistemas em operação, direcionados à análise de materiais, produtos, instalações, plantas, processos, procedimentos de trabalho ou serviços.

A inspeção pode se referir a requisitos que também integram o escopo de outros mecanismos de avaliação de conformidade, como o ensaio ou a certificação. Todavia, na inspeção, a verificação do cumprimento desses requisitos é realizada mediante julgamento profissional.

Também pode integrar etapas de outros mecanismos de avaliação de conformidade. Por exemplo, pode ser utilizada como atividade de determinação em um procedimento de etiquetagem ou atividade de supervisão com vistas à manutenção de uma certificação.

A atestação resultante de uma inspeção materializa-se em um relatório de inspeção ou certificado de inspeção, com a descrição dos itens inspecionados e afirmação de sua conformidade em relação aos requisitos previstos no método de inspeção.

A inspeção tem reduzido grau de onerosidade em relação a outros mecanismos de avaliação da conformidade, como a certificação, uma vez que certos métodos de inspeção satisfazem-se mesmo com o exame visual de produtos, daí por que de tamanha relevância a capacidade técnica para o julgamento profissional.

Um típico exemplo em que o exame visual tem significativa importância concerne aos serviços de manutenção de extintores de incêndio, submetidos compulsoriamente à declaração de conformidade do fornecedor[160].

Existem três diferentes níveis de manutenção de extintores de incêndio, cujos procedimentos variam desde a limpeza de componentes até a desmontagem completa do extintor e realização de ensaio hidrostático em seu recipiente.

O nível de manutenção adequado para o extintor é determinado por meio de uma inspeção. Assim, mediante avaliação predominantemente visual, o organismo de inspeção detecta o estado geral do extintor de incêndio, antes da manutenção propriamente dita.

Desse modo, evitam-se custos referentes a ensaios ou substituição de componentes quando desnecessários esses procedimentos.

Na hipótese de manutenção de extintores de incêndio, perceba-se que o mecanismo de avaliação de conformidade regulamentado é a declaração de conformidade, precedida, porém, de inspeções e/ou ensaios, servindo esses outros mecanismos como atividades de determinação.

Essa é uma clássica hipótese de demonstração da relação de subsidiariedade e instrumentalização que pode existir entre diversos mecanismos de avaliação de conformidade.

Em vista de seu reduzido custo em relação a outros mecanismos, a inspeção é especialmente utilizada em objetos que envolvem baixo ou médio grau de preocupação com fatores de segurança,

---

160 O Inmetro regulamenta a prestação de serviços de inspeção técnica e manutenção em extintores de incêndio.

de modo a tornar técnica e economicamente viável a avaliação da conformidade de produtos e serviços.

Essa circunstância, embora prevalecente, não é absoluta, porque determinados requisitos de segurança demandam a inspeção como único mecanismo tecnicamente adequado para a sua verificação, como a inspeção de locomotiva com vistas à segurança do tráfego em linha férrea.

A inspeção de locomotiva, realizada pelas concessionárias de ferrovias, é realizada antes de cada anexação da locomotiva em trem ou antes do início de cada turno de manobra, além de inspeções programadas e emergenciais.

A inspeção abrange a verificação de itens como o sistema de freio dinâmico e de estacionamento, sistema de vigilância, sinais sonoros e visuais de alerta, iluminação, extintores de incêndio, piso, fusíveis, engates e motor[161].

Etiquetagem

A etiquetagem é um mecanismo de avaliação de conformidade que, por meio de ensaios, determina grandezas de um produto, sobre parâmetros técnicos ou de desempenho previamente aferidos, escalonando-as em um rol comparativo, com vistas a situá-lo em relação aos similares existentes no mercado.

Perceba-se, pois, que a etiquetagem tem como base científica um outro mecanismo de avaliação de conformidade, o ensaio, que pode aferir múltiplos parâmetros, como o desempenho energético de produtos ou instalações ou a indicação dos níveis de segurança ou proteção ambiental do objeto avaliado.

Esse mecanismo tem como resultado material a afixação de uma etiqueta sobre o produto, que discrimina seu nível de qualidade, no aspecto mensurado, em relação às gradações possíveis.

Serve, assim, como importante componente de orientação ao consumidor, subsidiando seu processo de escolha diante das várias opções oferecidas pelo mercado.

De outra via, a etiquetagem atua como importante instrumento de regulação, sendo um meio de estímulo à evolução tecnológica e consequente melhoria dos índices de qualidade da indústria, propiciada pelos investimentos em pesquisa e desenvolvimento, alimentada pelo incremento da competitividade entre agentes econômicos.

Comumente, o processo de etiquetagem inicia-se pela solicitação da parte interessada e posterior realização de um plano de ensaios, dirigido à aferição das medidas técnicas diretas ou indiretas em relação às informações etiquetadas.

Principalmente quando o objeto etiquetado possui relevantes atributos atinentes à qualidade, segurança ou meio ambiente, o programa de etiquetagem estabelece avaliações de manutenção da conformidade do produto.

Essas avaliações se realizam por meio da seleção aleatória de exemplares do produto etiquetado, de modo a submetê-los a ensaios instrumentalizados para a verificação dos dados técnicos pertinentes à etiquetagem.

A continuidade do uso da etiqueta depende da aprovação nos procedimentos de avaliação de conformidade continuada.

No Brasil, a forma de etiquetagem mais conhecida refere-se à Etiqueta Nacional de Conservação de Energia (ENCE), implementada no âmbito do Programa Brasileiro de Etiquetagem (PBE), coordenado pelo Inmetro.

A Lei n. 10.295/2001, Lei de Eficiência Energética, dispõe sobre a Política Nacional de Conservação e Uso Racional de Energia, e fixa níveis máximos de consumo energético de equipamentos

---

161 ASSOCIAÇÃO BRASILEIRA DE NORMAS TÉCNICAS. *ABNT NBR 14139:2013: Via férrea:* Locomotiva: Inspeção de segurança do tráfego. Rio de Janeiro, 2013.

fabricados ou comercializados no país, segundo níveis máximos convencionados pelo Comitê Gestor de Indicadores e Níveis de Eficiência Energética, instituído pelo Decreto n. 4.059/2001.

A Lei de Eficiência Energética atribui ao Inmetro o poder de polícia para a fiscalização e acompanhamento dos programas de avaliação da conformidade das máquinas e aparelhos consumidores de energia regulamentados.

Dessa forma, atribuiu-se à autarquia metrológica federal a coordenação do Programa Brasileiro de Etiquetagem, que assumiu caráter compulsório, para a avaliação de conformidade de máquinas e aparelhos consumidores de energia e das edificações construídas.

A etiquetagem pode ser compulsória ou voluntária, conforme o nível de risco à segurança e ao meio ambiente ou de acordo com a gravidade da atividade regulatória sobre os itens avaliados, como nos casos de equipamentos que demandam consumo de energia elétrica ou combustível. Cada produto etiquetado corresponde a um regulamento técnico específico, que disciplina o procedimento técnico adequado para o tipo de material.

Por exigência da sociedade, especialmente em função do despertar de muitas pessoas e organizações civis acerca das questões de conservação ambiental e do interesse governamental em reduzir os índices de consumo de energia[162], existe uma tendência de que muitos produtos com etiquetagem voluntária passem a ser etiquetados compulsoriamente, além da inclusão, no Programa Brasileiro de Etiquetagem, de produtos ainda não contemplados.

O Programa Brasileiro de Etiquetagem teve sua importância incrementada com a adesão do Programa Nacional de Conservação de Energia Elétrica (Procel), gerido pelas Centrais Elétricas Brasileiras S.A. (Eletrobrás) e do Programa Nacional da Racionalização do Uso dos Derivados do Petróleo e do Gás Natural (Conpet), gerido pela Petróleo Brasileiro S.A. (Petrobras).

A Etiqueta Nacional de Conservação de Energia do Programa Brasileiro de Etiquetagem segue um modelo aprovado pelo Inmetro e classifica os equipamentos elétricos, veículos automotores e edifícios segundo faixas coloridas, que variam do maior ao menor nível de eficiência energética.

A etiqueta de eficiência energética é importante instrumento de política pública. Coaduna-se com os desígnios do Plano Nacional de Energia – PNE 2030, publicado pela Empresa de Pesquisa Energética em 2007, e do Plano Nacional de Eficiência Energética.

Atualmente, o Programa Brasileiro de Etiquetagem abrange três principais modalidades ou grupos de produtos: equipamentos, edificações e veículos.

Os equipamentos consumidores de energia elétrica formam o maior catálogo de produtos com conformidade avaliada sob o mecanismo da etiquetagem. Nesse grupo enquadram-se, principalmente, os eletrodomésticos.

A etiquetagem de edificações é baseada no mecanismo da inspeção, que se opera em diversas fases, desde o projeto até a conclusão da obra. Para edificações existentes, só é possível a emissão de ENCE da Edificação Construída, haja vista a impossibilidade de acompanhamento do projeto.

A etiquetagem veicular nacional tem como precedente o Programa de Economia de Combustíveis, engendrado pela Secretaria de Tecnologia Industrial do Ministério da Indústria, Desenvolvimento e Comércio Exterior, na década de 80, com a colaboração da Associação Nacional dos Fabricantes de Veículos Automotores[163].

---

162 O que poupa vultosos investimentos na construção de usinas (sobretudo as hidrelétricas), estações e meios de transmissão de energia, otimizando-se o orçamento público e mitigando-se a degradação ambiental. Esses fatores demonstram que a conservação ambiental reveste-se de fatores não meramente ecológicos, mas essencialmente econômicos.

163 O Programa inspirou-se no *Corporate Average Fuel Economy*, regulamento norte-americano que visava à redução de consumo de combustíveis de veículos leves, motivado pela Crise do Petróleo de 1973 e promulgado pelo Congresso dos Estados Unidos da América em 1975.

Atualmente, os mecanismos de etiquetagem veicular de maior importância são o Programa de Controle da Poluição do Ar por Veículos Automotores (Proconve), o Programa de Controle da Poluição do Ar por Motociclos e Veículos Similares (Promot) e o Programa Brasileiro de Etiquetagem Veicular (PBEV).

O Proconve, instituído por meio da Resolução n. 18/86, do Conama, é componente da Política Nacional do Meio Ambiente. O programa tem por objetivo reduzir a poluição atmosférica causada por veículos automotores, mediante a fixação de limites máximos de emissão, exigências técnicas e incentivo ao desenvolvimento tecnológico. Para isso, estabelece metas para a redução da emissão de poluentes, escalonadas em degraus atrelados a uma escala progressiva de tempo[164].

À semelhança das *Euro Standards* – normas de redução de emissões da União Europeia –, a inteligência do programa de controle de poluição do ar está em não estabelecer:

> [...] a tecnologia aplicável, mas os requisitos técnicos exigíveis, referentes à redução de emissões. Essa dinâmica possibilita perenidade à norma e estimula a inventividade da indústria, que podem engendrar meios e tecnologias diversas para o cumprimento da norma.
>
> Assim, a autoridade reguladora termina por determinar qual o nível de emissões pretendido pela melhor técnica disponível, com o setor industrial reunindo esforços para, por métodos distintos, satisfazer tal pretensão, conciliando a atividade econômica aos desígnios da conservação ambiental e da sustentabilidade[165].

A configuração das fontes normativas na regulação europeia de emissões representa o modelo denominado *smart regulation,* que congrega a atuação de reguladores, organizações empresariais e instituições de terceira parte[166].

Declaração de conformidade

A declaração de conformidade é o mecanismo por meio do qual se documenta que um produto, serviço, processo, sistema de gestão ou pessoa cumpre requisitos especificados.

Esses requisitos são descritos em documentos normativos, como normas técnicas, guias, especificações técnicas ou regulamentos.

A declaração de conformidade é um mecanismo de avaliação de conformidade de primeira parte, isto é, realizada pelo próprio fabricante do produto ou prestador do serviço.

A declaração deve ser baseada em resultados de atividades de determinação, como ensaios, medições, inspeções ou exames, cuja análise deve instruir um relatório de conformidade.

O conteúdo da declaração deve enumerar as normas e outros requisitos em relação aos quais a conformidade é manifestada. Por isso, deve ser reavaliada sempre que ocorrerem circunstâncias que afetem significativamente o projeto ou a especificação do objeto.

---

164 O art. 2º, *caput,* da Lei n. 6.938, de 31 de agosto de 1981, dispõe que a Política Nacional do Meio Ambiente tem por objetivo a preservação, melhoria e recuperação da qualidade ambiental propícia à vida, visando a assegurar, no País, condições ao desenvolvimento socioeconômico, aos interesses da segurança nacional e à proteção da dignidade da vida humana. O Conama, que integra o Sistema Nacional do Meio Ambiente, é órgão consultivo e deliberativo incumbido de assessorar, estudar e propor ao Conselho de Governo, diretrizes de políticas governamentais para o meio ambiente e os recursos naturais e deliberar, no âmbito de sua competência, sobre normas e padrões compatíveis com o meio ambiente ecologicamente equilibrado e essencial à sadia qualidade de vida.

165 CAPAGIO, Álvaro do Canto; FILPI, Humberto Francisco Ferreira Campos Morato. Política energética europeia e euro standards: regulação da melhor técnica disponível para a redução de emissões. In: DERANI, Cristiane; Moura, Aline Beltrame de; NOSCHANG, Patricia Grazziotin. *A regulamentação europeia sobre a água, energia e alimento para a sustentabilidade ambiental.* Florianópolis: Emais, 2021. p. 159-160.

166 GUNNINGHAM, Neil; SINCLAIR, Darren. Smart regulation. In: DRAHOS, Peter (Ed.). *Regulatory theory:* foundations and applications. Camberra: Australian National University Press, 2017. p. 133-148.

De igual modo, deve ser reavaliada a declaração quando houver cancelamento ou revogação do documento normativo que serviu de referência.

Ressalta-se que a declaração de conformidade não consiste na mera edição de um documento, desprovido de qualquer garantia, que expresse a correlação de um produto ou serviço a requisitos especificados.

Isso porque a declaração deve ser necessariamente fundada em elementos demonstrativos de avaliação de conformidade, descritos no relatório de conformidade e na documentação de suporte.

A documentação de suporte inclui, entre outras informações, os dados do projeto, como diagramas, desenhos, especificações; e a descrição dos métodos implementados para a avaliação de conformidade, por exemplo, auditorias, ensaios de lote, inspeções, ensaios seriais, planos de amostragem, ensaios de tipo, bem como a razão técnica para a eleição de cada método.

O gerenciamento da documentação de suporte deve observar três requisitos gerais: rastreabilidade, disponibilidade e período de retenção.

A rastreabilidade denota-se pelo desenvolvimento, guarda, controle e manutenção da documentação de suporte a fim de se permitir o acesso e identificação de uma declaração de conformidade do fornecedor.

A disponibilidade é atendida quando a documentação de suporte é mantida pelo emitente da declaração de conformidade ao livre acesso e exame da autoridade reguladora, na extensão necessária para a satisfação das disposições regulamentares.

O período de retenção corresponde ao mínimo lapso temporal exigido pela regulamentação técnica, formalizada por leis e atos normativos.

Tem-se como característica principal o fato de que a declaração de conformidade do fornecedor é uma forma de atestação que visa a satisfazer o adequado grau de confiabilidade do mercado e dos órgãos reguladores, mas sobretudo destes, haja vista ser muito comum o seu emprego compulsório.

A declaração é exigida por agências reguladoras quando o produto, processo ou serviço realizado em sua área de competência de regulação ou fiscalização apresenta riscos de baixo ou médio grau à saúde, à segurança ou ao meio ambiente.

Esse nível de risco, a critério da entidade reguladora de determinados setores de produção, não justificaria, em muitos casos, a exigência de mecanismos de avaliação de conformidade mais rigorosos, complexos e, por conseguinte, mais onerosos.

Porém, quando os riscos oferecidos pelo produto ou serviço recomendem, a autoridade regulamentadora pode estabelecer a conjugação da declaração de conformidade com outros mecanismos, como ensaios ou inspeções.

Certificação

A certificação é, possivelmente, o mais conhecido mecanismo de avaliação de conformidade, em parte pela repercussão dos programas de qualidade total, que alcançaram grande notoriedade na década de 1990.

Além disso, é comum que outros mecanismos sejam confundidos com a certificação, em vista da consolidação desse vocábulo como forma de reconhecimento de qualidade.

A certificação é uma "atestação relativa a produtos, sistemas ou pessoas por terceira parte"[167]. Por meio da certificação, uma entidade não integrante da cadeia de produção e consumo e, portanto, economicamente desinteressada, atesta a conformidade do objeto em relação às normas ou regulamentos técnicos pertinentes.

---

167 ASSOCIAÇÃO BRASILEIRA DE NORMAS TÉCNICAS. *ABNT NBR ISO/IEC 17000: 2005: avaliação de conformidade:* vocabulário e princípios gerais. Rio de Janeiro, 2005.

De acordo com a ABNT NBR ISO/IEC 17065[168], o organismo de certificação e qualquer parte da mesma pessoa jurídica e as entidades sob seu controle organizacional não podem:

a) ser projetista, fabricante, instalador, distribuidor ou mantenedor do produto certificado;
b) ser projetista, implementador, operador ou mantenedor do processo certificado;
c) ser projetista, implementador, provedor ou mantenedor do serviço certificado;
d) oferecer ou prestar serviços de consultoria para seus clientes;
e) oferecer ou prestar consultoria em sistema de gestão ou de auditoria interna aos seus clientes, onde o esquema de certificação exija a avaliação do sistema de gestão do cliente.

O principal objetivo da certificação é prover confiança a todas as partes interessadas em que um produto, processo, serviço ou sistema atenda a requisitos especificados.

Nisso reside o valor da certificação: o grau de segurança e confiança estabelecido por uma demonstração imparcial e competente do atendimento de requisitos especificados por uma terceira parte.

O processo de certificação é complexo, rigoroso e oneroso, por isso mais compatível com objetos (produtos ou serviços) de produção continuada, ou seja, sistemática e repetidamente produzidos, em regime de escala.

Porém, assim como em relação a outros mecanismos de avaliação de conformidade, razões de interesse público podem determinar a certificação, mesmo quando economicamente essa não seja a escolha mais viável.

Nesse sentido, a certificação tem sua aplicabilidade orientada pelos mesmos dogmas que regem outros mecanismos de avaliação de conformidade, sendo voluntária ou compulsória, a depender do objeto.

Outros mecanismos – como o ensaio e a inspeção –, podem ser utilizados como subsídios para a certificação, e frequentemente desempenham esse papel. Nessa hipótese, atuam como elementos de determinação, dependendo o seu uso da adequação ao objeto que se pretende certificar.

O processo de certificação é fundado juridicamente em um contrato de certificação, firmado entre o organismo de certificação e seu cliente, e o instrumento contratual deve estipular que o cliente atenda continuadamente aos requisitos de certificação, inclusive por meio da implementação de mudanças em suas rotinas, quando recomendadas.

Os requisitos de certificação incluem exigências disciplinadas pelo organismo de certificação ou pelo esquema de certificação, que é o sistema organizado para a elaboração das regras, procedimentos e gerenciamento para a certificação de produtos específicos, que deve observar os mesmos requisitos.

A atestação assume a forma de um certificado de conformidade, que é a emissão de uma afirmação, baseada em decisão pautada em análise crítica, de que o atendimento aos requisitos especificados foi demonstrado.

O certificado de conformidade tem validade temporária, e sua renovação depende da manutenção ou aperfeiçoamento dos parâmetros técnicos avaliados quando da obtenção do certificado. Nisso reside um importante aspecto: o objeto certificado vincula-se ao conteúdo da avaliação da conformidade.

Portanto, o produtor do objeto avaliado obriga-se ao continuado cumprimento dos requisitos definidos quando da certificação, e sua inobservância enseja, conforme a gravidade da não conformidade detectada, a suspensão ou cancelamento do certificado de conformidade.

Assim, visa a certificação a assegurar que o produto ou serviço prestado corresponda exatamente ao que um fornecedor ofertou ou ao que dele se contratou, fielmente às especificações informadas.

---

168 ASSOCIAÇÃO BRASILEIRA DE NORMAS TÉCNICAS. *ABNT NBR ISO/IEC 17065:2013: Avaliação da conformidade:* Requisitos para organismos de certificação de produtos, processos e serviços. Rio de Janeiro, 2013. p. 7.

Para isso, necessário que se observe o escopo da certificação, que delimita: (i) os produtos, processos ou serviços para os quais a certificação é concedida; (ii) o esquema de certificação aplicável; (iii) a norma técnica, regulamento ou outro documento normativo de referência para a avaliação de conformidade.

Portanto, ao contrário do que revela o senso comum, substancialmente não se certificam empresas[169], mas produtos, processos ou serviços por elas realizados, ou os sistemas de gestão por elas utilizados.

É o escopo da certificação que define as modalidades de certificação, abrangidas principalmente por produtos, serviços, sistemas e pessoas.

Certificação de produto

A certificação de produto é voltada especificamente à indústria, pois os produtos industrializados são os que comumente se submetem à normalização ou regulamentação técnica, considerada a produção em escala, a amplitude das relações de consumo – com implicação sobre direitos coletivos e difusos – e o nível de risco à saúde, à segurança a ao meio ambiente, inerentes à atividade fabril.

Assim, a certificação atesta que determinado produto, para o qual existe norma técnica, regulamento, especificações técnicas ou outros documentos normativos atende aos requisitos descritos.

Existem diversos esquemas de certificação de produto, concebidos com base na natureza do objeto, processo industrial, matérias-primas, aspectos econômicos e nível de confiança requerido.

Um esquema de certificação sempre contém atividades de seleção, determinação, análise crítica, decisão e atestação. Pode variar, contudo, no que tange à supervisão, que pode ser dispensada, quando a atestação refere-se somente aos itens do produto submetidos às atividades de determinação.

De um modo geral, o procedimento de certificação inicia-se pela solicitação da parte interessada ao organismo de certificação, que inaugura um processo de concessão do certificado de conformidade, cuja etapa inicial consiste na análise da solicitação e da documentação apresentada.

Comumente, requerem-se documentos jurídicos de constituição e licenciamento do cliente e documentos de ordem técnica, como projetos, memoriais descritivos[170] e manuais de instalação, operação e manutenção do produto.

Cumpridas essas ações preliminares, iniciam-se as visitas técnicas, com vistas à correção de divergências entre a documentação técnica e o processo produtivo.

Eliminadas eventuais pendências, realiza-se a auditoria de certificação, em que a equipe de auditores avalia se os produtos a serem certificados foram produzidos de acordo com os memoriais descritivos apresentados e se os manuais do produto possuem as informações necessárias e suficientes.

---

169 Ressalte-se que o conceito de *empresa* não tem natureza subjetiva, concernente a uma pessoa jurídica atuante no cenário econômico. O sentido jurídico de empresa reporta-se à sua natureza funcional (atividade ou empreendimento), não à pessoa que a desenvolve. É o que se depreende da leitura do art. 966, *caput*, do Código Civil, *verbis*: "Considera-se empresário quem exerce profissionalmente atividade econômica organizada para a produção ou a circulação de bens ou de serviços". Logo, empresa é a atividade econômica organizada, não a pessoa que a exerce. Apesar da aparente atecnicidade do emprego do vocábulo com esse sentido, é consagrado o seu uso, mesmo entre os juristas. Por conseguinte, será empregado nesta obra com um ou outro sentido, funcional (atividade) ou subjetivo (empresário ou sociedade empresária), conforme o contexto semântico em que inserido.

170 Memorial descritivo é o documento técnico que contém as seguintes informações do produto: dimensões, conforme a norma de referência, linha e modelo, partes do produto adquiridas de terceiros com os respectivos fabricantes, data e responsável pela aprovação do projeto e código de identificação do projeto.

Em seguida, avaliam-se requisitos do sistema de gestão da qualidade operado pelo cliente, com o objetivo de verificar sua efetiva funcionalidade em relação ao processo produtivo, conferindo--se parâmetros como identificação, rastreabilidade e preservação do produto[171].

O procedimento envolve o controle de processo do fabricante, que se inicia pela verificação dos produtos adquiridos de seus fornecedores, assegurando-se que atendam aos requisitos especificados. Em seguida, aferem-se o controle da produção, identificação, rastreabilidade, inspeção e ensaio do produto, controle de dispositivos de medição e monitoramento e controle de produto não conforme.

Cumpridas essas etapas, o organismo certificador recolhe no fabricante amostras do produto, a fim de verificar laboratorialmente se atendem às especificações, segundo a amostragem definida em plano de ensaios que discipline os critérios de aceitação ou rejeição da unidade de produto, com base nas normas técnicas ou regulamentos aplicáveis.

O procedimento de certificação culmina com a aprovação do processo de produção e o produto do fabricante, com a manifestação da comissão de certificação.

A comissão de certificação deve ser formada preferencialmente por representantes de entidades de classe, de consumidores, de órgãos de defesa do consumidor e de organismos de normalização, com reconhecida capacidade técnica em sua área de atuação.

Outrossim, a comissão de certificação deve ser isenta de interesses comerciais, financeiros, negociais ou circunstâncias que de algum modo possam influenciar suas decisões.

Aprovado o parecer favorável da comissão de certificação, emite-se o certificado de conformidade.

Certificação de sistema

Em ciências da Administração, um sistema é um conjunto de elementos interdependentes, com interação recíproca, que formam um todo organizado para o alcance de um objetivo traçado por uma organização[172].

Gestão é o planejamento, organização, iniciação e controle de operações como uma força de tomada de decisão[173].

Um sistema de gestão forma-se pelas relações entre pessoas, recursos e métodos, integrados para a realização de uma atividade específica ou alcance de um resultado.

A efetividade de um sistema de gestão requer a adoção de métodos de análise e solução de problemas voltados ao controle de ações, sendo amplamente difundido o uso do ciclo PDSA (*plan – do – study – act*)[174].

---

171 A certificação de produto, na forma do modelo 5 de certificação, definido no Vocabulário Inmetro de Avaliação da Conformidade, pressupõe a avaliação do produto e do processo de que resultou. Portanto, engloba duas dimensões: avaliação do produto propriamente dito e avaliação do sistema de gestão da qualidade.

172 CHIAVENATO, Idalberto. *Introdução à teoria geral da administração:* uma visão abrangente da moderna administração das organizações. 7. ed. Rio de Janeiro: Elsevier, 2003. p. 476.

173 SINHA, Madhav N.; WILLBORN, Walter W. O. *The management of quality assurance.* New York: John Wiley & Sons Inc., 1985. p. 32.

174 O ciclo PDSA (*plan – do – study – act*), inicialmente configurado como PDCA (*plan – do – check – act*) popularizou--se pelo trabalho do professor norte-americano William Edwards Deming, que difundiu no Japão pós-Segunda Guerra Mundial e posteriormente no mundo ocidental o controle estatístico de qualidade, a partir das ideias preconizadas por Walter Andrew Shewhart. A metodologia é baseada em técnicas de determinação do momento em que os erros tolerados na produção começam a ultrapassar os limites de tolerância, quando então a ação corretiva torna-se necessária. As ideias de Deming conduziram ao conceito de melhoria contínua, que visa à contínua redução de perdas e incremento de ganhos. Desde 1951, instituiu-se no Japão o Prêmio Deming de Qualidade, como reconhecimento para as empresas que obtêm destaque nesse campo (CHIAVENATO, Idalberto. *Introdução à teoria geral da administração*: uma visão abrangente da moderna administração das organizações. 7. ed. Rio de Janeiro: Elsevier, 2003. p. 452).

As fases do ciclo PDSA implementam-se sucessiva e indefinidamente, em um processo de melhoria contínua, conforme o diagrama seguinte:

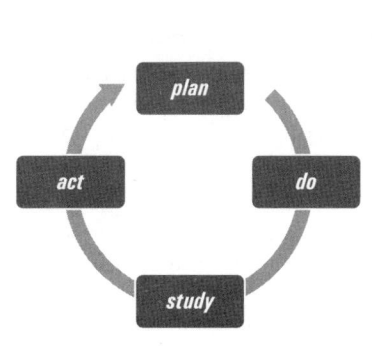

Planejamento
Definição de um plano de ação, objetivos e metas, com base nas diretrizes, princípios e missão organizacional.

Execução
Execução do plano de ação elaborada na fase de planejamento, coletando-se os dados observados na condução dos processos.

Estudo
Análise dos dados e cotejamentos entre as ações planejadas e as efetivamente realizadas. Identificação das oportunidades de melhoria.

Ação
Realização das ações corretivas, com vistas à correção das falhas detectadas durante a condução do processo.

A certificação, quando voltada a um sistema de gestão, tem por intuito a concretização de elementos norteadores da atividade de normalização (economia, comunicação, segurança, proteção ao consumidor e eliminação de barreiras técnicas) e a demonstração da capacidade de uma organização de atender de forma consistente aos requisitos do cliente e obrigações estatutárias e regulamentares aplicáveis.

Existem diversas normas de requisitos de sistemas, que são tomadas como referência para o processo de certificação, como as seguintes: ABNT NBR ISO 22000:2006 (sistemas de gestão da segurança de alimentos), ABNT NBR ISO/IEC 27001:2013 (sistemas de gestão de segurança da informação), ABNT NBR ISO 50001:2011 (sistemas de gestão da energia) e ABNT NBR IEC 60300-1:2009 (sistemas de gestão da dependabilidade)[175].

Algumas normas de requisitos de sistemas, chamadas normas horizontais, têm escopo de aplicação geral, adequando-se a todos os campos de atividades, negócios, produção e serviços. Sob esses aspectos, são clássicas as normas ABNT NBR ISO 9001:2015 (sistemas de gestão da qualidade) e ABNT NBR ISO 14001:2015 (sistemas de gestão ambiental).

Sistemas de gestão orientam-se pela abordagem de processo, compreendido o processo como "conjunto de atividades inter-relacionadas ou interativas que utilizam entradas para entregar um resultado pretendido"[176].

Quando uma organização realiza a identificação, o mapeamento e o aperfeiçoamento de suas atividades e funções, estruturando-as em processos que possibilitem o uso de indicadores para monitoramento, medição e controle, seus custos reduzem sensivelmente.

A gestão por processos otimiza o emprego de recursos e pessoas, minimizando desperdícios e maximizando a eficácia dos fatores de produção. Principalmente, a abordagem por processos enfatiza a importância dos seguintes componentes:

(i)   entendimento e atendimento dos requisitos;
(ii) compreensão dos processos em termos de valor agregado;

---

175 Dependabilidade é o termo que define a capacidade de um sistema computacional de prestar um serviço justificadamente confiável, dotado de atributos como segurança, disponibilidade e mantenabilidade.

176 ASSOCIAÇÃO BRASILEIRA DE NORMAS TÉCNICAS. *ABNT NBR ISO 9000:2015: Sistemas de gestão da qualidade:* fundamentos e vocabulário. Rio de Janeiro, 2015. p. 17.

(iii) obtenção de resultados de desempenho e eficácia de processo;

(iv) melhoria contínua de processos baseada em medições objetivas.

De um modo geral, a gestão por processos permite a implementação dos conceitos do ciclo PDSA ao sistema de gestão, considerando-se o papel dos clientes na definição dos requisitos e o monitoramento de sua satisfação como instrumento para a promoção da melhoria contínua.

O conhecimento sistêmico de uma organização é requisito essencial para o adequado emprego de recursos e dimensionamento de processos. A identificação e gerenciamento dos processos como um sistema contribui para a eficiência da organização e a realização de seus fins.

Uso de certificações em licitações

Historicamente, a exigência de certificado de conformidade em licitações comporta questões polêmicas. A jurisprudência do TCU pacifica-se no sentido de admitir certificações de produtos por organismos acreditados, desde que fundamentada essa exigência; as certificações de sistema – como sistema de gestão da qualidade e ambiental –, por sua vez, cabem como critérios de pontuação técnica em licitações do tipo técnica e preço. Ambas as espécies de certificações, porém, não podem ser exigidas como critério de habilitação[177].

A carência de disciplina legal sobre a matéria enseja receio aos gestores públicos, ante a possibilidade de uso indevido dos mecanismos de avaliação de conformidade e consequente responsabilização pelos órgãos de controle.

A Lei n. 14.133/2021 trata da avaliação de conformidade, mas de maneira atécnica, afastando-se da sistemática dos institutos manejados. O art. 42, § 1º, dispõe:

> [...] O edital poderá exigir, como condição de aceitabilidade da proposta, certificação de qualidade do produto por instituição credenciada pelo Conselho Nacional de Metrologia, Normalização e Qualidade Industrial (Conmetro).

Da instituição mencionada no dispositivo legal, depreende-se organismo de avaliação de conformidade, que é, de acordo com o Termo de Referência do Sistema Brasileiro de Avaliação da Conformidade (SBAC), a instituição atribuída da condução de mecanismos de avaliação de conformidade, como a certificação.

A Lei n. 14.133/2021 transcreve conceitos vetustos, constantes do art. 3º, e, da Lei n. 5.966/73, enquanto o SBAC configurou-se a partir da Resolução Conmetro n. 4/2002, com base na Lei n. 9.933/99, que dispõe especificamente sobre as competências do Conmetro e do Inmetro.

Da leitura dos diplomas legais em comento, ainda que se constatasse alguma antinomia, os critérios de cronologia e de especialização da norma penderiam em favor do sistema mais recente, em vigor.

Quanto ao termo *credenciamento*, convém lembrar que desde 2003 o Brasil aderiu à terminologia internacional. A Resolução Conmetro n. 5/2003 dispõe sobre a alteração do termo "credenciamento" para "acreditação" de organismos de avaliação da conformidade no âmbito do Sinmetro.

Atualmente, as palavras *credenciamento* e *acreditação* não têm relação de sinonímia. O credenciamento refere-se, por exemplo, à forma de habilitação de avaliadores e especialistas para atuação em etapas de procedimentos de acreditação, nas áreas de laboratório, certificação, inspeção, produção de materiais de referência ou provimento de ensaios de proficiência.

O Conmetro tem competência estritamente normativa, não para atos de execução. A Resolução Conmetro n. 9/2008 explicita as atribuições da Coordenação-Geral de Acreditação do Inmetro

---

177 A esse respeito, o seguinte excerto: "A exigência de certificado ISO 9001 de qualidade como condição de aceitabilidade das propostas, e não como critério de pontuação de propostas técnicas, também é considerada injustificadamente restritiva por esta Casa" (TCU, Representação, Acórdão 2001/2019, Plenário, rel. Min. Augusto Sherman, Brasília/DF, 28-8-2019).

para "atuar como órgão acreditador de Organismos de Avaliação da Conformidade (OAC), em conformidade com normas, guias e regulamentos internacionalmente reconhecidos".

No que concerne especificamente à qualidade dos processos de produção, é possível a certificação de sistema de gestão da qualidade, com base na norma ISO 9001. Essa espécie, porém, não é certificação de produto, mas certificação de sistema, que observa normas e regulamentos distintos.

Por conseguinte, no § 1º do art. 42, da expressão "certificação de qualidade do produto", depreende-se "certificação de produto", a qual pode versar sobre diversos requisitos especificados em normas e regulamentos, como requisitos de qualidade. Onde se lê instituição "credenciada", quer-se dizer "acreditada", não pelo Conmetro, que não possui qualquer competência legal para esse ato, mas pela Coordenação Geral de Acreditação do Inmetro (CGCRE).

O art. 42, III, da Lei n. 14.133/2021 dispõe sobre a exigência, como prova de qualidade, da:

> [...] certificação, certificado, laudo laboratorial ou documento similar que possibilite a aferição da qualidade e da conformidade do produto ou do processo de fabricação, inclusive sob o aspecto ambiental, emitido por instituição oficial competente ou por entidade credenciada.

Certificação é mecanismo de avaliação da conformidade, atestada mediante certificado, assim como o documento de atestação do ensaio é o laudo. Portanto, bastaria a menção a certificado ou laudo, esses os documentos exigíveis.

Quanto à aferição de qualidade e da conformidade do produto, conforme comentado dantes, interessa a conformidade do produto em relação às normas e aos regulamentos, cujos requisitos podem especificar critérios de qualidade e outros.

Quanto à qualidade do processo de fabricação, inclusive sob o aspecto ambiental, o objeto transcenderia a certificação de produto, alcançando os escopos de certificação de processo ou de sistemas, como o Sistema de Gestão da Qualidade e o Sistema de Gestão Ambiental, baseados respectivamente nas normas ABNT NBR ISO 9001 e ABNT NBR ISO 14001.

É possível a emissão de certificados de conformidade, tanto de produto quanto de sistema, por instituições oficiais, embora não seja o modelo predominante. Como exemplo de organismo de avaliação de conformidade com personalidade jurídica de direito público, tem-se o Instituto Baiano de Metrologia, Normalização e Qualidade Industrial (Ibametro), autarquia vinculada à Secretaria de Desenvolvimento Econômico do Estado da Bahia[178].

Porém, indiferentemente de se instituídos como pessoa jurídica de direito público ou de direito privado, o reconhecimento oficial dos organismos de avaliação, no Brasil, requer a acreditação perante a CGCRE.

Quando a acreditação não é exigência governamental, não há vedação à atuação de organismos de avaliação de conformidade não acreditados, variando tão somente os efeitos da atestação, no que tange ao reconhecimento de competência técnica pela autoridade nacional e pelas autoridades estrangeiras, na forma de acordos de reconhecimento multilateral.

Exame por instituição com reputação ético-profissional

O art. 42, § 3º, da Lei n. 14.133/2021 dispõe sobre a possibilidade de exame das amostras por "instituição com reputação ético-profissional na especialidade do objeto, previamente indicada no edital".

Não dispondo a Administração de pessoal qualificado para exame das amostras, é desejável que tal mister seja cumprido por instituição dotada de suficiente qualificação técnica, como organismos de avaliação de conformidade, institutos de pesquisa e laboratórios.

---

178 Com a publicação da Lei n. 6.980, de 25 de julho de 1996, o Instituto de Pesos e Medidas da Bahia teve sua denominação alterada para Instituto Baiano de Metrologia, Normalização e Qualidade Industrial (Ibametro), sob a forma autárquica.

É de alta importância que o exame da amostra seja documentado com suficiente grau de precisão, com vistas à vinculação do licitante, evitando-se práticas indesejáveis – e antijurídicas – de fornecimento de exemplares em desconformidade com a amostra aprovada.

A técnica mais adequada aos princípios regentes da avaliação da conformidade consistiria na definição de critérios para a escolha da instituição, em vez de sua explícita determinação no edital.

Existem diversos laboratórios e organismos de inspeção acreditados para a realização de diversos escopos de avaliação da conformidade, como ensaios de materiais.

Desde que acreditados, desfrutam de reconhecimento oficial quanto à competência técnica e imparcialidade, de modo que, em nosso sentir, a enumeração dos requisitos para a escolha da instituição com reputação ético-profissional na especialidade do objeto é suficiente para cumprir a vontade da lei, em vez da singularização de uma instituição.

Não se pode olvidar que a atividade de avaliação da conformidade também se assenta em um nicho de marcado. No caso das licitações públicas, um metamercado incrementado a partir das exigências dispostas em ato convocatório.

Por conseguinte, se a interpretação da lei é orientada, dentre outros princípios, pela impessoalidade, igualdade e competitividade, a não discriminação entre organismos de avaliação da conformidade é o caminho que melhor realiza o espírito da lei.

Art. 43. O processo de padronização deverá conter:

I – parecer técnico sobre o produto, considerados especificações técnicas e estéticas, desempenho, análise de contratações anteriores, custo e condições de manutenção e garantia;

II – despacho motivado da autoridade superior, com a adoção do padrão;

III – síntese da justificativa e descrição sucinta do padrão definido, divulgadas em sítio eletrônico oficial.

§ 1º É permitida a padronização com base em processo de outro órgão ou entidade de nível federativo igual ou superior ao do órgão adquirente, devendo o ato que decidir pela adesão a outra padronização ser devidamente motivado, com indicação da necessidade da Administração e dos riscos decorrentes dessa decisão, e divulgado em sítio eletrônico oficial.

§ 2º As contratações de soluções baseadas em software de uso disseminado serão disciplinadas em regulamento que defina processo de gestão estratégica das contratações desse tipo de solução.

COMENTÁRIOS

A Lei n. 8.666/93 não traz qualquer disciplina sobre o processo de padronização, lacuna normativa que a Lei n. 14.133/2001 parcialmente preenche.

A padronização importa na adoção de determinadas especificações de modo continuado, embora possa ser revisada mediante novo processo de padronização, de modo a contemplar inovações tecnológicas, de materiais ou funcionalidades.

Significa que o processo de padronização proporciona inegável vantagem econômica a fabricantes e fornecedores cujos produtos satisfazem os requisitos padronizados, razão por que a escolha deve ser satisfatoriamente fundamentada em parecer técnico que apresente de modo inequívoco a vantajosidade das especificações técnicas determinadas.

A divulgação em sítio eletrônico oficial traduz-se em instrumento de controle social, acessível por potenciais fornecedores ou qualquer cidadão, independentemente de interesse na contratação.

Art. 44. Quando houver a possibilidade de compra ou de locação de bens, o estudo técnico preliminar deverá considerar os custos e os benefícios de cada opção, com indicação da alternativa mais vantajosa.

COMENTÁRIOS

Certas vezes, a aquisição de equipamentos – como veículos, equipamentos de informática, de reprografia e de telecomunicações – demanda custos maiores do que aqueles que resultariam da locação desses bens.

Essas circunstâncias variam de acordo com a dinâmica de atuação do órgão ou entidade e do regime de emprego dessas máquinas: quantidade de horas de funcionamento, demandas de manutenção, existência de pessoal da Administração qualificado para manutenção etc.

Por vezes, a locação importará em menor dispêndio que a aquisição – acompanhada de seus custos indiretos –, o que deve ser analisado em estudo técnico preliminar, visando-se à realização dos princípios do planejamento, da eficiência, da economicidade e da eficácia.

Subseção II
Das Obras e Serviços de Engenharia

Art. 45. As licitações de obras e serviços de engenharia devem respeitar, especialmente, as normas relativas a:

> **DISPOSITIVO CORRELATO (Lei n. 12.462/2011)**
>
> Art. 4º [...]
> § 1º As contratações realizadas com base no RDC devem respeitar, especialmente, as normas relativas à:

I – disposição final ambientalmente adequada dos resíduos sólidos gerados pelas obras contratadas;

> **DISPOSITIVO CORRELATO (Lei n. 12.462/2011)**
>
> Art. 4º [...]
> § 1º [...]
> I – disposição final ambientalmente adequada dos resíduos sólidos gerados pelas obras contratadas;

II – mitigação por condicionantes e compensação ambiental, que serão definidas no procedimento de licenciamento ambiental;

> **DISPOSITIVO CORRELATO (Lei n. 12.462/2011)**
>
> Art. 4º [...]
> § 1º [...]
> II – mitigação por condicionantes e compensação ambiental, que serão definidas no procedimento de licenciamento ambiental;

III – utilização de produtos, de equipamentos e de serviços que, comprovadamente, favoreçam a redução do consumo de energia e de recursos naturais;

> **DISPOSITIVO CORRELATO (Lei n. 12.462/2011)**
>
> Art. 4º [...]
> § 1º [...]
> III – utilização de produtos, equipamentos e serviços que, comprovadamente, reduzam o consumo de energia e recursos naturais;

IV – avaliação de impacto de vizinhança, na forma da legislação urbanística;

DISPOSITIVO CORRELATO (Lei n. 12.462/2011)
Art. 4º [...] § 1º [...] IV – avaliação de impactos de vizinhança, na forma da legislação urbanística;

V – proteção do patrimônio histórico, cultural, arqueológico e imaterial, inclusive por meio da avaliação do impacto direto ou indireto causado pelas obras contratadas;

DISPOSITIVO CORRELATO (Lei n. 12.462/2011)
Art. 4º [...] § 1º [...] V – proteção do patrimônio cultural, histórico, arqueológico e imaterial, inclusive por meio da avaliação do impacto direto ou indireto causado pelas obras contratadas; e

VI – acessibilidade para pessoas com deficiência ou com mobilidade reduzida.

DISPOSITIVO CORRELATO (Lei n. 12.462/2011)
Art. 4º [...] § 1º [...] VI – acessibilidade para o uso por pessoas com deficiência ou com mobilidade reduzida.

COMENTÁRIOS

A Lei n. 10.098/2000 estabelece normas gerais e critérios básicos para:

[...] promoção da acessibilidade das pessoas portadoras de deficiência ou com mobilidade reduzida, mediante a supressão de barreiras e de obstáculos nas vias e espaços públicos, no mobiliário urbano, na construção e reforma de edifícios e nos meios de transporte e de comunicação.

O Decreto n. 5.296/2004, que regulamenta a Lei n. 10.098/2000, dispõe, no art. 11, §§ 1º e 2º:

Art. 11. A construção, reforma ou ampliação de edificações de uso público ou coletivo, ou a mudança de destinação para estes tipos de edificação, deverão ser executadas de modo que sejam ou se tornem acessíveis à pessoa portadora de deficiência ou com mobilidade reduzida.

§ 1º As entidades de fiscalização profissional das atividades de Engenharia, Arquitetura e correlatas, ao anotarem a responsabilidade dos projetos, exigirão a responsabilidade profissional declarada do atendimento às regras de acessibilidade previstas nas normas técnicas de acessibilidade da ABNT, na legislação específica e neste Decreto.

§ 2º Para a aprovação ou licenciamento ou emissão de certificado de conclusão de projeto arquitetônico ou urbanístico deverá ser atestado o atendimento às regras de acessibilidade previstas nas normas técnicas de acessibilidade da ABNT, na legislação específica e neste Decreto.

O Decreto n. 5.296/2004 não especifica a norma técnica aplicável. A ABNT NBR 9050 estabelece "critérios e parâmetros técnicos a serem observados quando do projeto, construção, instalação e adaptação de edificações, mobiliário, espaços e equipamentos urbanos às condições de acessibilidade"[179].

---

179 ASSOCIAÇÃO BRASILEIRA DE NORMAS TÉCNICAS. *ABNT NBR 9050:2004:* Acessibilidade a edificações, mobiliário, espaços e equipamentos urbanos. Rio de Janeiro, 2004. p. 1.

Para o estabelecimento dos critérios e parâmetros técnicos descritos na norma técnica, consideraram-se diversas condições de mobilidade e de percepção do ambiente, com ou sem a ajuda de aparelhos específicos, como próteses, aparelhos de apoio, cadeiras de rodas, bengalas de rastreamento, sistemas assistivos de audição ou qualquer outro que venha a complementar necessidades individuais.

Por conseguinte, a norma visa a proporcionar à maior quantidade possível de pessoas, independentemente de idade, estatura ou limitação de mobilidade ou percepção, a utilização de maneira autônoma e segura do ambiente, edificações, mobiliário, equipamentos urbanos e elementos.

Dessa forma, essa norma, ou a que venha a substituí-la, deve ser plenamente observada no desempenho de atividades de engenharia civil sobre as quais existam requisitos de acessibilidade.

Art. 46. Na execução indireta de obras e serviços de engenharia, são admitidos os seguintes regimes:

DISPOSITIVO CORRELATO (Lei n. 8.666/93)
Art. 6º Para os fins desta Lei, considera-se: [...] VIII – Execução indireta – a que o órgão ou entidade contrata com terceiros sob qualquer dos seguintes regimes:

I – empreitada por preço unitário;

DISPOSITIVO CORRELATO (Lei n. 8.666/93)
Art. 6º [...] VIII – [...] b) empreitada por preço unitário – quando se contrata a execução da obra ou do serviço por preço certo de unidades determinadas;

II – empreitada por preço global;

DISPOSITIVO CORRELATO (Lei n. 8.666/93)
Art. 6º [...] VIII – [...] a) empreitada por preço global – quando se contrata a execução da obra ou do serviço por preço certo e total;

III – empreitada integral;

DISPOSITIVO CORRELATO (Lei n. 8.666/93)
Art. 6º [...] VIII – [...] e) empreitada integral – quando se contrata um empreendimento em sua integralidade, compreendendo todas as etapas das obras, serviços e instalações necessárias, sob inteira responsabilidade da contratada até a sua entrega ao contratante em condições de entrada em operação, atendidos os requisitos técnicos e legais para sua utilização em condições de segurança estrutural e operacional e com as características adequadas às finalidades para que foi contratada;

IV – contratação por tarefa;

DISPOSITIVO CORRELATO (Lei n. 8.666/93)

Art. 6º [...]

VIII – [...]

d) tarefa – quando se ajusta mão-de-obra para pequenos trabalhos por preço certo, com ou sem fornecimento de materiais;

V – contratação integrada;

DISPOSITIVO CORRELATO (Lei n. 12.462/2011)

Art. 8º Na execução indireta de obras e serviços de engenharia, são admitidos os seguintes regimes: [...]

V – contratação integrada.

VI – contratação semi-integrada;

VII – fornecimento e prestação de serviço associado.

§ 1º É vedada a realização de obras e serviços de engenharia sem projeto executivo, ressalvada a hipótese prevista no § 3º do art. 18 desta Lei.

DISPOSITIVO CORRELATO (Lei n. 12.462/2011)

Art. 8º [...]

§ 7º É vedada a realização, sem projeto executivo, de obras e serviços de engenharia para cuja concretização tenha sido utilizado o RDC, qualquer que seja o regime adotado.

---

§ 2º A Administração é dispensada da elaboração de projeto básico nos casos de contratação integrada, hipótese em que deverá ser elaborado anteprojeto de acordo com metodologia definida em ato do órgão competente, observados os requisitos estabelecidos no inciso XXIV do art. 6º desta Lei.

§ 3º Na contratação integrada, após a elaboração do projeto básico pelo contratado, o conjunto de desenhos, especificações, memoriais e cronograma físico-financeiro deverá ser submetido à aprovação da Administração, que avaliará sua adequação em relação aos parâmetros definidos no edital e conformidade com as normas técnicas, vedadas alterações que reduzam a qualidade ou a vida útil do empreendimento e mantida a responsabilidade integral do contratado pelos riscos associados ao projeto básico.

§ 4º Nos regimes de contratação integrada e semi-integrada, o edital e o contrato, sempre que for o caso, deverão prever as providências necessárias para a efetivação de desapropriação autorizada pelo poder público, bem como:

I – o responsável por cada fase do procedimento expropriatório;

II – a responsabilidade pelo pagamento das indenizações devidas;

III – a estimativa do valor a ser pago a título de indenização pelos bens expropriados, inclusive de custos correlatos;

IV – a distribuição objetiva de riscos entre as partes, incluído o risco pela diferença entre o custo da desapropriação e a estimativa de valor e pelos eventuais danos e prejuízos ocasionados por atraso na disponibilização dos bens expropriados;

V – em nome de quem deverá ser promovido o registro de imissão provisória na posse e o registro de propriedade dos bens a serem desapropriados.

§ 5º Na contratação semi-integrada, mediante prévia autorização da Administração, o projeto básico poderá ser alterado, desde que demonstrada a superioridade das inovações propostas pelo contratado em termos de redução de custos, de aumento da qualidade, de redução do prazo de execução ou de facilidade de manutenção ou operação, assumindo o contratado a responsabilidade integral pelos riscos associados à alteração do projeto básico.

§ 6º A execução de cada etapa será obrigatoriamente precedida da conclusão e da aprovação, pela autoridade competente, dos trabalhos relativos às etapas anteriores.

DISPOSITIVO CORRELATO (Lei n. 8.666/93)

Art. 7º [...]

§ 1º A execução de cada etapa será obrigatoriamente precedida da conclusão e aprovação, pela autoridade competente, dos trabalhos relativos às etapas anteriores, à exceção do projeto executivo, o qual poderá ser desenvolvido concomitantemente com a execução das obras e serviços, desde que também autorizado pela Administração.

---

§ 7º (Vetado).

§ 8º (Vetado).

§ 9º Os regimes de execução a que se referem os incisos II, III, IV, V e VI do *caput* deste artigo serão licitados por preço global e adotarão sistemática de medição e pagamento associada à execução de etapas do cronograma físico-financeiro vinculadas ao cumprimento de metas de resultado, vedada a adoção de sistemática de remuneração orientada por preços unitários ou referenciada pela execução de quantidades de itens unitários.

COMENTÁRIOS

Regimes de execução de obras e serviços de engenharia

O art. 46 da Lei n. 14.133/2021 dispõe sobre regimes de contratação de obras e serviços de engenharia, mantendo os regimes contemplados no art. 6º, VIII, da Lei n. 8.666/93, e acolhendo também os regimes instituídos pelo art. 8º do RDC e pelo art. 42 da Lei das Estatais (Lei n. 13.303/2016).

Com sutis aperfeiçoamentos redacionais, a Lei n. 14.133/2021 trata dos seguintes regimes de execução de obras e serviços de engenharia enumerados na Lei n. 8.666/93:

(i)   empreitada por preço unitário;

(ii) empreitada por preço global;

(iii) empreitada integral; e

(iv) contratação por tarefa.

A Lei n. 14.133/2021 acolhe o regime de contratação integrada, disposto no RDC, e institui dois novos regimes: a contratação semi-integrada, constante da Lei das Estatais; e fornecimento e prestação de serviço associado.

Contratação integrada

A **contratação integrada**, regime de execução de obras e serviços de engenharia instituído no ordenamento jurídico por meio do Regulamento do Procedimento Licitatório Simplificado da Petrobras, aprovado pelo Decreto n. 2.745/98, e posteriormente abarcado pelo RDC, aproxima-se do regime de empreitada integral, este já contemplado na Lei n. 8.666/93.

Na empreitada integral, contrata-se o empreendimento em sua totalidade, de modo que todas as obras, os serviços e as instalações cabem ao contratado, sob sua total responsabilidade, adimplindo-se a obrigação mediante a entrega do empreendimento em perfeitas condições de operação.

Na contratação integrada, além da execução das obras, montagem, teste, pré-operação e demais operações necessárias para a entrega do objeto, o contratado é incumbido também da elaboração e do desenvolvimento dos projetos básico e executivo.

Logo, na contratação integrada, a Administração transfere ao contratado o mister de elaboração e desenvolvimento dos projetos necessários ao empreendimento. Esse regime de execução tem máxime importância para a realização de empreendimentos de infraestrutura em que a própria concepção do projeto é de difícil realização pela Administração.

A contratação integrada é configurada pelo modelo *turn-key*: o contratado entrega a infraestrutura operante, após testes e operação assistida, como na entrega de usinas, metrôs e outras construções de grande porte.

O julgamento das propostas deve observar o preço global, e o pagamento deve respeitar as etapas do cronograma físico-financeiro, vedada a adoção de sistemática de remuneração orientada por preços unitários ou referenciada pela execução de quantidades de itens unitários.

Alocam-se ao contratado os riscos decorrentes de fatos supervenientes à contratação associados à escolha da solução de projeto básico.

A contratação integrada tem singular relevância para a contratação de empreendimentos de infraestrutura, consideradas as complexidades técnicas e operacionais características de sua realização.

O monitoramento e o controle da execução de empreendimentos de infraestrutura perfazem-se, dentre outros meios e formas legais, por mecanismos de avaliação de conformidade, para o que tem relevância o programa de acreditação de organismos de inspeção de projetos e obras de infraestrutura, motivado pelo Acordo de Cooperação Técnica n. 8/2017, celebrado entre a Secretaria Especial do Programa de Parcerias de Investimentos (SPPI) e o Inmetro.

Contratação semi-integrada

A **contratação semi-integrada** foi instituída no ordenamento jurídico por meio da Lei das Estatais e adotada pela Lei n. 14.133/2021. Sua definição é quase idêntica à contratação integrada, anotando-se a crucial distinção de que, na contratação semi-integrada, o projeto básico compete necessariamente à Administração, sendo o contratado responsável pela elaboração do projeto executivo.

É possível, porém, que o contratado, ao examinar o projeto básico, constate pontos de aperfeiçoamento e apresente inovações que possam importar em diminuição de custo, aumento da qualidade, redução do prazo de execução ou facilidade de manutenção ou operação.

Nesse caso, se autorizado pela Administração, o projeto básico poderá ser alterado, assumindo o contratado a responsabilidade integral pelos riscos associados à sua alteração.

Conforme o art. 46, § 6º, da Lei n. 14.133/2021, a "execução de cada etapa será obrigatoriamente precedida da conclusão e da aprovação, pela autoridade competente, dos trabalhos relativos às etapas anteriores".

Quanto à forma de licitação e conteúdos obrigacionais, como julgamento das propostas, valores de contratação, regras contratuais sobre providências para desapropriações e alocação de riscos entre Administração e contratado, a contratação semi-integrada respeita os mesmos regramentos que incidem sobre a contratação integrada.

Fornecimento e prestação de serviço associado

No regime de execução de **fornecimento e prestação de serviço associado**, o contratado, além do fornecimento do objeto, responsabiliza-se por sua operação, manutenção ou ambas, por tempo determinado. O modelo é eficaz para a mitigação do risco moral que permeia determinadas contratações, dada a característica de assimetria de informação que pesa sobre a Administração.

Não é ocorrência rara que licitantes aproveitem-se de imperfeições nas especificações técnicas ou, ainda que as especificações sejam adequadas, engajem esforço para a entrega de produto insatisfatório ante os fins almejados, mas conforme as especificações.

Se o contratado, além de entregar a coisa, obriga-se à sua operação e manutenção, a astúcia empregada para a máxima obtenção de vantagem pode ter consequências bastante onerosas.

Nesse regime de execução, o contrato terá vigência máxima definida pela soma do prazo relativo ao fornecimento inicial ou à entrega da obra com o prazo relativo ao serviço de operação e manutenção, este limitado a cinco anos contados da data de recebimento da coisa.

Para contratos que estabeleçam operação continuada de sistemas estruturantes de tecnologia da informação, admite-se vigência máxima de quinze anos, e contratos de serviços e fornecimentos contínuos poderão ser prorrogados sucessivamente, respeitada a vigência máxima decenal, desde que haja previsão em edital e que a autoridade competente ateste a vantajosidade.

Máxime em contratos cujo objeto contenha o fornecimento de produtos e operação na área de TIC, o regime de execução em comento é bastante pertinente, amoldando-se à tendência observada nesse setor, cujo incremento caracteriza-se pela prestação de serviços associados ao produto, segundo o modelo de negócio *Software as a Service (SaaS)*.

Desapropriações autorizadas pelo Poder Público

O art. 46, § 4º, da Lei n. 14.133/2021 traz importantíssima disciplina sobre a definição, no edital e no contrato, sobre as providências atinentes às **desapropriações** autorizadas pelo Poder Público: responsabilidade por cada fase da desapropriação e pelo pagamento; estimativa de valor a ser pago; e alocação de riscos entre as partes, incluído o risco pela variação do custo da desapropriação.

Dessarte, reproduz-se o conteúdo de que trata a Medida Provisória n. 700/2015, que, incluindo incisos no art. 3º do Decreto-lei n. 3.365/41, possibilita ao contratado pelo Poder Público a promoção de desapropriação de bens, mediante autorização expressa de lei ou contrato, nas hipóteses de empreitada por preço global, empreitada integral e contratação integrada[180].

Na contratação de empreendimentos de infraestrutura como rodovias, ferrovias e aeroportos, a execução das obras comumente demanda a desapropriação de significativas extensões de terrenos e benfeitorias, sem o que a construção restaria inviabilizada.

A inexistência de plano de desapropriações, a lentidão para a edição dos atos de declaração de utilidade pública, o insucesso de acordos extrajudiciais e de audiências de conciliação – não raro devido à inobservância do princípio da justa e prévia indenização a que alude o art. 5º, XXIV, da CRFB – são situações que causam atrasos e onerações indesejáveis e, pior, a socialização dos custos.

Por isso, é bastante oportuna a nova disciplina legal, a determinar o planejamento e a definição de responsabilidades sobre os atos imprescindíveis para a realização de empreendimentos de infraestrutura.

Veto aos §§ 7º e 8º

Quanto aos valores de contratação, o § 7º do art. 46 faria remissão ao art. 1º, § 4º, I, da Lei n. 11.079/2004, restringindo-se o regime de execução de contratação integrada aos negócios jurídicos que superem o montante determinado naquela lei, salvo em contratações destinadas a viabilizar projetos de ciência, tecnologia e inovação e de ensino técnico ou superior.

Em razões do veto, justifica-se acertadamente a contrariedade ao interesse público, na medida em que restringiria a utilização dos regimes de contratação integrada e semi-integrada para obras, serviços e fornecimentos de pequeno e médio valor, em prejuízo à eficiência na Administração, além do potencial aumento de custos com a realização de posteriores aditivos contratuais.

---

180 A MP n. 700/2015, motivada pelas demandas do Programa de Investimento em Logística e a extensão do Regime Diferenciado de Contratação para as obras do Programa de Aceleração do Crescimento, teve sua vigência encerrada em 17 de maio de 2016.

O § 8º do art. 46 dispensaria a contratação integrada ou semi-integrada destinada a viabilizar projetos de ciência, tecnologia e inovação e de ensino técnico ou superior do limite estatuído no § 7º, de modo que o veto a este dispositivo suprimiu sua logicidade.

Subseção III
Dos Serviços em Geral

Art. 47. As licitações de serviços atenderão aos princípios:

I – da padronização, considerada a compatibilidade de especificações estéticas, técnicas ou de desempenho;

II – do parcelamento, quando for tecnicamente viável e economicamente vantajoso.

§ 1º Na aplicação do princípio do parcelamento deverão ser considerados:

I – a responsabilidade técnica;

II – o custo para a Administração de vários contratos frente às vantagens da redução de custos, com divisão do objeto em itens;

III – o dever de buscar a ampliação da competição e de evitar a concentração de mercado.

§ 2º Na licitação de serviços de manutenção e assistência técnica, o edital deverá definir o local de realização dos serviços, admitida a exigência de deslocamento de técnico ao local da repartição ou a exigência de que o contratado tenha unidade de prestação de serviços em distância compatível com as necessidades da Administração.

COMENTÁRIOS

A regra do § 2º do art. 47 da Lei n. 14.133/2021 traz disciplina importante, porque equaliza os princípios da competitividade e da eficácia.

De um lado, quanto maior o número de participantes de uma licitação, maior a competitividade e diretamente proporcional a expectativa de vantajosidade da contratação.

Todavia, em serviços de manutenção e assistência técnica, que demandam a presença física de profissional, há de se ponderar a frequência com que as ordens de serviço são expedidas e a capacidade operacional do contratado em atendê-las em prazo razoável.

Esses fatores têm maior relevância em localidades assistidas por escassos sistemas logísticos – aeroportos distantes, baixa frequência de voos, grande distância rodoviária etc.

A despeito da excelência técnica de determinada empresa, a inexistência de estabelecimento ou a não alocação de profissional próximo ao local de prestação do serviço pode ensejar riscos, a justificar a restrição.

Art. 48. Poderão ser objeto de execução por terceiros as atividades materiais acessórias, instrumentais ou complementares aos assuntos que constituam área de competência legal do órgão ou da entidade, vedado à Administração ou a seus agentes, na contratação do serviço terceirizado:

I – indicar pessoas expressamente nominadas para executar direta ou indiretamente o objeto contratado;

II – fixar salário inferior ao definido em lei ou em ato normativo a ser pago pelo contratado;

III – estabelecer vínculo de subordinação com funcionário de empresa prestadora de serviço terceirizado;

IV – definir forma de pagamento mediante exclusivo reembolso dos salários pagos;

V – demandar a funcionário de empresa prestadora de serviço terceirizado a execução de tarefas fora do escopo do objeto da contratação;

VI – prever em edital exigências que constituam intervenção indevida da Administração na gestão interna do contratado.

Parágrafo único. Durante a vigência do contrato, é vedado ao contratado contratar cônjuge, companheiro ou parente em linha reta, colateral ou por afinidade, até o terceiro grau, de dirigente do órgão ou entidade contratante ou de agente público que desempenhe função na licitação ou atue na fiscalização ou na gestão do contrato, devendo essa proibição constar expressamente do edital de licitação.

COMENTÁRIOS

Terceirização

A terceirização de serviços é atribuída a determinada empresa, contratada para essas atividades, cujos profissionais não têm qualquer requisito personalíssimo, haja vista que a terceirização destina-se à prestação de atividades materiais acessórias.

Portanto, indicar pessoas para a execução do objeto contratado é atitude que fere o princípio da moralidade administrativa, além de configurar indevida intromissão nos negócios internos do contratado.

Relação hierárquica

Os funcionários da contratada devem obediência hierárquica aos seus superiores na empresa, segundo o regime da CLT e dos regulamentos internos da organização.

Não há qualquer relação de subordinação entre funcionários da contratada e servidores públicos, porquanto aqueles e estes respeitam regimes jurídicos distintos.

É necessária a indicação de preposto para intermediar a relação entre a Administração e a empresa terceirizada, sendo essa a pessoa encarregada de representar a contratada no ambiente do órgão ou entidade contratante.

Contratações vedadas

A terceirização não pode servir de reserva de empregos para familiares de agentes públicos, o que consistiria em privilégio odioso e injustificável, baseado em ofensa aos princípios tabulados no art. 37, *caput*, da CF/88.

Art. 49. A Administração poderá, mediante justificativa expressa, contratar mais de uma empresa ou instituição para executar o mesmo serviço, desde que essa contratação não implique perda de economia de escala, quando:

DISPOSITIVO CORRELATO (Lei n. 12.462/2011)

Art. 11. A administração pública poderá, mediante justificativa expressa, contratar mais de uma empresa ou instituição para executar o mesmo serviço, desde que não implique perda de economia de escala, quando:

I – o objeto da contratação puder ser executado de forma concorrente e simultânea por mais de um contratado; e

---

DISPOSITIVO CORRELATO (Lei n. 12.462/2011)

Art. 11. [...]
I – o objeto da contratação puder ser executado de forma concorrente e simultânea por mais de um contratado; ou

---

II – a múltipla execução for conveniente para atender à Administração.

> **DISPOSITIVO CORRELATO (Lei n. 12.462/2011)**
>
> Art. 11. [...]
>
> II – a múltipla execução for conveniente para atender à administração pública.

Parágrafo único. Na hipótese prevista no *caput* deste artigo, a Administração deverá manter o controle individualizado da execução do objeto contratual relativamente a cada um dos contratados.

> **DISPOSITIVO CORRELATO (Lei n. 12.462/2011)**
>
> Art. 11. [...]
>
> § 1º Nas hipóteses previstas no *caput* deste artigo, a administração pública deverá manter o controle individualizado da execução do objeto contratual relativamente a cada uma das contratadas.

COMENTÁRIOS

Em determinadas ocasiões, a prestação dos mesmos serviços por contratados diversos pode resultar em benefícios, seja por circunstâncias de mercado, quando por exemplo, a fragmentação viabilize a suficiente contratação de pessoal por empresas de pequeno porte, e quando as atividades não requerem significativo esforço de aprendizado para a assimilação das rotinas.

Além disso, essa técnica pode atenuar riscos decorrentes de acontecimentos supervenientes, como greve, falência etc., de modo que não ocorra total interrupção das atividades desempenhadas.

Art. 50. Nas contratações de serviços com regime de dedicação exclusiva de mão de obra, o contratado deverá apresentar, quando solicitado pela Administração, sob pena de multa, comprovação do cumprimento das obrigações trabalhistas e com o Fundo de Garantia do Tempo de Serviço (FGTS) em relação aos empregados diretamente envolvidos na execução do contrato, em especial quanto ao:
I – registro de ponto;
II – recibo de pagamento de salários, adicionais, horas extras, repouso semanal remunerado e décimo terceiro salário;
III – comprovante de depósito do FGTS;
IV – recibo de concessão e pagamento de férias e do respectivo adicional;
V – recibo de quitação de obrigações trabalhistas e previdenciárias dos empregados dispensados até a data da extinção do contrato;
VI – recibo de pagamento de vale-transporte e vale-alimentação, na forma prevista em norma coletiva.

COMENTÁRIOS

O fiscal do contrato deve exigir do contratado a comprovação do cumprimento dos encargos previdenciários, visto que, caso o contratado não os honre, **a Administração Pública responderá solidariamente**, na forma do § 2º do art. 121 da Lei n. 14.133/2021.

O não atendimento do contratado à exigência da Administração enseja a imposição de multa, mediante processo administrativo sancionador em que assegurada a ampla defesa e o contraditório.

Subseção IV
Da Locação de Imóveis

Art. 51. Ressalvado o disposto no inciso V do *caput* do art. 74 desta Lei, a locação de imóveis deverá ser precedida de licitação e avaliação prévia do bem, do seu estado de conservação, dos custos de adaptações e do prazo de amortização dos investimentos necessários.

COMENTÁRIOS

Dificilmente um imóvel possui instalações ideais para o funcionamento do órgão ou entidade, a demandar adaptações de estrutura, mobiliário, sistemas elétricos, de telefonia e lógicos.

Esses custos devem ser ponderados em relação ao tempo planejado para o contrato de locação, a fim de que da escolha não resulte dano ao patrimônio público.

Quando o imóvel possui características únicas que tornem necessária sua escolha, ainda que seu estado de conservação seja ruim, justifica-se o custo, porque outra opção não há, fundamentando-se a inexigibilidade de licitação.

Todavia, essa escolha requer razoável fundamentação, demonstrando-se o cuidado da Administração envidado para a preservação da esfera patrimonial do Estado.

Subseção V
Das Licitações Internacionais

Art. 52. Nas licitações de âmbito internacional, o edital deverá ajustar-se às diretrizes da política monetária e do comércio exterior e atender às exigências dos órgãos competentes.

DISPOSITIVO CORRELATO (Lei n. 8.666/93)
Art. 42. Nas concorrências de âmbito internacional, o edital deverá ajustar-se às diretrizes da política monetária e do comércio exterior e atender às exigências dos órgãos competentes.

§ 1º Quando for permitido ao licitante estrangeiro cotar preço em moeda estrangeira, o licitante brasileiro igualmente poderá fazê-lo.

DISPOSITIVO CORRELATO (Lei n. 8.666/93)
Art. 42. [...]   § 1º Quando for permitido ao licitante estrangeiro cotar preço em moeda estrangeira, igualmente o poderá fazer o licitante brasileiro.

§ 2º O pagamento feito ao licitante brasileiro eventualmente contratado em virtude de licitação nas condições de que trata o § 1º deste artigo será efetuado em moeda corrente nacional.

DISPOSITIVO CORRELATO (Lei n. 8.666/93)
Art. 42. [...]   § 2º O pagamento feito ao licitante brasileiro eventualmente contratado em virtude da licitação de que trata o parágrafo anterior será efetuado em moeda brasileira, à taxa de câmbio vigente no dia útil imediatamente anterior à data do efetivo pagamento. (Redação dada pela Lei n. 8.883, de 1994.)

§ 3º As garantias de pagamento ao licitante brasileiro serão equivalentes àquelas oferecidas ao licitante estrangeiro.

DISPOSITIVO CORRELATO (Lei n. 8.666/93)
Art. 42. [...]   § 3º As garantias de pagamento ao licitante brasileiro serão equivalentes àquelas oferecidas ao licitante estrangeiro.

§ 4º Os gravames incidentes sobre os preços constarão do edital e serão definidos a partir de estimativas ou médias dos tributos.

DISPOSITIVO CORRELATO (Lei n. 8.666/93)

Art. 42. [...]

§ 4º Para fins de julgamento da licitação, as propostas apresentadas por licitantes estrangeiros serão acrescidas dos gravames consequentes dos mesmos tributos que oneram exclusivamente os licitantes brasileiros quanto à operação final de venda.

---

§ 5º As propostas de todos os licitantes estarão sujeitas às mesmas regras e condições, na forma estabelecida no edital.

§ 6º Observados os termos desta Lei, o edital não poderá prever condições de habilitação, classificação e julgamento que constituam barreiras de acesso ao licitante estrangeiro, admitida a previsão de margem de preferência para bens produzidos no País e serviços nacionais que atendam às normas técnicas brasileiras, na forma definida no art. 26 desta Lei.

COMENTÁRIOS

Comumente, as políticas discriminatórias de compras públicas para favorecer fornecedores locais assumem dois formatos:

(i)   políticas de conteúdo local, em que a Administração exige que seus fornecedores empreguem insumos de origem nacional na produção de bens e serviços;

(ii)   margens de preferência de preços, em que a proposta de fornecedor local pode prevalecer sobre a de fornecedor estrangeiro, mesmo que em valor mais elevado, conforme os percentuais admitidos pela legislação[181].

A importância das contratações públicas para a economia nacional depende dos setores produtivos e dos itens mais consumidos pela Administração.

Quando a economia produz muitos dos bens que o Estado consome, a demanda governamental não é suficientemente grande para tornar a economia dependente dela. Nesse caso, uma eventual entrada de empresas estrangeiras no mercado de compras públicas teria efeitos limitados sobre o emprego[182].

No plano do direito econômico internacional, as compras públicas são tratadas por meio do Acordo sobre Compras Governamentais, no âmbito da Organização Mundial do Comércio.

Dentre os princípios gerais do Acordo, mencione-se o princípio da não discriminação.

O artigo IV do Acordo dispõe que os Estados-Membros devem conceder aos fornecedores de bens ou serviços de quaisquer das partes tratamento não menos favorável do que o tratamento dispensado a:

a)   bens, serviços e fornecedores nacionais;

b)   bens, serviços e fornecedores de qualquer outra parte.

Outrossim, uma Parte, incluindo suas entidades contratantes, não deve:

a)   tratar um fornecedor estabelecido localmente de forma menos favorável do que outro fornecedor estabelecido localmente com base no grau de afiliação ou propriedade estrangeira;

---

181 SSENNOGA, F. Examining discriminatory procurement practices in developing countries, *Journal of Public Procurement*, v. 6, n. 3, 2006, p. 218.

182 TRIONFETTI, F. Discriminatory public procurement and international trade, *World Economy*, v. 23, n. 1, p. 57-76, 2000.

b) discriminar um fornecedor estabelecido localmente com base em que os bens ou serviços oferecidos por esse fornecedor para uma determinada aquisição são bens ou serviços de qualquer outra Parte.

Em 18 de maio de 2020, o Brasil formalizou pedido de adesão como membro pleno ao Acordo, que tem 21 partes signatárias (Armênia, Austrália, Canadá, Coreia do Sul, Estados Unidos, Hong Kong, Islândia, Israel, Japão, Liechtenstein, Moldova, Montenegro, Nova Zelândia, Noruega, Países Baixos – com relação a Aruba, Singapura, Suíça, Taiwan, Ucrânia, Reino Unido e União Europeia, mais os 27 Estados Membros), correspondentes a 48 Estados-Membros da OMC.

Além dos membros permanentes, 36 países participam do Acordo na condição de membros observadores, dos quais 11 (além do Brasil, Albânia, Cazaquistão, China, Geórgia, Jordânia, Macedônia do Norte, Quirguistão, Omã, Rússia e Tajiquistão) estão em processo de acessão ao acordo.

A partir do estudo dos efeitos do Acordo em outras economias, não se permite indicar que efeitos o ingresso no GPA teria no Brasil em termos de ganhos de comércio e bem-estar.

> [...] na sequência da entrada de alguns países no GPA, houve um aumento na participação de produtos importados nas compras públicas. Indicando uma correlação entre a entrada no GPA e o aumento, ainda que pequeno, de produtos importados por parte do governo. Os resultados no modelo de equilíbrio geral indicam que tal substituição, na ausência de qualquer política de compensação comercial, pode gerar perdas de empregos na economia.
>
> [...] A entrada no acordo seria vantajosa para o Brasil caso as empresas locais ganhem mercado junto aos países-membros e/ou ocorram ganhos de eficiência para o setor público[183].

De todo modo, a regra gravada no § 6º do art. 52 da Lei n. 14.133/2021 sedimenta na legislação de licitações e contratos os princípios referenciados no pacto internacional ao qual o Estado brasileiro colima aceder.

CAPÍTULO III
DA DIVULGAÇÃO DO EDITAL DE LICITAÇÃO

Art. 53. Ao final da fase preparatória, o processo licitatório seguirá para o órgão de assessoramento jurídico da Administração, que realizará controle prévio de legalidade mediante análise jurídica da contratação.

DISPOSITIVO CORRELATO (Lei n. 8.666/93)

Art. 38. [...]
Parágrafo único. As minutas de editais de licitação, bem como as dos contratos, acordos, convênios ou ajustes devem ser previamente examinadas e aprovadas por assessoria jurídica da Administração. (Redação dada pela Lei n. 8.883, de 1994.)

§ 1º Na elaboração do parecer jurídico, o órgão de assessoramento jurídico da Administração deverá:

I – apreciar o processo licitatório conforme critérios objetivos prévios de atribuição de prioridade;

II – redigir sua manifestação em linguagem simples e compreensível e de forma clara e objetiva, com apreciação de todos os elementos indispensáveis à contratação e com exposição dos pressupostos de fato e de direito levados em consideração na análise jurídica;

183 ARAÚJO JÚNIOR, Ignácio Tavares de. *Uma análise dos custos e benefícios da entrada do Brasil no Acordo de Compras Governamentais da Organização Mundial do Comércio.* Texto para discussão. Brasília: IPEA, 2019.

III – (Vetado).

§ 2º (Vetado).

§ 3º Encerrada a instrução do processo sob os aspectos técnico e jurídico, a autoridade determinará a divulgação do edital de licitação conforme disposto no art. 54.

§ 4º Na forma deste artigo, o órgão de assessoramento jurídico da Administração também realizará controle prévio de legalidade de contratações diretas, acordos, termos de cooperação, convênios, ajustes, adesões a atas de registro de preços, outros instrumentos congêneres e de seus termos aditivos.

§ 5º É dispensável a análise jurídica nas hipóteses previamente definidas em ato da autoridade jurídica máxima competente, que deverá considerar o baixo valor, a baixa complexidade da contratação, a entrega imediata do bem ou a utilização de minutas de editais e instrumentos de contrato, convênio ou outros ajustes previamente padronizados pelo órgão de assessoramento jurídico.

§ 6º (Vetado).

COMENTÁRIOS

Pareceres são manifestações fundamentadas em determinada técnica sobre assuntos levados à consideração de emissor que detenha o conhecimento específico, possibilitando a futura deliberação de terceiro (consulente) com dados mais aprofundados sobre o tema.

Os pareceres podem ser de emissão obrigatória ou facultativa. No primeiro caso, a lei exige a submissão do assunto ao detentor do conhecimento técnico. No segundo caso, fica a critério do agente público que está investido na competência decisória submeter ou não submeter o assunto, porém, uma vez submetido, o emissor tem o dever de confeccionar a peça.

Os de emissão facultativa, normalmente, não são listados em lei. Os de emissão obrigatória poderão ser vinculantes ou não vinculantes. Os primeiros afastam a liberdade decisória da autoridade consulente. Os segundos, apesar de a submissão ao detentor do conhecimento técnico ser imperativa, não têm o condão de limitar a futura decisão da autoridade.

O parecer descrito no parágrafo único do art. 53 da Lei n. 14.133/2021 é um exemplo de parecer obrigatório e não vinculante. Contudo, não existe vinculação ao parecer emitido, podendo a autoridade consulente, de maneira fundamentada, adotar posição diferente.

O regime jurídico da Lei n. 8.666/93 não comporta qualquer exceção quanto à emissão de parecer jurídico. Portanto, todas as minutas, contratos, acordos, convênios ou ajustes devem passar pelo crivo do órgão jurídico que presta assessoria e consultoria aos órgãos interessados em celebrar os instrumentos em questão ou em realizar procedimento licitatório.

O § 5º do art. 53 da Lei n. 14.133/2021 colaciona cláusula de excepcionalidade, quando a licitação se destina à contratação de objeto de baixo valor, baixa complexidade e entrega imediata do bem.

Há contratações repetitivas, cujo objeto e forma de cumprimento mantêm-se os mesmos, o que demanda tempo de análise jurídica para questões de pouca relevância.

Em situações que, na forma do art. 25, § 1º, da Lei n. 14.133/2021, a Administração utilize minutas padronizadas de edital e de contrato com cláusulas uniformes, está-se a dizer de contratações que a Administração já possui experiência, e a submissão do procedimento licitatório ao órgão de consultoria e assessoramento jurídico poderia afetar a celeridade, eficiência e eficácia da licitação.

Decerto, a decisão sobre dispensar o parecer jurídico deve ser sopesada pela autoridade competente, em plena consciência, sobretudo quando se considera o art. 10, *caput*, da Lei n. 14.133/2021, no que concerne ao direito de representação judicial e extrajudicial dos servidores, o que requer o embasamento em parecer do órgão de consultoria e assessoramento jurídico.

Art. 54. A publicidade do edital de licitação será realizada mediante divulgação e manutenção do inteiro teor do ato convocatório e de seus anexos no Portal Nacional de Contratações Públicas (PNCP).

DISPOSITIVO CORRELATO (Lei n. 8.666/93)

Art. 21. Os avisos contendo os resumos dos editais das concorrências, das tomadas de preços, dos concursos e dos leilões, embora realizados no local da repartição interessada, deverão ser publicados com antecedência, no mínimo, por uma vez:

I – no *Diário Oficial da União*, quando se tratar de licitação feita por órgão ou entidade da Administração Pública Federal e, ainda, quando se tratar de obras financiadas parcial ou totalmente com recursos federais ou garantidas por instituições federais; (Redação dada pela Lei n. 8.883, de 1994.)

II – no *Diário Oficial do Estado*, ou do Distrito Federal quando se tratar, respectivamente, de licitação feita por órgão ou entidade da Administração Pública Estadual ou Municipal, ou do Distrito Federal; (Redação dada pela Lei n. 8.883, de 1994.)

III – em jornal diário de grande circulação no Estado e também, se houver, em jornal de circulação no Município ou na região onde será realizada a obra, prestado o serviço, fornecido, alienado ou alugado o bem, podendo ainda a Administração, conforme o vulto da licitação, utilizar-se de outros meios de divulgação para ampliar a área de competição. (Redação dada pela Lei n. 8.883, de 1994.)

---

§ 1º Sem prejuízo do disposto no *caput*, é obrigatória a publicação de extrato do edital no *Diário Oficial da União*, *do Estado*, do *Distrito Federal* ou do *Município*, ou, no caso de consórcio público, do ente de maior nível entre eles, bem como em jornal diário de grande circulação.

§ 2º É facultada a divulgação adicional e a manutenção do inteiro teor do edital e de seus anexos em sítio eletrônico oficial do ente federativo do órgão ou entidade responsável pela licitação ou, no caso de consórcio público, do ente de maior nível entre eles, admitida, ainda, a divulgação direta a interessados devidamente cadastrados para esse fim.

§ 3º Após a homologação do processo licitatório, serão disponibilizados no Portal Nacional de Contratações Públicas (PNCP) e, se o órgão ou entidade responsável pela licitação entender cabível, também no sítio referido no § 2º deste artigo, os documentos elaborados na fase preparatória que porventura não tenham integrado o edital e seus anexos.

COMENTÁRIOS

A divulgação no PNCP do inteiro teor do ato convocatório e de seus anexos é pressuposto para a conformidade ao mandamento legal.

Questão de relevo, porém, é que o referido portal ainda não foi implementado, salientando-se que, por força do art. 194 da Lei n. 14.133/2021, sua vigência teve início na data de publicação: 1º de abril de 2021.

Não parece razoável pressupor a operacionalização do portal como requisito indispensável para a condução de licitações na forma da nova lei, sobretudo porque o PNCP é meio de publicidade, que pode ser transitoriamente suprida mediante os meios atualmente empregados: publicação em sítios eletrônicos dos órgãos e entidades, nos veículos de imprensa e na imprensa oficial.

Há de se salientar que, com base no art. 191, *caput*, da Lei n. 14.133/2021, até a revogação da Lei n. 8.666/93, da Lei do Pregão e do RDC –após dois anos da publicação da Lei n. 14.133/2021 – a Administração poderá optar pelo regime jurídico de qualquer das leis, desde que observado o mesmo regime durante todo o certame e consequente contratação.

Como pressuposto, a lei exige tão somente a expressa indicação do regime jurídico no edital ou no aviso ou instrumento de contratação direta.

Por conseguinte, a operacionalização do PNCP não constitui fato imprescindível para a condução de licitação segundo o rito da Lei n. 14.133/2021. Interpretação em sentido contrário importaria em admitir o portal como condição de eficácia da lei, o que não parece razoável.

Deve-se atentar que, uma vez implantado o PNCP, a divulgação adicional do edital em sítio eletrônico oficial do ente federativo do órgão ou entidade responsável pela licitação ou do ente de maior nível a integrar consórcio público e opcional e adicional à divulgação no PNCP, não alternativa.

Portanto, a divulgação do edital no PNCP é indispensável, mesmo se efetuados meios adicionais de divulgação.

Restabelecimento do § 1º

O § 1º do artigo em questão foi vetado pelo Presidente da República, sob o seguinte argumento:

> "Razões do veto
>
> A propositura legislativas dispõe que, sem prejuízo da divulgação e manutenção do inteiro teor do ato convocatório e de seus anexos no Portal Nacional de Contratações Públicas (PNCP) é obrigatória a publicação de extrato do edital no *Diário Oficial da União*, do *Estado*, do *Distrito Federal* ou do *Município*, ou, no caso de consórcio público, do ente de maior nível entre eles, bem como em jornal diário de grande circulação.
>
> Todavia, e embora se reconheça o mérito da proposta, a determinação de publicação em jornal de grande circulação contraria o interesse público por ser uma medida desnecessária e antieconômica, tendo em vista que a divulgação em 'sítio eletrônico oficial' atende ao princípio constitucional da publicidade.
>
> Além disso, tem-se que o princípio da publicidade, disposto no art. 37, *caput*, da Constituição da República, já seria devidamente observado com a previsão contida no *caput* do art. 54, que prevê a divulgação dos instrumentos de contratação no Portal Nacional de Contratações Públicas (PNCP), o qual passará a centralizar a publicidade dos atos relativos às contratações públicas."

Apesar de o veto ter sido derrubado pelo Congresso Nacional, portanto a norma integra o ordenamento jurídico, entende-se que os argumentos usados no veto do Presidente da República são pertinentes, pois o Portal Nacional de Contratações Públicas (PNCP) é suficiente para resguardar o princípio da publicidade do *caput* do art. 37 da CF/88. Além disso, a publicação em jornal de grande divulgação, além de beneficiar determinado setor econômico, aumenta os custos das licitações.

CAPÍTULO IV
Da Apresentação de Propostas e Lances

Art. 55. Os prazos mínimos para apresentação de propostas e lances, contados a partir da data de divulgação do edital de licitação, são de:

DISPOSITIVO CORRELATO (Lei n. 8.666/93)

Art. 21. [...]

§ 2º O prazo mínimo até o recebimento das propostas ou da realização do evento será:

I – quarenta e cinco dias para: (Redação dada pela Lei n. 8.883, de 1994.)

a) concurso; (Incluída pela Lei n. 8.883, de 1994.)

b) concorrência, quando o contrato a ser celebrado contemplar o regime de empreitada integral ou quando a licitação for do tipo "melhor técnica" ou "técnica e preço"; (Incluída pela Lei n. 8.883, de 1994.)

II – trinta dias para: (Redação dada pela Lei n. 8.883, de 1994.)

a) concorrência, nos casos não especificados na alínea *b* do inciso anterior; (Incluída pela Lei n. 8.883, de 1994.)

b) tomada de preços, quando a licitação for do tipo "melhor técnica" ou "técnica e preço"; (Incluída pela Lei n. 8.883, de 1994.)

III – quinze dias para a tomada de preços, nos casos não especificados na alínea *b* do inciso anterior, ou leilão; (Redação dada pela Lei n. 8.883, de 1994.)

IV – cinco dias úteis para convite. (Redação dada pela Lei n. 8.883, de 1994.)

DISPOSITIVO CORRELATO (Lei n. 10.520/2002.)

Art. 4º A fase externa do pregão será iniciada com a convocação dos interessados e observará as seguintes regras: [...]

V – o prazo fixado para a apresentação das propostas, contado a partir da publicação do aviso, não será inferior a 8 (oito) dias úteis;

I – para aquisição de bens:

a) 8 (oito) dias úteis, quando adotados os critérios de julgamento de menor preço ou de maior desconto;

b) 15 (quinze) dias úteis, nas hipóteses não abrangidas pela alínea *a* deste inciso;

II – no caso de serviços e obras:

a) 10 (dez) dias úteis, quando adotados os critérios de julgamento de menor preço ou de maior desconto, no caso de serviços comuns e de obras e serviços comuns de engenharia;

b) 25 (vinte e cinco) dias úteis, quando adotados os critérios de julgamento de menor preço ou de maior desconto, no caso de serviços especiais e de obras e serviços especiais de engenharia;

c) 60 (sessenta) dias úteis, quando o regime de execução for de contratação integrada;

d) 35 (trinta e cinco) dias úteis, quando o regime de execução for o de contratação semi-integrada ou nas hipóteses não abrangidas pelas alíneas *a*, *b* e *c* deste inciso;

III – para licitação em que se adote o critério de julgamento de maior lance, 15 (quinze) dias úteis;

IV – para licitação em que se adote o critério de julgamento de técnica e preço ou de melhor técnica ou conteúdo artístico, 35 (trinta e cinco) dias úteis.

§ 1º Eventuais modificações no edital implicarão nova divulgação na mesma forma de sua divulgação inicial, além do cumprimento dos mesmos prazos dos atos e procedimentos originais, exceto quando a alteração não comprometer a formulação das propostas.

DISPOSITIVO CORRELATO (Lei n. 8.666/93)

Art. 21. [...]

§ 4º Qualquer modificação no edital exige divulgação pela mesma forma que se deu o texto original, reabrindo-se o prazo inicialmente estabelecido, exceto quando, inquestionavelmente, a alteração não afetar a formulação das propostas.

§ 2º Os prazos previstos neste artigo poderão, mediante decisão fundamentada, ser reduzidos até a metade nas licitações realizadas pelo Ministério da Saúde, no âmbito do Sistema Único de Saúde (SUS).

COMENTÁRIOS

Consoante o art. 55 e incisos da Lei n. 14.133/2021, anotam-se os seguintes prazos para apresentação de propostas e lances, a partir da divulgação do edital:

(i) para aquisição de bens: oito dias úteis, se adotado o julgamento por menor preço ou maior desconto; quinze dias úteis, se adotado outro critério de julgamento;

(ii) para contratação de serviços comuns e de obras e serviços comuns de engenharia: dez dias úteis, quando adotados os critérios de julgamento de menor preço ou de maior desconto;

(iii) para contratação de serviços especiais e de obras e serviços especiais de engenharia: vinte e cinco dias úteis, quando adotados os critérios de julgamento de menor preço ou de maior desconto;

(iv) quando o regime de execução for de contratação integrada: sessenta dias úteis;

(v) quando o regime de execução for de contratação semi-integrada ou para contratação de serviços e obras não abrangidos pelas hipóteses anteriores: trinta e cinco dias úteis;

(vi) quando o critério de julgamento for de maior lance: quinze dias úteis;

(vii) quando o critério de julgamento for de técnica e preço ou de melhor técnica ou conteúdo artístico: trinta e cinco dias úteis.

Todos os prazos contam-se em dias úteis, em perfeita consonância com a tendência legiferante. Cada vez mais, acentua-se a percepção de que prazos contados em dias corridos importam efeitos práticos de supressão de prazo. Não por outra razão, o art. 219, *caput*, do CPC, dita nova métrica para os prazos processuais, computando-se comente os dias úteis.

Licitações promovidas pelo Ministério da Saúde

Exclusivamente nas licitações promovidas pelo Ministério da Saúde, no âmbito do SUS, os prazos mínimos para apresentação de propostas e lances poderão ser reduzidos até a metade, mediante cláusula editalícia explícita e decisão fundamentada.

A previsão legal é bem-vinda, haja vista situações para as quais não há motivo suficiente para a contratação direta, mas os prazos convencionais provoquem risco à contratação e cumprimento do objeto.

Art. 56. O modo de disputa poderá ser, isolada ou conjuntamente:

I – aberto, hipótese em que os licitantes apresentarão suas propostas por meio de lances públicos e sucessivos, crescentes ou decrescentes;

DISPOSITIVO CORRELATO (Lei n. 12.462/2011)
Art. 17. [...]
I – no modo de disputa aberto, os licitantes apresentarão suas ofertas por meio de lances públicos e sucessivos, crescentes ou decrescentes, conforme o critério de julgamento adotado;

II – fechado, hipótese em que as propostas permanecerão em sigilo até a data e hora designadas para sua divulgação.

DISPOSITIVO CORRELATO (Lei n. 12.462/2011)
Art. 17. [...]
II – no modo de disputa fechado, as propostas apresentadas pelos licitantes serão sigilosas até a data e hora designadas para que sejam divulgadas; e

§ 1º A utilização isolada do modo de disputa fechado será vedada quando adotados os critérios de julgamento de menor preço ou de maior desconto.

§ 2º A utilização do modo de disputa aberto será vedada quando adotado o critério de julgamento de técnica e preço.

§ 3º Serão considerados intermediários os lances:

DISPOSITIVO CORRELATO (Lei n. 12.462/2011)

Art. 17. [...]
§ 2º Consideram-se intermediários os lances:

I – iguais ou inferiores ao maior já ofertado, quando adotado o critério de julgamento de maior lance;

DISPOSITIVO CORRELATO (Lei n. 12.462/2011)

Art. 17. [...]
§ 2º [...]
I – iguais ou inferiores ao maior já ofertado, quando adotado o julgamento pelo critério da maior oferta; ou

II – iguais ou superiores ao menor já ofertado, quando adotados os demais critérios de julgamento.

DISPOSITIVO CORRELATO (Lei n. 12.462/2011)

Art. 17. [...]
§ 2º [...]
II – iguais ou superiores ao menor já ofertado, quando adotados os demais critérios de julgamento.

§ 4º Após a definição da melhor proposta, se a diferença em relação à proposta classificada em segundo lugar for de pelo menos 5% (cinco por cento), a Administração poderá admitir o reinício da disputa aberta, nos termos estabelecidos no instrumento convocatório, para a definição das demais colocações.

DISPOSITIVO CORRELATO (Lei n. 12.462/2011)

Art. 17. [...]
§ 1º Poderão ser admitidos, nas condições estabelecidas em regulamento: [...] II – o reinício da disputa aberta, após a definição da melhor proposta e para a definição das demais colocações, sempre que existir uma diferença de pelo menos 10% (dez por cento) entre o melhor lance e o do licitante subsequente.

§ 5º Nas licitações de obras ou serviços de engenharia, após o julgamento, o licitante vencedor deverá reelaborar e apresentar à Administração, por meio eletrônico, as planilhas com indicação dos quantitativos e dos custos unitários, bem como com detalhamento das Bonificações e Despesas Indiretas (BDI) e dos Encargos Sociais (ES), com os respectivos valores adequados ao valor final da proposta vencedora, admitida a utilização dos preços unitários, no caso de empreitada por preço global, empreitada integral, contratação semi-integrada e contratação integrada, exclusivamente para eventuais adequações indispensáveis no cronograma físico--financeiro e para balizar excepcional aditamento posterior do contrato.

DISPOSITIVO CORRELATO (Lei n. 12.462/2011)

Art. 17. [...]

§ 1º [...]

III – nas licitações de obras ou serviços de engenharia, após o julgamento das propostas, o licitante vencedor deverá reelaborar e apresentar à administração pública, por meio eletrônico, as planilhas com indicação dos quantitativos e dos custos unitários, bem como do detalhamento das Bonificações e Despesas Indiretas (BDI) e dos Encargos Sociais (ES), com os respectivos valores adequados ao lance vencedor.

COMENTÁRIOS

No **modo de disputa aberto**, os licitantes apresentam suas propostas por meio de lances públicos e sucessivos, crescentes ou decrescentes. O uso isolado desse modo de disputa é vedado quando adotado o critério de julgamento por técnica e preço.

No **modo de disputa fechado**, as propostas permanecem em sigilo até a data de divulgação, previamente determinada. O uso isolado desse modo de disputa é vedado quando adotado o critério de julgamento de menor preço ou o critério de maior desconto.

Art. 57. O edital de licitação poderá estabelecer intervalo mínimo de diferença de valores entre os lances, que incidirá tanto em relação aos lances intermediários quanto em relação à proposta que cobrir a melhor oferta.

COMENTÁRIOS

Aproveitando-se abusivamente das possibilidades advindas com a forma eletrônica da licitação, alguns licitantes empregam programas para a apresentação de lances sucessivos, diminuídos em valores irrisórios, com vistas a manter o melhor lance.

No âmbito da Administração Pública Federal, a extinta Secretaria de Logística e Tecnologia da Informação do Ministério do Planejamento, Orçamento e Gestão editou a Instrução Normativa n. 3/2013 (revogada pela IN n. 12/2020), que incluiu o art. 1º-A na Instrução Normativa n. 3/2011, com o seguinte teor:

> O instrumento convocatório poderá estabelecer intervalo mínimo de diferença de valores entre os lances, que incidirá tanto em relação aos lances intermediários quanto em relação à proposta que cobrir a melhor oferta.

O art. 57 da Lei n. 14.133/2021 positiva no texto da lei a norma infralegal adotada pelo Executivo Federal.

Art. 58. Poderá ser exigida, no momento da apresentação da proposta, a comprovação do recolhimento de quantia a título de garantia de proposta, como requisito de pré-habilitação.

DISPOSITIVO CORRELATO (Lei n. 8.666/93)

Art. 31. A documentação relativa à qualificação econômico-financeira limitar-se-á a:

[...]

III – garantia, nas mesmas modalidades e critérios previstos no "*caput*" e § 1º do art. 56 desta Lei, limitada a 1% (um por cento) do valor estimado do objeto da contratação.

---

§ 1º A garantia de proposta não poderá ser superior a 1% (um por cento) do valor estimado para a contratação.

DISPOSITIVO CORRELATO (Lei n. 12.462/2011)
Art. 22. [...]
§ 2º No julgamento pela maior oferta de preço, poderá ser exigida a comprovação do recolhimento de quantia a título de garantia, como requisito de habilitação, limitada a 5% (cinco por cento) do valor ofertado.

§ 2º A garantia de proposta será devolvida aos licitantes no prazo de 10 (dez) dias úteis, contado da assinatura do contrato ou da data em que for declarada fracassada a licitação.

§ 3º Implicará execução do valor integral da garantia de proposta a recusa em assinar o contrato ou a não apresentação dos documentos para a contratação.

§ 4º A garantia de proposta poderá ser prestada nas modalidades de que trata o § 1º do art. 96 desta Lei.

COMENTÁRIOS

A **garantia de proposta** não se confunde com a **garantia contratual.** Aquela tem finalidade de desestímulo à participação descompromissada de licitantes no certame, servindo como instrumento de *enforcement* para que os licitantes cumpram as regras do certame e, sagrando-se vencedores, assinem o contrato, mitigando-se os riscos de insucesso da licitação.

A garantia de proposta, também chamada de garantia de participação, admite as mesmas formas possíveis para a garantia contratual:

I – caução em dinheiro ou em títulos da dívida pública emitidos sob a forma escritural, mediante registro em sistema centralizado de liquidação e de custódia autorizado pelo Banco Central do Brasil, e avaliados por seus valores econômicos, conforme definido pelo Ministério da Economia;

II – seguro-garantia;

III – fiança bancária emitida por banco ou instituição financeira devidamente autorizada a operar no País pelo Banco Central do Brasil.

Sob o regime da Lei n. 8.666/93, há muita discussão acerca da impropriedade de prestação da garantia de proposta em momento anterior ao da apresentação da proposta, uma vez que isso poderia predeterminar os possíveis licitantes, em prejuízo da competitividade.

O texto do art. 58, *caput*, da Lei n. 14.133/2021 corrige essa distorção, ao determinar que o momento de comprovação de recolhimento do valor a título de garantia é o de apresentação da proposta.

CAPÍTULO V
Do Julgamento

Art. 59. Serão desclassificadas as propostas que:

I – contiverem vícios insanáveis;

DISPOSITIVO CORRELATO (Lei n. 12.462/2011)
Art. 24. Serão desclassificadas as propostas que:
I – contenham vícios insanáveis;

II – não obedecerem às especificações técnicas pormenorizadas no edital;

DISPOSITIVO CORRELATO (Lei n. 8.666/93)
Art. 48. Serão desclassificadas:
I – as propostas que não atendam às exigências do ato convocatório da licitação;

III – apresentarem preços inexequíveis ou permanecerem acima do orçamento estimado para a contratação;

DISPOSITIVO CORRELATO (Lei n. 8.666/93)
Art. 48. [...] II – propostas com valor global superior ao limite estabelecido ou com preços manifestamente inexequíveis, assim considerados aqueles que não venham a ter demonstrada sua viabilidade através de documentação que comprove que os custos dos insumos são coerentes com os de mercado e que os coeficientes de produtividade são compatíveis com a execução do objeto do contrato, condições estas necessariamente especificadas no ato convocatório da licitação. (Redação dada pela Lei n. 8.883, de 1994.)

IV – não tiverem sua exequibilidade demonstrada, quando exigido pela Administração;

DISPOSITIVO CORRELATO (Lei n. 12.462/2011)
Art. 24. [...] IV – não tenham sua exequibilidade demonstrada, quando exigido pela administração pública; ou

V – apresentarem desconformidade com quaisquer outras exigências do edital, desde que insanável.

DISPOSITIVO CORRELATO (Lei n. 12.462/2011)
Art. 24. [...] V – apresentem desconformidade com quaisquer outras exigências do instrumento convocatório, desde que insanáveis.

§ 1º A verificação da conformidade das propostas poderá ser feita exclusivamente em relação à proposta mais bem classificada.

DISPOSITIVO CORRELATO (Lei n. 12.462/2011)
Art. 24. [...] § 1º A verificação da conformidade das propostas poderá ser feita exclusivamente em relação à proposta mais bem classificada.

§ 2º A Administração poderá realizar diligências para aferir a exequibilidade das propostas ou exigir dos licitantes que ela seja demonstrada, conforme disposto no inciso IV do *caput* deste artigo.

DISPOSITIVO CORRELATO (Lei n. 8.666/93)
Art. 43. [...] § 3º É facultada à Comissão ou autoridade superior, em qualquer fase da licitação, a promoção de diligência destinada a esclarecer ou a complementar a instrução do processo, vedada a inclusão posterior de documento ou informação que deveria constar originariamente da proposta

§ 3º No caso de obras e serviços de engenharia e arquitetura, para efeito de avaliação da exequibilidade e de sobrepreço, serão considerados o preço global, os quantitativos e os preços unitários tidos como relevantes, observado o critério de aceitabilidade de preços unitário e global a ser fixado no edital, conforme as especificidades do mercado correspondente.

§ 4º No caso de obras e serviços de engenharia, serão consideradas inexequíveis as propostas cujos valores forem inferiores a 75% (setenta e cinco por cento) do valor orçado pela Administração.

DISPOSITIVO CORRELATO (Lei n. 8.666/93)

Art. 48. [...]
§ 1º Para os efeitos do disposto no inciso II deste artigo consideram-se manifestamente inexequíveis, no caso de licitações de menor preço para obras e serviços de engenharia, as propostas cujos valores sejam inferiores a 70% (setenta por cento) do menor dos seguintes valores: (Incluído pela Lei n. 9.648, de 1998.)
a) média aritmética dos valores das propostas superiores a 50% (cinquenta por cento) do valor orçado pela administração, ou (Incluído pela Lei n. 9.648, de 1998.)
b) valor orçado pela administração. (Incluído pela Lei n. 9.648, de 1998.)

---

§ 5º Nas contratações de obras e serviços de engenharia, será exigida garantia adicional do licitante vencedor cuja proposta for inferior a 85% (oitenta e cinco por cento) do valor orçado pela Administração, equivalente à diferença entre este último e o valor da proposta, sem prejuízo das demais garantias exigíveis de acordo com esta Lei.

DISPOSITIVO CORRELATO (Lei n. 8.666/93)

Art. 48. [...]
§ 2º Dos licitantes classificados na forma do parágrafo anterior cujo valor global da proposta for inferior a 80% (oitenta por cento) do menor valor a que se referem as alíneas *a* e *b*, será exigida, para a assinatura do contrato, prestação de garantia adicional, dentre as modalidades previstas no § 1º do art. 56, igual a diferença entre o valor resultante do parágrafo anterior e o valor da correspondente proposta. (Incluído pela Lei n. 9.648, de 1998.)

COMENTÁRIOS

Vícios nas propostas

Os vícios podem ser **sanáveis** ou **insanáveis**. Aqueles admitem convalidação, enquanto estes não podem ser aproveitados.

Se o vício de forma não gerar prejuízo aos interessados, não macular o interesse público nem violar comando essencial e inafastável da lei, é de se reconhecer a possibilidade de seu aproveitamento.

Especificações técnicas

A Lei n. 14.133/2021 não contém definição de especificação técnica, embora faça diversas menções à expressão, tecendo-se os seguintes exemplos:

(i)   ao descrever o projeto executivo, determina que as especificações técnicas devem respeitar as normas técnicas pertinentes (art. 6º, XXVI);

(ii) ao normatizar a observância do princípio da padronização, considera a compatibilidade de especificações técnicas e estéticas (art. 40, I);

(iii) ao reger a desclassificação de propostas, elenca as que não obedecerem às especificações técnicas pormenorizadas no edital (art. 59, II).

Em harmonia com a terminologia técnica internacional, poder-se-ia conceituar especificação técnica como o conjunto de requisitos técnicos a serem atendidos por um produto ou serviço[184].

---

184 ASSOCIAÇÃO BRASILEIRA DE NORMAS TÉCNICAS. *ABNT ISO IEC Guia 2: normalização e atividades relacionadas:* vocabulário geral. Rio de Janeiro, 2006.

A especificação contém descrição detalhada dos elementos que devem compor o objeto, segundo requisitos determinados em grau absoluto – quando aceita grandeza física, química ou de outra natureza precisa e unicamente – ou relativo, quando admitidas variações que preencham certos limites.

De modo geral, especificações técnicas devem conter, para um produto ou serviço, características como qualidade, desempenho, interoperabilidade e segurança, fatores relevantes para a descrição de bens.

Art. 60. Em caso de empate entre duas ou mais propostas, serão utilizados os seguintes critérios de desempate, nesta ordem:

> **DISPOSITIVO CORRELATO (Lei n. 12.462/2011)**
>
> Art. 25. Em caso de empate entre 2 (duas) ou mais propostas, serão utilizados os seguintes critérios de desempate, nesta ordem:

I – disputa final, hipótese em que os licitantes empatados poderão apresentar nova proposta em ato contínuo à classificação;

> **DISPOSITIVO CORRELATO (Lei n. 12.462/2011)**
>
> Art. 25. [...]
> I – disputa final, em que os licitantes empatados poderão apresentar nova proposta fechada em ato contínuo à classificação;

II – avaliação do desempenho contratual prévio dos licitantes, para a qual deverão preferencialmente ser utilizados registros cadastrais para efeito de atesto de cumprimento de obrigações previstos nesta Lei;

> **DISPOSITIVO CORRELATO (Lei n. 12.462/2011)**
>
> Art. 25. [...]
> II – a avaliação do desempenho contratual prévio dos licitantes, desde que exista sistema objetivo de avaliação instituído;

III – desenvolvimento pelo licitante de ações de equidade entre homens e mulheres no ambiente de trabalho, conforme regulamento;

IV – desenvolvimento pelo licitante de programa de integridade, conforme orientações dos órgãos de controle.

§ 1º Em igualdade de condições, se não houver desempate, será assegurada preferência, sucessivamente, aos bens e serviços produzidos ou prestados por:

> **DISPOSITIVO CORRELATO (Lei n. 8.666/93)**
>
> Art. 3º [...]
> § 2º Em igualdade de condições, como critério de desempate, será assegurada preferência, sucessivamente, aos bens e serviços:

I – empresas estabelecidas no território do Estado ou do Distrito Federal do órgão ou entidade da Administração Pública estadual ou distrital licitante ou, no caso de licitação realizada por órgão ou entidade de Município, no território do Estado em que este se localize;

DISPOSITIVO CORRELATO (Lei n. 8.666/93)
Art. 3º [...]   § 2º [...]   II – produzidos no País;

II – empresas brasileiras;

DISPOSITIVO CORRELATO (Lei n. 8.666/93)
Art. 3º [...]   § 2º [...]   III – produzidos ou prestados por empresas brasileiras.

III – empresas que invistam em pesquisa e no desenvolvimento de tecnologia no País;

DISPOSITIVO CORRELATO (Lei n. 8.666/93)
Art. 3º [...]   § 2º [...]   IV – produzidos ou prestados por empresas que invistam em pesquisa e no desenvolvimento de tecnologia no País. (Incluído pela Lei n. 11.196, de 2005.)

IV – empresas que comprovem a prática de mitigação, nos termos da Lei n. 12.187, de 29 de dezembro de 2009.

§ 2º As regras previstas no *caput* deste artigo não prejudicarão a aplicação do disposto no art. 44 da Lei Complementar n. 123, de 14 de dezembro de 2006.

COMENTÁRIOS

Ações de equidade entre homens e mulheres

O texto do inciso III integra-se ao mandamento constitucional gravado no art. 7º, XX, da CF/88, que institui como direito social a "proteção do mercado de trabalho da mulher, mediante incentivos específicos, nos termos da lei".

Trata-se de norma constitucional de eficácia limitada, haja vista que sua efetividade requer a atuação do legislador ordinário, mediante a edição de diplomas voltados à realização da vontade constitucional.

As contratações públicas, considerado o volume de negócios que representam no Produto Interno Bruto, têm elevado potencial para concretizar políticas sociais e de trabalho, servindo de mecanismo de estímulo para a mudança de perfil das empresas, enfatizando-se sua função social.

Programa de integridade

A despeito das rigorosas regras para licitar e contratar com a Administração, o Brasil vive sequenciais escândalos de corrupção envolvendo contratos administrativos.

Para a fraude dos negócios públicos, necessária a conjunção de vontades entre corruptor e corrompido, de modo que programas de integridade têm elevada importância para que, na iniciativa privada, as organizações adotem regras internas de respeito às leis e à ética.

Por isso, conquanto o programa de integridade não inviabilize a prática de corrupção, é certo que empresas que implementam essas iniciativas são menos propensas às práticas ilícitas.

Dessarte, em situação de empate, mencionado critério é favorável ao interesse público, porquanto serve de instrumento de mitigação de riscos para a contratação.

Art. 61. Definido o resultado do julgamento, a Administração poderá negociar condições mais vantajosas com o primeiro colocado.

DISPOSITIVO CORRELATO (Lei n. 12.462/2011)

Art. 26. Definido o resultado do julgamento, a administração pública poderá negociar condições mais vantajosas com o primeiro colocado.

---

§ 1º A negociação poderá ser feita com os demais licitantes, segundo a ordem de classificação inicialmente estabelecida, quando o primeiro colocado, mesmo após a negociação, for desclassificado em razão de sua proposta permanecer acima do preço máximo definido pela Administração.

DISPOSITIVO CORRELATO (Lei n. 12.462/2011)

Art. 26. [...]

Parágrafo único. A negociação poderá ser feita com os demais licitantes, segundo a ordem de classificação inicialmente estabelecida, quando o preço do primeiro colocado, mesmo após a negociação, for desclassificado por sua proposta permanecer acima do orçamento estimado.

---

§ 2º A negociação será conduzida por agente de contratação ou comissão de contratação, na forma de regulamento, e, depois de concluída, terá seu resultado divulgado a todos os licitantes e anexado aos autos do processo licitatório.

COMENTÁRIOS

Difícil emitir juízo de valor sobre a possibilidade trazida pelo RDC de a Administração Pública negociar com o licitante, pois é notória a hipossuficiência da Administração Pública sobre o licitante.

Por outro lado, a negociação pode evitar o dispêndio desnecessário de recursos públicos e o enriquecimento sem causa daquele que pretende contratar com o Estado.

Depara-se com o conflito ente interesse público primário (livreiniciativa) e o interesse público secundário (indiscriminada economia de recursos públicos). Fato é que a regra do art. 61 da Lei n. 14.133/2021 possibilita a negociação e, conforme o § 1º do *caput*, inclusive em termos desfavoráveis ao licitante.

CAPÍTULO VI
Da Habilitação

Art. 62. A habilitação é a fase da licitação em que se verifica o conjunto de informações e documentos necessários e suficientes para demonstrar a capacidade do licitante de realizar o objeto da licitação, dividindo-se em:

DISPOSITIVO CORRELATO (Lei n. 8.666/93)

Art. 27. Para a habilitação nas licitações exigir-se-á dos interessados, exclusivamente, documentação relativa a:

I – jurídica;

DISPOSITIVO CORRELATO (Lei n. 8.666/93)

Art. 27. [...]

I – habilitação jurídica;

II – técnica;

DISPOSITIVO CORRELATO (Lei n. 8.666/93)
Art. 27. [...] II – qualificação técnica;

III – fiscal, social e trabalhista;

DISPOSITIVO CORRELATO (Lei n. 8.666/93)
Art. 27. [...] IV – regularidade fiscal e trabalhista; (Redação dada pela Lei n. 12.440, de 2011.)

IV – econômico-financeira.

DISPOSITIVO CORRELATO (Lei n. 8.666/93)
Art. 27. [...] III – qualificação econômico-financeira;

COMENTÁRIOS

A habilitação consiste na análise dos documentos apresentados pelo licitante para comprovar o cumprimento dos requisitos do edital, ou instrumento convocatório substitutivo, e da lei.

A documentação relativa à habilitação poderá ser substituída por registro cadastral emitido por órgão ou entidade pública, desde que previsto no edital e o registro tenha sido feito em obediência ao disposto nesta Lei.

Em relação às microempresas e empresas de pequeno porte, o tratamento diferenciado abrange também a comprovação de regularidade fiscal e trabalhista, pois a norma do art. 42 da Lei Complementar n. 123/2006 permitiu que esses elementos da habilitação somente fossem exigidos na assinatura do contrato.

Na forma do art. 43 da lei em tela, as microempresas e as empresas de pequeno porte, por ocasião da participação em certames licitatórios, deverão apresentar toda a documentação exigida para efeito de comprovação de regularidade fiscal e trabalhista, mesmo que esta apresente alguma restrição.

Havendo alguma restrição na comprovação da regularidade fiscal e trabalhista, será assegurado o prazo de cinco dias úteis, cujo termo inicial corresponderá ao momento em que o proponente for declarado vencedor do certame, prorrogável por igual período, a critério da Administração Pública, para regularização da documentação, para pagamento ou parcelamento do débito e para emissão de eventuais certidões negativas ou positivas com efeito de certidão negativa.

A não regularização da documentação implicará decadência do direito à contratação, sem prejuízo das sanções previstas, sendo facultado à Administração convocar os licitantes remanescentes, na ordem de classificação, para a assinatura do contrato, ou revogar a licitação.

Art. 63. Na fase de habilitação das licitações serão observadas as seguintes disposições:

DISPOSITIVO CORRELATO (Lei n. 12.462/2011)
Art. 14. Na fase de habilitação das licitações realizadas em conformidade com esta Lei, aplicar-se-á, no que couber, o disposto nos arts. 27 a 33 da Lei n. 8.666, de 21 de junho de 1993, observado o seguinte:

I – poderá ser exigida dos licitantes a declaração de que atendem aos requisitos de habilitação, e o declarante responderá pela veracidade das informações prestadas, na forma da lei;

DISPOSITIVO CORRELATO (Lei n. 12.462/2011)
Art. 14. [...] I – poderá ser exigida dos licitantes a declaração de que atendem aos requisitos de habilitação;

II – será exigida a apresentação dos documentos de habilitação apenas pelo licitante vencedor, exceto quando a fase de habilitação anteceder a de julgamento;

DISPOSITIVO CORRELATO (Lei n. 12.462/2011)
Art. 14. [...] II – será exigida a apresentação dos documentos de habilitação apenas pelo licitante vencedor, exceto no caso de inversão de fases;

III – serão exigidos os documentos relativos à regularidade fiscal, em qualquer caso, somente em momento posterior ao julgamento das propostas, e apenas do licitante mais bem classificado;

DISPOSITIVO CORRELATO (Lei n. 12.462/2011)
Art. 14. [...] IV – em qualquer caso, os documentos relativos à regularidade fiscal poderão ser exigidos em momento posterior ao julgamento das propostas, apenas em relação ao licitante mais bem classificado.

IV – será exigida do licitante declaração de que cumpre as exigências de reserva de cargos para pessoa com deficiência e para reabilitado da Previdência Social, previstas em lei e em outras normas específicas.

§ 1º Constará do edital de licitação cláusula que exija dos licitantes, sob pena de desclassificação, declaração de que suas propostas econômicas compreendem a integralidade dos custos para atendimento dos direitos trabalhistas assegurados na Constituição Federal, nas leis trabalhistas, nas normas infralegais, nas convenções coletivas de trabalho e nos termos de ajustamento de conduta vigentes na data de entrega das propostas.

§ 2º Quando a avaliação prévia do local de execução for imprescindível para o conhecimento pleno das condições e peculiaridades do objeto a ser contratado, o edital de licitação poderá prever, sob pena de inabilitação, a necessidade de o licitante atestar que conhece o local e as condições de realização da obra ou serviço, assegurado a ele o direito de realização de vistoria prévia.

DISPOSITIVO CORRELATO (Lei n. 8.666/93)
Art. 30. A documentação relativa à qualificação técnica limitar-se-á a: [...] III – comprovação, fornecida pelo órgão licitante, de que recebeu os documentos, e, quando exigido, de que tomou conhecimento de todas as informações e das condições locais para o cumprimento das obrigações objeto da licitação;

§ 3º Para os fins previstos no § 2º deste artigo, o edital de licitação sempre deverá prever a possibilidade de substituição da vistoria por declaração formal assinada pelo responsável técnico do licitante acerca do conhecimento pleno das condições e peculiaridades da contratação.

§ 4º Para os fins previstos no § 2º deste artigo, se os licitantes optarem por realizar vistoria prévia, a Administração deverá disponibilizar data e horário diferentes para os eventuais interessados.

COMENTÁRIOS

Reserva de cargos para pessoas com deficiência e para reabilitados da Previdência Social

O art. 93 da Lei n. 8.213/91, que dispõe sobre os planos de benefícios da previdência social, traz a seguinte regra:

> Art. 93. A empresa com 100 (cem) ou mais empregados está obrigada a preencher de 2% (dois por cento) a 5% (cinco por cento) dos seus cargos com beneficiários reabilitados ou pessoas portadoras de deficiência, habilitadas, na seguinte proporção:
> I – até 200 empregados...2%;
> II – de 201 a 500..3%;
> III – de 501 a 1.000..4%;
> IV – de 1.001 em diante. ....5%.
> [...]
> § 2º Ao Ministério do Trabalho e Emprego incumbe estabelecer a sistemática de fiscalização, bem como gerar dados e estatísticas sobre o total de empregados e as vagas preenchidas por pessoas com deficiência e por beneficiários reabilitados da Previdência Social, fornecendo-os, quando solicitados, aos sindicatos, às entidades representativas dos empregados ou aos cidadãos interessados. (Redação dada pela Lei n. 13.146, de 2015.)
> § 3º Para a reserva de cargos será considerada somente a contratação direta de pessoa com deficiência, excluído o aprendiz com deficiência de que trata a Consolidação das Leis do Trabalho (CLT), aprovada pelo Decreto-lei n. 5.452, de 1º de maio de 1943. (Incluído pela Lei n. 13.146, de 2015.)

Vistoria do local de execução da obra ou serviço

Não á razoável impor a realização de vistoria prévia pelo licitante, haja vista os custos de deslocamento de pessoal e outras razões de sua conveniência, que pode inclusive considerar pela desnecessidade da vistoria.

Todavia, não realizando a vistoria por sua própria vontade, não cabe a alegação de desconhecimento do local e das condições de realização da obra ou serviço, como escusa para o cumprimento do objeto ou mesmo solicitação de aditivo contratual.

Do descuido do licitante, que deixa de realizar os atos necessários para conhecimento pleno das condições e peculiaridades do objeto a ser contratado, não pode resultar qualquer prejuízo à Administração.

Art. 64. Após a entrega dos documentos para habilitação, não será permitida a substituição ou a apresentação de novos documentos, salvo em sede de diligência, para:

I – complementação de informações acerca dos documentos já apresentados pelos licitantes e desde que necessária para apurar fatos existentes à época da abertura do certame;

II – atualização de documentos cuja validade tenha expirado após a data de recebimento das propostas.

§ 1º Na análise dos documentos de habilitação, a comissão de licitação poderá sanar erros ou falhas que não alterem a substância dos documentos e sua validade jurídica, mediante despacho fundamentado registrado e acessível a todos, atribuindo-lhes eficácia para fins de habilitação e classificação.

§ 2º Quando a fase de habilitação anteceder a de julgamento e já tiver sido encerrada, não caberá exclusão de licitante por motivo relacionado à habilitação, salvo em razão de fatos supervenientes ou só conhecidos após o julgamento.

COMENTÁRIOS

Na análise da documentação de habilitação, a comissão de licitação poderá sanar erros ou falhas que não alterem a substância dos documentos, como na hipótese de erros formais ou materiais dos quais não decorra nenhum prejuízo.

Determinados erros, como a diferença entre valores numéricos em algarismos e indicação por extenso, assinatura com data futura, ou mesmo o encaminhamento de documento, quando endereçado a autoridade ou agente público incompetente para a sua apreciação, por tão facilmente perceptíveis, muitas vezes dispensam qualquer diligência para o seu saneamento.

Por óbvio, o saneamento de erros pressupõe a boa-fé do licitante. Se identificadas evidências de falsidade material ou ideológica, não há que se dizer de saneamento, mas de apuração de responsabilidade nas esferas administrativa, cível e criminal.

A diligência mostra-se necessária quando a documentação entregue pelo licitante, embora correta, requeira complementação sobre fatos da época de abertura do certame.

Outrossim, é cediço que comumente as certidões apresentam data de validade, sendo naturalmente possível que o licitante, ao entregar documentos, apresente certidões vigentes, porém expiradas quando do exame da Administração. Nessas situações, é razoável admitir o saneamento não como ato discricionário, mas como providência necessária.

Os atos saneadores levados a efeito devem ser registrados nos autos do procedimento licitatório, para fins de regularidade e controle.

Art. 65. As condições de habilitação serão definidas no edital.

§ 1º. As empresas criadas no exercício financeiro da licitação deverão atender a todas as exigências da habilitação e ficarão autorizadas a substituir os demonstrativos contábeis pelo balanço de abertura.

§ 2º. A habilitação poderá ser realizada por processo eletrônico de comunicação a distância, nos termos dispostos em regulamento.

COMENTÁRIOS

Conforme o item 9 da Resolução NBC TG 26 (R5), do Conselho Federal de Contabilidade, as demonstrações contábeis são:

> [...] representação estruturada da posição patrimonial e financeira e do desempenho da entidade. O objetivo das demonstrações contábeis é o de proporcionar informação acerca da posição patrimonial e financeira, do desempenho e dos fluxos de caixa da entidade que seja útil a um grande número de usuários em suas avaliações e tomada de decisões econômicas. As demonstrações contábeis também objetivam apresentar os resultados da atuação da administração, em face de seus deveres e responsabilidades na gestão diligente dos recursos que lhe foram confiados.

A NBC TSP 1, que dispõe sobre apresentação das demonstrações contábeis, enumera os seguintes documentos que compõem conjunto completo de demonstrações contábeis:

> a) Balanço Patrimonial;
>
> b) Demonstração do Resultado do Exercício;
>
> c) uma demonstração das mutações do patrimônio líquido (Demonstração da Mutações do Patrimônio Líquido);
>
> d) uma demonstração dos fluxos de caixa;
>
> e) quando a entidade divulga publicamente seu orçamento aprovado, uma comparação entre o orçamento e os montantes realizados, quer seja como uma demonstração contábil adicional ou como uma coluna para o orçamento nas demonstrações contábeis; e
>
> f) notas explicativas, compreendendo um resumo das políticas contábeis significativas e outras informações explanatórias.

Logicamente, uma sociedade empresária recentemente constituída não possuirá completude das demonstrações contábeis, razão por que as empresas criadas no exercício financeiro da licitação deverão atender a todas as exigências da habilitação e ficarão autorizadas a substituir os demonstrativos contábeis pelo balanço de abertura.

Art. 66. A habilitação jurídica visa a demonstrar a capacidade de o licitante exercer direitos e assumir obrigações, e a documentação a ser apresentada por ele limita-se à comprovação de existência jurídica da pessoa e, quando cabível, de autorização para o exercício da atividade a ser contratada.

DISPOSITIVO CORRELATO (Lei n. 8.666/93)

Art. 28. A documentação relativa à habilitação jurídica, conforme o caso, consistirá em:

I – cédula de identidade;

II – registro comercial, no caso de empresa individual;

III – ato constitutivo, estatuto ou contrato social em vigor, devidamente registrado, em se tratando de sociedades comerciais, e, no caso de sociedades por ações, acompanhado de documentos de eleição de seus administradores;

IV – inscrição do ato constitutivo, no caso de sociedades civis, acompanhada de prova de diretoria em exercício;

V – decreto de autorização, em se tratando de empresa ou sociedade estrangeira em funcionamento no País, e ato de registro ou autorização para funcionamento expedido pelo órgão competente, quando a atividade assim o exigir.

COMENTÁRIOS

A habilitação jurídica tem por finalidade demonstrar a regular constituição e funcionamento do licitante, a formar sua capacidade jurídica para celebrar contrato com a Administração.

No título dos direitos e garantias fundamentais, dispõe o art. 5º, XIII, da Constituição da República:

> É livre o exercício de qualquer trabalho, ofício ou profissão, atendidas as qualificações profissionais que a lei estabelecer;

A regra sobredita constitui-se em norma de eficácia contida e, não sobrevindo a regulamentação, veda-se ao Poder Público impor obstáculos ou limitações ao desempenho da atividade.

Todavia, sobrevindo a regulamentação, impõe-se a observância de determinadas formalidades legais para o funcionamento de uma empresa, como alvarás, licenças, registro em conselho profissional ou em agência reguladora e autorizações emitidas pelo Poder Público, ocasião em que esses documentos integram o rol exigível para a habilitação jurídica.

Art. 67. A documentação relativa à qualificação técnico-profissional e técnico-operacional será restrita a:

DISPOSITIVO CORRELATO (Lei n. 8.666/93)

Art. 30. A documentação relativa à qualificação técnica limitar-se-á a:

I – apresentação de profissional, devidamente registrado no conselho profissional competente, quando for o caso, detentor de atestado de responsabilidade técnica por execução de obra ou serviço de características semelhantes, para fins de contratação;

DISPOSITIVO CORRELATO (Lei n. 8.666/93)
Art. 30. [...] § 1º [...] I – capacitação técnico-profissional: comprovação do licitante de possuir em seu quadro permanente, na data prevista para entrega da proposta, profissional de nível superior ou outro devidamente reconhecido pela entidade competente, detentor de atestado de responsabilidade técnica por execução de obra ou serviço de características semelhantes, limitadas estas exclusivamente às parcelas de maior relevância e valor significativo do objeto da licitação, vedadas as exigências de quantidades mínimas ou prazos máximos; (Incluído pela Lei n. 8.883, de 1994.)

II – certidões ou atestados, regularmente emitidos pelo conselho profissional competente, quando for o caso, que demonstrem capacidade operacional na execução de serviços similares de complexidade tecnológica e operacional equivalente ou superior, bem como documentos comprobatórios emitidos na forma do § 3º do art. 88 desta Lei;

DISPOSITIVO CORRELATO (Lei n. 8.666/93)
Art. 30. [...] II – comprovação de aptidão para desempenho de atividade pertinente e compatível em características, quantidades e prazos com o objeto da licitação, e indicação das instalações e do aparelhamento e do pessoal técnico adequados e disponíveis para a realização do objeto da licitação, bem como da qualificação de cada um dos membros da equipe técnica que se responsabilizará pelos trabalhos;

III – indicação do pessoal técnico, das instalações e do aparelhamento adequados e disponíveis para a realização do objeto da licitação, bem como da qualificação de cada membro da equipe técnica que se responsabilizará pelos trabalhos;

IV – prova do atendimento de requisitos previstos em lei especial, quando for o caso;

DISPOSITIVO CORRELATO (Lei n. 8.666/93)
Art. 30. [...] IV – prova de atendimento de requisitos previstos em lei especial, quando for o caso.

V – registro ou inscrição na entidade profissional competente, quando for o caso;

DISPOSITIVO CORRELATO (Lei n. 8.666/93)
Art. 30. [...] I – registro ou inscrição na entidade profissional competente;

VI – declaração de que o licitante tomou conhecimento de todas as informações e das condições locais para o cumprimento das obrigações objeto da licitação.

DISPOSITIVO CORRELATO (Lei n. 8.666/93)
Art. 30. [...] III – comprovação, fornecida pelo órgão licitante, de que recebeu os documentos, e, quando exigido, de que tomou conhecimento de todas as informações e das condições locais para o cumprimento das obrigações objeto da licitação;

§ 1º A exigência de atestados será restrita às parcelas de maior relevância ou valor significativo do objeto da licitação, assim consideradas as que tenham valor individual igual ou superior a 4% (quatro por cento) do valor total estimado da contratação.

DISPOSITIVO CORRELATO (Lei n. 8.666/93)

Art. 30. [...]

§ 1º A comprovação de aptidão referida no inciso II do *caput* deste artigo, no caso das licitações pertinentes a obras e serviços, será feita por atestados fornecidos por pessoas jurídicas de direito público ou privado, devidamente registrados nas entidades profissionais competentes, limitadas as exigências a: (Redação dada pela Lei n. 8.883, de 1994.)

I – capacitação técnico-profissional: comprovação do licitante de possuir em seu quadro permanente, na data prevista para entrega da proposta, profissional de nível superior ou outro devidamente reconhecido pela entidade competente, detentor de atestado de responsabilidade técnica por execução de obra ou serviço de características semelhantes, limitadas estas exclusivamente às parcelas de maior relevância e valor significativo do objeto da licitação, vedadas as exigências de quantidades mínimas ou prazos máximos; (Incluído pela Lei n. 8.883, de 1994.)

---

§ 2º Observado o disposto no *caput* e no § 1º deste artigo, será admitida a exigência de atestados com quantidades mínimas de até 50% (cinquenta por cento) das parcelas de que trata o referido parágrafo, vedadas limitações de tempo e de locais específicos relativas aos atestados.

DISPOSITIVO CORRELATO (Lei n. 8.666/93)

Art. 30. [...]

§ 5º É vedada a exigência de comprovação de atividade ou de aptidão com limitações de tempo ou de época ou ainda em locais específicos, ou quaisquer outras não previstas nesta Lei, que inibam a participação na licitação.

---

§ 3º Salvo na contratação de obras e serviços de engenharia, as exigências a que se referem os incisos I e II do *caput* deste artigo, a critério da Administração, poderão ser substituídas por outra prova de que o profissional ou a empresa possui conhecimento técnico e experiência prática na execução de serviço de características semelhantes, hipótese em que as provas alternativas aceitáveis deverão ser previstas em regulamento.

§ 4º Serão aceitos atestados ou outros documentos hábeis emitidos por entidades estrangeiras quando acompanhados de tradução para o português, salvo se comprovada a inidoneidade da entidade emissora.

§ 5º Em se tratando de serviços contínuos, o edital poderá exigir certidão ou atestado que demonstre que o licitante tenha executado serviços similares ao objeto da licitação, em períodos sucessivos ou não, por um prazo mínimo, que não poderá ser superior a 3 (três) anos.

§ 6º Os profissionais indicados pelo licitante na forma dos incisos I e III do *caput* deste artigo deverão participar da obra ou serviço objeto da licitação, e será admitida a sua substituição por profissionais de experiência equivalente ou superior, desde que aprovada pela Administração.

DISPOSITIVO CORRELATO (Lei n. 8.666/93)

Art. 30. [...]

§ 10. Os profissionais indicados pelo licitante para fins de comprovação da capacitação técnico-operacional de que trata o inciso I do § 1º deste artigo deverão participar da obra ou serviço objeto da licitação, admitindo-se a substituição por profissionais de experiência equivalente ou superior, desde que aprovada pela administração. (Incluído pela Lei n. 8.883, de 1994.)

---

§ 7º Sociedades empresárias estrangeiras atenderão à exigência prevista no inciso V do *caput* deste artigo por meio da apresentação, no momento da assinatura do contrato, da solicitação de registro perante a entidade profissional competente no Brasil.

§ 8º Será admitida a exigência da relação dos compromissos assumidos pelo licitante que importem em diminuição da disponibilidade do pessoal técnico referido nos incisos I e III do *caput* deste artigo.

§ 9º O edital poderá prever, para aspectos técnicos específicos, que a qualificação técnica seja demonstrada por meio de atestados relativos a potencial subcontratado, limitado a 25% (vinte e cinco por cento) do objeto a ser licitado, hipótese em que mais de um licitante poderá apresentar atestado relativo ao mesmo potencial subcontratado.

§ 10. Em caso de apresentação por licitante de atestado de desempenho anterior emitido em favor de consórcio do qual tenha feito parte, se o atestado ou o contrato de constituição do consórcio não identificar a atividade desempenhada por cada consorciado individualmente, serão adotados os seguintes critérios na avaliação de sua qualificação técnica:

I – caso o atestado tenha sido emitido em favor de consórcio homogêneo, as experiências atestadas deverão ser reconhecidas para cada empresa consorciada na proporção quantitativa de sua participação no consórcio, salvo nas licitações para contratação de serviços técnicos especializados de natureza predominantemente intelectual, em que todas as experiências atestadas deverão ser reconhecidas para cada uma das empresas consorciadas;

II – caso o atestado tenha sido emitido em favor de consórcio heterogêneo, as experiências atestadas deverão ser reconhecidas para cada consorciado de acordo com os respectivos campos de atuação, inclusive nas licitações para contratação de serviços técnicos especializados de natureza predominantemente intelectual.

§ 11. Na hipótese do § 10 deste artigo, para fins de comprovação do percentual de participação do consorciado, caso este não conste expressamente do atestado ou da certidão, deverá ser juntada ao atestado ou à certidão cópia do instrumento de constituição do consórcio.

§ 12. Na documentação de que trata o inciso I do *caput* deste artigo, não serão admitidos atestados de responsabilidade técnica de profissionais que, na forma de regulamento, tenham dado causa à aplicação das sanções previstas nos incisos III e IV do *caput* do art. 156 desta Lei em decorrência de orientação proposta, de prescrição técnica ou de qualquer ato profissional de sua responsabilidade.

COMENTÁRIOS

Qualificação técnico-profissional

A qualificação técnico-profissional refere-se às pessoas encarregadas da execução do objeto – como obra ou serviço de engenharia –, integrantes dos quadros da licitante.

Profissionais de engenharia

A qualificação técnico-profissional dos engenheiros é demonstrada mediante Anotação de Responsabilidade Técnica e Certidão de Acervo Técnico, emitidas na forma da Resolução n. 1.025/2009, do Conselho Federal de Engenharia e Agronomia (Confea).

O art. 2º da norma predita dá a seguinte definição à Anotação de Responsabilidade Técnica (ART): "Instrumento que define, para os efeitos legais, os responsáveis técnicos pela execução de obras ou prestação de serviços relativos às profissões abrangidas pelo Sistema Confea/Crea".

Quanto ao **tipo**, a ART pode ser classificada em:

I – ART de obra ou serviço, relativa à execução de obras ou prestação de serviços inerentes às profissões abrangidas pelo Sistema Confea/Crea;

II – ART de obra ou serviço de rotina, denominada ART múltipla, que especifica vários contratos referentes à execução de obras ou à prestação de serviços em determinado período; e

III – ART de cargo ou função, relativa ao vínculo com pessoa jurídica para desempenho de cargo ou função técnica

Quanto à **participação técnica**, a ART de obra ou serviço pode ser classificada em:

I – ART individual, que indica que a atividade, objeto do contrato, é desenvolvida por um único profissional;

II – ART de coautoria, que indica que uma atividade técnica caracterizada como intelectual, objeto de contrato único, é desenvolvida em conjunto por mais de um profissional de mesma competência;

III – ART de corresponsabilidade, que indica que uma atividade técnica caracterizada como executiva, objeto de contrato único, é desenvolvida em conjunto por mais de um profissional de mesma competência; e

IV – ART de equipe, que indica que diversas atividades complementares, objetos de contrato único, são desenvolvidas em conjunto por mais de um profissional com competências diferenciadas.

O acervo técnico do engenheiro é o conjunto das atividades desenvolvidas ao longo da vida profissional compatíveis com suas atribuições e registradas no Conselho Regional de Engenharia e Agronomia (Crea) por meio de anotações de responsabilidade técnica.

A Certidão de Acervo Técnico (CAT) é o instrumento que certifica, para os efeitos legais, que consta dos assentamentos do Crea a anotação da responsabilidade técnica pelas atividades consignadas no acervo técnico do profissional.

A capacidade técnico-profissional de uma pessoa jurídica é representada pelo conjunto dos acervos técnicos dos profissionais integrantes de seu quadro técnico e, por isso, varia em função da alteração dos acervos técnicos dos profissionais integrantes de seus quadros, daí a necessidade de comprovação do vínculo atual.

Profissionais de arquitetura e urbanismo

A Lei n. 12.378/2010 regulamenta o exercício da arquitetura e urbanismo e cria o Conselho de Arquitetura e Urbanismo do Brasil (CAU/BR) e os Conselhos de Arquitetura e Urbanismo dos Estados e do Distrito Federal (CAUs).

Desde a publicação desta lei, os arquitetos desvincularam-se do Sistema Confea/Crea, tendo sua atividade disciplinada pelo CAU/BR.

O art. 1º da Resolução n. 91/2014, do Conselho de Arquitetura e Urbanismo do Brasil (CAU/BR), dispõe:

A elaboração de projetos, a execução de obras e a realização de quaisquer outros serviços técnicos no âmbito da Arquitetura e Urbanismo, que envolvam competência privativa de arquitetos e urbanistas ou atuação compartilhada destes com outras profissões regulamentadas, ficam sujeitas ao Registro de Responsabilidade Técnica (RRT) nos termos desta Resolução, em conformidade com a Lei n. 12.378, de 31 de dezembro de 2010.

O Registro de Responsabilidade Técnica (RRT) é o documento equivalente à Anotação de Responsabilidade Técnica normatizada pelo Confea.

Após a baixa de RRT, as atividades técnicas que o constituem serão integradas ao acervo técnico do arquiteto e urbanista responsável, e constarão de Certidão de Acervo Técnico (CAT) que venha a ser emitida em seu nome.

Vínculo entre os profissionais e a licitante

O art. 30, § 1º, I, da Lei n. 8.666/93, dispõe que a capacitação técnico-profissional requer:

Comprovação do licitante de possuir em seu **quadro permanente**, na data prevista para entrega da proposta, profissional de nível superior ou outro devidamente reconhecido pela entidade competente, detentor de atestado de responsabilidade técnica por execução de obra ou serviço de características semelhantes, limitadas estas exclusivamente às parcelas de maior relevância e valor significativo do objeto da licitação, vedadas as exigências de quantidades mínimas ou prazos máximos.

A Lei n. 14.133/2021 não reproduz a expressão "quadro permanente", preferindo os seguintes requisitos: "apresentação de profissional, devidamente registrado no conselho profissional competente"; "qualificação de cada membro da equipe técnica que se responsabilizará pelos trabalhos" (incisos I e III do art. 67).

Com efeito, a dinâmica adotada pela Lei n. 14.133/2021 possibilita maior liberdade de atuação das empresas e, consequentemente, competição e engajamento para o certame.

Se a qualificação técnico-profissional refere-se ao pessoal, não é de maior relevância que as atividades constantes do acervo técnico tenham sido desempenhadas perante um ou outro empregador.

Qualificação técnico-operacional

No regime da Lei n. 8.666/93, a qualificação técnico-operacional consta do inciso II do art. 30 da lei, que assim dispõe:

> II – comprovação de aptidão para desempenho de atividade pertinente e compatível em características, quantidades e prazos com o objeto da licitação, e indicação das instalações e do aparelhamento e do pessoal técnico adequados e disponíveis para a realização do objeto da licitação, bem como da qualificação de cada um dos membros da equipe técnica que se responsabilizará pelos trabalhos;

A exigência de atestados de qualificação técnico-operacional é historicamente questão polêmica, sobretudo em razão do veto do inciso II do § 1º do art. 30 da Lei n. 8.666/93, cujo texto constante do projeto de lei era o seguinte:

> II – capacitação técnico operacional: comprovação de o licitante ter executado obras ou serviços em quantitativos e grandezas das relações quantitativos/prazo global iguais ou superiores ao exigido no instrumento convocatório, podendo ser considerado para os quantitativos o somatório de até três contratos e para as grandezas das relações quantitativos/prazo global o somatório de quaisquer contratos, desde que referidos a um mesmo período, devendo essas exigências observar:
> a) No caso de quantitativos, o limite máximo de cinquenta por cento das quantidades estimadas na planilha orçamentária da Administração, restritas exclusivamente às parcelas de maior relevância técnica e valor significativo do objeto da licitação;
> b) No caso das grandezas das relações quantitativos/prazo global das parcelas referidas na alínea anterior, o limite máximo de cinquenta por cento das relações estabelecidas em função do prazo máximo necessário para realização da respectiva parcela, compatível com o prazo total de execução do contrato.

No âmbito do TCU, a questão pacificou-se com a edição da Súmula 263, em 19 de janeiro de 2011. Este é o enunciado:

> Para a comprovação da capacidade técnico-operacional das licitantes, e desde que limitada, simultaneamente, às parcelas de maior relevância e valor significativo do objeto a ser contratado, é legal a exigência de comprovação da execução de quantitativos mínimos em obras ou serviços com características semelhantes, devendo essa exigência guardar proporção com a dimensão e a complexidade do objeto a ser executado.

O art. 67 e incisos da Lei n. 14.133/2021 preenche as lacunas existentes na legislação anterior, de modo a conferir segurança jurídica para a exigência de comprovação de qualificação técnico-operacional, o que se faz mediante a apresentação de atestados de capacidade técnica, emitidos por pessoas jurídicas de direito público ou privado para as quais o licitante tenha executado objeto semelhante ao do futuro contrato.

Os atestados, para fins de qualificação, devem satisfazer as informações necessárias referentes à forma, volume, grandezas físicas, tempo de execução, isto é, o conjunto de variáveis que indicam a complexidade e o porte da obra ou serviço por ser executado, sendo indiferente o lugar de execução.

A demonstração de manutenção das condições de qualificação técnico-operacional atestadas perfaz-se segundo a regra do inciso III, que menciona a indicação do pessoal técnico, das **instalações e do aparelhamento adequados e disponíveis para a realização do objeto da licitação**, bem como da qualificação de cada membro da equipe técnica que se responsabilizará pelos trabalhos.

Art. 68. As habilitações fiscal, social e trabalhista serão aferidas mediante a verificação dos seguintes requisitos:

DISPOSITIVO CORRELATO (Lei n. 8.666/93)
Art. 29. A documentação relativa à regularidade fiscal e trabalhista, conforme o caso, consistirá em: (Redação dada pela Lei n. 12.440, de 2011.)

I – a inscrição no Cadastro de Pessoas Físicas (CPF) ou no Cadastro Nacional da Pessoa Jurídica (CNPJ);

DISPOSITIVO CORRELATO (Lei n. 8.666/93)
Art. 29. [...] I – prova de inscrição no Cadastro de Pessoas Físicas (CPF) ou no Cadastro Geral de Contribuintes (CGC);

II – a inscrição no cadastro de contribuintes estadual e/ou municipal, se houver, relativo ao domicílio ou sede do licitante, pertinente ao seu ramo de atividade e compatível com o objeto contratual;

DISPOSITIVO CORRELATO (Lei n. 8.666/93)
Art. 29. [...] II – prova de inscrição no cadastro de contribuintes estadual ou municipal, se houver, relativo ao domicílio ou sede do licitante, pertinente ao seu ramo de atividade e compatível com o objeto contratual;

III – a regularidade perante a Fazenda federal, estadual e/ou municipal do domicílio ou sede do licitante, ou outra equivalente, na forma da lei;

DISPOSITIVO CORRELATO (Lei n. 8.666/93)
Art. 29. [...] III – prova de regularidade para com a Fazenda Federal, Estadual e Municipal do domicílio ou sede do licitante, ou outra equivalente, na forma da lei;

IV – a regularidade relativa à Seguridade Social e ao FGTS, que demonstre cumprimento dos encargos sociais instituídos por lei;

DISPOSITIVO CORRELATO (Lei n. 8.666/93)
Art. 29. [...] IV – prova de regularidade relativa à Seguridade Social e ao Fundo de Garantia por Tempo de Serviço (FGTS), demonstrando situação regular no cumprimento dos encargos sociais instituídos por lei. (Redação dada pela Lei n. 8.883, de 1994.)

V – a regularidade perante a Justiça do Trabalho;

DISPOSITIVO CORRELATO (Lei n. 8.666/93)
Art. 29. [...] V – prova de inexistência de débitos inadimplidos perante a Justiça do Trabalho, mediante a apresentação de certidão negativa, nos termos do Título VII-A da Consolidação das Leis do Trabalho, aprovada pelo Decreto-lei n. 5.452, de 1º de maio de 1943. (Incluído pela Lei n. 12.440, de 2011.)

VI – o cumprimento do disposto no inciso XXXIII do art. 7º da Constituição Federal.

DISPOSITIVO CORRELATO (Lei n. 8.666/93)
Art. 27. Para a habilitação nas licitações exigir-se-á dos interessados, exclusivamente, documentação relativa a: [...] V – cumprimento do disposto no inciso XXXIII do art. 7º da Constituição Federal. (Incluído pela Lei n. 9.854, de 1999.)

§ 1º Os documentos referidos nos incisos do *caput* deste artigo poderão ser substituídos ou supridos, no todo ou em parte, por outros meios hábeis a comprovar a regularidade do licitante, inclusive por meio eletrônico.

§ 2º A comprovação de atendimento do disposto nos incisos III, IV e V do *caput* deste artigo deverá ser feita na forma da legislação específica.

COMENTÁRIOS

A habilitações fiscal, social e trabalhista promove-se basicamente mediante a apresentação de certidões e declarações que satisfaçam as exigências do art. 68 e incisos.

Todavia, essa verificação não há de ocorrer mecanicamente, desprovida de qualquer análise crítica, merecendo especial atenção, por exemplo, o comando do inciso II, no que concerne ao ramo de atividade da empresa, que deve ser compatível com o objeto contratual.

A Classificação Nacional de Atividades Econômicas (CNAE), cuja entidade gestora é o Instituto Brasileiro de Geografia e Estatística (IBGE), contempla classes e subclasses das atividades econômicas desenvolvidas nos diversos ramos produtivos, sendo utilizada para a classificação da atividade no Canastro Nacional da Pessoa Jurídica (CNPJ).

Se uma licitação tem por objeto a manutenção de veículos automotores, mostra-se pertinente que a atividade econômica do licitante corresponda à classe "manutenção e reparação de veículos automotores" (45.20-0), não se admitindo classificação discrepante do objeto do contrato.

Durante a pandemia de Covid-19, a Controladoria-Geral da União (CGU) monitora a aplicação dos recursos federais repassados a Estados e Municípios para combater o novo coronavírus causador da doença. O objetivo é identificar possíveis irregularidades e atuar quando verificada a ocorrência de fraudes, garantindo que o recurso seja empregado, de fato, em ações de enfretamento da pandemia.

A título de exemplo, o Relatório de Avaliação n. 873259, de 10 de fevereiro de 2021[185], aponta as seguintes irregularidades nas contratações promovidas pelo Estado e Município recebedor dos recursos:

a)   frustração ao caráter competitivo, fraude documental e montagem de processo na Dispensa de Licitação;

---

185 CONTROLADORIA-GERAL DA UNIÃO (CGU). *Relatório de Avaliação 873259*. Brasília, 2021.

b) especificação, no Projeto Básico, do objeto da dispensa com a marca e o modelo indicado pela empresa contratada;

c) pesquisas de preços de ventiladores pulmonares realizadas sem prévias especificações técnicas e anteriores à abertura do processo de dispensa;

d) dos quinze ventiladores adquiridos, no montante de R$ 1.605.000,00, quatorze não foram utilizados sob a alegação de características técnicas e operacionais inviabilizarem o uso desses aparelhos nas UTIs em pacientes acometidos pela Covid-19.

O Relatório aponta que foram realizadas pesquisas na internet e em sistemas coorporativos da CGU até que fossem obtidas informações sobre a empresa e/ou seus sócios.

> Após as pesquisas realizadas, verificou-se que a **atividade da empresa não pertence ao ramo do objeto da contratação, ou seja, venda de ventilador pulmonar**, constando no Cadastro Nacional de Pessoa Jurídica (CNPJ) junto à Receita Federal do Brasil (RFB), a área de atuação da empresa, na Classificação Nacional de Atividade Econômica (CNAE) como sendo "Atividades de consultoria em gestão empresarial, exceto consultoria técnica específica".

Por derradeiro, a atenta análise dos requisitos fiscais, sociais e trabalhistas merecem o mesmo rigor quando da contratação direta, principalmente em razão da excepcionalidade do dever de licitar.

Art. 69. A habilitação econômico-financeira visa a demonstrar a aptidão econômica do licitante para cumprir as obrigações decorrentes do futuro contrato, devendo ser comprovada de forma objetiva, por coeficientes e índices econômicos previstos no edital, devidamente justificados no processo licitatório, e será restrita à apresentação da seguinte documentação:

DISPOSITIVO CORRELATO (Lei n. 8.666/93)
Art. 31. A documentação relativa à qualificação econômico-financeira limitar-se-á a:

I – balanço patrimonial, demonstração de resultado de exercício e demais demonstrações contábeis dos 2 (dois) últimos exercícios sociais;

DISPOSITIVO CORRELATO (Lei n. 8.666/93)
Art. 31. [...] I – balanço patrimonial e demonstrações contábeis do último exercício social, já exigíveis e apresentados na forma da lei, que comprovem a boa situação financeira da empresa, vedada a sua substituição por balancetes ou balanços provisórios, podendo ser atualizados por índices oficiais quando encerrado há mais de 3 (três) meses da data de apresentação da proposta;

II – certidão negativa de feitos sobre falência expedida pelo distribuidor da sede do licitante.

DISPOSITIVO CORRELATO (Lei n. 8.666/93)
Art. 31. [...] II – certidão negativa de falência ou concordata expedida pelo distribuidor da sede da pessoa jurídica, ou de execução patrimonial, expedida no domicílio da pessoa física;

§ 1º A critério da Administração, poderá ser exigida declaração, assinada por profissional habilitado da área contábil, que ateste o atendimento pelo licitante dos índices econômicos previstos no edital.

§ 2º Para o atendimento do disposto no *caput* deste artigo, é vedada a exigência de valores mínimos de faturamento anterior e de índices de rentabilidade ou lucratividade.

DISPOSITIVO CORRELATO (Lei n. 8.666/93)

Art. 31. [...]

§ 1º A exigência de índices limitar-se-á à demonstração da capacidade financeira do licitante com vistas aos compromissos que terá que assumir caso lhe seja adjudicado o contrato, vedada a exigência de valores mínimos de faturamento anterior, índices de rentabilidade ou lucratividade. (Redação dada pela Lei n. 8.883, de 1994.)

---

§ 3º É admitida a exigência da relação dos compromissos assumidos pelo licitante que importem em diminuição de sua capacidade econômico-financeira, excluídas parcelas já executadas de contratos firmados.

DISPOSITIVO CORRELATO (Lei n. 8.666/93)

Art. 31. [...]

§ 4º Poderá ser exigida, ainda, a relação dos compromissos assumidos pelo licitante que importem diminuição da capacidade operativa ou absorção de disponibilidade financeira, calculada esta em função do patrimônio líquido atualizado e sua capacidade de rotação.

---

§ 4º A Administração, nas compras para entrega futura e na execução de obras e serviços, poderá estabelecer no edital a exigência de capital mínimo ou de patrimônio líquido mínimo equivalente a até 10% (dez por cento) do valor estimado da contratação.

DISPOSITIVO CORRELATO (Lei n. 8.666/93)

Art. 31. [...]

§ 2º A Administração, nas compras para entrega futura e na execução de obras e serviços, poderá estabelecer, no instrumento convocatório da licitação, a exigência de capital mínimo ou de patrimônio líquido mínimo, ou ainda as garantias previstas no § 1º do art. 56 desta Lei, como dado objetivo de comprovação da qualificação econômico-financeira dos licitantes e para efeito de garantia ao adimplemento do contrato a ser ulteriormente celebrado.

§ 3º O capital mínimo ou o valor do patrimônio líquido a que se refere o parágrafo anterior não poderá exceder a 10% (dez por cento) do valor estimado da contratação, devendo a comprovação ser feita relativamente à data da apresentação da proposta, na forma da lei, admitida a atualização para esta data através de índices oficiais.

---

§ 5º É vedada a exigência de índices e valores não usualmente adotados para a avaliação de situação econômico-financeira suficiente para o cumprimento das obrigações decorrentes da licitação.

DISPOSITIVO CORRELATO (Lei n. 8.666/93)

Art. 31. [...]

§ 5º A comprovação de boa situação financeira da empresa será feita de forma objetiva, através do cálculo de índices contábeis previstos no edital e devidamente justificados no processo administrativo da licitação que tenha dado início ao certame licitatório, vedada a exigência de índices e valores não usualmente adotados para correta avaliação de situação financeira suficiente ao cumprimento das obrigações decorrentes da licitação. (Redação dada pela Lei n. 8.883, de 1994.)

---

§ 6º Os documentos referidos no inciso I do *caput* deste artigo limitar-se-ão ao último exercício no caso de a pessoa jurídica ter sido constituída há menos de 2 (dois) anos.

COMENTÁRIOS

O contrato, espécie de negócio jurídico, é instrumento próprio de circulação dos direitos, de modificação intencional das relações jurídicas, pautado na autonomia da vontade, ínsita ao poder de autodeterminação[186].

Contratos sempre refletem uma realidade exterior de interesses, relações, situações econômico-sociais, em relação às quais exercem por modos diversos uma função instrumental[187].

Evidente, pois, a expressão econômica do contrato, enquanto instrumento de circulação de riquezas.

O contrato administrativo, por sua vez, é acordo de vontades, que forma obrigações, celebrado entre um órgão estatal, no exercício das funções administrativas, com outro órgão administrativo ou com particular ou administrado, para satisfazer finalidades públicas[188].

Tal como ocorre nas relações privadas, durante a fase de tratativas para a celebração de contrato, a Administração precisa se cercar de cuidados a fim de que o contrato alcance o resultado pretendido: a sua plena eficácia.

Para tanto, a capacidade econômico-financeira do contratado é *conditio sine qua non* para a demonstração de lastro patrimonial indispensável ao cumprimento do objeto.

A fase de habilitação no procedimento licitatório é o momento oportuno e legalmente determinado para o cumprimento desse desiderato, o que se faz principalmente por meio do exame do balanço patrimonial, *ex vi* do inciso I do art. 69 da Lei n. 14.133/2021.

Situações há em que uma organização empresarial, ainda que de grande porte e patrimônio pujante, enfrenta adversidades que impingem risco à sua capacidade de cumprir obrigações assumidas, podendo ingressar em situação falimentar.

Conforme o art. 75, § 2º, da Lei n. 11.101/2005, a falência é mecanismo "de preservação de benefícios econômicos e sociais decorrentes da atividade empresarial, por meio da liquidação imediata do devedor e da rápida realocação útil de ativos na economia".

A decretação da falência determina o vencimento antecipado das dívidas do devedor e dos sócios ilimitada e solidariamente responsáveis, com o abatimento proporcional dos juros, e converte todos os créditos em moeda estrangeira para a moeda do País, pelo câmbio do dia da decisão judicial.

A falência suprime da empresa sua capacidade econômica para contratar com a Administração, exigindo-se para habilitação a documentação disposta no inciso II do art. 69 da Lei n. 14.133/2021.

Questão de relevo concerne à habilitação de empresas em recuperação judicial, sobre o que a Lei n. 14.133/2021, tal como a Lei n. 8.666/93, é silente. Daí que não caberia à Administração impor restrições não instituídas pelo legislador.

O art. 47 da Lei n. Lei n. 11.101/2005 dispõe que a recuperação judicial:

> Tem por objetivo **viabilizar a superação da situação de crise econômico-financeira** do devedor, a fim de **permitir a manutenção da fonte produtora, do emprego dos trabalhadores** e dos interesses dos credores, promovendo, assim, a **preservação da empresa, sua função social e o estímulo à atividade econômica.**

Pode requerer recuperação judicial o devedor que, no momento do pedido, exerça regularmente suas atividades há mais de dois anos e que atenda aos seguintes requisitos, cumulativamente:

> I – não ser falido e, se o foi, estejam declaradas extintas, por sentença transitada em julgado, as responsabilidades daí decorrentes;

---

186 GOMES, Orlando. *Contratos*. Rio de Janeiro: Forense, 1997.

187 ROPPO, Enzo. *O contrato*. Coimbra: Almedina, 1999.

188 MARIENHOFF, Miguel S. *Tratado de derecho administrativo*. 3. ed. atual. Buenos Aires: AbeledoPerrot, 1980.

II – não ter, há menos de 5 (cinco) anos, obtido concessão de recuperação judicial;

III – não ter, há menos de 5 (cinco) anos, obtido concessão de recuperação judicial com base no plano especial de que trata a Seção V do Capítulo III da Lei n. 11.101/2005;

IV – não ter sido condenado ou não ter, como administrador ou sócio controlador, pessoa condenada por qualquer dos crimes previstos na Lei n. 11.101/2005.

A recuperação visa à preservação da empresa e do cumprimento de sua função social, manutenção de empregos e produção de riquezas, o que é também de interesse do Estado.

Por isso, a empresa vencedora em procedimento licitatório que venha a celebrar contrato com a Administração pode identificar nesse negócio uma grande oportunidade para a superação das adversidades enfrentadas.

Nesse sentido, as licitações podem desempenhar, por reflexo, importantes políticas públicas de desenvolvimento econômico e social.

Não é demais, porém, adotar os cuidados necessários para a verificação da capacidade da empresa de honrar as obrigações contratuais por serem assumidas. Nesse sentido, o TCU já se manifestou nos seguintes termos:

> REPRESENTAÇÃO. PREGÃO. CONTRATAÇÃO DE SERVIÇOS DE DRAGAGEM DE MANUTENÇÃO NO PORTO DE SANTOS/SP. INDÍCIOS DE IRREGULARIDADES NO EDITAL. SOLICITAÇÃO DE ADOÇÃO DE MEDIDA CAUTELAR. AUSÊNCIA DOS PRESSUPOSTOS. INDEFERIMENTO. CINCO INDÍCIOS IMPROCEDENTES. DESATUALIZÇÃO DOS LEVANTAMENTOS BATIMÉTRICOS PARCIALMENTE PROCEDENTE. RECOMENDAÇÃO. ARQUIVAMENTO. – É possível a participação em licitações de empresas em recuperação judicial, desde que amparadas em certidão emitida pela instância judicial competente, que certifique que a interessada está apta econômica e financeiramente a participar de procedimento licitatório[189].

Art. 70. A documentação referida neste Capítulo poderá ser:

I – apresentada em original, por cópia ou por qualquer outro meio expressamente admitido pela Administração;

DISPOSITIVO CORRELATO (Lei n. 8.666/93)
Art. 32. Os documentos necessários à habilitação poderão ser apresentados em original, por qualquer processo de cópia autenticada por cartório competente ou por servidor da administração ou publicação em órgão da imprensa oficial. (Redação dada pela Lei n. 8.883, de 1994.)

II – substituída por registro cadastral emitido por órgão ou entidade pública, desde que previsto no edital e que o registro tenha sido feito em obediência ao disposto nesta Lei;

DISPOSITIVO CORRELATO (Lei n. 8.666/93)
Art. 32. [...]   § 3º A documentação referida neste artigo poderá ser substituída por registro cadastral emitido por órgão ou entidade pública, desde que previsto no edital e o registro tenha sido feito em obediência ao disposto nesta Lei.

III – dispensada, total ou parcialmente, nas contratações para entrega imediata, nas contratações em valores inferiores a 1/4 (um quarto) do limite para dispensa de licitação para compras em geral e nas contratações de produto para pesquisa e desenvolvimento até o valor de R$ 300.000,00 (trezentos mil reais).

---

189 TRIBUNAL DE CONTAS DA UNIÃO. Representação. Acórdão 1.201/2020, Plenário, rel. Min. Vital do Rêgo, julgado em 13-5-2020.

DISPOSITIVO CORRELATO (Lei n. 8.666/93)

Art. 32. [...]

§ 1º A documentação de que tratam os arts. 28 a 31 desta Lei poderá ser dispensada, no todo ou em parte, nos casos de convite, concurso, fornecimento de bens para pronta entrega e leilão.

Parágrafo único. As empresas estrangeiras que não funcionem no País deverão apresentar documentos equivalentes, na forma de regulamento emitido pelo Poder Executivo federal.

DISPOSITIVO CORRELATO (Lei n. 8.666/93)

Art. 32. [...]

§ 4º As empresas estrangeiras que não funcionem no País, tanto quanto possível, atenderão, nas licitações internacionais, às exigências dos parágrafos anteriores mediante documentos equivalentes, autenticados pelos respectivos consulados e traduzidos por tradutor juramentado, devendo ter representação legal no Brasil com poderes expressos para receber citação e responder administrativa ou judicialmente.

COMENTÁRIOS

O inciso II do art. 70 da Lei n. 14.133/2021, reproduzindo regra contida no § 3º do art. 21 da Lei n. 8.666/93, admite a substituição da documentação de habilitação – prevista no Capítulo VI da Lei n. 8.666/93 – por registro cadastral emitido por órgão ou entidade pública, desde que previsto no edital e que o registro tenha sido feito em obediência ao disposto nesta Lei.

Há de se lembrar que a habilitação compreende as seguintes categorias de documentos:

I – jurídica;

II – técnica;

III – fiscal, social e trabalhista;

IV – econômico-financeira.

Portanto, é pouco provável que o registro cadastral contenha toda a documentação e conjunto de informações exigidas pelo edital, especialmente aquelas referentes à habilitação técnica e econômico-financeira.

Outrossim, é importante compreender que a empresa, enquanto organismo vivo, sofre mudanças de toda ordem ao longo do tempo, e que as informações constantes do registro cadastral referem-se à situação da empresa na época do registro, não na época da licitação.

Portanto, devem ser admitidas as informações oriundas do registro cadastral naquilo em que seja pertinente. A substituição da documentação por registro cadastral não deve ser vista como procedimento automático, a dispensar análise.

CAPÍTULO VII
Do Encerramento da Licitação

Art. 71. Encerradas as fases de julgamento e habilitação, e exauridos os recursos administrativos, o processo licitatório será encaminhado à autoridade superior, que poderá:

DISPOSITIVO CORRELATO (Lei n. 12.462/2011)

Art. 28. Exauridos os recursos administrativos, o procedimento licitatório será encerrado e encaminhado à autoridade superior, que poderá:

I – determinar o retorno dos autos para saneamento de irregularidades;

DISPOSITIVO CORRELATO (Lei n. 12.462/2011)
Art. 28. [...]
I – determinar o retorno dos autos para saneamento de irregularidades que forem supríveis;

II – revogar a licitação por motivo de conveniência e oportunidade;

DISPOSITIVO CORRELATO (Lei n. 12.462/2011)
Art. 28. [...]
III – revogar o procedimento por motivo de conveniência e oportunidade; ou

III – proceder à anulação da licitação, de ofício ou mediante provocação de terceiros, sempre que presente ilegalidade insanável;

DISPOSITIVO CORRELATO (Lei n. 12.462/2011)
Art. 28. [...]
II – anular o procedimento, no todo ou em parte, por vício insanável;

IV – adjudicar o objeto e homologar a licitação.

DISPOSITIVO CORRELATO (Lei n. 12.462/2011)
Art. 28. [...]
IV – adjudicar o objeto e homologar a licitação.

§ 1º Ao pronunciar a nulidade, a autoridade indicará expressamente os atos com vícios insanáveis, tornando sem efeito todos os subsequentes que deles dependam, e dará ensejo à apuração de responsabilidade de quem lhes tenha dado causa.

§ 2º O motivo determinante para a revogação do processo licitatório deverá ser resultante de fato superveniente devidamente comprovado.

§ 3º Nos casos de anulação e revogação, deverá ser assegurada a prévia manifestação dos interessados.

DISPOSITIVO CORRELATO (Lei n. 8.666/93)
Art. 49. [...]
§ 3º No caso de desfazimento do processo licitatório, fica assegurado o contraditório e a ampla defesa.

§ 4º O disposto neste artigo será aplicado, no que couber, à contratação direta e aos procedimentos auxiliares da licitação.

DISPOSITIVO CORRELATO (Lei n. 8.666/93)
Art. 49. [...]
§ 4º O disposto neste artigo e seus parágrafos aplica-se aos atos do procedimento de dispensa e de inexigibilidade de licitação.

COMENTÁRIOS

Ato irregular

O ato administrativo meramente irregular é o que possui vício irrelevante para o direito, cuja violação normativa foi mínima ou foi de norma pouco importante, não trazendo prejuízos ao interesse público envolvido nem ao particular. Assim, não admite anulação.

Normalmente, a irregularidade, por si só, não traz consequências para a Administração Pública nem para o particular.

Inicialmente, o direito administrativo aplicava a teoria das nulidades do direito civil com muitas restrições em virtude do conteúdo diferenciado do regime jurídico-administrativo.

É clássica a lição que afirma que não existe ato administrativo anulável em virtude da impossibilidade de preponderar o interesse privado sobre o interesse público e de não ser admissível a manutenção de ato ilegal[190].

Atualmente, a doutrina tem evoluído para aceitar a existência de atos administrativos anuláveis quando a lei assim declarar e quando for verificado vício leve, sendo o caso dos editados por sujeito relativamente incompetente, com vício leve de vontade ou com leve defeito de forma.

Revogação

A boa-fé objetiva deve ser observada tanto nas relações jurídicas de direito privado quanto nas relações jurídicas travadas sob o regime jurídicoadministrativo. E entre os elementos que caracterizam tal instituto pode ser encontrado o *venire contra factum proprium non valet*[191].

Nas relações jurídicas de direito privado, a proibição de conduta contraditória não pode, em regra, ser afastada, mas, no que tange a ato administrativo, esta proibição pode ser excepcionada pela possibilidade de sua revogação.

A revogação é uma conduta contraditória da Administração Pública permitida pelo ordenamento jurídico. A revogação do ato administrativo é uma potestade (poder) da Administração Pública que permite conduta contraditória baseada em juízo de conveniência e oportunidade para a satisfação do interesse público, desde que haja boa-fé objetiva da Administração Pública.

Observe-se que não se inclui nesta possibilidade a edição de ato administrativo praticado com base no *venire contra factum proprium non valet* de má-fé, no qual não seja utilizada legitimamente a potestade revocatória e sim embuste para lesar ou enganar o administrado.

Juntamente com os poderes exorbitantes da Administração Pública nos contratos administrativos, a revogação é uma das possibilidades de ação contraditória, entretanto essa potestade não pode ser utilizada livremente, encontrando limites na lei, na demonstração da conveniência e oportunidade e no interesse público.

A revogação do ato administrativo é a manifestação unilateral da vontade discricionária da Administração Pública que tem por escopo desfazer, total ou parcialmente, os efeitos de outro ato administrativo anterior editado pelo mesmo agente público ou inferior hierárquico por motivos de oportunidade ou conveniência, ou seja, por razões de mérito administrativo.

A faculdade revocatória é a manifestação de um *jus poenitendi*, direito de arrepender-se que, para certos atos, a lei atribuiu à Administração Pública[192].

A potestade revocatória independe da ilegalidade do ato administrativo, sendo exercida em relação aos atos válidos. Pontue-se que é também um dos aspectos da autotutela, pois independe de qualquer outro Poder Constituído para o seu exercício.

---

190 MEIRELLES, Hely Lopes. *Direito administrativo brasileiro*. 35. ed. São Paulo: Malheiros, 2009.

191 Proibição de conduta contraditória.

192 CRETELLA JÚNIOR, José. *Administração indireta brasileira*. Rio de Janeiro: Forense, 1980.

O ato administrativo, em princípio, deve ser revogável, pois o objetivo do agir da Administração Pública é criar utilidade pública e melhorá-la constantemente, a fim de atender às novas exigências da vida em comunidade, cujos interesses públicos variam com o passar dos tempos ou com o surgimento de outras condições sociais[193].

A possibilidade de revogação não decorre da existência de qualquer dos vícios do ato administrativo, podendo, inclusive, ter havido a consumação de alguns dos seus efeitos. Assim, o ato administrativo revogador produzirá efeito ex nunc, ou seja, não retroagirá para afastar os efeitos pretéritos do ato revogado.

Anulação

A anulação ou invalidação é o ato jurídico declaratório, emanado da própria Administração Pública (autotutela) ou do Poder Judiciário, de que determinado ato administrativo não observou o estabelecido pela lei. A anulação não está relacionada ao mérito do ato administrativo.

A CF/88 erigiu como princípio da Administração Pública a legalidade, logo a violação à lei deve ter consequência clara no sistema jurídico, qual seja, a nulidade do ato ilegal. O ato de anulação é ato declaratório, visto que a nulidade não é superveniente ao ato administrativo ilegal e sim concomitante, macula o ato desde a sua edição. Assim, o efeito da declaração é *ex tunc*, retroage ao momento da sua edição.

A possibilidade de anulação é instrumento de estabilização do sistema jurídico, pois a detecção de vício enseja a sua utilização para tornar o sistema novamente regular. A anulação ou invalidação pela Administração Pública decorre do seu poder dever de autotutela[194], não comportando qualquer discricionariedade, visto que, diante de qualquer ilegalidade, a Administração Pública tem, independentemente de provocação, o dever de declarar a nulidade do ato administrativo, em virtude da autotutela administrativa.

Todavia, a Súmula 473 do STF utiliza o vocábulo "pode". Segue o seu texto:

> A Administração pode anular seus próprios atos, quando eivados de vícios que os tornam ilegais, porque deles não se originam direitos; ou revogá-los, por motivo de conveniência ou oportunidade, respeitados os direitos adquiridos, e ressalvada, em todos os casos, a apreciação judicial.

Apesar de a citada súmula utilizar o vocábulo "pode" em vez de "deve", a maioria da doutrina entende não haver discricionariedade no ato declaratório de nulidade.

O STJ, alinhando-se à doutrina, entende tratar-se de poder-dever da Administração Pública, não havendo margem de discricionariedade ante um ato administrativo ilegal, portanto a anulação é um ato vinculado.

A atuação administrativa está adstrita à lei, portanto extirpar o ato administrativo ilegal do ordenamento jurídico não pode ser uma opção baseada em juízos de conveniência e oportunidade e sim um imperativo vinculativo do seu agir.

O Poder Judiciário, ao contrário da Administração Pública, não pode declarar a nulidade do ato administrativo de ofício. A inércia é um dos atributos da jurisdição, portanto somente devidamente provocado o magistrado poderá sindicar a legalidade do ato administrativo.

Tanto a Administração Pública quanto o Poder Judiciário podem declarar a nulidade do ato, sendo que, como já foi dito, os efeitos de tal ato serão *ex tunc*, ou seja, retroagirão ao momento de edição do ato administrativo. Aqui, a Administração Pública está vinculada à nulificação.

O dever da Administração Pública de nulificar ou invalidar os seus atos administrativos encontra limitação no princípio da segurança jurídica, pois não é razoável que, após a consolidação

---

193 MELLO, Oswaldo Aranha Bandeira de. *Princípios gerais de direito administrativo*. 2. ed. Rio de Janeiro: Forense, 1979.

194 Súmula 346 do STF: "A Administração Pública pode declarar a nulidade dos seus próprios atos".

dos efeitos ou das relações jurídicas decorrentes do ato administrativo ilegal, seja o administrado de boa-fé prejudicado pela inércia do Poder Público.

A autotutela administrativa não pode ser exercida sem limites, devendo ser restringida também pelos direitos fundamentais encetados na Carta Maior, inclusive o descrito no inciso LV do art. 5º que consagra o contraditório e a ampla defesa.

Assim, quando o seu exercício tiver como consequência restrição ou extinção a direito de terceiro ou alteração de situação fática ou jurídica que lhe seja favorável, haverá necessidade de observância daquele direito fundamental.

Adjudicação

O princípio da adjudicação compulsória determina que, caso seja concluído regularmente o procedimento licitatório, a Administração Pública não poderá atribuir o objeto da licitação a outro que não o vencedor do certame.

A Administração Pública não é obrigada a contratar, podendo, inclusive, revogar a licitação, porém, se resolver contratar, não haverá margem para afastar a pessoa que apresentou a proposta escolhida.

Não há direito subjetivo do vencedor da licitação à contratação, pois, como foi mencionado, a Administração Pública tem a faculdade de revogar, motivadamente, a licitação. Contudo, se o Poder Público mantiver o desejo de contratar, surgirá direito subjetivo à contratação para a pessoa que apresentou a proposta vencedora.

Parte da doutrina e o STJ entendem[195], atualmente, que a licitação, por gerar custos à Administração e ao licitante, deve ser bem planejada a ponto de ensejar o dever de contratar. Nesse diapasão, segundo doutrina minoritária, o vencedor do certame teria não apenas expectativa de direito, mas sim o direito de ser contratado após a homologação e adjudicação[196].

A compulsoriedade da adjudicação ou da atribuição do objeto ao vencedor do certame impede também que seja realizada nova licitação com o mesmo objeto durante o prazo de validade da licitação anterior, salvo se a contratação do vencedor já tiver sido efetivada e o volume estipulado no edital e no contrato anteriores for insuficiente e não ficar configurado o fracionamento ilegal do objeto.

Homologação

A homologação é ato administrativo declaratório de que todos os atos praticados durante o certame são válidos; não tem natureza constitutiva, dado que o juízo de conveniência e oportunidade sobre a celebração do contrato lhe é posterior[197].

O ato de homologação situa-se no âmbito do poder de controle hierárquico da autoridade superior e tem natureza de ato administrativo de confirmação. Quando a autoridade procede à homologação do julgamento, confirma a validade da licitação e o interesse da Administração em ver executada a obra ou o serviço, ou contratada a compra, nos termos previstos no edital[198].

Se não for constatada qualquer nulidade nem for o caso de revogação do certame, a autoridade superior deverá homologar o procedimento.

Motivação

A motivação dos atos administrativos é a razão ou justificativa de decidir; representa a fundamentação fática e jurídica do ato implementado. Deve ser exteriorizada antes ou durante a edição do ato, não podendo ser posterior, sob pena de invalidade.

195 STJ, REsp 579.043/PR, rel. Min. João Otávio de Noronha, 2ª Turma, julgado em 10-8-2004, DJ 27-9-2004, p. 330.

196 STJ, RMS 23.402/PR, rel. Min. Eliana Calmon, 2ª Turma, julgado em 18-3-2008, *DJe* 2-4-2008.

197 JUSTEN FILHO, Marçal. *Curso de direito administrativo*. 10. ed. São Paulo: Revista dos Tribunais, 2014.

198 CARVALHO FILHO, José dos Santos. *Manual de direito administrativo*. 28. ed. São Paulo: Atlas, 2015.

A motivação diz respeito às formalidades do ato, que integram o próprio ato. O motivo é a causa ou acontecimento fático ou jurídico que, relevante para o direito, inicia a atuação da Administração Pública.

A teoria dos motivos determinantes ilustra que os atos administrativos, ainda que independam de motivação, quando motivados ficam vinculados aos motivos ou causas expostos. Há dois aspectos da teoria:

(i) nos atos que dependem de motivação, os fatos narrados vinculam a Administração Pública; e

(ii) nos que independem de motivação, se narrados fatos, a Administração Pública a eles se vincula.

Se falsos ou inexistentes os fatos alegados, restará nulo o ato administrativo, em virtude da inexistência ou falsidade de um dos seus elementos, qual seja, o motivo.

CAPÍTULO VIII
Da Contratação Direta

Seção I
Do Processo de Contratação Direta

Art. 72. O processo de contratação direta, que compreende os casos de inexigibilidade e de dispensa de licitação, deverá ser instruído com os seguintes documentos:

DISPOSITIVO CORRELATO (Lei n. 8.666/93)

Art. 26. As dispensas previstas nos §§ 2º e 4º do art. 17 e no inciso III e seguintes do art. 24, as situações de inexigibilidade referidas no art. 25, necessariamente justificadas, e o retardamento previsto no final do parágrafo único do art. 8º desta Lei deverão ser comunicados, dentro de 3 (três) dias, à autoridade superior, para ratificação e publicação na imprensa oficial, no prazo de 5 (cinco) dias, como condição para a eficácia dos atos. (Redação dada pela Lei n. 11.107, de 2005.)

I – documento de formalização de demanda e, se for o caso, estudo técnico preliminar, análise de riscos, termo de referência, projeto básico ou projeto executivo;

II – estimativa de despesa, que deverá ser calculada na forma estabelecida no art. 23 desta Lei;

III – parecer jurídico e pareceres técnicos, se for o caso, que demonstrem o atendimento dos requisitos exigidos;

IV – demonstração da compatibilidade da previsão de recursos orçamentários com o compromisso a ser assumido;

V – comprovação de que o contratado preenche os requisitos de habilitação e qualificação mínima necessária;

VI – razão da escolha do contratado;

DISPOSITIVO CORRELATO (Lei n. 8.666/93)

Art. 26. [...]
Parágrafo único. O processo de dispensa, de inexigibilidade ou de retardamento, previsto neste artigo, será instruído, no que couber, com os seguintes elementos:
[...]
II – razão da escolha do fornecedor ou executante;

VII – justificativa de preço;

DISPOSITIVO CORRELATO (Lei n. 8.666/93)
Art. 26. [...] Parágrafo único. [...] III – justificativa do preço;

VIII – autorização da autoridade competente.

Parágrafo único. O ato que autoriza a contratação direta ou o extrato decorrente do contrato deverá ser divulgado e mantido à disposição do público em sítio eletrônico oficial.

COMENTÁRIOS

A contratação direta é realizada nos casos em que o contrato administrativo não é precedido de licitação, segundo as cláusulas legais de exceção. A Lei n. 14.133/2021 adota as mesmas espécies de contratação direta regidas pela Lei n. 8.888/93, promovendo-se alguns aperfeiçoamentos.

A possibilidade legal de contratação direta justifica-se porque há situações de fato que somente podem ser bem avaliadas pelos agentes da Administração Pública, pois a generalidade da análise do legislador poderia sacrificar o interesse público.

Nestas situações, recomenda-se a outorga de poder discricionário aos que estão mais próximos dos fatos. É o que acontece quando o legislador atribui faculdade discricionária ao agente da Administração para, em certos casos, realizar ou dispensar o procedimento licitatório.

Há hipótese em que a realização da licitação pode colocar bens sociais preciosos em risco, entre eles, a vida e a integridade física dos cidadãos. Saliente-se que a licitação é possível, mas pode ser dispensada por razões de conveniência, oportunidade e economicidade devidamente fundamentadas.

A própria CF/88 estabeleceu a possibilidade excepcional de contratação direta sem o prévio procedimento licitatório no inciso XXI do seu art. 37, aduzindo que, ressalvados os casos especificados na legislação, as obras, serviços, compras e alienações serão contratados mediante processo de licitação pública que assegure igualdade de condições a todos os concorrentes, com cláusulas que estabeleçam obrigações de pagamento, mantidas as condições efetivas da proposta, nos termos da lei, o qual somente permitirá as exigências de qualificação técnica e econômica indispensáveis à garantia do cumprimento das obrigações.

Mesmo se realizada a contratação direta, impõe-se sua fundamentação, mediante documentos característicos da fase preparatória de licitação, como estudo técnico preliminar, termo de referência, análise de risco, estimativa de despesa e parecer jurídico. Logo, a Administração deve realizar instrução a fim de justificar a razão de escolha do contratado e o valor da contratação.

A contratação direta, para a qual se exige autorização da autoridade competente, abrange as seguintes hipóteses:

a)   inexigibilidade de licitação;

b)   dispensa de licitação.

Tem-se que a contratação direta, por representar exceção constitucional, deve ser interpretada de maneira restritiva, ou seja, as hipóteses legalmente estabelecidas não podem sofrer interpretação extensiva; também não pode ser utilizada analogia para criar hipóteses de contratação direta.

Contudo, a alegação de nulidade contratual fundamentada na ausência de licitação não exime o dever de a Administração Pública pagar pelos serviços efetivamente prestados ou pelos prejuízos decorrentes da Administração, quando comprovados, ressalvadas as hipóteses de máfé ou de haver o contratado concorrido para a nulidade.

Por fim, deve ser lembrado que, com base na jurisprudência do STJ, a contratação direta, quando não caracterizada situação de dispensa ou de inexigibilidade de licitação, gera lesão ao erário (dano *in re ipsa* ou presumido), na medida em que o Poder Público perde a oportunidade de contratar melhor proposta.

Pressupostos para a licitação

Para que haja licitação, segundo a lição de Fernanda Marinela, existem três pressupostos[199]:

a) o pressuposto lógico que exige pluralidade de objetos e pluralidade de ofertantes. Dessa forma, inexistirá esse pressuposto quando o objeto ou o serviço for singular ou quando se tratar de produtor ou fornecedor exclusivo;

b) o pressuposto jurídico que exige a compatibilidade da utilização do procedimento licitatório com a finalidade legalmente estabelecida para os órgãos ou entidades. Assim, quando o dever de licitar se confrontar com a finalidade legal, deverseá privilegiar a norma mais específica. É o que pode ser notado com a comercialização ou venda de bens em virtude da sua finalidade. Se, por exemplo, a União criar uma empresa pública com a finalidade legal (lei autorizativa da criação) de vender medicamentos a baixo custo, não haverá pressuposto para a licitação relacionada ao desempenho da sua atividade econômica; e

c) o pressuposto fático que exige a presença de interessados em participar da licitação. Os custos relativos ao procedimento somente podem ser justificados quando há mais de um interessado no objeto da licitação. Consequentemente, se aparecer somente um interessado ou não surgir interessado, não haverá o pressuposto fático. Gizese que este pressuposto não se confunde com o lógico, visto que, apesar de haver aqui pluralidade no mercado, não há interessados.

Procedimento da contratação direta

A contratação direta, apesar de não precisar do procedimento prévio de licitação, exige a observância de um procedimento mais simples e rápido para a sua efetivação. O procedimento prévio à contratação direta deve percorrer as seguintes etapas:

---

199 MARINELA, Fernanda. *Direito administrativo*. 6. ed. Niterói: Impetus, 2012.

a)   **Requisição**

Os bens e serviços somente podem ter o seu fornecimento e a sua prestação contratados se houver sua verdadeira e comprovada necessidade. Assim, o gestor da unidade requisitante deve iniciar o procedimento demonstrando claramente a sua carência através de documento formal.

A requisição deve conter justificativa fundamentada dos quantitativos do bem requisitado ou do serviço pretendido, tais como demonstrativo dos exercícios anteriores e relatórios com dados objetivos que ilustrem o dimensionamento adequado da aquisição/contratação com estimativa de preço.

b)   **Autorização**

Após a constatação da necessidade do bem ou do serviço, o ordenador de despesa deve verificar a disponibilidade financeira e orçamentária, a possibilidade de contratação direta, e o enquadramento nas hipóteses de dispensa de licitação ou inexigibilidade, com a devida fundamentação.

c)   **Projeto**

Após a autorização, deve ser elaborado termo de referência ou projeto básico com especificação dos materiais ou serviços, de forma clara e precisa, vedadas especificações que, por excessivas, irrelevantes ou desnecessárias, caracterizem preferência por produto de determinada marca.

d)   **Cotação**

Exige-se a sondagem do preço praticado no mercado para escolher o fornecedor que ofereça a melhor proposta para a Administração Pública, sendo recomendada a análise de, no mínimo, três orçamentos quando possível.

A Advocacia-Geral da União editou a Orientação Normativa AGU n. 17, de 1º-4-2009, estabelecendo que é obrigatória a justificativa de preço na inexigibilidade de licitação, que deverá ser realizada mediante a comparação da proposta apresentada com preços praticados pela futura contratada junto a outros órgãos públicos e pessoas privadas.

e)   **Escolha**

Deve ser elaborado mapa comparativo de preços praticados pelos potenciais contratados com justificativa da melhor proposta ofertada, explicitando-se a razão de escolha do fornecedor ou do executante.

Para inexigibilidades, deverá ser emitido parecer técnico emitido pela área requisitante que ateste e comprove documentalmente a inviabilidade de competição. No caso de fornecedor único, deve ser providenciada também a carta de exclusividade.

f)   **Certidões**

Deve ser atestada a regularidade da empresa para contratar com a Administração, e que não há impedimento de contratar, para o que a Administração dispõe dos seguintes meios: Cadastro Nacional de Empresas Inidôneas e Suspensas (CEIS); Lista de Inidôneos do Tribunal de Contas da União; Cadastro Nacional de Condenações Cíveis por Ato de Improbidade Administrativa e Inelegibilidade; Sistema de Cadastro Unificado de Fornecedores.

Igualmente, requer-se certidão negativa de falência e demonstração de regularidade jurídica, fiscal, trabalhista, e outros requisitos que seriam exigidos no instrumento convocatório como pressupostos inerentes à contratada.

g)   **Análise jurídica**

Após a juntada de todos os documentos e do término das fases acima descritas, os autos devem ser enviados obrigatoriamente à unidade de consultoria e assessoramento jurídico do órgão ou entidade para manifestação sobre a legalidade e a legitimidade do procedimento prévio e da futura contratação.

h) **Aprovação**

Cumpridas validamente as fases anteriores, os autos serão remetidos à autoridade competente para aprovação final da escolha do fornecedor e futura contratação.

Art. 73. Na hipótese de contratação direta indevida ocorrida com dolo, fraude ou erro grosseiro, o contratado e o agente público responsável responderão solidariamente pelo dano causado ao erário, sem prejuízo de outras sanções legais cabíveis.

COMENTÁRIOS

A contratação direta é medida excepcional, adotada quando inviável a competição ou quando, pelo valor da contratação ou circunstâncias que contextualizam a contratação, a licitação não seja o melhor caminho para a satisfação do interesse público.

Logo, muita seriedade há de existir nas razões que motivam a contratação direta, que deve ser fielmente alinhada aos valores de eticidade e princípios constitucionais e legais que norteiam a licitação.

Dolo

O dolo exsurge quando há consciência (elemento cognitivo) e vontade (elemento volitivo) de realizar o tipo descrito na norma.

O dolo existe no momento de realização da ação proibida pela lei. Como fundamento subjetivo da realização do plano delituoso

> [...] deve existir durante a realização da ação, o que não significa durante toda a realização da ação planejada, mas durante a realização da ação que desencadeia o processo causal típico.
> [...] Consequentemente, não existe dolo anterior, nem dolo posterior à realização da ação[200].

O dolo pode ser direto – quando o agente quer e dirige sua conduta para o resultado determinado – ou indireto: alternativo ou eventual.

O dolo alternativo acontece quando o agente almeja um ou outro resultado, indistintamente, enquanto o dolo eventual ocorre quando o agente, ainda que não queira o resultado, assume cientemente o risco de produzi-lo.

A apuração administrativa da ocorrência de dolo importa à doutrina e jurisprudência em sede de direito penal. Sobre a matéria, apresenta-se excerto que explicita a jurisprudência do STJ[201]:

> PENAL. PROCESSUAL. AGRAVO REGIMENTAL EM RECURSO ESPECIAL. ALÍNEA c DO PERMISSIVO CONSTITUCIONAL. FALTA DE COTEJO ANALÍTICO. IMPOSSIBILIDADE DE EXAME DA DIVERGÊNCIA JURISPRUDENCIAL. HOMICÍDIO. ACIDENTE DE TRÂNSITO. DOLO EVENTUAL. CULPA CONSCIENTE. REVALORAÇÃO DE PROVAS. POSSIBILIDADE. INEXISTÊNCIA DE ELEMENTOS DO DOLO EVENTUAL. CIRCUNSTÂNCIAS DO FATO QUE NÃO EVIDENCIAM A ANTEVISÃO E A ASSUNÇÃO DO RESULTADO PELO RÉU. DESCLASSIFICAÇÃO DA CONDUTA QUE SE IMPÕE. AGRAVO A QUE SE NEGA PROVIMENTO.
> 1. Quanto à divergência, falta o cotejo analítico, nos moldes do que determina o art. 255 do RISTJ, impedindo o conhecimento do recurso quanto a esse aspecto. De se referir que não basta a simples transcrição de ementas ou trechos do julgado divergente, devendo a parte realizar o confronto explanatório da decisão recorrida com o acórdão paradigma, a fim de apontar a divergência jurisprudencial existente. A falta de análise dos julgados com o fito de evidenciar sua similaridade fática evidencia o descumprimento das formalidades insculpidas nos artigos 541, parágrafo único, do Código de Processo Civil, e 255, §§ 1º e 2º, do Regimento Interno desta Corte.

---

200 SANTOS, Juarez Cirino dos. *Direito penal:* parte geral. 3. ed. Curitiba: ICPC; Lumen Juris, 2008. p. 152.

201 STJ. AgRg no REsp 1.043.279 / PR. 6ª Turma. rel. Min. Min. Jane Silva (desembargadora convocada do TJ/MG), julgado em 14-1-2008.

2. A doutrina penal brasileira instrui que o dolo, conquanto constitua elemento subjetivo do tipo, deve ser compreendido sob dois aspectos: o cognitivo, que traduz o conhecimento dos elementos objetivos do tipo, e o volitivo, configurado pela vontade de realizar a conduta típica.

3. O elemento cognitivo consiste no efetivo conhecimento de que o resultado poderá ocorrer, isto é, o efetivo conhecimento dos elementos integrantes do tipo penal objetivo. A mera possibilidade de conhecimento, o chamado conhecimento potencial, não basta para caracterizar o elemento cognitivo do dolo. No elemento volitivo, por seu turno, o agente quer a produção do resultado de forma direta – dolo direto – ou admite a possibilidade de que o resultado sobrevenha – dolo eventual.

4. Considerando que o dolo eventual não é extraído da mente do acusado, mas das circunstâncias do fato, na hipótese em que a denúncia limita-se a narrar o elemento cognitivo do dolo, o seu aspecto de conhecimento pressuposto ao querer (vontade), não há como concluir pela existência do dolo eventual. Para tanto, há que evidenciar como e em que momento o sujeito assumiu o risco de produzir o resultado, isto é, admitiu e aceitou o risco de produzi-lo. Deve-se demonstrar a antevisão do resultado, isto é, a percepção de que é possível causá-lo antes da realização do comportamento.

5. Agravo a que se nega provimento.

Fraude

O ordenamento jurídico brasileiro não contempla ilícito administrativo ou penal consistente puramente na prática de fraude. Com efeito, a fraude consiste em engodo, embuste, estratagema, com o fim de iludir a aparência de um ato, ocultando-se a verdade, mediante comportamento consubstanciado em má-fé.

O Código Penal tipifica vários crimes que têm a fraude como elementar, por exemplo: estelionato (art. 171 do CP); fraude no comércio (art. 175 do CP); fraude à execução (art. 179 do CP), todos enumerados no Capítulo VI do CP, que trata do estelionato e outras fraudes.

No que concerne à contratação direta mediante fraude, a conduta ilícita decorreria do uso intencional de informações falsas, declarações sobre fatos sabidamente inexistentes, burla aos requisitos dispostos em lei, isto é, qualquer meio consciente e intencionalmente empregado para a contratação indevida.

Erro grosseiro

O art. 28 da LINDB dispõe que "o agente público responderá pessoalmente por suas decisões ou opiniões técnicas em caso de dolo ou erro grosseiro".

O agente público somente poderá ser responsabilizado por suas decisões ou opiniões técnicas se agir ou se omitir com dolo, direto ou eventual, ou cometer erro grosseiro, no desempenho de suas funções.

Considera-se erro grosseiro aquele manifesto, evidente e inescusável praticado com culpa grave, caracterizado por ação ou omissão com elevado grau de negligência, imprudência ou imperícia.

Não será configurado dolo ou erro grosseiro do agente público se não restar comprovada, nos autos do processo de responsabilização, situação ou circunstância fática capaz de caracterizar o dolo ou o erro grosseiro.

O mero nexo de causalidade entre a conduta e o resultado danoso não implica responsabilização, exceto se comprovado o dolo ou o erro grosseiro do agente público.

A complexidade da matéria e das atribuições exercidas pelo agente público serão consideradas em eventual responsabilização do agente público.

O montante do dano ao erário, ainda que expressivo, não poderá, por si só, ser elemento para caracterizar o erro grosseiro ou o dolo.

A responsabilização pela opinião técnica não se estende de forma automática ao decisor que a adotou como fundamento de decidir e somente se configurará se estiverem presentes elementos suficientes para o decisor aferir o dolo ou o erro grosseiro da opinião técnica ou se houver conluio entre os agentes.

No exercício do poder hierárquico, só responderá por culpa in vigilando aquele cuja omissão caracterizar erro grosseiro ou dolo.

O disposto acima não exime o agente público de atuar de forma diligente e eficiente no cumprimento dos seus deveres constitucionais e legais.

A legislação não traz conceito ou definição precisa sobre o conteúdo e alcance de erro grosseiro, cabendo à doutrina e jurisprudência a colmatação de seu significado.

A contratação direta, tal como o procedimento licitatório, requer parecer do órgão de consultoria e assessoramento jurídico. Em caso que versa sobre parecer jurídico e responsabilidade do parecerista, o STJ assim decidiu:

> [...] Nos termos do art. 133 da Constituição Federal, "o advogado é indispensável à administração da Justiça, sendo inviolável por seus atos e manifestações no exercício da profissão, nos limites da lei." Sem embargo, a inviolabilidade do advogado não pode ser tida por absoluta, devendo ser limitada ao exercício regular de sua atividade profissional, não sendo admissível que sirva de salvaguarda para a prática de condutas abusivas ou atentatórias à lei e à moralidade que deve conduzir a prática da advocacia. [...] No julgamento do MS n. 24.631/DF, da relatoria do Exmo. Sr. Ministro Joaquim Barbosa, o Plenário do Supremo Tribunal Federal reconheceu a impossibilidade de responsabilização dos advogados públicos pelo conteúdo de pareceres técnico-jurídicos meramente opinativos, salvo se evidenciada a presença de culpa ou erro grosseiro.

> [...] Nos dizeres de José dos Santos Carvalho Filho, "o agente que emite o parecer não pode ser considerado solidariamente responsável com o agente que produziu o ato administrativo final, decidindo pela aprovação do parecer. A responsabilidade do parecerista pelo fato de ter sugerido mal somente lhe pode ser atribuída se houve comprovação indiscutível de que agiu dolosamente, vale dizer, com intuito predeterminado de cometer improbidade administrativa. Semelhante comprovação, entretanto, não dimana do parecer em si, mas, ao revés, constitui ônus daquele que impugna a validade de ato em função da conduta de seu autor" (CARVALHO FILHO, José dos Santos. *Manual de direito administrativo*. 28. ed. São Paulo: Atlas, 2015. p. 139-140).

> [...] Decerto, a divergência de opinião na atividade consultiva não acarreta responsabilização pessoal, salvo, repita-se, se demonstrado que o parecerista agiu dolosamente ou cometeu erro grosseiro.

Improbidade Administrativa

Existe uma moral comum e cognoscível pela maioria dentro da comunidade, havendo condutas que, apesar de não serem punidas pelo ordenamento jurídico, são reprovadas pelos outros membros do convívio social. A sanção é psicológica, pois inflige ao imoral sofrimento decorrente da rejeição da sua conduta ou presença pelos seus pares[202].

Para manter as garantias fundamentais adquiridas ao longo da evolução que foi coroada pelo império do Direito, as condutas que ferem a moralidade administrativa e as respectivas punições devem estar previstas em lei. Foi, então, editada, em 2 de junho de 1992, e publicada, em 3 de junho de 1992, a Lei n. 8.429, que dispõe sobre as sanções aplicáveis aos agentes públicos nos casos de enriquecimento ilícito no exercício de mandato, cargo, emprego ou função na Administração Pública direta, indireta ou fundacional e dá outras providências, para regulamentar o § 4º do art. 37 da CF/88, para regrar a proteção ao princípio da moralidade através do estabelecimento de condutas, ações ou omissões, caracterizadoras de improbidade administrativa.

O Poder Constituinte Originário adotou solução engenhosa para a impossibilidade de aplicar sanção jurídica a condutas reputadas imorais: aumentar a área de interseção entre o conjunto de condutas imorais e o conjunto de condutas ilegais, afirmando, no § 4º do art. 37 da Carta Maior, que "os atos de improbidade administrativa importarão a suspensão dos direitos políticos, a perda da função pública, a indisponibilidade dos bens e o ressarcimento ao erário, na forma e gradação previstas em lei, sem prejuízo da ação penal cabível".

---

202 HAURIOU, Maurice. *Précis de droit administratif et de droit public*. 7. ed. Paris: Sirey, 1911.

Observe-se que os atos de improbidade administrativa serão sancionados na forma e na gradação previstas em lei.

Ora, havendo necessidade de previsão legal, não há dúvida quanto à existência da interseção.

O princípio da moralidade estabelecido no *caput* do art. 37 da Carta Maior tem dupla função: criadora e interpretativa, pois exige seja protegida a moralidade ou probidade na Administração Pública, através do instrumento constitucionalmente ofertado (art. 5º, II, da CF/88), e define a forma de interpretação das normas jurídicas que estabelecem as condutas dos gestores públicos.

Outra baliza estabelecida pelo Poder Constituinte Originário foi a natureza jurídica da improbidade administrativa ao deixar claro que as sanções listadas serão estabelecidas "sem prejuízo da ação penal cabível". Ante a literalidade da opção constituinte, não são necessários outros argumentos para afastar definitivamente qualquer natureza penal. Assim, a natureza da ação de improbidade administrativa é cível.

Saliente-se, porém, que há condutas de improbidade administrativa que podem também configurar ilícitos penais puníveis na forma estabelecida nas normas processuais penais[203].

A improbidade administrativa não se confunde com a má administração ou com a inabilidade; o administrador desidioso ou desleixado deve ser sancionado com base no seu estatuto ou contrato de trabalho e não com as disposições relativas à improbidade administrativa[204]. É certo também que quando a conduta for enquadrada de maneira mais específica como crime de responsabilidade da Lei n. 1.079/50 não será aplicada a Lei n. 8.429/92 e sim o rito próprio referente a tal crime[205].

As condutas de improbidade administrativa têm gravidade muito maior do que aquelas ações ou omissões que são listadas apenas como faltas funcionais. Assim, sob pena de violação aos princípios da razoabilidade e da proporcionalidade, o magistrado deve distinguir bem entre a má administração e a improbidade administrativa.

Feitas essas considerações, a improbidade administrativa poderia ser conceituada como conduta contrária ao ordenamento jurídico praticada por agente público ou terceiro que tenha relação com função pública ou concorra para a conduta daquele, dolosa ou culposa, contra entes e entidades públicas ou entidades privadas constituídas ou destinatárias de recursos públicos, importando enriquecimento ilícito, lesão ao erário, outorga de benefício indevido ou violação aos princípios da Administração Pública.

Por fim, mesmo havendo debate na doutrina sobre incidência federativa, a Lei n. 8.429/92, Lei de Improbidade Administrativa, aplica-se em todos os entes da Federação, portanto estão sujeitos às suas disposições a União, os Estados, os Municípios e o Distrito Federal[206].

O sujeito ativo do ato de improbidade administrativa é o agente público, servidor público ou não, e aquele que, mesmo não sendo agente público, induza ou concorra para a prática do ato de improbidade ou dele se beneficie sob qualquer forma direta ou indireta[207].

Os sujeitos passivos que sofrem a conduta do ímprobo são: a administração direta, indireta ou fundacional de qualquer dos Poderes da União, dos Estados, do Distrito Federal, dos Municípios, de Território, empresa incorporada ao patrimônio público ou entidade para cuja criação ou custeio

---

203 STJ, REsp 1.106.657/SC, rel. Min. Mauro Campbell Marques, 2ª Turma, julgado em 17-8-2010, *DJe* 20-9-2010.

204 STJ, REsp 734.984/SP, rel. Min. José Delgado, Rel. p/ acórdão Min. Luiz Fux, 1ª Turma, julgado em 18 -12-2007, *DJe* 16-6-2008.

205 STF, Rcl 2.138, rel. Min. Nelson Jobim, Rel. p/ acórdão Min. Gilmar Mendes (art. 38, IV, *b*, do RISTF), Tribunal Pleno, julgado em 13-6-2007, *DJe*-070, 18-4-2008, *RTJ* v. 211, p. 58.

206 STJ, REsp 1.148.996/RS, rel. Min. Castro Meira, 2ª Turma, julgado em 1º-6-2010, *DJe* 11-6 -2010.

207 STJ, REsp 1.155.992/PA, rel. Min. Herman Benjamin, 2ª Turma, julgado em 23-3-2010, *DJe* 1º-7-2010.

o erário haja concorrido ou concorra com mais de cinquenta por cento do patrimônio ou da receita anual (art. 1º da Lei n. 8.429/92).

Há, segundo os arts. 9º, 10, 10-A e 11 da Lei n. 8.429/92, quatro tipos de atos de improbidade administrativa:

a)   os que importam enriquecimento ilícito;
b)   os que causam **prejuízo ao erário**;
c)   os que concedem, aplicam ou mantêm benefício financeiro ou tributário ilegal; e
d)   os que atentam contra os princípios da Administração Pública.

Ocorrendo lesão ao patrimônio público por ação ou omissão, dolosa ou culposa, do agente ou de terceiro, dar-se-á o integral ressarcimento do dano (art. 5º). No caso de enriquecimento ilícito, perderá o agente público ou terceiro beneficiário os bens ou valores acrescidos ao seu patrimônio.

Em ambos os casos, caberá à autoridade administrativa responsável pelo inquérito representar ao Ministério Público, para a indisponibilidade dos bens do indiciado, que recairá sobre bens que assegurem o integral ressarcimento do dano, ou sobre o acréscimo patrimonial resultante do enriquecimento ilícito.

Nos termos da jurisprudência pacífica do STJ, quando o ato de improbidade causar lesão ao patrimônio público ou enriquecimento ilícito, caberá a indisponibilidade dos bens do agente ímprobo, limitada ao ressarcimento integral do dano, bem como a execução de eventual sanção pecuniária a ser imposta e qualquer outro encargo econômico decorrente da condenação. Observe-se que, havendo mais de um agente, a responsabilidade será solidária, inclusive para a indisponibilidade dos bens[208].

Quando o ato de improbidade causar lesão ao patrimônio público ou ensejar enriquecimento ilícito, caberá à autoridade administrativa responsável pelo inquérito representar ao Ministério Público, para a indisponibilidade dos bens do indiciado. A indisponibilidade recairá sobre bens que assegurem o integral ressarcimento do dano, ou sobre o acréscimo patrimonial resultante do enriquecimento ilícito. O sucessor daquele que causar lesão ao patrimônio público ou se enriquecer ilicitamente está sujeito às cominações da Lei de Improbidade Administrativa até o limite do valor da herança.

Seção II
Da Inexigibilidade de Licitação

Art. 74. É inexigível a licitação quando inviável a competição, em especial nos casos de:

DISPOSITIVO CORRELATO (Lei n. 8.666/93)
Art. 25. É inexigível a licitação quando houver inviabilidade de competição, em especial:

I – aquisição de materiais, de equipamentos ou de gêneros ou contratação de serviços que só possam ser fornecidos por produtor, empresa ou representante comercial exclusivos;

DISPOSITIVO CORRELATO (Lei n. 8.666/93)
Art. 25. [...] I – para aquisição de materiais, equipamentos, ou gêneros que só possam ser fornecidos por produtor, empresa ou representante comercial exclusivo, vedada a preferência de marca, devendo a comprovação de exclusividade ser feita através de atestado fornecido pelo órgão de registro do comércio do local em que se realizaria a licitação ou a obra ou o serviço, pelo Sindicato, Federação ou Confederação Patronal, ou, ainda, pelas entidades equivalentes;

---

208 STJ, REsp 1.119.458/RO, rel. Min. Hamilton Carvalhido, 1ª Turma, julgado em 13-4-2010, *DJe* 29-4-2010.

II – contratação de profissional do setor artístico, diretamente ou por meio de empresário exclusivo, desde que consagrado pela crítica especializada ou pela opinião pública;

DISPOSITIVO CORRELATO (Lei n. 8.666/93)

Art. 25. [...]
III – para contratação de profissional de qualquer setor artístico, diretamente ou através de empresário exclusivo, desde que consagrado pela crítica especializada ou pela opinião pública.

III – contratação dos seguintes serviços técnicos especializados de natureza predominantemente intelectual com profissionais ou empresas de notória especialização, vedada a inexigibilidade para serviços de publicidade e divulgação:

DISPOSITIVO CORRELATO (Lei n. 8.666/93)

Art. 25. [...]
II – para a contratação de serviços técnicos enumerados no art. 13 desta Lei, de natureza singular, com profissionais ou empresas de notória especialização, vedada a inexigibilidade para serviços de publicidade e divulgação;

a) estudos técnicos, planejamentos, projetos básicos ou projetos executivos;

DISPOSITIVO CORRELATO (Lei n. 8.666/93)

Art. 13. Para os fins desta Lei, consideram-se serviços técnicos profissionais especializados os trabalhos relativos a:
I – estudos técnicos, planejamentos e projetos básicos ou executivos;

b) pareceres, perícias e avaliações em geral;

DISPOSITIVO CORRELATO (Lei n. 8.666/93)

Art. 13. [...]
II – pareceres, perícias e avaliações em geral;

c) assessorias ou consultorias técnicas e auditorias financeiras ou tributárias;

DISPOSITIVO CORRELATO (Lei n. 8.666/93)

Art. 13. [...]
III – assessorias ou consultorias técnicas e auditorias financeiras ou tributárias; (Redação dada pela Lei n. 8.883, de 1994.)

d) fiscalização, supervisão ou gerenciamento de obras ou serviços;

DISPOSITIVO CORRELATO (Lei n. 8.666/93)

Art. 13. [...]
IV – fiscalização, supervisão ou gerenciamento de obras ou serviços;

e) patrocínio ou defesa de causas judiciais ou administrativas;

DISPOSITIVO CORRELATO (Lei n. 8.666/93)

Art. 13. [...]
V – patrocínio ou defesa de causas judiciais ou administrativas;

f) treinamento e aperfeiçoamento de pessoal;

DISPOSITIVO CORRELATO (Lei n. 8.666/93)
Art. 13. [...] VI – treinamento e aperfeiçoamento de pessoal;

g) restauração de obras de arte e de bens de valor histórico;

DISPOSITIVO CORRELATO (Lei n. 8.666/93)
Art. 13. [...] VII – restauração de obras de arte e bens de valor histórico.

h) controles de qualidade e tecnológico, análises, testes e ensaios de campo e laboratoriais, instrumentação e monitoramento de parâmetros específicos de obras e do meio ambiente e demais serviços de engenharia que se enquadrem no disposto neste inciso;

IV – objetos que devam ou possam ser contratados por meio de credenciamento;

V – aquisição ou locação de imóvel cujas características de instalações e de localização tornem necessária sua escolha.

DISPOSITIVO CORRELATO (Lei n. 8.666/93)
Art. 24. É dispensável a licitação: [...] X – para a compra ou locação de imóvel destinado ao atendimento das finalidades precípuas da administração, cujas necessidades de instalação e localização condicionem a sua escolha, desde que o preço seja compatível com o valor de mercado, segundo avaliação prévia; (Redação dada pela Lei n. 8.883, de 1994.)

§ 1º Para fins do disposto no inciso I do *caput* deste artigo, a Administração deverá demonstrar a inviabilidade de competição mediante atestado de exclusividade, contrato de exclusividade, declaração do fabricante ou outro documento idôneo capaz de comprovar que o objeto é fornecido ou prestado por produtor, empresa ou representante comercial exclusivos, vedada a preferência por marca específica.

DISPOSITIVO CORRELATO (Lei n. 8.666/93)
Art. 25. [...] I – para aquisição de materiais, equipamentos, ou gêneros que só possam ser fornecidos por produtor, empresa ou representante comercial exclusivo, vedada a preferência de marca, devendo a comprovação de exclusividade ser feita através de atestado fornecido pelo órgão de registro do comércio do local em que se realizaria a licitação ou a obra ou o serviço, pelo Sindicato, Federação ou Confederação Patronal, ou, ainda, pelas entidades equivalentes;

§ 2º Para fins do disposto no inciso II do *caput* deste artigo, considera-se empresário exclusivo a pessoa física ou jurídica que possua contrato, declaração, carta ou outro documento que ateste a exclusividade permanente e contínua de representação, no País ou em Estado específico, do profissional do setor artístico, afastada a possibilidade de contratação direta por inexigibilidade por meio de empresário com representação restrita a evento ou local específico.

§ 3º Para fins do disposto no inciso III do *caput* deste artigo, considera-se de notória especialização o profissional ou a empresa cujo conceito no campo de sua especialidade, decorrente de desempenho anterior, estudos, experiência, publicações, organização, aparelhamento, equipe técnica ou outros requisitos relacionados com suas atividades, permita inferir que o seu trabalho é essencial e reconhecidamente adequado à plena satisfação do objeto do contrato.

DISPOSITIVO CORRELATO (Lei n. 8.666/93)

Art. 25. [...]
§ 1º Considera-se de notória especialização o profissional ou empresa cujo conceito no campo de sua especialidade, decorrente de desempenho anterior, estudos, experiências, publicações, organização, aparelhamento, equipe técnica, ou de outros requisitos relacionados com suas atividades, permita inferir que o seu trabalho é essencial e indiscutivelmente o mais adequado à plena satisfação do objeto do contrato.

---

§ 4º Nas contratações com fundamento no inciso III do *caput* deste artigo, é vedada a subcontratação de empresas ou a atuação de profissionais distintos daqueles que tenham justificado a inexigibilidade.

DISPOSITIVO CORRELATO (Lei n. 8.666/93)

Art. 13. [...]
§ 3º A empresa de prestação de serviços técnicos especializados que apresente relação de integrantes de seu corpo técnico em procedimento licitatório ou como elemento de justificação de dispensa ou inexigibilidade de licitação, ficará obrigada a garantir que os referidos integrantes realizem pessoal e diretamente os serviços objeto do contrato.

---

§ 5º Nas contratações com fundamento no inciso V do *caput* deste artigo, devem ser observados os seguintes requisitos:
I – avaliação prévia do bem, do seu estado de conservação, dos custos de adaptações, quando imprescindíveis às necessidades de utilização, e do prazo de amortização dos investimentos;
II – certificação da inexistência de imóveis públicos vagos e disponíveis que atendam ao objeto;
III – justificativas que demonstrem a singularidade do imóvel a ser comprado ou locado pela Administração e que evidenciem vantagem para ela.

COMENTÁRIOS

A licitação, orientada pelos princípios tabulados no art. 5º da Lei n. 14.133/2021, visa à satisfação de certos objetivos, como vantajosidade, isonomia e preço justo da contratação, mediante prévio procedimento competitivo.

Ocorre a inexigibilidade de licitação quando há impossibilidade jurídica de competição entre contratantes, quer pela natureza específica do negócio, quer pelos objetivos visados pela Administração Pública. Existe, no caso, uma impossibilidade lógica de competição prevista pela norma[209].

Logo, há situações em que a competitividade é impossível, razão por que inexigível a licitação, dado que sua realização teria efeito inócuo.

---

209 MEIRELLES, Hely Lopes. *Direito administrativo brasileiro*. 35. ed. São Paulo: Malheiros, 2009.

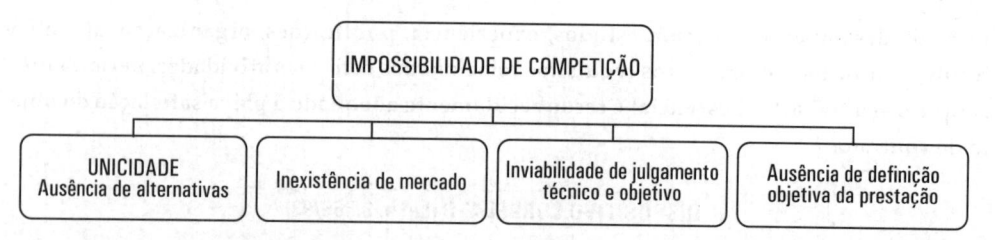

Considerados os graus de excepcionalidade, ter que licitar é a regra, a dispensa é exceção legal e a inexigibilidade é ainda mais excepcional; a configuração desta última exige situações de grande anormalidade e os seus requisitos são bem rígidos.

A maioria da doutrina aduz que o rol de inexigibilidades de licitação é **exemplificativo**, ao contrário dos casos de dispensa[210].

Não há falar em melhor proposta quando existe somente uma opção para a satisfação da necessidade administrativa, nem pode a lei exigir simulação de competição ou alterar a realidade fática.

A Lei n. 14.133/2021 mantém as hipóteses de inexigibilidade previstas no art. 25 da Lei n. 8.666/93 e acresce novas cláusulas, como contratações de serviços técnicos especializados de natureza predominantemente intelectual com profissionais ou empresas de notória especialização, para controles de qualidade e tecnológico, análises, testes e ensaios de campo e laboratoriais.

É inexigível a licitação referente a objetos que devam ou possam ser contratados por meio de **credenciamento**, e para "aquisição ou locação de **imóvel** cujas características de instalações e de localização tornem necessária sua escolha" (art. 74, V, da Lei n. 14.133/2021).

Impossibilidade de competição

Convém ressaltar a imprescindibilidade da comprovação da impossibilidade de competição mediante atestado de exclusividade, contrato de exclusividade, declaração do fabricante ou outro documento idôneo capaz de comprovar que o objeto é fornecido ou prestado por produtor, empresa ou representante comercial exclusivos, vedada a preferência por marca específica, conforme o § 1º do art. 74.

Empresário exclusivo

Consoante o § 1º do art. 74, considera-se empresário exclusivo a pessoa física ou jurídica que possua contrato, declaração, carta ou outro documento que ateste a exclusividade permanente e contínua de representação, no País ou em Estado específico, do profissional do setor artístico, afastada a possibilidade de contratação direta por inexigibilidade por meio de empresário com representação restrita a evento ou local específico.

Notória especialização

Considera-se de notória especialização o profissional ou a empresa cujo conceito no campo de sua especialidade, decorrente de desempenho anterior, estudos, experiência, publicações, organização, aparelhamento, equipe técnica ou outros requisitos relacionados com suas atividades, permita inferir que o seu trabalho é essencial e reconhecidamente adequado à plena satisfação do objeto do contrato (art. 74, §3º).

Por força do § 4º do art. 74, nas contratações com fundamento no inciso III, é vedada a subcontratação de empresas ou a atuação de profissionais distintos daqueles que tenham justificado a inexigibilidade.

---

210 MELLO, Celso Antônio Bandeira de. *Curso de direito administrativo*. 30. ed. São Paulo: Malheiros, 2012.

Uma vez que a obrigação tem natureza personalíssima, é exatamente esse o fator a configurar a singularidade do contratado e a inviabilidade de competição, razão por que não seria aceitável transmitir o cumprimento da prestação a pessoa natural ou jurídica diversa.

Outrossim, importante diferença entre o inciso III do art. 74 da Lei n. 14.133/2021 e o dispositivo correlato da Lei n. 8.666/93 refere-se à supressão do verbete "singular", do que se infere que o serviço contratado não há de ser, imprescindivelmente, único, mas necessariamente de natureza predominantemente intelectual e de notória especialização, fatores que conformam o traço distintivo para a contratação direta.

Sobre o alcance da singularidade, parcela da doutrina considera que o serviço singular não é necessariamente único, quando outros podem realizá-lo, conquanto não do mesmo modo que um determinado profissional ou empresa[211].

Na linha firmou-se a jurisprudência do TCU, assinalando-se que a "natureza singular não deve ser compreendida como ausência de pluralidade de sujeitos em condições de executar o objeto, mas sim como uma situação diferenciada e sofisticada a exigir acentuado nível de segurança e cuidado"[212].

Obviamente, a despeito do caráter especialíssimo do objeto que se pretende contratar, indispensável que exista inviabilidade de competição, porquanto determinados serviços, embora de alto grau de complexidade, são disputados por diferentes agentes econômicos, o que propiciaria a competição, a impor a realização do certame.

Compra ou locação de imóvel de características únicas

O art. 24, X, da Lei n. 8.666/93 admite a compra ou a locação de imóvel destinada ao atendimento de finalidades precípuas da Administração mediante dispensa de licitação, isto é, atribui ao Administrador a decisão sobre licitar.

A Lei n. 14.133/2021 inclui a compra ou a locação de imóvel de característica singular, mediante certificação dessa circunstância e da vantajosidade da contratação, entre as hipóteses de inexigibilidade.

A técnica adotada pela Lei n. 14.133/2021 é bastante coerente, pois, se identificado que um único imóvel, dentre todos os existentes, satisfaz a necessidade da Administração, por características singulares de instalações e de localização, nenhum sentido existe em promover licitação.

Em determinadas situações, não há como a Administração Pública instalar os seus órgãos em lugar diverso daquele relacionado com as suas necessidades e finalidades. Assim, desde que o valor da compra ou da locação seja compatível com os praticados no mercado, segundo avaliação prévia, possibilitar-se-á a contratação direta.

Demonstração de exclusividade

A demonstração de exclusividade é questão complexa, sujeita a variáveis existentes em diversos nichos do mercado.

Sobre essa questão, o TCU editou, em 31 de março de 2010, a **Súmula 255**, em que dispõe:

> Nas contratações em que o objeto só possa ser fornecido por produtor, empresa ou representante comercial exclusivo, é dever do agente público responsável pela contratação a adoção das providências necessárias para confirmar a veracidade da documentação comprobatória da condição de exclusividade.

A jurisprudência da Corte de Contas seguia a literalidade do dispositivo correlato na Lei n. 8.666/93, a exemplo do seguinte enunciado:

---

211 GRAU, Eros Roberto. Inexigibilidade de licitação: serviços técnico-profissionais especializados; notória especialização, *Revista de Direito Público*, v. 25, n. 99, p. 70-77, jul./set. 1991.

212 TRIBUNAL DE CONTAS DA UNIÃO. Denúncia. Acórdão 2993/2018, Plenário, rel. Min. Bruno Dantas, julgado em 12-12-2018.

278   A NOVA LEI DE LICITAÇÕES E CONTRATOS   ART. 75

A apresentação de atestado, fornecido pelo próprio fabricante, não é instrumento hábil para comprovar a condição de exclusividade para a prestação dos serviços. São válidos apenas os certificados de exclusividade emitidos pelos entes enumerados no art. 25, I, da Lei 8.666/93, para fins de evidenciar a exclusividade de produtor, empresa ou representante comercial[213].

Nota-se no texto da Lei n. 8.666/93 a imposição de caráter de oficialidade às informações indispensáveis para a comprovação de exclusividade, distorção que não se coaduna com os princípios regentes da atividade econômica e com a dinâmica de mercado.

Emoldure-se licitação com vistas a contratar a aquisição e instalação de rotor de aeronave de asa rotativa. Rejeitar, para fins de comprovação de exclusividade, declaração do próprio fabricante, é providência que não se compatibiliza com a realidade de mercado.

A Lei n. 14.133/2021 amplia o rol de documentos aptos à comprovação de exclusividade, abarcando-se aqueles resultantes dos negócios jurídicos celebrados pelos fornecedores.

Seção III
Da Dispensa de Licitação

Art. 75. É dispensável a licitação:

DISPOSITIVO CORRELATO (Lei n. 8.666/93)
Art. 24. É dispensável a licitação:

I – para contratação que envolva valores inferiores a R$ 100.000,00 (cem mil reais), no caso de obras e serviços de engenharia ou de serviços de manutenção de veículos automotores;

DISPOSITIVO CORRELATO (Lei n. 8.666/93)
Art. 24. [...]
I – para obras e serviços de engenharia de valor até 10% (dez por cento) do limite previsto na alínea *a*, do inciso I do artigo anterior, desde que não se refiram a parcelas de uma mesma obra ou serviço ou ainda para obras e serviços da mesma natureza e no mesmo local que possam ser realizadas conjunta e concomitantemente; (Redação dada pela Lei n. 9.648, de 1998.)

II – para contratação que envolva valores inferiores a R$ 50.000,00 (cinquenta mil reais), no caso de outros serviços e compras;

DISPOSITIVO CORRELATO (Lei n. 8.666/93)
Art. 24. [...]
II – para outros serviços e compras de valor até 10% (dez por cento) do limite previsto na alínea *a*, do inciso II do artigo anterior e para alienações, nos casos previstos nesta Lei, desde que não se refiram a parcelas de um mesmo serviço, compra ou alienação de maior vulto que possa ser realizada de uma só vez; (Redação dada pela Lei n. 9.648, de 1998.)

III – para contratação que mantenha todas as condições definidas em edital de licitação realizada há menos de 1 (um) ano, quando se verificar que naquela licitação:
a) não surgiram licitantes interessados ou não foram apresentadas propostas válidas;

---

213 TRIBUNAL DE CONTAS DA UNIÃO. Relatório de Auditoria. Acórdão 723/2005, rel. Min. Ubiratan Aguiar, julgado em 8-6- 2005.

DISPOSITIVO CORRELATO (Lei n. 8.666/93)
Art. 24. [...] V – quando não acudirem interessados à licitação anterior e esta, justificadamente, não puder ser repetida sem prejuízo para a Administração, mantidas, neste caso, todas as condições preestabelecidas;

b) as propostas apresentadas consignaram preços manifestamente superiores aos praticados no mercado ou incompatíveis com os fixados pelos órgãos oficiais competentes;

DISPOSITIVO CORRELATO (Lei n. 8.666/93)
Art. 24. [...] VII – quando as propostas apresentadas consignarem preços manifestamente superiores aos praticados no mercado nacional, ou forem incompatíveis com os fixados pelos órgãos oficiais competentes, casos em que, observado o parágrafo único do art. 48 desta Lei e, persistindo a situação, será admitida a adjudicação direta dos bens ou serviços, por valor não superior ao constante do registro de preços, ou dos serviços;

IV – para contratação que tenha por objeto:

a) bens, componentes ou peças de origem nacional ou estrangeira necessários à manutenção de equipamentos, a serem adquiridos do fornecedor original desses equipamentos durante o período de garantia técnica, quando essa condição de exclusividade for indispensável para a vigência da garantia;

DISPOSITIVO CORRELATO (Lei n. 8.666/93)
Art. 24. [...] XVII – para a aquisição de componentes ou peças de origem nacional ou estrangeira, necessários à manutenção de equipamentos durante o período de garantia técnica, junto ao fornecedor original desses equipamentos, quando tal condição de exclusividade for indispensável para a vigência da garantia; (Incluído pela Lei n. 8.883, de 1994.)

b) bens, serviços, alienações ou obras, nos termos de acordo internacional específico aprovado pelo Congresso Nacional, quando as condições ofertadas forem manifestamente vantajosas para a Administração;

DISPOSITIVO CORRELATO (Lei n. 8.666/93)
Art. 24. [...] XIV – para a aquisição de bens ou serviços nos termos de acordo internacional específico aprovado pelo Congresso Nacional, quando as condições ofertadas forem manifestamente vantajosas para o Poder Público; (Redação dada pela Lei n. 8.883, de 1994.)

c) produtos para pesquisa e desenvolvimento, limitada a contratação, no caso de obras e serviços de engenharia, ao valor de R$ 300.000,00 (trezentos mil reais);

DISPOSITIVO CORRELATO (Lei n. 8.666/93)
Art. 24. [...] XXI – para a aquisição ou contratação de produto para pesquisa e desenvolvimento, limitada, no caso de obras e serviços de engenharia, a 20% (vinte por cento) do valor de que trata a alínea b do inciso I do caput do art. 23; (Incluído pela Lei n. 13.243, de 2016.)

d) transferência de tecnologia ou licenciamento de direito de uso ou de exploração de criação protegida, nas contratações realizadas por instituição científica, tecnológica e de inovação (ICT) pública ou por agência de fomento, desde que demonstrada vantagem para a Administração;

> **DISPOSITIVO CORRELATO (Lei n. 8.666/93)**
>
> Art. 24. [...]
> XXV – na contratação realizada por Instituição Científica e Tecnológica (ICT) ou por agência de fomento para a transferência de tecnologia e para o licenciamento de direito de uso ou de exploração de criação protegida. (Incluído pela Lei n. 10.973, de 2004.)

e) hortifrutigranjeiros, pães e outros gêneros perecíveis, no período necessário para a realização dos processos licitatórios correspondentes, hipótese em que a contratação será realizada diretamente com base no preço do dia;

> **DISPOSITIVO CORRELATO (Lei n. 8.666/93)**
>
> Art. 24. [...]
> XII – nas compras de hortifrutigranjeiros, pão e outros gêneros perecíveis, no tempo necessário para a realização dos processos licitatórios correspondentes, realizadas diretamente com base no preço do dia; (Redação dada pela Lei n. 8.883, de 1994.)

f) bens ou serviços produzidos ou prestados no País que envolvam, cumulativamente, alta complexidade tecnológica e defesa nacional;

> **DISPOSITIVO CORRELATO (Lei n. 8.666/93)**
>
> Art. 24. [...]
> XXVIII – para o fornecimento de bens e serviços, produzidos ou prestados no País, que envolvam, cumulativamente, alta complexidade tecnológica e defesa nacional, mediante parecer de comissão especialmente designada pela autoridade máxima do órgão. (Incluído pela Lei n. 11.484, de 2007.)

g) materiais de uso das Forças Armadas, com exceção de materiais de uso pessoal e administrativo, quando houver necessidade de manter a padronização requerida pela estrutura de apoio logístico dos meios navais, aéreos e terrestres, mediante autorização por ato do comandante da força militar;

> **DISPOSITIVO CORRELATO (Lei n. 8.666/93)**
>
> Art. 24. [...]
> XIX – para as compras de material de uso pelas Forças Armadas, com exceção de materiais de uso pessoal e administrativo, quando houver necessidade de manter a padronização requerida pela estrutura de apoio logístico dos meios navais, aéreos e terrestres, mediante parecer de comissão instituída por decreto; (Incluído pela Lei n. 8.883, de 1994.)

h) bens e serviços para atendimento dos contingentes militares das forças singulares brasileiras empregadas em operações de paz no exterior, hipótese em que a contratação deverá ser justificada quanto ao preço e à escolha do fornecedor ou executante e ratificada pelo comandante da força militar;

DISPOSITIVO CORRELATO (Lei n. 8.666/93)

Art. 24. [...]

XXIX – na aquisição de bens e contratação de serviços para atender aos contingentes militares das Forças Singulares brasileiras empregadas em operações de paz no exterior, necessariamente justificadas quanto ao preço e à escolha do fornecedor ou executante e ratificadas pelo Comandante da Força. (Incluído pela Lei n. 11.783, de 2008.)

---

i) abastecimento ou suprimento de efetivos militares em estada eventual de curta duração em portos, aeroportos ou localidades diferentes de suas sedes, por motivo de movimentação operacional ou de adestramento;

DISPOSITIVO CORRELATO (Lei n. 8.666/93)

Art. 24. [...]

XVIII – nas compras ou contratações de serviços para o abastecimento de navios, embarcações, unidades aéreas ou tropas e seus meios de deslocamento quando em estada eventual de curta duração em portos, aeroportos ou localidades diferentes de suas sedes, por motivo de movimentação operacional ou de adestramento, quando a exiguidade dos prazos legais puder comprometer a normalidade e os propósitos das operações e desde que seu valor não exceda ao limite previsto na alínea *a* do inciso II do art. 23 desta Lei; (Incluído pela Lei n. 8.883, de 1994.)

---

j) coleta, processamento e comercialização de resíduos sólidos urbanos recicláveis ou reutilizáveis, em áreas com sistema de coleta seletiva de lixo, realizados por associações ou cooperativas formadas exclusivamente de pessoas físicas de baixa renda reconhecidas pelo poder público como catadores de materiais recicláveis, com o uso de equipamentos compatíveis com as normas técnicas, ambientais e de saúde pública;

DISPOSITIVO CORRELATO (Lei n. 8.666/93)

Art. 24. [...]

XXVII – na contratação da coleta, processamento e comercialização de resíduos sólidos urbanos recicláveis ou reutilizáveis, em áreas com sistema de coleta seletiva de lixo, efetuados por associações ou cooperativas formadas exclusivamente por pessoas físicas de baixa renda reconhecidas pelo poder público como catadores de materiais recicláveis, com o uso de equipamentos compatíveis com as normas técnicas, ambientais e de saúde pública. (Redação dada pela Lei n. 11.445, de 2007.)

---

k) aquisição ou restauração de obras de arte e objetos históricos, de autenticidade certificada, desde que inerente às finalidades do órgão ou com elas compatível;

DISPOSITIVO CORRELATO (Lei n. 8.666/93)

Art. 24. [...]

XV – para a aquisição ou restauração de obras de arte e objetos históricos, de autenticidade certificada, desde que compatíveis ou inerentes às finalidades do órgão ou entidade.

---

l) serviços especializados ou aquisição ou locação de equipamentos destinados ao rastreamento e à obtenção de provas previstas nos incisos II e V do *caput* do art. 3º da Lei n. 12.850, de 2 de agosto de 2013, quando houver necessidade justificada de manutenção de sigilo sobre a investigação;

m) aquisição de medicamentos destinados exclusivamente ao tratamento de doenças raras definidas pelo Ministério da Saúde;

V – para contratação com vistas ao cumprimento do disposto nos arts. 3º, 3º-A, 4º, 5º e 20 da Lei n. 10.973, de 2 de dezembro de 2004, observados os princípios gerais de contratação constantes da referida Lei;

DISPOSITIVO CORRELATO (Lei n. 8.666/93)
Art. 24. [...]
XXXI – nas contratações visando ao cumprimento do disposto nos arts. 3º, 4º, 5º e 20 da Lei n. 10.973, de 2 de dezembro de 2004, observados os princípios gerais de contratação dela constantes. (Incluído pela Lei n. 12.349, de 2010.)

VI – para contratação que possa acarretar comprometimento da segurança nacional, nos casos estabelecidos pelo Ministro de Estado da Defesa, mediante demanda dos comandos das Forças Armadas ou dos demais ministérios;

DISPOSITIVO CORRELATO (Lei n. 8.666/93)
Art. 24. [...]
IX – quando houver possibilidade de comprometimento da segurança nacional, nos casos estabelecidos em decreto do Presidente da República, ouvido o Conselho de Defesa Nacional;

VII – nos casos de guerra, estado de defesa, estado de sítio, intervenção federal ou de grave perturbação da ordem;

DISPOSITIVO CORRELATO (Lei n. 8.666/93)
Art. 24. [...]
III – nos casos de guerra ou grave perturbação da ordem;

VIII – nos casos de emergência ou de calamidade pública, quando caracterizada urgência de atendimento de situação que possa ocasionar prejuízo ou comprometer a continuidade dos serviços públicos ou a segurança de pessoas, obras, serviços, equipamentos e outros bens, públicos ou particulares, e somente para aquisição dos bens necessários ao atendimento da situação emergencial ou calamitosa e para as parcelas de obras e serviços que possam ser concluídas no prazo máximo de 1 (um) ano, contado da data de ocorrência da emergência ou da calamidade, vedadas a prorrogação dos respectivos contratos e a recontratação de empresa já contratada com base no disposto neste inciso;

DISPOSITIVO CORRELATO (Lei n. 8.666/93)
Art. 24. [...]
IV – nos casos de emergência ou de calamidade pública, quando caracterizada urgência de atendimento de situação que possa ocasionar prejuízo ou comprometer a segurança de pessoas, obras, serviços, equipamentos e outros bens, públicos ou particulares, e somente para os bens necessários ao atendimento da situação emergencial ou calamitosa e para as parcelas de obras e serviços que possam ser concluídas no prazo máximo de 180 (cento e oitenta) dias consecutivos e ininterruptos, contados da ocorrência da emergência ou calamidade, vedada a prorrogação dos respectivos contratos;

IX – para a aquisição, por pessoa jurídica de direito público interno, de bens produzidos ou serviços prestados por órgão ou entidade que integrem a Administração Pública e que tenham sido criados para esse fim específico, desde que o preço contratado seja compatível com o praticado no mercado;

DISPOSITIVO CORRELATO (Lei n. 8.666/93)

Art. 24. [...]

VIII – para a aquisição, por pessoa jurídica de direito público interno, de bens produzidos ou serviços prestados por órgão ou entidade que integre a Administração Pública e que tenha sido criado para esse fim específico em data anterior à vigência desta Lei, desde que o preço contratado seja compatível com o praticado no mercado; (Redação dada pela Lei n. 8.883, de 1994.)

X – quando a União tiver que intervir no domínio econômico para regular preços ou normalizar o abastecimento;

DISPOSITIVO CORRELATO (Lei n. 8.666/93)

Art. 24. [...]

VI – quando a União tiver que intervir no domínio econômico para regular preços ou normalizar o abastecimento;

XI – para celebração de contrato de programa com ente federativo ou com entidade de sua Administração Pública indireta que envolva prestação de serviços públicos de forma associada nos termos autorizados em contrato de consórcio público ou em convênio de cooperação;

DISPOSITIVO CORRELATO (Lei n. 8.666/93)

Art. 24. [...]

XXVI – na celebração de contrato de programa com ente da Federação ou com entidade de sua administração indireta, para a prestação de serviços públicos de forma associada nos termos do autorizado em contrato de consórcio público ou em convênio de cooperação. (Incluído pela Lei n. 11.107, de 2005.)

XII – para contratação em que houver transferência de tecnologia de produtos estratégicos para o Sistema Único de Saúde (SUS), conforme elencados em ato da direção nacional do SUS, inclusive por ocasião da aquisição desses produtos durante as etapas de absorção tecnológica, e em valores compatíveis com aqueles definidos no instrumento firmado para a transferência de tecnologia;

DISPOSITIVO CORRELATO (Lei n. 8.666/93)

Art. 24. [...]

XXXII – na contratação em que houver transferência de tecnologia de produtos estratégicos para o Sistema Único de Saúde – SUS, no âmbito da Lei n. 8.080, de 19 de setembro de 1990, conforme elencados em ato da direção nacional do SUS, inclusive por ocasião da aquisição destes produtos durante as etapas de absorção tecnológica. (Incluído pela Lei n. 12.715, de 2012)

XIII – para contratação de profissionais para compor a comissão de avaliação de critérios de técnica, quando se tratar de profissional técnico de notória especialização;

XIV – para contratação de associação de pessoas com deficiência, sem fins lucrativos e de comprovada idoneidade, por órgão ou entidade da Administração Pública, para a prestação de serviços, desde que o preço contratado seja compatível com o praticado no mercado e os serviços contratados sejam prestados exclusivamente por pessoas com deficiência;

> **DISPOSITIVO CORRELATO (Lei n. 8.666/93)**
>
> Art. 24. [...]
> XX – na contratação de associação de portadores de deficiência física, sem fins lucrativos e de comprovada idoneidade, por órgãos ou entidades da Administração Pública, para a prestação de serviços ou fornecimento de mão-de-obra, desde que o preço contratado seja compatível com o praticado no mercado. (Incluído pela Lei n. 8.883, de 1994.)

XV – para contratação de instituição brasileira que tenha por finalidade estatutária apoiar, captar e executar atividades de ensino, pesquisa, extensão, desenvolvimento institucional, científico e tecnológico e estímulo à inovação, inclusive para gerir administrativa e financeiramente essas atividades, ou para contratação de instituição dedicada à recuperação social da pessoa presa, desde que o contratado tenha inquestionável reputação ética e profissional e não tenha fins lucrativos;

> **DISPOSITIVO CORRELATO (Lei n. 8.666/93)**
>
> Art. 24. [...]
> XIII – na contratação de instituição brasileira incumbida regimental ou estatutariamente da pesquisa, do ensino ou do desenvolvimento institucional, ou de instituição dedicada à recuperação social do preso, desde que a contratada detenha inquestionável reputação ético-profissional e não tenha fins lucrativos; (Redação dada pela Lei n. 8.883, de 1994.)

XVI – para aquisição, por pessoa jurídica de direito público interno, de insumos estratégicos para a saúde produzidos por fundação que, regimental ou estatutariamente, tenha por finalidade apoiar órgão da Administração Pública direta, sua autarquia ou fundação em projetos de ensino, pesquisa, extensão, desenvolvimento institucional, científico e tecnológico e de estímulo à inovação, inclusive na gestão administrativa e financeira necessária à execução desses projetos, ou em parcerias que envolvam transferência de tecnologia de produtos estratégicos para o SUS, nos termos do inciso XII do *caput* deste artigo, e que tenha sido criada para esse fim específico em data anterior à entrada em vigor desta Lei, desde que o preço contratado seja compatível com o praticado no mercado.

> **DISPOSITIVO CORRELATO (Lei n. 8.666/93)**
>
> Art. 24. [...]
> XXXIV – para a aquisição por pessoa jurídica de direito público interno de insumos estratégicos para a saúde produzidos ou distribuídos por fundação que, regimental ou estatutariamente, tenha por finalidade apoiar órgão da administração pública direta, sua autarquia ou fundação em projetos de ensino, pesquisa, extensão, desenvolvimento institucional, científico e tecnológico e estímulo à inovação, inclusive na gestão administrativa e financeira necessária à execução desses projetos, ou em parcerias que envolvam transferência de tecnologia de produtos estratégicos para o Sistema Único de Saúde – SUS, nos termos do inciso XXXII deste artigo, e que tenha sido criada para esse fim específico em data anterior à vigência desta Lei, desde que o preço contratado seja compatível com o praticado no mercado. (Incluído pela Lei n. 13.204, de 2015.)

§ 1º Para fins de aferição dos valores que atendam aos limites referidos nos incisos I e II do *caput* deste artigo, deverão ser observados:

I – o somatório do que for despendido no exercício financeiro pela respectiva unidade gestora;

II – o somatório da despesa realizada com objetos de mesma natureza, entendidos como tais aqueles relativos a contratações no mesmo ramo de atividade.

§ 2º Os valores referidos nos incisos I e II do *caput* deste artigo serão duplicados para compras, obras e serviços contratados por consórcio público ou por autarquia ou fundação qualificadas como agências executivas na forma da lei.

DISPOSITIVO CORRELATO (Lei n. 8.666/93)

Art. 24. [...]

§ 1º Os percentuais referidos nos incisos I e II do *caput* deste artigo serão 20% (vinte por cento) para compras, obras e serviços contratados por consórcios públicos, sociedade de economia mista, empresa pública e por autarquia ou fundação qualificadas, na forma da lei, como Agências Executivas. (Incluído pela Lei n. 12.715, de 2012.)

---

§ 3º As contratações de que tratam os incisos I e II do *caput* deste artigo serão preferencialmente precedidas de divulgação de aviso em sítio eletrônico oficial, pelo prazo mínimo de 3 (três) dias úteis, com a especificação do objeto pretendido e com a manifestação de interesse da Administração em obter propostas adicionais de eventuais interessados, devendo ser selecionada a proposta mais vantajosa.

§ 4º As contratações de que tratam os incisos I e II do *caput* deste artigo serão preferencialmente pagas por meio de cartão de pagamento, cujo extrato deverá ser divulgado e mantido à disposição do público no Portal Nacional de Contratações Públicas (PNCP).

§ 5º A dispensa prevista na alínea *c* do inciso IV do *caput* deste artigo, quando aplicada a obras e serviços de engenharia, seguirá procedimentos especiais instituídos em regulamentação específica.

DISPOSITIVO CORRELATO (Lei n. 8.666/93)

Art. 24. [...]

§ 3º A hipótese de dispensa prevista no inciso XXI do *caput*, quando aplicada a obras e serviços de engenharia, seguirá procedimentos especiais instituídos em regulamentação específica. (Incluído pela Lei n. 13.243, de 2016.)

---

§ 6º Para os fins do inciso VIII do *caput* deste artigo, considera-se emergencial a contratação por dispensa com objetivo de manter a continuidade do serviço público, e deverão ser observados os valores praticados pelo mercado na forma do art. 23 desta Lei e adotadas as providências necessárias para a conclusão do processo licitatório, sem prejuízo de apuração de responsabilidade dos agentes públicos que deram causa à situação emergencial.

DISPOSITIVO CORRELATO (Lei n. 8.666/93)

Art. 26. [...]

Parágrafo único. O processo de dispensa, de inexigibilidade ou de retardamento, previsto neste artigo, será instruído, no que couber, com os seguintes elementos:

I – caracterização da situação emergencial, calamitosa ou de grave e iminente risco à segurança pública que justifique a dispensa, quando for o caso;

---

§ 7º Não se aplica o disposto no § 1º deste artigo às contratações de até R$ 8.000,00 (oito mil reais) de serviços de manutenção de veículos automotores de propriedade do órgão ou entidade contratante, incluído o fornecimento de peças.

COMENTÁRIOS

A Lei n. 8.666/93 elenca hipóteses de dispensa de licitação em situações distintas. O art. 17 da lei trata de situações em que a licitação é **dispensada** para a alienação de bens móveis e imóveis, enquanto no art. 24 enumera hipóteses em que a licitação é **dispensável**, para compras e contratações de obras e serviços de engenharia, adstrito a determinados valores.

Parcela da doutrina considera que, no primeiro caso, a licitação é dispensada por força da lei, enquanto no segundo a decisão sobre licitar compete à Administração.

Filiamo-nos à interpretação de que "em ambos os casos, o legislador autoriza contratação direta. Essa autorização legislativa não é vinculante para o administrador", a quem compete decidir sobre licitar ou contratar diretamente[214].

A Lei n. 14.133/2021 resolve a questão, ao tratar no art. 75 dos casos em que "é dispensável a licitação". A Lei n. 14.133/2021 mantém as hipóteses de dispensa de licitação previstas na Lei n. 8.666/93 e acresce outras cláusulas de dispensa, como o "abastecimento ou suprimento de efetivos militares em estada eventual de curta duração em portos, aeroportos ou localidades diferentes de suas sedes, por motivo de movimentação operacional ou de adestramento" (art. 75, *i*).

No regime da Lei n. 8.666/93, admite-se a dispensa de licitação para compra de suprimentos para contingentes militares em operação de paz no exterior. A Lei n. 14.133/2021 mantém a cláusula de dispensa, mas acresce as hipóteses de emprego e mobilização nacional, o que se coaduna com a realidade contemporânea, consideradas as numerosas missões de Garantia da Lei e da Ordem (GLO) desempenhadas pelas Forças Armadas.

Também se admite a dispensa de licitação para a contratação de serviços especializados ou aquisição ou locação de equipamentos destinados ao rastreamento e à obtenção de provas por meio de captação ambiental de sinais eletromagnéticos, ópticos ou acústicos ou interceptação de comunicações telefônicas e telemáticas, em sede de investigação criminal, nos termos da Lei n. 12.850/2013.

Outras hipóteses de dispensa de licitação referem-se à compra de medicamentos destinados exclusivamente ao tratamento de doenças raras, assim definidas pelo Ministério da Saúde, e contratação de profissionais para compor comissão de avaliação de critérios de técnica.

É possível a dispensa de licitação para a contratação de:

i)   obras e serviços de engenharia ou de serviços de manutenção de veículos automotores, cujo valor seja inferior a cem mil reais;

ii) outros serviços e compras cujo valor seja inferior a cinquenta mil reais; e

iii) produtos para pesquisa e desenvolvimento, limitada a contratação, no caso de obras e serviços de engenharia, ao valor trezentos mil reais.

Esses valores são duplicados para compras, obras e serviços contratados por consórcio público ou por autarquia ou fundação qualificada como agência executiva.

Para a aferição dos limites acima referidos, devem ser observados: o somatório do que for despendido no exercício financeiro pela respectiva unidade gestora; e o somatório da despesa realizada com objetos de mesma natureza, entendidos como tais aqueles relativos a contratações no mesmo ramo de atividade.

Não se aplicam esses limites para contratações de serviços de manutenção de veículos automotores de propriedade do órgão ou entidade contratante, incluído o fornecimento de peças, de valor até oito mil reais.

Conforme a lição de Maria Sylvia Zanella Di Pietro[215], a dispensa de licitação pode ser classificada em quatro grandes grupos:

214 JUSTEN FILHO, Marçal. *Comentários à lei de licitações e contratos administrativos*: Lei 8.666/93. 18. ed. rev., atual. e ampl. São Paulo: Thomson Reuters Brasil, 2019. p. 476.

215 DI PIETRO, Maria Sylvia Zanella. *Direito administrativo*. 25. ed. São Paulo: Atlas, 2012. p. 391.

a)   em razão do **pequeno valor**;
b)   em razão de **situações excepcionais**;
c)   em razão do **objeto**;
d)   em razão da **pessoa** (fornecedora).

Local da obra

Convém destacar que, em relação ao texto da Lei n. 8.666/93, a Lei n. 14.133/2021 suprimiu a condicionante de localização espacial das obras de mesma natureza, consistente na expressão "e no mesmo local".

Por conseguinte, sob o regime da Lei n. 8666/93, admitem-se contratações diversas mediante dispensa de licitação, desde que observado o limite legal.

Segundo a regra da Lei n. 14.133/2021, é indiferente se a obra é realizada em local distinto de outra contratada mediante dispensa de licitação.

A inteligência da lei reside no fato de que, havendo quantia significativa de obras de pequeno vulto, da soma das despesas por serem realizadas torna-se viável a licitação, para o que os potenciais interessados, ante o valor total da contratação, reuniriam condições de mobilização para a execução do contrato.

Limites de valor

Os incisos I e II acima tratam da relação custo/benefício em relação à adoção do procedimento licitatório, pois os valores que comportam as dispensas acima tratadas são:

OBJETO	VALOR MENOR QUE
Obras e serviços de engenharia	R$ 100.000,00
Serviços de manutenção de veículos automotores	
Outros serviços	R$ 50.000,00
Compras	

Há de se considerar que a licitação é procedimento de custo relevante para a Administração, dada a quantidade e formalidade dos atos necessários, emprego de pessoas e recursos materiais. Consequentemente, seria absurdo realizar gastos relacionados a formas superiores ao gasto relativo ao objeto da futura contratação. Essa a inteligência dos incisos I e II do art. 75.

Licitação deserta e licitação fracassada

Quando promovida a licitação, e asseverada a ausência de interessados, essa situação é classificada pela doutrina como licitação deserta. Apesar da publicidade do certame licitatório, não aparece qualquer interessado e a sua repetição será antieconômica. Assim, o gestor público pode optar, de maneira motivada, pela dispensa de licitação.

Observe-se que licitação deserta não se confunde com licitação fracassada, pois, no primeiro caso, não aparecem interessados e, no segundo caso, aparecem interessados, mas nenhum é selecionado por inabilitação ou desclassificação das propostas.

Adequação de preços

As contratações da Administração Pública devem observar os preços praticados no mercado, por isso Busca-se a melhor proposta para que seja resguardado o princípio da economicidade.

Caso as propostas estejam com preços manifestamente superiores aos praticados nacionalmente ou forem incompatíveis com os fixados pelos órgãos oficiais competentes, terseá uma hipótese de licitação fracassada, uma vez que acudiram interessados, porém todas as propostas foram desclassificadas.

Assim, poderá a Administração Pública dispensar o procedimento licitatório e contratar diretamente por valor não superior ao constante do registro de preços, ou dos serviços.

Garantia técnica do fabricante

A garantia do fabricante é sem dúvida uma vantagem bastante tangível para a Administração Pública, pois, com as tecnologias atuais, já se consegue estimar o tempo de vida útil de equipamentos e de suas partes.

Diversas empresas fixam como condição de manutenção da garantia ofertada a substituição de partes danificadas por partes originais, portanto, para preservar a garantia, pode ser dispensada a licitação na aquisição de componentes ou peças necessários à manutenção ou conserto de equipamento.

Contratação de bens, serviços, alienações ou obras, nos termos de acordo internacional específico aprovado pelo Congresso Nacional

Os tratados internacionais firmados e internalizados pelo Brasil têm natureza jurídica de lei ordinária. Consequentemente, as obrigações estipuladas vinculam o gestor público e devem ser observadas quando versarem sobre bens e serviços a serem adquiridos em decorrência desses acordos, desde que as condições ofertadas sejam vantajosas para o país.

Produtos para pesquisa e desenvolvimento

Um dos princípios da Lei de Licitação e Contratos Administrativos é o princípio do desenvolvimento nacional sustentável. A licitação deve ter como objetivo o fomento à prosperidade do país, reduzindo as desigualdades sociais, gerando emprego, renda e arrecadação de tributos, inovação e desenvolvimento tecnológico, industrialização e crescimento da economia sem descuidarse dos direitos e garantias fundamentais estabelecidos na CF/88.

Esta hipótese de dispensa de licitação tem como objetivo efetivar o princípio que se aplica também às contratações diretas. Observe-se que há limite até R$ 300.000,00 (trezentos mil reais) para a contratação.

Desenvolvimento tecnológico

De um modo geral, o desenvolvimento tecnológico se concretiza a partir de três etapas científicas, quais sejam:

(i) pesquisa básica, voltada ao conhecimento das leis da natureza, feita principalmente nas universidades;

(ii) pesquisa aplicada, dirigida ao ensaio de ideias inovadoras que podem resultar em um produto e;

(iii) concepção de um produto, visando adequá-lo à produção seriada.

A conjugação dessas fases de pesquisa incrementa a competitividade nacional, enquanto capacidade geradora de tecnologia e inovação. No entanto, a origem estrangeira das principais indústrias instaladas no país enseja que a busca pela inovação seja implementada nas matrizes, não no Brasil[216].

---

216 CRUZ, Carlos H. de Brito. Investimentos em C&T: uma comparação da situação brasileira com a de outros países desenvolvidos e em desenvolvimento. In: *Simpósio Pesquisa Pública e Privada*, 1996, Anais... Rio de Janeiro: UFRJ, 1996.

Isso se reflete no lastimável histórico de pedidos de patentes de origem brasileira que, de acordo com a Organização das Nações Unidas para a Educação, a Ciência e a Cultura, perfazem um milésimo do total submetido ao United States Patent and Trademark Office (USPTO).

Os pontos fortes do Brasil concentram-se nas tecnologias agrícolas e ciências da vida[217]. Não por outra razão, a carência em iniciativas e empreendimentos tecnológicos é vista como um ponto fraco do Brasil e das principais economias da América Latina no cenário de «empoderamento» global[218].

A solução para esse problema passa necessariamente pelo desenvolvimento de centros de excelência nacionais e, por uma relação lógica, de institutos de pesquisa, laboratórios e empresas nacionais voltados à ciência aplicada e tecnologia de ponta, especialmente em setores estratégicos.

Na hipótese do inciso IV, *d*, prestigiase o princípio do desenvolvimento nacional sustentável, visto que libera o gestor para escolher a contratada que terá condições de explorar a tecnologia ou a criação em favor da sociedade.

No que tange à política pública de inovação científica e tecnológica, merece ênfase a Lei n. 10.973/2004, que dispõe sobre incentivos à inovação e à pesquisa científica e tecnológica no ambiente produtivo.

Produtos perecíveis

A natureza dos produtos em tela determina essa possibilidade de dispensa de licitação, visto que as necessidades imediatas da Administração Pública precisam ser atendidas. Contudo, o gestor somente pode se valer dessa hipótese no tempo necessário para a realização do procedimento licitatório.

Projetos estratégicos de defesa nacional

Hodiernamente, a definição de defesa nacional transcende a existência de Forças Armadas para alcançar os ditames de desenvolvimento e afirmação do Estado, tendo-se em conta que:

> [...] defesa não pode ser confundida com "forças armadas". Em um sentido alargado e abrangente, ela é estritamente condicionada a uma exigência de conservação das estruturas políticas e jurídicas, dado que são importantes à própria constituição do Estado, que, em última análise, identifica-se com o território, com o povo e com o poder organizado[219].

Trata-se de hipótese relacionada à natureza dos bens e serviços produzidos no país e à segurança nacional. O procedimento licitatório pode ser empecilho à proteção da segurança nacional e à obtenção da qualidade e complexidade tecnológicas das quais a Administração Pública necessita.

A partir da década de 1990 e sua adaptação à ordem global, o Brasil alinha-se ao conceito de "Estado logístico", configurado pelo desafio de "absorver, no ponto de transição, as forças nacionais geradas pelo Estado desenvolvimentista e engendrar a inserção madura no mundo unificado pelo triunfo do capitalismo"[220].

Entre as medidas tomadas para a reforma do modelo de Estado, apontam-se:

a) o reforço da capacidade empresarial do país;
b) a aplicação da ciência e da tecnologia assimiladas;

---

217 ORGANIZAÇÃO DAS NAÇÕES UNIDAS PARA A EDUCAÇÃO, A CIÊNCIA E A CULTURA (UNESCO). *Relatório de Ciência da UNESCO:* rumo a 2030. Visão geral e cenário brasileiro. Paris, 2015.

218 USC CENTER ON PUBLIC DIPLOMACY. *The soft power 30:* a global ranking of soft power. London: Portland, 2017.

219 HEINEN, Juliano. *Comentários à lei de acesso à informação:* Lei n. 12.527/2011. Belo Horizonte: Forum, 2014. p. 208.

220 CERVO, Amado Luiz; BUENO, Clodoaldo. *História da política exterior do Brasil.* 2. ed. Brasília, DF: UnB, 2002. p. 460.

c)   a abertura dos mercados do Norte em contrapartida ao nacional;

d)   mecanismos de proteção diante de capitais especulativos;

e)   uma política de defesa nacional.

Depreende-se, dos pressupostos enumerados, ser impossível a concepção de um modelo de desenvolvimento e prosperidade nacional alheio à existência de uma infraestrutura de defesa assentada nos ditames político-jurídicos do Estado.

O grau de preparação militar compõe-se dos seguintes parâmetros: tecnologia, liderança, quantidade e qualidade das Forças Armadas. Perceba-se que a tecnologia, enquanto subelemento do grau de preparação militar, conecta-se com a capacidade industrial, elemento primário do poder nacional.

Não é demais lembrar que "o destino de muitas nações e de civilizações é frequentemente determinado por um diferencial na tecnologia das artes bélicas que o lado perdedor não foi capaz de compensar por outros meios"[221].

Para a indústria de defesa, esses fatores são essenciais, uma vez que a inovação tecnológica depende da existência de uma rede de laboratórios e plantas fabris que atuem segundo métodos e normas técnicas fiáveis, qualificada para assegurar a autonomia nacional na produção tecnocientífica.

É preciso compreender que, sem infraestrutura de laboratórios e parques fabris, a produção científica nacional limitar-se-ia à publicação de artigos científicos, sem qualquer possibilidade concreta de realização.

Essa circunstância, *de per si*, é motivação suficiente a fundamentar a adoção de políticas públicas voltadas a fomentar o incremento do parque industrial de alta tecnologia instalado no país, haja vista sua importância para a manutenção do poder nacional.

Ademais, é preciso notar que comumente os produtos de defesa apresentam diversos aspectos de dualidade – caracterizada pela aplicabilidade militar e civil –, quanto à concepção, tecnologia, materiais empregados ou usabilidade.

Nesse sentido, as tecnologias implementadas pela indústria de defesa servem a outros setores da produção industrial, potencializando a escala econômica de atuação do país e sua abrangência no mercado global.

Defesa e desenvolvimento são dois valores que caminham juntos, em uma relação de retroalimentação e incentivos recíprocos. Em um cenário geopolítico caracterizado pela disputa de espaços no sistema de governança global, o futuro de uma nação está selado por sua capacidade de promover o desenvolvimento e seus meios de defesa, estaiados em uma estratégia nacional.

Dentre os projetos estratégicos de defesa nacional, convém destacar o Programa de Desenvolvimento de Submarinos (Prosub), anotando-se que a Marinha do Brasil não tem pleno domínio da tecnologia de propulsão nuclear e não receberá esse conhecimento de nenhum colaborador.

Sob o aspecto logístico, "o submarino com propulsão nuclear é o mais complexo meio já construído pelo homem"[222]. Requer cerca de novecentos e cinquenta mil partes e oito milhões de horas de trabalho.

A complexidade tecnológica situa-se em níveis extremos, sendo imprescindível a existência de uma ampla rede de laboratórios de ensaios e de calibração, com vistas ao desenvolvimento dos requisitos técnicos. Adicionalmente, pode-se reforçar a preparação de profissionais assim como a gestão do conhecimento associado.

Ademais, a carência de indústrias nacionais aptas a suprir as necessidades materiais e tecnológicas do programa demanda o desenvolvimento de soluções pela própria Marinha.

---

221 MORGENTHAU, Hans J. *A política entre as nações:* a luta pelo poder e pela paz. Tradução de Oswaldo Biato da edição revisada por Kenneth W. Thompson. São Paulo: UnB, 2003. p. 237.

222 LANA, Luciana. *Submarinos:* defesa e desenvolvimento para o Brasil. Rio de Janeiro: Versal, 2014. p. 153.

Nesse ponto, o programa atua como plataforma de desenvolvimento industrial, útil a inúmeras aplicações de natureza dual, de modo a incentivar o incremento de setores de vanguarda tecnológica no país, gerando *spillovers* de inovações em prol da economia nacional[223].

Tal faceta verifica-se em outros programas similares, como o da indústria aeroespacial brasileira.

Portanto, o inciso IV, *f*, trata de hipótese relacionada à natureza dos bens e serviços produzidos no país e à segurança nacional. O procedimento licitatório pode ser empecilho à proteção da segurança nacional e à obtenção da qualidade e complexidades tecnológicas requeridas para projetos estratégicos de defesa nacional, ínsitos à preservação da soberania do país.

Materiais para as Forças Armadas

As Forças Armadas têm necessidades excepcionais de material. Assim, em virtude da especificidade do objeto pretendido, poderá a respectiva Força socorrer-se da dispensa de licitação, desde que comprovada a necessidade de mantença da padronização e haja parecer de comissão instituída por decreto. Trata-se de segurança nacional.

Missões das Forças Armadas

A dinâmica das missões das Forças empregadas em operação de paz no exterior pode se mostrar incompatível com a rigidez do procedimento licitatório, inclusive a aquisição pode precisar ser feita no exterior.

Assim, a previsão da possibilidade de dispensa de licitação resguarda a segurança da missão. Contudo, deve haver justificativa quanto ao preço e à escolha do fornecedor.

Deslocamento de contingentes

Os deslocamentos no território nacional e no estrangeiro de navios, embarcações, unidades aéreas ou tropas exige, por vezes, uma dinâmica incompatível com os rigores formais do procedimento licitatório. Assim, a critério do gestor, as compras e contratações de serviços para abastecimento podem ser objeto de dispensa de licitação.

Coleta de lixo por cooperativas

O fomento social foi a preocupação do legislador quando estabeleceu esta hipótese de dispensa de licitação, pois buscouse dar oportunidades de trabalho às pessoas de baixa renda e preservar o meio ambiente através da coleta seletiva de lixo, da reciclagem e reutilização de produtos.

Aquisição ou restauração de obra de arte

A norma em questão buscou dar mais liberdade para o gestor escolher a pessoa que melhor poderá vender e restaurar obras de arte e objetos históricos, exigindo a certificação de autenticidade.

Ressalte-se que esta poderia ser uma hipótese de inexigibilidade de licitação. Observe-se que são duas hipóteses distintas de dispensa: uma relacionada à compra e a outra relacionada ao serviço de restauração.

Incentivos à inovação e à pesquisa científica e tecnológica

A Lei n. 10.973/2004 trata de incentivos à inovação e à pesquisa científica e tecnológica no ambiente produtivo e dá outras providências. Assim, a presente hipótese de dispensa de licitação tem como objetivo estimular e apoiar a constituição de alianças estratégicas e o desenvolvimento

---

223 ASSOCIAÇÃO BRASILEIRA DAS INDÚSTRIAS DE MATERIAIS DE DEFESA E SEGURANÇA (ABIMDE). *Cadeia de valor e importância socioeconômica da indústria de defesa e segurança no Brasil*. São Paulo, 2015.

de projetos de cooperação envolvendo empresas, ICTs e entidades privadas sem fins lucrativos voltados para atividades de pesquisa e desenvolvimento, que objetivem a geração de produtos, processos e serviços inovadores e a transferência e a difusão de tecnologia.

Guerra, estado de defesa, estado de sítio, intervenção federal ou de grave perturbação da ordem

A realização de procedimento licitatório tem como pressuposto a estabilidade social da nação, portanto, não há falar em rigores formais em situações extremas que podem gerar inclusive a destruição da República Federativa do Brasil.

As dinâmicas das guerras e das graves perturbações da ordem pública exigem soluções que, caso não adotadas com a velocidade necessária, podem colocar em risco vidas humanas, bens e instituições.

Dessa forma, apesar de não se tratar de licitação proibida, a lei concedeu a faculdade ao gestor para, com base na conveniência e oportunidade motivadas, realizar ou não o procedimento licitatório.

Emergência "fabricada"

A emergência fabricada[224] é a que foi criada por culpa ou dolo do gestor público, em virtude de falta de planejamento, desídia ou má gestão de recursos públicos.

A jurisprudência do TCU não admitia a dispensa de licitação pautada neste tipo de emergência falsa. Contudo, notando que poderia ser causado mais prejuízo se a contratação direta não fosse realizada, o TCU passou a permitir a dispensa para resguardar os bens e interesses em perigo – a sociedade não pode pagar pela falha estatal – e a exigir a responsabilização do agente causador da emergência fabricada.

---

224 ADMINISTRATIVO. AÇÃO POPULAR. CONTRATAÇÃO SEM LICITAÇÃO DE CESTAS BÁSICAS. LEI N. 8.666/93. DISPENSA. EMERGÊNCIA FABRICADA OU FICTA. ILICITUDE. REVISÃO DE MATÉRIA FÁTICA. SÚMULA 7/STJ. AUSÊNCIA DE PREQUESTIONAMENTO. DANO *IN RE IPSA*. INDENIZAÇÃO PELO CUSTO DE PRODUÇÃO. PROVIMENTO PARCIAL. RELATO DOS FATOS 1. Trata-se na origem de Ação Popular movida em 2004 em decorrência de celebração, sem licitação, de contrato de fornecimento de cestas básicas com a municipalidade de Santos, no montante de R$ 3.235.410, 00 (com a atualização do valor, aproximadamente R$ 5 milhões). A contratação foi feita por dispensa de licitação por suposta emergência, nos termos do art. 24, IV, da Lei n. 8.666/1993. [...] DISPENSA ILEGAL DE LICITAÇÃO 10. Admite-se dispensa de licitação "nos casos de emergência ou de calamidade pública, quando caracterizada urgência de atendimento de situação que possa ocasionar prejuízo ou comprometer a segurança de pessoas, obras, serviços, equipamentos e outros bens, públicos ou particulares, e somente para os bens necessários ao atendimento da situação emergencial ou calamitosa e para as parcelas de obras e serviços que possam ser concluídas no prazo máximo de 180 (cento e oitenta) dias consecutivos e ininterruptos, contados da ocorrência da emergência ou calamidade, vedada a prorrogação dos respectivos contratos" (art. 24, IV, da Lei n. 8.666/1993). 11. É preciso cautela com a referida contratação sem certame, especialmente em razão das chamadas emergências fabricadas ou fictas: "a Administração deixa de tomar tempestivamente as providências necessárias à realização da licitação previsível. Assim, atinge-se o termo final de um contrato sem que a licitação necessária à nova contratação tivesse sido realizada. Isso coloca a Administração diante do dilema de fazer licitação (e cessar o atendimento a necessidades impostergáveis) ou realizar a contratação direta (sob invocação da emergência). O que é necessário é verificar se a urgência existe efetivamente e, ademais, se a contratação é a melhor possível nas circunstâncias. Deverá fazer-se a contratação pelo menor prazo e com o objeto mais limitado possível, visando a afastar o risco de dano irreparável. Simultaneamente, deverá desencadear-se a licitação indispensável" (*Comentários à lei de licitações*. 13. ed. São Paulo, Dialética, 2009. p. 296). Apura-se o motivo da emergência, se ela ocorreu por falta de planejamento, por desídia administrativa ou má gestão dos recursos disponíveis, ou seja, se ela não é atribuível, em alguma medida, à culpa ou dolo do agente público que tinha o dever de agir para prevenir tal situação (STJ, REsp 1.192.563/SP, rel. Min. Herman Benjamin, Segunda Turma, julgado em 12-5-2015, *DJe* 6-8-2015).

Bens produzidos ou serviços prestados por órgão ou entidade que integrem a Administração Pública

Quando a própria Administração Pública, através de órgãos ou entidades criados para o fornecimento de bens e serviços, puder fazê-lo, o gestor público terá a faculdade de dispensar a licitação.

A regra desse inciso aperfeiçoa a redação contida na Lei n. 8.666/93, que impunha limitação temporal referente ao momento de constituição do órgão ou entidade a fornecer os bens ou prestar serviços.

Ao tratar do dispositivo contido na Lei n. 8.666/93, acerca de contratação de instituição financeira, o TCU assim se posicionou:

> [...] Na hipótese de a Administração Pública Federal realizar contratação direta de instituição financeira oficial para a prestação de serviços, em caráter exclusivo, de pagamento de remuneração de servidores ativos, inativos e pensionistas e outros serviços similares, com supedâneo no art. 24, inciso VIII, da Lei n. 8.666/93, com a previsão de contraprestação pecuniária por parte da contratada, deverá cumprir, sob condição de eficácia do ato administrativo, as exigências estabelecidas no art. 26, *caput* e parágrafo único, do referido diploma legal, sobretudo a apresentação do motivo da escolha do prestador do serviço (inciso II) e justificativa do preço (inciso III), bem como demonstrada a vantagem da contratação direta em relação à adoção do procedimento licitatório[225].

Apesar do excerto acima, alguns doutrinadores, com razão, consideram que a regra em tela não se aplica a empresas exploradoras de atividade econômica, tendo em conta o que dispõe o art. 173 da CF/88, que só permite a exploração direta de atividade econômica por parte do Estado quando necessária aos imperativos da segurança nacional ou a relevante interesse coletivo.

Há outro acórdão do TCU (Acórdão n. 6931/2009 – 1ª Câmara) nesse sentido, portanto, existe jurisprudência antiga em sentido divergente. Dessa forma, a matéria não está pacificada, mas o entendimento que veda a dispensa de licitação para a contratação de empresas estatais exploradores de atividades econômicas é o mais adequado ao art. 173 da CF/88, visto que tal norma impede sejam concedidos privilégios às empresas estatais não extensíveis aos demais agentes do mercado.

Regulação de preços ou normalização de abastecimento

A intervenção no domínio econômico para regular preços ou para normalizar o abastecimento deve ser dinâmica. Caso contrário, não atingirá os seus objetivos.

Além da demora do procedimento licitatório, tem-se que, nos dois casos, não há como escolher a melhor proposta, pois não se trata de opção pela vantagem econômica para a Administração Pública e sim de objeto relacionado à segurança social.

Contrato de programa e consórcio público

No direito administrativo, consórcio é o agrupamento contratual, autorizado por lei, de entes da Federação na forma de pessoa jurídica de direito público (associação pública) ou de pessoa jurídica de direito privado para o desempenho de atividades públicas comuns. Forma-se uma entidade transfederativa (ultrapassa a esfera de governo) e interfederativa (internaliza-se à esfera de governo).

Assim, a finalidade do consórcio público é justamente a prestação de serviço público para uma ou várias Administrações Públicas, portanto, a contratação pode ser direta.

Ressalte-se que esta hipótese de dispensa de licitação não abarca os contratos firmados entre o consórcio público e o particular.

Deverão ser constituídas e reguladas por contrato de programa, como condição de sua validade, as obrigações que um ente da Federação constituir para com outro ente da Federação ou para

---

225 TCU. Acórdão n. 1.940/2015 – TCU – Plenário, Grupo II – Classe III – Plenário, TC 033.466/20130, Consulta, Órgão: Câmara dos Deputados, Interessado: Henrique Eduardo Lyra Alves.

com consórcio público no âmbito de gestão associada em que haja a prestação de serviços públicos ou a transferência total ou parcial de encargos, serviços, pessoal ou de bens necessários à continuidade dos serviços transferidos.

O contrato de programa deverá:

I – atender à legislação de concessões e permissões de serviços públicos e, especialmente no que se refere ao cálculo de tarifas e de outros preços públicos, à de regulação dos serviços a serem prestados; e

II – prever procedimentos que garantam a transparência da gestão econômica e financeira de cada serviço em relação a cada um de seus titulares

No caso de a gestão associada originar a transferência total ou parcial de encargos, serviços, pessoal e bens essenciais à continuidade dos serviços transferidos, o contrato de programa, sob pena de nulidade, deverá conter cláusulas que estabeleçam:

I – os encargos transferidos e a responsabilidade subsidiária da entidade que os transferiu;

II – as penalidades no caso de inadimplência em relação aos encargos transferidos;

III – o momento de transferência dos serviços e os deveres relativos a sua continuidade;

IV – a indicação de quem arcará com o ônus e os passivos do pessoal transferido;

V – a identificação dos bens que terão apenas a sua gestão e administração transferidas e o preço dos que sejam efetivamente alienados ao contratado;

VI – o procedimento para o levantamento, cadastro e avaliação dos bens reversíveis que vierem a ser amortizados mediante receitas de tarifas ou outras emergentes da prestação dos serviços.

É nula a cláusula de contrato de programa que atribuir ao contratado o exercício dos poderes de planejamento, regulação e fiscalização dos serviços por ele próprio prestados.

O contrato de programa continuará vigente mesmo quando extinto o consórcio público ou o convênio de cooperação que autorizou a gestão associada de serviços públicos.

Mediante previsão do contrato de consórcio público, ou de convênio de cooperação, o contrato de programa poderá ser celebrado por entidades de direito público ou privado que integrem a administração indireta de qualquer dos entes da Federação consorciados ou conveniados.

O contrato celebrado na forma descrita será automaticamente extinto no caso de o contratado não mais integrar a administração indireta do ente da Federação que autorizou a gestão associada de serviços públicos por meio de consórcio público ou de convênio de cooperação.

As obrigações cujo descumprimento não acarrete qualquer ônus, inclusive financeiro, a ente da Federação ou a consórcio público não precisarão ser constituídas e reguladas por contrato de programa, como condição de sua validade.

Contratação de associação de pessoas com deficiência

No Brasil, os direitos das pessoas com deficiência têm natureza jurídica material de norma constitucional, haja vista que a Convenção sobre os Direitos das Pessoas com Deficiência e seu Protocolo Facultativo, assinados em New York, em 30 de março de 2007, foi aprovada pelo Congresso Nacional, por meio do Decreto Legislativo n. 186, de 9 de julho de 2008, na forma do § 3º do art. 5º da Constituição[226].

---

226 A Emenda Constitucional n. 45/2004, conhecida como "Reforma do Judiciário", acrescentou ao art. 5º do Texto Magno o seguinte dispositivo:"Os tratados e convenções internacionais sobre direitos humanos que forem aprovados, em cada Casa do Congresso Nacional, em dois turnos, por três quintos dos votos dos respectivos membros, serão equivalentes às emendas constitucionais". Portanto, uma vez que a Convenção sobre os Direitos das Pessoas com Deficiência foi aprovada segundo esse rito, ingressou no ordenamento jurídico pátrio incorporando-se ao texto constitucional.

A hipótese do inciso XIV trata de dispensa de licitação relacionada ao fomento de atividades socialmente relevantes que têm como objetivo a inserção de pessoas com deficiência no mercado de trabalho.

Os preços precisam ser compatíveis com o mercado e a instituição, além de ser idônea, não pode ter finalidade lucrativa. Busca-se prestigiar a isonomia entre as pessoas portadoras de necessidades especiais e as que não têm.

Instituição brasileira de ensino, pesquisa, extensão, desenvolvimento institucional, científico e tecnológico e estímulo à inovação

O objetivo da hipótese de dispensa de licitação gravada no inciso XV é prestigiar as instituições idôneas que, sem fins lucrativos, desenvolvem atividades relevantes para a sociedade, fomentando a pesquisa, o ensino, o desenvolvimento institucional ou a atividade de reinserção de presos.

Insumos estratégicos para a saúde

A regra do inciso XVI busca a resguardar a dinâmica das contratações que tenham como objetivo efetivar o desenvolvimento nacional sustentável através do apoio a projetos de ensino, pesquisa, extensão, evolução institucional, científica e tecnológica e que estimulem a inovação. Além disso, Busca-se agilizar o repasse de tecnologia de produtos estratégicos para o SUS. Tudo desde que o preço seja compatível com o praticado no mercado.

Objetos de mesma natureza

Merece cuidado a consideração sobre objetos de mesma natureza, que integram o mesmo ramo de atividade, constante do inciso II do § 1º.

Determinados ramos de atividade comportam inúmeras variações, conquanto possuam a mesma natureza, como a construção civil, tecnologia da informação e comunicação, equipamentos de telecomunicações etc.

O gestor deve ponderar, de modo a evitar o parcelamento indevido, se aquele objeto submetido à contratação direta é efetivamente distinto, quanto às suas características de fornecimento e funcionalidades, de objetos semelhantes consignados em contratação direta anterior durante o mesmo exercício financeiro.

Serviços de manutenção de veículos automotores

Para a contratação de serviços de manutenção de veículos automotores de propriedade do órgão ou entidade contratante, incluído o fornecimento de peças, limitadas a R$ 8.000,00 (oito mil reais), não se aplicam as restrições atinentes ao somatório do que for despendido no exercício financeiro pela respectiva unidade gestora e ao somatório da despesa realizada com objetos de mesma natureza, entendidos como tais aqueles relativos a contratações no mesmo ramo de atividade.

Logo, a lei possibilita sucessivas contratações diretas por dispensa de licitação para esse objeto, desde que respeitado o valor indicado no § 7º do art. 75.

Consideradas as formalidades também exigidas para a contratação direta, e o diminuto valor autorizado pela lei, é merecida a reflexão sobre a viabilidade de licitar esses serviços, conforme avaliação das necessidades características de cada órgão ou entidade.

Com efeito, o dispositivo legal em comento tem em vista pequenas frotas, a demandar serviços de manutenção de pouca expressividade técnica e econômica.

CAPÍTULO IX
Das Alienações

Art. 76. A alienação de bens da Administração Pública, subordinada à existência de interesse público devidamente justificado, será precedida de avaliação e obedecerá às seguintes normas:

DISPOSITIVO CORRELATO (Lei n. 8.666/93)
Art. 17. A alienação de bens da Administração Pública, subordinada à existência de interesse público devidamente justificado, será precedida de avaliação e obedecerá às seguintes normas:

I – tratando-se de bens imóveis, inclusive os pertencentes às autarquias e às fundações, exigirá autorização legislativa e dependerá de licitação na modalidade leilão, dispensada a realização de licitação nos casos de:

DISPOSITIVO CORRELATO (Lei n. 8.666/93)
Art. 17. [...]
I – quando imóveis, dependerá de autorização legislativa para órgãos da administração direta e entidades autárquicas e fundacionais, e, para todos, inclusive as entidades paraestatais, dependerá de avaliação prévia e de licitação na modalidade de concorrência, dispensada esta nos seguintes casos:

a) dação em pagamento;

DISPOSITIVO CORRELATO (Lei n. 8.666/93)
Art. 17. [...]
I – [...]
a) dação em pagamento;

b) doação, permitida exclusivamente para outro órgão ou entidade da Administração Pública, de qualquer esfera de governo, ressalvado o disposto nas alíneas *f*, *g* e *h* deste inciso;

DISPOSITIVO CORRELATO (Lei n. 8.666/93)
Art. 17. [...]
I – [...]
b) doação, permitida exclusivamente para outro órgão ou entidade da administração pública, de qualquer esfera de governo, ressalvado o disposto nas alíneas *f*, *h* e *i*; (Redação dada pela Lei n. 11.952, de 2009.)

c) permuta por outros imóveis que atendam aos requisitos relacionados às finalidades precípuas da Administração, desde que a diferença apurada não ultrapasse a metade do valor do imóvel que será ofertado pela União, segundo avaliação prévia, e ocorra a torna de valores, sempre que for o caso;

DISPOSITIVO CORRELATO (Lei n. 8.666/93)
Art. 17. [...]
I – [...]
c) permuta, por outro imóvel que atenda aos requisitos constantes do inciso X do art. 24 desta Lei;

d) investidura;

DISPOSITIVO CORRELATO (Lei n. 8.666/93)
Art. 17. [...] I – [...] d) investidura;

e) venda a outro órgão ou entidade da Administração Pública de qualquer esfera de governo;

DISPOSITIVO CORRELATO (Lei n. 8.666/93)
Art. 17. [...] I – [...] e) venda a outro órgão ou entidade da administração pública, de qualquer esfera de governo; (Incluída pela Lei n. 8.883, de 1994.)

f) alienação gratuita ou onerosa, aforamento, concessão de direito real de uso, locação e permissão de uso de bens imóveis residenciais construídos, destinados ou efetivamente usados em programas de habitação ou de regularização fundiária de interesse social desenvolvidos por órgão ou entidade da Administração Pública;

DISPOSITIVO CORRELATO (Lei n. 8.666/93)
Art. 17. [...] I – [...] f) alienação gratuita ou onerosa, aforamento, concessão de direito real de uso, locação ou permissão de uso de bens imóveis residenciais construídos, destinados ou efetivamente utilizados no âmbito de programas habitacionais ou de regularização fundiária de interesse social desenvolvidos por órgãos ou entidades da administração pública; (Redação dada pela Lei n. 11.481, de 2007.)

g) alienação gratuita ou onerosa, aforamento, concessão de direito real de uso, locação e permissão de uso de bens imóveis comerciais de âmbito local, com área de até 250 m² (duzentos e cinquenta metros quadrados) e destinados a programas de regularização fundiária de interesse social desenvolvidos por órgão ou entidade da Administração Pública;

DISPOSITIVO CORRELATO (Lei n. 8.666/93)
Art. 17. [...] I – [...] h) alienação gratuita ou onerosa, aforamento, concessão de direito real de uso, locação ou permissão de uso de bens imóveis de uso comercial de âmbito local com área de até 250 m² (duzentos e cinquenta metros quadrados) e inseridos no âmbito de programas de regularização fundiária de interesse social desenvolvidos por órgãos ou entidades da administração pública; (Incluído pela Lei n. 11.481, de 2007.)

h) alienação e concessão de direito real de uso, gratuita ou onerosa, de terras públicas rurais da União e do Instituto Nacional de Colonização e Reforma Agrária (Incra) onde incidam ocupações até o limite de que trata o § 1º do art. 6º da Lei n. 11.952, de 25 de junho de 2009, para fins de regularização fundiária, atendidos os requisitos legais;

> **DISPOSITIVO CORRELATO (Lei n. 8.666/93)**
>
> Art. 17. [...]
>
> I – [...]
>
> i) alienação e concessão de direito real de uso, gratuita ou onerosa, de terras públicas rurais da União e do Incra, onde incidam ocupações até o limite de que trata o § 1º do art. 6º da Lei n. 11.952, de 25 de junho de 2009, para fins de regularização fundiária, atendidos os requisitos legais; e (Redação dada pela Lei n. 13.465, 2017.)

i) legitimação de posse de que trata o art. 29 da Lei n. 6.383, de 7 de dezembro de 1976, mediante iniciativa e deliberação dos órgãos da Administração Pública competentes;

> **DISPOSITIVO CORRELATO (Lei n. 8.666/93)**
>
> Art. 17. [...]
>
> I – [...]
>
> g) procedimentos de legitimação de posse de que trata o art. 29 da Lei n. 6.383, de 7 de dezembro de 1976, mediante iniciativa e deliberação dos órgãos da Administração Pública em cuja competência legal inclua-se tal atribuição; (Incluído pela Lei n. 11.196, de 2005.)

j) legitimação fundiária e legitimação de posse de que trata a Lei n. 13.465, de 11 de julho de 2017;

II – tratando-se de bens móveis, dependerá de licitação na modalidade leilão, dispensada a realização de licitação nos casos de:

> **DISPOSITIVO CORRELATO (Lei n. 8.666/93)**
>
> Art. 17. [...]
>
> II – quando móveis, dependerá de avaliação prévia e de licitação, dispensada esta nos seguintes casos:

a) doação, permitida exclusivamente para fins e uso de interesse social, após avaliação de oportunidade e conveniência socioeconômica em relação à escolha de outra forma de alienação;

> **DISPOSITIVO CORRELATO (Lei n. 8.666/93)**
>
> Art. 17. [...]
>
> II – [...]
>
> a) doação, permitida exclusivamente para fins e uso de interesse social, após avaliação de sua oportunidade e conveniência socioeconômica, relativamente à escolha de outra forma de alienação;

b) permuta, permitida exclusivamente entre órgãos ou entidades da Administração Pública;

> **DISPOSITIVO CORRELATO (Lei n. 8.666/93)**
>
> Art. 17. [...]
>
> II – [...]
>
> b) permuta, permitida exclusivamente entre órgãos ou entidades da Administração Pública;

c) venda de ações, que poderão ser negociadas em bolsa, observada a legislação específica;

DISPOSITIVO CORRELATO (Lei n. 8.666/93)
Art. 17. [...] II – [...] c) venda de ações, que poderão ser negociadas em bolsa, observada a legislação específica;

d) venda de títulos, observada a legislação pertinente;

DISPOSITIVO CORRELATO (Lei n. 8.666/93)
Art. 17. [...] II – [...] d) venda de títulos, na forma da legislação pertinente;

e) venda de bens produzidos ou comercializados por entidades da Administração Pública, em virtude de suas finalidades;

DISPOSITIVO CORRELATO (Lei n. 8.666/93)
Art. 17. [...] II – [...] e) venda de bens produzidos ou comercializados por órgãos ou entidades da Administração Pública, em virtude de suas finalidades;

f) venda de materiais e equipamentos sem utilização previsível por quem deles dispõe para outros órgãos ou entidades da Administração Pública.

DISPOSITIVO CORRELATO (Lei n. 8.666/93)
Art. 17. [...] II – [...] f) venda de materiais e equipamentos para outros órgãos ou entidades da Administração Pública, sem utilização previsível por quem deles dispõe.

§ 1º A alienação de bens imóveis da Administração Pública cuja aquisição tenha sido derivada de procedimentos judiciais ou de dação em pagamento dispensará autorização legislativa e exigirá apenas avaliação prévia e licitação na modalidade leilão.

DISPOSITIVO CORRELATO (Lei n. 8.666/93)
Art. 19. Os bens imóveis da Administração Pública, cuja aquisição haja derivado de procedimentos judiciais ou de dação em pagamento, poderão ser alienados por ato da autoridade competente, observadas as seguintes regras: I – avaliação dos bens alienáveis; II – comprovação da necessidade ou utilidade da alienação; III – adoção do procedimento licitatório, sob a modalidade de concorrência ou leilão. (Redação dada pela Lei n. 8.883, de 1994.)

§ 2º Os imóveis doados com base na alínea *b* do inciso I do *caput* deste artigo, cessadas as razões que justificaram sua doação, serão revertidos ao patrimônio da pessoa jurídica doadora, vedada sua alienação pelo beneficiário.

DISPOSITIVO CORRELATO (Lei n. 8.666/93)

Art. 19. [...]

§ 1º Os imóveis doados com base na alínea *b* do inciso I deste artigo, cessadas as razões que justificaram a sua doação, reverterão ao patrimônio da pessoa jurídica doadora, vedada a sua alienação pelo
beneficiário.

---

§ 3º A Administração poderá conceder título de propriedade ou de direito real de uso de
imóvel, admitida a dispensa de licitação, quando o uso destinar-se a:

DISPOSITIVO CORRELATO (Lei n. 8.666/93)

Art. 19. [...]

§ 2º A Administração também poderá conceder título de propriedade ou de direito real de uso de imóveis,
dispensada licitação, quando o uso destinar-se: (Redação dada pela Lei n. 11.196, de 2005.)

I – outro órgão ou entidade da Administração Pública, qualquer que seja a localização do
imóvel;

DISPOSITIVO CORRELATO (Lei n. 8.666/93)

Art. 19. [...]

§ 2º [...]

I – a outro órgão ou entidade da Administração Pública, qualquer que seja a localização do imóvel;
(Incluído pela Lei n. 11.196, de 2005.)

II – pessoa natural que, nos termos de lei, regulamento ou ato normativo do órgão competente, haja implementado os requisitos mínimos de cultura, de ocupação mansa e pacífica e de
exploração direta sobre área rural, observado o limite de que trata o § 1º do art. 6º da Lei n.
11.952, de 25 de junho de 2009.

DISPOSITIVO CORRELATO (Lei n. 8.666/93)

Art. 19. [...]

§ 2º [...]

II – a pessoa natural que, nos termos de lei, regulamento ou ato normativo do órgão competente, haja
implementado os requisitos mínimos de cultura, ocupação mansa e pacífica e exploração direta sobre
área rural, observado o limite de que trata o § 1º do art. 6º da Lei n. 11.952, de 25 de junho de 2009; (Redação dada pela Lei n. 13.465, 2017.)

---

§ 4º A aplicação do disposto no inciso II do § 3º deste artigo será dispensada de autorização
legislativa e submeter-se-á aos seguintes condicionamentos:

DISPOSITIVO CORRELATO (Lei n. 8.666/93)

Art. 17. [...]

§ 2º-A. As hipóteses do inciso II do § 2º ficam dispensadas de autorização legislativa, porém submetem-
-se aos seguintes condicionamentos: (Redação dada pela Lei n. 11.952, de 2009.)

I – aplicação exclusiva às áreas em que a detenção por particular seja comprovadamente anterior a 1º de dezembro de 2004;

DISPOSITIVO CORRELATO (Lei n. 8.666/93)
Art. 17. [...]   § 2º-A. [...]   I – aplicação exclusivamente às áreas em que a detenção por particular seja comprovadamente anterior a 1º de dezembro de 2004; (Incluído pela Lei n. 11.196, de 2005.)

II – submissão aos demais requisitos e impedimentos do regime legal e administrativo de destinação e de regularização fundiária de terras públicas;

DISPOSITIVO CORRELATO (Lei n. 8.666/93)
Art. 17. [...]   § 2º-A. [...]   II – submissão aos demais requisitos e impedimentos do regime legal e administrativo da destinação e da regularização fundiária de terras públicas; (Incluído pela Lei n. 11.196, de 2005.)

III – vedação de concessão para exploração não contemplada na lei agrária, nas leis de destinação de terras públicas ou nas normas legais ou administrativas de zoneamento ecológico-econômico;

DISPOSITIVO CORRELATO (Lei n. 8.666/93)
Art. 17. [...]   § 2º-A. [...]   III – vedação de concessões para hipóteses de exploração não-contempladas na lei agrária, nas leis de destinação de terras públicas, ou nas normas legais ou administrativas de zoneamento ecológico-econômico; e (Incluído pela Lei n. 11.196, de 2005.)

IV – previsão de extinção automática da concessão, dispensada notificação, em caso de declaração de utilidade pública, de necessidade pública ou de interesse social;

DISPOSITIVO CORRELATO (Lei n. 8.666/93)
Art. 17. [...]   § 2º-A. [...]   IV – previsão de rescisão automática da concessão, dispensada notificação, em caso de declaração de utilidade, ou necessidade pública ou interesse social. (Incluído pela Lei n. 11.196, de 2005.)

V – aplicação exclusiva a imóvel situado em zona rural e não sujeito a vedação, impedimento ou inconveniente à exploração mediante atividade agropecuária;

DISPOSITIVO CORRELATO (Lei n. 8.666/93)
Art. 17. [...]   § 2º-B. A hipótese do inciso II do § 2º deste artigo: (Incluído pela Lei n. 11.196, de 2005.)   I – só se aplica a imóvel situado em zona rural, não sujeito a vedação, impedimento ou inconveniente a sua exploração mediante atividades agropecuárias; (Incluído pela Lei n. 11.196, de 2005.)

VI – limitação a áreas de que trata o § 1º do art. 6º da Lei n. 11.952, de 25 de junho de 2009, vedada a dispensa de licitação para áreas superiores;

> **DISPOSITIVO CORRELATO (Lei n. 8.666/93)**
>
> Art. 17. [...]
> § 2º-B. [...]
> II – fica limitada a áreas de até quinze módulos fiscais, desde que não exceda mil e quinhentos hectares, vedada a dispensa de licitação para áreas superiores a esse limite; (Redação dada pela Lei n. 11.763, de 2008.)

VII – acúmulo com o quantitativo de área decorrente do caso previsto na alínea *i* do inciso I do *caput* deste artigo até o limite previsto no inciso VI deste parágrafo.

> **DISPOSITIVO CORRELATO (Lei n. 8.666/93)**
>
> Art. 17. [...]
> § 2º-B. [...]
> III – pode ser cumulada com o quantitativo de área decorrente da figura prevista na alínea g do inciso I do *caput* deste artigo, até o limite previsto no inciso II deste parágrafo. (Incluído pela Lei n. 11.196, de 2005.)

§ 5º Entende-se por investidura, para os fins desta Lei, a:

> **DISPOSITIVO CORRELATO (Lei n. 8.666/93)**
>
> Art. 17. [...]
> § 3º Entende-se por investidura, para os fins desta lei: (Redação dada pela Lei n. 9.648, de 1998.)

I – alienação, ao proprietário de imóvel lindeiro, de área remanescente ou resultante de obra pública que se tornar inaproveitável isoladamente, por preço que não seja inferior ao da avaliação nem superior a 50% (cinquenta por cento) do valor máximo permitido para dispensa de licitação de bens e serviços previsto nesta Lei;

> **DISPOSITIVO CORRELATO (Lei n. 8.666/93)**
>
> Art. 17. [...]
> § 3º [...]
> I – a alienação aos proprietários de imóveis lindeiros de área remanescente ou resultante de obra pública, área esta que se tornar inaproveitável isoladamente, por preço nunca inferior ao da avaliação e desde que esse não ultrapasse a 50% (cinquenta por cento) do valor constante da alínea *a* do inciso II do art. 23 desta lei; (Incluído pela Lei n. 9.648, de 1998)

II – alienação, ao legítimo possuidor direto ou, na falta dele, ao poder público, de imóvel para fins residenciais construído em núcleo urbano anexo a usina hidrelétrica, desde que considerado dispensável na fase de operação da usina e que não integre a categoria de bens reversíveis ao final da concessão.

> **DISPOSITIVO CORRELATO (Lei n. 8.666/93)**
>
> Art. 17. [...]
> § 3º [...]
> II – a alienação, aos legítimos possuidores diretos ou, na falta destes, ao Poder Público, de imóveis para fins residenciais construídos em núcleos urbanos anexos a usinas hidrelétricas, desde que considerados dispensáveis na fase de operação dessas unidades e não integrem a categoria de bens reversíveis ao final da concessão. (Incluído pela Lei n. 9.648, de 1998.)

§ 6º A doação com encargo será licitada e de seu instrumento constarão, obrigatoriamente, os encargos, o prazo de seu cumprimento e a cláusula de reversão, sob pena de nulidade do ato, dispensada a licitação em caso de interesse público devidamente justificado.

DISPOSITIVO CORRELATO (Lei n. 8.666/93)
Art. 17. [...] § 4º A doação com encargo será licitada e de seu instrumento constarão, obrigatoriamente os encargos, o prazo de seu cumprimento e cláusula de reversão, sob pena de nulidade do ato, sendo dispensada a licitação no caso de interesse público devidamente justificado; (Redação dada pela Lei n. 8.883, de 1994.)

§ 7º Na hipótese do § 6º deste artigo, caso o donatário necessite oferecer o imóvel em garantia de financiamento, a cláusula de reversão e as demais obrigações serão garantidas por hipoteca em segundo grau em favor do doador.

DISPOSITIVO CORRELATO (Lei n. 8.666/93)
Art. 17. [...] § 5º Na hipótese do parágrafo anterior, caso o donatário necessite oferecer o imóvel em garantia de financiamento, a cláusula de reversão e demais obrigações serão garantidas por hipoteca em segundo grau em favor do doador. (Incluído pela Lei n. 8.883, de 1994.)

COMENTÁRIOS

A Alienação de bens da Administração Pública requer a existência de **interesse público** devidamente justificado e prévia **avaliação**.

Interesse público

Interesse público é conceito jurídico indeterminado e, portanto, revestido por alguma indefinição, o que requer cuidado do intérprete da lei a fim de evitar sua indevida manipulação, com o propósito de promover medidas demagógicas que, em verdade, ofenderiam o interesse público ao invés de realizá-lo[227].

O interesse público pode ser conceituado como o anseio de satisfação de uma necessidade social ou estatal considerada relevante à sua época, podendo ser encontrado nos fragmentos comuns extraídos de alguns interesses privados juridicamente protegidos.

José Sérgio da Silva Cristóvam[228] ensina que o interesse público é a expressão dos valores indisponíveis e inarredáveis assegurados pela Constituição:

> [...] sob o signo inarredável dos direitos fundamentais e da centralidade do princípio da dignidade da pessoa humana (personalização da ordem constitucional). Não se deve, pois, buscar o interesse público (singular), mas os interesses públicos consagrados no texto constitucional, que inclusive podem se apresentar conflitantes na conformação do caso concreto, o que exige necessariamente uma ponderação de valores, a fim que resolver o conflito entre princípios no problema prático.

---

227 FARIA, José Eduardo. Antinomias jurídicas e gestão econômica, *Lua Nova: Revista de Cultura e Política*, n. 25, abr. 1992, p. 167-184.

228 CRISTÓVAM, José Sérgio da Silva. O conceito de interesse público no Estado constitucional de Direito, *Revista da ESMESC*, v. 20, n. 26, 2013. p. 238.

Avaliação

Antes da alienação do bem, a Administração deve conhecer o seu valor, com o fim de afastar riscos de prejuízo ao erário e, nos negócios gratuitos, conhecer a importância econômica do bem com vistas à adequada mensuração de seu patrimônio, para fins de controle interno, externo e social.

A avaliação de bens, para sua adequação e atendimento aos fins a que se destina, deve ser realizada de acordo com parâmetros técnicos predefinidos e compatíveis com o objeto avaliado.

Para esse intento, é de elevada importância o emprego das normas técnicas pertinentes. Para a avaliação de imóveis urbanos, cabe a aplicação da norma ABNT NBR 14653-2, enquanto para a avaliação de imóveis rurais pode ser realizada por meio dos requisitos dispostos na norma ABNT NBR 14653-3.

Outrossim, não basta a designação de qualquer profissional para a realização da avaliação de bens, dada a tecnicidade do procedimento. Deve-se respeitar a designação de profissional de engenharia ou arquitetura, capacitado para avaliação de bens, inscrito no conselho de classe.

Dessarte, para os fins colimados pelo art. 76 da Lei n. 14.133/2021, somente o engenheiro ou arquiteto pode emitir laudo de avaliação do bem imóvel.

Essa observação é importante na medida em que a legislação atribui aos corretores de imóveis a atribuição para avaliação de imóveis, porém para fins mercadológicos.

O art. 4º da Resolução n. 1.066/2007, do Conselho Federal de Corretores de Imóveis (COFECI), dispõe sobre o Parecer Técnico de Avaliação Mercadológica (PTAM), definindo-o como:

> [...] o documento elaborado por Corretor de Imóveis no qual é apresentada, com base em critérios técnicos, análise de mercado com vistas à determinação do valor de comercialização de um imóvel, judicial ou extrajudicialmente.

O PTAM, para determinação do valor de mercado, deve conter os seguintes requisitos mínimos:

I)   identificação do solicitante;
II)   objetivo do parecer técnico;
III) identificação e caracterização do imóvel;
IV)   indicação da metodologia utilizada;
V)   valor resultante e sua data de referência;
VI)   identificação, breve currículo e assinatura do Corretor de Imóveis Avaliador.

Sobre a questão em comento, acerca da necessidade de avaliação do bem imóvel por profissional inscrito nos quadros do Conselho Federal de Engenharia e Agronomia ou do Conselho Federal de Arquitetura e Urbanismo, assim decidiu o Tribunal de Justiça de Mato Grosso, em lide acerca de avaliação pericial[229]:

> Com o devido respeito ao trabalho desenvolvido pelo Corretor de Imóvel, compartilho do entendimento de que a questão envolve avaliação técnica especializada, passível de realização, exclusivamente, por engenheiro ou arquiteto. Sequer tecnólogo. Assim determina o art. 7º, c, da Lei n. 5.194/66, que regulamenta o exercício das profissões de Engenheiro, Arquiteto e Engenheiro-Agrônomo:
>
> "Art. 7º As atividades e atribuições profissionais do engenheiro, do arquiteto e do engenheiro-agrônomo consistem em:
>
> [...]

---

229 TJMT. Agravo de Instrumento n. 1001213-80.2019.8.11.0000. 1ª Câmara de Direito Privado. rel. des. Sebastião Barbosa Farias, julgado em 25-6-2019.

c) estudo, projetos, análises, avaliações, vistorias, perícias, pareceres (gm) e divulgação técnica; engenharia e da arquitetura é que possui formação técnica específica para realizar o trabalho em apreço."

Embora tenha conhecimento de que a Resolução n. 1.066/2007 da Cofesi, autorize a elaboração de Laudo Técnico de Avaliação Mercadológica, tem-se que, o Corretor de Imóveis, sem a devida inscrição no Cadastro Nacional de Avaliadores Imobiliários, só pode opinar quanto à comercialização imobiliária, nos termos do artigo 1º., § único da Resolução mencionada e artigo 3º, *in fine*, da Lei n. 6.530, de 12 de maio de 1978 e não elaborar pareceres complexos, utilizando-se das regras da ABNT.

O laudo técnico não deve se restringir à apuração do valor de mercado da propriedade, mas mensurar os elementos de custos, benfeitorias, investimentos, perdas, restrições e estado de conservação.

O Tribunal de Justiça de Tocantins[230], em caso a versar também sobre avaliação de bens, explicita:

O doutrinador NELSON NERY JÚNIOR[231], acerca do assunto, afirma o seguinte: "Com o devido respeito, segundo a L 5194/66, 7º, *c*, a função de avaliar imóveis é prerrogativa de engenheiro civil, arquiteto e engenheiro agrônomo. O corretor de imóveis não está habilitado para exercer a função de avaliador, privativa, por lei, dos profissionais inscritos no Conselho regional de Engenharia, Arquitetura e Agronomia (CREA). A avaliação de bens imóveis requer conhecimentos específicos em matemática financeira, estatística e domínio dos métodos avaliatórios, bem como conhecimento acerca de fundações, estruturas e coberturas de imóveis. Além disso, é necessário que o profissional domine os conhecimentos que envolvem as características próprias dos materiais empregados no imóvel avaliando, suas qualidades e finalidades, bem como o valor e quantidade do que foi empregado na construção. Em função de todos esses conhecimentos, saber classificá-los de acordo com as normas ditadas pela ABNT (Associação Brasileira de Normas Técnicas) e também fixar a idade aparente do bem, em função do estado de conservação em que se encontra. Todas essas técnicas são específicas do conhecimento científico do profissional superior formado em engenharia ou arquitetura.

Art. 77. Para a venda de bens imóveis, será concedido direito de preferência ao licitante que, submetendo-se a todas as regras do edital, comprove a ocupação do imóvel objeto da licitação.

COMENTÁRIOS

O art. 77 adota a mesma lógica do art. 27 da Lei n. 8.245/91, Lei de Locações, que assim dispõe:

Art. 27. No caso de venda, promessa de venda, cessão ou promessa de cessão de direitos ou dação em pagamento, o locatário tem preferência para adquirir o imóvel locado, em igualdade de condições com terceiros, devendo o locador dar-lhe conhecimento do negócio mediante notificação judicial, extrajudicial ou outro meio de ciência inequívoca.

Parágrafo único. A comunicação deverá conter todas as condições do negócio e, em especial, o preço, a forma de pagamento, a existência de ônus reais, bem como o local e horário em que pode ser examinada a documentação pertinente.

---

230 TJTO. Apelação n. 5001074-94.2011.827.0000. 2ª Câmara Cível. rel. Juiz Gilson Coelho Valadare (em substituição). Julgado em 22-8-2012.

231 NERY JUNIOR, Nelson; NERY, Rosa Maria de Andrade. In: *Código de Processo Civil comentado e legislação extravagante*. 9. ed. São Paulo: Editora Revista dos Tribunais, 2006. p. 361.

Se o imóvel por ser alienado é previamente ocupado por licitante, que dele tem a posse direta, coaduna-se com os fins sociais e econômicos da lei que lhe seja assegurado direito de preferência, com vistas à preservação de sua habitação ou da atividade econômica.

CAPÍTULO X
Dos Instrumentos Auxiliares

Seção I
Dos Procedimentos Auxiliares

Art. 78. São procedimentos auxiliares das licitações e das contratações regidas por esta Lei:

DISPOSITIVO CORRELATO (Lei n. 12.462/2011)
Art. 29. São procedimentos auxiliares das licitações regidas pelo disposto nesta Lei:

I – credenciamento;
II – pré-qualificação;

DISPOSITIVO CORRELATO (Lei n. 12.462/2011)
Art. 29. [...] I – pré-qualificação permanente;

III – procedimento de manifestação de interesse;
IV – sistema de registro de preços;

DISPOSITIVO CORRELATO (Lei n. 12.462/2011)
Art. 29. [...] III – sistema de registro de preços; e

V – registro cadastral.

DISPOSITIVO CORRELATO (Lei n. 12.462/2011)
Art. 29. [...] II – cadastramento;

§ 1º Os procedimentos auxiliares de que trata o *caput* deste artigo obedecerão a critérios claros e objetivos definidos em regulamento.

§ 2º O julgamento que decorrer dos procedimentos auxiliares das licitações previstos nos incisos II e III do *caput* deste artigo seguirá o mesmo procedimento das licitações.

COMENTÁRIOS

O Capítulo X da Lei n. 14.133/2021 dispõe sobre instrumentos auxiliares e a correspondente Seção I trata dos procedimentos auxiliares de licitações e contratações. Uma rápida leitura indicaria que os procedimentos auxiliares são espécie do gênero instrumentos auxiliares. A despeito da distinção terminológica, da interpretação lógica do texto infere-se que, em verdade, está-se a tratar do mesmo instituto.

Os procedimentos auxiliares comportam as seguintes espécies: credenciamento; pré-qualificação; procedimento de manifestação de interesse; sistema de registro de preços; e registro cadastral.

Seção II
Do Credenciamento

Art. 79. O credenciamento poderá ser usado nas seguintes hipóteses de contratação:

I – paralela e não excludente: caso em que é viável e vantajosa para a Administração a realização de contratações simultâneas em condições padronizadas;

II – com seleção a critério de terceiros: caso em que a seleção do contratado está a cargo do beneficiário direto da prestação;

III – em mercados fluidos: caso em que a flutuação constante do valor da prestação e das condições de contratação inviabiliza a seleção de agente por meio de processo de licitação.

Parágrafo único. Os procedimentos de credenciamento serão definidos em regulamento, observadas as seguintes regras:

I – a Administração deverá divulgar e manter à disposição do público, em sítio eletrônico oficial, edital de chamamento de interessados, de modo a permitir o cadastramento permanente de novos interessados;

II – na hipótese do inciso I do *caput* deste artigo, quando o objeto não permitir a contratação imediata e simultânea de todos os credenciados, deverão ser adotados critérios objetivos de distribuição da demanda;

III – o edital de chamamento de interessados deverá prever as condições padronizadas de contratação e, nas hipóteses dos incisos I e II do *caput* deste artigo, deverá definir o valor da contratação;

IV – na hipótese do inciso III do *caput* deste artigo, a Administração deverá registrar as cotações de mercado vigentes no momento da contratação;

V – não será permitido o cometimento a terceiros do objeto contratado sem autorização expressa da Administração;

VI – será admitida a denúncia por qualquer das partes nos prazos fixados no edital.

COMENTÁRIOS

O credenciamento de licitantes é precedido de chamamento público, mediante edital divulgado pelo órgão ou entidade em sítio eletrônico oficial, possibilitando-se permanentemente o cadastramento de licitantes interessados em fornecer bens ou prestar serviços à Administração.

É cabível o credenciamento nas seguintes hipóteses de contratação:

(i) paralela e não excludente, sendo viável e vantajosa para a Administração a realização de contratações simultâneas em condições padronizadas;

(ii) quando a seleção do contratado está a cargo de terceiro, beneficiário direto da prestação;

(iii) em mercados fluidos, quando a flutuação constante do valor da prestação e das condições de contratação inviabiliza a licitação.

Na hipótese de contratação em mercados fluidos, a Administração deve registrar as cotações de mercado vigentes no momento da contratação e, nos outros casos, o edital deve consignar o valor da contratação.

Quando viável a contratação paralela e não excludente, mas o objeto não permitir a contratação imediata e simultânea de todos os credenciados, adotar-se-ão critérios objetivos de distribuição da demanda. Admite-se a denúncia por qualquer das partes, segundo os prazos discriminados em edital.

Com base no art. 74, IV, da Lei n. 14.133/2021, é inexigível a licitação nas hipóteses de credenciamento. A inexigibilidade fundamenta-se porque o credenciamento possui lógica oposta àquela regente da licitação.

Quando a Administração engendra procedimento licitatório, quer-se, mediante critérios objetivos, a seleção da proposta mais vantajosa, dentre todas as ofertadas. No credenciamento, o sentido é outro: a Administração almeja ter ao seu dispor a maior quantidade possível de interessados, porque da pluralidade de fornecedores advém a vantajosidade.

É o caso, por exemplo, de contratação de companhias aéreas, de que trata a Instrução Normativa n. 3, de 11 de fevereiro de 2015, da Secretaria de Logística e Tecnologia da Informação do Ministério do Planejamento, Orçamento e Gestão.

O serviço de transporte aéreo é regido pelo regime de liberdade tarifária, apresentando sensíveis variações conforme a curva de elasticidade-preço característica desse setor. Logo, o cadastramento de um único prestador de serviço seria desinteressante para a Administração, porquanto outros prestadores, em momentos distintos, apresentariam propostas mais vantajosas.

Seção III
Da Pré-Qualificação

Art. 80. A pré-qualificação é o procedimento técnico-administrativo para selecionar previamente:

> **DISPOSITIVO CORRELATO (Lei n. 12.462/2011)**
> Art. 30. Considera-se pré-qualificação permanente o procedimento anterior à licitação destinado a identificar:

I – licitantes que reúnam condições de habilitação para participar de futura licitação ou de licitação vinculada a programas de obras ou de serviços objetivamente definidos;

> **DISPOSITIVO CORRELATO (Lei n. 12.462/2011)**
> Art. 30. [...]
> I – fornecedores que reúnam condições de habilitação exigidas para o fornecimento de bem ou a execução de serviço ou obra nos prazos, locais e condições previamente estabelecidos; e

II – bens que atendam às exigências técnicas ou de qualidade estabelecidas pela Administração.

> **DISPOSITIVO CORRELATO (Lei n. 12.462/2011)**
> Art. 30. [...]
> II – bens que atendam às exigências técnicas e de qualidade da administração pública.

§ 1º Na pré-qualificação observar-se-á o seguinte:

I – quando aberta a licitantes, poderão ser dispensados os documentos que já constarem do registro cadastral;

II – quando aberta a bens, poderá ser exigida a comprovação de qualidade.

§ 2º O procedimento de pré-qualificação ficará permanentemente aberto para a inscrição de interessados.

DISPOSITIVO CORRELATO (Lei n. 12.462/2011)
Art. 30. [...] § 1º O procedimento de pré-qualificação ficará permanentemente aberto para a inscrição dos eventuais interessados.

§ 3º Quanto ao procedimento de pré-qualificação, constarão do edital:

I – as informações mínimas necessárias para definição do objeto;

II – a modalidade, a forma da futura licitação e os critérios de julgamento.

§ 4º A apresentação de documentos far-se-á perante órgão ou comissão indicada pela Administração, que deverá examiná-los no prazo máximo de 10 (dez) dias úteis e determinar correção ou reapresentação de documentos, quando for o caso, com vistas à ampliação da competição.

§ 5º Os bens e os serviços pré-qualificados deverão integrar o catálogo de bens e serviços da Administração.

§ 6º A pré-qualificação poderá ser realizada em grupos ou segmentos, segundo as especialidades dos fornecedores.

DISPOSITIVO CORRELATO (Lei n. 12.462/2011)
Art. 30. [...] § 3º A pré-qualificação poderá ser efetuada nos grupos ou segmentos, segundo as especialidades dos fornecedores.

§ 7º A pré-qualificação poderá ser parcial ou total, com alguns ou todos os requisitos técnicos ou de habilitação necessários à contratação, assegurada, em qualquer hipótese, a igualdade de condições entre os concorrentes.

DISPOSITIVO CORRELATO (Lei n. 12.462/2011)
Art. 30. [...] § 4º A pré-qualificação poderá ser parcial ou total, contendo alguns ou todos os requisitos de habilitação ou técnicos necessários à contratação, assegurada, em qualquer hipótese, a igualdade de condições entre os concorrentes.

§ 8º Quanto ao prazo, a pré-qualificação terá validade:

DISPOSITIVO CORRELATO (Lei n. 12.462/2011)
Art. 30. [...] § 5º A pré-qualificação terá validade de 1 (um) ano, no máximo, podendo ser atualizada a qualquer tempo.

I – de 1 (um) ano, no máximo, e poderá ser atualizada a qualquer tempo;

II – não superior ao prazo de validade dos documentos apresentados pelos interessados.

§ 9º Os licitantes e os bens pré-qualificados serão obrigatoriamente divulgados e mantidos à disposição do público.

§ 10. A licitação que se seguir ao procedimento da pré-qualificação poderá ser restrita a licitantes ou bens pré-qualificados.

COMENTÁRIOS

A pré-qualificação é procedimento técnico-administrativo seletivo prévio à licitação, externado mediante a publicação de edital, com o conteúdo das condições de habilitação dos interessados ou do objeto. O instrumento revela sua utilidade quando o objeto possui determinado nível de complexidade, ou sua realização demande capacidades específicas dos licitantes.

Dessa forma, a pré-qualificação minimiza os riscos da licitação, inerentes à inabilitação de preocupante quantidade de licitantes, em prejuízo da competitividade e da vantajosidade colimada na contratação.

O instituto é previsto no art. 114 da Lei n. 8.666/93, porém restrito à modalidade de concorrência. A Lei n. 14.133/2021 amplia a aplicabilidade do procedimento, inspirada na disciplina insculpida pelo RDC.

O procedimento de pré-qualificação deve permanecer franqueado à inscrição de interessados, e do edital devem constar a definição mínima do objeto e a modalidade da futura licitação e os critérios de julgamento.

O pedido de pré-qualificação será apresentado ao órgão ou à comissão designada para esse fim, que se manifestará no prazo de dez dias úteis, podendo determinar a correção ou a reapresentação de documentos.

A pré-qualificação pode ser total ou parcial, conforme os requisitos atendidos pelos bens ou licitantes. Bens e serviços pré-qualificados devem integrar o catálogo de bens e serviços da Administração.

A pré-qualificação terá prazo máximo de validade de um ano e não superior ao prazo de validade dos documentos cadastrados, possibilitando-se a atualização a qualquer tempo, e a licitação que se seguir ao procedimento da pré-qualificação poderá ser restrita a licitantes ou bens pré-qualificados.

Pré-qualificação de licitante

A pré-qualificação de licitante relaciona-se não diretamente à qualidade do bem por ser adquirido ou serviço prestado, mas à capacidade do licitante para a sua satisfatória execução.

A execução de determinados objetos, permeados por peculiaridades técnicas, não se satisfaz tão somente com o domínio de tecnologia empregada, mas requer a capacidade de determinada licitante para o seu cumprimento, mediante sistemas e pessoal qualificado para o cumprimento do contrato.

Por conseguinte, a restrição para participação no certame a licitantes pré-qualificadas tem o condão de empreender eficiência e eficácia à licitação.

Pré-qualificação de bens

A pré-qualificação de bens destina-se à catalogação de produtos que atendam as especificações exigidas pela Administração.

A Administração pode exigir a comprovação de qualidade do bem apresentado, mediante catálogo do fabricante e manuais técnicos. Para o fim de atestação da qualidade, a Administração também pode ser servir de mecanismos de avaliação da conformidade: ensaios, inspeções, etiquetagem, rotulagem ambiental, declaração de conformidade, certificações ou verificação de desempenho, conforme o objeto por ser avaliado e de acordo com os requisitos técnicos especificados.

Seção IV
Do Procedimento de Manifestação de Interesse

Art. 81. A Administração poderá solicitar à iniciativa privada, mediante procedimento aberto de manifestação de interesse a ser iniciado com a publicação de edital de chamamento

público, a propositura e a realização de estudos, investigações, levantamentos e projetos de soluções inovadoras que contribuam com questões de relevância pública, na forma de regulamento.

§ 1º Os estudos, as investigações, os levantamentos e os projetos vinculados à contratação e de utilidade para a licitação, realizados pela Administração ou com a sua autorização, estarão à disposição dos interessados, e o vencedor da licitação deverá ressarcir os dispêndios correspondentes, conforme especificado no edital.

§ 2º A realização, pela iniciativa privada, de estudos, investigações, levantamentos e projetos em decorrência do procedimento de manifestação de interesse previsto no *caput* deste artigo:

I – não atribuirá ao realizador direito de preferência no processo licitatório;

II – não obrigará o poder público a realizar licitação;

III – não implicará, por si só, direito a ressarcimento de valores envolvidos em sua elaboração;

IV – será remunerada somente pelo vencedor da licitação, vedada, em qualquer hipótese, a cobrança de valores do poder público.

§ 3º Para aceitação dos produtos e serviços de que trata o *caput* deste artigo, a Administração deverá elaborar parecer fundamentado com a demonstração de que o produto ou serviço entregue é adequado e suficiente à compreensão do objeto, de que as premissas adotadas são compatíveis com as reais necessidades do órgão e de que a metodologia proposta é a que propicia maior economia e vantagem entre as demais possíveis.

§ 4º O procedimento previsto no *caput* deste artigo poderá ser restrito a startups, assim considerados os microempreendedores individuais, as microempresas e as empresas de pequeno porte, de natureza emergente e com grande potencial, que se dediquem à pesquisa, ao desenvolvimento e à implementação de novos produtos ou serviços baseados em soluções tecnológicas inovadoras que possam causar alto impacto, exigida, na seleção definitiva da inovação, validação prévia fundamentada em métricas objetivas, de modo a demonstrar o atendimento das necessidades da Administração.

COMENTÁRIOS

Amplamente utilizado nas licitações para concessões de serviço público, o Procedimento de Manifestação de Interesse (PMI) tem fundamento no art. 21 da Lei n. 8.987/95 e é regulamentado pelo Decreto n. 10.104/2019.

Segundo a norma infralegal, o PMI é observado na apresentação de "projetos, levantamentos, investigações ou estudos, por pessoa física ou jurídica de direito privado, com a finalidade de subsidiar a Administração Pública na estruturação de desestatização de empresa e de contratos de parcerias".

Contratos de parceria são aqueles que pactuam concessão de serviço público – comum, patrocinada, administrativa ou regida por legislação setorial –, permissão de serviço público, arrendamento de bem público, concessão de direito real e os outros negócios público-privados que, por seu caráter estratégico e "complexidade, especificidade, volume de investimentos, longo prazo, riscos ou incertezas envolvidas, adotem estrutura jurídica semelhante" (art. 1º, § 2º, da Lei n. 13.334/2016).

O PMI é importantíssimo instrumento de planejamento de negócios jurídicos de vulto e complexidade, nos quais se enquadram os contratos de parceria público-privada para a construção e a exploração de infraestrutura, por exemplo: instalações de geração, transmissão e distribuição de energia elétrica, óleo e gás, ferrovias, rodovias, portos, aeroportos, armazéns e hospitais.

Com a publicação da Lei n. 14.133/2021, estatui-se em lei formal o PMI. Por meio desse instrumento, a Administração poderá solicitar à iniciativa privada, na forma de edital de chamamento público, a propositura e realização de estudos, investigações, levantamentos e projetos de soluções inovadoras de relevância pública.

Cabe ao licitante vencedor o dispêndio para a remuneração dos estudos, investigações, levantamentos e projetos vinculados à contratação e de utilidade para a licitação, realizados pela Administração ou com a sua autorização.

O PMI não vincula a Administração, que não será obrigada a realizar a licitação, nem confere ao realizador direito de preferência no certame, tampouco direito a ressarcimento de valores dispendidos.

Esse procedimento auxiliar tem extrema utilidade quando a Administração, com o fim de executar políticas públicas mediante licitações, tem conhecimento das limitações de seus quadros para o adequado dimensionamento de projetos, especificações e circunstâncias que gravitam em torno do objeto. Para se desincumbir desse mister, a Administração convoca a iniciativa privada para a colaboração com o Poder Público.

A aceitação dos produtos e serviços realizados mediante PMI formaliza-se por parecer fundamentado, no qual a Administração assinala que o produto ou serviço é adequado e suficiente à compreensão do objeto, as premissas são compatíveis com as necessidades da Administração e a metodologia proposta é a que propicia maior economia e vantagem entre as demais possíveis.

Merece realce a possibilidade jurídica de restrição do PMI a startups dedicadas à pesquisa, desenvolvimento e implementação de novos produtos ou serviços baseados em soluções tecnológicas inovadoras que possam causar alto impacto, servindo o instrumento como importante motriz de desenvolvimento, pautado no estímulo à produção de conhecimento científico e tecnológico.

Seção V
Do Sistema de Registro de Preços

Art. 82. O edital de licitação para registro de preços observará as regras gerais desta Lei e deverá dispor sobre:

I – as especificidades da licitação e de seu objeto, inclusive a quantidade máxima de cada item que poderá ser adquirida;

II – a quantidade mínima a ser cotada de unidades de bens ou, no caso de serviços, de unidades de medida;

III – a possibilidade de prever preços diferentes:

a) quando o objeto for realizado ou entregue em locais diferentes;

b) em razão da forma e do local de acondicionamento;

c) quando admitida cotação variável em razão do tamanho do lote;

d) por outros motivos justificados no processo;

IV – a possibilidade de o licitante oferecer ou não proposta em quantitativo inferior ao máximo previsto no edital, obrigando-se nos limites dela;

V – o critério de julgamento da licitação, que será o de menor preço ou o de maior desconto sobre tabela de preços praticada no mercado;

VI – as condições para alteração de preços registrados;

VII – o registro de mais de um fornecedor ou prestador de serviço, desde que aceitem cotar o objeto em preço igual ao do licitante vencedor, assegurada a preferência de contratação de acordo com a ordem de classificação;

VIII – a vedação à participação do órgão ou entidade em mais de uma ata de registro de preços com o mesmo objeto no prazo de validade daquela de que já tiver participado, salvo na ocorrência de ata que tenha registrado quantitativo inferior ao máximo previsto no edital;

IX – as hipóteses de cancelamento da ata de registro de preços e suas consequências.

§ 1º O critério de julgamento de menor preço por grupo de itens somente poderá ser adotado quando for demonstrada a inviabilidade de se promover a adjudicação por item e for evidenciada a sua vantagem técnica e econômica, e o critério de aceitabilidade de preços unitários máximos deverá ser indicado no edital.

§ 2º Na hipótese de que trata o § 1º deste artigo, observados os parâmetros estabelecidos nos §§ 1º, 2º e 3º do art. 23 desta Lei, a contratação posterior de item específico constante de grupo de itens exigirá prévia pesquisa de mercado e demonstração de sua vantagem para o órgão ou entidade.

§ 3º É permitido registro de preços com indicação limitada a unidades de contratação, sem indicação do total a ser adquirido, apenas nas seguintes situações:

I – quando for a primeira licitação para o objeto e o órgão ou entidade não tiver registro de demandas anteriores;

II – no caso de alimento perecível;

III – no caso em que o serviço estiver integrado ao fornecimento de bens.

§ 4º Nas situações referidas no § 3º deste artigo, é obrigatória a indicação do valor máximo da despesa e é vedada a participação de outro órgão ou entidade na ata.

§ 5º O sistema de registro de preços poderá ser usado para a contratação de bens e serviços, inclusive de obras e serviços de engenharia, observadas as seguintes condições:

I – realização prévia de ampla pesquisa de mercado;

DISPOSITIVO CORRELATO (Lei n. 8.666/93)

Art. 15. [...]
§ 1º O registro de preços será precedido de ampla pesquisa de mercado.

II – seleção de acordo com os procedimentos previstos em regulamento;

DISPOSITIVO CORRELATO (Lei n. 8.666/93)

Art. 15. [...]
§ 3º O sistema de registro de preços será regulamentado por decreto, atendidas as peculiaridades regionais, observadas as seguintes condições:

III – desenvolvimento obrigatório de rotina de controle;

DISPOSITIVO CORRELATO (Lei n. 8.666/93)

Art. 15. [...]
§ 3º [...]
II – estipulação prévia do sistema de controle e atualização dos preços registrados;

IV – atualização periódica dos preços registrados;

V – definição do período de validade do registro de preços;

VI – inclusão, em ata de registro de preços, do licitante que aceitar cotar os bens ou serviços em preços iguais aos do licitante vencedor na sequência de classificação da licitação e inclusão do licitante que mantiver sua proposta original.

§ 6º O sistema de registro de preços poderá, na forma de regulamento, ser utilizado nas hipóteses de inexigibilidade e de dispensa de licitação para a aquisição de bens ou para a contratação de serviços por mais de um órgão ou entidade.

COMENTÁRIOS

O Sistema de Registro de Preços (SRP) destina-se à realização, por meio de "contratação direta ou licitação nas modalidades pregão ou concorrência, de registro formal de preços relativos à prestação de serviços, a obras e a aquisição e locação de bens para contratações futuras" (art. 6º, XLV, da Lei n. 14.133/2021).

O procedimento possibilita futura e eventual contratação do escolhido, sendo que a existência de preços registrados não obriga a Administração a firmar as contratações que deles poderão advir, facultandose a realização de licitação específica para a aquisição pretendida, sendo assegurado ao beneficiário do registro a preferência de fornecimento em igualdade de condições.

O SRP é amplamente utilizado pela Administração Pública, regido pelo art. 15 da Lei n. 8.666/93, exigindo-se seleção mediante concorrência. Desde a publicação da Lei n. 10.520/2002, que instituiu o pregão, admite-se o seu uso também por meio dessa modalidade, a qual é mormente utilizada para o SRP.

O art. 29, III, do RDC, categoriza o SRP como procedimento auxiliar das licitações, mesma lógica adotada pela nova lei. O registro de preços já tem disciplina bastante conhecida, regulamentado na forma do Decreto n. 7.892/2013. Por conseguinte, a Lei n. 14.133/2021 tratou de elevar ao patamar de lei formal certos requisitos para o aperfeiçoamento do instituto.

Marçal Justen Filho[232] define o sistema de registro de preços como um "contrato normativo produzido mediante licitação e que determina as condições quantitativas e qualitativas para contratações futuras de compras e serviços, realizadas por um ou por uma pluralidade de órgãos administrativos".

Na licitação para registro de preços, não é necessário indicar a dotação orçamentária, que somente será exigida para a formalização do contrato ou outro instrumento hábil. Após a licitação será elaborada uma ata de registro de preços que terá validade de 1 (um) ano, podendo ser prorrogada por igual período, desde que comprovada a vantajosidade.

O registro de preços possibilita futura e eventual contratação do escolhido, sendo que a existência de preços registrados não obriga a Administração a firmar as contratações que deles poderão advir, facultandose a realização de licitação específica para a aquisição pretendida, sendo assegurado ao beneficiário do registro a preferência de fornecimento em igualdade de condições.

Assim, o preço e o fornecedor do produto ficam à disposição dos diversos órgãos e entidade da Administração Pública para novas contratações durante o período de validade da ata sem que seja necessária a realização de uma nova licitação, bastando que o órgão ou a entidade adira à ata.

Os preços registrados serão publicados trimestralmente para orientação da Administração, na imprensa oficial. Qualquer cidadão é parte legítima para impugnar preço constante do quadro geral em razão de incompatibilidade desse com o preço vigente no mercado.

Desde que devidamente justificada a vantagem, a ata de registro de preços, durante sua vigência, poderá ser utilizada por qualquer órgão ou entidade da Administração Pública da mesma esfera federativa que não tenha participado do certame licitatório, mediante anuência do órgão gerenciador.

O órgão ou entidade gerenciadora é responsável pela condução do conjunto de procedimentos para registro de preços e pelo gerenciamento da ata de registro de preços dele decorrente; o órgão ou entidade participante participa dos procedimentos iniciais da contratação para registro de preços e integra a ata de registro de preços.

Os órgãos e entidades que não participaram do registro de preços, quando desejarem fazer uso da ata de registro de preços, deverão consultar o órgão gerenciador da ata para manifestação sobre a possibilidade de adesão.

---

232 JUSTEN FILHO, Marçal. *Curso de direito administrativo*. 10. ed. São Paulo: Revista dos Tribunais, 2014. p. 536.

Por exemplo, considerando que hipoteticamente o INSS tenha realizado concorrência para a aquisição de veículos automotores com certas características e o procedimento de registro de preços tenha sido observado, o IBGE, a UFBA e a AGU, mesmo sem a realização de procedimento licitatório, poderão adquirir veículos do mesmo fornecedor com o mesmo preço, mediante anuência do órgão gerenciador.

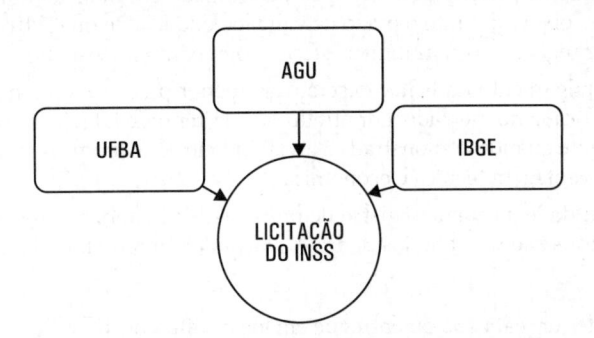

O sistema de registro de preços não é modalidade de licitação, mas procedimento auxiliar que pode ser descrito como a racionalização da licitação de determinado bem ou serviço para que os demais interessados não precisem realizar nova licitação e alguns chamamno de licitação "carona" ou "efeito carona".

Importante exemplo refere-se à quantidade de cada item que poderá ser adquirida. O art. 9º, IV, do Regulamento do SRP, determina que o edital discrimine quantidade mínima de bens a ser cotada.

A exigência justifica-se para o satisfatório dimensionamento dos custos marginais do licitante, que tende a diminuir com o aumento de produção, haja vista a manutenção dos custos fixos.

Situações há em que os custos fixos são bastante onerosos, de modo que a produção de pouca monta é desinteressante. Tenha-se por exemplo o serviço de impressão *offset*: qualquer que seja a quantidade de material impresso, tal serviço demanda a prévia gravação de chapas usadas na impressão. Essa etapa de produção é necessária mesmo que seja impressa apenas uma unidade, para o que o trabalho de separação de cores, pulverização da matriz e revelação é imprescindível. Logo, a indefinição de custos mínimos impossibilita ao licitante a razoável mensuração do preço por unidade.

O art. 82, I e II, dispõe, além da quantidade mínima, da quantidade máxima de cada item que poderá ser adquirida. De igual modo, a informação é relevante para a precificação dos serviços, uma vez que, ao contrário do que dita o senso comum, a economia de escala nem sempre é uma constante.

Em certos casos, os custos fixos – como salários, operação e manutenção de máquinas e aluguel de edificação – elavam-se para que a produção seja atendida, aumentando-se o custo marginal em relação ao custo médio de produção.

Por essa razão, o art. 82, IV, dispõe sobre a possibilidade de o licitante oferecer ou não proposta em quantitativo inferior ao máximo previsto no edital, obrigando-se nos limites dela, o que favorece a competitividade.

Logo, tanto a quantidade mínima quanto a máxima são importantíssimas para a precificação dos bens e serviços.

Quanto à seara da integridade, a definição de quantidade máxima impede o favorecimento de licitante mediante fornecimento de quantidades superiores àquelas necessárias para a Administração, situação que se agrava com a possibilidade de adesão, por outros órgãos, à ata de registro de preços.

Principalmente em órgãos e entidades dotados de baixo nível de planejamento orçamentário e de compras, é conhecida a prática frequente de, ao invés de empreender esforço para licitar, ou atuar como órgão ou entidade participante, optar pela mera e simples adesão a atas de registro de preços publicadas por órgãos gerenciadores. É uma faculdade salutar, em favor da eficiência, mas suscetível a abusos.

Por isso, é vedada a participação do órgão ou entidade em mais de uma ata de registro de preços com o mesmo objeto durante o prazo de validade daquela de que já tiver participado, salvo quando a ata houver registrado quantitativo inferior ao máximo previsto no edital.

O critério de julgamento da licitação será o de menor preço ou o de maior desconto sobre tabela de preços praticada no mercado, admitindo-se o critério de julgamento de menor preço por grupo de itens somente quando demonstrada a inviabilidade de se promover a adjudicação por item e evidenciada a sua vantagem técnica e econômica.

O prazo de validade da ata de registro de preços é de um ano, prorrogável por igual período, desde que demonstrada a vantajosidade. A ata pode contemplar, por fatores justificados, preços distintos:

(i)   se o objeto for realizado ou entregue em locais diferentes;

(ii)   em razão da forma e do local de acondicionamento;

(iii)   quando admitida cotação variável em razão do tamanho do lote ou outros motivos justificados.

Mediante certas condições, como a prévia e ampla pesquisa de mercado, atualização periódica dos preços registrados e desenvolvimento de rotina de controle, possibilita-se o uso do SRP para a contratação de bens e serviços comuns e de engenharia e de obras.

Art. 83. A existência de preços registrados implicará compromisso de fornecimento nas condições estabelecidas, mas não obrigará a Administração a contratar, facultada a realização de licitação específica para a aquisição pretendida, desde que devidamente motivada.

DISPOSITIVO CORRELATO (Lei n. 8.666/93)

Art. 15. [...]

§ 4º A existência de preços registrados não obriga a Administração a firmar as contratações que deles poderão advir, ficando-lhe facultada a utilização de outros meios, respeitada a legislação relativa às licitações, sendo assegurado ao beneficiário do registro preferência em igualdade de condições.

COMENTÁRIOS

O fornecedor obriga-se às condições determinadas na ata de registro de preços, mas a Administração não é obrigada a contratar.

Sobre o alcance obrigacional da ata de registro de preços, o TCU[233] anota:

> [...] a ata de registro de preços tem natureza diversa da do contrato, sendo inapropriada, também por isso, sua celebração em um mesmo termo ou instrumento. Como vimos, a ata firma compromissos para futura contratação, ou seja, caso venha a ser concretizado o contrato, há que se obedecer às condições previstas na ata.
>
> [...] a ata de registro de preços impõe compromissos, basicamente, ao fornecedor (e não à Administração Pública), sobretudo em relação aos preços e às condições de entrega. Já o

---

233 TRIBUNAL DE CONTAS DA UNIÃO. Representação. Acórdão 3273/2010. Segunda Câmara, rel. Min. Augusto Sherman, julgado em 20-6-2010.

contrato estabelece deveres e direitos tanto ao contratado quanto ao contratante, numa relação de bilateralidade e comutatividade típicas do instituto.

Se razões de mérito administrativo indicarem a conveniência de realização de licitação para a contratação do objeto discriminado na ata de registro de preços, tal faculdade assiste à Administração, desde que suficientemente motivada.

A esse respeito, merece realce o fato de que os motivos apontados pela Administração devem ser adequados e proporcionais ao fim colimado, sob pena de ferir frontalmente o princípio da moralidade, configurada pelo comportamento da Administração em incentivar o engajamento da iniciativa privada em negócios públicos em vão.

Art. 84. O prazo de vigência da ata de registro de preços será de 1 (um) ano e poderá ser prorrogado, por igual período, desde que comprovado o preço vantajoso.

Parágrafo único. O contrato decorrente da ata de registro de preços terá sua vigência estabelecida em conformidade com as disposições nela contidas.

COMENTÁRIOS

O inciso III do § 3º do art. 15 da Lei n. 8.666/93 dispõe que o sistema de registro de preços terá "validade do registro não superior a um ano".

O art. 12 do Decreto n. 7892/2013 dispõe que "o prazo de validade da ata de registro de preços não será superior a doze meses, incluídas eventuais prorrogações".

O art. 84 da Lei n. 14.133/2021 traz inovação salutar, a possibilitar a prorrogação da vigência da ata de registro de preços por igual período.

Observe-se que, no regime da Lei n. 8.666/93, a ata terá vigência por até um ano, podendo o gestor optar por prazo menor, de seis meses, por exemplo. Nesse caso, admitir-se-ia prorrogação por mais seis meses, perfazendo-se o máximo prazo de vigência autorizado pela lei: um ano.

Sob a ótica da Lei n. 14.133/2021, o prazo de vigência é invariável, fixado em um ano, admitindo-se prorrogação por igual período, desde que comprovada a vantajosidade, ocasião em que surtirá efeitos durante o período de dois anos.

Art. 85. A Administração poderá contratar a execução de obras e serviços de engenharia pelo sistema de registro de preços, desde que atendidos os seguintes requisitos:

I – existência de projeto padronizado, sem complexidade técnica e operacional;

II – necessidade permanente ou frequente de obra ou serviço a ser contratado.

COMENTÁRIOS

A depender da natureza das atividades desempenhadas pelo órgão ou entidade, é corriqueira a realização de obras e serviços de engenharia de natureza repetitiva, mediante projeto padronizado.

É o que ocorre, por exemplo, em serviços de engenharia de manutenção ou recuperação de infraestrutura viária – como elementos de proteção e segurança e elementos de sinalização –, ou mesmo edificações de apoio técnico, logístico e operacional que atendam a requisitos técnicos idênticos.

Nessa situação, a deflagração de sequenciadas licitações para a contratação do mesmo objeto é medida que se afasta do interesse público e do princípio da economicidade, por ensejar alta onerosidade ao funcionamento da Administração.

Art. 86. O órgão ou entidade gerenciadora deverá, na fase preparatória do processo licitatório, para fins de registro de preços, realizar procedimento público de intenção de registro de preços para, nos termos de regulamento, possibilitar, pelo prazo mínimo de 8 (oito) dias úteis,

a participação de outros órgãos ou entidades na respectiva ata e determinar a estimativa total de quantidades da contratação.

§ 1º O procedimento previsto no *caput* deste artigo será dispensável quando o órgão ou entidade gerenciadora for o único contratante.

§ 2º Se não participarem do procedimento previsto no *caput* deste artigo, os órgãos e entidades poderão aderir à ata de registro de preços na condição de não participantes, observados os seguintes requisitos:

I – apresentação de justificativa da vantagem da adesão, inclusive em situações de provável desabastecimento ou descontinuidade de serviço público;

II – demonstração de que os valores registrados estão compatíveis com os valores praticados pelo mercado na forma do art. 23 desta Lei;

III – prévias consulta e aceitação do órgão ou entidade gerenciadora e do fornecedor.

§ 3º A faculdade conferida pelo § 2º deste artigo estará limitada a órgãos e entidades da Administração Pública federal, estadual, distrital e municipal que, na condição de não participantes, desejarem aderir à ata de registro de preços de órgão ou entidade gerenciadora federal, estadual ou distrital.

§ 4º As aquisições ou as contratações adicionais a que se refere o § 2º deste artigo não poderão exceder, por órgão ou entidade, a 50% (cinquenta por cento) dos quantitativos dos itens do instrumento convocatório registrados na ata de registro de preços para o órgão gerenciador e para os órgãos participantes.

§ 5º O quantitativo decorrente das adesões à ata de registro de preços a que se refere o § 2º deste artigo não poderá exceder, na totalidade, ao dobro do quantitativo de cada item registrado na ata de registro de preços para o órgão gerenciador e órgãos participantes, independentemente do número de órgãos não participantes que aderirem.

§ 6º A adesão à ata de registro de preços de órgão ou entidade gerenciadora do Poder Executivo federal por órgãos e entidades da Administração Pública estadual, distrital e municipal poderá ser exigida para fins de transferências voluntárias, não ficando sujeita ao limite de que trata o § 5º deste artigo se destinada à execução descentralizada de programa ou projeto federal e comprovada a compatibilidade dos preços registrados com os valores praticados no mercado na forma do art. 23 desta Lei.

§ 7º Para aquisição emergencial de medicamentos e material de consumo médico-hospitalar por órgãos e entidades da Administração Pública federal, estadual, distrital e municipal, a adesão à ata de registro de preços gerenciada pelo Ministério da Saúde não estará sujeita ao limite de que trata o § 5º deste artigo.

§ 8º Será vedada aos órgãos e entidades da Administração Pública federal a adesão à ata de registro de preços gerenciada por órgão ou entidade estadual, distrital ou municipal.

COMENTÁRIOS

Intenção de registro de preços

O Procedimento de Intenção de Registro de Preços (IRP) foi instituído pelo Decreto n. 7.892/2013, que regulamenta o Sistema de Registro de Preços previsto no art. 15 da Lei n. 8.666, de 21 de junho de 1993.

O art. 4º do Regulamento dispõe sobre a instituição do Procedimento de Intenção de Registro de Preços:

[...] a ser operacionalizado por módulo do Sistema de Administração e Serviços Gerais (SIASG), que deverá ser utilizado pelos órgãos e entidades integrantes do Sistema de Serviços Gerais (SISG), para **registro e divulgação** dos itens a serem licitados.

O art. 86, *caput*, da Lei n. 14.133/2021 adotou a sistemática desse regulamento, com o procedimento em sede de lei em sentido estrito para todos os entes federados.

A intenção de registro de preços é deveras salutar, em prol dos princípios da economicidade, competividade e eficiência.

Muitos órgãos e entidades da Administração possuem idênticas necessidades de contratação de fornecimento de bens e prestação de serviços, razão por que a participação de diversos órgãos e entidades interessados em uma mesma ata tenha o potencial de engendrar significativa economia de escala e, consequentemente, diminuição dos preços.

Requisitos para adesão

Não se manifestando no procedimento público de intenção de registro de preços para a participação na ata, faculta-se ao órgão ou entidade a adesão ao instrumento, desde que satisfeitos os seguintes requisitos:

I – apresentação de justificativa da vantagem da adesão, inclusive em situações de provável desabastecimento ou descontinuidade de serviço público;

II – demonstração de que os valores registrados estão compatíveis com os valores praticados pelo mercado;

III – prévias consulta e aceitação do órgão ou entidade gerenciadora e do fornecedor.

Limites de contratações adicionais

Por força do § 4º do art. 86, as aquisições ou as contratações adicionais, pretendidas por órgãos ou entidades não participantes, não poderão exceder, por órgão ou entidade, a cinquenta por cento dos quantitativos dos itens do instrumento convocatório registrados na ata de registro de preços para o órgão gerenciador e para os órgãos participantes.

O § 5º do art. 86 determina que o quantitativo decorrente das adesões à ata de registro de preços não poderá exceder, na totalidade, ao dobro do quantitativo de cada item registrado na ata de registro de preços para o órgão gerenciador e órgãos participantes, independentemente do número de órgãos não participantes que aderirem.

A norma legal visa a limitar o abuso do instrumento obrigacional consubstanciado na ata de registro de preços, desestimulando-se a indesejável proliferação de órgãos e entidades "caronas" que, em descumprimento ao dever de planejamento, utilizem-se do sistema de registro de preços como meio alternativo do dever de licitar.

Ademais, a adesão indiscriminada de órgão não participantes pode servir de incentivo a negócios espúrios, privilegiando-se determinados fornecedores que tenham fácil acesso aos órgãos e entidades, consolidando favorecimentos que a lei colima evitar, porquanto contrários ao espírito democrático e republicano.

Exceção dessa regra de limitação refere-se à aquisição emergencial de medicamentos e material de consumo médico-hospitalar por órgãos e entidades da Administração Pública federal, estadual, distrital e municipal, por meio de adesão a ata de registro de preços gerenciada pelo Ministério da Saúde.

A regra de excepcionalidade justifica-se quando observada a situação de emergência e a natureza dos produtos – medicamentos e material de consumo médico-hospitalar –, situação em que vedar a adesão importaria em ofensa ao direito fundamental à saúde e, pois, seria medida contrária ao interesse público.

Seção VI
Do Registro Cadastral

Art. 87. Para os fins desta Lei, os órgãos e entidades da Administração Pública deverão utilizar o sistema de registro cadastral unificado disponível no Portal Nacional de Contratações Públicas (PNCP), para efeito de cadastro unificado de licitantes, na forma disposta em regulamento.

DISPOSITIVO CORRELATO (Lei n. 8.666/93)

Art. 34. Para os fins desta Lei, os órgãos e entidades da Administração Pública que realizem frequentemente licitações manterão registros cadastrais para efeito de habilitação, na forma regulamentar, válidos por, no máximo, um ano.

---

§ 1º O sistema de registro cadastral unificado será público e deverá ser amplamente divulgado e estar permanentemente aberto aos interessados, e será obrigatória a realização de chamamento público pela internet, no mínimo anualmente, para atualização dos registros existentes e para ingresso de novos interessados.

DISPOSITIVO CORRELATO (Lei n. 8.666/93)

Art. 34. [...]

§ 1º O registro cadastral deverá ser amplamente divulgado e deverá estar permanentemente aberto aos interessados, obrigando-se a unidade por ele responsável a proceder, no mínimo anualmente, através da imprensa oficial e de jornal diário, a chamamento público para a atualização dos registros existentes e para o ingresso de novos interessados.

---

§ 2º É proibida a exigência, pelo órgão ou entidade licitante, de registro cadastral complementar para acesso a edital e anexos.

§ 3º A Administração poderá realizar licitação restrita a fornecedores cadastrados, atendidos os critérios, as condições e os limites estabelecidos em regulamento, bem como a ampla publicidade dos procedimentos para o cadastramento.

§ 4º Na hipótese a que se refere o § 3º deste artigo, será admitido fornecedor que realize seu cadastro dentro do prazo previsto no edital para apresentação de propostas.

COMENTÁRIOS

O registro cadastral é contemplado na Lei n. 8.666/93, para efeito de habilitação, tendo maior realce em licitações segundo a modalidade tomada de preços, da qual participam licitantes "devidamente cadastrados ou que atenderem a todas as condições exigidas para cadastramento até o terceiro dia anterior à data do recebimento das propostas" (art. 22, § 2º, da Lei n. 8.666/93).

A Lei n. 14.133/2021 preserva a ideia de registro cadastral da antiga lei, mas traz novas regras, com realce para o "sistema de registro cadastral unificado disponível no Portal Nacional de Contratações Públicas, para efeito de cadastro unificado de licitantes, na forma disposta em regulamento" (art. 87, *caput*).

A vontade da lei dirige-se à imposição de cadastro único, de caráter nacional, para o que o Poder Executivo Federal tem significativa experiência, advinda com a implantação do Sistema de Cadastramento Unificado de Fornecedores (Sicaf), regulamentado pelo Decreto n. 3.722/2001. O sistema de registro cadastral unificado será uma funcionalidade do PNCP.

No procedimento de pré-qualificação de licitantes, poderão ser dispensados os documentos que constarem do registro cadastral, conferindo-se agilidade ao procedimento.

A Administração poderá realizar licitação restrita a fornecedores cadastrados, atendidos critérios, condições e limites estabelecidos em regulamento, bem como a ampla publicidade dos procedimentos para o cadastramento (art. 87, § 3º).

Dessa possibilidade ressalva-se a licitação segundo a modalidade leilão, que não exige registro cadastral prévio, haja vista não possuir fase de habilitação.

Art. 88. Ao requerer, a qualquer tempo, inscrição no cadastro ou a sua atualização, o interessado fornecerá os elementos necessários exigidos para habilitação previstos nesta Lei.

DISPOSITIVO CORRELATO (Lei n. 8.666/93)
Art. 35. Ao requerer inscrição no cadastro, ou atualização deste, a qualquer tempo, o interessado fornecerá os elementos necessários à satisfação das exigências do art. 27 desta Lei.

§ 1º O inscrito, considerada sua área de atuação, será classificado por categorias, subdivididas em grupos, segundo a qualificação técnica e econômico-financeira avaliada, de acordo com regras objetivas divulgadas em sítio eletrônico oficial.

DISPOSITIVO CORRELATO (Lei n. 8.666/93)
Art. 36. Os inscritos serão classificados por categorias, tendo-se em vista sua especialização, subdivididas em grupos, segundo a qualificação técnica e econômica avaliada pelos elementos constantes da documentação relacionada nos arts. 30 e 31 desta Lei.

§ 2º Ao inscrito será fornecido certificado, renovável sempre que atualizar o registro.

DISPOSITIVO CORRELATO (Lei n. 8.666/93)
Art. 36. [...] § 1º Aos inscritos será fornecido certificado, renovável sempre que atualizarem o registro.

§ 3º A atuação do contratado no cumprimento de obrigações assumidas será avaliada pelo contratante, que emitirá documento comprobatório da avaliação realizada, com menção ao seu desempenho na execução contratual, baseado em indicadores objetivamente definidos e aferidos, e a eventuais penalidades aplicadas, o que constará do registro cadastral em que a inscrição for realizada.

DISPOSITIVO CORRELATO (Lei n. 8.666/93)
Art. 36. [...] § 2º A atuação do licitante no cumprimento de obrigações assumidas será anotada no respectivo registro cadastral.

§ 4º A anotação do cumprimento de obrigações pelo contratado, de que trata o § 3º deste artigo, será condicionada à implantação e à regulamentação do cadastro de atesto de cumprimento de obrigações, apto à realização do registro de forma objetiva, em atendimento aos princípios da impessoalidade, da igualdade, da isonomia, da publicidade e da transparência, de modo a possibilitar a implementação de medidas de incentivo aos licitantes que possuírem ótimo desempenho anotado em seu registro cadastral.

§ 5º A qualquer tempo poderá ser alterado, suspenso ou cancelado o registro de inscrito que deixar de satisfazer exigências determinadas por esta Lei ou por regulamento.

DISPOSITIVO CORRELATO (Lei n. 8.666/93)

Art. 37. A qualquer tempo poderá ser alterado, suspenso ou cancelado o registro do inscrito que deixar de satisfazer as exigências do art. 27 desta Lei, ou as estabelecidas para classificação cadastral.

§ 6º O interessado que requerer o cadastro na forma do *caput* deste artigo poderá participar de processo licitatório até a decisão da Administração, e a celebração do contrato ficará condicionada à emissão do certificado referido no § 2º deste artigo.

COMENTÁRIOS

O registro cadastral é ferramenta já implementada sob o regime da Lei n. 8666/93, cujo 2º do art. 36 dispõe que "a atuação do licitante no cumprimento de obrigações assumidas será anotada no respectivo registro cadastral".

O § 3º do art. 88 da Lei n. 14.133/2021, ao disciplinar a matéria, colaciona elementos que conferem maior efetividade e utilidade ao registro cadastral.

O dispositivo em comento dispõe que a Administração emitirá documento da avaliação de desempenho do contratado, com base em indicadores objetivamente definidos e aferidos, e eventuais penalidades aplicadas, informações estas anotadas no registro cadastral.

Indicadores objetivamente definidos e aferidos

De extrema relevância a regra que vincula a avaliação do contratado à estipulação de indicadores objetivamente definidos e aferidos. Do verbete "objetivamente definidos" depreende-se o emprego de elementos lógicos e racionais, afastados de impressões pessoais, conferindo-se tecnicalidade e impessoalidade à avaliação.

Por "aferidos" deve-se compreender que os indicadores tenham sido previamente testados, e verificada a sua pertinência para os fins almejados.

A avaliação de desempenho contratual deve ser realizada mediante atividades de **monitoramento, medição** e **análise**.

Por conseguinte, a definição de indicadores pressupõe o conhecimento sobre o que precisa ser monitorado e medido, por exemplo: o tempo de execução do objeto; a quantidade de erros ou refazimentos para adequação às especificações técnicas; o tempo para tratamento e resposta de questões apresentadas pela fiscalização do contrato.

O conjunto de métricas utilizadas para a quantificação do desempenho contratual formam os *Key Performance Indicators* (KPIs), indicadores-chave de desempenho, cuja eficácia requer alguns cuidados, como:

a)   clareza e padronização das regras;
b)   simplicidade;
c)   relevância para o resultado almejado;
d)   limitação de quantidade de indicadores, pautados nos elementos de maior relevância para o adimplemento contratual.

As normas técnicas de gestão da qualidade oferecem importantes subsídios para o estabelecimento de indicadores de desempenho, a exemplo da ISO 9001, cuja Seção 9 dispõe sobre requisitos para avaliação de desempenho.

Ainda nesse escopo, é de alta relevância que as atestações por serem emitidas sejam baseadas em evidências coletadas ao longo do monitoramento e medição. Nesse ponto, convém lembrar que:

Nunca é fácil tomar decisões, e elas naturalmente envolvem certo grau de incerteza, mas a possibilidade de obter os resultados esperados é maior se suas decisões forem baseadas na análise e na avaliação de dados[234].

TÍTULO III
DOS CONTRATOS ADMINISTRATIVOS
CAPÍTULO I
Da Formalização dos Contratos

Art. 89. Os contratos de que trata esta Lei regular-se-ão pelas suas cláusulas e pelos preceitos de direito público, e a eles serão aplicados, supletivamente, os princípios da teoria geral dos contratos e as disposições de direito privado.

DISPOSITIVO CORRELATO (Lei n. 8.666/93)

Art. 54. Os contratos administrativos de que trata esta Lei regulam-se pelas suas cláusulas e pelos preceitos de direito público, aplicando-se-lhes, supletivamente, os princípios da teoria geral dos contratos e as disposições de direito privado.

---

§ 1º Todo contrato deverá mencionar os nomes das partes e os de seus representantes, a finalidade, o ato que autorizou sua lavratura, o número do processo da licitação ou da contratação direta e a sujeição dos contratantes às normas desta Lei e às cláusulas contratuais.

DISPOSITIVO CORRELATO (Lei n. 8.666/93)

Art. 61. Todo contrato deve mencionar os nomes das partes e os de seus representantes, a finalidade, o ato que autorizou a sua lavratura, o número do processo da licitação, da dispensa ou da inexigibilidade, a sujeição dos contratantes às normas desta Lei e às cláusulas contratuais.

---

§ 2º Os contratos deverão estabelecer com clareza e precisão as condições para sua execução, expressas em cláusulas que definam os direitos, as obrigações e as responsabilidades das partes, em conformidade com os termos do edital de licitação e os da proposta vencedora ou com os termos do ato que autorizou a contratação direta e os da respectiva proposta.

DISPOSITIVO CORRELATO (Lei n. 8.666/93)

Art. 54. [...]
§ 1º Os contratos devem estabelecer com clareza e precisão as condições para sua execução, expressas em cláusulas que definam os direitos, obrigações e responsabilidades das partes, em conformidade com os termos da licitação e da proposta a que se vinculam.

COMENTÁRIOS

A Administração Pública, para a execução de suas finalidades, necessita de bens e serviços; precisa também, em certos casos previstos no ordenamento nacional, de atribuir algum direito seu ao particular.

---

234 ASSOCIAÇÃO BRASILEIRA DE NORMAS TÉCNICAS. *ABNT NBR ISO 9001:2015:* como usar. Rio de Janeiro, 2015. p. 5.

O Estado pode atuar de duas formas distintas:

a)   exercendo *sponte sua* a atividade que necessita ou fabricando o bem que deseja; ou
b)   utilizando-se do administrado para tal.

Quando opta pelo fornecimento do bem ou do serviço por terceiros, deve valerse do instrumento idôneo à avença: o contrato.

O contrato é instituto eminentemente de direito privado, consequentemente sua utilização no direito público enseja diversas adaptações, inclusive no que toca aos seus elementos essenciais.

Sob a ótica de direito privado, o contrato é negócio jurídico bilateral ou plurilateral que cria, extingue, modifica ou transforma relações convencionais dinâmicas, de caráter patrimonial, entre pelo menos duas pessoas que, em regime de cooperação, visam atender aos desejos ou às necessidades individuais ou coletivas[235].

O instrumento por excelência de realização da autonomia da vontade é o contrato, havendo liberdade de escolha, pois o homem nasce livre para contratar ou não, mas, uma vez constituído o vínculo, dele não se pode desobrigar. Essa é a essência do contrato na esfera do direito privado[236].

A noção básica de contrato jamais deve ser esquecida, sob pena de confusão entre contrato administrativo e ato administrativo, dado que o contrato é acordo, vinculativo por força de lei, firmado em manifestações de vontade, com o fim de criar, modificar ou extinguir direitos[237].

O contrato é todo acordo de vontades, firmado livremente pelas partes para criar obrigações e direitos recíprocos, sendo que, em princípio, todo contrato é negócio jurídico bilateral e comutativo[238].

Léon Duguit[239] afirmava que não existia diferença entre contrato de direito público e contrato de direito privado, uma vez que a noção de contrato independe das especificidades das suas cláusulas ou das prescrições legais, havendo apenas a distinção entre contrato e ato administrativo. A sua corrente doutrinária não é a adotada pela maioria dos autores.

Celso Antônio Bandeira de Mello anota:

> Nem todas as relações jurídicas travadas entre Administração e terceiros resultam de atos unilaterais. Muitas delas procedem de acordos de vontade entre o Poder Público e terceiros. A estas últimas costuma-se denominar "contratos"[240].

Apesar de a noção de contrato ser única, a existência de regime jurídico visivelmente diferenciado, inclusive com a clara desigualdade de poderes entre os contratantes, justifica a qualificação "contrato administrativo". Assim, resta claro que o conceito de contrato foi extraído do direito civil e adaptado à sua espécie que mais interessa nesta obra: o contrato administrativo[241].

Os contratos firmados ou celebrados pela Administração Pública podem ser:

a)   contratos privados da Administração Pública, que são regidos essencialmente pelas normas de direito privado; e
b)   contratos administrativos, que são regidos essencialmente pelas normas de direito público.

---

235 FIUZA, César. *Contratos.* Belo Horizonte: Del Rey, 2009.

236 RODRIGUES JUNIOR, Otavio Luiz. *Revisão judicial dos contratos:* autonomia da vontade e teoria da imprevisão. 2. ed. São Paulo: Atlas, 2006.

237 CORREIA, Jose Manuel Servulo. *Legalidade e autonomia contratual nos contratos administrativos.* Coimbra: Almedina, 1987.

238 MEIRELLES, Hely Lopes. *Direito administrativo brasileiro.* 35. ed. São Paulo: Malheiros, 2009.

239 DUGUIT, Leon. *Manuel de droit constitutionnel.* Paris: Fontemoing et Cie., 1927.

240 MELLO, Celso Antônio Bandeira de. *Curso de direito administrativo.* 30. ed. São Paulo: Malheiros, 2012. p. 626.

241 LAUBADERE, Andre de. Traité élémentaire de droit administratif. Paris: LGDJ, 1963. *Vide* também do mesmo autor: *Traité théorique et pratique des contrats administratifs.* Paris: LGDJ, 1956, tome premier, n. 1 a 422.

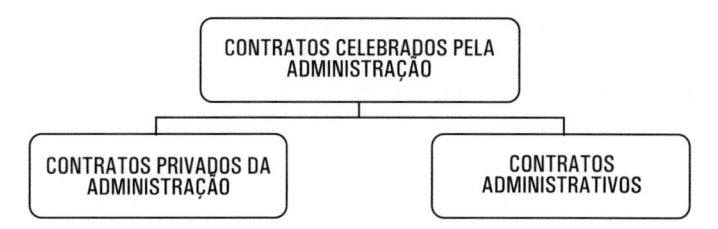

Os contratos privados celebrados pela Administração Pública apresentam grandes diferenças em relação aos contratos administrativos.

No contrato privado realizado pela Administração, não será encontrada qualquer diferença externa em relação aos contratos sob o regime de direito privado. O Poder Público ajustará desprovido dos seus poderes exorbitantes decorrentes do regime jurídicoadministrativo[242].

No entanto, o procedimento interno de declaração de vontade observará as normas de Direito Público, não restando dúvida de que a escolha do contratado deve ser devidamente fundamentada, a fim de ilustrar que algum procedimento objetivo foi adotado para preservar o princípio constitucional da impessoalidade.

A locação de imóvel para atender às necessidades de instalação da Administração Pública é exemplo de contrato privado do Estado, mas a escolha do imóvel deverá observar critérios objetivos, inclusive avaliação prévia, e deverá ser devidamente fundamentada.

Podem ser dados como exemplo de contratos privados da Administração Pública os de compra e venda de imóveis pertencentes a particulares, os de locação de imóveis de particular, os de empréstimos internos ou externos etc. Ressalte-se que estes contratos, mesmo firmados sob regime jurídico de direito privado, podem conter cláusulas protetoras do interesse público[243].

Contrato administrativo

O contrato administrativo é o ajuste que a Administração Pública direta ou indireta, agindo nessa qualidade, firma com o particular ou outra entidade administrativa para a consecução de objetivos de interesse público, nas condições estabelecidas pela própria Administração[244].

Pode-se dizer que o contrato administrativo, em razão de suas peculiaridades:

> É um tipo de avença travada entre a Administração e terceiros na qual, por força de lei, de cláusulas pactuadas ou do tipo de objeto, a permanência do vínculo e as condições preestabelecidas sujeitam-se a cambiáveis imposições de interesse público, ressalvados os interesses patrimoniais do contratante privado[245].

Apesar de a finalidade do contrato administrativo ser a satisfação do interesse público, não há qualquer menosprezo ao interesse particular de lucrar com a avença. Ao contrário, o particular não deve ser compelido a prestar o seu serviço, explorar bem do Estado ou fornecer produto sem que a finalidade de obtenção de lucro da sua atividade seja preservada, sob pena de estar configurada expropriação ilegal.

Os interesses no contrato administrativo devem ser harmônicos, há cooperação para o objetivo final, não se trata de relação essencialmente conflituosa. A avença deve ser comutativa e sinalagmática.

---

242 STJ, REsp 737.741/RJ, rel. Min. Castro Meira, 2ª Turma, julgado em 3-10-2006, *DJ* 1º-12-2006, p. 290.

243 PEREIRA JÚNIOR, Jessé Torres. *Comentários à lei das licitações e contratações da administração pública*. 7. ed. Rio de Janeiro: Renovar, 2007.

244 MEIRELLES, Hely Lopes. *Direito administrativo brasileiro*. 35. ed. São Paulo: Malheiros, 2009.

245 MELLO, Celso Antônio Bandeira de. *Curso de direito administrativo*. 30. ed. São Paulo: Malheiros, 2012. p. 632-633.

Caso contrário, estarseia diante de intervenção do Estado no domínio econômico, o que, definitivamente, não é a finalidade da licitação nem do contrato administrativo.

A definição de contrato administrativo é ofertada pela doutrina e pela lei. O *caput* do art. 89 da Lei n. 14.133/2021 dispõe:

> Os contratos de que trata esta Lei regular-se-ão pelas suas cláusulas e pelos preceitos de direito público, e a eles serão aplicados, supletivamente, os princípios da teoria geral dos contratos e as disposições de direito privado.

Resta evidente que a lei buscou estabelecer diálogo entre o direito público e o direito privado, a fim de assegurar a coerência e a completude do sistema jurídico[246]. Realmente, as normas jurídicas de direito público não preveem todos os fatos e implicações oriundos da celebração e execução de um contrato administrativo, devendo ser observado, supletivamente, o direito privado[247].

O contrato administrativo pode ser conceituado como a avença ou ajuste celebrado entre a Administração Pública – sob um regime jurídico diferenciado de direito público que lhe outorga certas prerrogativas normativamente estabelecidas – e o particular ou outras entidades da própria Administração Pública para a consecução de objeto relacionado ao interesse público.

Há, além dos contratos administrativos comuns, os contratos tipicamente administrativos, avenças que não encontram similitude com qualquer dos contratos vistos no Direito Privado, por exemplo, o contrato de concessão de serviço público. Podem ser listados como exemplos de contratos administrativos os seguintes:

a)   contrato de execução de obra;
b)   contrato de prestação de serviço;
c)   contrato de fornecimento de bens;
d)   contrato de concessão de serviço público;
e)   contrato de permissão de serviço público;
f)   contrato de concessão de uso de bem público; e
g)   contrato de gestão.

Em relação ao contrato de gestão, não é pacífica a sua classificação como contrato administrativo.

Por fim, a maioria dos autores classifica os contratos administrativos em duas modalidades: colaboração e atribuição. O primeiro representa a conjugação das forças da Administração Pública e do particular para atender às necessidades daquela; o segundo atribui determinado direito da Administração Pública ao particular, em regra, para atender às necessidades deste último.

Competência legislativa

A competência para legislar sobre contratos administrativos é a mesma para legislar sobre licitação. O inciso XXVII do art. 22 da CF/88 estabelece:

> Art. 22. Compete privativamente à União legislar sobre:
> [...]
> XXVII – normas gerais de licitação e contratação, em todas as modalidades, para as administrações públicas diretas, autárquicas e fundacionais da União, Estados, Distrito Federal e Municípios, obedecido o disposto no art. 37, XXI, e para as empresas públicas e sociedades de economia mista, nos termos do art. 173, § 1º, III.

A União terá competência para editar normas gerais e cada ente da Federação, Estados, Distrito Federal e Municípios, terá competência para editar normas específicas. Caso não haja

---

246 BOBBIO, Norberto. *O positivismo jurídico*: lições de filosofia do direito. São Paulo: Ícone, 2006.

247 STJ, REsp 330.677/RS, rel. Min. José Delgado, 1ª Turma, julgado em 2-10-2001, *DJ* 4-2-2002, p. 306.

norma específica de determinado ente da Federação, o seu Poder Legislativo terá a faculdade de editar lei autorizando a utilização das normas sobre contratos administrativos de outro que as tenha.

Características

Quando analisadas as peculiaridades do contrato administrativo, pode-se dizer que:

> O contrato administrativo é sempre consensual e, em regra, formal, oneroso, comutativo e realizado *intuitu personae*. É consensual porque consubstancia um acordo de vontades, e não um ato unilateral e impositivo da Administração; é formal porque se expressa por escrito e com requisitos especiais; é oneroso porque remunerado na forma convencionada; é comutativo porque estabelece compensações recíprocas e equivalentes para as partes; é *intuitu personae* porque deve ser executado pelo próprio contratado, vedadas, em princípio, a sua substituição por outrem ou a transferência do ajuste[248].

Assim, pode ser dito que o contrato administrativo tem as seguintes características:

a) **consensual:** o simples acordo de vontade com a manifestação de acordo com as formas previstas no ordenamento jurídico é suficiente para a sua celebração, não dependendo a sua perfeição de outros atos;

b) **comutativo:** gera direito e obrigações para ambas as partes, havendo relativa equivalência entre as prestações anteriormente conhecidas, certas e determinadas;

c) **de adesão:** em virtude do regime jurídico diferenciado ao qual está submetido o contrato administrativo por imposição legal, não há possibilidade de negociar as suas cláusulas, podendo o particular aderir ou não. Contudo, sem que haja margem de negociação. O particular, normalmente, não faz parte da sua elaboração, posto que muitas vezes o contrato administrativo a ser firmado já é parte integrante do instrumento convocatório;

d) **formal:** os contratos administrativos obedecem a formas legalmente estabelecidas, precisando observar certos requisitos e elementos indispensáveis. Isso não impede a existência de contratos administrativos verbais, conforme o § 2º art. 95 da Lei n. 14.133/2021, cujo valor não ultrapasse R$ 10.000,00 (dez mil reais);

e) **oneroso:** há normalmente um objeto economicamente quantificável, ainda que, em alguns casos, os valores sejam muito reduzidos;

f) **sinalagmático:** por existir reciprocidade nas obrigações estipuladas;

g) **personalíssimo:** os contratos administrativos são firmados especificamente com o particular escolhido pela Administração Pública através de procedimento licitatório ou de procedimento de contratação direta. As sim, a sua natureza é intuito personae, admitindose a subcontratação em casos restritos e legalmente permitidos.

Sob a égide da Lei n. 14.133/2021, os contratos regem-se de acordo com os mesmos dogmas jurídicos positivados na Lei n. 8.666/93, a aplicação dos preceitos de direito público e, supletivamente, os princípios da teoria geral dos contratos e as disposições de direito privado. O texto da Lei n. 14.133/2021 traz, porém, algumas importantes inovações que merecem comentários.

Quanto à forma, os termos de contrato e de aditamento serão obrigatoriamente divulgados e mantidos à disposição do público em sítio eletrônico oficial, admitindo-se o sigilo somente quando imprescindível à segurança da sociedade e do Estado.

Conforme regulamento, será admitida a forma eletrônica na celebração de contratos e de termos aditivos. Dentre as cláusulas necessárias, a lei estabelece a matriz de risco, quando

---

248 MEIRELLES, Hely Lopes; BURLE FILHO, José Emmanuel. *Direito administrativo brasileiro*. 42. ed. São Paulo: Malheiros, 2016. p. 240.

aplicável, e o modelo de gestão do contrato, significativos elementos de gestão, monitoramento e controle.

Conforme o art. 95, § 2º, não se exige termo de contrato para os negócios jurídicos atinentes a pequenas compras ou prestação de serviços de pronto pagamento, cujo valor não supere a quantia de dez mil reais. A celebração de contrato não escrito, em outras hipóteses, será nula de pleno direito.

Formalismo

Na Administração Pública, o formalismo é garantia de publicidade e regularidade do agir administrativo. Portanto, não se concebe, salvo a exceção do § 2º do art. 95 da Lei n. 14.133/2021, a possibilidade de celebração de contratos ou avenças orais.

A regra é a clara e explícita documentação das cláusulas obrigacionais contratadas.

Art. 90. A Administração convocará regularmente o licitante vencedor para assinar o termo de contrato ou para aceitar ou retirar o instrumento equivalente, dentro do prazo e nas condições estabelecidas no edital de licitação, sob pena de decair o direito à contratação, sem prejuízo das sanções previstas nesta Lei.

DISPOSITIVO CORRELATO (Lei n. 8.666/93)
Art. 64. A Administração convocará regularmente o interessado para assinar o termo de contrato, aceitar ou retirar o instrumento equivalente, dentro do prazo e condições estabelecidos, sob pena de decair o direito à contratação, sem prejuízo das sanções previstas no art. 81 desta Lei.

§ 1º O prazo de convocação poderá ser prorrogado 1 (uma) vez, por igual período, mediante solicitação da parte durante seu transcurso, devidamente justificada, e desde que o motivo apresentado seja aceito pela Administração.

DISPOSITIVO CORRELATO (Lei n. 8.666/93)
Art. 64. [...]   § 1º O prazo de convocação poderá ser prorrogado uma vez, por igual período, quando solicitado pela parte durante o seu transcurso e desde que ocorra motivo justificado aceito pela Administração.

§ 2º Será facultado à Administração, quando o convocado não assinar o termo de contrato ou não aceitar ou não retirar o instrumento equivalente no prazo e nas condições estabelecidas, convocar os licitantes remanescentes, na ordem de classificação, para a celebração do contrato nas condições propostas pelo licitante vencedor.

DISPOSITIVO CORRELATO (Lei n. 8.666/93)
Art. 64. [...]   § 2º É facultado à Administração, quando o convocado não assinar o termo de contrato ou não aceitar ou retirar o instrumento equivalente no prazo e condições estabelecidos, convocar os licitantes remanescentes, na ordem de classificação, para fazê-lo em igual prazo e nas mesmas condições propostas pelo primeiro classificado, inclusive quanto aos preços atualizados de conformidade com o ato convocatório, ou revogar a licitação independentemente da cominação prevista no art. 81 desta Lei.

§ 3º Decorrido o prazo de validade da proposta indicado no edital sem convocação para a contratação, ficarão os licitantes liberados dos compromissos assumidos.

DISPOSITIVO CORRELATO (Lei n. 8.666/93)

Art. 64. [...]

§ 3º Decorridos 60 (sessenta) dias da data da entrega das propostas, sem convocação para a contratação, ficam os licitantes liberados dos compromissos assumidos.

---

§ 4º Na hipótese de nenhum dos licitantes aceitar a contratação nos termos do § 2º deste artigo, a Administração, observados o valor estimado e sua eventual atualização nos termos do edital, poderá:

DISPOSITIVO CORRELATO (Lei n. 12.462/2011)

Art. 40. [...]

Parágrafo único. Na hipótese de nenhum dos licitantes aceitar a contratação nos termos do inciso II do *caput* deste artigo, a administração pública poderá convocar os licitantes remanescentes, na ordem de classificação, para a celebração do contrato nas condições ofertadas por estes, desde que o respectivo valor seja igual ou inferior ao orçamento estimado para a contratação, inclusive quanto aos preços atualizados nos termos do instrumento convocatório.

I – convocar os licitantes remanescentes para negociação, na ordem de classificação, com vistas à obtenção de preço melhor, mesmo que acima do preço do adjudicatário;

II – adjudicar e celebrar o contrato nas condições ofertadas pelos licitantes remanescentes, atendida a ordem classificatória, quando frustrada a negociação de melhor condição.

§ 5º A recusa injustificada do adjudicatário em assinar o contrato ou em aceitar ou retirar o instrumento equivalente no prazo estabelecido pela Administração caracterizará o descumprimento total da obrigação assumida e o sujeitará às penalidades legalmente estabelecidas e à imediata perda da garantia de proposta em favor do órgão ou entidade licitante.

DISPOSITIVO CORRELATO (Lei n. 8.666/93)

Art. 81. A recusa injustificada do adjudicatário em assinar o contrato, aceitar ou retirar o instrumento equivalente, dentro do prazo estabelecido pela Administração, caracteriza o descumprimento total da obrigação assumida, sujeitando-o às penalidades legalmente estabelecidas.

---

§ 6º A regra do § 5º não se aplicará aos licitantes remanescentes convocados na forma do inciso I do § 4º deste artigo.

DISPOSITIVO CORRELATO (Lei n. 8.666/93)

Art. 81. [...]

Parágrafo único. O disposto neste artigo não se aplica aos licitantes convocados nos termos do art. 64, § 2º desta Lei, que não aceitarem a contratação, nas mesmas condições propostas pelo primeiro adjudicatário, inclusive quanto ao prazo e preço.

---

§ 7º Será facultada à Administração a convocação dos demais licitantes classificados para a contratação de remanescente de obra, de serviço ou de fornecimento em consequência de rescisão contratual, observados os mesmos critérios estabelecidos nos §§ 2º e 4º deste artigo.

DISPOSITIVO CORRELATO (Lei n. 8.666/93)

Art. 24. É dispensável a licitação:

[...]

XI – na contratação de remanescente de obra, serviço ou fornecimento, em consequência de rescisão contratual, desde que atendida a ordem de classificação da licitação anterior e aceitas as mesmas condições oferecidas pelo licitante vencedor, inclusive quanto ao preço, devidamente corrigido;

COMENTÁRIOS

A decadência é o não exercício de direito potestativo em prazo normativamente estipulado. Não assinando o contrato no prazo estipulado, sem nenhuma razão de escusa, sujeita-se o licitante à cominação das penalidades legais, além da perda do valor depositado a título de garantia de proposta.

Faculta-se à Administração convocar os licitantes remanescentes, aos quais não se impõem as consequências sancionatórias cominadas ao licitante para o qual se adjudicou o objeto da licitação, ante a hipótese de recusa.

Art. 91. Os contratos e seus aditamentos terão forma escrita e serão juntados ao processo que tiver dado origem à contratação, divulgados e mantidos à disposição do público em sítio eletrônico oficial.

DISPOSITIVO CORRELATO (Lei n. 8.666/93)

Art. 60. Os contratos e seus aditamentos serão lavrados nas repartições interessadas, as quais manterão arquivo cronológico dos seus autógrafos e registro sistemático do seu extrato, salvo os relativos a direitos reais sobre imóveis, que se formalizam por instrumento lavrado em cartório de notas, de tudo juntando-se cópia no processo que lhe deu origem.

§ 1º Será admitida a manutenção em sigilo de contratos e de termos aditivos quando imprescindível à segurança da sociedade e do Estado, nos termos da legislação que regula o acesso à informação.

§ 2º Contratos relativos a direitos reais sobre imóveis serão formalizados por escritura pública lavrada em notas de tabelião, cujo teor deverá ser divulgado e mantido à disposição do público em sítio eletrônico oficial.

§ 3º Será admitida a forma eletrônica na celebração de contratos e de termos aditivos, atendidas as exigências previstas em regulamento.

§ 4º Antes de formalizar ou prorrogar o prazo de vigência do contrato, a Administração deverá verificar a regularidade fiscal do contratado, consultar o Cadastro Nacional de Empresas Inidôneas e Suspensas (Ceis) e o Cadastro Nacional de Empresas Punidas (Cnep), emitir as certidões negativas de inidoneidade, de impedimento e de débitos trabalhistas e juntá-las ao respectivo processo.

COMENTÁRIOS

Foi criado no âmbito do Poder Executivo federal o Cadastro Nacional de Empresas Punidas (CNEP), que reunirá e dará publicidade às sanções aplicadas pelos órgãos ou entidades dos Poderes Executivo, Legislativo e Judiciário de todas as esferas de governo.

Os registros das sanções e acordos de leniência serão excluídos depois de decorrido o prazo previamente estabelecido no ato sancionador ou do cumprimento integral do acordo de leniência e da reparação do eventual dano causado, mediante solicitação do órgão ou entidade sancionadora.

Art. 92. São necessárias em todo contrato cláusulas que estabeleçam:

DISPOSITIVO CORRELATO (Lei n. 8.666/93)

Art. 55. São cláusulas necessárias em todo contrato as que estabeleçam:

I – o objeto e seus elementos característicos;

DISPOSITIVO CORRELATO (Lei n. 8.666/93)

Art. 55. [...]
I – o objeto e seus elementos característicos;

II – a vinculação ao edital de licitação e à proposta do licitante vencedor ou ao ato que tiver autorizado a contratação direta e à respectiva proposta;

DISPOSITIVO CORRELATO (Lei n. 8.666/93)

Art. 55. [...]
XI – a vinculação ao edital de licitação ou ao termo que a dispensou ou a inexigiu, ao convite e à proposta do licitante vencedor;

III – a legislação aplicável à execução do contrato, inclusive quanto aos casos omissos;

DISPOSITIVO CORRELATO (Lei n. 8.666/93)

Art. 55. [...]
XII – a legislação aplicável à execução do contrato e especialmente aos casos omissos;

IV – o regime de execução ou a forma de fornecimento;

DISPOSITIVO CORRELATO (Lei n. 8.666/93)

Art. 55. [...]
II – o regime de execução ou a forma de fornecimento;

V – o preço e as condições de pagamento, os critérios, a data-base e a periodicidade do reajustamento de preços e os critérios de atualização monetária entre a data do adimplemento das obrigações e a do efetivo pagamento;

DISPOSITIVO CORRELATO (Lei n. 8.666/93)

Art. 55. [...]
III – o preço e as condições de pagamento, os critérios, data-base e periodicidade do reajustamento de preços, os critérios de atualização monetária entre a data do adimplemento das obrigações e a do efetivo pagamento;

VI – os critérios e a periodicidade da medição, quando for o caso, e o prazo para liquidação e para pagamento;

VII – os prazos de início das etapas de execução, conclusão, entrega, observação e recebimento definitivo, quando for o caso;

DISPOSITIVO CORRELATO (Lei n. 8.666/93)

Art. 55. [...]
IV – os prazos de início de etapas de execução, de conclusão, de entrega, de observação e de recebimento definitivo, conforme o caso;

VIII – o crédito pelo qual correrá a despesa, com a indicação da classificação funcional programática e da categoria econômica;

DISPOSITIVO CORRELATO (Lei n. 8.666/93)

Art. 55. [...]
V – o crédito pelo qual correrá a despesa, com a indicação da classificação funcional programática e da categoria econômica

IX – a matriz de risco, quando for o caso;

X – o prazo para resposta ao pedido de repactuação de preços, quando for o caso;

XI – o prazo para resposta ao pedido de restabelecimento do equilíbrio econômico-financeiro, quando for o caso;

XII – as garantias oferecidas para assegurar sua plena execução, quando exigidas, inclusive as que forem oferecidas pelo contratado no caso de antecipação de valores a título de pagamento;

DISPOSITIVO CORRELATO (Lei n. 8.666/93)

Art. 55. [...]
VI – as garantias oferecidas para assegurar sua plena execução, quando exigidas;

XIII – o prazo de garantia mínima do objeto, observados os prazos mínimos estabelecidos nesta Lei e nas normas técnicas aplicáveis, e as condições de manutenção e assistência técnica, quando for o caso;

XIV – os direitos e as responsabilidades das partes, as penalidades cabíveis e os valores das multas e suas bases de cálculo;

DISPOSITIVO CORRELATO (Lei n. 8.666/93)

Art. 55. [...]
VII – os direitos e as responsabilidades das partes, as penalidades cabíveis e os valores das multas;

XV – as condições de importação e a data e a taxa de câmbio para conversão, quando for o caso;

DISPOSITIVO CORRELATO (Lei n. 8.666/93)

Art. 55. [...]
X – as condições de importação, a data e a taxa de câmbio para conversão, quando for o caso;

XVI – a obrigação do contratado de manter, durante toda a execução do contrato, em compatibilidade com as obrigações por ele assumidas, todas as condições exigidas para a habilitação na licitação, ou para a qualificação, na contratação direta;

DISPOSITIVO CORRELATO (Lei n. 8.666/93)
Art. 55. [...] XIII – a obrigação do contratado de manter, durante toda a execução do contrato, em compatibilidade com as obrigações por ele assumidas, todas as condições de habilitação e qualificação exigidas na licitação.

XVII – a obrigação de o contratado cumprir as exigências de reserva de cargos prevista em lei, bem como em outras normas específicas, para pessoa com deficiência, para reabilitado da Previdência Social e para aprendiz;

XVIII – o modelo de gestão do contrato, observados os requisitos definidos em regulamento;

XIX – os casos de extinção.

DISPOSITIVO CORRELATO (Lei n. 8.666/93)
Art. 55. [...] VIII – os casos de rescisão;

§ 1º Os contratos celebrados pela Administração Pública com pessoas físicas ou jurídicas, inclusive as domiciliadas no exterior, deverão conter cláusula que declare competente o foro da sede da Administração para dirimir qualquer questão contratual, ressalvadas as seguintes hipóteses:

DISPOSITIVO CORRELATO (Lei n. 8.666/93)
Art. 55. [...] § 2º Nos contratos celebrados pela Administração Pública com pessoas físicas ou jurídicas, inclusive aquelas domiciliadas no estrangeiro, deverá constar necessariamente cláusula que declare competente o foro da sede da Administração para dirimir qualquer questão contratual, salvo o disposto no § 6º do art. 32 desta Lei.

I – licitação internacional para a aquisição de bens e serviços cujo pagamento seja feito com o produto de financiamento concedido por organismo financeiro internacional de que o Brasil faça parte ou por agência estrangeira de cooperação;

DISPOSITIVO CORRELATO (Lei n. 8.666/93)
Art. 32. [...] § 6º O disposto no § 4º deste artigo, no § 1º do art. 33 e no § 2º do art. 55, não se aplica às licitações internacionais para a aquisição de bens e serviços cujo pagamento seja feito com o produto de financiamento concedido por organismo financeiro internacional de que o Brasil faça parte, ou por agência estrangeira de cooperação, nem nos casos de contratação com empresa estrangeira, para a compra de equipamentos fabricados e entregues no exterior, desde que para este caso tenha havido prévia autorização do Chefe do Poder Executivo, nem nos casos de aquisição de bens e serviços realizada por unidades administrativas com sede no exterior.

II – contratação com empresa estrangeira para a compra de equipamentos fabricados e entregues no exterior precedida de autorização do Chefe do Poder Executivo;

III – aquisição de bens e serviços realizada por unidades administrativas com sede no exterior.

§ 2º De acordo com as peculiaridades de seu objeto e de seu regime de execução, o contrato conterá cláusula que preveja período antecedente à expedição da ordem de serviço para verificação de pendências, liberação de áreas ou adoção de outras providências cabíveis para a regularidade do início de sua execução.

§ 3º Independentemente do prazo de duração, o contrato deverá conter cláusula que estabeleça o índice de reajustamento de preço, com data-base vinculada à data do orçamento estimado, e poderá ser estabelecido mais de um índice específico ou setorial, em conformidade com a realidade de mercado dos respectivos insumos.

DISPOSITIVO CORRELATO (Lei n. 8.666/93)

Art. 40. O edital conterá no preâmbulo o número de ordem em série anual, o nome da repartição interessada e de seu setor, a modalidade, o regime de execução e o tipo da licitação, a menção de que será regida por esta Lei, o local, dia e hora para recebimento da documentação e proposta, bem como para início da abertura dos envelopes, e indicará, obrigatoriamente, o seguinte:

[...]

XI – critério de reajuste, que deverá retratar a variação efetiva do custo de produção, admitida a adoção de índices específicos ou setoriais, desde a data prevista para apresentação da proposta, ou do orçamento a que essa proposta se referir, até a data do adimplemento de cada parcela; (Redação dada pela Lei n. 8.883, de 1994.)

---

§ 4º Nos contratos de serviços contínuos, observado o interregno mínimo de 1 (um) ano, o critério de reajustamento de preços será por:

I – reajustamento em sentido estrito, quando não houver regime de dedicação exclusiva de mão de obra ou predominância de mão de obra, mediante previsão de índices específicos ou setoriais;

II – repactuação, quando houver regime de dedicação exclusiva de mão de obra ou predominância de mão de obra, mediante demonstração analítica da variação dos custos.

§ 5º Nos contratos de obras e serviços de engenharia, sempre que compatível com o regime de execução, a medição será mensal.

§ 6º Nos contratos para serviços contínuos com regime de dedicação exclusiva de mão de obra ou com predominância de mão de obra, o prazo para resposta ao pedido de repactuação de preços será preferencialmente de 1 (um) mês, contado da data do fornecimento da documentação prevista no § 6º do art. 135 desta Lei.

COMENTÁRIOS

Cláusulas obrigatórias

Quanto ao conteúdo, tem-se que os contratos administrativos, diferentemente da maioria dos contratos privados, devem conter as cláusulas obrigatórias, pautadas na supremacia de poder, estabelecidas nos incisos do art. 92 da Lei n. 14.133/2021.

Além disso, deverá constar obrigatoriamente cláusula que fixe como competente o foro da sede da Administração para dirimir qualquer litígio relativo ao contrato, salvo as hipóteses do § 1º do art. 92 da Lei n. 14.133/2021. Todavia, não se aplica tal imposição de foro nas relações travadas sob o regime jurídico de Direito Privado pelo Poder Público[249].

Matriz de riscos

Na execução de um contrato, existem fatos e circunstâncias suficientes para a ruptura de seu equilíbrio econômico-financeiro, ensejando-se sua recomposição; o equilíbrio econômico-financeiro é preservado quando mantida a execução do contrato nos exatos termos em que firmado.

---

249 STJ, REsp 1.107.584/MG, rel. Min. Eliana Calmon, 2ª Turma, julgado em 25-8-2009, *DJe* 14-9-2009.

Quando ocorrem fatos supervenientes, a indefinição de responsabilidades causa insegurança jurídica e instauração de lide entre as partes do contrato.

Em negócios de obras e serviços de engenharia, por exemplo, existem riscos como a readequação de projeto, em vista de circunstâncias identificadas em campo e não dimensionadas no projeto executivo, ou o refazimento de estruturas destruídas por intempéries.

Existem fatos imprevisíveis, amparados na cláusula *rebus sic stantibus*, causadores de surpresa durante a execução contratual, como abalos sísmicos em região nunca afetada por perturbações tectônicas, ou a decretação de falência de um único fabricante de determinado componente utilizado na obra.

Esses fatos escapam a qualquer chance de previsibilidade. Outros fatos, porém, embora indesejáveis, danosos e pouco frequentes, são previsíveis, como a mudança abrupta do ciclo de chuvas, oscilações cambiais e aumento do custo de insumos precificados em moeda estrangeira.

A matriz de risco deve contemplar os fatores previsíveis a ensejar o desequilíbrio da razão econômico-financeira, de modo a proporcionar adequada formulação da proposta pela licitante e, na execução contratual, segurança jurídica acerca dos riscos e responsabilidades.

Modelo de gestão do contrato

A indefinição sobre a forma de fiscalização é causa de embaraço na execução contratual, desperdício de tempo e materiais.

O modelo de gestão do contrato deve especificar elementos como a forma de fiscalização, unidade organizacional e agentes públicos designados para esse mister, meios de comunicação entre contratado e Administração, condições de pagamento, procedimentos de recebimento provisório e definitivo e outros pressupostos relevantes para a eficaz execução contratual.

Reajustamento e repactuação

Nos contratos celebrados para a prestação de serviços contínuos, admitir-se-ão distintos critérios de **reajustamento**, conforme a natureza do serviço: reajustamento em sentido estrito ou repactuação.

Quando não houver regime de dedicação exclusiva de mão de obra ou predominância de mão de obra, realizar-se-á o reajustamento em sentido estrito, com base em índices específicos ou setoriais. Esse reajustamento corresponde ao que se compreende simplesmente por reajuste contratual, destinado à correção das perdas inflacionárias.

Quando houver regime de dedicação exclusiva de mão de obra ou predominância de mão de obra, após demonstração analítica da variação dos custos, promover-se-á a repactuação, reajustamento que equivale à revisão contratual, voltada à recomposição do equilíbrio econômico-financeiro.

Art. 93. Nas contratações de projetos ou de serviços técnicos especializados, inclusive daqueles que contemplem o desenvolvimento de programas e aplicações de internet para computadores, máquinas, equipamentos e dispositivos de tratamento e de comunicação da informação (software) – e a respectiva documentação técnica associada –, o autor deverá ceder todos os direitos patrimoniais a eles relativos para a Administração Pública, hipótese em que poderão ser livremente utilizados e alterados por ela em outras ocasiões, sem necessidade de nova autorização de seu autor.

DISPOSITIVO CORRELATO (Lei n. 8.666/93)

Art. 111. A Administração só poderá contratar, pagar, premiar ou receber projeto ou serviço técnico especializado desde que o autor ceda os direitos patrimoniais a ele relativos e a Administração possa utilizá-lo de acordo com o previsto no regulamento de concurso ou no ajuste para sua elaboração.

§ 1º Quando o projeto se referir a obra imaterial de caráter tecnológico, insuscetível de privilégio, a cessão dos direitos a que se refere o *caput* deste artigo incluirá o fornecimento de todos os dados, documentos e elementos de informação pertinentes à tecnologia de concepção, desenvolvimento, fixação em suporte físico de qualquer natureza e aplicação da obra.

DISPOSITIVO CORRELATO (Lei n. 8.666/93)
Art. 111. [...]
Parágrafo único. Quando o projeto referir-se a obra imaterial de caráter tecnológico, insuscetível de privilégio, a cessão dos direitos incluirá o fornecimento de todos os dados, documentos e elementos de informação pertinentes à tecnologia de concepção, desenvolvimento, fixação em suporte físico de qualquer natureza e aplicação da obra.

§ 2º É facultado à Administração Pública deixar de exigir a cessão de direitos a que se refere o *caput* deste artigo quando o objeto da contratação envolver atividade de pesquisa e desenvolvimento de caráter científico, tecnológico ou de inovação, considerados os princípios e os mecanismos instituídos pela Lei n. 10.973, de 2 de dezembro de 2004.

§ 3º Na hipótese de posterior alteração do projeto pela Administração Pública, o autor deverá ser comunicado, e os registros serão promovidos nos órgãos ou entidades competentes.

COMENTÁRIOS

Por meio do Decreto n. 1.355/94, o Presidente da República promulga a Ata Final que Incorpora os Resultados da Rodada Uruguai de Negociações Comerciais Multilaterais do GATT, cujo Anexo 1C contém o Acordo sobre os Aspectos dos Direitos de Propriedade Intelectual Relacionados ao Comércio, denominado internacionalmente *Agreement on Trade-Related Aspects of Intellectual Property Rights* (TRIPs).

A adesão ao Acordo impõe ao Brasil a regulamentação dos direitos sobre propriedade intelectual.

O art. 7º da Lei n. 9.610/98, Lei de Direitos Autorais, enumera as obras intelectuais tuteladas pelo direito, das quais merecem ênfase, para os efeitos do art. 93 da Lei n. 14.133/2021, aquelas discriminadas no inciso X e XII. Eis o texto:

> Art. 7º São obras intelectuais protegidas as criações do espírito, expressas por qualquer meio ou fixadas em qualquer suporte, tangível ou intangível, conhecido ou que se invente no futuro, tais como:
> [...]
> X – os projetos, esboços e obras plásticas concernentes à geografia, engenharia, topografia, arquitetura, paisagismo, cenografia e ciência;
> [...]
> XII – os programas de computador;

O § 1º do art. 7º da Lei de Direitos Autorais dispõe que os **programas de computador** são objeto de legislação específica, observadas as disposições dessa Lei que lhes sejam aplicáveis.

A legislação específica para programas de computador materializa-se na Lei n. 9.609/98, que dispõe sobre a proteção da propriedade intelectual de programa de computador.

O art. 1º da Lei n. 9.609/98 define programa de computador como:

> A expressão de um conjunto organizado de instruções em linguagem natural ou codificada, contida em suporte físico de qualquer natureza, de emprego necessário em máquinas automáticas de tratamento da informação, dispositivos, instrumentos ou equipamentos periféricos, baseados em técnica digital ou análoga, para fazê-los funcionar de modo e para fins determinados.

Quanto ao regime de proteção de direito do autor, o art. 2º, § 1º, da Lei n. 9.609/98, assim rege a matéria:

> Art. 2º O regime de proteção à propriedade intelectual de programa de computador é o conferido às obras literárias pela legislação de direitos autorais e conexos vigentes no País, observado o disposto nesta Lei.
>
> § 1º Não se aplicam ao programa de computador as disposições relativas aos direitos morais, ressalvado, a qualquer tempo, o direito do autor de reivindicar a paternidade do programa de computador e o direito do autor de opor-se a alterações não autorizadas, quando estas impliquem deformação, mutilação ou outra modificação do programa de computador, que prejudiquem a sua honra ou a sua reputação.

O art. 93, *caput*, da Lei n. 14.133/2021, disciplina que nas contratações de projetos ou de serviços técnicos especializados:

> Inclusive daqueles que contemplem o desenvolvimento de programas e aplicações de internet para computadores, máquinas, equipamentos e dispositivos de tratamento e de comunicação da informação (software) – e a respectiva documentação técnica associada –, o autor deverá ceder todos os direitos patrimoniais a eles relativos para a Administração Pública, hipótese em que poderão ser livremente utilizados e alterados por ela em outras ocasiões, sem necessidade de nova autorização de seu autor.

Os direitos morais do autor são inalienáveis e irrenunciáveis, enquanto os direitos patrimoniais são disponíveis.

A inteligência do dispositivo reside em que seria de todo inútil a contratação de objeto cujo conteúdo não integrasse a esfera patrimonial da Administração.

Por conseguinte, a lei preserva o direito moral do autor, mas transfere à Administração as prerrogativas de execução conforme suas razões de conveniência e oportunidade.

Art. 94. A divulgação no Portal Nacional de Contratações Públicas (PNCP) é condição indispensável para a eficácia do contrato e de seus aditamentos e deverá ocorrer nos seguintes prazos, contados da data de sua assinatura:

I – 20 (vinte) dias úteis, no caso de licitação;

DISPOSITIVO CORRELATO (Lei n. 8.666/93)

Art. 61. [...]
Parágrafo único. A publicação resumida do instrumento de contrato ou de seus aditamentos na imprensa oficial, que é condição indispensável para sua eficácia, será providenciada pela Administração até o quinto dia útil do mês seguinte ao de sua assinatura, para ocorrer no prazo de vinte dias daquela data, qualquer que seja o seu valor, ainda que sem ônus, ressalvado o disposto no art. 26 desta Lei. (Redação dada pela Lei n. 8.883, de 1994.)

II – 10 (dez) dias úteis, no caso de contratação direta.

DISPOSITIVO CORRELATO (Lei n. 8.666/93)

Art. 26. As dispensas previstas nos §§ 2º e 4º do art. 17 e no inciso III e seguintes do art. 24, as situações de inexigibilidade referidas no art. 25, necessariamente justificadas, e o retardamento previsto no final do parágrafo único do art. 8º desta Lei deverão ser comunicados, dentro de 3 (três) dias, à autoridade superior, para ratificação e publicação na imprensa oficial, no prazo de 5 (cinco) dias, como condição para a eficácia dos atos. (Redação dada pela Lei n. 11.107, de 2005.)

§ 1º Os contratos celebrados em caso de urgência terão eficácia a partir de sua assinatura e deverão ser publicados nos prazos previstos nos incisos I e II do *caput* deste artigo, sob pena de nulidade.

§ 2º A divulgação de que trata o *caput* deste artigo, quando referente à contratação de profissional do setor artístico por inexigibilidade, deverá identificar os custos do cachê do artista, dos músicos ou da banda, quando houver, do transporte, da hospedagem, da infraestrutura, da logística do evento e das demais despesas específicas.

§ 3º No caso de obras, a Administração divulgará em sítio eletrônico oficial, em até 25 (vinte e cinco) dias úteis após a assinatura do contrato, os quantitativos e os preços unitários e totais que contratar e, em até 45 (quarenta e cinco) dias úteis após a conclusão do contrato, os quantitativos executados e os preços praticados.

§ 4º (Vetado).

§ 5º (Vetado).

COMENTÁRIOS

Conforme o art. 94, *caput*, a divulgação dos instrumentos de contrato e termos aditivos resultantes de licitação ou contratação direta realizada com base na Lei n. 14.133/2021 tem como condição indispensável de eficácia a divulgação no PNCP no prazo de:

a)   vinte dias úteis, quando a contratação for precedida de licitação;

b)   dez dias úteis, quando realizada contratação direta.

O § 1º do art. 94 dispõe sobre a celebração de contratos em caso de urgência, quando terão eficácia a partir de sua assinatura, sujeitos à posterior publicação.

Por conseguinte, não havendo situação de urgência, a eficácia do contrato tem início a partir de sua divulgação no PNCP, ainda que assinado anteriormente.

Os contratos celebrados mediante declarada e fundamentada situação de urgência, porém, terão eficácia a partir da assinatura, condicionada à divulgação no prazo regulamentar.

Por conseguinte, a divulgação no PNCP de atos da licitação e dos termos contratuais é pressuposto para a conformidade dos atos e negócios jurídicos ao mandamento legal.

Questão de relevo, porém, é que o referido portal ainda não foi implementado, salientando-se que, por força do art. 194 da Lei n. 14.133/2021, sua vigência teve início na data de publicação: 1º de abril de 2021.

Há de se salientar que, com base no art. 191, *caput*, da Lei n. 14.133/2021, até a revogação da Lei n. 8.666/93, da Lei do Pregão e do RDC –após dois anos da publicação da Lei n. 14.133/2021 – a Administração poderá optar pelo regime jurídico de qualquer das leis, desde que observado o mesmo regime durante todo o certame e consequente contratação.

Como pressuposto, a lei exige tão somente a expressa indicação do regime jurídico no edital ou no aviso ou instrumento de contratação direta.

Por conseguinte, a operacionalização do PNCP não constitui fator imprescindível para a condução de licitação segundo o rito da Lei n. 14.133/2021. Interpretação em sentido contrário importaria em admitir o portal como condição de eficácia da lei, o que não parece razoável.

Ademais, interpretação nesse sentido ensejaria o agravamento da realidade se ocorrer mora do Poder Executivo Federal para a implementação do referido portal, espraiando-se consequências para todos os entes federados, resultando a lei em texto inócuo.

Art. 95. O instrumento de contrato é obrigatório, salvo nas seguintes hipóteses, em que a Administração poderá substituí-lo por outro instrumento hábil, como carta-contrato, nota de empenho de despesa, autorização de compra ou ordem de execução de serviço:

DISPOSITIVO CORRELATO (Lei n. 8.666/93)

Art. 62. O instrumento de contrato é obrigatório nos casos de concorrência e de tomada de preços, bem como nas dispensas e inexigibilidades cujos preços estejam compreendidos nos limites destas duas modalidades de licitação, e facultativo nos demais em que a Administração puder substituí-lo por outros instrumentos hábeis, tais como carta-contrato, nota de empenho de despesa, autorização de compra ou ordem de execução de serviço.

I – dispensa de licitação em razão de valor;

II – compras com entrega imediata e integral dos bens adquiridos e dos quais não resultem obrigações futuras, inclusive quanto a assistência técnica, independentemente de seu valor.

DISPOSITIVO CORRELATO (Lei n. 8.666/93)

Art. 62. [...]
§ 4º É dispensável o "termo de contrato" e facultada a substituição prevista neste artigo, a critério da Administração e independentemente de seu valor, nos casos de compra com entrega imediata e integral dos bens adquiridos, dos quais não resultem obrigações futuras, inclusive assistência técnica.

---

§ 1º Às hipóteses de substituição do instrumento de contrato, aplica-se, no que couber, o disposto no art. 92 desta Lei.

DISPOSITIVO CORRELATO (Lei n. 8.666/93)

Art. 62. [...]
§ 2º Em "carta contrato", "nota de empenho de despesa", "autorização de compra", "ordem de execução de serviço" ou outros instrumentos hábeis aplica-se, no que couber, o disposto no art. 55 desta Lei. (Redação dada pela Lei n. 8.883, de 1994.)

---

§ 2º É nulo e de nenhum efeito o contrato verbal com a Administração, salvo o de pequenas compras ou o de prestação de serviços de pronto pagamento, assim entendidos aqueles de valor não superior a R$ 10.000,00 (dez mil reais).

DISPOSITIVO CORRELATO (Lei n. 8.666/93)

Art. 60. [...]
Parágrafo único. É nulo e de nenhum efeito o contrato verbal com a Administração, salvo o de pequenas compras de pronto pagamento, assim entendidas aquelas de valor não superior a 5% (cinco por cento) do limite estabelecido no art. 23, inciso II, alínea a desta Lei, feitas em regime de adiantamento.

COMENTÁRIOS

Não se deve confundir contrato com instrumento do contrato. O primeiro é o ajuste existente apenas no mundo das ideias, portanto, representa criação abstrata e mental do ser humano. O segundo é a representação do primeiro, podendo ser física, no caso dos escritos, ou também abstrata, no caso dos orais.

A formalização dos contratos é tratada de maneira mais completa pela Lei n. 14.133/2021 do que nas normas de direito privado, o que ilustra a sua importância para o direito administrativo.

Não há eliminação do formalismo quando se substitui o instrumento de contrato por outros documentos escritos mais simples, porém idôneos a comprovar o ajuste, havendo tal extirpação apenas nos ajustes orais.

De fato, o dispêndio de valores mais significativos deve ficar cercado de cautelas para a Administração Pública e de publicidade de todos os seus termos para a sociedade.

O instrumento de contrato é, entretanto, facultativo nos demais casos em que a Administração Pública puder substituílo por outros instrumentos hábeis, tais como:

a) cartacontrato;

b) nota de empenho de despesa;

c) autorização de compra; ou

d) ordem de execução de serviço.

Em relação aos outros instrumentos hábeis, exigese, no que couber, as cláusulas contratuais necessárias dos contratos em geral. Ressalte-se que a substituição por outros instrumentos não significa que o contrato será verbal.

É dispensável o "termo de contrato" e facultada a substituição acima prevista, a critério da Administração e independentemente de seu valor, nos casos de compra com entrega imediata e integral dos bens adquiridos, dos quais não resultem obrigações futuras, inclusive assistência técnica.

Contrato verbal

O § 2º, ao usar o vocábulo "verbal", apresenta impertinência terminológica, visto que as ações verbais são gênero do qual derivam duas espécies: as ações orais e as ações escritas. A verbalização é a codificação do pensamento ou do sentimento fazendo uso das palavras e do sistema linguístico, portanto poderá darse de duas formas: a oral e a escrita.

Logo, o "contrato verbal" tratado no parágrafo único do art. 60 da Lei de Licitações e Contratos Administrativos é, precisamente, o contrato oral ou não escrito.

CAPÍTULO II
Das Garantias

Art. 96. A critério da autoridade competente, em cada caso, poderá ser exigida, mediante previsão no edital, prestação de garantia nas contratações de obras, serviços e fornecimentos.

DISPOSITIVO CORRELATO (Lei n. 8.666/93)
Art. 56. A critério da autoridade competente, em cada caso, e desde que prevista no instrumento convocatório, poderá ser exigida prestação de garantia nas contratações de obras, serviços e compras.

§ 1º Caberá ao contratado optar por uma das seguintes modalidades de garantia:

DISPOSITIVO CORRELATO (Lei n. 8.666/93)
Art. 56. [...]   § 1º Caberá ao contratado optar por uma das seguintes modalidades de garantia: (Redação dada pela Lei n. 8.883, de 1994.)

I – caução em dinheiro ou em títulos da dívida pública emitidos sob a forma escritural, mediante registro em sistema centralizado de liquidação e de custódia autorizado pelo Banco Central do Brasil, e avaliados por seus valores econômicos, conforme definido pelo Ministério da Economia;

DISPOSITIVO CORRELATO (Lei n. 8.666/93)
Art. 56. [...] § 1º [...] I – caução em dinheiro ou em títulos da dívida pública, devendo estes ter sido emitidos sob a forma escritural, mediante registro em sistema centralizado de liquidação e de custódia autorizado pelo Banco Central do Brasil e avaliados pelos seus valores econômicos, conforme definido pelo Ministério da Fazenda; (Redação dada pela Lei n. 11.079, de 2004.)

II – seguro-garantia;

DISPOSITIVO CORRELATO (Lei n. 8.666/93)
Art. 56. [...] § 1º [...] II – seguro-garantia; (Redação dada pela Lei n. 8.883, de 1994.)

III – fiança bancária emitida por banco ou instituição financeira devidamente autorizada a operar no País pelo Banco Central do Brasil.

DISPOSITIVO CORRELATO (Lei n. 8.666/93)
Art. 56. [...] § 1º [...] III – fiança bancária. (Redação dada pela Lei n. 8.883, de 8-6-1994.)

§ 2º Na hipótese de suspensão do contrato por ordem ou inadimplemento da Administração, o contratado ficará desobrigado de renovar a garantia ou de endossar a apólice de seguro até a ordem de reinício da execução ou o adimplemento pela Administração.

§ 3º O edital fixará prazo mínimo de 1 (um) mês, contado da data de homologação da licitação e anterior à assinatura do contrato, para a prestação da garantia pelo contratado quando optar pela modalidade prevista no inciso II do § 1º deste artigo.

COMENTÁRIOS

Pode ser listada como cláusula facultativa prevista em lei, na forma do art. 96 da Lei n. 14.133/2021, a possibilidade de a autoridade competente, desde que haja previsão no instrumento convocatório, exigir prestação de garantia na contratação de obras, serviços e compras. Não se confunde com a garantia das propostas nos procedimentos licitatórios.

A exigência de garantia pela Administração Pública é discricionária. Assim, para exigir ou dispensar será necessária motivação.

A Lei n. 14.133/2021 adota as modalidades de garantia também contempladas na Lei n. 8.666/93: caução em dinheiro ou em títulos da dívida pública; seguro-garantia; e fiança bancária, mas possibilita maiores percentuais.

- CAUÇÃO EM DINHEIRO
- CAUÇÃO EM TÍTULOS DA DÍVIDA PÚBLICA
- SEGURO-GARANTIA
- FIANÇA BANCÁRIA

Apesar de possibilitar, no *caput* do art. 96 da Lei n. 14.133/2021, à Administração Pública a exigência de garantia, deixou-se para o contratado a escolha da modalidade, conforme o § 1º do art. 96 da lei.

Nas contratações de obras, serviços e fornecimentos, a garantia poderá ser de até cinco por cento do valor inicial do contrato, autorizada a majoração para até dez por cento, desde que justificada a complexidade técnica e os riscos envolvidos.

Nas contratações de obras e serviços de engenharia de grande vulto, poderá ser exigida garantia, na modalidade seguro-garantia, com cláusula de retomada, em percentual de até trinta por cento do valor inicial do contrato.

A garantia prestada pelo contratado será liberada ou restituída após a execução do contrato e, quando em dinheiro, atualizada monetariamente. O atraso injustificado na execução do contrato sujeitará o contratado à multa de mora, na forma prevista no instrumento convocatório ou no contrato.

A multa, aplicada após regular processo administrativo, será descontada da garantia do respectivo contratado. Se a multa for de valor superior ao valor da garantia prestada, além da perda desta, responderá o contratado pela sua diferença, a qual será descontada dos pagamentos eventualmente devidos pela Administração ou ainda, quando for o caso, cobrada judicialmente.

Assim, a garantia poderá ser usada para ressarcimento da Administração, e dos valores das multas e indenizações a ela devidos. Nos casos de contratos que importem na entrega de bens pela Administração, dos quais o contratado ficará depositário, ao valor da garantia deverá ser acrescido o valor desses bens.

Art. 97. O seguro-garantia tem por objetivo garantir o fiel cumprimento das obrigações assumidas pelo contratado perante à Administração, inclusive as multas, os prejuízos e as indenizações decorrentes de inadimplemento, observadas as seguintes regras nas contratações regidas por esta Lei:

I – o prazo de vigência da apólice será igual ou superior ao prazo estabelecido no contrato principal e deverá acompanhar as modificações referentes à vigência deste mediante a emissão do respectivo endosso pela seguradora;

II – o seguro-garantia continuará em vigor mesmo se o contratado não tiver pago o prêmio nas datas convencionadas.

Parágrafo único. Nos contratos de execução continuada ou de fornecimento contínuo de bens e serviços, será permitida a substituição da apólice de seguro-garantia na data de renovação ou de aniversário, desde que mantidas as mesmas condições e coberturas da apólice vigente e desde que nenhum período fique descoberto, ressalvado o disposto no § 2º do art. 96 desta Lei.

COMENTÁRIOS

O seguro-garantia é espécie de seguro que garante o fiel cumprimento das obrigações assumidas pelo contratado (art. 6º, LIV, da Lei n. 14.133/2021).

Para que seja eficaz ao fim pretendido, de efetiva garantia, o prazo de vigência da apólice deve abranger todo o período de execução contratual, sendo necessário o endosso, para averbação na apólice.

A apólice é o documento emitido pela sociedade seguradora por qualquer meio que se possa comprovar, físico ou remoto, nos termos da regulamentação específica, formalizando a aceitação da cobertura solicitada pelo proponente.

O endosso é o documento emitido pela seguradora, por intermédio do qual são alterados dados e condições de uma apólice, de comum acordo com o segurado.

O endosso tem efeitos de termo aditivo ao contrato de seguro, a elencar as alterações realizadas, sobretudo dos elementos de cobertura e valor.

Contratos de execução continuada

O parágrafo único do art. 97 dispõe que nos contratos de execução continuada ou de forne-cimento contínuo de bens e serviços, será permitida a substituição da apólice de seguro-garantia na data de renovação ou de aniversário.

Para o monitoramento dessa obrigação, importa observar o que dispõe o art. 5º da Circular n. 251/2004, da Superintendência de Seguros Privados (Susep):

> Art. 5º As apólices, os certificados de seguro e os endossos terão seu início e término de vigência às 24 (vinte e quatro) horas das datas para tal fim neles indicadas.

Art. 98. Nas contratações de obras, serviços e fornecimentos, a garantia poderá ser de até 5% (cinco por cento) do valor inicial do contrato, autorizada a majoração desse percentual para até 10% (dez por cento), desde que justificada mediante análise da complexidade técnica e dos riscos envolvidos.

DISPOSITIVO CORRELATO (Lei n. 8.666/93)
Art. 56. [...]
§ 2º A garantia a que se refere o *caput* deste artigo não excederá a cinco por cento do valor do contrato e terá seu valor atualizado nas mesmas condições daquele, ressalvado o previsto no parágrafo 3º deste artigo. (Redação dada pela Lei n. 8.883, de 1994.)
§ 3º Para obras, serviços e fornecimentos de grande vulto envolvendo alta complexidade técnica e riscos financeiros consideráveis, demonstrados através de parecer tecnicamente aprovado pela autoridade competente, o limite de garantia previsto no parágrafo anterior poderá ser elevado para até dez por cento do valor do contrato. (Redação dada pela Lei n. 8.883, de 1994.)

Parágrafo único. Nas contratações de serviços e fornecimentos contínuos com vigência supe-rior a 1 (um) ano, assim como nas subsequentes prorrogações, será utilizado o valor anual do contrato para definição e aplicação dos percentuais previstos no *caput* deste artigo.

COMENTÁRIOS

Obras, serviços e fornecimentos integram a quase totalidade dos objetos contratados pela Administração mediante licitações públicas. Por isso, a regra de garantia insculpida no art. 98, *caput*, é o comando normativo ordinariamente aplicado aos contratos.

Em relação à regra constante do art. 56, § 2º, da Lei n. 8.666/93, o art. 98, *caput*, da Lei n. 14.133/2021 mantém o percentual máximo de cinco por cento.

Caberá ao administrador público decidir, ante as características da contratação, sobre o valor da garantia, desde que respeitado o patamar de cinco por cento.

Em situações peculiares, porém, o 98, *caput*, da Lei n. 14.133/2021 admite a majoração para até dez por cento, mediante análise da complexidade técnica e riscos envolvidos.

Da leitura do dispositivo, aduz-se que não se trata de situação corriqueira, mas excepcional. A majoração do valor de garantia deve fundar-se em adequada e satisfatória fundamentação, ano-tada nos autos do procedimento licitatório, sob risco de seu uso como instrumento indevido de li-mitação da competitividade.

Art. 99. Nas contratações de obras e serviços de engenharia de grande vulto, poderá ser exi-gida a prestação de garantia, na modalidade seguro-garantia, com cláusula de retomada prevista no art. 102 desta Lei, em percentual equivalente a até 30% (trinta por cento) do valor inicial do contrato.

344 A NOVA LEI DE LICITAÇÕES E CONTRATOS

COMENTÁRIOS

Nas contratações de obras e serviços de engenharia de grande vulto, o valor de garantia pode alcançar o montante de trinta por cento do valor inicial do contrato.

Importa salientar que a expressão "de grande vulto" não se traduz em conceito jurídico indeterminado, mas precisamente definido em termos pecuniários, na forma do art. 6º, XXII, da Lei n. 14.133/2021, o qual define obras, serviços e fornecimentos de grande vulto como "aqueles cujo valor estimado supera R$ 200.000.000,00 (duzentos milhões de reais)".

Numerários dessa dimensão comumente correspondem a obras em empreendimentos de infraestrutura, por exemplo: usinas, estações, portos, aeroportos e obras de arte especiais, como pontes, viadutos e túneis.

A complexidade e riscos envolvidos nessas contratações podem justificar a majoração do valor de garantia até o limite de trinta por cento do valor inicial do contrato, ajustando-se cláusula de retomada.

Da cláusula de retomada resulta que, em caso de inadimplemento pelo contratado, a seguradora deve assumir a execução contratual até a conclusão do objeto, podendo subcontratar a conclusão do contrato, total ou parcialmente.

Para isso, a seguradora deverá firmar o contrato e aditivos, se houver, na qualidade de interveniente anuente, assistindo-lhe o acesso às instalações, relatórios de auditorias e meios necessários para o acompanhamento da execução do contrato.

A cláusula de retomada serve como mecanismo de estímulo para que a seguradora engendre esforços para a monitoração da execução do ajuste e, por consequência, atue como importante instrumento de *enforcement* contratual, mitigando-se o risco de inadimplemento.

Art. 100. A garantia prestada pelo contratado será liberada ou restituída após a fiel execução do contrato ou após a sua extinção por culpa exclusiva da Administração e, quando em dinheiro, atualizada monetariamente.

DISPOSITIVO CORRELATO (Lei n. 8.666/93)
Art. 56. [...]   § 4º A garantia prestada pelo contratado será liberada ou restituída após a execução do contrato e, quando em dinheiro, atualizada monetariamente.

COMENTÁRIOS

Uma vez executado o contrato, sem a instauração de processo de apuração de responsabilidade contratual que possa ensejar a cominação de multa ao contrato, a retenção do valor de garantia é ilícita.

Se depositada em dinheiro, deve ser atualizada monetariamente quando da restituição, conforme o índice determinado no contrato.

A Lei n. 14.133/2021 não determina o índice aplicável, conquanto no art. 182 se identifique conteúdo de integração normativa, a estabelecer o Índice Nacional de Preços ao Consumidor Amplo Especial (IPCA-E).

Nos tribunais, a escolha de índice de correção monetária é frequentemente discutida, pacificando-se a jurisprudência do STJ[250] nos seguintes termos:

---

250 STJ. *Boletim de precedentes*. Edição n. 4, 1º-3-2018 a 15-3-2018. Tema 905. p. 2-3.

3.1 Condenações judiciais de natureza administrativa em geral.

As condenações judiciais de natureza administrativa em geral, sujeitam-se aos seguintes encargos: (a) até dezembro/2002: juros de mora de 0,5% ao mês; correção monetária de acordo com os índices previstos no Manual de Cálculos da Justiça Federal, com destaque para a incidência do IPCA-E a partir de janeiro/2001; (b) no período posterior à vigência do CC/2002 e anterior à vigência da Lei n. 11.960/2009: juros de mora correspondentes à taxa Selic, vedada a cumulação com qualquer outro índice; (c) período posterior à vigência da Lei n. 11.960/2009: juros de mora segundo o índice de remuneração da caderneta de poupança; correção monetária com base no IPCA-E.

3.2 Condenações judiciais de natureza previdenciária.

As condenações impostas à Fazenda Pública de natureza previdenciária sujeitam-se à incidência do INPC, para fins de correção monetária, no que se refere ao período posterior à vigência da Lei n. 11.430/2006, que incluiu o art. 41-A na Lei n. 8.213/91. Quanto aos juros de mora, incidem segundo a remuneração oficial da caderneta de poupança (art. 1º-F da Lei n. 9.494/97, com redação dada pela Lei n. 11.960/2009)

Da leitura da Lei n. 14.133/2021 e jurisprudência pacificada na Corte Superior de Justiça, pode-se inferir que o índice apropriado para a atualização monetária do valor de garantia é o Índice Nacional de Preços ao Consumidor Amplo Especial (IPCA-E).

Art. 101. Nos casos de contratos que impliquem a entrega de bens pela Administração, dos quais o contratado ficará depositário, o valor desses bens deverá ser acrescido ao valor da garantia.

DISPOSITIVO CORRELATO (Lei n. 8.666/93)

Art. 56. [...]
§ 5º Nos casos de contratos que importem na entrega de bens pela Administração, dos quais o contratado ficará depositário, ao valor da garantia deverá ser acrescido o valor desses bens.

COMENTÁRIOS

Quando o contratado recebe a posse de bens da Administração, sem transferência de domínio, para a execução de serviços – por exemplo, máquinas e equipamentos de propriedade do Estado –, o valor desses bens deve ser considerado na mensuração do valor de garantia.

Exemplo corriqueiro é a exploração de refeitórios em repartições públicas, em que a cozinha industrial é composta de bens integrantes do acervo patrimonial da Administração.

O depósito a que alude o art. 101, porém, não se adstringe à espécie de contrato disposta no Capítulo IX do Código Civil (Do depósito). O art. 627 do CC assim define a avença: "Pelo contrato de depósito recebe o depositário um objeto móvel, para guardar, até que o depositante o reclame".

Na hipótese do art. 101 da Lei n. 14.133/2021, efetivamente não há qualquer propósito da Administração em celebrar obrigação de depósito com o contratado, mas tão somente atribuir-lhe a guarda e uso de bens necessários ou convenientes para a execução do contrato.

Art. 102. Na contratação de obras e serviços de engenharia, o edital poderá exigir a prestação da garantia na modalidade seguro-garantia e prever a obrigação de a seguradora, em caso de inadimplemento pelo contratado, assumir a execução e concluir o objeto do contrato, hipótese em que:

I – a seguradora deverá firmar o contrato, inclusive os aditivos, como interveniente anuente e poderá:

a) ter livre acesso às instalações em que for executado o contrato principal;

b) acompanhar a execução do contrato principal;

c) ter acesso a auditoria técnica e contábil;

d) requerer esclarecimentos ao responsável técnico pela obra ou pelo fornecimento;

II – a emissão de empenho em nome da seguradora, ou a quem ela indicar para a conclusão do contrato, será autorizada desde que demonstrada sua regularidade fiscal;

III – a seguradora poderá subcontratar a conclusão do contrato, total ou parcialmente.

Parágrafo único. Na hipótese de inadimplemento do contratado, serão observadas as seguintes disposições:

I – caso a seguradora execute e conclua o objeto do contrato, estará isenta da obrigação de pagar a importância segurada indicada na apólice;

II – caso a seguradora não assuma a execução do contrato, pagará a integralidade da importância segurada indicada na apólice.

COMENTÁRIOS

Na contratação de obras e serviços de engenharia, o edital poderá exigir seguro-garantia e estipular, em caso de inadimplemento pelo contratado, que a seguradora assuma a sua execução até a conclusão do objeto, podendo subcontratar a conclusão do contrato, total ou parcialmente.

Para isso, a seguradora deverá firmar o contrato e os aditivos, se houver, na qualidade de interveniente-anuente, assistindo-lhe o acesso às instalações, aos relatórios de auditorias e aos meios necessários para o acompanhamento da execução do contrato.

A cláusula de **retomada** serve como mecanismo de estímulo para que a seguradora engendre esforços para a monitoração da execução do ajuste e, por consequência, atue como importante instrumento de *enforcement* contratual, mitigando-se o risco de inadimplemento.

CAPÍTULO III
Da Alocação de Riscos

Art. 103. O contrato poderá identificar os riscos contratuais previstos e presumíveis e prever matriz de alocação de riscos, alocando-os entre contratante e contratado, mediante indicação daqueles a serem assumidos pelo setor público ou pelo setor privado ou daqueles a serem compartilhados.

§ 1º A alocação de riscos de que trata o *caput* deste artigo considerará, em compatibilidade com as obrigações e os encargos atribuídos às partes no contrato, a natureza do risco, o beneficiário das prestações a que se vincula e a capacidade de cada setor para melhor gerenciá-lo.

§ 2º Os riscos que tenham cobertura oferecida por seguradoras serão preferencialmente transferidos ao contratado.

§ 3º A alocação dos riscos contratuais será quantificada para fins de projeção dos reflexos de seus custos no valor estimado da contratação.

§ 4º A matriz de alocação de riscos definirá o equilíbrio econômico-financeiro inicial do contrato em relação a eventos supervenientes e deverá ser observada na solução de eventuais pleitos das partes.

§ 5º Sempre que atendidas as condições do contrato e da matriz de alocação de riscos, será considerado mantido o equilíbrio econômico-financeiro, renunciando as partes aos pedidos de restabelecimento do equilíbrio relacionados aos riscos assumidos, exceto no que se refere:

I – às alterações unilaterais determinadas pela Administração, nas hipóteses do inciso I do *caput* do art. 124 desta Lei;

II – ao aumento ou à redução, por legislação superveniente, dos tributos diretamente pagos pelo contratado em decorrência do contrato.

§ 6º Na alocação de que trata o *caput* deste artigo, poderão ser adotados métodos e padrões usualmente utilizados por entidades públicas e privadas, e os ministérios e secretarias supervisores dos órgãos e das entidades da Administração Pública poderão definir os parâmetros e o detalhamento dos procedimentos necessários a sua identificação, alocação e quantificação financeira.

COMENTÁRIOS

A alocação de riscos deve ser factível com a realidade do objeto do contrato.

Convém evitar o superdimensionamento dos riscos ao contratado, o que serviria de desestímulo para o engajamento de empresas dotadas de bom portfólio na licitação.

De outra via, a Administração não deve assumir riscos que sejam próprios à execução do objeto.

A matriz de riscos assume elevada importância em obras de infraestrutura, considerados os fatores de mobilização, tempo de execução, espaço geográfico, escassez ou elevação de preços de insumos, influências de zonas urbanas, logística e força de trabalho.

Em vista desses parâmetros, exemplificam-se alguns riscos comumente alocados ao contratado para a execução de obras e serviços de engenharia:

a) obtenção, renovação e manutenção de licenças e autorizações relativas à execução da obra e custos decorrentes;
b) investimentos e custos com o atendimento das condicionantes das licenças, permissões e autorizações;
c) custos associados à remoção ou realocações de Interferências;
d) valor dos investimentos, pagamentos, custos e despesas decorrentes de desocupações;
e) investimentos e custos excedentes relacionados às obras e aos serviços objeto do contrato;
f) atraso no cumprimento do cronograma de execução;
g) investimentos e custos decorrentes da tecnologia empregada nas obras e serviços;
h) investimentos e custos decorrentes de adequação às atualizações das normas técnicas;
i) aumento do custo de capital, inclusive os resultantes de aumentos das taxas de juros;
j) variação cambial;
k) modificações na legislação de imposto sobre a renda;
l) responsabilidade civil, administrativa e criminal por danos ambientais decorrentes da execução do contrato;
m) prejuízos causados a terceiros, durante a execução do contrato;
n) investimentos e custos adicionais decorrentes de modernização tecnológica necessária para a execução do objeto;
o) obtenção e custo dos insumos necessários à execução das obras e serviços;

Em relação à Administração, mostra-se adequada a alocação de riscos sobre eventos que escapem completamente ao poder de controle e remediação do contratado, tais quais:

a) manifestações sociais que afetem de qualquer forma a execução das obras ou a prestação dos serviços relacionados ao contrato;
b) caso fortuito ou força maior, a exemplo de eventos de guerras nacionais ou internacionais que envolvam diretamente a execução contratual, atos de terrorismo, contaminação nuclear, química ou biológica – salvo se causados pela contratada –, embargo comercial de nação estrangeira ou pandemia;
c) alterações na legislação ou superveniência de jurisprudência vinculante, inclusive acerca de criação, alteração ou extinção de tributos ou encargos, que alterem a composição econômico-financeira do contrato, excetuada a legislação dos impostos sobre a renda;

d)   atraso na liberação de local para a execução da obra ou serviço;

e)   atrasos nas obras decorrentes da demora na expedição de declaração de utilidade pública para fins de desapropriação;

f)   investimentos e custos relacionados ao atendimento das condicionantes referentes a terras indígenas, comunidades quilombolas e sítios arqueológicos, necessárias à obtenção das licenças e autorizações ambientais;

g)   recuperação de eventuais passivos ambientais preexistentes ao contrato.

h)   alteração unilateral do contrato, por iniciativa da Administração, por inclusão e modificação de obras e serviços que afetem o equilíbrio econômico-financeiro;

i)   fato do príncipe ou fato da administração que provoque impacto econômico-financeiro no contrato;

CAPÍTULO IV
Das Prerrogativas da Administração

Art. 104. O regime jurídico dos contratos instituído por esta Lei confere à Administração, em relação a eles, as prerrogativas de:

DISPOSITIVO CORRELATO (Lei n. 8.666/93)

Art. 58. O regime jurídico dos contratos administrativos instituído por esta Lei confere à Administração, em relação a eles, a prerrogativa de:

I – modificá-los, unilateralmente, para melhor adequação às finalidades de interesse público, respeitados os direitos do contratado;

DISPOSITIVO CORRELATO (Lei n. 8.666/93)

Art. 58. [...]

I – modificá-los, unilateralmente, para melhor adequação às finalidades de interesse público, respeitados os direitos do contratado;

II – extingui-los, unilateralmente, nos casos especificados nesta Lei;

DISPOSITIVO CORRELATO (Lei n. 8.666/93)

Art. 58. [...]

II – rescindi-los, unilateralmente, nos casos especificados no inciso I do art. 79 desta Lei;

III – fiscalizar sua execução;

DISPOSITIVO CORRELATO (Lei n. 8.666/93)

Art. 58. [...]

III – fiscalizar-lhes a execução;

IV – aplicar sanções motivadas pela inexecução total ou parcial do ajuste;

DISPOSITIVO CORRELATO (Lei n. 8.666/93)

Art. 58. [...]

IV – aplicar sanções motivadas pela inexecução total ou parcial do ajuste;

V – ocupar provisoriamente bens móveis e imóveis e utilizar pessoal e serviços vinculados ao objeto do contrato nas hipóteses de:

DISPOSITIVO CORRELATO (Lei n. 8.666/93)
Art. 58. [...] V – nos casos de serviços essenciais, ocupar provisoriamente bens móveis, imóveis, pessoal e serviços vinculados ao objeto do contrato, na hipótese da necessidade de acautelar apuração administrativa de faltas contratuais pelo contratado, bem como na hipótese de rescisão do contrato administrativo.

a) risco à prestação de serviços essenciais;

b) necessidade de acautelar apuração administrativa de faltas contratuais pelo contratado, inclusive após extinção do contrato.

§ 1º As cláusulas econômico-financeiras e monetárias dos contratos não poderão ser alteradas sem prévia concordância do contratado.

DISPOSITIVO CORRELATO (Lei n. 8.666/93)
Art. 58. [...] § 1º As cláusulas econômico-financeiras e monetárias dos contratos administrativos não poderão ser alteradas sem prévia concordância do contratado.

§ 2º Na hipótese prevista no inciso I do *caput* deste artigo, as cláusulas econômico-financeiras do contrato deverão ser revistas para que se mantenha o equilíbrio contratual.

DISPOSITIVO CORRELATO (Lei n. 8.666/93)
Art. 58. [...] § 2º Na hipótese do inciso I deste artigo, as cláusulas econômico-financeiras do contrato deverão ser revistas para que se mantenha o equilíbrio contratual.

COMENTÁRIOS

De nada adianta falar vagamente sobre o regime jurídicoadministrativo sem ilustrar exatamente qual o seu traço especial, sem, consequentemente, mostrar o que diferencia o contrato administrativo do contrato privado comum ou do contrato privado celebrado pela Administração Pública.

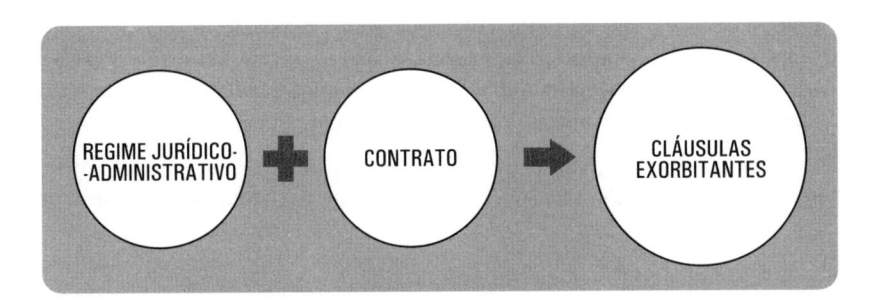

A atribuição de potestades à Administração Pública nos contratos administrativos é feita pela lei ao determinar, independentemente da vontade do contratado, a existência de cláusulas exorbitantes que poderiam até ser toleradas no regime de direito privado desde que pactuadas livremente.

Pontue-se que as cláusulas exorbitantes do contrato administrativo não são encontradas apenas na Lei n. 14.133/2021, podem ser encontradas também, por exemplo, na Lei n. 8.987/95, que trata da concessão e da permissão de serviços públicos.

As cláusulas exorbitantes, apesar desta denominação, são poderesdeveres de natureza legal e não apenas contratual, pois são listadas pela lei, representando, na essência, imperativos verdadeiramente estatutários que colocam a Administração Pública em posição de supremacia em relação ao contratado nos contratos administrativos.

Assim, ainda que não estejam mencionadas nos contratos administrativos, apesar da necessidade de menção, as cláusulas exorbitantes poderão ser usadas em seu favor pela Administração Pública.

Carla Amado Gomes[251] afirma, sobre o assunto:

> A teoria dos "poderes exorbitantes" tem a sua raiz no *Arrêt Societé des granits porphyroides des Vosges*, prolatado pelo Conselho de Estado francês no ano de 1912 (embora a expressão só bem mais tarde – em 1973 – tenha sido utilizada pelo mesmo Tribunal, no *Arrêt Société d'exploitation électrique de la rivière du Sant*, vulgarizando-se desde então). Curiosamente, o Conselho de Estado não se ocupou do caso, declarando-se incompetente, na medida em que o contrato (de fornecimento de pavimento à cidade de Lille) não conteria qualquer indício de "administratividade". É nas Conclusões do Comissário de Governo que desponta a teoria dos poderes exorbitantes: com efeito, se, ao contrário do que concretamente se verificava, o contrato contivesse cláusulas atributivas de prerrogativas especiais à Administração, que ela não pudesse exercer senão enquanto investida no seu estatuto de poder público, então aí a competência do Conselho de Estado revelar-se-ia inequívoca porque inequívoca seria a natureza administrativa do contrato.

No ordenamento jurídico argentino, o contrato pode ser qualificado como administrativo por qualquer das seguintes razões[252]:

a)   determinação legal;

b)   vontade das partes; e

c)   razões de interesse público dos usuários afetados.

No ordenamento jurídico brasileiro, as vontades das partes envolvidas não são suficientes para qualificar o contrato como administrativo, pois o contrato é administrativo não em virtude da vontade do gestor público, mas em virtude da vontade expressa na lei.

Celso Antônio Bandeira de Mello[253] afirma, afastando a vagueza da expressão "regime jurídicoadministrativo":

> Em decorrência dos poderes que lhe assistem, a Administração fica autorizada – respeitado o objeto do contrato – a determinar modificações nas prestações devidas pelo contratante em função das necessidades públicas, a acompanhar e fiscalizar continuamente a execução dele, a impor as sanções estipuladas quando faltas do obrigado as ensejarem e a rescindir o contrato *sponte propria* se o interesse público o demandar.

Apesar de todas as mitigações ao regime de direito privado, o contrato administrativo tem uma vantagem para o contratado inexistente naquele regime: a manutenção do equilíbrio econô-

---

251 Gomes, Carla Amado. A conformação da relação contratual no código dos contratos públicos. In: *Estudos de contratação pública I*. Coimbra: Coimbra Editora, 2008. p. 523.

252 GORDILLO, Augustín. *Tratado de derecho administrativo:* parte general. 7. ed. Belo Horizonte: Del Rey e Fundación de Derecho Administrativo, 2003, t. I.

253 MELLO, Celso Antônio Bandeira de. *Curso de direito administrativo*. 30. ed. São Paulo: Malheiros, 2012. p. 634.

mico-financeiro inicial, garantida pelo inciso XXI do art. 37 da CF/88, que impede o enriquecimento sem causa da Administração Pública[254].

Cláusulas exorbitantes podem ser vistas nos incisos do art. 104 da Lei n. 14.133/2021:

I – modificá-los, unilateralmente, para melhor adequação às finalidades de interesse público, respeitados os direitos do contratado;

II – extingui-los, unilateralmente, nos casos especificados nesta Lei;

III – fiscalizar sua execução;

IV – aplicar sanções motivadas pela inexecução total ou parcial do ajuste;

V – ocupar provisoriamente bens móveis e imóveis e utilizar pessoal e serviços vinculados ao objeto do contrato nas hipóteses de:

a) risco à prestação de serviços essenciais;

b) necessidade de acautelar apuração administrativa de faltas contratuais pelo contratado, inclusive após extinção do contrato.

Quanto aos poderes conferidos pela lei à Administração no desenho dos contratos administrativos, assinala-se que as cláusulas exorbitantes podem:

Consignar as mais diversas prerrogativas, no interesse do serviço público, tais como a ocupação do domínio público, o poder expropriatório e a atribuição de arrecadar tributos, concedidos ao particular contratado para a cabal execução do contrato. Todavia, as principais são as que se exteriorizam na possibilidade de alteração e rescisão unilateral do contrato; no equilíbrio econômico e financeiro; na revisão de preços e tarifas; na inoponibilidade da exceção de contrato não cumprido; no controle do contrato, na ocupação provisória e na aplicação de penalidades contratuais pela Administração[255] [256].

O poder-dever de fiscalizar, apesar de previsto no rol das cláusulas exorbitantes, é visto em todos os contratos, inclusive nos firmados sob o regime de direito privado, pois nada mais óbvio que a parte credora fiscalize a execução da prestação que lhe é devida.

---

254 A propósito, deve ser citado trecho do laborioso artigo de José Alfredo de Oliveira Baracho, intitulado "O enriquecimento injusto como princípio geral do direito administrativo" (publicado na *RT* 755/11): "A aplicação do enriquecimento injusto, no âmbito das relações administrativas, começou pelo reconhecimento de ações que visavam a conter abusos da administração pública. Como pressupostos do enriquecimento injusto, podemos entender que: configura-se o enriquecimento quando surge uma vantagem patrimonial, que pode levar ao aumento do patrimônio (*lucrum emergens*), ao lado da diminuição do patrimônio (*damnum cessans*); ocorre o empobrecimento, representado por um dano, que se constitui em um *damnum emergens* e um *lucrum cessans*, de onde decorre o enriquecimento, sem causa justificadora do mesmo; inexiste preceito legal que exclua a aplicação do enriquecimento sem causa. Consagra a jurisprudência a aplicação de normas de equidade e proporcionalidade, proibidoras do enriquecimento à custa de outrem. A construção do enriquecimento injusto contra a administração procedeu-se por via da jurisprudência, no âmbito dos processos civis, considerando-se que o mesmo não estava amparado por preceitos administrativos, mas do direito comum. Ele opera-se pelo proveito efetivo e real do patrimônio da administração pública, acarretando prejuízos pecuniários ou não ao administrado. Este empobrecimento gera o direito ao reembolso, necessitando o requisito da existência de uma relação de causalidade. O enriquecimento injusto deve ocorrer em um ambiente em que não haja razão ou justificativa legal para a sua produção. Não deve originar-se de uma obrigação ou causa legal que gere sobre o demandante prestações assentadas em relações jurídicas concretas, contratuais ou não. Laubadere e Moderne trataram da matéria, sendo que o primeiro afirmou que o enriquecimento injusto pode aplicar-se na execução dos contratos administrativos.

255 MEIRELLES, Hely Lopes; BURLE FILHO, José Emmanuel. *Direito administrativo brasileiro*. 42. ed. São Paulo: Malheiros, 2016. p. 242.

256 O equilíbrio econômico-financeiro não é garantia apenas para o contratado, pois assegura à Administração Pública o regular cumprimento do contrato administrativo, evitando-se a alegação de impossibilidade do término do seu objeto.

Por fim, a possibilidade de exigir garantia também pode ser vista nos contratos de direito privado sem que sejam erigidos a contatos administrativos. Ressalte-se, entretanto, que alguns autores entendem ser cláusulas exorbitantes o poderdever de fiscalizar e a faculdade de pedir garantia.

Inexecução do contrato

O objetivo maior de qualquer contrato, tanto sob o regime de direito público quanto sob o regime de direito privado, é a execução satisfatória do seu objeto com a observância fiel às cláusulas estipuladas.

Não é suficiente apenas a execução do seu objeto, pois se faz necessário o cumprimento de todas as suas cláusulas, inclusive as acessórias.

A inexecução do contrato pode ser de cláusula acessória ou de cláusula principal, pode ser total ou parcial, pode ser culposa ou não e pode ensejar a mora ou o inadimplemento.

A inexecução é o não cumprimento ou inobservância do contrato ou de cláusula contratual, que pode gerar a sua extinção ou apenas retardar a consecução do seu objetivo final.

A complexidade das relações jurídicas contratuais está diretamente vinculada à complexidade do objeto contratual, sendo certo que ambas são proporcionais ao número de cláusulas contratuais.

Não se admite que a Administração Pública, ao dispor de vultosa quantia, deixe de se cercar das mais amplas garantias e comodidades na execução do objeto pelo contratado.

Cláusula principal, por exemplo, na aquisição de bens de consumo é a que exige a tradição dos bens e a contraprestação pecuniária. Cláusula acessória é, *verbi gratia*, a relativa ao acondicionamento do bem nos casos em que a sua inexistência não altere, ainda que minimamente, os objetos adquiridos.

Ora, o acondicionamento irregular de hastes de aço inoxidável dificilmente afetará a sua estrutura e a sua eficácia para suportar lajes da construção civil. Todavia, a acessoriedade nem sempre é relativa, visto que a cláusula de acondicionamento, em determinados casos, pode ser determinante para a conservação do produto.

A inexecução parcial é o não cumprimento de parte do contrato ou o não cumprimento de parte de cláusula contratual. O primeiro ocorre quando alguma cláusula é inobservada. Já o segundo, quando parte de uma cláusula não é cumprida.

Nesse diapasão, em linhas gerais, há inexecução parcial quando a avença não é cumprida integralmente. Exemplo: apesar de não executar o objeto contratual, a contratada apresentou garantia. *In casu*, a cláusula principal não foi cumprida, porém a cláusula referente à garantia foi observada.

A inexecução total ocorre quando o contrato é integralmente descumprido, a parte não executa qualquer das cláusulas contratuais. Deve ser ressaltado que inexecução parcial não se confunde com mora e que inexecução total não se confunde com inadimplemento.

A mora e o inadimplemento podem acontecer nos dois casos, pois a inexecução pode ser total, mas reversível em virtude da possibilidade de cumprimento posterior satisfatório da obrigação. A mora é a inexecução relativa e o inadimplemento é a inexecução absoluta da obrigação.

O inadimplemento e a mora se relacionam às obrigações do contrato, devendo ser verificadas em cada uma das várias obrigações estipuladas.

O contratado pode cumprir a maioria das cláusulas contratuais, dentre elas, a referente à prestação de garantia, mas deixar de cumprir a cláusula principal de entrega de objeto infungível que pereceu por sua culpa. Neste caso, apesar de não ter havido inexecução total do contrato, houve inadimplemento ou inexecução absoluta da obrigação, em virtude da impossibilidade de a cláusula ser cumprida extemporaneamente.

Dessa forma, a inexecução total ou parcial está relacionada ao contrato como um todo e a mora e a inadimplência estão relacionadas especificamente a cada uma das obrigações.

Inexecução culposa

A culpa no descumprimento dos contratos tem acepção mais abrangente do que no direito penal, por se tratar de culpa em sentido amplo, abarcando, assim, tanto o dolo – consistente no desejo do resultado ou na assunção do risco de produzilo – quanto a culpa em sentido estrito consistente na imperícia, negligência e imprudência.

Observe-se que a tarifação da responsabilidade civil no caso de culpa concorrente também é possível nos contratos firmados com base na Lei n. 14.133/2001. Caso contrário, estar-se-ia a violar o princípio que veda o enriquecimento sem causa da Administração Pública. Nunca é demais lembrar que o regime jurídico-administrativo outorgado ao Poder Público deve ser utilizado com extremo cuidado para não prejudicar ou impor ônus além da capacidade dos contratados ou administrados.

A inexecução culposa tem como motivo a culpa de uma ou de ambas as partes contratantes, sendo a forma mais comum de inexecução[257].

Não se pode esquecer que a Administração Pública, apesar de pautar-se pelo princípio da legalidade estrita, também pode descumprir a avença culposamente.

Inexecução sem culpa

A inexecução sem culpa é o descumprimento contratual pela parte que estava obrigada independentemente da sua vontade (sem desejo do resultado ou sem a assunção do risco de produzilo, e sem qualquer indício de imperícia, de negligência ou de imprudência).

Tal modalidade acontece por motivos alheios à parte que deixou de prestar a obrigação acordada em virtude de fatos concomitantes[258] ou supervenientes à celebração do contrato.

Ocupação de bens móveis, imóveis, pessoal e serviços vinculados ao objeto do contrato

Mais uma das cláusulas exorbitantes do contrato administrativo é a possibilidade de a Administração Pública, de maneira unilateral, ocupar provisoriamente, nos casos de serviços essenciais, bens móveis, imóveis, pessoal e serviços vinculados ao objeto do contrato, na hipótese da necessidade de acautelar apuração administrativa de faltas contratuais pelo contratado, bem como na hipótese de extinção do contrato administrativo.

Essa possibilidade excepcional tem o objetivo de resguardar a continuidade de serviço essencial, visto que a descontinuidade de alguns serviços públicos – por exemplo, o serviço de saúde – pode acarretar danos irreversíveis aos valores mais caros à sociedade como a vida e integridade física humanas.

A ocupação provisória não dispensa o contraditório e a ampla defesa, com os meios e recursos a ela inerentes, e poderá, dependendo do caso concreto, ensejar indenização ao contratado de boa-fé e adimplente.

CAPÍTULO V
Da Duração dos Contratos

Art. 105. A duração dos contratos regidos por esta Lei será a prevista em edital, e deverão ser observadas, no momento da contratação e a cada exercício financeiro, a disponibilidade de créditos orçamentários, bem como a previsão no plano plurianual, quando ultrapassar 1 (um) exercício financeiro.

DISPOSITIVO CORRELATO (Lei n. 8.666/93)
Art. 57. A duração dos contratos regidos por esta Lei ficará adstrita à vigência dos respectivos créditos orçamentários, exceto quanto aos relativos:

---

257 CARVALHO FILHO, José dos Santos. *Manual de direito administrativo.* 28. ed. São Paulo: Atlas, 2015.

258 Criação de plano econômico na mesma data da celebração do contrato.

COMENTÁRIOS

Quanto ao prazo, a duração dos contratos será determinada no edital, respeitando-se a disponibilidade orçamentária e a previsão no plano plurianual quando por tempo superior a um exercício financeiro.

A Administração poderá celebrar contratos com prazo de até 5 (cinco) anos nas hipóteses de serviços e fornecimentos contínuos, observadas as seguintes diretrizes:

(i)   a autoridade competente do órgão ou entidade contratante deverá atestar a maior vantagem econômica vislumbrada em razão da contratação plurianual;

(ii) a Administração deverá atestar, no início da contratação e de cada exercício, a existência de créditos orçamentários vinculados à contratação e a vantagem em sua manutenção;

(iii) a Administração terá a opção de extinguir o contrato, sem ônus, quando não dispuser de créditos orçamentários para sua continuidade ou quando entender que o contrato não mais lhe oferece vantagem.

Os contratos de serviços e fornecimentos contínuos poderão ser prorrogados sucessivamente, respeitada a vigência máxima decenal, desde que haja previsão em edital e que a autoridade competente ateste que as condições e os preços permanecem vantajosos para a Administração, permitida a negociação com o contratado ou a extinção contratual sem ônus para qualquer das partes.

A Administração poderá celebrar contratos com prazos de até dez anos quando o objeto, sob condições determinadas no art. 108 da Lei n. 14.133/2021, se referir a bens ou serviços nacionais de alta complexidade tecnológica e defesa, inovação científica e tecnológica, materiais de uso exclusivo das Forças Armadas, contratações sensíveis para a segurança nacional, negócios com transferência de tecnologia para o SUS, aquisição por pessoa jurídica de direito público interno de insumos estratégicos para a saúde.

Nas contratações que gerem receita e contratos de eficiência que gerem economia para a Administração, os prazos serão de até dez anos, ou até trinta e cinco anos, quando houver investimentos às expensas do contratado.

O contrato que previr a operação continuada de sistemas estruturantes de tecnologia da informação poderá ter vigência máxima de 15 (quinze) anos.

Os contratos para a prestação de serviços e fornecimentos contínuos poderão perdurar por até cinco anos, e a Administração poderá extingui-los, sem ônus, quando não dispuser de créditos orçamentários para a sua continuidade ou quando o negócio jurídico não for mais vantajoso.

Se previsto no edital e atestada a vantajosidade, admitir-se-ão prorrogações sucessivas, até a vigência máxima decenal, e contratos de operação continuada de sistemas estruturantes de TIC poderão ter vigência de até quinze anos.

Os prazos contratuais previstos na Lei n. 14.133/2021 não excluem nem revogam os prazos contratuais previstos em lei especial.

Art. 106. A Administração poderá celebrar contratos com prazo de até 5 (cinco) anos nas hipóteses de serviços e fornecimentos contínuos, observadas as seguintes diretrizes:

DISPOSITIVO CORRELATO (Lei n. 8.666/93)
Art. 57. [...]   I – aos projetos cujos produtos estejam contemplados nas metas estabelecidas no Plano Plurianual, os quais poderão ser prorrogados se houver interesse da Administração e desde que isso tenha sido previsto no ato convocatório;

I – a autoridade competente do órgão ou entidade contratante deverá atestar a maior vantagem econômica vislumbrada em razão da contratação plurianual;

II – a Administração deverá atestar, no início da contratação e de cada exercício, a existência de créditos orçamentários vinculados à contratação e a vantagem em sua manutenção;

III – a Administração terá a opção de extinguir o contrato, sem ônus, quando não dispuser de créditos orçamentários para sua continuidade ou quando entender que o contrato não mais lhe oferece vantagem.

§ 1º A extinção mencionada no inciso III do *caput* deste artigo ocorrerá apenas na próxima data de aniversário do contrato e não poderá ocorrer em prazo inferior a 2 (dois) meses, contado da referida data.

§ 2º Aplica-se o disposto neste artigo ao aluguel de equipamentos e à utilização de programas de informática.

DISPOSITIVO CORRELATO (Lei n. 8.666/93)

Art. 57. [...]

IV – ao aluguel de equipamentos e à utilização de programas de informática, podendo a duração estender-se pelo prazo de até 48 (quarenta e oito) meses após o início da vigência do contrato.

COMENTÁRIOS

Nas hipóteses de serviços e fornecimentos contínuos, o maior prazo de vigência contratual tem bastante utilidade para a amortização dos custos assumidos pelo contratado para a execução do objeto, o que justifica o contrato com vigência plurianual, porquanto extraídas vantagens para o contratado e para a Administração, dada a potencial redução de custos.

Não dispondo a Administração de crédito orçamentário, não é possível obrigá-la à manutenção da avença, reservando-lhe o direito de declarar a extinção do contrato.

Tal medida, porém, não pode ser declarada mediante total surpresa para o contratado, razão por que necessário o prazo mínimo de dois meses da data de aniversário do contrato, conferindo-se ao contratado tempo suficiente para a desmobilização de pessoal e materiais, distratos e desconstituição de outras obrigações assumidas para a execução do contrato.

Art. 107. Os contratos de serviços e fornecimentos contínuos poderão ser prorrogados sucessivamente, respeitada a vigência máxima decenal, desde que haja previsão em edital e que a autoridade competente ateste que as condições e os preços permanecem vantajosos para a Administração, permitida a negociação com o contratado ou a extinção contratual sem ônus para qualquer das partes.

DISPOSITIVO CORRELATO (Lei n. 8.666/93)

Art. 57. [...]

II – à prestação de serviços a serem executados de forma contínua, que poderão ter a sua duração prorrogada por iguais e sucessivos períodos com vistas à obtenção de preços e condições mais vantajosas para a administração, limitada a sessenta meses; (Redação dada pela Lei n. 9.648, de 1998.)

COMENTÁRIOS

Os contratos de serviços e fornecimentos contínuos admitem sucessivas prorrogações, até o limite de dez anos, desde que previsto no edital e seja demonstrada a vantajosidade.

Caso os preços não mais se compatibilizem com a realidade do mercado, afasta-se a vantajosidade. Nesse caso, a Administração pode negociar com o contratado a revisão do preço e, não havendo acordo entre a Administração e contratado sobre o justo valor, impõe-se a extinção do contrato.

Art. 108. A Administração poderá celebrar contratos com prazo de até 10 (dez) anos nas hipóteses previstas nas alíneas *f* e *g* do inciso IV e nos incisos V, VI, XII e XVI do *caput* do art. 75 desta Lei.

DISPOSITIVO CORRELATO (Lei n. 8.666/93)

Art. 57. [...]

V – às hipóteses previstas nos incisos IX, XIX, XXVIII e XXXI do art. 24, cujos contratos poderão ter vigência por até 120 (cento e vinte) meses, caso haja interesse da administração. (Incluído pela Lei n. 12.349, de 2010.)

COMENTÁRIOS

A Administração poderá celebrar contratos com prazos de até dez anos quando o objeto se referir a:

a)   bens ou serviços nacionais de alta complexidade tecnológica e defesa;

b)   inovação científica e tecnológica;

c)   materiais de uso exclusivo das Forças Armadas;

d)   contratações sensíveis para a segurança nacional;

e)   negócios com transferência de tecnologia para o SUS;

f)   aquisição por pessoa jurídica de direito público interno de insumos estratégicos para a saúde.

Esses tipos de objeto, por sua complexidade tecnológica ou finalidade específica, usualmente requerem maior período de vigência não apenas para a viabilização econômica do ajuste mas a fim de conferir prazo suficiente para a efetiva entrega.

É o caso de contratação de materiais de uso exclusivo das Forças Armadas que, conforme os projetos estratégicos de defesa, podem assumir especificações próprias por serem implementadas pelos fornecedores, em alto grau de complexidade técnica e industrial.

A cooperação entre Estado e base industrial nacional é fator indispensável para o incremento das capacidades tecnológicas do país, não se olvidando que:

> [...] a defesa e o desenvolvimento do País são naturalmente interdependentes, na medida em que este se configura como fator preponderante para dotar os meios, humanos e de infraestrutura, de que a Nação necessita para suportar um eventual emprego da expressão militar. Ao mesmo tempo, é imperioso que o aparato de defesa esteja de acordo com as mais avançadas práticas e tecnologias, o que requer a condição de desenvolvimento científico e tecnológico nacional no estado da arte[259].

Art. 109. A Administração poderá estabelecer a vigência por prazo indeterminado nos contratos em que seja usuária de serviço público oferecido em regime de monopólio, desde que comprovada, a cada exercício financeiro, a existência de créditos orçamentários vinculados à contratação.

DISPOSITIVO CORRELATO (Lei n. 8.666/93)

Art. 57. [...]

§ 3º É vedado o contrato com prazo de vigência indeterminado.

---

259 MINISTÉRIO DA DEFESA (MD). *Política Nacional de Defesa e Estratégia Nacional de Defesa.* Brasília, 2020. p. 41.

COMENTÁRIOS

A Lei n. 8.666/93 veda a celebração de contrato por prazo indeterminado. Por conseguinte, demandam-se sucessivas prorrogações e celebração de novos contratos para a contratação de serviços públicos, prestados diretamente pelo Poder Público ou mediante delegação.

Na disciplina da Lei n. 14.133/2021, para contratos celebrados com prestador de serviço público sob regime de monopólio, admite-se contrato por prazo indeterminado. A mudança é muito bem-vinda, pois não há sentido em promover sucessivas prorrogações contratuais para a continuidade da prestação de um serviço para o qual a Administração não tem outra escolha, como fornecimento de energia elétrica e água, serviços públicos explorados no Brasil sob monopólio.

Art. 110. Na contratação que gere receita e no contrato de eficiência que gere economia para a Administração, os prazos serão de:

I – até 10 (dez) anos, nos contratos sem investimento;

II – até 35 (trinta e cinco) anos, nos contratos com investimento, assim considerados aqueles que impliquem a elaboração de benfeitorias permanentes, realizadas exclusivamente a expensas do contratado, que serão revertidas ao patrimônio da Administração Pública ao término do contrato.

Art. 111. Na contratação que previr a conclusão de escopo predefinido, o prazo de vigência será automaticamente prorrogado quando seu objeto não for concluído no período firmado no contrato.

Parágrafo único. Quando a não conclusão decorrer de culpa do contratado:

I – o contratado será constituído em mora, aplicáveis a ele as respectivas sanções administrativas;

II – a Administração poderá optar pela extinção do contrato e, nesse caso, adotará as medidas admitidas em lei para a continuidade da execução contratual.

COMENTÁRIOS

A mora é instituto do direito civil, que consiste no retardamento culposo para o adimplemento de obrigação. Quando atribuída ao devedor, diz-se *solvendi*; se por culpa do credor, diz-se *accipiendi*[260].

Assim dispõe o Código Civil sobre a mora:

Art. 394. Considera-se em mora o devedor que não efetuar o pagamento e o credor que não quiser recebê-lo no tempo, lugar e forma que a lei ou a convenção estabelecer.

Art. 395. Responde o devedor pelos prejuízos a que sua mora der causa, mais juros, atualização dos valores monetários segundo índices oficiais regularmente estabelecidos, e honorários de advogado.
Parágrafo único. Se a prestação, devido à mora, se tornar inútil ao credor, este poderá enjeitá-la, e exigir a satisfação das perdas e danos.

Art. 396. Não havendo fato ou omissão imputável ao devedor, não incorre este em mora.

Art. 397. O inadimplemento da obrigação, positiva e líquida, no seu termo, constitui de pleno direito em mora o devedor.
Parágrafo único. Não havendo termo, a mora se constitui mediante interpelação judicial ou extrajudicial.

Art. 398. Nas obrigações provenientes de ato ilícito, considera-se o devedor em mora, desde que o praticou.

Art. 399. O devedor em mora responde pela impossibilidade da prestação, embora essa impossibilidade resulte de caso fortuito ou de força maior, se estes ocorrerem durante o atraso; salvo se provar isenção de culpa, ou que o dano sobreviria ainda quando a obrigação fosse oportunamente desempenhada.

---

260 BEVILÁQUA, Clóvis. *Teoria geral do direito civil*. 2. ed. São Paulo: Francisco Alves, 1929.

Art. 400. A mora do credor subtrai o devedor isento de dolo à responsabilidade pela conservação da coisa, obriga o credor a ressarcir as despesas empregadas em conservá-la, e sujeita-o a recebê-la pela estimação mais favorável ao devedor, se o seu valor oscilar entre o dia estabelecido para o pagamento e o da sua efetivação.

Art. 401. Purga-se a mora:

I – por parte do devedor, oferecendo este a prestação mais a importância dos prejuízos decorrentes do dia da oferta;

II – por parte do credor, oferecendo-se este a receber o pagamento e sujeitando-se aos efeitos da mora até a mesma data.

Constatando-se a mora do contratado, impõe-se a aplicação das penalidades cabíveis, mediante processo em que assegurada a ampla defesa e contraditório, assistindo à Administração as prerrogativas para a conclusão do objeto.

Art. 112. Os prazos contratuais previstos nesta Lei não excluem nem revogam os prazos contratuais previstos em lei especial.

COMENTÁRIOS

A Lei n. 14.133/2021 tem natureza de norma geral sobre licitações e contratos administrativos. Há diplomas especiais a reger a matéria, como a Lei n. 8.987/95, que dispõe sobre o regime de concessão e permissão da prestação de serviços públicos previsto no art. 175 da Constituição Federal, e a Lei n. 11.079/2004, que institui normas gerais para licitação e contratação de parceria público-privada no âmbito da Administração Pública.

Porquanto a Lei de Concessões e Permissões e a Lei de Parceria Público-Privada (Li das PPPs) têm natureza de lei especial, oz prazos dispostos em seus textos prevalecem sobre os prazos dispostos na lei geral.

Art. 113. O contrato firmado sob o regime de fornecimento e prestação de serviço associado terá sua vigência máxima definida pela soma do prazo relativo ao fornecimento inicial ou à entrega da obra com o prazo relativo ao serviço de operação e manutenção, este limitado a 5 (cinco) anos contados da data de recebimento do objeto inicial, autorizada a prorrogação na forma do art. 107 desta Lei.

COMENTÁRIOS

No regime de execução de fornecimento e prestação de serviço associado, o contratado, além do fornecimento do objeto, responsabiliza-se por sua operação, manutenção ou ambas, por tempo determinado. O modelo é eficaz para a mitigação do risco moral que permeia determinadas contratações, dada a característica assimetria de informação que pesa sobre a Administração.

Não é ocorrência rara que licitantes aproveitem-se de imperfeições nas especificações técnicas ou, ainda que as especificações sejam adequadas, engajem esforço para a entrega de produto insatisfatório ante os fins almejados, mas conforme as especificações.

Se o contratado, além de entregar a coisa, obriga-se à sua operação e manutenção, a astúcia empregada para a máxima obtenção de vantagem pode ter consequências bastante onerosas.

Nesse regime de execução, o contrato terá vigência máxima definida pela soma do prazo relativo ao fornecimento inicial ou à entrega da obra com o prazo relativo ao serviço de operação e manutenção, este limitado a cinco anos contados da data de recebimento da coisa.

Para esses contratos, o art. 113 da Lei n. 14.133/2021 admite sucessivas prorrogações, até o limite de dez anos, desde que previsto no edital e seja demonstrada a vantajosidade.

Art. 114. O contrato que previr a operação continuada de sistemas estruturantes de tecnologia da informação poderá ter vigência máxima de 15 (quinze) anos.

COMENTÁRIOS

Para contratos que estabeleçam operação continuada de sistemas estruturantes de tecnologia da informação, admite-se vigência máxima de quinze anos.

Máxime em contratos cujo objeto contenha o fornecimento de produtos e operação na área de TIC, o regime de execução em comento é bastante pertinente, amoldando-se à tendência observada nesse setor, cujo incremento caracteriza-se pela prestação de serviços associados ao produto, segundo o modelo de negócio *Software as a Service (SaaS)*.

CAPÍTULO VI
Da Execução dos Contratos

Art. 115. O contrato deverá ser executado fielmente pelas partes, de acordo com as cláusulas avençadas e as normas desta Lei, e cada parte responderá pelas consequências de sua inexecução total ou parcial.

DISPOSITIVO CORRELATO (Lei n. 8.666/93)

Art. 66. O contrato deverá ser executado fielmente pelas partes, de acordo com as cláusulas avençadas e as normas desta Lei, respondendo cada uma pelas consequências de sua inexecução total ou parcial.

---

§ 1º É proibido à Administração retardar imotivadamente a execução de obra ou serviço, ou de suas parcelas, inclusive na hipótese de posse do respectivo chefe do Poder Executivo ou de novo titular no órgão ou entidade contratante.

DISPOSITIVO CORRELATO (Lei n. 8.666/93)

Art. 8º [...]

Parágrafo único. É proibido o retardamento imotivado da execução de obra ou serviço, ou de suas parcelas, se existente previsão orçamentária para sua execução total, salvo insuficiência financeira ou comprovado motivo de ordem técnica, justificados em despacho circunstanciado da autoridade a que se refere o art. 26 desta Lei. (Redação dada pela Lei n. 8.883, de 1994.)

---

§ 2º (Vetado).

§ 3º (Vetado).

§ 4º Nas contratações de obras e serviços de engenharia, sempre que a responsabilidade pelo licenciamento ambiental for da Administração, a manifestação prévia ou licença prévia, quando cabíveis, deverão ser obtidas antes da divulgação do edital.

§ 5º Em caso de impedimento, ordem de paralisação ou suspensão do contrato, o cronograma de execução será prorrogado automaticamente pelo tempo correspondente, anotadas tais circunstâncias mediante simples apostila.

DISPOSITIVO CORRELATO (Lei n. 8.666/93)

Art. 79. [...]

§ 5º Ocorrendo impedimento, paralisação ou sustação do contrato, o cronograma de execução será prorrogado automaticamente por igual tempo.

---

§ 6º Nas contratações de obras, verificada a ocorrência do disposto no § 5º deste artigo por mais de 1 (um) mês, a Administração deverá divulgar, em sítio eletrônico oficial e em placa a ser afixada em local da obra de fácil visualização pelos cidadãos, aviso público de obra

paralisada, com o motivo e o responsável pela inexecução temporária do objeto do contrato e a data prevista para o reinício da sua execução.

§ 7º Os textos com as informações de que trata o § 6º deste artigo deverão ser elaborados pela Administração.

COMENTÁRIOS

O § 1º do art. 115 da Lei n. 14.133/2021 traz regra mais enxuta e de maior expressão que aquela descrita no dispositivo correlato da Lei n. 8.666/93.

Principalmente em obras das quais resulte impacto na vida da população, é comum a exploração das entregas como eventos políticos, abusivamente utilizados como meio de promoção pessoal de figuras públicas.

A Lei n. 14.133/2021 não deixa qualquer resíduo de dúvida de que não se admite retardamento imotivado da execução da obra ou serviço, ou de suas parcelas.

Paralisação da obra

O § 5º do art. 115 dispõe que em caso de impedimento, ordem de paralisação ou suspensão do contrato, o cronograma de execução será prorrogado automaticamente pelo tempo correspondente, anotadas tais circunstâncias mediante simples apostila.

A apostila é ato meramente declaratório ou enunciativo relevante para a Administração Pública de uma situação já construída por lei.

Logo, mera prorrogação do cronograma por fator impeditivo ao qual o contratado não deu causa, não altera o núcleo substancial da obrigação, razão por que desnecessária a celebração de termo aditivo ao contrato, mas simples anotação mediante apostila.

Por força do § 6º do art. 115, se a paralisação da obra perdurar por mais de um mês, impõe-se à Administração o dever de divulgar em sítio eletrônico e em placa a ser afixada em local da obra de fácil visualização pelos cidadãos, aviso público de obra paralisada, com o motivo e o responsável pela inexecução temporária do objeto do contrato e a data prevista para o reinício da sua execução.

O comando normativo é altamente salutar para fins de controle social, dado que obras paralisadas constituem verdadeiro trauma na história brasileira de contratações públicas.

A transparência e o acesso à informação fornecem os elementos indispensáveis para o exercício dos atos de cidadania e de vindicações da sociedade civil perante o Estado.

Restabelecimento do §4º

O § 4º foi vetado pelo Presidente da República. Eis os seus argumentos:

"Razões do veto

A propositura legislativa dispõe que nas contratações de obras e serviços de engenharia, sempre que a responsabilidade pelo licenciamento ambiental for da Administração, a manifestação prévia ou licença prévia, quando cabíveis, deverão ser obtidas antes da divulgação do edital.

Todavia, o dispositivo contraria o interesse público, uma vez que restringe o uso do regime de contratação integrada, tendo em vista que o projeto é condição para obter a licença prévia numa fase em que o mesmo ainda será elaborado pela futura contratada."

Apesar de o veto ter sido derrubado pelo Congresso Nacional, portanto a norma integra o ordenamento jurídico, entende-se que os argumentos usados no veto do Presidente da República são pertinentes, pois se mostra antieconômico não somente pelo argumento apresentado no veto, mas também em virtude de que com a licitação há apenas, e tão somente, expectativa de contratação e a Administração Pública, mesmo assim, terá despendido recursos se não for efetivada a contratação.

Art. 116. Ao longo de toda a execução do contrato, o contratado deverá cumprir a reserva de cargos prevista em lei para pessoa com deficiência, para reabilitado da Previdência Social ou para aprendiz, bem como as reservas de cargos previstas em outras normas específicas.

DISPOSITIVO CORRELATO (Lei n. 8.666/93)
Art. 66-A. As empresas enquadradas no inciso V do § 2º e no inciso II do § 5º do art. 3º desta Lei deverão cumprir, durante todo o período de execução do contrato, a reserva de cargos prevista em lei para pessoa com deficiência ou para reabilitado da Previdência Social, bem como as regras de acessibilidade previstas na legislação. (Incluído pela Lei n. 13.146, de 2015.)

Parágrafo único. Sempre que solicitado pela Administração, o contratado deverá comprovar o cumprimento da reserva de cargos a que se refere o *caput* deste artigo, com a indicação dos empregados que preencherem as referidas vagas.

COMENTÁRIOS

O art. 93 da Lei n. 8.213/91, que dispõe sobre os planos de benefícios da previdência social, traz a seguinte regra:

> Art. 93. A empresa com 100 (cem) ou mais empregados está obrigada a preencher de 2% (dois por cento) a 5% (cinco por cento) dos seus cargos com beneficiários reabilitados ou pessoas portadoras de deficiência, habilitadas, na seguinte proporção:
> I – até 200 empregados...2%;
> II – de 201 a 500...3%;
> III – de 501 a 1.000..4%;
> IV – de 1.001 em diante. ....5%.

Pessoa com deficiência

A República Federativa do Brasil é parte da Convenção n. 159/83 da Organização Internacional do Trabalho, que trata da reabilitação profissional e emprego de pessoas deficientes.

O art. 1 -1 da Convenção define pessoa deficiente como a pessoa cujas "possibilidades de obter e conservar um emprego adequado e de progredir no mesmo fiquem substancialmente reduzidas devido a uma deficiência de caráter físico ou mental devidamente comprovada".

Sedimentando-se a tutela à pessoa com deficiência no direito pátrio, o Decreto n. 3.956/2001 promulga a Convenção Interamericana para a Eliminação de Todas as Formas de Discriminação contra as Pessoas Portadoras de Deficiência. A Convenção dispõe que o termo *deficiência* significa uma restrição "física, mental ou sensorial, de natureza permanente ou transitória, que limita a capacidade de exercer uma ou mais atividades essenciais da vida diária, causada ou agravada pelo ambiente econômico e social".

Consoante o art. 2º da Lei n. 13.146/2015, pessoa com deficiência é aquela que:

> Tem impedimento de longo prazo de natureza física, mental, intelectual ou sensorial, o qual, em interação com uma ou mais barreiras, pode obstruir sua participação plena e efetiva na sociedade em igualdade de condições com as demais pessoas.

A avaliação da deficiência, quando necessária, será biopsicossocial, realizada por equipe multiprofissional e interdisciplinar e considerará:

I – os impedimentos nas funções e nas estruturas do corpo;

II – os fatores socioambientais, psicológicos e pessoais;

III – a limitação no desempenho de atividades; e

IV – a restrição de participação.

Observe-se que a reserva de cargos para pessoas com deficiência disposta no art. 93 da Lei n. 8.213/91 afeta empresas com cem ou mais empregados.

Nada impede que uma empresa com menos de cem empregados contrate pessoas com deficiência, por implemento de suas diretrizes de responsabilidade social, mas, nesse caso, a contratação decorreria de liberalidade da empresa, não de determinação legal.

Reabilitado da Previdência Social

Segundo o art. 31 do Decreto n. 3298/99, entende-se por habilitação e reabilitação profissional:

> O processo orientado a possibilitar que a pessoa portadora de deficiência, a partir da identificação de suas potencialidades laborativas, adquira o nível suficiente de desenvolvimento profissional para ingresso e reingresso no mercado de trabalho e participar da vida comunitária.

A reabilitação recupera a capacidade da pessoa de desempenhar suas funções ou outras diferentes das que exercia, se adequadas e compatíveis com sua limitação.

Os reabilitados da Previdência Social são pessoas que se submeteram a programas oficiais de recuperação da atividade laboral, tendo atestada sua condição mediante documento expedido pelo INSS ou instituição delegada.

Aprendiz

Conforme o art. 428, *caput*, da CLT, contrato de aprendizagem é o contrato de trabalho especial:

> Ajustado por escrito e por prazo determinado, em que o empregador se compromete a assegurar ao maior de 14 (quatorze) e menor de 24 (vinte e quatro) anos inscrito em programa de aprendizagem formação técnico-profissional metódica, compatível com o seu desenvolvimento físico, moral e psicológico, e o aprendiz, a executar com zelo e diligência as tarefas necessárias a essa formação.

Cabe destacar que não há qualquer sobreposição entre vagas de aprendizagem e vagas para pessoas com deficiência, sobretudo em razão do que dispõe o art. 44, parágrafo único, do Decreto n. 9.579/2018, o qual informa que a idade máxima para que a pessoa seja admitida como aprendiz não se aplica a aprendizes com deficiência.

Outrossim, o § 3º do art. 93 da Lei n. 8.213/91 dispõe que para a reserva de cargos "será considerada somente a contratação direta de pessoa com deficiência, excluído o aprendiz com deficiência de que trata a Consolidação das Leis do Trabalho (CLT)".

A aprendizagem pode ser utilizada como importante instrumento de qualificação de pessoas com deficiência para o trabalho, não existindo limite máximo de idade.

Art. 117. A execução do contrato deverá ser acompanhada e fiscalizada por 1 (um) ou mais fiscais do contrato, representantes da Administração especialmente designados conforme requisitos estabelecidos no art. 7º desta Lei, ou pelos respectivos substitutos, permitida a contratação de terceiros para assisti-los e subsidiá-los com informações pertinentes a essa atribuição.

DISPOSITIVO CORRELATO (Lei n. 8.666/93)

Art. 67. A execução do contrato deverá ser acompanhada e fiscalizada por um representante da Administração especialmente designado, permitida a contratação de terceiros para assisti-lo e subsidiá-lo de informações pertinentes a essa atribuição.

§ 1º O fiscal do contrato anotará em registro próprio todas as ocorrências relacionadas à execução do contrato, determinando o que for necessário para a regularização das faltas ou dos defeitos observados.

> **DISPOSITIVO CORRELATO (Lei n. 8.666/93)**
>
> Art. 67. [...]
> § 1º O representante da Administração anotará em registro próprio todas as ocorrências relacionadas com a execução do contrato, determinando o que for necessário à regularização das faltas ou defeitos observados.

§ 2º O fiscal do contrato informará a seus superiores, em tempo hábil para a adoção das medidas convenientes, a situação que demandar decisão ou providência que ultrapasse sua competência.

> **DISPOSITIVO CORRELATO (Lei n. 8.666/93)**
>
> Art. 67. [...]
> § 2º As decisões e providências que ultrapassarem a competência do representante deverão ser solicitadas a seus superiores em tempo hábil para a adoção das medidas convenientes.

§ 3º O fiscal do contrato será auxiliado pelos órgãos de assessoramento jurídico e de controle interno da Administração, que deverão dirimir dúvidas e subsidiá-lo com informações relevantes para prevenir riscos na execução contratual.

§ 4º Na hipótese da contratação de terceiros prevista no *caput* deste artigo, deverão ser observadas as seguintes regras:

I – a empresa ou o profissional contratado assumirá responsabilidade civil objetiva pela veracidade e pela precisão das informações prestadas, firmará termo de compromisso de confidencialidade e não poderá exercer atribuição própria e exclusiva de fiscal de contrato;

II – a contratação de terceiros não eximirá de responsabilidade o fiscal do contrato, nos limites das informações recebidas do terceiro contratado.

COMENTÁRIOS

A execução do contrato deverá ser acompanhada e fiscalizada por representante da Administração especialmente designado, permitida a contratação de terceiros para assistilo e subsidiálo de informações pertinentes a essa atribuição.

Trata-se de uma das cláusulas exorbitantes descritas no art. 104 da lei em tela. O representante da Administração anotará em registro próprio todas as ocorrências relacionadas com a execução do contrato, determinando o que for necessário à regularização das faltas ou defeitos observados.

As decisões e providências que ultrapassarem a competência do representante deverão ser solicitadas a seus superiores em tempo hábil para a adoção das medidas convenientes.

Observe que o comando normativo citado se aplica mais às relações internas da Administração Pública do que ao contrato propriamente dito, pois as formas de fiscalização do cumprimento das prestações devem ser escolhidas pelo credor sem que isso exima o devedor de executar a sua obrigação.

Nos contratos com objetos mais complexos, nem sempre há, nos quadros do órgão responsável pela fiscalização da execução, agente público devidamente capacitado, sem, com esta afirmação, mostrar qualquer demérito dos servidores públicos. Exemplo: não haverá, em virtude das atribuições constitucionais da Advocacia-Geral da União, membro que possa fiscalizar contrato administrativo cujo objeto esteja relacionado à medicina.

Assim, desde que haja justificativa pertinente, poderá a Administração Pública contratar terceiro para auxiliar o seu representante, relação interna do ente ou entidade em questão que não faz parte da relação contratual a ser fiscalizada.

Já o comando constante do art. 118 da lei citada faz parte das exigências do contrato principal, pois é obrigação do contratado manter preposto, aceito pela Administração, no local da obra ou serviço, para representálo na execução do contrato.

O contratado é obrigado a reparar, corrigir, remover, reconstruir ou substituir, às suas expensas, no total ou em parte, o objeto do contrato em que se verificarem vícios, defeitos ou incorreções resultantes da execução ou de materiais empregados.

O contratado é responsável pelos danos causados diretamente à Administração ou a terceiros, decorrentes de sua culpa ou dolo na execução do contrato, não excluindo ou reduzindo essa responsabilidade a fiscalização ou o acompanhamento pelo órgão interessado.

O contratado é responsável pelos encargos trabalhistas, previdenciários, fiscais e comerciais resultantes da execução do contrato.

Art. 118. O contratado deverá manter preposto aceito pela Administração no local da obra ou do serviço para representá-lo na execução do contrato.

DISPOSITIVO CORRELATO (Lei n. 8.666/93)

Art. 68. O contratado deverá manter preposto, aceito pela Administração, no local da obra ou serviço, para representá-lo na execução do contrato.

COMENTÁRIO

Não há relação de hierarquia, subserviência ou poder de mando entre os servidores públicos lotados no órgão ou entidade contratante e os funcionários da contratada.

Por isso, a relação entre a contratada e a Administração, principalmente com os gestores e fiscais do contrato, dá-se em interação com o preposto da empresa.

O preposto é o representante da empresa contratada, dotado de procuração para esse fim. É a pessoa que recebe as demandas e reclamações da Administração, e a esta encaminha as demandas da contratada.

Pelos atos do preposto, responde a contratada, uma vez que esta é a única responsável pela má escolha de seu representante perante a Administração (*culpa in eligendo*).

Questão polêmica concerne à possibilidade da Administração de recusar o preposto indicado pela empresa, o que se traduz em nítida ingerência nos negócios internos do particular.

Com o fim de se evitar perseguições ou favorecimentos injustificados, há de se registrar razoável motivo para a recusa, que de modo algum pode decorrer de preferências ou idiossincrasias do gestor público responsável pela contratação.

Art. 119. O contratado será obrigado a reparar, corrigir, remover, reconstruir ou substituir, a suas expensas, no total ou em parte, o objeto do contrato em que se verificarem vícios, defeitos ou incorreções resultantes de sua execução ou de materiais nela empregados.

DISPOSITIVO CORRELATO (Lei n. 8.666/93)

Art. 69. O contratado é obrigado a reparar, corrigir, remover, reconstruir ou substituir, às suas expensas, no total ou em parte, o objeto do contrato em que se verificarem vícios, defeitos ou incorreções resultantes da execução ou de materiais empregados.

COMENTÁRIOS

Usualmente, o contrato disciplina obrigação de resultado, normalmente uma obrigação de fazer ou de dar; aquela consiste em prestação de fato, esta em prestação de coisa.

A norma técnica ABNT NBR 13752[261], que dispõe sobre perícias de engenharia da construção civil, informa que vícios consistem em:

> [...] anomalias que afetam o desempenho de produtos ou serviços, ou os tornam inadequados aos fins a que se destinam, causando transtornos ou prejuízos materiais ao consumidor. Podem decorrer de falha de projeto ou de execução, ou ainda da informação defeituosa sobre sua utilização ou manutenção.

Ao tratar sobre vícios de produto, o art. 18, *caput*, do Código de Defesa do Consumidor dispõe:

> Os fornecedores de produtos de consumo duráveis ou não duráveis respondem solidariamente pelos vícios de qualidade ou quantidade que os tornem impróprios ou inadequados ao consumo a que se destinam ou lhes diminuam o valor, assim como por aqueles decorrentes da disparidade, com a indicações constantes do recipiente, da embalagem, rotulagem ou mensagem publicitária, respeitadas as variações decorrentes de sua natureza, podendo o consumidor exigir a substituição das partes viciadas.

Quanto à disciplina sobre defeitos, o diploma legal consumerista dispõe, na forma do art. 12, *caput*:

> O fabricante, o produtor, o construtor, nacional ou estrangeiro, e o importador respondem, independentemente da existência de culpa, pela reparação dos danos causados aos consumidores por defeitos decorrentes de projeto, fabricação, construção, montagem, fórmulas, manipulação, apresentação ou acondicionamento de seus produtos, bem como por informações insuficientes ou inadequadas sobre sua utilização e riscos.

Art. 120. O contratado será responsável pelos danos causados diretamente à Administração ou a terceiros em razão da execução do contrato, e não excluirá nem reduzirá essa responsabilidade a fiscalização ou o acompanhamento pelo contratante.

DISPOSITIVO CORRELATO (Lei n. 8.666/93)

Art. 70. O contratado é responsável pelos danos causados diretamente à Administração ou a terceiros, decorrentes de sua culpa ou dolo na execução do contrato, não excluindo ou reduzindo essa responsabilidade a fiscalização ou o acompanhamento pelo órgão interessado.

COMENTÁRIOS

O art. 186 do Código Civil dispõe que aquele que, por ação ou omissão voluntária, negligência ou imprudência, violar direito e causar dano a outrem, ainda que exclusivamente moral, comete ato ilícito.

O art. 927 do Código Civil dispõe que aquele que por ato ilícito causar dano a outrem fica obrigado a repará-lo.

Se o contratado pela Administração, no desempenho do contrato, comete dano à Administração ou a terceiros, exsurge o dever de ressarcimento.

Da leitura do art. 120 da Lei n. 14.133/2021, depreende-se que a responsabilidade civil do contratado tem natureza objetiva, isto é, perfaz-se com a só relação de causalidade entre causa e dano, independentemente de culpa.

Todavia, o contratado não é responsável se existente alguma das causas excludentes de responsabilidade:

---

261 ASSOCIAÇÃO BRASILEIRA DE NORMAS TÉCNICAS. *ABNT NBR 13752:1996:* Perícias de engenharia da construção civil. Rio de Janeiro, 1996. p. 5.

a)   estado de necessidade;
b)   legítima defesa;
c)   exercício regular do direito;
d)   estrito cumprimento do dever legal;
e)   culpa exclusiva da vítima;
f)   fato de terceiro;
g)   caso fortuito e força maior.

A efetiva fiscalização do contrato ou descuido da Administração quanto ao acompanhamento da execução em nada repercute na responsabilidade civil do contratado, que age por sua conta e risco.

Merece ressalva, porém, se a Administração concorrer para o dano, mediante informações errôneas asseveradas como corretas, por exemplo, a indicação errada de uma edificação por ser demolida, em suposto imóvel desapropriado, para a construção de via urbana.

Art. 121. Somente o contratado será responsável pelos encargos trabalhistas, previdenciários, fiscais e comerciais resultantes da execução do contrato.

> **DISPOSITIVO CORRELATO (Lei n. 8.666/93)**
>
> Art. 71. O contratado é responsável pelos encargos trabalhistas, previdenciários, fiscais e comerciais resultantes da execução do contrato.

§ 1º A inadimplência do contratado em relação aos encargos trabalhistas, fiscais e comerciais não transferirá à Administração a responsabilidade pelo seu pagamento e não poderá onerar o objeto do contrato nem restringir a regularização e o uso das obras e das edificações, inclusive perante o registro de imóveis, ressalvada a hipótese prevista no § 2º deste artigo.

> **DISPOSITIVO CORRELATO (Lei n. 8.666/93)**
>
> Art. 71. [...]
> § 1º A inadimplência do contratado, com referência aos encargos trabalhistas, fiscais e comerciais não transfere à Administração Pública a responsabilidade por seu pagamento, nem poderá onerar o objeto do contrato ou restringir a regularização e o uso das obras e edificações, inclusive perante o Registro de Imóveis. (Redação dada pela Lei n. 9.032, de 1995.)

§ 2º Exclusivamente nas contratações de serviços contínuos com regime de dedicação exclusiva de mão de obra, a Administração responderá solidariamente pelos encargos previdenciários e subsidiariamente pelos encargos trabalhistas se comprovada falha na fiscalização do cumprimento das obrigações do contratado.

> **DISPOSITIVO CORRELATO (Lei n. 8.666/93)**
>
> Art. 71. [...]
> § 2º A Administração Pública responde solidariamente com o contratado pelos encargos previdenciários resultantes da execução do contrato, nos termos do art. 31 da Lei n. 8.212, de 24 de julho de 1991. (Redação dada pela Lei n. 9.032, de 1995.)

§ 3º Nas contratações de serviços contínuos com regime de dedicação exclusiva de mão de obra, para assegurar o cumprimento de obrigações trabalhistas pelo contratado, a Administração, mediante disposição em edital ou em contrato, poderá, entre outras medidas:

I – exigir caução, fiança bancária ou contratação de seguro-garantia com cobertura para verbas rescisórias inadimplidas;

II – condicionar o pagamento à comprovação de quitação das obrigações trabalhistas vencidas relativas ao contrato;

III – efetuar o depósito de valores em conta vinculada;

IV – em caso de inadimplemento, efetuar diretamente o pagamento das verbas trabalhistas, que serão deduzidas do pagamento devido ao contratado;

V – estabelecer que os valores destinados a férias, a décimo terceiro salário, a ausências legais e a verbas rescisórias dos empregados do contratado que participarem da execução dos serviços contratados serão pagos pelo contratante ao contratado somente na ocorrência do fato gerador.

§ 4º Os valores depositados na conta vinculada a que se refere o inciso III do § 3º deste artigo são absolutamente impenhoráveis.

§ 5º O recolhimento das contribuições previdenciárias observará o disposto no art. 31 da Lei n. 8.212, de 24 de julho de 1991.

COMENTÁRIOS

Inadimplência dos encargos trabalhistas, fiscais e comerciais

O § 1º do art. 121 estabelece que a inadimplência do contratado, com referência aos encargos trabalhistas, fiscais e comerciais não transfere à Administração Pública a responsabilidade por seu pagamento, nem poderá onerar o objeto do contrato ou restringir a regularização e o uso das obras e edificações, inclusive perante o registro de imóveis, ressalvada a hipótese de contratações de serviços contínuos com regime de dedicação exclusiva de mão de obra.

Não obstante, o TST, sob a égide da Lei n. 8.666/93, mas sob comando normativo semelhante, editou a Súmula n. 331, cujo item IV apresentava o seguinte teor:

> O inadimplemento das obrigações trabalhistas, por parte do empregador, implica a responsabilidade subsidiária do tomador dos serviços, quanto àquelas obrigações, inclusive quanto aos órgãos da administração direta, das autarquias, das fundações públicas, das empresas públicas e das sociedades de economia mista, desde que hajam participado da relação processual e constem também do título executivo judicial (art. 71 da Lei n. 8.666, de 21-6-1993).

O STF, em 24 de novembro de 2010, finalmente afastou o entendimento do TST, pois a Corte Maior julgou constitucional o parágrafo em tela. Apesar disso, ainda há resistência dos operadores do direito do trabalho em aceitar a decisão. Assim, não há falar mais em responsabilidade subsidiária do Estado pelos débitos trabalhistas das empresas contratadas.

Diante da decisão do STF, o TST modificou a redação da sua Súmula 331. Eis a nova redação do item V, relativo à Administração Pública:

> Os entes integrantes da Administração Pública direta e indireta respondem subsidiariamente, nas mesmas condições do item IV, caso evidenciada a sua conduta culposa no cumprimento das obrigações da Lei n. 8.666, de 21-6-1993, especialmente na fiscalização do cumprimento das obrigações contratuais e legais da prestadora de serviço como empregadora. A aludida responsabilidade não decorre de mero inadimplemento das obrigações trabalhistas assumidas pela empresa regularmente contratada.

Agora, a Justiça do Trabalho tem responsabilizado a Administração Pública com base na responsabilidade subsidiária por omissão.

O STF apreciou também a nova redação acima do item V da Súmula TST 331. Dessa vez, a Corte Suprema declarou válida a nova redação, afirmando, no RE n. 760.931/DF, que não haverá responsabilidade subsidiária automática, mas apenas quando houver culpa *in vigilando*. Eis a parte final do acórdão mencionado:

7. O art. 71, § 1º, da Lei n. 8.666/93, ao definir que a inadimplência do contratado, com referência aos encargos trabalhistas, não transfere à Administração Pública a responsabilidade por seu pagamento, representa legítima escolha do legislador, máxime porque a Lei n. 9.032/95 incluiu no dispositivo exceção à regra de não responsabilização com referência a encargos trabalhistas. 8. Constitucionalidade do art. 71, § 1º, da Lei n. 8.666/93 já reconhecida por esta Corte em caráter erga omnes e vinculante: ADC 16, rel. Min. Cezar Peluso, Tribunal Pleno, julgado em 24112010. 9. Recurso Extraordinário parcialmente conhecido e, na parte admitida, julgado procedente para fixar a seguinte tese para casos semelhantes: "O inadimplemento dos encargos trabalhistas dos empregados do contratado não transfere automaticamente ao Poder Público contratante a responsabilidade pelo seu pagamento, seja em caráter solidário ou subsidiário, nos termos do art. 71, §1º, da Lei n. 8.666/93".

Não há falar, inicialmente, em culpa *in eligendo*, pois a escolha do contratado observará sempre procedimento normativamente estabelecido de licitação ou de contratação direta. A contratação direta exige também requisitos de idoneidade do contratado.

Somente vícios no procedimento de licitação ou contratação direta poderiam ser usados como argumentos para a responsabilização subsidiária da Administração Pública por culpa *in eligendo*.

Eis trecho do debate ocorrido no STF por ocasião do julgamento do RE n. 760931/DF:

O SENHOR MINISTRO LUIZ FUX – Pois é, mas a propositura aqui pressupõe a culpa *in vigilando*.
O SENHOR MINISTRO MARCO AURÉLIO – Teve um caso em que a Justiça do Trabalho chegou a cogitar da culpa na escolha, esquecendo que esta se faz mediante licitação, não a dedo.

Assim, fixada a possibilidade de responsabilização subsidiária da Administração Pública, quando figura como tomadora, pelas verbas trabalhistas aos empregados de empresas terceirizadas quando há culpa in vigilando (excepcionalmente culpa *in eligendo*) relativa aos recolhimentos das verbas, indaga-se de quem é o ônus de provar a mencionada culpa.

Nos debates ocorridos no STF (RE n. 760.931), ficou implícito que o ônus da prova de irregularidade na fiscalização do recolhimento das verbas trabalhistas é do reclamante, seguindo essa linha o Tribunal Superior do Trabalho (TST) ratificou de maneira definitiva a tese de que, com base na possibilidade de utilização dos instrumentos da Lei de Acesso à Informação e na presunção relativa de legitimidade dos atos da Administração Pública, o empregado pode requerer todos os documentos concernentes à fiscalização e afastar a presunção de regularidade. Eis acórdão do TST:

AGRAVO DE INSTRUMENTO EM RECURSO DE REVISTA. ACÓRDÃO PUBLICADO NA VIGÊNCIA DA LEI N. 13.015/2014. ADMINISTRAÇÃO PÚBLICA. RESPONSABILIDADE SUBSIDIÁRIA. CULPA *IN VIGILANDO*. ÔNUS DA PROVA DO EMPREGADO. LEI DE ACESSO À INFORMAÇÃO. PRESUNÇÃO DE LEGITIMIDADE DOS ATOS PRATICADOS PELOS AGENTES PÚBLICOS. Em razão de provável caracterização de ofensa ao art. 71, §1º, da Lei n. 8.666/93, dá-se provimento ao agravo de instrumento para determinar o prosseguimento do recurso de revista. Agravo de instrumento provido. RECURSO DE REVISTA. ACÓRDÃO PUBLICADO NA VIGÊNCIA DA LEI N. 13.015/2014. ADMINISTRAÇÃO PÚBLICA. RESPONSABILIDADE SUBSIDIÁRIA. CULPA *IN VIGILANDO*. ÔNUS DA PROVA DO RECLAMANTE. LEI DE ACESSO à INFORMAÇÃO. PRESUNÇÃO DE LEGITIMIDADE DOS ATOS PRATICADOS PELOS AGENTES PÚBLICOS. IMPOSSIBILIDADE DE RESPONSABILIZAÇÃO AUTOMÁTICA. O Supremo Tribunal Federal, após declarar a constitucionalidade do art. 71, § 1º, da Lei n. 8.666/93 nos autos da ADC 16/DF, alertou ser possível o reconhecimento da responsabilidade subsidiária quando constatada omissão do ente público na fiscalização do cumprimento das obrigações trabalhistas por parte da prestadora de serviços. Em sede de repercussão geral, julgou o mérito do RE 760.931/DF, mas deixou de fixar tese acerca do ônus da prova do dever de fiscalização. Para sua definição, é imprópria a adoção da teoria da aptidão da prova ou mesmo o enquadramento na exceção do art. 373, § 1º, do CPC de 2015. Isso não só em razão da ausência de maiores dificuldades para obtenção do substrato probatório, amenizadas, aliás, com a superveniência da Lei de Acesso à Informação (Lei n. 12.527/2011), mas, sobretudo, por conta da presunção relativa de legitimidade das informações oficiais de agentes públicos. Impor ao Poder Público o ônus da prova significa, ao revés, presumir sua culpa *in vigilando*, presunção cuja resultante natural é a "transferência automática" da responsabilidade pelo pagamento dos haveres trabalhistas, na contramão da *ratio decidendi* firmada no RE 760.931/DF, erigido à condição de *leading case*.

Dessa forma, o e. TRT, ao imputar ao tomador de serviços o encargo processual de comprovar a ausência de conduta culposa, acabou por transferir automaticamente à Administração Pública a responsabilidade subsidiária, mediante decisão proferida à míngua de prova robusta de sua culpa in vigilando. Recurso de revista conhecido e provido. (TST – RR: 102173420165150088, rel. Breno Medeiros, julgado em 21-2-2018, 5ª Turma, *DEJT* 2-3-2018).

Observe-se, por fim, que a fiscalização não atenua nem retira as responsabilidades técnicas e os encargos próprios do contratado, salvo se expressamente ressalvados pela Administração Pública, quando emite ordem diversa do contrato ou determina a execução de trabalho em oposição a norma técnica ou a preceitos éticoprofissionais, em circunstâncias excepcionais criadas por interesse público superior[262].

Responsabilidade solidária da Administração

O fiscal do contrato, sob pena de responsabilização funcional, penal e cível, deve exigir mês a mês do contratado comprovação do cumprimento dos encargos previdenciários, visto que, caso o contratado não os honre, **a Administração Pública responderá solidariamente**, na forma do § 2º do art. 121 da Lei n. 14.133/2021.

Art. 122. Na execução do contrato e sem prejuízo das responsabilidades contratuais e legais, o contratado poderá subcontratar partes da obra, do serviço ou do fornecimento até o limite autorizado, em cada caso, pela Administração.

DISPOSITIVO CORRELATO (Lei n. 8.666/93)
Art. 72. O contratado, na execução do contrato, sem prejuízo das responsabilidades contratuais e legais, poderá subcontratar partes da obra, serviço ou fornecimento, até o limite admitido, em cada caso, pela Administração.

§ 1º O contratado apresentará à Administração documentação que comprove a capacidade técnica do subcontratado, que será avaliada e juntada aos autos do processo correspondente.

§ 2º Regulamento ou edital de licitação poderão vedar, restringir ou estabelecer condições para a subcontratação.

§ 3º Será vedada a subcontratação de pessoa física ou jurídica, se aquela ou os dirigentes desta mantiverem vínculo de natureza técnica, comercial, econômica, financeira, trabalhista ou civil com dirigente do órgão ou entidade contratante ou com agente público que desempenhe função na licitação ou atue na fiscalização ou na gestão do contrato, ou se deles forem cônjuge, companheiro ou parente em linha reta, colateral, ou por afinidade, até o terceiro grau, devendo essa proibição constar expressamente do edital de licitação.

COMENTÁRIOS

A escolha do contratado pela Administração Pública é baseada em procedimento licitatório ou procedimento de contratação direta. Dessa forma, vários requisitos precisam ser observados, o que torna a contratação personalíssima.

Caso o contratado pudesse ser substituído, os procedimentos prévios normativamente exigidos perderiam utilidade e a exigência de licitação e de observância de requisitos na contratação direta seriam violadas.

Por isso, a subcontratação ou outras formas de colaboração de terceiro não pode ser total, sob pena de fraude aos procedimentos prévios normativamente exigidos para a contratação.

---

262 MEIRELLES, Hely Lopes. *Direito administrativo brasileiro*. 42. ed. São Paulo: Malheiros, 2009.

O art. 122 da lei em comento ratifica a proibição de subcontratação total, ao dizer que somente partes da obra, serviço ou fornecimento podem ser atribuídas a terceiros quando a Administração Pública admitir.

A fim de que a subcontratação não se torne uma medida para burlar exigências de habilitação, o Poder Público pode exigir que os subcontratados demonstrem que possuem todos os requisitos exigidos para o contratado principal.

Art. 123. A Administração terá o dever de explicitamente emitir decisão sobre todas as solicitações e reclamações relacionadas à execução dos contratos regidos por esta Lei, ressalvados os requerimentos manifestamente impertinentes, meramente protelatórios ou de nenhum interesse para a boa execução do contrato.

Parágrafo único. Salvo disposição legal ou cláusula contratual que estabeleça prazo específico, concluída a instrução do requerimento, a Administração terá o prazo de 1 (um) mês para decidir, admitida a prorrogação motivada por igual período.

COMENTÁRIOS

No que toca à execução dos contratos regidos pela Lei n. 14.133/2021, não há possibilidade jurídica de aquiescência ou denegação tácita, porquanto se trata da realização de interesse público.

Não existindo cláusula contratual específica, considera-se o prazo de um mês para decidir sobre requerimentos, reclamações, solicitações e petições afins, admitindo-se prorrogação por igual período, desde que motivada.

Há de se ter atenção, porém, que determinados expedientes encaminhados à Administração não guardam qualquer relação de lógica ou pertinência, ocasião em que, mediante despacho sucinto, devem ser arquivados e cientificado esse ato à parte interessada.

CAPÍTULO VII
Da Alteração dos Contratos e dos Preços

Art. 124. Os contratos regidos por esta Lei poderão ser alterados, com as devidas justificativas, nos seguintes casos:

DISPOSITIVO CORRELATO (Lei n. 8.666/93)
Art. 65. Os contratos regidos por esta Lei poderão ser alterados, com as devidas justificativas, nos seguintes casos:

I – unilateralmente pela Administração:

DISPOSITIVO CORRELATO (Lei n. 8.666/93)
Art. 65. [...] I – unilateralmente pela Administração:

a) quando houver modificação do projeto ou das especificações, para melhor adequação técnica a seus objetivos;

DISPOSITIVO CORRELATO (Lei n. 8.666/93)
Art. 65. [...] I – [...] a) quando houver modificação do projeto ou das especificações, para melhor adequação técnica aos seus objetivos;

b) quando for necessária a modificação do valor contratual em decorrência de acréscimo ou diminuição quantitativa de seu objeto, nos limites permitidos por esta Lei;

DISPOSITIVO CORRELATO (Lei n. 8.666/93)

Art. 65. [...]
I – [...]
b) quando necessária a modificação do valor contratual em decorrência de acréscimo ou diminuição quantitativa de seu objeto, nos limites permitidos por esta Lei;

II – por acordo entre as partes:

DISPOSITIVO CORRELATO (Lei n. 8.666/93)

Art. 65. [...]
II – por acordo das partes:

a) quando conveniente a substituição da garantia de execução;

DISPOSITIVO CORRELATO (Lei n. 8.666/93)

Art. 65. [...]
II – [...]
a) quando conveniente a substituição da garantia de execução;

b) quando necessária a modificação do regime de execução da obra ou do serviço, bem como do modo de fornecimento, em face de verificação técnica da inaplicabilidade dos termos contratuais originários;

DISPOSITIVO CORRELATO (Lei n. 8.666/93)

Art. 65. [...]
II – [...]
b) quando necessária a modificação do regime de execução da obra ou serviço, bem como do modo de fornecimento, em face de verificação técnica da inaplicabilidade dos termos contratuais originários;

c) quando necessária a modificação da forma de pagamento por imposição de circunstâncias supervenientes, mantido o valor inicial atualizado e vedada a antecipação do pagamento em relação ao cronograma financeiro fixado sem a correspondente contraprestação de fornecimento de bens ou execução de obra ou serviço;

DISPOSITIVO CORRELATO (Lei n. 8.666/93)

Art. 65. [...]
II – [...]
c) quando necessária a modificação da forma de pagamento, por imposição de circunstâncias supervenientes, mantido o valor inicial atualizado, vedada a antecipação do pagamento, com relação ao cronograma financeiro fixado, sem a correspondente contraprestação de fornecimento de bens ou execução de obra ou serviço;

d) para restabelecer o equilíbrio econômico-financeiro inicial do contrato em caso de força maior, caso fortuito ou fato do príncipe ou em decorrência de fatos imprevisíveis ou previsí-

372 A NOVA LEI DE LICITAÇÕES E CONTRATOS

veis de consequências incalculáveis, que inviabilizem a execução do contrato tal como pactuado, respeitada, em qualquer caso, a repartição objetiva de risco estabelecida no contrato.

DISPOSITIVO CORRELATO (Lei n. 8.666/93)
Art. 65. [...]
II – [...]
d) para restabelecer a relação que as partes pactuaram inicialmente entre os encargos do contratado e a retribuição da administração para a justa remuneração da obra, serviço ou fornecimento, objetivando a manutenção do equilíbrio econômico-financeiro inicial do contrato, na hipótese de sobrevirem fatos imprevisíveis, ou previsíveis porém de consequências incalculáveis, retardadores ou impeditivos da execução do ajustado, ou, ainda, em caso de força maior, caso fortuito ou fato do príncipe, configurando álea econômica extraordinária e extracontratual. (Redação dada pela Lei n. 8.883, de 1994.)

§ 1º Se forem decorrentes de falhas de projeto, as alterações de contratos de obras e serviços de engenharia ensejarão apuração de responsabilidade do responsável técnico e adoção das providências necessárias para o ressarcimento dos danos causados à Administração.

§ 2º Será aplicado o disposto na alínea *d* do inciso II do *caput* deste artigo às contratações de obras e serviços de engenharia, quando a execução for obstada pelo atraso na conclusão de procedimentos de desapropriação, desocupação, servidão administrativa ou licenciamento ambiental, por circunstâncias alheias ao contratado.

DISPOSITIVO CORRELATO (Lei n. 8.666/93)
Art. 57. [...]
§ 1º Os prazos de início de etapas de execução, de conclusão e de entrega admitem prorrogação, mantidas as demais cláusulas do contrato e assegurada a manutenção de seu equilíbrio econômico-financeiro, desde que ocorra algum dos seguintes motivos, devidamente autuados em processo:
[...]
VI – omissão ou atraso de providências a cargo da Administração, inclusive quanto aos pagamentos previstos de que resulte, diretamente, impedimento ou retardamento na execução do contrato, sem prejuízo das sanções legais aplicáveis aos responsáveis.

COMENTÁRIOS

Há, nos contratos administrativos, duas formas de alteração: a bilateral, ou consensual, e a unilateral, esta baseada nos poderes atribuídos à Administração Pública pelo regime jurídicoadministrativo como contratante.

Em outros países, podem ser encontradas também estas duas formas de alteração, quais sejam: a unilateral e a bilateral. O art. 311 do Código de Contratos Públicos[263] de Portugal ilustra, segundo Carla Amado Gomes[264], o seguinte:

> Conforme dispõe o art. 311º, a modificação do contrato pode ocorrer por via negocial, por decisão judicial ou arbitral, ou por actuação do poder de modificação unilateral da Administração. Na verdade, a decisão judicial poderá resultar (entre outras): da impossibilidade de

---

263 Denominação mais apropriada do que a nossa para o conjunto de normas que tratam dos contratos celebrados pela Administração Pública, seja sob o regime de direito público, seja sob o regime de direito privado.

264 GOMES, Carla Amado. A conformação da relação contratual no código dos contratos públicos. In: *Estudos de contratação pública I*. Coimbra: Coimbra Editora, 2008. p. 526.

alcançar a modificação por via negocial; do desfecho de um processo de impugnação de um acto administrativo que determine a modificação unilateral por razões de interesse público (desfavorável ao cocontratante); da decisão favorável de um pedido apresentado pelo cocontratante, no sentido da modificação do contrato cujo equilíbrio se rompera por superveniência de circunstâncias fácticas imprevistas que tornaram o seu cumprimento, nos termos iniciais, demasiado oneroso.

Alteração unilateral do contrato

A alteração ou modificação unilateral para melhor adequação às finalidades de interesse público, respeitados os direitos do contratado, é uma das cláusulas exorbitantes do art. 124, I, da lei em estudo.

Observe-se que a Administração Pública pode impor ao contratado unilateralmente a alteração na quantidade do objeto do contrato, ficando a parte contrária obrigada a aceitar, nas mesmas condições contratuais, os acréscimos ou supressões que se fizerem nas obras, segundo os limites legais.

Entretanto, no caso de supressão de obras, bens ou serviços, se o contratado já houver adquirido os materiais e posto no local dos trabalhos, estes deverão ser pagos pela Administração pelos custos de aquisição regularmente comprovados e monetariamente corrigidos, podendo caber indenização por outros danos eventualmente decorrentes da supressão, desde que regularmente comprovados.

Havendo alteração unilateral do contrato que aumente os encargos do particular, a Administração deverá restabelecer, por aditamento, o equilíbrio econômico-financeiro inicial.

O poder atribuído pela lei à Administração Pública de alterar unilateralmente o contrato esbarra no princípio da proibição do enriquecimento sem causa, consubstanciado em regra pela imposição de manutenção do equilíbrio econômico-financeiro.

Caso não houvesse tal proteção para o contratado, a Administração Pública não encontraria, no mercado, fornecedores para os bens e serviços necessários às suas atividades, visto que no Estado Democrático de Direito ninguém é obrigado a contratar e os atores da economia não poderiam ser compelidos a suportar prejuízo financeiro, sob pena de ficar caracterizada uma expropriação velada, fora das hipóteses constitucionalmente possíveis.

Alteração bilateral do contrato

A alteração bilateral, nos contratos administrativos, não difere da perpetrada sob o regime de direito privado; exige o assentimento de todos os contratantes, não podendo ser feita se houver oposição de qualquer dos envolvidos.

Não denota supremacia ou regime diferenciado imposto por qualquer dos contratantes, todos apresentam os mesmos poderes para negociar, implementar ou não a mudança. A alteração bilateral assemelhase à celebração de nova avença.

Ressalte-se que, quando a lei não facultar a alteração unilateral à Administração Pública, somente poderão ser alteradas as cláusulas contratuais através da composição, alteração consensual.

Revisão do contrato

A revisão, apesar de ser originada de alteração consensual ou unilateral da Administração Pública, somente pode ser implementada bilateralmente, pois o contratado tem o direito de dispor do seu patrimônio e, se desejar, pode suportar a alteração sem a devida compensação financeira, o que é, de fato, inconcebível no sistema capitalista, mas juridicamente facultado, afinal, não há, no sistema jurídico, dever de exercício de direito potestativo ou subjetivo.

A alínea *d* do inciso I do art. 124 da Lei n. 14.133/2021 ilustra bem a necessidade de acordo das partes para restabelecer a relação que pactuaram inicialmente entre os encargos do contratado e a retribuição da administração para a justa remuneração da obra, serviço ou fornecimento, objetivando a manutenção do equilíbrio econômico-financeiro inicial do contrato, na hipótese de sobrevirem fatos imprevisíveis, ou previsíveis porém de consequências incalculáveis, retardadores ou impeditivos da execução do ajustado, ou, ainda, em caso de força maior, caso fortuito ou fato do príncipe, configurando álea econômica extraordinária e extracontratual.

A inexecução do contrato pode causar mais prejuízo do que a justa remuneração do particular; não deve haver interesses antagônicos nos contratos administrativos e sim interesses conciliáveis, a fim de que sejam preservadas a colaboração e a confiança entre os contratantes.

Teoria da imprevisão

Os contratos podem ser executados de duas maneiras:

a) com cumprimento das suas obrigações no momento da celebração; ou
b) com cumprimento das suas obrigações em momento posterior.

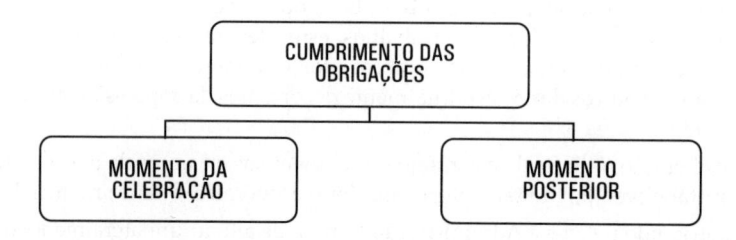

Em relação à primeira maneira, não há qualquer dissociação entre o estado das coisas da época da celebração e o estado das coisas à época da execução. Já em relação à segunda, podem restar mantidas ou ter sido alteradas as condições vislumbradas no momento da avença.

A regra geral é que os contratos sejam cumpridos tal como celebrados, consubstanciando o princípio do *pacta sunt servanda*, sendo os contratos leis entre as partes.

Ora, havendo autonomia da vontade, portanto, liberdade para contratar ou não e liberdade para pactuar ou aderir às cláusulas contratuais, deve haver – para prestígio do princípio da segurança jurídica – inalterabilidade do que fora estipulado livremente.

De fato, o princípio do *pacta sunt servanda* implica não somente segurança jurídica, mas também é garantidor do comércio jurídico que embasou o surgimento e o crescimento da civilização.

O princípio em tela já era visto na Roma antiga através dos estudos de Ulpiano (170-228 d.C.) que, apesar de não utilizar a expressão *pacta sunt servanda*, entendia que as cláusulas estipuladas contratualmente eram de cumprimento compulsório.

A evolução do comércio jurídico mostrou, entretanto, que a utilização do princípio do *pacta sunt servanda* sem temperamento ou sem qualquer exceção poderia tornar algumas contratações inviáveis, pois uma das partes precisaria assumir riscos intoleráveis que poderiam gerar, inclusive, a sua ruína.

A desproporção ruinosa possibilitou o surgimento – para os contratos de execução posterior ao momento da celebração – do princípio da *rebus sic stantibus* (*contractus qui habent tractum sucessivum et dependentiam de futuro, rebus sic stantibus intelliguntur*).

É óbvio que, mesmo com o surgimento do princípio da *rebus sic stantibus*, a regra contratual é pautada no princípio do *pacta sunt servanda*, sob pena de desaparecer o instituto jurídico "contrato". A flexibilização da execução futura será sempre exceção; nunca regra sistêmica.

Na Roma antiga, a *rebus sic stantibus* poderia, em alguns casos previstos pelo ordenamento ou naturalmente aceitáveis, justificar a inexecução do contrato, transmudandoa de culposa para sem culpa.

São Tomás de Aquino[265] afirmava:

> Quem promete alguma coisa, com intenção de cumprir a promessa, não mente, porque não fala contra o que tem na mente. Mas, não a cumprindo, é-lhe infiel, mudando de intenção. Pode, porém, ser escusado por duas razões: primeiro se prometeu o que é manifestamente ilícito, pecou quando assim procedeu e, portanto, age bem mudando de propósito; segundo, se mudaram as condições das pessoas e os atos, pois, como diz Sêneca, para estarmos obrigados a fazer o que prometemos, é necessário que todas as circunstâncias permaneçam as mesmas. Do contrário, não mentimos quando prometemos, nem somos infiéis à promessa por não a cumprir, pois já as condições não eram as mesmas. Por isso, o Apóstolo não mentiu por não ter ido a Corinto, como prometera, pois obstáculos supervenientes lho impediram.

O princípio da *rebus sic stantibus* é utilizado na teoria da imprevisão, mas não há confusão entre eles. A teoria utiliza aquele princípio nos casos em que as circunstâncias exteriores da época do cumprimento sejam imprevisíveis ou, se previsíveis, as consequências não possam ser estimadas ao tempo da celebração[266].

As partes podem até ter previsto as circunstâncias, entretanto a considerável imprevisibilidade das consequências gera também a possibilidade de invocação da teoria da imprevisão.

A imprevisibilidade deve ser relevante para a execução do contrato, pois variações mínimas à época do adimplemento da avença fazem parte do risco esperado do negócio. É razoável que, em um lapso considerável de tempo entre a celebração e o cumprimento da avença, haja mudança das circunstâncias, entretanto, somente ocorrendo variações consideráveis para o objeto do contrato, a teoria da imprevisão pode ser oposta pela parte prejudicada.

No contrato administrativo, o princípio da *rebus sic stantibus* somente pode ser invocado dentro dos limites da teoria da imprevisão, pois o contratado não pode atribuir os riscos normais da atividade econômica à Administração Pública.

A teoria da imprevisão foi aplicada inicialmente aos contratos administrativos na decisão do Conselho de Estado francês, de 30 de março de 1916, no caso da *Compagnie générale d'éclairage de Bordeaux*.

Àquela época, o carvão era insumo para a produção de gás e, devido ao aumento exorbitante causado pela guerra no seu preço, ficou difícil o cumprimento dos contratos administrativos sem que o concessionário fosse levado à falência.

Com o objetivo de equalizar o problema das concessionárias de gás, o Conselho de Estado francês permitiu a revisão das tarifas cobradas aos consumidores.

Deve sempre ser lembrado que a sua aplicação tem espaço somente nos riscos econômicos extraordinários que podem ser experimentados pelo contratado.

No ordenamento jurídico pátrio, a própria Constituição Federal deixou clara a observância obrigatória da teoria da imprevisão pela Administração Pública quando estabeleceu, no inciso XXI do seu art. 37:

> [...] ressalvados os casos especificados na legislação, as obras, serviços, compras e alienações serão contratados mediante processo de licitação pública que assegure igualdade de condições a todos os concorrentes, com cláusulas que estabeleçam obrigações de pagamento, mantidas as condições efetivas da proposta, nos termos da lei, o qual somente permitirá as exigências de qualificação técnica e econômica indispensáveis à garantia do cumprimento das obrigações.

---

265 AQUINO, São Tomás de. *Summa theologica cura fratum ordinis preedecatorum*. Domínio Público.

266 STJ, AgRg no REsp 695.912/CE, rel. Min. Mauro Campbell Marques, 2ª Turma, julgado em 17-11-2009, *DJe* 27-11-2009.

A aplicação da teoria da imprevisão darseá quando for possível a execução do contrato, entretanto o seu cumprimento fatalmente causará grande e injusto prejuízo ao contratado em virtude de álea econômica extraordinária e extracontratual. A mudança nas condições de execução deve ser sempre causada por elemento externo à avença, portanto, estranho à vontade de qualquer das partes envolvidas.

Logo, somente estando presentes todos os elementos da teoria da imprevisão, é possível afirmar que a inexecução do contratado foi sem culpa.

Fato do príncipe

O Estado é uno mesmo havendo divisão das suas funções ou poderes[267], podendo, consequentemente, atuar, ao mesmo tempo, como contratante e como ente político dotado de autonomia para decidir, sob o regime constitucional adotado, acerca das diversas relações sociais abarcadas pelo direito público e pelo direito privado.

As opções políticas estatais guiam a sociedade como um todo e podem ter reflexos nas suas próprias relações jurídicas tanto internas quanto externas. No contrato, o atuar do Estado é individual, mas o seu atuar na condução das relações sociais é, em regra, geral e abstrato.

Ao atuar de forma geral, o Estado não tem como foco os contratos dos quais participa, mas as políticas públicas que devem ser implantadas, portanto, não age como parte contratual.

O fato do príncipe é todo ato imprevisto e imprevisível do Estado praticado com as suas prerrogativas de ente político, geral e sem relação direta com o contrato do qual é parte – mas cujos reflexos tocam suas disposições – que repercute no equilíbrio econômico-financeiro inicial do acordo. Nota-se que há ato externo ao contrato, porém praticado por uma de suas partes[268].

Cumpre lembrar que a República Federativa do Brasil, como bem explicitado no seu nome, é uma Federação formada, segundo o art. 1º da CF/88, por quatro entes e três esferas de competência. Os quatro entes são: a União, os Estados, o Distrito Federal e os Municípios. As três esferas de competência são: a federal, a estadual e a municipal, visto que não existe competência distrital, em virtude de o Distrito Federal acumular competências estaduais e municipais.

Ante a estrutura do federalismo brasileiro, alguns autores debatem sobre a configuração de fato do príncipe em ato praticado por ente federativo diverso do que figura como parte no contrato.

Somente se poderá configurar fato do príncipe quando o mesmo ente da Federação for editor do ato geral e parte no contrato, ou seja, somente ato editado pela União que tenha reflexos em avenças firmadas pela União configurará tal instituto jurídico[269].

Ressalta o jurista, com pertinência, que, se o ato e a Administração Pública forem de entes diversos, aplicar-seá não o fato do príncipe, mas a teoria da imprevisão.

Segundo alguns autores, a solução apresentada é engenhosa em um Estado unitário (França) ou em um federalismo simétrico[270], mas a assimetria do federalismo brasileiro notada na hipertrofia da União em relação aos Estados e Municípios e na hipertrofia dos Estados em relação aos Municípios não invalida o argumento de que o ato geral editado por ente federado que detenha mais competências e relevância sistêmica do que o ente parte do contrato é fato do príncipe. Porém este não é o melhor argumento.

---

267 Legislativo, Executivo e Judiciário.

268 STJ, RMS 15.154/PE, rel. Min. Luiz Fux, 1ª Turma, julgado em 19-11-2002, DJ 2-12-2002, p. 222.

269 GASPARINI, Diógenes. *Direito administrativo*. 15. ed. São Paulo: Saraiva, 2010.

270 É possível afirmar, sem medo de errar, que o federalismo simétrico, na prática, é ideal e inexistente, pois a perfeição na distribuição da competência, sem que houvesse um ente central, tornaria os membros federados soberanos, ensejando a autofagia.

O fato do príncipe configura-se como toda determinação estatal, positiva ou negativa, geral, imprevista e imprevisível:

> Que onera substancialmente a execução do contrato administrativo. Essa oneração, constituindo uma álea administrativa extraordinária e extracontratual, desde que intolerável e impeditiva da execução do ajuste, obriga o Poder Público contratante a compensar integralmente os prejuízos suportados pela outra parte, a fim de possibilitar o prosseguimento da execução, e, se esta for impossível, rende ensejo à rescisão do contrato, com as indenizações cabíveis[271].

A diferença entre responsabilidade por fato do príncipe e responsabilidade contratual do Estado da seguinte forma: o fato do príncipe pressupõe uma norma geral emanada de autoridade pública – de qualquer autoridade pública –, enquanto a responsabilidade contratual do Estado pressupõe uma norma particular, específica, emanada de qualquer autoridade pública relacionada com o contrato administrativo em questão. A responsabilidade pelo fato do príncipe não é direta; apenas reflexa, incide no âmbito jurídico do cocontratante, causando-lhe dano ressarcível[272].

O fato do príncipe pode gerar a inexecução sem culpa do contratado, mas somente terá tal qualificação quando emanado do mesmo ente federativo[273].

Fato da Administração

Enquanto o fato do príncipe não está diretamente relacionado ao contrato administrativo, o fato da administração é a ação ou a omissão diretamente relacionada à avença praticada pela Administração Pública, na qualidade de parte do contrato que retarda ou impede o cumprimento das prestações do outro contraente, portanto não há qualquer dúvida acerca da ausência de culpa do contratado, sendo caso de inexecução sem culpa.

O fato da administração poderá ensejar tanto a rescisão contratual quanto o reequilíbrio econômico-financeiro e pode ser visto em condutas atribuíveis à Administração Pública descritas no art. 137 da Lei n. 14.133/2021.

Cumpre salientar que o dispositivo legal em comento não emprega o vocábulo "rescisão", mas insculpe de modo genérico o termo "extinção", que abarca as hipóteses compreendidas por aquela expressão.

Caso fortuito e força maior

Inicialmente, cumpre esclarecer: não há uniformidade na doutrina sobre os conceitos de caso fortuito e força maior, assinalando-se que força maior e caso fortuito "são eventos que, por sua imprevisibilidade e inevitabilidade, criam para o contratado impossibilidade intransponível de normal execução do contrato"[274].

Força maior é o "evento humano que, por sua imprevisibilidade e inevitabilidade, cria para o contratado impossibilidade intransponível de regular execução do contrato"; caso fortuito é o "evento da natureza que, por sua imprevisibilidade e inevitabilidade, cria para o contratado impossibilidade intransponível de regular execução do contrato"[275].

---

271 MEIRELLES, Hely Lopes; BURLE FILHO, José Emmanuel. *Direito administrativo brasileiro*. 42. ed. São Paulo: Malheiros, 2016. p. 270.

272 MARIENHOFF, Miguel S. *Contratos administrativos*. Primer Congreso Internacional y IV Jornadas Nacionales de Derecho Administrativo. Mendonza, 1977.

273 GASPARINI, Diógenes. *Direito administrativo*. 15. ed. São Paulo: Saraiva, 2010.

274 MEIRELLES, Hely Lopes; BURLE FILHO, José Emmanuel. *Direito administrativo brasileiro*. 42. ed. São Paulo: Malheiros, 2016. p. 268.

275 MEIRELLES, Hely Lopes; BURLE FILHO, José Emmanuel. *Direito administrativo brasileiro*. 42. ed. São Paulo: Malheiros, 2016. p. 268.

Em sentido oposto, tem-se que força maior é o acontecimento exterior, independente da vontade humana, cuja causa é conhecida, mas com caráter nítido de irresistibilidade, enquanto o caso fortuito refere-se a algo interno, cuja causa é desconhecida[276].

O art. 393 do Código Civil de 2002, ao tratar do caso fortuito e da força maior, afirma:

> Art. 393. O devedor não responde pelos prejuízos resultantes de caso fortuito ou força maior, se expressamente não se houver por eles responsabilizado.
>
> Parágrafo único. O caso fortuito ou de força maior verificase no fato necessário, cujos efeitos não era possível evitar ou impedir.

Apesar de os conceitos de Hely Lopes Meirelles e José Emmanuel Burle Filho[277] propagarem a inevitabilidade e imprevisibilidade da causa, o artigo acima transcrito afirma apenas a inevitabilidade dos efeitos da causa, portanto a causa em si, na força maior, pode – conforme colocado por José Cretella Júnior[278] – ser conhecida sem impossibilitar a invocação da excludente de responsabilidade ora tratada[279].

Há de se salientar que a distinção entre força maior e caso fortuito só teria de ser feita, só seria importante, se as regras jurídicas a respeito deste e daquela fossem diferentes. Então, terseia de definir força maior e caso fortuito conforme a comodidade da exposição; não ocorrendo tal necessidade, é escusado estarem os juristas a atribuir significados sem base histórica; sem segurança doutrinária[280].

Assim como o atual Código Civil, o Código Civil de 1916 atribuía as mesmas consequências aos dois institutos. Eis a sua norma:

> Art. 1.058. O devedor não responde pelos prejuízos resultantes de caso fortuito, ou força maior, se expressamente não se houver por eles responsabilizado, exceto nos casos dos arts. 955, 956 e 957.
>
> Parágrafo único. O caso fortuito, ou de força maior, verificase no fato necessário, cujos efeitos não era possível evitar, ou impedir.

É certo que, apesar dos debates sobre o conceito de caso fortuito e força maior, o efeito será sempre o mesmo para o contrato, qual seja, a inexecução sem culpa que poderá, inclusive, ensejar o reequilíbrio econômico-financeiro.

Ambos representam cláusulas excludentes de obrigação, extirpando também por consequência a responsabilidade em virtude do não cumprimento da prestação estipulada.

Em virtude do ato geral e abstrato praticado por outro ente federativo que possa influenciar o contrato administrativo não representar, de acordo com a maioria dos autores, fato do príncipe, deve ser classificado com caso fortuito ou força maior.

Os conceitos jurídicos tendem a ser universais, pois não variam de acordo com o ramo do direito estudado. Por isso, foram citadas, aqui, algumas normas do direito civil.

Art. 125. Nas alterações unilaterais a que se refere o inciso I do *caput* do art. 124 desta Lei, o contratado será obrigado a aceitar, nas mesmas condições contratuais, acréscimos ou supressões de até 25% (vinte e cinco por cento) do valor inicial atualizado do contrato que se fizerem nas obras, nos serviços ou nas compras, e, no caso de reforma de edifício ou de equipamento, o limite para os acréscimos será de 50% (cinquenta por cento).

---

276 CRETELLA JÚNIOR, José. *O Estado e a obrigação de indenizar*. São Paulo: Saraiva, 1980.

277 MEIRELLES, Hely Lopes; BURLE FILHO, José Emmanuel. *Direito administrativo brasileiro*. 42. ed. São Paulo: Malheiros, 2016. p. 268.

278 CRETELLA JÚNIOR, José. *O Estado e a obrigação de indenizar*. São Paulo: Saraiva, 1980.

279 STJ, REsp 710.078/SP, rel. Min. Mauro Campbell Marques, 2ª Turma, julgado em 23-3-2010, *DJe* 12-4-2010.

280 MIRANDA, Pontes de. *Tratado de direito privado*. Campinas: Bookseller, 2000, t. XXIII.

> **DISPOSITIVO CORRELATO (Lei n. 8.666/93)**
>
> Art. 65. [...]
>
> § 1º O contratado fica obrigado a aceitar, nas mesmas condições contratuais, os acréscimos ou supressões que se fizerem nas obras, serviços ou compras, até 25% (vinte e cinco por cento) do valor inicial atualizado do contrato, e, no caso particular de reforma de edifício ou de equipamento, até o limite de 50% (cinquenta por cento) para os seus acréscimos.

COMENTÁRIOS

O art. 125 trata de cláusula exorbitante, que possibilita à Administração a alteração unilateral do contrato quando houver modificação do projeto ou das especificações, para melhor adequação técnica a seus objetivos.

Quando o contratado assina o instrumento de contrato, solenemente aquiesce com essas disposições, que podem resultar em acréscimos e supressões:

a) de até 25% do valor inicial atualizado do contrato que se fizerem nas obras, nos serviços ou nas compras;

b) de até 50% no caso de reforma de edifício ou de equipamento.

A um primeiro exame, inferir-se-ia que o caso de majoração seria benéfico para o contratado. Certas vezes, essas circunstâncias podem não corresponder às expectativas do contratado, dado que o aumento quantitativo pode resultar, conforme a organização dos seus fatores de produção, em majoração dos custos marginais. Logo, o acréscimo pode ser tão indesejável quanto a supressão.

Não se amparam no poder de alteração unilateral do contrato as alterações que excederem os limites mencionados acima.

Art. 126. As alterações unilaterais a que se refere o inciso I do *caput* do art. 124 desta Lei não poderão transfigurar o objeto da contratação.

COMENTÁRIOS

O art. 124, I, da Lei n. 14.133/2021 trata de cláusula exorbitante que permite à Administração a alteração unilateral do contrato quando houver modificação do projeto ou das especificações, para melhor adequação técnica a seus objetivos.

Em alterações que não se adstrinjam a aspectos quantitativos, mas signifiquem alteração qualitativa do objeto – modificação de especificações, substituição de materiais etc. – há de se ter máximo cuidado para que o exercício dessa prerrogativa não transfigure o objeto da contratação.

Suponha-se a contratação de empresa de construção civil para a pavimentação de uma estrada, com a especificação de pavimento flexível (material asfáltico).

Após a assinatura do contrato, a Administração, a partir do exame dos tipos de veículos estimados para tráfego na via correspondem a veículos pesados, com vistas a diminuir as tensões impostas à fundação da via e, consequentemente, aumento de sua vida útil, decide pela alteração do pavimento para o tipo rígido (concreto).

Nessa situação, a modificação da especificação resulta em transfiguração do objeto da contratação, advertindo-se que uma empreiteira especializada em tecnologia de concreto poderia ter interesse por essa contratação, desistindo do certame exatamente porque as especificações discriminadas no projeto não corresponderiam à sua expertise.

Nesse sentido, a alteração importa em violação ao princípio da vinculação ao instrumento convocatório.

Art. 127. Se o contrato não contemplar preços unitários para obras ou serviços cujo aditamento se fizer necessário, esses serão fixados por meio da aplicação da relação geral entre os valores da proposta e o do orçamento-base da Administração sobre os preços referenciais ou de mercado vigentes na data do aditamento, respeitados os limites estabelecidos no art. 125 desta Lei.

DISPOSITIVO CORRELATO (Lei n. 8.666/93)
Art. 65. [...]   § 3º Se no contrato não houverem sido contemplados preços unitários para obras ou serviços, esses serão fixados mediante acordo entre as partes, respeitados os limites estabelecidos no § 1º deste artigo.

COMENTÁRIOS

O art. 127 da Lei n. 14.133/2021 traz substancial mudança em relação à técnica constante do dispositivo correlato na Lei n. 8.666/93; enquanto esta determina a fixação de preços decorrentes do aditamento ao acordo entre as partes, aquela colaciona parâmetros objetivos de mensuração.

Havendo aditamento do contrato, sem a especificação de preços unitários para as obras ou serviços que o aditamento afetar, utilizar-se-ão os preços referenciais ou de mercado vigentes na data do aditamento, aplicados aos valores constantes da proposta e do orçamento-base da Administração.

Essa medida é adequada para fins de controle interno e externo, porque permite a auditoria dos termos aditivos mediante critérios objetivos, que dificilmente seriam prevalecentes em uma negociação.

Outrossim, essa obrigação atenua os riscos de sobrepreço frequentemente praticados em termos aditivos.

Art. 128. Nas contratações de obras e serviços de engenharia, a diferença percentual entre o valor global do contrato e o preço global de referência não poderá ser reduzida em favor do contratado em decorrência de aditamentos que modifiquem a planilha orçamentária.

COMENTÁRIOS

O art. 128 da Lei n. 14.133/2021 contém comando tratado no plano infralegal, na forma do Decreto n. 7.983/2013, que estabelece regras e critérios para elaboração do orçamento de referência de obras e serviços de engenharia, contratados e executados com recursos dos orçamentos da União.

O art. 14 do predito regulamento dispõe que a diferença percentual entre o valor global do contrato e o preço global de referência não poderá ser reduzida em favor do contratado em decorrência de aditamentos que modifiquem a planilha orçamentária.

Significa que, celebrando-se termo aditivo em contratos de obras e serviços de engenharia, é imperioso analisar a planilha de custos comparando-se a situação antes e depois do termo aditivo, identificando-se possível discrepância no percentual de desconto originalmente concedido.

O problema em comento é grave e recorrente nas contratações de obras e serviços de engenharia. Debruçando-se sobre essa questão, o TCU aponta que há, basicamente, os seguintes tipos de alterações contratuais:

a) acréscimo de quantitativo de item cujo preço unitário contratual é inferior ao de mercado;

b) redução de quantitativo de item cujo preço unitário contratual é superior ao de mercado;

c) redução ou supressão de quantitativo de item cujo preço unitário contratual é inferior ao de mercado;

d) acréscimo de quantitativo de item cujo preço unitário contratual é superior ao de mercado;

e) inclusão de novo item de serviço não previsto originalmente.

Para solução, o órgão de controle externo[281] recomenda a adoção dos seguintes parâmetros de ajuste:

a) havendo necessidade de celebração de aditivos contratuais, certificar-se de que a alteração contratual não se destina a suprimir a vantagem econômica inicialmente obtida pela Administração ("jogo de planilha"), devendo a revisão ser coerente com o projeto básico;

b) na eventualidade de ter sido celebrado termo aditivo que evidencie a prática do "jogo de planilha", deverá ser exigida a restauração do desconto percentual ofertado inicialmente pela licitante vencedora, a fim de manter as condições efetivas da proposta e preservar a vantagem do contrato e, se for o caso, anulado o termo aditivo modificador das condições originais;

c) afastada essa hipótese, sendo a alteração tecnicamente justificável, por corresponder a um avanço qualitativo ou quantitativo genuíno em relação ao projeto da obra (art. 65, inciso I, alíneas *a* e *b*, da Lei n. 8.666/93), e efetuada exclusivamente para atender ao interesse público e não para propiciar ganhos indevidos, tudo amplamente comprovado, se o termo aditivo vier a reduzir ou suprimir o desconto originalmente concedido sobre o orçamento-base, essa circunstância acarretará a presunção de possível desequilíbrio econômico-financeiro do contrato, a ser completa e cabalmente confirmada ou refutada pela Administração, oferecendo-se ampla oportunidade de manifestação da empresa contratada;

d) na celebração de aditivos contratuais nos quais são acrescidos os quantitativos de serviços já previstos, os preços unitários devem limitar-se, no máximo, pelo valor de mercado. Caso o valor do contrato seja inferior ao de mercado, prevalece o da avença; e

e) na celebração de aditivos contratuais nos quais são acrescidos novos itens de serviços, não previstos no contrato original, os preços unitários devem ser deduzidos dos preços dos itens congêneres previstos no contrato original e das condições licitadas, não se admitindo que, nas suas composições de preço, constem custos elementares de insumos diferentes dos atribuídos aos mesmos insumos em composições preexistentes nem taxas de consumo ou de produtividade em visível desacordo com as especificadas em composições semelhantes, atentando-se para o fato de que o preço de mercado sempre deverá servir de limitante superior.

Art. 129. Nas alterações contratuais para supressão de obras, bens ou serviços, se o contratado já houver adquirido os materiais e os colocado no local dos trabalhos, estes deverão ser pagos pela Administração pelos custos de aquisição regularmente comprovados e monetariamente reajustados, podendo caber indenização por outros danos eventualmente decorrentes da supressão, desde que regularmente comprovados.

DISPOSITIVO CORRELATO (Lei n. 8.666/93)

Art. 65. [...]
§ 4º No caso de supressão de obras, bens ou serviços, se o contratado já houver adquirido os materiais e posto no local dos trabalhos, estes deverão ser pagos pela Administração pelos custos de aquisição regularmente comprovados e monetariamente corrigidos, podendo caber indenização por outros danos eventualmente decorrentes da supressão, desde que regularmente comprovados.

---

281 TRIBUNAL DE CONTAS DA UNIÃO. Relatório de Auditoria. Acórdão n. 1755/2004. Plenário. rel. Min. Walton Alencar Rodrigues, julgado em 10-11-2004.

COMENTÁRIOS

A prerrogativa de que dispõe a Administração para promover unilateralmente a supressão de obras, bens ou serviços, não pode servir como elemento de surpresa e abuso dos poderes da Administração, em prejuízo do contratado.

Por isso, quando o contratado já tiver adquirido os materiais e os colocado no local dos trabalhos, estes deverão ser pagos pela Administração pelos custos de aquisição regularmente comprovados e monetariamente reajustados.

Ensejaria dúvida a situação em que o tipo normativo não se realizasse em todas as suas condições, por exemplo, na situação em que o contratado adquiriu e pagou pelos bens e pelo transporte até o local da obra, mas os materiais ainda não foram entregues no local. Nessa situação, o dano estaria perpetrado, ainda que não satisfeitas todas as condições dispostas no comando legal.

Merece ênfase também que os custos do contratado não se perfazem apenas pelo custo direto dos materiais, mas pelos custos indiretos, como a preparação para o recebimento e acondicionamento dos materiais e a mobilização de pessoas, máquinas e suprimentos.

Art. 130. Caso haja alteração unilateral do contrato que aumente ou diminua os encargos do contratado, a Administração deverá restabelecer, no mesmo termo aditivo, o equilíbrio econômico-financeiro inicial.

DISPOSITIVO CORRELATO (Lei n. 8.666/93)

Art. 65. [...]

§ 6º Em havendo alteração unilateral do contrato que aumente os encargos do contratado, a Administração deverá restabelecer, por aditamento, o equilíbrio econômico-financeiro inicial.

COMENTÁRIOS

O equilíbrio econômico-financeiro é a base de sustentação do contrato. Havendo ruptura do equilíbrio econômico-financeiro, o contrato desfavorecerá uma das partes, escapando ao seu propósito de conjugação de vontades e alocação de obrigações e responsabilidades.

Logo, se a Administração promover alteração unilateral do contrato, e desse ato resultar aumento ou diminuição dos encargos do contratado, deve-se restabelecer o equilíbrio econômico--financeiro, no mesmo termo aditivo que contiver as alterações.

A regra do art. 130 da Lei n. 14.133/2021 contém diferença crucial em relação ao dispositivo correlato da Lei n. 8.666/93, que traz regramento semelhante, porém menciona apenas a situação de aumento de encargos do contratado.

Ora, havendo ruptura do equilíbrio econômico-financeiro, este deve ser restabelecido independentemente da parte à qual aprouver, seja a Administração, seja o contratado.

Art. 131. A extinção do contrato não configurará óbice para o reconhecimento do desequilíbrio econômico-financeiro, hipótese em que será concedida indenização por meio de termo indenizatório.

Parágrafo único. O pedido de restabelecimento do equilíbrio econômico-financeiro deverá ser formulado durante a vigência do contrato e antes de eventual prorrogação nos termos do art. 107 desta Lei.

COMENTÁRIOS

O evento de reequilíbrio econômico-financeiro importa em alteração do valor do contrato, processada mediante termo aditivo. Uma vez extinto o contrato, não há dizer de termo aditivo, porquanto o instrumento obrigacional exauriu seus efeitos.

Todavia, da extinção do contrato não pode resultar enriquecimento sem causa da Administração, impondo-se ao particular a absorção indevida de custos.

Por isso, se extinta a relação contratual, a constituição do valor de reequilíbrio pode ser instrumentalizada mediante termo indenizatório. Nesse caso, não se está a tratar de reequilíbrio econômico-financeiro do contrato, porque este não mais surte efeitos.

O art. 131 trata de efetiva indenização, mas o pedido deve ser contemporâneo ao contrato.

Art. 132. A formalização do termo aditivo é condição para a execução, pelo contratado, das prestações determinadas pela Administração no curso da execução do contrato, salvo nos casos de justificada necessidade de antecipação de seus efeitos, hipótese em que a formalização deverá ocorrer no prazo máximo de 1 (um) mês.

COMENTÁRIOS

É frequente a execução de obrigações não contempladas em contrato, projeto básico, projeto executivo ou especificações técnicas, sobretudo na execução de obras e serviços de engenharia, quando o contratado depara-se com circunstâncias imprevistas.

O dispositivo obriga que as alterações determinadas pela Administração sejam consignadas em termo aditivo, para o que serve de instrumento de segurança jurídica para a Administração e administrado, principalmente quando suscitadas controvérsias a respeito do (in)adimplemento contratual e obrigações de pagamento.

Claramente, determinadas situações, permeadas por elevada urgência, demandam resposta imediata. Daí a inteligência do dispositivo, que assinala prazo de um mês para a formalização do aditivo contratual, em situações de justificada necessidade de antecipação de seus efeitos.

Art. 133. Nas hipóteses em que for adotada a contratação integrada ou semi-integrada, é vedada a alteração dos valores contratuais, exceto nos seguintes casos:

DISPOSITIVO CORRELATO (Lei n. 12.462/2011)
Art. 9º [...]
§ 4º Nas hipóteses em que for adotada a contratação integrada, é vedada a celebração de termos aditivos aos contratos firmados, exceto nos seguintes casos:

I – para restabelecimento do equilíbrio econômico-financeiro decorrente de caso fortuito ou força maior;

DISPOSITIVO CORRELATO (Lei n. 12.462/2011)
Art. 9º [...]
§ 4º [...]
I – para recomposição do equilíbrio econômico-financeiro decorrente de caso fortuito ou força maior; e

II – por necessidade de alteração do projeto ou das especificações para melhor adequação técnica aos objetivos da contratação, a pedido da Administração, desde que não decorrente de erros ou omissões por parte do contratado, observados os limites estabelecidos no art. 125 desta Lei;

DISPOSITIVO CORRELATO (Lei n. 12.462/2011)
Art. 9º [...]
§ 4º [...]

II – por necessidade de alteração do projeto ou das especificações para melhor adequação técnica aos objetivos da contratação, a pedido da administração pública, desde que não decorrentes de erros ou omissões por parte do contratado, observados os limites previstos no § 1º do art. 65 da Lei n. 8.666, de 21 de junho de 1993.

III – por necessidade de alteração do projeto nas contratações semi-integradas, nos termos do § 5º do art. 46 desta Lei;

IV – por ocorrência de evento superveniente alocado na matriz de riscos como de responsabilidade da Administração.

Art. 134. Os preços contratados serão alterados, para mais ou para menos, conforme o caso, se houver, após a data da apresentação da proposta, criação, alteração ou extinção de quaisquer tributos ou encargos legais ou a superveniência de disposições legais, com comprovada repercussão sobre os preços contratados.

DISPOSITIVO CORRELATO (Lei n. 8.666/93)

Art. 65. [...]
§ 5º Quaisquer tributos ou encargos legais criados, alterados ou extintos, bem como a superveniência de disposições legais, quando ocorridas após a data da apresentação da proposta, de comprovada repercussão nos preços contratados, implicarão a revisão destes para mais ou para menos, conforme o caso.

COMENTÁRIOS

A revisão é circunstância externa – não faz parte do contrato – que também tem como finalidade evitar o desequilíbrio econômico-financeiro. A revisão do preço, embora objetive também o reequilíbrio contratual, tem contorno diverso[282].

Enquanto o reajuste já é prefixado pelas partes para neutralizar fato certo, por exemplo, a inflação, a revisão deriva da ocorrência de fato superveniente, apenas suposto (mas não conhecido) pelos contratantes quando firmam o ajuste.

A Lei de Licitações e Contratos do Estado da Bahia, Lei n. 9.433/2005, ao tratar da revisão, afirma, no § 7º seu art. 143:

A revisão do preço original do contrato, quando imposta em decorrência das disposições deste artigo, dependerá da efetiva comprovação do desequilíbrio, das necessárias justificativas, dos pronunciamentos dos setores técnico e jurídico e da aprovação da autoridade competente.

A lei federal é limitada quando trata das hipóteses de revisão, mas deve ser considerada como seu fato gerador toda ocorrência não prevista contratualmente que implique desequilíbrio econômico-financeiro não imputado ao seu beneficiário.

Nunca é demais lembrar que o imperativo de recomposição do equilíbrio econômico-financeiro foi erigido pelo Poder Constituinte Originário como norma constitucional, consequentemente a legislação infraconstitucional não tem o condão de restringir o seu alcance.

O objetivo do inciso XXI do art. 37 da CF/88 é, basicamente, restabelecer a relação que as partes pactuaram inicialmente entre os encargos do contratado e a retribuição da Administração para a justa remuneração da obra, serviço ou fornecimento, objetivando a manutenção do equilíbrio econômico-financeiro inicial do contrato, na hipótese de sobrevirem fatos imprevisíveis, ou previsíveis porém de consequências incalculáveis, retardadores ou impeditivos da execução do ajustado,

282 CARVALHO FILHO, José dos Santos. *Manual de direito administrativo*. 28. ed. São Paulo: Atlas, 2015.

ou, ainda, em caso de força maior, caso fortuito ou fato do príncipe, configurando álea econômica extraordinária e extracontratual[283].

Art. 135. Os preços dos contratos para serviços contínuos com regime de dedicação exclusiva de mão de obra ou com predominância de mão de obra serão repactuados para manutenção do equilíbrio econômico-financeiro, mediante demonstração analítica da variação dos custos contratuais, com data vinculada:

I – à da apresentação da proposta, para custos decorrentes do mercado;

II – ao acordo, à convenção coletiva ou ao dissídio coletivo ao qual a proposta esteja vinculada, para os custos de mão de obra.

§ 1º A Administração não se vinculará às disposições contidas em acordos, convenções ou dissídios coletivos de trabalho que tratem de matéria não trabalhista, de pagamento de participação dos trabalhadores nos lucros ou resultados do contratado, ou que estabeleçam direitos não previstos em lei, como valores ou índices obrigatórios de encargos sociais ou previdenciários, bem como de preços para os insumos relacionados ao exercício da atividade.

§ 2º É vedado a órgão ou entidade contratante vincular-se às disposições previstas nos acordos, convenções ou dissídios coletivos de trabalho que tratem de obrigações e direitos que somente se aplicam aos contratos com a Administração Pública.

§ 3º A repactuação deverá observar o interregno mínimo de 1 (um) ano, contado da data da apresentação da proposta ou da data da última repactuação.

§ 4º A repactuação poderá ser dividida em tantas parcelas quantas forem necessárias, observado o princípio da anualidade do reajuste de preços da contratação, podendo ser realizada em momentos distintos para discutir a variação de custos que tenham sua anualidade resultante em datas diferenciadas, como os decorrentes de mão de obra e os decorrentes dos insumos necessários à execução dos serviços.

§ 5º Quando a contratação envolver mais de uma categoria profissional, a repactuação a que se refere o inciso II do *caput* deste artigo poderá ser dividida em tantos quantos forem os acordos, convenções ou dissídios coletivos de trabalho das categorias envolvidas na contratação.

§ 6º A repactuação será precedida de solicitação do contratado, acompanhada de demonstração analítica da variação dos custos, por meio de apresentação da planilha de custos e formação de preços, ou do novo acordo, convenção ou sentença normativa que fundamenta a repactuação.

COMENTÁRIOS

Reequilíbrio econômico-financeiro

Há determinadas situações em que a oneração da força de trabalho enseja sensível risco de inadimplemento, quando acarreta a incapacidade econômico-financeira do contratado para honrar as obrigações pactuadas.

---

283 STJ, REsp 734.696/SP, rel. Min. Eliana Calmon, 2ª Turma, julgado em 16-10-2007, *DJe* 7-4-2009.

Essas circunstâncias encontram maior realce em contratos para serviços contínuos com regime de dedicação exclusiva de mão de obra ou com predominância de mão de obra, em que, inegavelmente, a remuneração de pessoal consiste no principal componente de custos dos serviços prestados.

Ante essas situações, impõe-se o reequilíbrio econômico-financeiro do contrato, sem o que a Administração extrairia vantagem econômica em detrimento do particular.

A repactuação distingue-se da revisão do contrato, porquanto na revisão existe alteração da obrigação por ser executada, ou de sua forma de execução, enquanto na repactuação permanecem as mesmas obrigações, refletindo-se tão somente no valor devido pela Administração.

Convenção coletiva de trabalho

A convenção coletiva de trabalho é definida pelo art. 611, *caput*, da Consolidação das Leis do Trabalho (CLT). Eis a norma:

> Art. 611. Convenção Coletiva de Trabalho é o acordo de caráter normativo, pelo qual dois ou mais Sindicatos representativos de categorias econômicas e profissionais estipulam condições de trabalho aplicáveis, no âmbito das respectivas representações, às relações individuais de trabalho.

Trata-se de instrumento de natureza normativa celebrado entre o sindicato dos trabalhadores e o sindicato patronal, que representa os interesses da categoria econômica, isto é, os empregadores, por exemplo: sindicato dos trabalhadores da construção civil e sindicato da indústria da construção civil.

A convenção coletiva de trabalho obriga todas as pessoas abrangidas pela base territorial dos sindicatos que firmaram a convenção.

Acordo coletivo de trabalho

No que toca ao acordo coletivo de trabalho, o § 1º do art. 611 da CLT dispõe:

> É facultado aos Sindicatos representativos de categorias profissionais celebrar Acordos Coletivos com uma ou mais empresas da correspondente categoria econômica, que estipulem condições de trabalho, aplicáveis no âmbito da empresa ou das acordantes respectivas relações de trabalho.

Logo, a força normativa do acordo coletivo de trabalho alcança apenas o sindicato dos trabalhadores e a empresa ou grupo de empresas signatárias.

O art. 611-A da CLT dispõe que a convenção coletiva e o acordo coletivo de trabalho têm prevalência sobre a lei quando, entre outros, dispuserem sobre:

I – pacto quanto à jornada de trabalho, observados os limites constitucionais;

II – banco de horas anual;

III – intervalo intrajornada, respeitado o limite mínimo de trinta minutos para jornadas superiores a seis horas;

IV – adesão ao Programa Seguro-Emprego (PSE), de que trata a Lei n. 13.189, de 19 de novembro de 2015;

V – plano de cargos, salários e funções compatíveis com a condição pessoal do empregado, bem como identificação dos cargos que se enquadram como funções de confiança;

VI – regulamento empresarial;

VII – representante dos trabalhadores no local de trabalho;

VIII – teletrabalho, regime de sobreaviso, e trabalho intermitente;

IX – remuneração por produtividade, incluídas as gorjetas percebidas pelo empregado, e remuneração por desempenho individual;

X – modalidade de registro de jornada de trabalho;

XI – troca do dia de feriado;

XII – enquadramento do grau de insalubridade;

XIII – prorrogação de jornada em ambientes insalubres, sem licença prévia das autoridades competentes do Ministério do Trabalho;

XIV – prêmios de incentivo em bens ou serviços, eventualmente concedidos em programas de incentivo;

XV – participação nos lucros ou resultados da empresa.

Dissídios coletivos

O dissídio coletivo, por sua vez, não consiste em acordo de vontades entre sindicatos ou entre sindicatos e empresas, mas em:

> Ação para tutela de interesses gerais e abstratos da categoria, visando geralmente à criação de condições novas de trabalho e remuneração mais benéficas do que as previstas na lei. A sentença normativa nele prolatada põe termo ao conflito coletivo de trabalho[284].

O § 2º do art. 114 da CF/88, com redação dada pela EC n. 45/2004, a chamada Reforma do Judiciário, dispõe:

> Recusando-se qualquer das partes à negociação coletiva ou à arbitragem, é facultado às mesmas, de comum acordo, ajuizar dissídio coletivo de natureza econômica, podendo a Justiça do Trabalho decidir o conflito, respeitadas as disposições mínimas legais de proteção ao trabalho, bem como as convencionadas anteriormente.

Os dissídios consistem, pois, em forma de heterocomposição dos conflitos, mediante a judicialização das questões não solucionadas mediante convenção ou acordo coletivo de trabalho.

O art. 616, § 4º, da CLT, dispõe que "nenhum processo de dissídio coletivo de natureza econômica será admitido sem antes se esgotarem as medidas relativas à formalização da Convenção ou Acordo correspondente".

Art. 136. Registros que não caracterizam alteração do contrato podem ser realizados por simples apostila, dispensada a celebração de termo aditivo, como nas seguintes situações:

I – variação do valor contratual para fazer face ao reajuste ou à repactuação de preços previstos no próprio contrato;

DISPOSITIVO CORRELATO (Lei n. 8.666/93)

Art. 65. [...]

§ 8º A variação do valor contratual para fazer face ao reajuste de preços previsto no próprio contrato, as atualizações, compensações ou penalizações financeiras decorrentes das condições de pagamento nele previstas, bem como o empenho de dotações orçamentárias suplementares até o limite do seu valor corrigido, não caracterizam alteração do mesmo, podendo ser registrados por simples apostila, dispensando a celebração de aditamento.

II – atualizações, compensações ou penalizações financeiras decorrentes das condições de pagamento previstas no contrato;

III – alterações na razão ou na denominação social do contratado;

IV – empenho de dotações orçamentárias.

COMENTÁRIOS

O reajuste ou reajustamento é decorrente de elemento interno, portanto já faz parte do contrato com o objetivo de evitar que o contratado suporte ônus exagerado na execução da avença.

---

284 MARTINS FILHO, Ives Gandra da Silva. *Processo coletivo do trabalho*. 4 ed. São Paulo: LTr, 2009. p. 66.

388 A NOVA LEI DE LICITAÇÕES E CONTRATOS

A variação do valor contratual para fazer face ao reajuste de preços previsto no próprio contrato, as atualizações, compensações ou penalizações financeiras decorrentes das condições de pagamento nele previstas, bem como o empenho de dotações orçamentárias suplementares até o limite do seu valor corrigido, não caracterizam alteração, podendo ser registrados por simples apostila, dispensando a celebração de aditamento.

No reajuste, o risco é ordinário e previsível. Portanto, não é tipicamente uma alteração contratual e sim a aplicação de uma das cláusulas avençadas para a manutenção da equação econômico-financeira.

CAPÍTULO VIII
Das Hipóteses de Extinção dos Contratos

Art. 137. Constituirão motivos para extinção do contrato, a qual deverá ser formalmente motivada nos autos do processo, assegurados o contraditório e a ampla defesa, as seguintes situações:

DISPOSITIVO CORRELATO (Lei n. 8.666/93)
Art. 78. Constituem motivo para rescisão do contrato:

I – não cumprimento ou cumprimento irregular de normas editalícias ou de cláusulas contratuais, de especificações, de projetos ou de prazos;

DISPOSITIVO CORRELATO (Lei n. 8.666/93)
Art. 78. [...]   I – o não cumprimento de cláusulas contratuais, especificações, projetos ou prazos;

II – desatendimento das determinações regulares emitidas pela autoridade designada para acompanhar e fiscalizar sua execução ou por autoridade superior;

DISPOSITIVO CORRELATO (Lei n. 8.666/93)
Art. 78. [...]   VII – o desatendimento das determinações regulares da autoridade designada para acompanhar e fiscalizar a sua execução, assim como as de seus superiores;

III – alteração social ou modificação da finalidade ou da estrutura da empresa que restrinja sua capacidade de concluir o contrato;

DISPOSITIVO CORRELATO (Lei n. 8.666/93)
Art. 78. [...]   XI – a alteração social ou a modificação da finalidade ou da estrutura da empresa, que prejudique a execução do contrato;

IV – decretação de falência ou de insolvência civil, dissolução da sociedade ou falecimento do contratado;

DISPOSITIVO CORRELATO (Lei n. 8.666/93)
Art. 78. [...]   IX – a decretação de falência ou a instauração de insolvência civil;

V – caso fortuito ou força maior, regularmente comprovados, impeditivos da execução do contrato;

DISPOSITIVO CORRELATO (Lei n. 8.666/93)

Art. 78. [...]

XVII – a ocorrência de caso fortuito ou de força maior, regularmente comprovada, impeditiva da execução do contrato.

VI – atraso na obtenção da licença ambiental, ou impossibilidade de obtê-la, ou alteração substancial do anteprojeto que dela resultar, ainda que obtida no prazo previsto;

VII – atraso na liberação das áreas sujeitas a desapropriação, a desocupação ou a servidão administrativa, ou impossibilidade de liberação dessas áreas;

VIII – razões de interesse público, justificadas pela autoridade máxima do órgão ou da entidade contratante;

DISPOSITIVO CORRELATO (Lei n. 8.666/93)

Art. 78. [...]

XII – razões de interesse público, de alta relevância e amplo conhecimento, justificadas e determinadas pela máxima autoridade da esfera administrativa a que está subordinado o contratante e exaradas no processo administrativo a que se refere o contrato;

IX – não cumprimento das obrigações relativas à reserva de cargos prevista em lei, bem como em outras normas específicas, para pessoa com deficiência, para reabilitado da Previdência Social ou para aprendiz.

§ 1º Regulamento poderá especificar procedimentos e critérios para verificação da ocorrência dos motivos previstos no *caput* deste artigo.

§ 2º O contratado terá direito à extinção do contrato nas seguintes hipóteses:

I – supressão, por parte da Administração, de obras, serviços ou compras que acarrete modificação do valor inicial do contrato além do limite permitido no art. 125 desta Lei;

DISPOSITIVO CORRELATO (Lei n. 8.666/93)

Art. 78. [...]

XIII – a supressão, por parte da Administração, de obras, serviços ou compras, acarretando modificação do valor inicial do contrato além do limite permitido no § 1º do art. 65 desta Lei;

II – suspensão de execução do contrato, por ordem escrita da Administração, por prazo superior a 3 (três) meses;

DISPOSITIVO CORRELATO (Lei n. 8.666/93)

Art. 78. [...]

XIV – a suspensão de sua execução, por ordem escrita da Administração, por prazo superior a 120 (cento e vinte) dias, salvo em caso de calamidade pública, grave perturbação da ordem interna ou guerra, ou ainda por repetidas suspensões que totalizem o mesmo prazo, independentemente do pagamento obrigatório de indenizações pelas sucessivas e contratualmente imprevistas desmobilizações e mobilizações e outras previstas, assegurado ao contratado, nesses casos, o direito de optar pela suspensão do cumprimento das obrigações assumidas até que seja normalizada a situação;

III – repetidas suspensões que totalizem 90 (noventa) dias úteis, independentemente do pagamento obrigatório de indenização pelas sucessivas e contratualmente imprevistas desmobilizações e mobilizações e outras previstas;

IV – atraso superior a 2 (dois) meses, contado da emissão da nota fiscal, dos pagamentos ou de parcelas de pagamentos devidos pela Administração por despesas de obras, serviços ou fornecimentos;

DISPOSITIVO CORRELATO (Lei n. 8.666/93)
Art. 78. [...]
XV – o atraso superior a 90 (noventa) dias dos pagamentos devidos pela Administração decorrentes de obras, serviços ou fornecimento, ou parcelas destes, já recebidos ou executados, salvo em caso de calamidade pública, grave perturbação da ordem interna ou guerra, assegurado ao contratado o direito de optar pela suspensão do cumprimento de suas obrigações até que seja normalizada a situação;

V – não liberação pela Administração, nos prazos contratuais, de área, local ou objeto, para execução de obra, serviço ou fornecimento, e de fontes de materiais naturais especificadas no projeto, inclusive devido a atraso ou descumprimento das obrigações atribuídas pelo contrato à Administração relacionadas a desapropriação, a desocupação de áreas públicas ou a licenciamento ambiental.

DISPOSITIVO CORRELATO (Lei n. 8.666/93)
Art. 78. [...]
XVI – a não liberação, por parte da Administração, de área, local ou objeto para execução de obra, serviço ou fornecimento, nos prazos contratuais, bem como das fontes de materiais naturais especificadas no projeto;

§ 3º As hipóteses de extinção a que se referem os incisos II, III e IV do § 2º deste artigo observarão as seguintes disposições:

I – não serão admitidas em caso de calamidade pública, de grave perturbação da ordem interna ou de guerra, bem como quando decorrerem de ato ou fato que o contratado tenha praticado, do qual tenha participado ou para o qual tenha contribuído;

II – assegurarão ao contratado o direito de optar pela suspensão do cumprimento das obrigações assumidas até a normalização da situação, admitido o restabelecimento do equilíbrio econômico-financeiro do contrato, na forma da alínea *d* do inciso II do *caput* do art. 124 desta Lei.

§ 4º Os emitentes das garantias previstas no art. 96 desta Lei deverão ser notificados pelo contratante quanto ao início de processo administrativo para apuração de descumprimento de cláusulas contratuais.

COMENTÁRIOS

Extinção do contrato

A extinção do contrato é o seu fim, o seu término em virtude de algum acontecimento fático ou normativo, interno ou externo que tenha efeito sobre a avença.

Extinção subjetiva (pleno direito)

Vige o princípio da impessoalidade na escolha dos contratantes com a Administração Pública. Consequentemente, a atribuição do objeto contratual depende de critérios objetivamente estabelecidos pela lei.

Logo, em regra, não há possibilidade de substituição do contratado sem a renovação do procedimento preestabelecido de escolha, o que implica intransferibilidade do objeto contratual no caso de morte do contratado pessoa física ou de desaparecimento da pessoa jurídica contratada.

Deve ser ressaltado: mesmo a Administração Pública concordando com a previsão de assunção pelo sucessor, a inobservância do procedimento legal de escolha tornaria inválida a assunção.

As normas de direito privado que possibilitam a assunção do objeto pelos herdeiros ou sucessores dos contratados não se aplicam aos contratos administrativos. Todavia, as operações internas da pessoa jurídica contratada, quando permitidas pelo ordenamento jurídico e pelas cláusulas contratuais e não impliquem mudança substancial da empresa, poderão ser toleradas e o contrato poderá ser mantido.

Ainda que o contrato não seja celebrado *intuitu personae*, a possibilidade de substituição do contratado poderia violar a obrigatoriedade do procedimento licitatório ou as exigências pessoais de escolha estabelecidas pela lei para a contratação direta através de dispensa de licitação ou de inexigibilidade.

Por óbvio, a substituição nos contratos celebrados *intuitu personae* é completamente vedada, em virtude da natureza pessoal da execução do objeto, mas, observando o princípio da continuidade do serviço público, alguns atos praticados por terceiros nos contratos personalíssimos podem ser reputados válidos para evitar o perecimento de direito e resguardar o interesse público[285].

Assim, por não haver possibilidade de substituição do contratado sem novo procedimento objetivo de escolha, a sua extinção ou morte enseja a extinção do contrato administrativo (extinção de pleno direito).

Pode haver também extinção da entidade contratante, ou seja, a pessoa jurídica da Administração Pública pode deixar de existir. Tal fato extingue igualmente o contrato, ressaltandose que o ente criador ou sucessor pode assumir a sua posição contratual se for do interesse público e tem o dever, caso não opte por suceder, de evitar o seu enriquecimento sem causa e prejuízos ao contratado.

Extinção em virtude do cumprimento do objeto ou do decurso do prazo

A anomalia no contrato é o não cumprimento do seu objeto, pois as pessoas contratantes, em regra, não celebram avenças para descumprilas. A cooperação proposta nas cláusulas contratuais tem como objetivo atender aos interesses de todas as partes, caso contrário, estaria criada a figura do contrato sanção.

O cumprimento do objeto é, portanto, a maneira clássica e mais virtuosa de extinção do contrato tanto para as partes envolvidas quanto para a sociedade.

O esgotamento do prazo contratual desde que cumpridas todas as suas prestações e observadas todas as suas cláusulas também extingue virtuosamente o contrato.

Extinção por impossibilidade fática (pleno direito) ou jurídica

A impossibilidade fática é o surgimento de óbice no mundo dos fatos que inviabilize o cumprimento do contrato, podendo decorrer de comportamento humano – das partes ou de terceiros, culposo ou sem culpa – e de eventos naturais.

Exemplo de acontecimento natural que extingue o objeto: o Município "X" firmou contrato administrativo para capacitar todos os seus cidadãos desempregados. Entretanto, durante a execução do contrato, ocorre devastador terremoto que exige a mudança de todos os munícipes para a cidade vizinha.

Exemplo de comportamento humano que extingue o objeto é a realocação em virtude de guerra ou comoção interna.

---

285 STASSINOPOULOS, Michel D. *Traité des actes administratifs*. Atenas: LGDJ, 1973.

O perecimento do objeto também gera a impossibilidade fática de extinção de pleno direito do contrato administrativo (extinção de pleno direito).

A impossibilidade jurídica é o surgimento de entrave jurídico que inviabilize o cumprimento do contrato, tendose como exemplo a edição de norma que torne a aquisição de determinado produto utilizado pela Administração Pública ilegal.

É lógico que os contratos firmados para fornecimento de tal produto devem ser extintos por ilegalidade do objeto, inclusive sob pena de a Administração Pública violar o ordenamento jurídico.

Exceção do contrato não cumprido

Questão interessante surge no contrato administrativo quando a Administração Pública dá ensejo à inexecução culposa da avença. Pode o contratado deixar de executar as suas obrigações com base na *exceptio non adimpleti contractus*?

A exceção do contrato não cumprido ou *exceptio non adimpleti contractus* é uma figura do direito privado que pode ser alegada como matéria de defesa nos contratos bilaterais, representando a faculdade de o contratante deixar de cumprir a sua prestação com base no descumprimento de prestação anterior da qual era credor. Portanto, nenhuma das partes pode exigir o cumprimento de prestação que cabe à outra, sem que tenha cumprido a sua[286].

A exceção do contrato não cumprido é uma exceção material com previsão legal no art. 476 do Código Civil de 2002: "Nos contratos bilaterais, nenhum dos contratantes, antes de cumprida a sua obrigação, pode exigir o implemento da do outro".

Apesar da sua aplicação irrestrita no Direito Privado, a exceção do contrato não cumprido não pode, em regra, ser oposta à Administração Pública, visto que o princípio da continuidade do serviço público restringe a sua alegação pelo contratado. Assim, o contratado não poderá, de imediato, deixar de cumprir as suas obrigações mesmo que a Administração Pública não esteja cumprindo as suas, salvo nas hipóteses listadas no § 2º do art. 137 da Lei n. 14.133/2021.

Ressalte-se que, a despeito de tal exceção não ser, normalmente49, oponível à Administração Pública, será sempre oponível ao contratado, visto que o Poder Público poderá deixar de cumprir as suas obrigações em virtude de inexecução culposa da parte contrária.

O rigor da inoponibilidade desta exceção à Administração Pública tem sido abrandado pela doutrina e pela jurisprudência, quando a inadimplência do Poder Público impedir de fato e diretamente a execução da obra ou serviço, acrescentando-se ser injustificável tal rigor quando o contrato não tenha por objeto serviço público, visto que inaplicável o princípio da continuidade[287].

Tal colocação deve ser vista com temperamento, pois o contrato de aquisição de bens não duráveis para abastecer a repartição pública de materiais de escritório não é contrato de concessão de serviço público, porém a falta de tais materiais pode prejudicar a execução direta de certos serviços públicos pelo Estado.

Assim, a inexecução culposa da Administração Pública somente possibilita a paralisação das atividades do contratado ou a rescisão dos contratos pelo particular nos casos do § 2º do art. 137 da Lei n. 14.133/2021, mas nada o impede, nos demais casos, de buscar a tutela judicial com o intento de parar a execução da avença.

Cabe ressaltar que, enquanto o art. 78 da Lei n. 8.666/93 enumera taxativamente faltas imputáveis à Administração como hipóteses a ensejar a rescisão contratual em favor do particular, a Lei n. 14.133/2021 categoriza semelhantes situações como hipóteses de extinção do contrato.

Parece-nos que a terminologia adotada pela Lei n. 14.133/2021 não é a mais precisa, haja vista que a extinção do contrato pode resultar naturalmente do seu cumprimento, exatamente conforme avençado.

---

286 RODRIGUES, Silvio. *Direito civil:* parte geral. 29. ed. rev. São Paulo: Saraiva, 1999.

287 DI PIETRO, Maria Sylvia Zanella. *Direito administrativo.* 25. ed. São Paulo: Atlas, 2012.

Art. 138. A extinção do contrato poderá ser:

I – determinada por ato unilateral e escrito da Administração, exceto no caso de descumprimento decorrente de sua própria conduta;

II – consensual, por acordo entre as partes, por conciliação, por mediação ou por comitê de resolução de disputas, desde que haja interesse da Administração;

III – determinada por decisão arbitral, em decorrência de cláusula compromissória ou compromisso arbitral, ou por decisão judicial.

§ 1º A extinção determinada por ato unilateral da Administração e a extinção consensual deverão ser precedidas de autorização escrita e fundamentada da autoridade competente e reduzidas a termo no respectivo processo.

§ 2º Quando a extinção decorrer de culpa exclusiva da Administração, o contratado será ressarcido pelos prejuízos regularmente comprovados que houver sofrido e terá direito a:

I – devolução da garantia;

DISPOSITIVO CORRELATO (Lei n. 8.666/93)
Art. 79. [...]
§ 2º [...]
I – devolução de garantia

II – pagamentos devidos pela execução do contrato até a data de extinção;

DISPOSITIVO CORRELATO (Lei n. 8.666/93)
Art. 79. [...]
§ 2º [...]
II – pagamentos devidos pela execução do contrato até a data da rescisão;

III – pagamento do custo da desmobilização.

DISPOSITIVO CORRELATO (Lei n. 8.666/93)
Art. 79. [...]
§ 2º [...]
III – pagamento do custo da desmobilização.

COMENTÁRIOS

Extinção unilateral

Esta modalidade de extinção caracteriza bem o regime jurídicoadministrativo próprio dos contratos administrativos, pois decorre da supremacia do interesse público sobre o interesse privado e representa uma potestade ofertada pelo ordenamento jurídico à Administração Pública.

Trata-se de uma das cláusulas exorbitantes descritas no art. 104 da Lei n. 14.133/2021.

A Administração pode pronunciar unilateralmente a rescisão de um contrato administrativo, seja a título de sanção (exceto em matéria de concessão ou em relação àquela que pode ser declarada pelo juiz), seja, mesmo na ausência de falta do cocontratante, por motivos de interesse geral. O poder de rescisão do contrato em virtude do interesse do serviço existe mesmo na ausência de cláusula específica neste sentido no contrato[288].

Extinção consensual

A extinção consensual é resultado de acordo de vontades entre as partes envolvidas; não há grandes formalidades para a manifestação de vontade do particular. Contudo, a manifestação de vontade da Administração Pública depende de autorização escrita e fundamentada da autoridade competente e redução a termo no procedimento de licitação, devendo estar presente também a conveniência administrativa.

A extinção consensual tem forma de distrato, consequentemente submetese ao princípio da similitude das formas, operando efeitos *ex nunc*.

---

288 LOMBARD, Martine. *Droit administratif.* 4. ed. Paris: Dalloz, 2001.

Extinção por decisão arbitral ou por decisão judicial

A Lei n. 9.307/96 prevê a composição dos conflitos oriundos dos contratos através do instituto da arbitragem, podendo estar disciplinada no contrato (cláusula compromissória) ou ser superveniente à sua celebração (compromisso arbitral).

A autoridade ou o órgão competente da Administração Pública direta para a celebração de convenção de arbitragem é a mesma para a realização de acordos ou transações.

A arbitragem que envolva a Administração Pública será sempre de direito e respeitará o princípio da publicidade. Considera-se instituída a arbitragem quando aceita a nomeação pelo árbitro, se for único, ou por todos, se forem vários.

A instituição da arbitragem interrompe a prescrição, retroagindo à data do requerimento de sua instauração, ainda que extinta a arbitragem por ausência de jurisdição.

Observe-se que o poder de decisão dos árbitros em relação aos contratos administrativos tem limites, pois as prerrogativas da Administração Pública decorrentes das cláusulas exorbitantes não podem ser afastadas.

A extinção judicial é a determinada pelo Poder Judiciário. Apesar de possível a sua utilização por todos os envolvidos, é um instrumento normalmente usado pelos contratados, pois a Administração Pública possui a potestade da extinção unilateral.

O contratado, regra geral, não pode opor a exceção material do contrato não cumprido contra a Administração Pública, devendo – ainda que o Poder Público não cumpra as suas obrigações, salvo nas hipóteses do § 2º do art. 137 da Lei n. 14.133/2021 – continuar cumprindo as suas, sob pena de violação ao princípio da continuidade do serviço público. Contudo, pode pedir judicialmente a extinção do contrato com a consequente exoneração dos seus deveres.

Art. 139. A extinção determinada por ato unilateral da Administração poderá acarretar, sem prejuízo das sanções previstas nesta Lei, as seguintes consequências:

DISPOSITIVO CORRELATO (Lei n. 8.666/93)
Art. 80. A rescisão de que trata o inciso I do artigo anterior acarreta as seguintes consequências, sem prejuízo das sanções previstas nesta Lei:

I – assunção imediata do objeto do contrato, no estado e local em que se encontrar, por ato próprio da Administração;

DISPOSITIVO CORRELATO (Lei n. 8.666/93)
Art. 80. [...]   I – assunção imediata do objeto do contrato, no estado e local em que se encontrar, por ato próprio da Administração;

II – ocupação e utilização do local, das instalações, dos equipamentos, do material e do pessoal empregados na execução do contrato e necessários à sua continuidade;

DISPOSITIVO CORRELATO (Lei n. 8.666/93)
Art. 80. [...]   II – ocupação e utilização do local, instalações, equipamentos, material e pessoal empregados na execução do contrato, necessários à sua continuidade, na forma do inciso V do art. 58 desta Lei;

III – execução da garantia contratual para:

> **DISPOSITIVO CORRELATO (Lei n. 8.666/93)**
>
> Art. 80. [...]
>
> III – execução da garantia contratual, para ressarcimento da Administração, e dos valores das multas e indenizações a ela devidos;

a) ressarcimento da Administração Pública por prejuízos decorrentes da não execução;

b) pagamento de verbas trabalhistas, fundiárias e previdenciárias, quando cabível;

c) pagamento das multas devidas à Administração Pública;

d) exigência da assunção da execução e da conclusão do objeto do contrato pela seguradora, quando cabível;

IV – retenção dos créditos decorrentes do contrato até o limite dos prejuízos causados à Administração Pública e das multas aplicadas.

> **DISPOSITIVO CORRELATO (Lei n. 8.666/93)**
>
> Art. 80. [...]
>
> IV – retenção dos créditos decorrentes do contrato até o limite dos prejuízos causados à Administração.

§ 1º A aplicação das medidas previstas nos incisos I e II do *caput* deste artigo ficará a critério da Administração, que poderá dar continuidade à obra ou ao serviço por execução direta ou indireta.

> **DISPOSITIVO CORRELATO (Lei n. 8.666/93)**
>
> Art. 80. [...]
>
> § 1º A aplicação das medidas previstas nos incisos I e II deste artigo fica a critério da Administração, que poderá dar continuidade à obra ou ao serviço por execução direta ou indireta.

§ 2º Na hipótese do inciso II do *caput* deste artigo, o ato deverá ser precedido de autorização expressa do ministro de Estado, do secretário estadual ou do secretário municipal competente, conforme o caso.

> **DISPOSITIVO CORRELATO (Lei n. 8.666/93)**
>
> Art. 80. [...]
>
> § 3º Na hipótese do inciso II deste artigo, o ato deverá ser precedido de autorização expressa do Ministro de Estado competente, ou Secretário Estadual ou Municipal, conforme o caso.

COMENTÁRIOS

A extinção unilateral do contrato a que alude o art. 139, *caput*, da Lei n. 14.133/2021, resulta de inadimplemento do contratado, sujeitando-o às sanções comináveis e exercício de certas medidas administrativas voltadas à mitigação dos danos à Administração.

Assunção imediata do objeto do contrato

O inciso I do art. 139 permite à Administração, por ato próprio, a assunção imediata do objeto do contrato, no estado e local em que se encontrar.

O contrato destina-se à realização de objeto determinado para a satisfação de interesse público, razão por que a lei confere à Administração certos direitos potestativos com vistas à preservação do interesse público.

A fim de dar seguimento ao objeto do contrato, colimando-se a sua conclusão, faz-se necessária sua assunção pelo órgão ou entidade contratante.

Ocupação e utilização do local, instalações, equipamentos, material e pessoal

O inciso II do art. 139 permite à Administração a ocupação e utilização dos seguintes fatores de produção empregados na execução do contrato e necessários à sua continuidade:

a)   local;
b)   instalações;
c)   equipamentos;
d)   material; e
e)   pessoal.

Tal medida é necessária quando imperiosa a necessidade de conclusão do objeto, por exemplo, a construção de instalações hospitalares para o enfrentamento de crise em saúde pública.

Há de se ter razoabilidade e proporcionalidade na edição do ato que determina tal medida, uma vez que, estando o objeto ainda em execução, não se fez sua tradição à Administração.

Tal conceito pode ser extraído do direito civil. O art. 237 do Código Civil dispõe que até a tradição pertence ao devedor a coisa.

Por isso, embora o contratado execute objeto para cumprimento de sua prestação devida à Administração, enquanto não entregue e recebido, o bem não integra a esfera patrimonial do ente político ou de sua entidade autônoma.

Logo, a ocupação e utilização dá-se sobre patrimônio do cor :ratado, o que requer adequada ponderação, principalmente se tal medida afetar o pessoal empreç ido pelo contratado.

Porque excepcionalíssima, a ocupação e utilização do local, das instalações, dos equipamentos, do material e do pessoal empregados na execução do contrato e necessários à sua continuidade, requer prévia autorização expressa do ministro de Estado, do secretário estadual ou do secretário municipal competente, conforme o caso.

Obviamente, a ocupação e utilização em tela pode afetar algum ou todos os componentes empregados na execução do contrato, de modo que pode atingir os materiais e equipamentos, mas não as pessoas, tudo conforme a motivação para o ato.

Evidentemente, tal prerrogativa da Administração não pode afetar terceiros estranhos à relação contratual, o que importaria em grave ofensa às liberdades individuais e propriedade privada (art. 5º, XXII, da CF/88).

Execução da garantia contratual e retenção de créditos

Declarada a extinção unilateral do contrato, assiste à Administração o direito de executar a garantia contratual para:

a)   ressarcimento da Administração Pública por prejuízos decorrentes da não execução;
b)   pagamento de verbas trabalhistas, fundiárias e previdenciárias, quando cabível;
c)   pagamento das multas devidas à Administração Pública;
d)   exigência da assunção da execução e da conclusão do objeto do contrato pela seguradora, quando cabível.

Não satisfeito o ressarcimento por meio da garantia e, havendo créditos decorrentes do contrato até o limite dos prejuízos causados à Administração Pública e das multas aplicadas, possibilita-se sua retenção pela Administração.

Observe-se que o valor de crédito retido deve limitar-se ao *quantum debeatur*, por meio acautelatório, enquanto se processa a apuração de responsabilidade do contratado.

CAPÍTULO IX
Do Recebimento do Objeto do Contrato

Art. 140. O objeto do contrato será recebido:

DISPOSITIVO CORRELATO (Lei n. 8.666/93)
Art. 73. Executado o contrato, o seu objeto será recebido:

I – em se tratando de obras e serviços:

DISPOSITIVO CORRELATO (Lei n. 8.666/93)
Art. 73. [...]
I – em se tratando de obras e serviços:

a) provisoriamente, pelo responsável por seu acompanhamento e fiscalização, mediante termo detalhado, quando verificado o cumprimento das exigências de caráter técnico;

DISPOSITIVO CORRELATO (Lei n. 8.666/93)
Art. 73. [...]
I – [...]
a) provisoriamente, pelo responsável por seu acompanhamento e fiscalização, mediante termo circunstanciado, assinado pelas partes em até 15 (quinze) dias da comunicação escrita do contratado;

b) definitivamente, por servidor ou comissão designada pela autoridade competente, mediante termo detalhado que comprove o atendimento das exigências contratuais;

DISPOSITIVO CORRELATO (Lei n. 8.666/93)
Art. 73. [...]
I – [...]
b) definitivamente, por servidor ou comissão designada pela autoridade competente, mediante termo circunstanciado, assinado pelas partes, após o decurso do prazo de observação, ou vistoria que comprove a adequação do objeto aos termos contratuais, observado o disposto no art. 69 desta Lei;

II – em se tratando de compras:

DISPOSITIVO CORRELATO (Lei n. 8.666/93)
Art. 73. [...]
II – em se tratando de compras ou de locação de equipamentos:

a) provisoriamente, de forma sumária, pelo responsável por seu acompanhamento e fiscalização, com verificação posterior da conformidade do material com as exigências contratuais;

DISPOSITIVO CORRELATO (Lei n. 8.666/93)
Art. 73. [...]
II – [...]
a) provisoriamente, para efeito de posterior verificação da conformidade do material com a especificação;

b) definitivamente, por servidor ou comissão designada pela autoridade competente, mediante termo detalhado que comprove o atendimento das exigências contratuais.

DISPOSITIVO CORRELATO (Lei n. 8.666/93)

Art. 73. [...]

II – [...]

b) definitivamente, após a verificação da qualidade e quantidade do material e consequente aceitação.

§ 1º O objeto do contrato poderá ser rejeitado, no todo ou em parte, quando estiver em desacordo com o contrato.

DISPOSITIVO CORRELATO (Lei n. 8.666/93)

Art. 76. A Administração rejeitará, no todo ou em parte, obra, serviço ou fornecimento executado em desacordo com o contrato.

§ 2º O recebimento provisório ou definitivo não excluirá a responsabilidade civil pela solidez e pela segurança da obra ou serviço nem a responsabilidade ético-profissional pela perfeita execução do contrato, nos limites estabelecidos pela lei ou pelo contrato.

DISPOSITIVO CORRELATO (Lei n. 8.666/93)

Art. 73. [...]

§ 2º O recebimento provisório ou definitivo não exclui a responsabilidade civil pela solidez e segurança da obra ou do serviço, nem ético-profissional pela perfeita execução do contrato, dentro dos limites estabelecidos pela lei ou pelo contrato.

§ 3º Os prazos e os métodos para a realização dos recebimentos provisório e definitivo serão definidos em regulamento ou no contrato.

§ 4º Salvo disposição em contrário constante do edital ou de ato normativo, os ensaios, os testes e as demais provas para aferição da boa execução do objeto do contrato exigidos por normas técnicas oficiais correrão por conta do contratado.

DISPOSITIVO CORRELATO (Lei n. 8.666/93)

Art. 75. Salvo disposições em contrário constantes do edital, do convite ou de ato normativo, os ensaios, testes e demais provas exigidos por normas técnicas oficiais para a boa execução do objeto do contrato correm por conta do contratado.

§ 5º Em se tratando de projeto de obra, o recebimento definitivo pela Administração não eximirá o projetista ou o consultor da responsabilidade objetiva por todos os danos causados por falha de projeto.

§ 6º Em se tratando de obra, o recebimento definitivo pela Administração não eximirá o contratado, pelo prazo mínimo de 5 (cinco) anos, admitida a previsão de prazo de garantia superior no edital e no contrato, da responsabilidade objetiva pela solidez e pela segurança dos materiais e dos serviços executados e pela funcionalidade da construção, da reforma, da recuperação ou da ampliação do bem imóvel, e, em caso de vício, defeito ou incorreção identificados, o contratado ficará responsável pela reparação, pela correção, pela reconstrução ou pela substituição necessárias.

COMENTÁRIOS

Considera-se adimplida a obrigação do contratado quando atestado o recebimento do objeto pelo fiscal do contrato.

Recebimento provisório e definitivo

Quando da entrega do objeto, tratando-se de obras e serviços, o fiscal do contrato firmará termo detalhado, se constatado o cumprimento das especificações técnicas.

Após a verificação do cumprimento das exigências contratuais, o fiscal ou comissão de fiscalização procederá ao recebimento definitivo, mediante termo detalhado assinado pelo(s) responsável(eis) pelo recebimento, asseverando-se a conformidade do objeto e, por conseguinte, possibilitando-se o pagamento.

Tratando-se de compras, o fiscal do contrato procederá ao recebimento sumário. Cabe assinalar que, principalmente quando da contratação de muitos itens ou exemplares, torna-se inviável a conferência da conformidade técnica dos bens. Por isso, firma-se o termo de recebimento provisório, para verificação posterior da conformidade do material com as exigências contratuais, o que pode demandar auxílio do pessoal técnico da área demandante, a depender da especificidade do objeto.

Uma vez atestado o cumprimento das exigências contratuais, firma-se o termo de recebimento definitivo, que marca a execução do objeto na forma avençada.

Prazo para recebimento provisório e definitivo

O art. 73, I, *a*, da Lei n. 8.666/93 determina o prazo de quinze dias da comunicação escrita do contratado para a assinatura de termo circunstanciado de recebimento provisório de obras e serviços.

O § 3º do art. 140 da Lei n. 14.133/2021, dispõe que os prazos e os métodos para a realização dos recebimentos provisório e definitivo serão definidos em regulamento ou no contrato.

O comando da Lei n. 14.133/2021 remete ao instrumento próprio para a disciplina dessa matéria, o termo de contrato ou regulamento, possibilitando-se a estipulação de prazo para recebimento compatível com o nível de complexidade e quantidade do objeto recebido.

Avaliação da conformidade

Os valores dispendidos para a realização de ensaios, inspeções, certificações e outros mecanismos de avaliação da conformidade para atestação de observância do produto ou serviço às normas técnicas e regulamentos correrão por conta do contratado, salvo se o edital ou ato normativo dispuser de modo diverso.

Responsabilidade do contratado

O recebimento provisório e definitivo não afastará a responsabilidade do contratado pelos vícios identificados no objeto.

Tratando-se de obra, recairá sobre o contratado, pelo prazo mínimo de 5 (cinco) anos, a responsabilidade objetiva pela solidez e pela segurança dos materiais e dos serviços executados e pela funcionalidade da construção, da reforma, da recuperação ou da ampliação do bem imóvel, e, em caso de vício, defeito ou incorreção identificados, o contratado ficará responsável pela reparação, pela correção, pela reconstrução ou pela substituição necessárias.

Conforme as características do objeto, admite-se prazo de garantia maior que cinco anos, conforme cláusula do edital e do contrato.

CAPÍTULO X
Dos Pagamentos

Art. 141. No dever de pagamento pela Administração, será observada a ordem cronológica para cada fonte diferenciada de recursos, subdividida nas seguintes categorias de contratos:

DISPOSITIVO CORRELATO (Lei n. 8.666/93)

Art. 5º Todos os valores, preços e custos utilizados nas licitações terão como expressão monetária a moeda corrente nacional, ressalvado o disposto no art. 42 desta Lei, devendo cada unidade da Administração, no pagamento das obrigações relativas ao fornecimento de bens, locações, realização de obras e prestação de serviços, obedecer, para cada fonte diferenciada de recursos, a estrita ordem cronológica das datas de suas exigibilidades, salvo quando presentes relevantes razões de interesse público e mediante prévia justificativa da autoridade competente, devidamente publicada.

I – fornecimento de bens;

II – locações;

III – prestação de serviços;

IV – realização de obras.

§ 1º A ordem cronológica referida no *caput* deste artigo poderá ser alterada, mediante prévia justificativa da autoridade competente e posterior comunicação ao órgão de controle interno da Administração e ao tribunal de contas competente, exclusivamente nas seguintes situações:

I – grave perturbação da ordem, situação de emergência ou calamidade pública;

II – pagamento a microempresa, empresa de pequeno porte, agricultor familiar, produtor rural pessoa física, microempreendedor individual e sociedade cooperativa, desde que demonstrado o risco de descontinuidade do cumprimento do objeto do contrato;

III – pagamento de serviços necessários ao funcionamento dos sistemas estruturantes, desde que demonstrado o risco de descontinuidade do cumprimento do objeto do contrato;

IV – pagamento de direitos oriundos de contratos em caso de falência, recuperação judicial ou dissolução da empresa contratada;

V – pagamento de contrato cujo objeto seja imprescindível para assegurar a integridade do patrimônio público ou para manter o funcionamento das atividades finalísticas do órgão ou entidade, quando demonstrado o risco de descontinuidade da prestação de serviço público de relevância ou o cumprimento da missão institucional.

§ 2º A inobservância imotivada da ordem cronológica referida no *caput* deste artigo ensejará a apuração de responsabilidade do agente responsável, cabendo aos órgãos de controle a sua fiscalização.

§ 3º O órgão ou entidade deverá disponibilizar, mensalmente, em seção específica de acesso à informação em seu sítio na internet, a ordem cronológica de seus pagamentos, bem como as justificativas que fundamentarem a eventual alteração dessa ordem.

COMENTÁRIOS

Uma vez efetuado o recebimento definitivo, o contratado não deve depender da sorte ou de boas relações com gestores públicos para obter o devido pagamento, sendo imperiosa a observância da ordem cronológica das exigibilidades.

O comando normativo tem por fim evitar favorecimentos ou perseguições injustificadas, mediante a alteração da ordem de pagamento, com vistas a priorizar determinados pagamentos ou retardar outros.

Em situações excepcionalíssimas, enumeradas nos incisos do § 1º, como grave perturbação da ordem, emergência ou calamidade pública, admite-se a alteração da ordem de pagamento, condicionada à prévia justificativa da autoridade competente e comunicação aos órgãos de controle interno e externo.

Impõe-se a apuração de responsabilidade do agente público que der causa à alteração injustificada da ordem de pagamento e, para incrementar o controle social, o órgão ou entidade deverá disponibilizar, mensalmente, em seção específica de acesso à informação em seu sítio na internet, a ordem cronológica de seus pagamentos, bem como as justificativas que fundamentarem a eventual alteração dessa ordem.

Art. 142. Disposição expressa no edital ou no contrato poderá prever pagamento em conta vinculada ou pagamento pela efetiva comprovação do fato gerador.

Parágrafo único. (Vetado).

COMENTÁRIOS

No que concerne ao inadimplemento de obrigações trabalhistas e responsabilidade do tomador de serviços, a Súmula 331 do TST traz o seguinte conteúdo:

CONTRATO DE PRESTAÇÃO DE SERVIÇOS. LEGALIDADE (nova redação do item IV e inseridos os itens V e VI à redação) – Res. 174/2011, *DEJT* divulgado em 27, 30 e 31-5-2011.

I – A contratação de trabalhadores por empresa interposta é ilegal, formando-se o vínculo diretamente com o tomador dos serviços, salvo no caso de trabalho temporário (Lei n. 6.019, de 3-1-1974).

II – A contratação irregular de trabalhador, mediante empresa interposta, não gera vínculo de emprego com os órgãos da Administração Pública direta, indireta ou fundacional (art. 37, II, da CF/88).

III – Não forma vínculo de emprego com o tomador a contratação de serviços de vigilância (Lei n. 7.102, de 20-6-1983) e de conservação e limpeza, bem como a de serviços especializados ligados à atividade-meio do tomador, desde que inexistente a pessoalidade e a subordinação direta.

IV – O inadimplemento das obrigações trabalhistas, por parte do empregador, implica a responsabilidade subsidiária do tomador dos serviços quanto àquelas obrigações, desde que haja participado da relação processual e conste também do título executivo judicial.

V – Os entes integrantes da Administração Pública direta e indireta respondem subsidiariamente, nas mesmas condições do item IV, caso evidenciada a sua conduta culposa no cumprimento das obrigações da Lei n. 8.666, de 21-6-1993, especialmente na fiscalização do cumprimento das obrigações contratuais e legais da prestadora de serviço como empregadora. A aludida responsabilidade não decorre de mero inadimplemento das obrigações trabalhistas assumidas pela empresa regularmente contratada.

VI – A responsabilidade subsidiária do tomador de serviços abrange todas as verbas decorrentes da condenação referentes ao período da prestação laboral.

No Executivo federal, como forma de atenuar os riscos impingidos à Administração, o Secretário de Gestão do Ministério do Planejamento, Desenvolvimento e Gestão editou a Instrução Normativa n. 5/2017, que dispõe sobre as regras e diretrizes do procedimento de contratação de serviços sob o regime de execução indireta no âmbito da Administração Pública federal direta, autárquica e fundacional.

O art. 18 da IN n. 5/2017 dispõe que, para as contratações de serviços com regime de dedicação exclusiva de mão de obra, o procedimento sobre gerenciamento de riscos obrigatoriamente contemplará o risco de descumprimento das obrigações trabalhistas, previdenciárias e com FGTS da contratada.

Para a atenuação desses riscos, a norma infralegal em comento admite os seguintes mecanismos:

I – Conta-Depósito Vinculada – bloqueada para movimentação, conforme disposto em Caderno de Logística, elaborado pela Secretaria de Gestão do Ministério do Planejamento, Desenvolvimento e Gestão; ou

II – Pagamento pelo Fato Gerador, conforme disposto em Caderno de Logística, elaborado pela Secretaria de Gestão do Ministério do Planejamento, Desenvolvimento e Gestão.

A conta vinculada é aberta pela Administração em nome do contratado. Nos momentos de exigibilidade de pagamento, a Administração o efetua pela forma disciplinada no contrato, destacando-se a quantia correspondente às obrigações trabalhistas (férias, décimo terceiro salário, verbas rescisórias), depositada em conta vinculada, bloqueada para movimentação.

O art. 142 da Lei n. 14.133/2021 insculpe no texto da Lei Geral de Licitações a inteligência do dispositivo infralegal apontado.

Art. 143. No caso de controvérsia sobre a execução do objeto, quanto a dimensão, qualidade e quantidade, a parcela incontroversa deverá ser liberada no prazo previsto para pagamento.

COMENTÁRIOS

Dificilmente uma obra, serviço ou compra é considerado integralmente inadimplido, embora tal fato possa acontecer, e acontece.

Todavia, se a Administração atesta o recebimento de parcela do objeto conforme as especificações técnicas e exigências contratuais, essa parcela torna-se incontroversa e, por isso, não há razão para reter o crédito da contratada, devendo a Administração liberar o pagamento no exato tempo de sua exigibilidade.

O não pagamento assumiria conotação mais grave ante situação que a teoria geral dos contratos aborda como adimplemento substancial, em que a execução do objeto quase perfaz a integralidade ajustada.

Nessas situações, o contratado seria prejudicado pela retenção total do valor devido pela Administração em razão de inadimplemento de pouca monta, em malferimento ao princípio da proporcionalidade.

Art. 144. Na contratação de obras, fornecimentos e serviços, inclusive de engenharia, poderá ser estabelecida remuneração variável vinculada ao desempenho do contratado, com base em metas, padrões de qualidade, critérios de sustentabilidade ambiental e prazos de entrega definidos no edital de licitação e no contrato.

DISPOSITIVO CORRELATO (Lei n. 12.462/2011)
Art. 10. Na contratação das obras e serviços, inclusive de engenharia, poderá ser estabelecida remuneração variável vinculada ao desempenho da contratada, com base em metas, padrões de qualidade, critérios de sustentabilidade ambiental e prazo de entrega definidos no instrumento convocatório e no contrato.

§ 1º O pagamento poderá ser ajustado em base percentual sobre o valor economizado em determinada despesa, quando o objeto do contrato visar à implantação de processo de racionalização, hipótese em que as despesas correrão à conta dos mesmos créditos orçamentários, na forma de regulamentação específica.

§ 2º A utilização de remuneração variável será motivada e respeitará o limite orçamentário fixado pela Administração para a contratação.

DISPOSITIVO CORRELATO (Lei n. 12.462/2011)
Art. 10. [...] Parágrafo único. A utilização da remuneração variável será motivada e respeitará o limite orçamentário fixado pela administração pública para a contratação.

COMENTÁRIOS

Suponha-se que a Administração contrate determinados empreendimentos, para a edificação de hospital em local onde não existe nenhum estabelecimento público de saúde, mediante valor global da contratação de dez milhões de reais, que, se não efetuado nenhum aditivo, preservará o valor do pacto original. O contrato estipula o prazo de três anos para a entrega do objeto.

Em um primeiro cenário, o contratado conclui o objeto exatamente na forma avençada, concluindo a obra no prazo de três anos, segundo o valor de dez milhões de reais.

Em um segundo cenário, o contratado conclui o objeto com atraso, no prazo de três anos e meio, cabendo a aplicação de sanções se configurada sua responsabilidade.

Em um terceiro cenário, o contratado conclui o objeto no prazo de dois anos, dois terços do prazo avençado para a conclusão da obra, perfazendo-se, pois, o mesmo valor de dez milhões de reais.

Em todos os cenários, suponha-se que o objeto fora entregue conforme as especificações, não se identificando vícios ou inconformidades técnicas.

No terceiro cenário, o contratado, por sua eficiência na mobilização de pessoas, máquinas, equipamentos, logística, controle e monitoramento, gestão de processos e outras ferramentas gerenciais, possibilitou a operacionalização de serviço de saúde em tempo inferior ao estimado, em benefício da sociedade.

Todavia, a dinâmica adotada pelas leis de licitações comumente não servem de estímulo à eficiência do contratado, uma vez que de sua eficiência nenhuma vantagem obterá. Por isso, é comum observar a situação contrária: aditivos contratuais com vistas à prorrogação do prazo.

Quanto aos impactos ambientais da obra, admita-se que esse mesmo contratado tenha concluído a construção com geração mínima de resíduos, em comparação aos outros cenários, pelo uso de sistema de gestão ambiental, e cumprimento de requisitos além do mínimo exigido pela legislação.

Nesse cenário, o contratado voluntariamente engendrou esforços para, em suas técnicas construtivas, alcançar patamar ótimo de desempenho ambiental, engajando-se na preservação da natureza.

Evidentemente, essa não é a realidade observada na maioria das contratações públicas. Por isso, os diplomas licitatórios mais modernos que a Lei n. 8.666/93 dispõem sobre remuneração proporcional ao nível de eficiência.

Tal irrupção normativa veio a efeito no ano de 2004, com a publicação da Lei das Parcerias Público-Privadas, considerada a dinâmica dos negócios públicos abrangidos por essa lei, cujo cerne de atuação do parceiro privado centra-se na eficiência. Eis o texto do § 1º do art. 6º da Lei das PPPs:

> O contrato poderá prever o pagamento ao parceiro privado de remuneração variável vinculada ao seu desempenho, conforme metas e padrões de qualidade e disponibilidade definidos no contrato.

Seguindo essa linha, o Regime Diferenciado de Contratações, editado em 2011, prevê, no art. 10 da Lei n. 12.462/2011:

> Art. 10. Na contratação das obras e serviços, inclusive de engenharia, poderá ser estabelecida remuneração variável vinculada ao desempenho da contratada, com base em metas, padrões de qualidade, critérios de sustentabilidade ambiental e prazo de entrega definidos no instrumento convocatório e no contrato
>
> Parágrafo único. A utilização da remuneração variável será motivada e respeitará o limite orçamentário fixado pela administração pública para a contratação.

A Lei n. 14.133/2021 traz para a norma geral de licitações os instrumentos de gestão e eficiência contratual contemplados nesses diplomas especiais, possibilitando sua aplicação à contratação de obras, fornecimentos e serviços, inclusive de engenharia.

Logo, o art. 144, *caput*, da Lei n. 14.133/2021 alcança a ampla gama de objetos passíveis de contratação pela Administração Pública e, utilizado de modo planejado e inteligente, baseado em metas objetivas, tem potencial para promover significativa transformação do nível de qualidade e eficácia das contratações.

Importa lembrar que a disciplina contratual de remuneração variável deve respeitar o limite orçamentário fixado para a contratação.

Outrossim, necessária a avaliação de desempenho baseada em metas, padrões de qualidade, critérios de sustentabilidade ambiental e prazos de entrega objetiva e claramente definidos no edital e no contrato.

Na estipulação de metas, é imprescindível determinar valores factíveis, consentâneos com a realidade do setor e emprego da melhor técnica disponível, sob o risco de tornar inócuo o instrumento de eficiência, porque impossível o alcance das metas estabelecidas.

Art. 145. Não será permitido pagamento antecipado, parcial ou total, relativo a parcelas contratuais vinculadas ao fornecimento de bens, à execução de obras ou à prestação de serviços.

§ 1º A antecipação de pagamento somente será permitida se propiciar sensível economia de recursos ou se representar condição indispensável para a obtenção do bem ou para a prestação do serviço, hipótese que deverá ser previamente justificada no processo licitatório e expressamente prevista no edital de licitação ou instrumento formal de contratação direta.

§ 2º A Administração poderá exigir a prestação de garantia adicional como condição para o pagamento antecipado.

§ 3º Caso o objeto não seja executado no prazo contratual, o valor antecipado deverá ser devolvido.

COMENTÁRIOS

Durante a pandemia de Covid-19 que afeta o país surgiram diversas denúncias sobre compras de ventiladores pulmonares mediante pagamento antecipado, com preços superfaturados e, em alguns casos, o pagamento foi efetuado e os bens sequer foram entregues, ou entregues em desacordo com as especificações técnicas.

Nos negócios privados, usualmente a parte credora satisfaz o pagamento quando do cumprimento da obrigação pela parte devedora, sem o que razão não há para prover a contraprestação.

Nos negócios públicos, deve-se seguir a mesma lógica, principalmente porque as contratações são custeadas pelo erário, de modo que o recebimento definitivo é condição para o pagamento.

Quando o fornecedor entrega bens em desacordo com as especificações técnicas, inviabiliza-se o recebimento definitivo, sem que disso resulte prorrogação do prazo para a entrega.

Assim, sujeita-se o contratado às cláusulas penais, a impor multa moratória – convencionada em medida razoável, para que não configure confisco – até que adimplida a obrigação.

Igualmente, a cláusula que determina a execução e recebimento definitivo do objeto como condição para o pagamento serve de desestímulo ao inadimplemento. Porém, sua força normativa é sensivelmente reduzida quando antecipado o pagamento ao contratado.

Por isso, a antecipação de pagamento deve ser vista como situação excepcionalíssima, quando devidamente demonstrado que propiciará sensível economia de recursos ou representar condição indispensável para a obtenção do bem ou para a prestação do serviço.

Fora dessas condições, o pagamento antecipado é ilícito, a ensejar a responsabilização dos agentes que o efetuarem.

Dada sua peculiaridade, é recomendável a priorização de editais e contratos que contemplem pagamento antecipado para acompanhamento dos órgãos de controle.

Art. 146. No ato de liquidação da despesa, os serviços de contabilidade comunicarão aos órgãos da administração tributária as características da despesa e os valores pagos, conforme o disposto no art. 63 da Lei n. 4.320, de 17 de março de 1964.

DISPOSITIVO CORRELATO (Lei n. 8.666/93)

Art. 55. [...]

§ 3º No ato da liquidação da despesa, os serviços de contabilidade comunicarão, aos órgãos incumbidos da arrecadação e fiscalização de tributos da União, Estado ou Município, as características e os valores pagos, segundo o disposto no art. 63 da Lei n. 4.320, de 17 de março de 1964.

COMENTÁRIOS

A Lei n. 4.320/64 estatui normas gerais de direito financeiro para elaboração e controle dos orçamentos e balanços da União, dos Estados, dos Municípios e do Distrito Federal. O art. 63 do diploma legal traz a seguinte disciplina sobre liquidação da despesa:

> Art. 63. A liquidação da despesa consiste na verificação do direito adquirido pelo credor tendo por base os títulos e documentos comprobatórios do respectivo crédito.
>
> § 1º Essa verificação tem por fim apurar:
>
> I – a origem e o objeto do que se deve pagar;
>
> II – a importância exata a pagar;
>
> III – a quem se deve pagar a importância, para extinguir a obrigação.
>
> § 2º A liquidação da despesa por fornecimentos feitos ou serviços prestados terá por base:
>
> I – o contrato, ajuste ou acordo respectivo;
>
> II – a nota de empenho;
>
> III – os comprovantes da entrega de material ou da prestação efetiva do serviço.

Por conseguinte, a regra do art. 146 da Lei n. 14.133/2021 não se refere diretamente à matéria contratual, mas fiscal, com vistas a evitar a sonegação de tributos.

O art. 1º da Lei n. 8.137/90 enumera as seguintes condutas que constituem crime contra a ordem tributária praticadas com o fim de suprimir ou reduzir tributo ou contribuição social:

> I – omitir informação, ou prestar declaração falsa às autoridades fazendárias;
>
> II – fraudar a fiscalização tributária, inserindo elementos inexatos, ou omitindo operação de qualquer natureza, em documento ou livro exigido pela lei fiscal;
>
> III – falsificar ou alterar nota fiscal, fatura, duplicata, nota de venda, ou qualquer outro documento relativo à operação tributável;
>
> IV – elaborar, distribuir, fornecer, emitir ou utilizar documento que saiba ou deva saber falso ou inexato;
>
> V – negar ou deixar de fornecer, quando obrigatório, nota fiscal ou documento equivalente, relativa a venda de mercadoria ou prestação de serviço, efetivamente realizada, ou fornecê-la em desacordo com a legislação.

Além dos aspectos fiscais e correspondentes cominações administrativas e criminais, a sonegação implica em ofensa ao princípio da competitividade tabulado no art. 5º da Lei n. 14.133/2021. Isso porque o licitante que intenta sonegar tributos durante a execução do contrato tem possibilidade de apresentar proposta mais econômica não em virtude de sua eficiência produtiva, mas por burla aos ditames da lei.

CAPÍTULO XI
Da Nulidade dos Contratos

Art. 147. Constatada irregularidade no procedimento licitatório ou na execução contratual, caso não seja possível o saneamento, a decisão sobre a suspensão da execução ou sobre a declaração de nulidade do contrato somente será adotada na hipótese em que se revelar medida de interesse público, com avaliação, entre outros, dos seguintes aspectos:

I – impactos econômicos e financeiros decorrentes do atraso na fruição dos benefícios do objeto do contrato;

II – riscos sociais, ambientais e à segurança da população local decorrentes do atraso na fruição dos benefícios do objeto do contrato;

III – motivação social e ambiental do contrato;

IV – custo da deterioração ou da perda das parcelas executadas;

V – despesa necessária à preservação das instalações e dos serviços já executados;

VI – despesa inerente à desmobilização e ao posterior retorno às atividades;

VII – medidas efetivamente adotadas pelo titular do órgão ou entidade para o saneamento dos indícios de irregularidades apontados;

VIII – custo total e estágio de execução física e financeira dos contratos, dos convênios, das obras ou das parcelas envolvidas;

IX – fechamento de postos de trabalho diretos e indiretos em razão da paralisação;

X – custo para realização de nova licitação ou celebração de novo contrato;

XI – custo de oportunidade do capital durante o período de paralisação.

Parágrafo único. Caso a paralisação ou anulação não se revele medida de interesse público, o poder público deverá optar pela continuidade do contrato e pela solução da irregularidade por meio de indenização por perdas e danos, sem prejuízo da apuração de responsabilidade e da aplicação de penalidades cabíveis.

COMENTÁRIOS

Há três planos que devem ser considerados para a imputação jurídica ou para o direito: da existência, da validade e da eficácia. A nulidade representa vício de validade do contrato. A validade depende da observância do procedimento licitatório e da regra de competência estabelecida pela norma jurídica. A invalidade pode gerar a anulabilidade ou a nulidade do contrato.

Apesar de não ser comum, a lei pode fixar hipóteses de anulabilidade do contrato administrativo, pois a lei pode reverter conceitos e dogmas doutrinários, devendo submeterse somente à Constituição Federal.

Observe-se, neste sentido, que a lei também pode, ao contrário do defendido por alguns autores, fixar hipóteses nas quais o gestor público, ou o advogado público, possa transigir, criando inclusive câmaras de conciliação de interesses públicos divergentes, afastando, assim, sob o manto da lei, a nulidade com a composição do conflito.

A nulidade emana da vontade da lei, enquanto a anulabilidade depende de decisão administrativa ou judicial. Portanto, a decisão que proclama a nulidade absoluta é declaratória, enquanto a decisão que afirma a nulidade relativa é constitutiva. O negócio anulável produz efeitos até sua anulação, porque não nasce morto, como o negócio nulo[289].

A maioria dos autores de direito administrativo não distingue, como fazem os autores de direito civil, entre declaração de nulidade e anulação, utilizando o vocábulo "anulação" para o efeito de qualquer invalidade ou violação à lei.

Mais comum, nos contratos administrativos, é a invalidade ensejar a nulidade contratual e, consequentemente, a sua extinção. A anulação do contrato é o ato declaratório unilateral, operando efeitos retroativos (*ex tunc*).

289 GOMES, Orlando. *Introdução ao direito civil*. 3. ed. Rio de Janeiro: Forense, 1971.

Importante lembrar que inexiste revogação de contrato, porque o instituto é privativo dos atos unilaterais, ressaltando-se que os mesmos motivos ensejadores da revogação dos atos administrativos podem autorizar a rescisão unilateral da avença[290].

Sobre essa matéria, o art. 59, *caput*, da Lei n. 8.666/93 traz regra clara: "a declaração de nulidade do contrato administrativo opera retroativamente impedindo os efeitos jurídicos que ele, ordinariamente, deveria produzir, além de desconstituir os já produzidos".

A Lei n. 14.133/2021 inova sensivelmente a disciplina atinente à nulidade do contrato administrativo e seus efeitos.

O art. 147, *caput*, dispõe que, se constatada irregularidade no procedimento licitatório ou na execução contratual, **não sendo possível o saneamento**, a decisão sobre a suspensão da execução ou anulação do contrato somente deve corresponder ao interesse público, avaliando-se aspectos como: impactos econômicos e financeiros; riscos sociais e ambientais; custo da deterioração das parcelas executadas ou despesas para sua preservação; custo de desmobilização; demissões de trabalhadores; custo de nova licitação.

Imagine-se a situação em que, durante a construção de um hospital, sejam identificadas em auditoria uma série de vícios insanáveis na formação do contrato, ou mesmo na condução do procedimento licitatório. Havendo vício insanável, o negócio jurídico é nulo, a merecer total repulsa do direito, razão por que a declaração de nulidade opera efeitos *ex tunc*. Porém, situações há em que a declaração de nulidade e posterior procedimento para a contratação de empresa para a conclusão da obra, atraso na entrega e permanência da deficiência do serviço público de saúde traz consequências mais graves para o Estado e a sociedade do que aquelas atinentes à nulidade do contrato.

Nessa situação, o interesse público manifesta-se pela continuidade do contrato, sem prejuízo da apuração de responsabilidade de quem deu causa aos vícios e indenização por perdas e danos à Administração.

O texto da Lei n. 14.133/2021 alinha-se aos preceitos de análise econômica do direito, a fim de colocar "no centro dos estudos jurídicos os problemas relativos à eficiência do direito, o custo dos instrumentos jurídicos na persecução de seus fins e as consequências econômicas das intervenções jurídicas"[291].

Outrossim, o dispositivo legal em comento colmata-se com os valores esculpidos no art. 20, *caput*, da LINDB: "Nas esferas administrativa, controladora e judicial, não se decidirá com base em valores jurídicos abstratos sem que sejam consideradas as consequências práticas da decisão".

O art. 55 da Lei n. 9.784/99 (Lei do Processo Administrativo Federal) dispõe que "em decisão na qual se evidencie não acarretarem lesão ao interesse público nem prejuízo a terceiros, os atos que apresentarem defeitos sanáveis poderão ser convalidados pela própria Administração".

O ato administrativo ilegal não pode ser tomado como legal pelo agente público, mas, em certas situações, os seus efeitos podem ser convalidados e aceitos pelo ordenamento jurídico. Dessarte, o ato não será acolhido pelo sistema jurídico, porém seus efeitos serão.

Art. 148. A declaração de nulidade do contrato administrativo requererá análise prévia do interesse público envolvido, na forma do art. 147 desta Lei, e operará retroativamente, impedindo os efeitos jurídicos que o contrato deveria produzir ordinariamente e desconstituindo os já produzidos.

---

290 MEIRELLES, Hely Lopes. *Direito administrativo brasileiro*. 42. ed. São Paulo: Malheiros, 2009.

291 GONÇALVES, Everton das Neves; Stringari, Amana Kauling. A análise econômica do direito e a teoria de Richard Allen Posner. *XXVII Congresso Nacional do Conpedi*, 2018, Porto Alegre. Anais... Porto Alegre: Conpedi, 2018, p. 78.

> **DISPOSITIVO CORRELATO (Lei n. 8.666/93)**
>
> Art. 59. A declaração de nulidade do contrato administrativo opera retroativamente impedindo os efeitos jurídicos que ele, ordinariamente, deveria produzir, além de desconstituir os já produzidos.

§ 1º Caso não seja possível o retorno à situação fática anterior, a nulidade será resolvida pela indenização por perdas e danos, sem prejuízo da apuração de responsabilidade e aplicação das penalidades cabíveis.

§ 2º Ao declarar a nulidade do contrato, a autoridade, com vistas à continuidade da atividade administrativa, poderá decidir que ela só tenha eficácia em momento futuro, suficiente para efetuar nova contratação, por prazo de até 6 (seis) meses, prorrogável uma única vez.

COMENTÁRIOS

Declaração de nulidade

O art. 148 da Lei n. 14.133/2021, ao dispor que "a declaração de nulidade do contrato administrativo requererá análise prévia do interesse público envolvido", orienta-se no sentido de aceitar os efeitos dos atos nulos de igual modo aos anuláveis, desde que manifesto o interesse público.

Porém, da leitura dos arts. 147 e 148, percebe-se que a redação da lei peca no que tange ao instituto jurídico aplicável. Se um ato é nulo, não resta qualquer escolha entre declarar sua nulidade ou não, pois o ato nulo não encontra guarida no ordenamento jurídico. Está-se a tratar, em verdade, da convalidação de seus efeitos.

Importante ressaltar que a convalidação dos efeitos de ato nulo ocorrido no procedimento licitatório ou na formação do contrato é possível tão somente durante a execução do objeto do contrato, haja vista os prejuízos que decorreriam da rescisão contratual.

Modulação dos efeitos da declaração de nulidade

O § 2º do art. 148 dispõe que, quando declarar a nulidade do contrato, a autoridade competente, visando à continuidade da atividade administrativa "poderá decidir que ela só tenha eficácia em momento futuro, suficiente para efetuar nova contratação, por prazo de até 6 (seis) meses, prorrogável uma única vez".

Por conseguinte, concluída a avaliação dos aspectos enumerados nos incisos do art. 147 e outros relevantes no caso concreto, manifestando a autoridade que o interesse público satisfaz-se pela não convalidação dos efeitos do contrato nulo, possibilita-se a modulação temporal dos efeitos dessa decisão.

Quando o ato jurídico é nulo, a declaração de nulidade produz efeitos retroativos (*ex tunc*), de forma a alcançar a gênese do ato, desconstituindo-se as relações jurídicas contaminadas pela nulidade.

Todavia, a Lei n. 14.133/2021 dispõe de forma distinta sobre os efeitos da declaração de nulidade, possibilitando-se que os efeitos da declaração de nulidade, ao invés de retroagirem ao momento de edição do ato nulo, ocorram prospectivamente, em momento futuro, operando-se a modulação temporal dos efeitos da declaração de nulidade.

No direito pátrio, é conhecido o instituto da modulação de efeitos da declaração de inconstitucionalidade de lei ou ato normativo, por maioria de dois terços dos membros do STF, no julgamento de ação direta de inconstitucionalidade, ação declaratória de constitucionalidade ou arguição de descumprimento de preceito fundamental, esta na forma da Lei n. 9.882/99, aquelas conforme a Lei n. 9.868/99.

A Lei n. 14.133/2021 reproduz a mesma lógica – na seara administrativa –, de modo a permitir, mediante o deslocamento temporal dos efeitos da declaração, a mitigação dos danos à Administração, conferindo-lhe tempo suficiente para engendrar a solução para o caso concreto, mediante nova contratação.

Está-se a tratar, pois, de instituto jurídico que possibilita a **modulação dos efeitos da declaração de nulidade.**

Art. 149. A nulidade não exonerará a Administração do dever de indenizar o contratado pelo que houver executado até a data em que for declarada ou tornada eficaz, bem como por outros prejuízos regulamente comprovados, desde que não lhe seja imputável, e será promovida a responsabilização de quem lhe tenha dado causa.

DISPOSITIVO CORRELATO (Lei n. 8.666/93)
Art. 59. [...]   Parágrafo único. A nulidade não exonera a Administração do dever de indenizar o contratado pelo que este houver executado até a data em que ela for declarada e por outros prejuízos regulamente comprovados, contanto que não lhe seja imputável, promovendo-se a responsabilidade de quem lhe deu causa.

COMENTÁRIOS

Quando o negócio jurídico é nulo, a declaração de nulidade produz efeitos retroativos (*ex tunc*), de forma a alcançar a gênese do ato, desconstituindo-se as relações jurídicas contaminadas pela nulidade.

No âmbito da Lei n. 14.133/2021, o § 2º do art. 148 dispõe sobre a possibilidade de modulação temporal da declaração de nulidade, para que tenha eficácia em momento futuro, suficiente para efetuar nova contratação.

Independente do momento em que a declaração de nulidade começar a surtir efeitos, porém, é certo que tem por consequência direta a desconstituição das relações jurídicas afetadas pela nulidade.

Mas a declaração de nulidade não pode resultar em enriquecimento sem causa da Administração, em prejuízo do contratado, impondo-se o dever de indenizá-lo pelo que houver executado até a data em que for declarada ou tornada eficaz, bem como por outros prejuízos regulamente comprovados.

Por óbvio, a indenização por perdas e danos pressupõe que o contratado não tenha dado causa à nulidade. Nessa situação, a indenização teria efeitos práticos ao de uma premiação pela conduta ímproba, o que evidentemente não pode ser tutelado pelo Direito.

Art. 150. Nenhuma contratação será feita sem a caracterização adequada de seu objeto e sem a indicação dos créditos orçamentários para pagamento das parcelas contratuais vincendas no exercício em que for realizada a contratação, sob pena de nulidade do ato e de responsabilização de quem lhe tiver dado causa.

DISPOSITIVO CORRELATO (Lei n. 8.666/93)
Art. 14. Nenhuma compra será feita sem a adequada caracterização de seu objeto e indicação dos recursos orçamentários para seu pagamento, sob pena de nulidade do ato e responsabilidade de quem lhe tiver dado causa.

COMENTÁRIOS

Para que a Administração possa estimar satisfatoriamente o orçamento para a contratação, é imprescindível a adequada caracterização do objeto, no que tange às suas especificações técnicas, prazo de execução, garantias, assistência técnica e o conjunto de elementos a permear a obrigação.

É vedado contratar sem que previamente sejam indicados os créditos orçamentários para o pagamento das parcelas contratuais vincendas no exercício financeiro em que formado o contrato.

O exercício financeiro respeita o princípio da anualidade, em consonância com os arts. 34 e 35 da Lei n. 4.320/64. Eis as normas:

Art. 34. O exercício financeiro coincidirá com o ano civil.

Art. 35. Pertencem ao exercício financeiro:

I – as receitas nele arrecadadas;

II – as despesas nele legalmente empenhadas.

A respeito das regras para geração de despesas, a Lei Complementar n. 101/2000, que estabelece normas de finanças públicas voltadas para a responsabilidade na gestão fiscal, assim dispõe, na forma do art. 16:

Art. 16. A criação, expansão ou aperfeiçoamento de ação governamental que acarrete aumento da despesa será acompanhado de: (*Vide* ADI 6.357)

I – estimativa do impacto orçamentário-financeiro no exercício em que deva entrar em vigor e nos dois subsequentes;

II – declaração do ordenador da despesa de que o aumento tem adequação orçamentária e financeira com a lei orçamentária anual e compatibilidade com o plano plurianual e com a lei de diretrizes orçamentárias.

§ 1º Para os fins desta Lei Complementar, considera-se:

I – adequada com a lei orçamentária anual, a despesa objeto de dotação específica e suficiente, ou que esteja abrangida por crédito genérico, de forma que somadas todas as despesas da mesma espécie, realizadas e a realizar, previstas no programa de trabalho, não sejam ultrapassados os limites estabelecidos para o exercício;

II – compatível com o plano plurianual e a lei de diretrizes orçamentárias, a despesa que se conforme com as diretrizes, objetivos, prioridades e metas previstos nesses instrumentos e não infrinja qualquer de suas disposições.

§ 2º A estimativa de que trata o inciso I do *caput* será acompanhada das premissas e metodologia de cálculo utilizadas.

§ 3º Ressalva-se do disposto neste artigo a despesa considerada irrelevante, nos termos em que dispuser a lei de diretrizes orçamentárias.

§ 4º As normas do *caput* constituem condição prévia para:

I – empenho e licitação de serviços, fornecimento de bens ou execução de obras;

II – desapropriação de imóveis urbanos a que se refere o § 3º do art. 182 da Constituição.

CAPÍTULO XII
Dos Meios Alternativos de Resolução de Controvérsias

Art. 151. Nas contratações regidas por esta Lei, poderão ser utilizados meios alternativos de prevenção e resolução de controvérsias, notadamente a conciliação, a mediação, o comitê de resolução de disputas e a arbitragem.

DISPOSITIVO CORRELATO (Lei n. 12.462/2011)

Art. 44-A. Nos contratos regidos por esta Lei, poderá ser admitido o emprego dos mecanismos privados de resolução de disputas, inclusive a arbitragem, a ser realizada no Brasil e em língua portuguesa, nos termos da Lei n. 9.307, de 23 de setembro de 1996, e a mediação, para dirimir conflitos decorrentes da sua execução ou a ela relacionados. (Incluído pela Lei n. 13.190, de 2015.)

Parágrafo único. Será aplicado o disposto no *caput* deste artigo às controvérsias relacionadas a direitos patrimoniais disponíveis, como as questões relacionadas ao restabelecimento do equilíbrio econômico-financeiro do contrato, ao inadimplemento de obrigações contratuais por quaisquer das partes e ao cálculo de indenizações.

COMENTÁRIOS

O art. 151 dispõe sobre a utilização de meios alternativos de solução de controvérsias relacionados a direitos patrimoniais disponíveis, conforme a disciplina contratual e as leis de regência.

A Lei n. 14.133/2021 elenca os seguintes meios de solução de controvérsias: conciliação, mediação, comitê de resolução de disputas e arbitragem. Uma vez que o rol é exemplificativo, admitem--se outras formas, de acordo com a inteligência do contrato e peculiaridade do objeto. Quando o contrato não contemplar meios alternativos de solução de controvérsias, é possível o seu aditamento para esse fim.

Qualquer que seja o meio escolhido para a solução de conflitos, porém, é inescusável o respeito aos princípios regentes da lei, como impessoalidade, transparência e isonomia.

Arbitragem

A arbitragem é meio de solução de conflitos por meio do qual as partes, a partir de cláusula arbitral convencionada no contrato, atribuem a um terceiro desinteressado na causa a decisão sobre a controvérsia. Trata-se, pois, de heterocomposição.

A cláusula compromissória rege-se pelo art. 4º, *caput*, da Lei n. 9.307/96, que a define como "convenção através da qual as partes em um contrato comprometem-se a submeter à arbitragem os litígios que possam vir a surgir, relativamente a tal contrato".

O Tribunal de Contas da União entendeu, no Acórdão n. 537/2006 – 2ª Câmara, que: "É ilegal a previsão, em contrato administrativo, da adoção de juízo arbitral para a solução de conflitos, bem como a estipulação de cláusula de confidencialidade, por afronta ao princípio da publicidade".

O citado Tribunal era contra a arbitragem em contratos administrativos, pois entendia não haver previsão legal para a utilização deste instrumento de solução das controvérsias contratuais e que a sua aplicação violaria preceitos do regime jurídicoadministrativo.

A polêmica foi encerrada pela Lei n. 13.129/15 que, ao alterar normas da Lei n. 9.307/96, estabeleceu a possibilidade de a Administração Pública utilizar-se da arbitragem para dirimir conflitos patrimoniais disponíveis.

A autoridade ou o órgão competente da Administração Pública direta para a celebração de convenção de arbitragem é a mesma para a realização de acordos ou transações.

A arbitragem que envolva a Administração Pública será sempre de direito e respeitará o princípio da publicidade. Considera-se instituída a arbitragem quando aceita a nomeação pelo árbitro, se for único, ou por todos, se forem vários.

A instituição da arbitragem interrompe a prescrição, retroagindo à data do requerimento de sua instauração, ainda que extinta a arbitragem por ausência de jurisdição.

Mediante o compromisso arbitral, as partes abdicam do exercício do direito de ação e, em vez de postular ao Poder Judiciário, levam o conflito à decisão de árbitro não necessariamente bacharel em Direito, mas notório conhecedor da matéria posta à sua apreciação.

Nessa linha, principalmente em conflitos cujo cerne seja matéria técnica extrajurídica, a arbitragem tem elevado potencial para ensejar decisões revestidas de maior assertividade que as decisões judiciais, além de atenuar a conhecida sobrecarga dos órgãos jurisdicionais.

Mas não se pode olvidar que o poder de decisão dos árbitros em relação aos contratos administrativos tem limites, pois as prerrogativas da Administração decorrentes das cláusulas exorbitantes não podem ser afastadas.

Por força do art. 152 da Lei n. 14.133/2021, a arbitragem será sempre de direito e observará o princípio da **publicidade**.

Apesar de ter aplicação mais restrita, não há dúvida de que o Decreto n. 10.025/2019 oferece um norte para a utilização da arbitragem no âmbito da Administração Pública Federal.

Conciliação e mediação

A conciliação e a mediação constituem meios de autocomposição de conflitos, a partir da atuação de um terceiro desinteressado na causa: o conciliador ou mediador. Tanto a conciliação quanto a mediação podem ser judiciais ou extrajudiciais.

Os institutos assemelham-se, apresentando diferenças sutis, indicadas no art. 165, §§ 2º e 3º, do CPC. Na conciliação, o conciliador empreende esforços para que as partes alcancem o consenso, oferecendo sugestões e estimulando as tratativas; na mediação, o mediador auxilia as partes na compreensão das questões em disputa, a fim de que, por si próprias, identifiquem a solução.

Perceba-se a crucial distinção entre os institutos: enquanto ao conciliador é desejável que ofereça sugestões para a solução da controvérsia, tal faculdade é vedada ao mediador, cuja atribuição basicamente resume-se à aproximação entre as partes e estabelecimento do diálogo dirigido ao consenso.

A mediação é regida pela Lei n. 13.105/2015, cujas regras podem ser aplicadas, por analogia, à conciliação. Quando envolve órgão ou entidade da Administração Pública Federal, a conciliação e a mediação atribuem-se à Câmara de Mediação e de Conciliação da Administração Pública Federal, instituída no âmbito da AGU, na forma do art. 18 do Decreto n. 10.608/2021.

A mediação, segundo o art. 2º da Lei n. 13.140/2015, será orientada pelos seguintes princípios:

I – imparcialidade do mediador;

II – isonomia entre as partes;

III – oralidade;

IV – informalidade;

V – autonomia da vontade das partes;

VI – busca do consenso;

VII – confidencialidade;

VIII – boa-fé.

No que concerne à publicidade, enfatize-se que enquanto na arbitragem a publicidade é regra, na mediação convém a relativização desse princípio. A suspensão provisória da publicidade é providência sensível para o sucesso da mediação.

Admita-se que se torne pública a existência da mediação – instalação, local e parâmetros de desenvolvimento –, mas não seu conteúdo. Logo que concluída a mediação, "seja tornada pública em sua integralidade – e, assim, submetida ao escrutínio popular, jurídico, político e dos órgãos de controle"[292].

De modo ilustrativo, a imposição da publicidade durante o curso da mediação equivaleria a um jogo de cartas em que somente a Administração estaria obrigada a expor suas cartas e possíveis jogadas (disposição negocial máxima e mínima), de modo que seria praticamente impossível que a Administração fosse bem-sucedida na mediação.

Comitê de Resolução de Disputas *(Dispute Board)*

O conceito de *dispute board* surgiu nos EUA, onde é empregado há décadas para a resolução de controvérsias durante obras de engenharia, particularmente no setor de infraestrutura, como

---

292 CUÉLLAR, Leila; MOREIRA, Egon Bockmann. Administração Pública e mediação: notas fundamentais. *Revista de Direito Público da Economia – RDPR*, Belo Horizonte, v. 16, n. 61, p. 119-146, jan./mar. 2018. p. 140.

barragens, saneamento e construções subterrâneas. Seu primeiro uso ocorreu durante as obras da barragem *Boundary*, em *Washington*, na década de 1960[293].

A crucial diferença entre o *dispute board* e outros meios alternativos de solução de controvérsias reside na matéria sob discussão, de natureza precipuamente técnica, máxime de engenharia. Em construções de infraestrutura, que usualmente demandam grandes volumes de corte, aterro e manejo de outros elementos físicos do terreno, não é rara a ocorrência de fatos supervenientes, a requerer a adequação do projeto e emprego de técnicas ou materiais diversos daqueles abrangidos no projeto original. Principalmente quando se trata de solos e rochas, a heterogeneidade é fator prevalecente.

Por isso, as indústrias de construção em muitos países estão sujeitas a disputas que afetam a qualidade e o custo dos projetos, e para a solução desses problemas até mesmo a arbitragem é vista como procedimento demorado, oneroso e inquietante como o litígio[294].

Comumente, o *dispute board* é formado por três membros, especialistas no assunto da disputa: um designado pela Administração Pública, um escolhido pelo contratado, e o terceiro, a presidir o colegiado, nomeado em comum acordo pelas partes. Conforme a complexidade da matéria, é possível a composição do colegiado em maior número.

As práticas internacionais apresentam as seguintes configurações:

(i)   *dispute review boards*, que emitem recomendações não vinculantes às partes;

(ii)   *dispute adjudication boards*, que emitem decisões obrigatórias para as partes; e

(iii) *combined dispute boards*, que emitem recomendações ou decisões, conforme a disputa tenha sido instaurada.

Na cidade de São Paulo, a matéria é regulada por meio da Lei Municipal n. 16.873/2018. Em nível nacional, não existe uniformização normativa sobre o funcionamento de *dispute boards*. O PL n. 9.883/2018, em trâmite na Câmara dos Deputados, dispõe sobre o uso *dispute boards* em contratos administrativos.

A inexistência de lei a reger a instalação e funcionamento de *dispute boards* não impossibilita a previsão do instituto em contratos administrativos, tal como sua instalação nas hipóteses convencionadas, uma vez que o art. 151, *caput*, da Lei n. 14.133/2021 expressamente admite esse meio de solução de controvérsias.

Ante a superveniência de lei a disciplinar a matéria, a Administração deverá adequar seus normativos internos às normas de ordem pública vigentes.

Art. 152. A arbitragem será sempre de direito e observará o princípio da publicidade.

COMENTÁRIOS

Consoante o art. 2º da Lei n. 9.307/1996, a arbitragem poderá ser de direito ou de equidade, a critério das partes.

Arbitragem de direito

A arbitragem de direito obriga que os árbitros decidam as controvérsias com fundamento em normas jurídicas, as quais podem ser convencionadas pelas partes, desde que não haja violação aos bons costumes e à ordem pública.

---

293 CHAPMAN, P. H. J. Dispute boards on major infrastructure projects. *Management, Procurement and Law*, London, v. 162, n. 1, p. 7-16, fev. 2009.

294 NDEKUGRI, Issaka; CHAPMAN, Peter; SMITH, Nigel; HUGHES, Will. Best Practice in the Training, Appointment, and Remuneration of Members of Dispute Boards for Large Infrastructure Projects. *Journal of Management in Engineering*, Reston, v. 30, n. 2, p. 185-193, mar. 2014.

Poderão as partes também convencionar que a arbitragem se realize com base nos princípios gerais de direito, nos usos e costumes e nas regras internacionais de comércio.

Arbitragem de equidade

Na arbitragem de equidade, os árbitros decidirão as controvérsias sem vinculação com o direito positivo. Embora possam decidir com base em normas jurídicas, possibilita-se aos árbitros decidir conforme a solução que lhes pareça justa, razoável e equânime.

Arbitragem nos contratos administrativos

O § 3º do art. 2º da Lei n. 9.307/96 dispõe que a arbitragem que envolva a Administração Pública será sempre de direito e respeitará o princípio da publicidade.

O art. 152 da Lei n. 14.133/2021 sincroniza-se com o comando normativo disposto na Lei de Arbitragem.

Por conseguinte, não existe espaço para decisão arbitral por razões de equidade na seara dos contratos administrativos e, a arbitragem deve respeitar o princípio da publicidade, em sua mais ampla acepção, que abarca a transparência e acesso à informação.

Art. 153. Os contratos poderão ser aditados para permitir a adoção dos meios alternativos de resolução de controvérsias.

COMENTÁRIOS

Haja vista os benefícios dos meios alternativos de solução de controvérsias, que têm o potencial de minimizar judicializações e óbices à execução contratual, há de se reconhecer o interesse público na adoção desses mecanismos.

Haja vista que as cláusulas regentes dos mecanismos de solução de controvérsia constituem pacto obrigacional de importância nuclear do contrato, torna-se imprescindível o seu aditamento, quando não convencionadas no pacto originário.

Observe-se que o rol do art. 151, *caput*, da Lei n. 14.133/2021, que menciona a conciliação, a mediação, a arbitragem e o comitê de resolução de disputas tem natureza exemplificativa.

Portanto, entendemos pela possibilidade de adoção desses meios de solução de controvérsias e de outros não discriminados na lei, inclusive aqueles advindos do direito comparado, quando adequados ao objeto do contrato e não conflitantes com os princípios e regras constantes do ordenamento jurídico pátrio.

Art. 154. O processo de escolha dos árbitros, dos colegiados arbitrais e dos comitês de resolução de disputas observará critérios isonômicos, técnicos e transparentes.

COMENTÁRIOS

Os meios de solução de controvérsias devem servir à justa solução do conflito, sem que exista entre as pessoas designadas para a decisão qualquer inclinação em favor da Administração ou do contratado.

Por isso, devem ser estipulados pressupostos objetivos que assegurem a isonomia, transparência e caráter técnico da nomeação dos árbitros, conciliadores, mediadores ou membros de *dispute boards*.

Em relação aos dispute boards, especificamente, a praxe comumente empregada consiste em, na composição do colegiado, designar-se um membro pela Administração Pública, outro pelo contratado, e o terceiro, a presidir o colegiado, nomeado em comum acordo pelas partes.

Em relação àqueles membros indicados pelas partes, é natural a existência de algum grau de afinidade, mas essa relação não pode, em hipótese alguma, importar em ferimento aos valores de eticidade em sua atuação.

De todo modo, funciona como vetor de equilíbrio a nomeação do terceiro membro, a presidir o comitê, em comum acordo pelas partes.

TÍTULO IV

DAS IRREGULARIDADES

CAPÍTULO I

Das Infrações e Sanções Administrativas

Art. 155. O licitante ou o contratado será responsabilizado administrativamente pelas seguintes infrações:

I – dar causa à inexecução parcial do contrato;

DISPOSITIVO CORRELATO (Lei n. 12.462/2011)

Art. 47. Ficará impedido de licitar e contratar com a União, Estados, Distrito Federal ou Municípios, pelo prazo de até 5 (cinco) anos, sem prejuízo das multas previstas no instrumento convocatório e no contrato, bem como das demais cominações legais, o licitante que [...]
VII – der causa à inexecução total ou parcial do contrato.

II – dar causa à inexecução parcial do contrato que cause grave dano à Administração, ao funcionamento dos serviços públicos ou ao interesse coletivo;

III – dar causa à inexecução total do contrato;

IV – deixar de entregar a documentação exigida para o certame;

DISPOSITIVO CORRELATO (Lei n. 12.462/2011)

Art. 47. [...]
II – deixar de entregar a documentação exigida para o certame ou apresentar documento falso;

V – não manter a proposta, salvo em decorrência de fato superveniente devidamente justificado;

DISPOSITIVO CORRELATO (Lei n. 12.462/2011)

Art. 47. [...]
IV – não mantiver a proposta, salvo se em decorrência de fato superveniente, devidamente justificado;

VI – não celebrar o contrato ou não entregar a documentação exigida para a contratação, quando convocado dentro do prazo de validade de sua proposta;

DISPOSITIVO CORRELATO (Lei n. 12.462/2011)

Art. 47. [...]
I – convocado dentro do prazo de validade da sua proposta não celebrar o contrato, inclusive nas hipóteses previstas no parágrafo único do art. 40 e no art. 41 desta Lei;

VII – ensejar o retardamento da execução ou da entrega do objeto da licitação sem motivo justificado;

DISPOSITIVO CORRELATO (Lei n. 12.462/2011)
Art. 47. [...]
III – ensejar o retardamento da execução ou da entrega do objeto da licitação sem motivo justificado;

VIII – apresentar declaração ou documentação falsa exigida para o certame ou prestar declaração falsa durante a licitação ou a execução do contrato;

IX – fraudar a licitação ou praticar ato fraudulento na execução do contrato;

DISPOSITIVO CORRELATO (Lei n. 12.462/2011)
Art. 47. [...]
V – fraudar a licitação ou praticar atos fraudulentos na execução do contrato;

X – comportar-se de modo inidôneo ou cometer fraude de qualquer natureza;

DISPOSITIVO CORRELATO (Lei n. 12.462/2011)
Art. 47. [...]
VI – comportar-se de modo inidôneo ou cometer fraude fiscal; ou

XI – praticar atos ilícitos com vistas a frustrar os objetivos da licitação;

XII – praticar ato lesivo previsto no art. 5º da Lei n. 12.846, de 1º de agosto de 2013.

COMENTÁRIOS

Em relação à Lei n. 8.666/93, a Lei n. 14.133/2021 possui rol detalhado de infrações administrativas e critérios de dosimetria da pena, abordando-se preceitos do marco jurídico anticorrupção.

Lei Anticorrupção

A Lei n. 12.846/2013 (Lei Anticorrupção) foi editada para dar aplicabilidade aos arts. 5º e 26 da Convenção das Nações Unidas contra a Corrupção que foi introduzida ao ordenamento jurídico nacional pelo Decreto n. 5.687/2006.

O art. 5º afirma:

1. Cada Estado Parte, de conformidade com os princípios fundamentais de seu ordenamento jurídico, formulará e aplicará ou manterá em vigor políticas coordenadas e eficazes contra a corrupção que promovam a participação da sociedade e reflitam os princípios do Estado de Direito, a devida gestão dos assuntos e bens públicos, a integridade, a transparência e a obrigação de render contas.

2. Cada Estado Parte procurará estabelecer e fomentar práticas eficazes encaminhadas a prevenir a corrupção.

3. Cada Estado Parte procurará avaliar periodicamente os instrumentos jurídicos e as medidas administrativas pertinentes a fim de determinar se são adequadas para combater a corrupção.

4. Os Estados Partes, segundo procede e de conformidade com os princípios fundamentais de seu ordenamento jurídico, colaborarão entre si e com as organizações internacionais e regionais pertinentes na promoção e formulação das medidas mencionadas no presente Artigo. Essa colaboração poderá compreender a participação em programas e projetos internacionais destinados a prevenir a corrupção.

Dessa forma, a Lei Anticorrupção surgiu com o intuito de disciplinar a responsabilização objetiva administrativa e civil de pessoas jurídicas contra a Administração Pública, nacional ou estrangeira.

Sujeitos

A responsabilização aplica-se às sociedades empresárias e às sociedades simples, personificadas ou não, independentemente da forma de organização ou modelo societário adotado, bem como a quaisquer fundações, associações de entidades ou pessoas, ou sociedades estrangeiras, que tenham sede, filial ou representação no território brasileiro, constituídas de fato ou de direito, ainda que temporariamente.

As pessoas jurídicas serão responsabilizadas objetivamente, nos âmbitos administrativo e civil, pelos atos lesivos praticados em seu interesse ou benefício, exclusivo ou não.

A responsabilização da pessoa jurídica não exclui a responsabilidade individual de seus dirigentes ou administradores ou de qualquer pessoa natural, autora, coautora ou partícipe do ato ilícito.

A pessoa jurídica será responsabilizada independentemente da responsabilização individual de seus dirigentes ou administradores ou de qualquer pessoa natural, autora, coautora ou partícipe do ato ilícito.

Contudo, a proporcionalidade da sanção precisa ser observada, visto que os dirigentes ou administradores somente serão responsabilizados por atos ilícitos na medida da sua culpabilidade.

A lei procurou evitar que alterações formais afastassem o seu objetivo, pois subsiste a responsabilidade da pessoa jurídica na hipótese de alteração contratual, transformação, incorporação, fusão ou cisão societária.

Nas hipóteses de fusão e incorporação, a responsabilidade da sucessora será restrita à obrigação de pagamento de multa e reparação integral do dano causado, até o limite do patrimônio transferido, não lhe sendo aplicáveis as demais sanções previstas na Lei Anticorrupção decorrentes de atos e fatos ocorridos antes da data da fusão ou incorporação, exceto no caso de simulação ou evidente intuito de fraude, devidamente comprovados.

As sociedades controladoras, controladas, coligadas ou, no âmbito do respectivo contrato, as consorciadas serão solidariamente responsáveis pela prática dos atos lesivos, restringindose tal responsabilidade à obrigação de pagamento de multa e reparação integral do dano causado.

A Lei Anticorrupção aplica-se aos atos lesivos praticados por pessoa jurídica brasileira contra a Administração Pública estrangeira, ainda que cometidos no exterior.

Atos lesivos

Constituem atos lesivos à Administração Pública, nacional ou estrangeira todos aqueles praticados pelas pessoas jurídicas mencionadas na lei em tela, que atentem contra o patrimônio público nacional ou estrangeiro, contra princípios da Administração Pública ou contra os compromissos internacionais assumidos pelo Brasil, assim definidos:

I – prometer, oferecer ou dar, direta ou indiretamente, vantagem indevida a agente público, ou a terceira pessoa a ele relacionada;

II – comprovadamente, financiar, custear, patrocinar ou de qualquer modo subvencionar a prática dos atos ilícitos previstos na Lei Anticorrupção;

III – comprovadamente, utilizarse de interposta pessoa física ou jurídica para ocultar ou dissimular seus reais interesses ou a identidade dos beneficiários dos atos praticados;

IV – no tocante a licitações e contratos:

   a) frustrar ou fraudar, mediante ajuste, combinação ou qualquer outro expediente, o caráter competitivo de procedimento licitatório público;

   b) impedir, perturbar ou fraudar a realização de qualquer ato de procedi mento licitatório público;

   c) afastar ou procurar afastar licitante, por meio de fraude ou oferecimento de vantagem de qualquer tipo;

   d) fraudar licitação pública ou contrato dela decorrente;

    e)   criar, de modo fraudulento ou irregular, pessoa jurídica para participar de licitação pública ou celebrar contrato administrativo;

    f)   obter vantagem ou benefício indevido, de modo fraudulento, de modificações ou prorrogações de contratos celebrados com a administração pública, sem autorização em lei, no ato convocatório da licitação pública ou nos respectivos instrumentos contratuais; ou

    g)   manipular ou fraudar o equilíbrio econômico-financeiro dos contratos celebrados com a administração pública;

V – dificultar atividade de investigação ou fiscalização de órgãos, entidades ou agentes públicos, ou intervir em sua atuação, inclusive no âmbito das agências reguladoras e dos órgãos de fiscalização do sistema financeiro nacional.

Considera-se Administração Pública estrangeira os órgãos e entidades estatais ou representações diplomáticas de país estrangeiro, de qualquer nível ou esfera de governo, bem como as pessoas jurídicas controladas, direta ou indiretamente, pelo Poder Público de país estrangeiro.

Equiparam-se à Administração Pública estrangeira as **organizações públicas internacionais**.

Considera-se **agente público estrangeiro** quem, ainda que transitoriamente ou sem remuneração, exerça cargo, emprego ou função pública em órgãos, entidades estatais ou em representações diplomáticas de país estrangeiro, assim como em pessoas jurídicas controladas, direta ou indiretamente, pelo Poder Público de país estrangeiro ou em organizações públicas internacionais.

Responsabilização administrativa

Na esfera administrativa, serão aplicadas às pessoas jurídicas consideradas responsáveis pelos atos lesivos as seguintes sanções:

I – multa, no valor de 0,1% (um décimo por cento) a 20% (vinte por cento) do faturamento bruto do último exercício anterior ao da instauração do processo administrativo, excluídos os tributos, a qual nunca será inferior à vantagem auferida, quando for possível sua estimação; e

II – publicação extraordinária da decisão condenatória.

As sanções serão aplicadas fundamentadamente, isolada ou cumulativamente, de acordo com as peculiaridades do caso concreto e com a gravidade e natureza das infrações.

A aplicação das sanções será precedida da manifestação jurídica elaborada pela Advocacia Pública ou pelo órgão de assistência jurídica, ou equivalente, do ente público. A aplicação das sanções acima não exclui, em qualquer hipótese, a obrigação da reparação integral do dano causado.

A multa e o perdimento de bens, direitos ou valores serão destinados preferencialmente aos órgãos ou entidades públicas lesadas. Na hipótese de multa, caso não seja possível utilizar o critério do valor do faturamento bruto da pessoa jurídica, a multa será de R$ 6.000,00 (seis mil reais) a R$ 60.000.000,00 (sessenta milhões de reais).

A **publicação extraordinária da decisão** condenatória ocorrerá na forma de extrato de sentença, a expensas da pessoa jurídica, em meios de comunicação de grande circulação na área da prática da infração e de atuação da pessoa jurídica ou, na sua falta, em publicação de circulação nacional, bem como por meio de afixação de edital, pelo prazo mínimo de 30 (trinta) dias, no próprio estabelecimento ou no local de exercício da atividade, de modo visível ao público, e no sítio eletrônico na rede mundial de computadores.

Dosimetria das sanções

Serão levados em consideração na aplicação das sanções:

I –   a gravidade da infração;

II – a vantagem auferida ou pretendida pelo infrator;

III – a consumação ou não da infração;

IV – o grau de lesão ou perigo de lesão;

V –   o efeito negativo produzido pela infração;

VI – a situação econômica do infrator;

VII –a cooperação da pessoa jurídica para a apuração das infrações;

VIII – a existência de mecanismos e procedimentos internos de integridade, auditoria e incentivo à denúncia de irregularidades e a aplicação efetiva de códigos de ética e de
conduta no âmbito da pessoa jurídica; e

IX – o valor dos contratos mantidos pela pessoa jurídica com o órgão ou entidade pública
lesados.

Os parâmetros de avaliação de mecanismos e procedimentos previstos no item VIII acima
serão estabelecidos em regulamento do Poder Executivo federal. O regulamento veio com a edição
do Decreto n. 8.420/2015.

Processo administrativo de responsabilização

A instauração e o julgamento de processo administrativo para apuração da responsabilidade
de pessoa jurídica cabem à autoridade máxima de cada órgão ou entidade dos Poderes Executivo,
Legislativo e Judiciário, que agirá de ofício ou mediante provocação, observados o contraditório e a
ampla defesa. A competência para a instauração e o julgamento do processo administrativo de
apuração de responsabilidade da pessoa jurídica poderá ser delegada, vedada a subdelegação.

No âmbito do Poder Executivo federal, o Ministério da Transparência e ControladoriaGeral
da União (CGU) terá competência concorrente para instaurar processos administrativos de responsabilização de pessoas jurídicas ou para avocar os processos instaurados com fundamento nesta lei,
para exame de sua regularidade ou para corrigir-lhes o andamento.

Competem ao Ministério da Transparência e Controladoria-Geral da União (CGU) a apuração,
o processo e o julgamento dos atos ilícitos previstos nesta lei, praticados contra a Administração
Pública estrangeira, observado o disposto no art. 4 da Convenção sobre o Combate da Corrupção
de Funcionários Públicos Estrangeiros em Transações Comerciais Internacionais, promulgada pelo
Decreto n. 3.678/2000.

O processo administrativo para apuração da responsabilidade de pessoa jurídica será conduzido por comissão designada pela autoridade instauradora e composta por 2 (dois) ou mais servidores estáveis.

O ente público, por meio do seu órgão de representação judicial, ou equivalente, a pedido da
comissão, poderá requerer as medidas judiciais necessárias para a investigação e o processamento
das infrações, inclusive de busca e apreensão.

A comissão poderá, cautelarmente, propor à autoridade instauradora que suspenda os efeitos
do ato ou processo objeto da investigação.

A comissão deverá concluir o processo no prazo de 180 (cento e oitenta) dias contados da data
da publicação do ato que a instituir e, ao fim, apresentar relatórios sobre os fatos apurados e eventual responsabilidade da pessoa jurídica, sugerindo de forma motivada as sanções a serem aplicadas.

O prazo acima poderá ser prorrogado, mediante ato fundamentado da autoridade instauradora. No processo administrativo para apuração de responsabilidade, será concedido à pessoa jurídica prazo de 30 (trinta) dias para defesa, contados a partir da intimação.

O processo administrativo, com o relatório da comissão, será remetido à autoridade instauradora para julgamento.

A instauração de processo administrativo específico de reparação integral do dano não pre-
judica a aplicação imediata das sanções da Lei Anticorrupção.

Concluído o processo e não havendo pagamento, o crédito apurado será inscrito em dívida ativa da Fazenda Pública.

A personalidade jurídica poderá ser desconsiderada sempre que utilizada com abuso do direito para facilitar, encobrir ou dissimular a prática dos atos ilícitos previstos na Lei Anticorrupção ou para provocar confusão patrimonial, sendo estendidos todos os efeitos das sanções aplicadas à pessoa jurídica aos seus administradores e sócios com poderes de administração, observados o contraditório e a ampla defesa.

A comissão designada para apuração da responsabilidade de pessoa jurídica, após a conclusão do procedimento administrativo, dará conhecimento ao Ministério Público de sua existência, para apuração de eventuais delitos.

Responsabilização judicial

Na esfera administrativa, a responsabilidade da pessoa jurídica não afasta a possibilidade de sua responsabilização na esfera judicial.

Em razão da prática de atos lesivos, a União, os Estados, o Distrito Federal e os Municípios, por meio das respectivas Advocacias Públicas ou órgãos de representação judicial, ou equivalentes, e o Ministério Público, poderão ajuizar ação com vistas à aplicação das seguintes sanções às pessoas jurídicas infratoras:

I –   perdimento dos bens, direitos ou valores que representem vantagem ou proveito direta ou indiretamente obtidos da infração, ressalvado o direito do lesado ou de terceiro de boa-fé;

II –   suspensão ou interdição parcial de suas atividades;

III –   dissolução compulsória da pessoa jurídica;

IV –   proibição de receber incentivos, subsídios, subvenções, doações ou empréstimos de órgãos ou entidades públicas e de instituições financeiras públicas ou controladas pelo poder público, pelo prazo mínimo de 1 (um) e máximo de 5 (cinco) anos.

A dissolução compulsória da pessoa jurídica será determinada quando comprovado:

I –   ter sido a personalidade jurídica utilizada de forma habitual para facilitar ou promover a prática de atos ilícitos; ou

II –   ter sido constituída para ocultar ou dissimular interesses ilícitos ou a identidade dos beneficiários dos atos praticados.

As sanções poderão ser aplicadas de forma isolada ou cumulativa. O Ministério Público ou a Advocacia Pública ou órgão de representação judicial, ou equivalente, do ente público poderá requerer a indisponibilidade de bens, direitos ou valores necessários à garantia do pagamento da multa ou da reparação integral do dano causado, conforme a dosimetria prevista no art. 7º da Lei Anticorrupção, ressalvado o direito do terceiro de boa-fé.

Nas ações ajuizadas pelo Ministério Público, poderão ser aplicadas as sanções previstas no art. 6º da Lei Anticorrupção, sem prejuízo daquelas previstas neste Capítulo, desde que constatada a omissão das autoridades competentes para promover a responsabilização administrativa.

Nas ações de responsabilização judicial, será adotado o rito da **Ação Civil Pública**.

A condenação torna certa a obrigação de reparar, integralmente, o dano causado pelo ilícito, cujo valor será apurado em posterior liquidação, se não constar expressamente da sentença.

Prescrição

Na forma do art. 25 da Lei Anticorrupção, prescrevem em 5 (cinco) anos as infrações previstas nesta lei, contados da data da ciência da infração ou, no caso de infração permanente ou continuada, do dia em que tiver cessado.

Na esfera administrativa ou judicial, a prescrição será interrompida com a instauração de processo que tenha por objeto a apuração da infração.

Outras esferas

O disposto na Lei Anticorrupção não exclui as competências do Conselho Administrativo de Defesa Econômica, do Ministério da Justiça e do Ministério da Fazenda para processar e julgar fato que constitua infração à ordem econômica.

Merece destaque a regra assinalada no art. 30 da Lei Anticorrupção:

> Art. 30. A aplicação das sanções previstas nesta Lei não afeta os processos de responsabilização e aplicação de penalidades decorrentes de:
>
> I – ato de improbidade administrativa nos termos da Lei n. 8.429, de 2 de junho de 1992; e
>
> II – atos ilícitos alcançados pela Lei n. 8.666, de 21 de junho de 1993, ou outras normas de licitações e contratos da administração pública, inclusive no tocante ao Regime Diferenciado de Contratações Públicas (RDC) instituído pela Lei n. 12.462, de 4 de agosto de 2011.

Por conseguinte, o inciso do II do art. 30 da Lei Anticorrupção abarca a Lei n. 14.133/2021.

Art. 156. Serão aplicadas ao responsável pelas infrações administrativas previstas nesta Lei as seguintes sanções:

DISPOSITIVO CORRELATO (Lei n. 8.666/93)
Art. 87. Pela inexecução total ou parcial do contrato a Administração poderá, garantida a prévia defesa, aplicar ao contratado as seguintes sanções:

I – advertência;

DISPOSITIVO CORRELATO (Lei n. 8.666/93)
Art. 87. [...] I – advertência;

II – multa;

DISPOSITIVO CORRELATO (Lei n. 8.666/93)
Art. 87. [...] II – multa, na forma prevista no instrumento convocatório ou no contrato;

III – impedimento de licitar e contratar;

DISPOSITIVO CORRELATO (Lei n. 8.666/93)
Art. 87. [...] III – suspensão temporária de participação em licitação e impedimento de contratar com a Administração, por prazo não superior a 2 (dois) anos;

IV – declaração de inidoneidade para licitar ou contratar.

DISPOSITIVO CORRELATO (Lei n. 8.666/93)
Art. 87. [...] IV – declaração de inidoneidade para licitar ou contratar com a Administração Pública enquanto perdurarem os motivos determinantes da punição ou até que seja promovida a reabilitação perante a própria autoridade que aplicou a penalidade, que será concedida sempre que o contratado ressarcir a Administração pelos prejuízos resultantes e após decorrido o prazo da sanção aplicada com base no inciso anterior.

§ 1º Na aplicação das sanções serão considerados:

I – a natureza e a gravidade da infração cometida;

II – as peculiaridades do caso concreto;

III – as circunstâncias agravantes ou atenuantes;

IV – os danos que dela provierem para a Administração Pública;

V – a implantação ou o aperfeiçoamento de programa de integridade, conforme normas e orientações dos órgãos de controle.

§ 2º A sanção prevista no inciso I do *caput* deste artigo será aplicada exclusivamente pela infração administrativa prevista no inciso I do *caput* do art. 155 desta Lei, quando não se justificar a imposição de penalidade mais grave.

§ 3º A sanção prevista no inciso II do *caput* deste artigo, calculada na forma do edital ou do contrato, não poderá ser inferior a 0,5% (cinco décimos por cento) nem superior a 30% (trinta por cento) do valor do contrato licitado ou celebrado com contratação direta e será aplicada ao responsável por qualquer das infrações administrativas previstas no art. 155 desta Lei.

§ 4º A sanção prevista no inciso III do *caput* deste artigo será aplicada ao responsável pelas infrações administrativas previstas nos incisos II, III, IV, V, VI e VII do *caput* do art. 155 desta Lei, quando não se justificar a imposição de penalidade mais grave, e impedirá o responsável de licitar ou contratar no âmbito da Administração Pública direta e indireta do ente federativo que tiver aplicado a sanção, pelo prazo máximo de 3 (três) anos.

§ 5º A sanção prevista no inciso IV do *caput* deste artigo será aplicada ao responsável pelas infrações administrativas previstas nos incisos VIII, IX, X, XI e XII do *caput* do art. 155 desta Lei, bem como pelas infrações administrativas previstas nos incisos II, III, IV, V, VI e VII do *caput* do referido artigo que justifiquem a imposição de penalidade mais grave que a sanção referida no § 4º deste artigo, e impedirá o responsável de licitar ou contratar no âmbito da Administração Pública direta e indireta de todos os entes federativos, pelo prazo mínimo de 3 (três) anos e máximo de 6 (seis) anos.

§ 6º A sanção estabelecida no inciso IV do *caput* deste artigo será precedida de análise jurídica e observará as seguintes regras:

I – quando aplicada por órgão do Poder Executivo, será de competência exclusiva de ministro de Estado, de secretário estadual ou de secretário municipal e, quando aplicada por autarquia ou fundação, será de competência exclusiva da autoridade máxima da entidade;

> **DISPOSITIVO CORRELATO (Lei n. 8.666/93)**
>
> Art. 87. [...]
> § 3º A sanção estabelecida no inciso IV deste artigo é de competência exclusiva do Ministro de Estado, do Secretário Estadual ou Municipal, conforme o caso, facultada a defesa do interessado no respectivo processo, no prazo de 10 (dez) dias da abertura de vista, podendo a reabilitação ser requerida após 2 (dois) anos de sua aplicação.

II – quando aplicada por órgãos dos Poderes Legislativo e Judiciário, pelo Ministério Público e pela Defensoria Pública no desempenho da função administrativa, será de competência exclusiva de autoridade de nível hierárquico equivalente às autoridades referidas no inciso I deste parágrafo, na forma de regulamento.

§ 7º As sanções previstas nos incisos I, III e IV do *caput* deste artigo poderão ser aplicadas cumulativamente com a prevista no inciso II do *caput* deste artigo.

DISPOSITIVO CORRELATO (Lei n. 8.666/93)

Art. 87. [...]

§ 2º As sanções previstas nos incisos I, III e IV deste artigo poderão ser aplicadas juntamente com a do inciso II, facultada a defesa prévia do interessado, no respectivo processo, no prazo de 5 (cinco) dias úteis.

---

§ 8º Se a multa aplicada e as indenizações cabíveis forem superiores ao valor de pagamento eventualmente devido pela Administração ao contratado, além da perda desse valor, a diferença será descontada da garantia prestada ou será cobrada judicialmente.

DISPOSITIVO CORRELATO (Lei n. 8.666/93)

Art. 87. [...]

§ 1º Se a multa aplicada for superior ao valor da garantia prestada, além da perda desta, responderá o contratado pela sua diferença, que será descontada dos pagamentos eventualmente devidos pela Administração ou cobrada judicialmente.

---

§ 9º A aplicação das sanções previstas no *caput* deste artigo não exclui, em hipótese alguma, a obrigação de reparação integral do dano causado à Administração Pública.

COMENTÁRIOS

O poder de sancionar os contratados, independentemente de cláusula contratual neste sentido, decorre do regime jurídicoadministrativo, pois trata-se de uma das cláusulas exorbitantes descritas no art. 104 da Lei n. 14.133/2021.

A Administração Pública pode aplicar, independentemente do Poder Judiciário, sanções às outras partes quando houver descumprimento do que fora avençado. A pretensão de aplicar sanção administrativa transforma o procedimento em processo administrativo, pois enseja o surgimento de lide, portanto, deve observar o disposto no inciso LV do art. 5º da CF/88[295].

O processo judicial ou administrativo não prescinde do contraditório e da ampla defesa, com os meios e recursos a ela inerentes. Observe-se que, como já foi analisado, as decisões restritivas de direitos do contratado comportam recurso, representação ou pedido de reconsideração a depender do caso.

O poder de direção da Administração é ainda mais importante por estar acompanhado de uma potencialidade de sanção, as sanções podem ser pecuniárias ou coercitivas[296].

Todavia, o ordenamento jurídico brasileiro não faz tal distinção. A Lei n. 14.133/2021 preserva as espécies de pena previstas na Lei n. 8.666/93:

a) advertência;
b) multa;
c) impedimento de licitar e contratar;
d) declaração de inidoneidade para licitar ou contratar.

Em relação à Lei n. 8.666/93, a Lei n. 14.133/2021 aglutina em uma mesma espécie as penas de suspensão temporária de participação em licitação e impedimento de contratar com a Administração, agora denominada impedimento de licitar e contratar.

---

295 "LV – aos litigantes, em processo judicial ou administrativo, e aos acusados em geral são assegurados o contraditório e ampla defesa, com os meios e recursos a ela inerentes."

296 LOMBARD, Martine. *Droit administratif.* 4. ed. Paris: Dalloz, 2001.

Ultimando-se o processo administrativo de apuração de responsabilidade, concluindo-se pela culpa do contratado, enseja-se a aplicação de sanção dentre as cominações legais previstas; se, ao invés, concluir-se pela ausência de responsabilidade do contratado, promove-se o arquivamento do processo sancionador.

A aplicação de qualquer das sanções somente pode ser feita após o prazo concedido ao interessado para a defesa prévia.

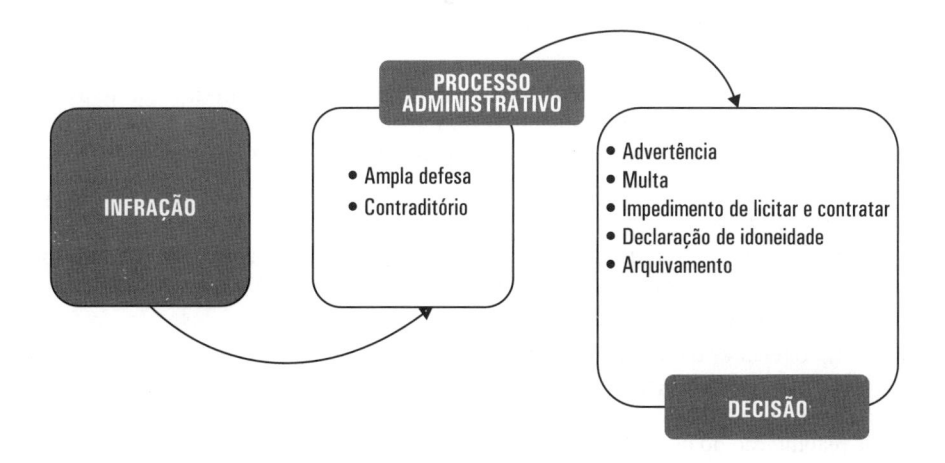

O rol apresenta claramente uma gradação crescente de gravidade das sanções aplicáveis[297]. O gestor público, ao exercer o poderdever sancionatório, deve observar os princípios da legalidade, do contraditório e da ampla defesa, da razoabilidade e da proporcionalidade.

Não se prescinde também de motivação para a escolha de uma entre as quatro sanções apresentadas pelo artigo em questão. O agente público deve ilustrar na sua motivação que a sanção aplicada é proporcional à conduta praticada, sob pena de invalidação do ato pelas instâncias recursais da própria Administração Pública ou pelo Poder Judiciário.

As penas não podem ser aplicadas simultaneamente para o mesmo fato, salvo a multa, que pode ser cumulada com as outras sanções, na forma do § 7º do art. 156 da Lei n. 14.133/2021.

A advertência é, sem dúvida, a pena mais leve dentre as estabelecidas, mesmo assim depende do escoamento do prazo de defesa.

A multa depende também de previsão no instrumento convocatório ou no contrato[298]; a previsão legal apenas não é suficiente para que seja facultada à Administração Pública sua utilização. Se a multa aplicada for superior ao valor da garantia prestada, além da sua perda, responderá o contratado pela diferença, a ser descontada dos pagamentos eventualmente devidos pela Administração ou cobrada judicialmente.

A penalidade de multa restringe-se à hipótese de inexecução parcial do contrato, quando não ensejar penalidade mais grave. O atraso injustificado na execução do contrato ensejará multa de mora, aplicada pelo gestor do contrato, o que não impedirá que a Administração a converta em multa compensatória, promovendo-se a extinção do contrato e outras penalidades cabíveis.

A inexecução total do contrato, por sua vez, invariavelmente causará o impedimento de licitar e contratar, por **até três anos**. A conduta de deixar de entregar documentação exigida para o certame ensejará ao licitante a mesma pena, porém com prazo **entre três e seis anos**.

---

297 STJ, REsp 914.087/RJ, rel. Min. José Delgado, 1ª Turma, julgado em 4-10-2007, *DJ* 29-10-2007, p. 190.

298 STJ, REsp 709.378/PE, rel. Min. Teori Albino Zavascki, 1ª Turma, julgado em 21-10-2008, *DJe* 3-11-2008.

As penas de impedimento de licitar e contratar e declaração de inidoneidade observam o princípio da transitoriedade da pena.

O sistema constitucional brasileiro não admite penas perpétuas quando se trata de violação a bens jurídicos mais relevantes do que o patrimônio público, consequentemente, não seria diferente em relação às condutas ilegais nas licitações e contratos administrativos.

As sanções de impedimento de licitar e contratar ou declaração de inidoneidade para licitar ou contratar requerem o processamento por comissão composta por ao menos dois servidores estáveis, assinalando-se ao licitante o prazo de quinze dias úteis, dede a intimação, para apresentar defesa escrita.

A declaração de inidoneidade atinge toda Administração Pública direta e indireta[299], pois a norma tem natureza geral e mostra a sua eficácia extensiva ao afirmar que a reabilitação darseá apenas "perante a própria autoridade que aplicou a penalidade". Os seus efeitos são *ex nunc*[300].

Programa de integridade

O art. 156, § 1º, da Lei n. 14.133/2021 enumera critérios de dosimetria da pena, conferindo-se especial destaque à implantação ou ao aperfeiçoamento de **programa de integridade**, que é considerado na aplicação da sanção.

Se a sanção resultar da infração de apresentação falsa de declaração ou documento exigido para o certame ou durante a execução do contrato, ou ato lesivo à Administração Pública previsto no art. 5º da Lei n. 12.846/2013 (Lei Anticorrupção), a implantação de programa de integridade é condição de reabilitação do licitante.

Tais dispositivos traduzem significativo *enforcement* para a implantação de programa de integridade pelas empresas comumente contratadas pelo Poder Público.

Limites de valor de multa

O art. 156, § 3º, estabelece limites mínimo e máximo do valor de multa (entre 0,5 e 30% do valor do contrato). A regra evitará multas contratuais confiscatórias, que extrapolem os limites da proporcionalidade. Caberá ao órgão estabelecer o adequado percentual de multa conforme a relevância do objeto.

Considere-se, por exemplo, a aquisição de materiais para uso nas eleições, em contratação promovida pela Justiça Eleitoral, cujo inadimplemento poderia prejudicar a realização do pleito. Para contratos dessa natureza, justifica-se a imposição de percentual de multa em valor elevado, como mecanismo de desestímulo ao inadimplemento.

Art. 157. Na aplicação da sanção prevista no inciso II do *caput* do art. 156 desta Lei, será facultada a defesa do interessado no prazo de 15 (quinze) dias úteis, contado da data de sua intimação.

COMENTÁRIOS

O art. 156, II, da Lei n. 14.133/2021 estipula a penalidade de multa, que deve ser calculada na forma do edital ou do contrato, não inferior a cinco décimos por cento nem superior a trinta por cento do valor do contrato.

A aplicação da sanção de multa de requer a intimação do contratado, assegurando-se-lhe vista dos autos em que colacionados os fatos e fundamentos jurídicos a ensejar a cominação de multa.

---

299 STJ, REsp 151.567/RJ, rel. Min. Francisco Peçanha Martins, 2ª Turma, julgado em 25-2-2003, *DJ* 14-4-2003, p. 208.

300 STJ, MS 14.002/DF, rel. Min. Teori Albino Zavascki, 1ª Seção, julgado em 28-10-2009, *DJe* 6-11-2009.

Manifestada a ciência da intimação, assiste ao contratado o prazo de quinze dias úteis para a apresentação de defesa, se lhe aprouver. Não o fazendo no interregno legal, exsurge a revelia, de modo que não será oposta resistência aos fatos e fundamentos apontados pela Administração.

A despeito de não contestar os fatos e fundamentos indicados pela Administração, disso não se deve extrair processamento automático. Do exame dos autos, identificando a autoridade competente para a cominação de multa a precariedade, impertinência ou insubsistência das razões elencadas, impõe-se o arquivamento do processo administrativo sancionador.

Art. 158. A aplicação das sanções previstas nos incisos III e IV do *caput* **do art. 156 desta Lei requererá a instauração de processo de responsabilização, a ser conduzido por comissão composta de 2 (dois) ou mais servidores estáveis, que avaliará fatos e circunstâncias conhecidos e intimará o licitante ou o contratado para, no prazo de 15 (quinze) dias úteis, contado da data de intimação, apresentar defesa escrita e especificar as provas que pretenda produzir.**

§ 1º Em órgão ou entidade da Administração Pública cujo quadro funcional não seja formado de servidores estatutários, a comissão a que se refere o *caput* **deste artigo será composta de 2 (dois) ou mais empregados públicos pertencentes aos seus quadros permanentes, preferencialmente com, no mínimo, 3 (três) anos de tempo de serviço no órgão ou entidade.**

§ 2º Na hipótese de deferimento de pedido de produção de novas provas ou de juntada de provas julgadas indispensáveis pela comissão, o licitante ou o contratado poderá apresentar alegações finais no prazo de 15 (quinze) dias úteis, contado da data da intimação.

§ 3º Serão indeferidas pela comissão, mediante decisão fundamentada, provas ilícitas, impertinentes, desnecessárias, protelatórias ou intempestivas.

§ 4º A prescrição ocorrerá em 5 (cinco) anos, contados da ciência da infração pela Administração, e será:

I – interrompida pela instauração do processo de responsabilização a que se refere o *caput* **deste artigo;**

II – suspensa pela celebração de acordo de leniência previsto na Lei n. 12.846, de 1º de agosto de 2013;

III – suspensa por decisão judicial que inviabilize a conclusão da apuração administrativa.

COMENTÁRIOS

Prescrição

A prescrição é a convalidação de lesão a direito pelo decurso do tempo, estando relacionada a direitos subjetivos lesados[301].

O Decreto n. 20.910/32 tratou da prescrição geral a favor da Administração Pública, aduzindo que as dívidas passivas da União, dos Estados e dos Municípios, bem assim todo e qualquer direito ou ação contra a Fazenda federal, estadual ou municipal, seja qual for a sua natureza, prescrevem em cinco anos contados da data do ato ou fato do qual se originarem.

Prescrevem igualmente no mesmo prazo todo o direito e as prestações correspondentes a pensões vencidas ou por vencerem, ao meiosoldo e ao montepio civil e militar ou a quaisquer restituições ou diferenças.

Quando o pagamento se dividir por dias, meses ou anos, a prescrição atingirá progressivamente as prestações à medida que completarem os prazos.

---

301 AMORIM FILHO, Agnelo. Critério científico para distinguir a prescrição da decadência e para identificar as ações imprescritíveis, *Revista de Direito Processual Civil*, São Paulo, v. 3, p. 95132, jan./jun. 1961.

Não corre a prescrição durante a demora que, no estudo, ao reconhecimento ou no pagamento da dívida, considerada líquida, tiverem as repartições ou funcionários encarregados de estudar e apurála. A suspensão da prescrição, neste caso, verificarseá pela entrada do requerimento do titular do direito ou do credor nos livros ou protocolos das repartições públicas, com designação do dia, mês e ano.

Não tem efeito de suspender a prescrição a demora do titular do direito ou do crédito ou do seu representante em prestar os esclarecimentos que lhe forem reclamados ou o fato de não promover o andamento do feito judicial ou do processo administrativo durante os prazos respectivamente estabelecidos para extinção do seu direito à ação ou reclamação.

O direito à reclamação administrativa, que não tiver prazo fixado em disposição de lei para ser formulada, prescreve em um ano a contar da data do ato ou fato do qual a mesma se originar

A citação inicial não interrompe a prescrição quando, por qualquer motivo, o processo tenha sido anulado. A prescrição somente poderá ser interrompida uma vez. A prescrição interrompida recomeça a correr, pela metade do prazo, da data do ato que a interrompeu ou do último ato ou termo do respectivo processo.

Em relação à prescrição geral contra a Administração Pública, a doutrina e a jurisprudência entendiam que as pretensões de ressarcimento do Poder Público eram imprescritíveis com base no § 5º do art. 37 da CF/88. *Vide* a norma: "A lei estabelecerá os prazos de prescrição para ilícitos praticados por qualquer agente, servidor ou não, que causem prejuízos ao erário, ressalvadas as respectivas ações de ressarcimento".

Houve, porém, uma mudança radical na jurisprudência do STF, passandose a entender que a imprescritibilidade abrange o ressarcimento pautado em atos dolosos de improbidade administrativa e que, em relação aos ilícitos civis, não poderseá mais falar em imprescritibilidade.

Eis acórdão recente do STF:

> DIREITO CONSTITUCIONAL. DIREITO ADMINISTRATIVO. RESSARCIMENTO AO ERÁRIO. IMPRESCRITIBILIDADE. SENTIDO E ALCANCE DO ART. 37, § 5º, DA CONSTITUIÇÃO.
>
> 1. A prescrição é instituto que milita em favor da estabilização das relações sociais.
>
> 2. Há, no entanto, uma série de exceções explícitas no texto constitucional, como a prática dos crimes de racismo (art. 5º, XLII, CRFB) e da ação de grupos armados, civis ou militares, contra a ordem constitucional e o Estado Democrático (art. 5º, XLIV, CRFB).
>
> 3. O texto constitucional é expresso (art. 37, § 5º, CRFB) ao prever que a lei estabelecerá os prazos de prescrição para ilícitos na esfera cível ou penal, aqui entendidas em sentido amplo, que gerem prejuízo ao erário e sejam praticados por qualquer agente.
>
> 4. A Constituição, no mesmo dispositivo (art. 37, § 5º, CRFB) decota de tal comando para o Legislador as ações cíveis de ressarcimento ao erário, tornando-as, assim, imprescritíveis.
>
> 5. São, portanto, imprescritíveis as ações de ressarcimento ao erário fundadas na prática de ato doloso tipificado na Lei de Improbidade Administrativa.
>
> 6. Parcial provimento do recurso extraordinário para (i) afastar a prescrição da sanção de ressarcimento e (ii) determinar que o tribunal recorrido, superada a preliminar de mérito pela imprescritibilidade das ações de ressarcimento por improbidade administrativa, aprecie o mérito apenas quanto à pretensão de ressarcimento (RE 852.475, rel. Min. Alexandre de Moraes, rel. p/ Acórdão: Min. Edson Fachin, Tribunal Pleno, julgado em 8-8-2018, Processo Eletrônico *DJe*-058, divulg. 22-3-2019, public. 25-3-2019).

Acordo de leniência

Os atos tipificados como infrações administrativas na Lei n. 14.133/2021 ou em outras leis de licitações e contratos da Administração Pública, que também sejam tipificados como atos lesivos pela Lei Anticorrupção, serão apurados e julgados conjuntamente, nos mesmos autos, na forma desta lei, admitindo-se a celebração de acordo de leniência, que suspenderá a prescrição.

O acordo de leniência, inspirado no dilema do prisioneiro, é instituto que promove significativa efetividade à apuração de condutas infracionais praticadas contra a Administração, sobretudo em contratos de elevada monta, em setores estratégicos como tecnologia e infraestrutura, em que a articulação entre os agentes econômicos, para fins ilícitos, é de difícil apuração pela Administração Pública.

A autoridade máxima de cada órgão ou entidade pública poderá celebrar acordo de leniência com as pessoas jurídicas responsáveis pela prática de atos lesivos que colaborem efetivamente com as investigações e o processo administrativo, sendo que dessa colaboração resulte:

I – a identificação dos demais envolvidos na infração, quando couber; e

II – a obtenção célere de informações e documentos que comprovem o ilícito sob apuração.

O acordo de leniência somente poderá ser celebrado se preenchidos, cumulativamente, os seguintes requisitos:

I – a pessoa jurídica seja a primeira a se manifestar sobre seu interesse em cooperar para a apuração do ato ilícito;

II – a pessoa jurídica cesse completamente seu envolvimento na infração investigada a partir da data de propositura do acordo;

III – a pessoa jurídica admita sua participação no ilícito e coopere plena e permanentemente com as investigações e o processo administrativo, comparecendo, sob suas expensas, sempre que solicitada, a todos os atos processuais, até seu encerramento.

A celebração do acordo de leniência isentará a pessoa jurídica das sanções de publicação extraordinária da decisão condenatória e proibição de receber incentivos, subsídios, subvenções, doações ou empréstimos de órgãos ou entidades públicas e de instituições financeiras públicas ou controladas pelo poder público, pelo prazo mínimo de 1 (um) e máximo de 5 (cinco) anos e reduzirá em até 2/3 (dois terços) o valor da multa aplicável.

O acordo de leniência não exime a pessoa jurídica da obrigação de reparar integralmente o dano causado.

O Ministério da Transparência e Controladoria-Geral da União (CGU) é o órgão competente para celebrar os acordos de leniência no âmbito do Poder Executivo federal, bem como no caso de atos lesivos praticados contra a Administração Pública estrangeira.

A Administração Pública poderá também celebrar acordo de leniência com a pessoa jurídica responsável pela prática de ilícitos previstos na Lei n. 14.133/2021, com vistas à isenção ou atenuação de sanções administrativas.

Art. 159. Os atos previstos como infrações administrativas nesta Lei ou em outras leis de licitações e contratos da Administração Pública que também sejam tipificados como atos lesivos na Lei n. 12.846, de 1º de agosto de 2013, serão apurados e julgados conjuntamente, nos mesmos autos, observado o rito procedimental e a autoridade competente definidos na referida Lei.

Parágrafo único. (Vetado).

COMENTÁRIOS

A Lei n. 12.846/2013, chamada Lei Anticorrupção ou Lei da Empresa Limpa, dispõe sobre a responsabilização administrativa e civil de pessoas jurídicas pela prática de atos contra a administração pública, nacional ou estrangeira.

No tocante a licitações e contratos, o art. 5º, IV, dispõe sobre os seguintes atos lesivos à administração pública:

a) frustrar ou fraudar, mediante ajuste, combinação ou qualquer outro expediente, o caráter competitivo de procedimento licitatório público;

b) impedir, perturbar ou fraudar a realização de qualquer ato de procedimento licitatório público;

c) afastar ou procurar afastar licitante, por meio de fraude ou oferecimento de vantagem de qualquer tipo;

d) fraudar licitação pública ou contrato dela decorrente;

e) criar, de modo fraudulento ou irregular, pessoa jurídica para participar de licitação pública ou celebrar contrato administrativo;

f) obter vantagem ou benefício indevido, de modo fraudulento, de modificações ou prorrogações de contratos celebrados com a administração pública, sem autorização em lei, no ato convocatório da licitação pública ou nos respectivos instrumentos contratuais;

g) manipular ou fraudar o equilíbrio econômico-financeiro dos contratos celebrados com a administração pública.

Em observância ao art. 8º da lei em comento, a instauração e o julgamento de processo administrativo para apuração da responsabilidade de pessoa jurídica cabem à autoridade máxima de cada órgão ou entidade dos Poderes Executivo, Legislativo e Judiciário, admitindo-se delegação, vedada a subdelegação.

Por conseguinte, as infrações administrativas tipificadas na Lei n. 14.133/2021 ou em leis especiais sobre licitações e contratos que também se enquadrem nos tipos da Lei n. 12.846/2013, atrairão a competência das autoridades indicadas nesta lei para a instauração e decisão, mediante processamento nos mesmos autos.

Art. 160. A personalidade jurídica poderá ser desconsiderada sempre que utilizada com abuso do direito para facilitar, encobrir ou dissimular a prática dos atos ilícitos previstos nesta Lei ou para provocar confusão patrimonial, e, nesse caso, todos os efeitos das sanções aplicadas à pessoa jurídica serão estendidos aos seus administradores e sócios com poderes de administração, a pessoa jurídica sucessora ou a empresa do mesmo ramo com relação de coligação ou controle, de fato ou de direito, com o sancionado, observados, em todos os casos, o contraditório, a ampla defesa e a obrigatoriedade de análise jurídica prévia.

COMENTÁRIOS

Consoante a regra do art. 160, o abuso do direito para facilitar, encobrir ou dissimular a prática dos atos ilícitos previstos na lei ou para provocar confusão patrimonial poderá ensejar a desconsideração da personalidade jurídica.

Nessa hipótese, os efeitos das sanções cominadas à pessoa jurídica alcançarão seus administradores e sócios com poderes de administração, à pessoa jurídica sucessora ou à empresa do mesmo ramo com relação de coligação ou controle, de fato ou de direito, com o sancionado, respeitado o devido processo legal.

Art. 161. Os órgãos e entidades dos Poderes Executivo, Legislativo e Judiciário de todos os entes federativos deverão, no prazo máximo 15 (quinze) dias úteis, contado da data de aplicação da sanção, informar e manter atualizados os dados relativos às sanções por eles aplicadas, para fins de publicidade no Cadastro Nacional de Empresas Inidôneas e Suspensas (Ceis) e no Cadastro Nacional de Empresas Punidas (Cnep), instituídos no âmbito do Poder Executivo federal.

Parágrafo único. Para fins de aplicação das sanções previstas nos incisos I, II, III e IV do *caput* do art. 156 desta Lei, o Poder Executivo regulamentará a forma de cômputo e as consequências da soma de diversas sanções aplicadas a uma mesma empresa e derivadas de contratos distintos.

COMENTÁRIOS

O art. 23 da Lei Anticorrupção dispõe que os órgãos ou entidades dos Poderes Executivo, Legislativo e Judiciário de todas as esferas de governo deverão informar e manter atualizados, para fins de publicidade, no **Cadastro Nacional de Empresas Inidôneas e Suspensas (Ceis)**, de caráter público, instituído no âmbito do Poder Executivo federal, os dados relativos às sanções por eles aplicadas.

O art. 22 da lei sobredita institui, no âmbito do Poder Executivo federal o **Cadastro Nacional de Empresas Punidas (CNEP)**, que reunirá e dará publicidade às sanções aplicadas pelos órgãos ou entidades dos Poderes Executivo, Legislativo e Judiciário de todas as esferas de governo com base na Lei Anticorrupção

Ambos os cadastros são acessíveis a qualquer pessoa mediante consulta ao portal da transparência administrado pela Controladoria-Geral da União, e apresentam as seguintes informações referentes a empresas declaradas inidôneas e suspensas, tal como aquelas punidas com multas, na esfera administrativa, até a perda de bens, a suspensão de atividades e a dissolução compulsória, na esfera penal, além da proibição de receber incentivos, subvenções, doações ou empréstimos de órgãos e entidades públicas:

a) nome da empresa;
b) nome informado pelo órgão sancionador;
c) nome fantasia;
d) tipo e fundamento legal da sanção;
e) data de início, fim e de publicação da sanção;
f) data do trânsito em julgado;
g) identificação do órgão sancionador.

Art. 162. O atraso injustificado na execução do contrato sujeitará o contratado a multa de mora, na forma prevista em edital ou em contrato.

DISPOSITIVO CORRELATO (Lei n. 8.666/93)
Art. 86. O atraso injustificado na execução do contrato sujeitará o contratado à multa de mora, na forma prevista no instrumento convocatório ou no contrato.

Parágrafo único. A aplicação de multa de mora não impedirá que a Administração a converta em compensatória e promova a extinção unilateral do contrato com a aplicação cumulada de outras sanções previstas nesta Lei.

DISPOSITIVO CORRELATO (Lei n. 8.666/93)
Art. 86. [...] § 1º A multa a que alude este artigo não impede que a Administração rescinda unilateralmente o contrato e aplique as outras sanções previstas nesta Lei.

COMENTÁRIOS

Conforme o art. 394 do Código Civil, considera-se em mora o devedor que não efetuar o pagamento e o credor que não quiser recebê-lo no tempo, lugar e forma que a lei ou a convenção estabelecer.

O atraso no adimplemento da obrigação constitui o contratado em mora, sujeitando-o à multa moratória, na forma disciplinada no edital ou no contrato. Imprescindível, portanto, que o edital ou contrato especifique os fatos puníveis com multa, tal como sua forma de cálculo. Sem essa disciplina, impossível a incidência de multa moratória.

Todavia, há situações em que a excessiva demora torna a prestação inútil para a Administração, situações em que cabível a extinção unilateral do contrato pela Administração.

432   A NOVA LEI DE LICITAÇÕES E CONTRATOS   ART. 163

Nesse caso, já não se estará diante de situação de mora no cumprimento da obrigação, mas de inadimplemento, o que enseja a conversão da multa moratória em compensatória, cumulada com outras sanções previstas nesta Lei.

Art. 163. É admitida a reabilitação do licitante ou contratado perante a própria autoridade que aplicou a penalidade, exigidos, cumulativamente:

DISPOSITIVO CORRELATO (Lei n. 8.666/93)
Art. 87. [...] IV – declaração de inidoneidade para licitar ou contratar com a Administração Pública enquanto perdurarem os motivos determinantes da punição ou até que seja promovida a reabilitação perante a própria autoridade que aplicou a penalidade, que será concedida sempre que o contratado ressarcir a Administração pelos prejuízos resultantes e após decorrido o prazo da sanção aplicada com base no inciso anterior.

I – reparação integral do dano causado à Administração Pública;

II – pagamento da multa;

III – transcurso do prazo mínimo de 1 (um) ano da aplicação da penalidade, no caso de impedimento de licitar e contratar, ou de 3 (três) anos da aplicação da penalidade, no caso de declaração de inidoneidade;

IV – cumprimento das condições de reabilitação definidas no ato punitivo;

V – análise jurídica prévia, com posicionamento conclusivo quanto ao cumprimento dos requisitos definidos neste artigo.

Parágrafo único. A sanção pelas infrações previstas nos incisos VIII e XII do *caput* **do art. 155 desta Lei exigirá, como condição de reabilitação do licitante ou contratado, a implantação ou aperfeiçoamento de programa de integridade pelo responsável.**

COMENTÁRIOS

A autoridade que aplicou a penalidade de impedimento de licitar e contratar ou de declaração de inidoneidade é a mesma competente para decidir sobre a reabilitação.

A Lei n. 8.666/93 prevê a reabilitação para empresa punida com declaração de inidoneidade. A Lei n. 14.133/2021 inova em relação à Lei n. 8.666/93, por abranger, além da declaração de inidoneidade, a pena de impedimento de licitar e contratar, segundo prazos diversos:

REABILITAÇÃO DE EMPRESAS	
PENA	PRAZO A PARTIR DA SANÇÃO
Impedimento de licitar e contratar	1 ano
declaração de inidoneidade	3 anos

Observe-se que as condições para reabilitação indicadas nos incisos I a V do art. 163 não são alternativas, mas cumulativas. Logo, necessária a satisfação de todos os requisitos enumerados.

Adicionalmente a esses requisitos, exigir-se-á como condição para reabilitação a implantação ou aperfeiçoamento de programa de integridade pelo responsável, quando a empresa for punida por:

I.   apresentar declaração ou documentação falsa exigida para o certame ou prestar declaração falsa durante a licitação ou a execução do contrato;

II.   praticar ato lesivo previsto no art. 5º da Lei Anticorrupção.

CAPÍTULO II
Das Impugnações, dos Pedidos de Esclarecimento e dos Recursos

Art. 164. Qualquer pessoa é parte legítima para impugnar edital de licitação por irregularidade na aplicação desta Lei ou para solicitar esclarecimento sobre os seus termos, devendo protocolar o pedido até 3 (três) dias úteis antes da data de abertura do certame.

DISPOSITIVO CORRELATO (Lei n. 8.666/93)
Art. 41. [...]   § 1º Qualquer cidadão é parte legítima para impugnar edital de licitação por irregularidade na aplicação desta Lei, devendo protocolar o pedido até 5 (cinco) dias úteis antes da data fixada para a abertura dos envelopes de habilitação, devendo a Administração julgar e responder à impugnação em até 3 (três) dias úteis, sem prejuízo da faculdade prevista no § 1º do art. 113.

Parágrafo único. A resposta à impugnação ou ao pedido de esclarecimento será divulgada em sítio eletrônico oficial no prazo de até 3 (três) dias úteis, limitado ao último dia útil anterior à data da abertura do certame.

COMENTÁRIOS

A licitação precede contratação de interesse da Administração Pública, quer para satisfação do interesse público primário, quer dirigida ao interesse público secundário.

Em todos os casos, porém, trata-se da coisa pública, da qual o agente público responsável é mero gestor, uma vez que a titularidade da coisa pública é do povo.

Por isso, a regularidade de procedimento administrativo é matéria de interesse de qualquer pessoa, ainda que não tenha nenhum interesse direto na licitação. Dessarte, qualquer pessoa tem legitimidade para opor impugnação ao edital, seja para apontar irregularidades – como especificações que favoreçam injustificadamente determinado licitante – ou para pedir esclarecimentos sobre conteúdo que enseje dúvidas.

Todavia, para que a impugnação seja recebida e apreciada, necessário que seja apresentada em até três dias úteis antes da data de abertura do certame, isto é, da seção pública da licitação. Se intempestiva, não obrigará a Administração a apreciá-la.

Art. 165. Dos atos da Administração decorrentes da aplicação desta Lei cabem:

DISPOSITIVO CORRELATO (Lei n. 8.666/93)
Art. 109. Dos atos da Administração decorrentes da aplicação desta Lei cabem:

I – recurso, no prazo de 3 (três) dias úteis, contado da data de intimação ou de lavratura da ata, em face de:

DISPOSITIVO CORRELATO (Lei n. 8.666/93)
Art. 109. [...]   I – recurso, no prazo de 5 (cinco) dias úteis a contar da intimação do ato ou da lavratura da ata, nos casos de:

a) ato que defira ou indefira pedido de pré-qualificação de interessado ou de inscrição em registro cadastral, sua alteração ou cancelamento;

> **DISPOSITIVO CORRELATO (Lei n. 8.666/93)**
>
> Art. 109. [...]
>
> I – [...]
>
> d) indeferimento do pedido de inscrição em registro cadastral, sua alteração ou cancelamento;

b) julgamento das propostas;

> **DISPOSITIVO CORRELATO (Lei n. 8.666/93)**
>
> Art. 109. [...]
>
> I – [...]
>
> b) julgamento das propostas;

c) ato de habilitação ou inabilitação de licitante;

> **DISPOSITIVO CORRELATO (Lei n. 8.666/93)**
>
> Art. 109. [...]
>
> I – [...]
>
> a) habilitação ou inabilitação do licitante;

d) anulação ou revogação da licitação;

> **DISPOSITIVO CORRELATO (Lei n. 8.666/93)**
>
> Art. 109. [...]
>
> I – [...]
>
> c) anulação ou revogação da licitação;

e) extinção do contrato, quando determinada por ato unilateral e escrito da Administração;

> **DISPOSITIVO CORRELATO (Lei n. 8.666/93)**
>
> Art. 109. [...]
>
> I – [...]
>
> e) rescisão do contrato, a que se refere o inciso I do art. 79 desta Lei; (Redação dada pela Lei n. 8.883, de 1994.)

II – pedido de reconsideração, no prazo de 3 (três) dias úteis, contado da data de intimação, relativamente a ato do qual não caiba recurso hierárquico.

> **DISPOSITIVO CORRELATO (Lei n. 8.666/93)**
>
> Art. 109. [...]
>
> III – pedido de reconsideração, de decisão de Ministro de Estado, ou Secretário Estadual ou Municipal, conforme o caso, na hipótese do § 4º do art. 87 desta Lei, no prazo de 10 (dez) dias úteis da intimação do ato.

§ 1º Quanto ao recurso apresentado em virtude do disposto nas alíneas *b* e *c* do inciso I do *caput* deste artigo, serão observadas as seguintes disposições:

I – a intenção de recorrer deverá ser manifestada imediatamente, sob pena de preclusão, e o prazo para apresentação das razões recursais previsto no inciso I do *caput* deste artigo será iniciado na data de intimação ou de lavratura da ata de habilitação ou inabilitação ou, na hipótese de adoção da inversão de fases prevista no § 1º do art. 17 desta Lei, da ata de julgamento;

DISPOSITIVO CORRELATO (Lei n. 12.462/2011)
Art. 45. [...] § 1º Os licitantes que desejarem apresentar os recursos de que tratam as alíneas a, b e c do inciso II do *caput* deste artigo deverão manifestar imediatamente a sua intenção de recorrer, sob pena de preclusão.

II – a apreciação dar-se-á em fase única.

§ 2º O recurso de que trata o inciso I do *caput* deste artigo será dirigido à autoridade que tiver editado o ato ou proferido a decisão recorrida, que, se não reconsiderar o ato ou a decisão no prazo de 3 (três) dias úteis, encaminhará o recurso com a sua motivação à autoridade superior, a qual deverá proferir sua decisão no prazo máximo de 10 (dez) dias úteis, contado do recebimento dos autos.

DISPOSITIVO CORRELATO (Lei n. 12.462/2011)
Art. 45. [...] § 6º O recurso será dirigido à autoridade superior, por intermédio da autoridade que praticou o ato recorrido, cabendo a esta reconsiderar sua decisão no prazo de 5 (cinco) dias úteis ou, nesse mesmo prazo, fazê-lo subir, devidamente informado, devendo, neste caso, a decisão do recurso ser proferida dentro do prazo de 5 (cinco) dias úteis, contados do seu recebimento, sob pena de apuração de responsabilidade.

§ 3º O acolhimento do recurso implicará invalidação apenas de ato insuscetível de aproveitamento.

§ 4º O prazo para apresentação de contrarrazões será o mesmo do recurso e terá início na data de intimação pessoal ou de divulgação da interposição do recurso.

DISPOSITIVO CORRELATO (Lei n. 12.462/2011)
Art. 45. [...] § 2º O prazo para apresentação de contrarrazões será o mesmo do recurso e começará imediatamente após o encerramento do prazo recursal.

§ 5º Será assegurado ao licitante vista dos elementos indispensáveis à defesa de seus interesses.

DISPOSITIVO CORRELATO (Lei n. 12.462/2011)
Art. 45. [...] § 3º É assegurado aos licitantes vista dos elementos indispensáveis à defesa de seus interesses.

COMENTÁRIOS

O conceito de justiça não comporta critérios objetivos de aferição, portanto varia de acordo com o interesse do agente. Assim, sempre que houver interesses conflitantes e apenas um deles for atendido, remanescerá, ao menos, uma parte insatisfeita.

Além disso, a falibilidade humana pode ensejar decisões eivadas de vícios processuais, de legalidade ou de mérito que, no Estado Democrático de Direito, devem estar, a critério do interessado, sujeitas à nova análise por órgão diverso.

O **recurso** é o instrumento processual para reclamar o exame da questão por órgão distinto do que proferiu decisão, e tem como objeto razões de legalidade ou de mérito.

O recurso é interposto por meio de requerimento no qual o recorrente deverá expor os fundamentos do pedido de reexame, podendo juntar os documentos que julgar convenientes.

Distintamente do recurso, o **juízo de reconsideração** é próprio da autoridade que prolatou a decisão, não havendo qualquer demérito se o agente, com base na exposição dos fundamentos do pedido de reexame e nos documentos juntados, modificar a sua decisão anterior.

O recurso hierárquico a que alude o inciso II do art. 165, depreende-se por **recurso hierárquico próprio**, que é destinado a órgão superior da mesma estrutura administrativa.

Uma vez que a competência para o procedimento licitatório exaure-se no órgão ou entidade a promover a licitação, não haveria dizer da possibilidade de recurso hierárquico impróprio, que é destinado a órgão pertencente à estrutura externa da entidade prolatora da decisão, não havendo hierarquia entre o prolator da decisão e o órgão revisor, podendo, inclusive, pertencer a pessoas jurídicas diversas.

Art. 166. Da aplicação das sanções previstas nos incisos I, II e III do *caput* **do art. 156 desta Lei caberá recurso no prazo de 15 (quinze) dias úteis, contado da data da intimação.**

Parágrafo único. O recurso de que trata o *caput* **deste artigo será dirigido à autoridade que tiver proferido a decisão recorrida, que, se não a reconsiderar no prazo de 5 (cinco) dias úteis, encaminhará o recurso com sua motivação à autoridade superior, a qual deverá proferir sua decisão no prazo máximo de 20 (vinte) dias úteis, contado do recebimento dos autos.**

COMENTÁRIOS

Caberá recurso no prazo de **quinze dias úteis**, contado da data da intimação, dirigido ao órgão que proferir decisão sobre as seguintes sanções:

a)   advertência;

b)   multa;

c)   impedimento de licitar e contratar.

O recurso é interposto perante o órgão que proferiu a decisão recorrida, para que esta, no prazo de cinco dias úteis o encaminhe ao órgão superior, competente para conhecer e decidir sobre o recurso.

Por exemplo, recurso interposto contra decisão de superintendência regional de entidade é recebido por esta mesma unidade organizacional e encaminhado à superintendência geral para que esta decida sobre o recurso.

O encaminhamento do recurso para o órgão superior deve ser motivado pelo órgão cuja decisão é recorrida, e a autoridade superior terá o prazo de vinte dias úteis, a partir do recebimento dos autos, para decisão.

Se a motivação por ser realizada pelo órgão que proferiu a decisão recorrida coadunar-se com as razões do recurso, possibilita-se o juízo de reconsideração, ocasião em que o órgão modifica a decisão.

Desta feita, aderente a decisão às razões do recorrente, extingue-se o interesse recursal, promovendo-se a cientificação da parte interessada e posterior arquivamento do feito. Nesse caso, o recurso não será encaminhado ao órgão superior, porque processado como pedido de reconsideração.

Art. 167. Da aplicação da sanção prevista no inciso IV do *caput* **do art. 156 desta Lei caberá apenas pedido de reconsideração, que deverá ser apresentado no prazo de 15 (quinze) dias úteis, contado da data da intimação, e decidido no prazo máximo de 20 (vinte) dias úteis, contado do seu recebimento.**

COMENTÁRIOS

Caberá apenas **pedido de reconsideração**, no prazo de **quinze dias úteis**, contado da data da intimação, dirigido à autoridade que proferir decisão de declaração de inidoneidade para licitar ou contratar.

O órgão que aplicou a sanção de declaração de inidoneidade para licitar ou contratar, após o recebimento do pedido de reconsideração, terá o prazo de **vinte dias úteis** para sobre ele decidir.

A um primeiro exame, pareceria um contrassenso que das decisões que cominem penas mais brandas, como advertência e multa, caiba a interposição de recurso, mas não seja cabível contra a decisão que proferir a penalidade mais grave, não existindo direito de recorrer.

A inteligência do dispositivo reside no fato de que a declaração de inidoneidade para licitar ou contratar, necessariamente precedida de análise jurídica, é de **competência exclusiva** das seguintes autoridades:

I – quando aplicada por órgão do Poder Executivo: ministro de Estado, secretário estadual ou secretário municipal e, quando aplicada por autarquia ou fundação, será de competência exclusiva da autoridade máxima da entidade;

II – quando aplicada por órgãos dos Poderes Legislativo e Judiciário, pelo Ministério Público e pela Defensoria Pública no desempenho da função administrativa: autoridade de nível hierárquico equivalente às autoridades competentes no âmbito do Poder Executivo, na forma de regulamento.

Portanto, a sanção de declaração de inidoneidade para licitar ou contratar em Ministério, compete ao Ministro, em autarquia, ao seu presidente, não existindo na mesma estrutura administrativa autoridade que lhe seja superior.

Por conseguinte, somente a mesma autoridade poderia rever sua decisão, mediante juízo de reconsideração.

Art. 168. O recurso e o pedido de reconsideração terão efeito suspensivo do ato ou da decisão recorrida até que sobrevenha decisão final da autoridade competente.

DISPOSITIVO CORRELATO (Lei n. 8.666/93)

Art. 109. [...]
§ 2º O recurso previsto nas alíneas *a* e *b* do inciso I deste artigo terá efeito suspensivo, podendo a autoridade competente, motivadamente e presentes razões de interesse público, atribuir ao recurso interposto eficácia suspensiva aos demais recursos.

Parágrafo único. Na elaboração de suas decisões, a autoridade competente será auxiliada pelo órgão de assessoramento jurídico, que deverá dirimir dúvidas e subsidiá-la com as informações necessárias.

COMENTÁRIOS

A interposição de recurso produz determinados efeitos, alguns decorrentes da própria interposição, outros da decisão que lhe sucede. Os efeitos dos recursos são consequência concreta de sua interposição e julgamento.

No que concerne à decisão, o recurso tem o condão de ensejar a substituição ou mesmo a anulação da decisão recorrida. Se não provido o recurso, pacifica-se a decisão nos exatos termos da decisão recorrida.

Porém, antes mesmo do julgamento, da interposição de recurso surgem os seguintes efeitos:

a)   o prolongamento da lide, mediante adiamento da formação da coisa julgada;

b)   efeito suspensivo;

c)   efeito devolutivo.

O efeito devolutivo atribui a órgão diverso daquele que proferiu a decisão o conhecimento e reexame da decisão recorrida.

O efeito suspensivo enseja a ineficácia da decisão recorrida, que não surtirá efeitos enquanto não decidido o recurso.

O art. 61 da Lei n. 9.784/99, que regula o processo administrativo no âmbito da Administração Pública Federal, dispõe que o recurso não tem efeito suspensivo, salvo disposição legal em contrário. Eis o seu texto:

> Art. 61. Salvo disposição legal em contrário, o recurso não tem efeito suspensivo.
>
> Parágrafo único. Havendo justo receio de prejuízo de difícil ou incerta reparação decorrente da execução, a autoridade recorrida ou a imediatamente superior poderá, de ofício ou a pedido, dar efeito suspensivo ao recurso.

O art. 168, *caput*, da Lei n. 14.133/2021 é disposição legal em contrário ao que dita o art. 61 da Lei n. 9.784/99. Por isso, no processo licitatório, o recurso e o pedido de reconsideração terão efeito suspensivo do ato ou da decisão recorrida até que sobrevenha decisão final da autoridade competente.

Principalmente nos órgãos e entidades que promovem licitações para contratos deveras complexos, a contemplar especificidades técnicas e quantias vultosas de execução orçamentária, como no caso de empreendimentos de infraestrutura, é comum que o dirigente não possua nenhuma formação jurídica. Por exemplo, na estrutura de departamento de obras, é comum a designação de engenheiro civil para a direção do órgão.

Haja vista as razões de direito arguidas em recursos, comumente subscritas por advogado, é de se presumir que a autoridade incumbida da tomada de decisão muitas vezes não tenha conhecimento jurídico suficiente para se desincumbir desse mister, a despeito da formação técnica.

Por isso, necessário o auxílio do órgão de assessoramento jurídico, que deverá dirimir dúvidas e subsidiar a autoridade com as informações necessárias para a decisão.

CAPÍTULO III
Do Controle das Contratações

Art. 169. As contratações públicas deverão submeter-se a práticas contínuas e permanentes de gestão de riscos e de controle preventivo, inclusive mediante adoção de recursos de tecnologia da informação, e, além de estar subordinadas ao controle social, sujeitar-se-ão às seguintes linhas de defesa:

I – primeira linha de defesa, integrada por servidores e empregados públicos, agentes de licitação e autoridades que atuam na estrutura de governança do órgão ou entidade;

II – segunda linha de defesa, integrada pelas unidades de assessoramento jurídico e de controle interno do próprio órgão ou entidade;

III – terceira linha de defesa, integrada pelo órgão central de controle interno da Administração e pelo tribunal de contas.

§ 1º Na forma de regulamento, a implementação das práticas a que se refere o *caput* deste artigo será de responsabilidade da alta administração do órgão ou entidade e levará em consideração os custos e os benefícios decorrentes de sua implementação, optando-se pelas medidas que promovam relações íntegras e confiáveis, com segurança jurídica para todos os

envolvidos, e que produzam o resultado mais vantajoso para a Administração, com eficiência, eficácia e efetividade nas contratações públicas.

§ 2º Para a realização de suas atividades, os órgãos de controle deverão ter acesso irrestrito aos documentos e às informações necessárias à realização dos trabalhos, inclusive aos documentos classificados pelo órgão ou entidade nos termos da Lei n. 12.527, de 18 de novembro de 2011, e o órgão de controle com o qual foi compartilhada eventual informação sigilosa tornar-se-á corresponsável pela manutenção do seu sigilo.

§ 3º Os integrantes das linhas de defesa a que se referem os incisos I, II e III do *caput* deste artigo observarão o seguinte:

I – quando constatarem simples impropriedade formal, adotarão medidas para o seu saneamento e para a mitigação de riscos de sua nova ocorrência, preferencialmente com o aperfeiçoamento dos controles preventivos e com a capacitação dos agentes públicos responsáveis;

II – quando constatarem irregularidade que configure dano à Administração, sem prejuízo das medidas previstas no inciso I deste § 3º, adotarão as providências necessárias para a apuração das infrações administrativas, observadas a segregação de funções e a necessidade de individualização das condutas, bem como remeterão ao Ministério Público competente cópias dos documentos cabíveis para a apuração dos ilícitos de sua competência.

COMENTÁRIOS

Controle da Administração Pública

Mesmo antes do surgimento do *État Legal* ou da *The Rule of Law*, o Controle da Administração Pública já fazia parte de uma das funções do Estado.

Ao contrário do que pode parecer, nos regimes despóticos, havia rígido controle das contas públicas, pois o titular do interesse público, o rei ou o imperador, não tolerava qualquer desvio do patrimônio do Estado que, em última razão, existia para satisfazer as suas necessidades e desejos individuais.

Mesmo em Roma ou no Egito antigos, os governantes tinham funcionários encarregados do controle dos gastos e patrimônio públicos (gastos dos reis), portanto a ideia de controle é inerente ao surgimento do Estado, qualquer que seja a sua configuração.

As tribos que, em época remota, substituíram o poder familiar como célula inicial de agregação tinham membros encarregados da verificação da gestão racional dos haveres.

Dessa forma, o Controle da Administração Pública pode ser classificado de duas formas, quais sejam: o antigo e o moderno. O antigo dispensa a existência de Estado de Direito, já o moderno somente passou a existir juntamente com as garantias apresentadas pelo *État Legal*.

O Parlamento da Inglaterra, desde 1215, já possuía a dupla função finalística de editar normas gerais e abstratas e de fiscalizar a Administração Pública de todos os Poderes instituídos. Ressalte-se que o conceito de Administração Pública aqui apresentado não se limita ao Poder Executivo, posto que os demais Poderes do Estado exercem como função-meio a Administração Pública.

O Poder Judiciário tem como função principal aplicar a lei ao caso concreto de maneira definitiva, porém exerce como atividademeio função administrativa. O Poder Legislativo tem como funções principais a de legislar e de fiscalizar, mas desempenha como atividade-meio função administrativa. O Poder Executivo tem como atividades principais a função de governo, que decorre da máxima discricionariedade constitucional, e a função de administrar.

A outorga histórica da função de controle (fiscalização) da Administração Pública ao Poder Legislativo tem clara relação com a sua legitimação direta, pois os seus membros decidem de maneira colegiada e são todos escolhidos diretamente pelo povo através de sufrágio universal, consagrandose, dessa maneira, a norma do parágrafo único do art. 1º da CF/88. Assim, são os representantes diretos do titular do Poder estatal e do interesse público primário e secundário que exercem o controle sobre os haveres públicos.

O Poder Executivo, apesar de ser também diretamente legitimado, tem somente o seu chefe escolhido pelo povo, os demais gestores públicos são escolhidos através de sistemas meritórios ou de confiança. Portanto, o Presidente da República pode exercer a discricionariedade constitucional, mas os agentes públicos inferiores, bem como as administrações públicas dos demais Poderes, legitimam os seus atos com a motivação, com a legalidade e com a possibilidade de controles interno e externo.

O Poder Judiciário é indiretamente legitimado, uma vez que busca a sua legitimação no Poder Constituinte Originário (CF/88), na motivação das suas decisões e na participação das partes interessadas na decisão final através do contraditório e da ampla defesa assegurados no inciso LV do art. 5º da Carta Maior.

Consequentemente, apesar da possibilidade de todos os Poderes Constituídos instituírem controles internos, as suas contas estão sujeitas, salvo em relação ao Poder Legislativo, a controle externo. Em relação às Casas Legislativas o controle externo tem natureza de controle interno, visto que os tribunais de contas fazem parte da estrutura do Legislativo.

Observe-se que em alguns Estados da Federação, como o Estado da Bahia, o Tribunal de Contas do Estado (TCE) e o Tribunal de Contas dos Municípios (TCM) são órgãos estaduais. Consequentemente, o TCM é órgão externo em relação às Câmaras de Vereadores dos Municípios.

O sistema de controle externo atual é o sistema possível, não representando o sistema ideal, posto que há uma pequena falha na sua essência em relação aos atos e contratos administrativos do Poder Legislativo, qual seja: a inexistência em relação a tal Poder de controle externo extrajudicial. Não obstante, pode haver controle externo judicial limitado à legalidade, razoabilidade e proporcionalidade. Assim, não serão sindicáveis por órgão externo certos aspectos meritórios que, por força dos arts. 70 e 71, podem ser analisados.

Os aspectos meritórios dos atos e contratos do Poder Legislativo serão sindicados pelas Cortes de Contas, mas, como já foi dito, não se pode falar em controle externo e sim controle interno. A primeira e mais conhecida norma que tratou de controle externo nos tempos modernos foi a do art. 15 da Declaração de 1789. Eis o seu texto: "A sociedade tem o direito de demandar contas a todo agente público de sua administração".

O direito de exigir contas dos administradores públicos foi elevado a direito fundamental de primeira geração, segundo a classificação tríplice do lema da Revolução Francesa – *liberté*, *egalité* e *fraternité* –, e a um dos alicerces das liberdades públicas.

Adotando os ideais revolucionários, Napoleão, em 1807, criou a *Cour de Compte* francesa, sendo tal órgão a primeira Corte de Contas com feições atuais. Os seus julgamentos eram colegiados, os seus membros gozavam de garantias instrumentais para o bom exercício das suas atribuições e havia independência em relação aos agentes públicos fiscalizados.

Apesar do vanguardismo de Napoleão, nem todas as nações que adotam o Estado Democrático de Direito como fundamento da sua existência escolheram as Cortes de Contas como mecanismo de controle externo da Administração Pública.

Muitas adotaram sistemas de órgão unipessoal de controle externo, denominados Auditores-Gerais ou ControladoresGerais, dando-lhes grande autonomia e possibilitando-lhe um controle eficaz. Exemplos: Argentina e Inglaterra.

O Brasil adotou o sistema de Corte de Contas, tendo criado um órgão pluripessoal dotado de garantias da magistratura para o bom exercício das suas funções.

O sistema de Corte de Contas, mesmo não sendo o único possível nos Estados Democráticos de Direito, revelase mais coerente, pois o formato de colegiado permite que as decisões sejam proferidas após a reflexão de diversos membros e, por vezes, após intensos debates de convencimento que geram consenso da maioria. Ainda que não haja unanimidade, a possibilidade de divergência denota que vários pontos de vista foram expostos e considerados.

Já a decisão unipessoal pode esbarrar no subjetivismo próprio do ser humano sem que a objetividade defendida por Kant seja devidamente preservada. O colegiado tende a indicar legitimidade, a singularidade pode ensejar desvios pessoais.

Em relação ao Brasil, a Constituição de 1824 já previa a existência de um tribunal administrativo, porém estava em vigor o sistema de monarquia constitucional. O poder daquele órgão de controle externo era extremamente limitado pela possibilidade de o monarca exercer o seu poder moderador que se encontrava acima dos demais Poderes constituídos. Eis a norma:

> Art. 170. A Receita, e despeza da Fazenda Nacional será encarregada a um Tribunal, debaixo de nome de 'Thesouro Nacional" aonde em diversas Estações, devidamente estabelecidas por Lei, se regulará a sua administração, arrecadação e contabilidade, em reciproca correspondencia com as Thesourarias, e Autoridades das Provincias do Imperio.

Com os ares da República, as Constituições de 1891, 1934, 1937, 1946, 1967 e de 1988 conceberam Cortes de Contas compatíveis com os desejos populares de legitimação e independência.

A Constituição atual, nos seus arts. 70 a 75, apresenta o Tribunal de Contas da União e os tribunais de Contas dos Estados, proibindo a criação de tribunais ou cortes de Contas de Municípios, ressalvando a possibilidade de manutenção dos já existentes.

O Estado de São Paulo, por exemplo, tem o seu Tribunal de Contas Estadual e o Município de São Paulo tem a sua corte municipal de Contas.

Ficou estabelecido que as cortes de Contas são órgãos auxiliares do Poder Legislativo. Observe-se, porém, que não há relação de subordinação, pois as Casas Legislativas e as de Contas têm competências estabelecidas na própria Carta Maior, não sendo possível avocação pelos legisladores.

Nota-se que o controle externo da Administração Pública é, historicamente, mais um valioso instrumento de preservação do Estado Democrático de Direito e deve ser conhecido e utilizado pelo cidadão para, inclusive, representar contra qualquer tipo de ilegalidade que entrar na sua esfera de cognição.

A Constituição Federal de 1988 apresenta outros atores de controle externo além do Parlamento, pois permite que o Poder Judiciário, sempre que provocado, possa exercer o controle da Administração Pública, porém sem adentrar o mérito da função administrativa.

As Cortes de Contas e o Parlamento podem, na estrita medida trazida pelo art. 70 da CF/88, avaliar não apenas a legalidade, mas também e legitimidade e a economicidade, o que permite adentrar no mérito administrativo sem, todavia, substituirse à atuação do gestor público.

Ao lado do controle externo, os próprios Poderes manterão de forma integrada sistema de controle interno.

Por fim, tem-se que controle administrativa é a soma dos instrumentos ofertados pelo sistema jurídico relativos à fiscalização, apreciação e julgamento do exercício da função administrativa pelos órgãos e entidades do Poder Executivo, do Poder Judiciário e do Poder Legislativo e por quem de qualquer maneira se beneficie de recursos, servidores ou bens públicos. Os instrumentos podem ser utilizados pelas instituições estatais ou pelo próprio cidadão.

Controle interno ou administrativo

Na Administração Pública Federal, o controle interno foi estabelecido pelos arts. 76 a 80 da Lei n. 4.320/64, sendo exercido **prévia, concomitante e posteriormente,** sem prejuízo da atuação do controle externo.

Atualmente, a CF/88, no seu art. 74, prevê que os Poderes Legislativo, Judiciário e Executivo manterão, de forma integrada, sistema de controle interno com a finalidade de:

> I – avaliar o cumprimento das metas previstas no plano plurianual, a execução dos programas de governo e dos orçamentos da União;

II – comprovar a legalidade e avaliar os resultados, quanto à eficácia e eficiência, da gestão orçamentária, financeira e patrimonial nos órgãos e entidades da administração federal, bem como da aplicação de recursos públicos por entidades de direito privado;

III – exercer o controle das operações de crédito, avais e garantias, bem como dos direitos e haveres da União;

IV – apoiar o controle externo no exercício de sua missão institucional.

O controle interno avalia o cumprimento das metas dos instrumentos orçamentários, comprova a legalidade, avalia a eficácia e eficiência da gestão orçamentária financeira e patrimonial e avalia a aplicação de recursos públicos por pessoas jurídicas de direito privado.

Interessante notar que o controle interno, no âmbito do Poder Executivo, exerce a fiscalização das operações de crédito, avais e garantias, bem como dos direitos e haveres.

Além disso, o controle interno tem o dever de apoiar o controle externo na sua missão institucional, tendo também os seus responsáveis, sob pena de responsabilização solidária, o dever funcional de dar ciência ao Tribunal de Contas das irregularidades ou ilegalidades de que tiverem conhecimento.

O sistema de controle interno do Poder Executivo Federal[302] foi regulamentado pela Lei n. 10.180/2001, tendo o seu art. 19 estabelecido:

[...] o Sistema de Controle Interno do Poder Executivo Federal visa à avaliação da ação governamental e da gestão dos administradores públicos federais, por intermédio da fiscalização contábil, financeira, orçamentária, operacional e patrimonial, e a apoiar o controle externo no exercício de sua missão institucional.

O controle interno, quando bem realizado, reduz a necessidade de análises demoradas – que podem refletir no bom andamento das atividades do órgão auditado – pelo controle externo.

Os agentes públicos do controle exercido no âmbito do próprio Poder devem ter autonomia e independência técnica na sua atuação, pois não é possível a realização de um bom controle quando existe dependência entre o agente fiscaliza dor e o fiscalizado.

O controle interno utilizase da autotutela para garantir a observância ao que fora estabelecido na lei e para garantir que a função administrativa observou critérios de conveniência e oportunidade.

A anulação e a revogação dos atos administrativos ilegais ou inconvenientes e inoportunos são faces do controle interno, bem como o controle finalístico das entidades estatais que possuem personalidade própria, mas estão vinculadas a uma pasta ministerial.

Controle externo legislativo

O controle externo federal será exercido pelo Congresso Nacional com o auxílio do Tribunal de Contas da União (TCU); entretanto essa Corte de Contas não é subordinada ao Parlamento, pois, como já se sabe, as suas atribuições decorrem diretamente da Carta Maior (art. 71 da CF/88).

O auxílio técnico exercido pelo TCU não implica subordinação nem hierarquia, as decisões adotadas em conformidade com a sua competência constitucional não podem ser revistas pelo Parlamento, mas apenas pelo Poder Judiciário[303].

A competência de apreciar através de parecer prévio as contas de governo do Presidente da República em sessenta dias, a fim de que sejam julgadas pelo Congresso Nacional (art. 71, I), não denota qualquer hierarquia mesmo havendo a possibilidade de o Parlamento rejeitar o parecer, pois não há reforma, alteração ou anulação de decisão e sim o acolhimento ou não de um ato praticado na esfera da sua competência constitucional técnicoconsultiva.

---

302 STJ, MS 9.642/DF, rel. Min. Luiz Fux, 1ª Seção, julgado em 23-2-2005, DJ 21-3-2005, p. 204.

303 STF, ADI 4.190 REFMC, rel. Min. Celso de Mello, Tribunal Pleno, julgado em 10-3-2010, DJe105, 11-6-2010.

O inciso II do art. 71 da CF/88 estabelece que o Tribunal de Contas da União tem competência para julgar as contas dos administradores e demais responsáveis por dinheiros, bens e valores públicos da Administração Direta e Indireta, incluídas as fundações e sociedades instituídas e mantidas pelo Poder Público federal, e as contas daqueles que derem causa a perda, extravio ou outra irregularidade de que resulte prejuízo ao erário público.

O vocábulo "julgar" acima descrito tem causado alguma controvérsia na doutrina sobre a natureza jurídica da competência das Cortes de Contas. Alguns autores afirmam que a sua natureza é jurisdicional, mas o STF deixou bem claro tratar-se de julgamento administrativo ao ressalvar a competência revisora do Poder Judiciário, aplicável a todas as decisões dos Tribunais de Contas.

Assim, os Tribunais de Contas não têm atribuição jurisdicional, o seu processo tem **natureza administrativa**. As Cortes de Contas julgam administrativamente as contas de gestão.

Grave problema surge quando o chefe do Executivo é ordenador de despesas. O Presidente da República e os governadores de Estado, em regra, não são ordenadores de despesas, mas os prefeitos podem cumular a direção superior do seu ente com a gestão direta da Administração Pública. Assim, terão contas de governo e de gestão a prestar.

Seria mais apropriada a divisão de competências, a Câmara Municipal julgaria as contas de governo e o Tribunal de Contas do Estado, dos Municípios ou do Município julgaria as contas de gestão, porém o STF, na Rcl 10.493MC/CE, entendeu que ambas as contas são julgadas pela Câmara Municipal, cabendo ao Tribunal de Contas respectivo apenas a emissão do parecer prévio.

A competência do art. 71, III, trata de ato administrativo complexo praticado pela Administração Pública e pela Corte de Contas, no qual esta aprecia, para fins de registro, a legalidade dos atos de admissão de pessoal, a qualquer título, na Administração Direta e Indireta, incluídas as fundações instituídas e mantidas pelo Poder Público – exceto as nomeações para cargo de provimento em comissão –, bem como a das concessões de aposentadorias, reformas e pensões, ressalvadas as melhorias posteriores que não alterem o fundamento legal do ato concessório

Aos Tribunais de Contas compete também, na forma dos incisos IV a XI do art. 71:

IV – realizar, por iniciativa própria, da Câmara dos Deputados, do Senado Federal, de Comissão técnica ou de inquérito, inspeções e auditorias de natureza contábil, financeira, orçamentária, operacional e patrimonial, nas unidades administrativas dos Poderes Legislativo, Executivo e Judiciário, e demais entidades referidas no inciso II;

V – fiscalizar as contas nacionais das empresas supranacionais de cujo capital social a União participe, de forma direta ou indireta, nos termos do tratado constitutivo;

VI – fiscalizar a aplicação de quaisquer recursos repassados pela União mediante convênio, acordo, ajuste ou outros instrumentos congêneres, a Estado, ao Distrito Federal ou a Município;

VII – prestar as informações solicitadas pelo Congresso Nacional, por qualquer de suas Casas, ou por qualquer das respectivas Comissões, sobre a fiscalização contábil, financeira, orçamentária, operacional e patrimonial e sobre resultados de auditorias e inspeções realizadas;

VIII – aplicar aos responsáveis, em caso de ilegalidade de despesa ou irregularidade de contas, as sanções previstas em lei, que estabelecerá, entre outras cominações, multa proporcional ao dano causado ao erário;

IX – assinar prazo para que o órgão ou entidade adote as providências necessárias ao exato cumprimento da lei, se verificada ilegalidade;

X – sustar, se não atendido, a execução do ato impugnado, comunicando a decisão à Câmara dos Deputados e ao Senado Federal;

XI – representar ao Poder competente sobre irregularidades ou abusos apurados.

No caso de contrato, o ato de sustação será adotado diretamente pelo Congresso Nacional, que solicitará, de imediato, ao Poder Executivo as medidas cabíveis (§ 1º do art. 71). Se o Congresso Nacional ou o Poder Executivo, no prazo de noventa dias, não efetivar as medidas previstas, o Tribunal decidirá a respeito (§ 2º do art. 71), portanto em relação a contratos os Tribunais de Contas exercerão competência subsidiária, o que não impede a sua atuação no procedimento licitatório.

As decisões do Tribunal de que resulte imputação de débito ou multa terão eficácia de **título executivo** (§ 3º). Pode haver, todavia, duas relações jurídicas quando o título imputar multa e débito e decorrer de controle externo feito por Corte de Contas estadual exercido sobre Município: a relativa à multa e a relativa ao débito.

A multa terá sido cominada por órgão do Estado, consequentemente deverá ser executada pela Procuradoria do Estado. O débito é do gestor para com o Município, portanto deverá ser executado pelo Município.

A questão não está pacificada no âmbito do Poder Judiciário, havendo decisões entendendo ser do Município a titularidade da execução tanto do débito quanto da multa. Porém, as Cortes de Contas e a melhor doutrina sobre controle externo entendem pela existência de duas relações jurídicas autônomas.

O art. 72 da CF/88 traz uma competência consultiva dos Tribunais de Contas em relação a despesas não autorizadas, ainda que sob a forma de investimentos não programados ou a subsídios não aprovados.

Nestes casos, será elaborado um **parecer obrigatório e vinculante** para a Comissão Mista Permanente de Orçamento e Finanças dos Deputados e Senadores.

O Tribunal de Contas da União, integrado por nove Ministros, tem sede no Distrito Federal, quadro próprio de pessoal e jurisdição em todo o território nacional. Os Ministros serão nomeados dentre brasileiros que satisfaçam os seguintes requisitos:

I – mais de 35 e menos de 65 anos de idade;

II – idoneidade moral e reputação ilibada;

III – notórios conhecimentos jurídicos, contábeis, econômicos e financeiros ou de administração pública;

IV – mais de dez anos de exercício de função ou de efetiva atividade profissional que exija os conhecimentos mencionados no inciso anterior (art. 73, *caput* e § 1º).

Os Ministros serão escolhidos:

I – um terço pelo Presidente da República, com aprovação do Senado Federal, sendo dois alternadamente dentre auditores e membros do Ministério Público junto ao Tribunal, indicados em lista tríplice pelo Tribunal, segundo os critérios de antiguidade e merecimento;

II – dois terços pelo Congresso Nacional (art. 73, § 2º).

Os ministros do Tribunal de Contas da União terão as mesmas garantias, prerrogativas, impedimentos, vencimentos e vantagens dos ministros do STJ (art. 73, §3º). O auditor, quando em substituição a Ministro, terá as mesmas garantias e impedimentos do titular e, quando no exercício das demais atribuições da judicatura, as de juiz de Tribunal Regional Federal (art. 73, § 4º).

Qualquer cidadão, partido político, associação ou sindicato é parte legítima para, na forma da lei, denunciar irregularidades ou ilegalidades perante o Tribunal de Contas da União (art. 74, § 2º).

As normas que tratam do Tribunal de Contas da União aplicamse, no que couber, à organização, composição e fiscalização dos Tribunais de Contas dos Estados e do Distrito Federal, bem como dos Tribunais e Conselhos de Contas dos Municípios. As Constituições estaduais disporão sobre os Tribunais de Contas respectivos, que serão integrados por sete Conselheiros (art. 75).

Não se deve esquecer que a possibilidade de o Congresso Nacional, na forma do inciso V do art. 49 da CF/88, sustar os atos normativos do Poder Executivo que exorbitem do poder regulamentar ou dos limites de delegação legislativa é um dos instrumentos de controle externo da Administração Pública pelo Poder Legislativo.

Por fim, cumpre ressaltar que os Tribunais de Contas possuem também competência consultiva abstrata e normativa em relação às dúvidas afetas às matérias das suas competências vislumbradas pelos gestores da alta hierarquia da Administração Pública. Este tipo de consulta tem sido pouco utilizada pelos gestores, em virtude das supostas limitações e vinculações decorrentes da resposta ofertada, mas se fosse bem utilizada poderia reduzir as condenações impostas aos Administradores Públicos por atos administrativos ilegais ou ilegítimos.

Controle externo jurisdicional da Administração Pública

O direito administrativo do Brasil foi extremamente influenciado pelo direito administrativo da França, mas não se adotou aqui o sistema dualista de jurisdição que consiste na existência de órgão julgador administrativo sem que os órgãos do Poder Judiciário possam alterar o que fora decidido na esfera administrativa.

A jurisdição dualista francesa tem como fonte primordial a Constituição, pois não há como conceber o deslocamento de competências constitucionais da jurisdição comum para uma jurisdição administrativa sem a observância ao princípio da similitude das formas, em virtude de a disciplina geral do Poder Judiciário, nos Estados Democráticos de Direito, estar assentada na Carta Maior.

Apesar da existência das duas jurisdições independentes, o art. 66 da Constituição francesa erige a autoridade judiciária como a guardiã da liberdade individual e da propriedade privada. Assim, certas ações da Administração Pública, quando relacionadas a esses bens jurídicos considerados muito relevantes, ficam sujeitas à magistratura judiciária.

Os conflitos positivos ou negativos de jurisdição entre a administrativa e a judiciária são processados e julgados pelo Tribunal de Conflitos, que é presidido pelo Ministro da Justiça.

A jurisdição administrativa é composta dos Tribunais Administrativos, das Cortes Administrativas de Apelação, do Conselho de Estado e das jurisdições administrativas especializadas.

Os três primeiros órgãos apresentam configuração semelhante às instâncias da Justiça nacional e a jurisdição administrativa especializada apresenta alguma semelhança com as agências reguladoras brasileiras com um ponto distintivo primordial: as decisões das agências não se revestem do manto da coisa julgada.

A Constituição da República Federativa do Brasil de 1988 estabeleceu a jurisdição una, ou seja, somente o Poder Judiciário pode dizer o direito de forma definitiva em todas as matérias e, na forma do inciso XXXV do seu art. 5º, a lei não excluirá da apreciação do Poder Judiciário lesão ou ameaça a direito.

Dessa forma, apesar da grande influência vista sob o aspecto material vinda do direito administrativo francês, no que concerne à jurisdição, adotou-se, no Brasil, o modelo inglês de unicidade.

Não há, consequentemente, **coisa julgada administrativa**[304] no ordenamento jurídico pátrio, existindo apenas a preclusão administrativa de efeitos internos. Entretanto, o *caput* do art. 54 da Lei n. 9.784/99 estabeleceu uma espécie de **inalterabilidade interna do ato ou processo administrativo**[305], visto que é defeso à Administração anular os atos administrativos de que decorram efeitos favoráveis para os destinatários após o prazo de cinco anos, contados da data em que foram praticados, salvo comprovada máfé e ressalvada também a possibilidade de o Poder Judiciário fazê-lo (inciso XXXV do art. 5º da CF/88).

Contudo, alguns autores defendem que se pode usar, no Brasil, a expressão coisa julgada administrativa, apesar da sua característica de definitividade apenas para a Administração Pública.

Deve ser observado que existem limites à apreciação do Poder Judiciário dos atos oriundos da Administração Pública.

Não serão examinados aqui os atos políticos do Poder Executivo, pois, em regra, não são suscetíveis de controle e não são atos da Administração Pública.

---

304 Imutabilidade absoluta de ato ou decisão proferido pela Administração Pública.

305 Imutabilidade relativa, endógena ou interna de ato ou decisão proferido pela Administração Pública.

Os limites que interessam à Administração Pública são os relacionados ao **mérito administrativo**, pois, como já foi demonstrado em passagem anterior, é óbvio que o magistrado, quando provocado, pode apreciar todas as questões relacionadas com a legalidade, proporcionalidade, razoabilidade e adequação dos fundamentos aos fatos reais.

A possibilidade de o Poder Judiciário apreciar os atos da Administração Pública surgiu da evolução histórica das liberdades públicas, pois o Estado que impossibilita a apreciação dos atos administrativos por órgão autônomo e isento não pode ser qualificado como Democrático de Direito.

Apesar de a experiência francesa optar por duas jurisdições – uma delas administrativa –, ambas são dotadas de verdadeira autonomia em relação ao órgão administrativo que editou o ato a ser sindicado.

Essa conquista moderna foi equilibrada com a insindicabilidade da discricionariedade administrativa ou, conforme a doutrina italiana, do mérito administrativo. Como já foi dito no item que tratou do ato administrativo, a maioria da doutrina afirma que, se o ato administrativo for discricionário, tal liberdade do agente público será vista em apenas dois dos seus elementos: o motivo e o objeto, pois os demais, competência, forma e finalidade, são sempre vinculados.

Observe-se que a insindicabilidade não é absoluta, pois o Poder Judiciário somente pode examinar o que exorbita o mérito analisandoo de maneira profunda e detida. O exercício irregular da discricionariedade não tem como parâmetros apenas elementos externos, mas também aspectos internos do seu próprio conteúdo.

A conveniência e a oportunidade, quando exercidas da forma estabelecida na lei, esbarram em três limites jurisdicionais: a realidade, a razoabilidade e a proporcionalidade.

O limite da realidade relaciona-se à eficácia técnica da ação, devendo o objeto ser possível. Diante de um objeto impossível não há como afastar a atuação do Poder Judiciário, inclusive para evitar a dilapidação do patrimônio e dos recursos públicos sem a eficácia esperada.

A proporcionalidade é a relação equilibrada entre causa e consequência, é a imputação balanceada do efeito que envolve lógica (elemento metajurídico). A clássica frase de Jellinek[306] ilustra bem a dificuldade de elaboração de um conceito único de proporcionalidade e a facilidade de percepção do seu conteúdo quando aplicado ao caso concreto.

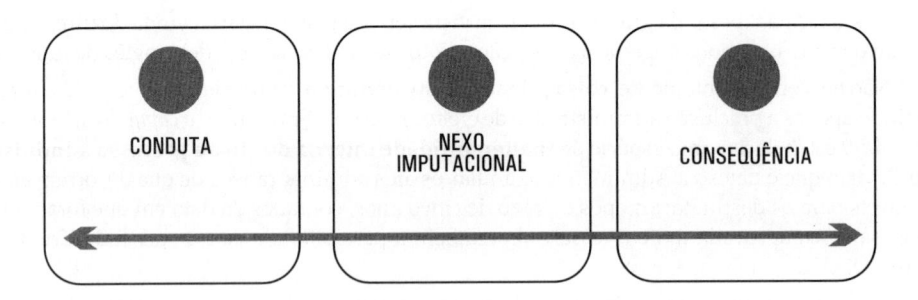

A proporcionalidade pode ser aferida com questionamentos sobre a necessidade, adequação e proporcionalidade estrita do agir discricionário. Se o magistrado entender que foi inobservado este princípio, poderá ultrapassar a fronteira do mérito.

Atualmente, apesar dos benefícios para a sociedade da possibilidade de o Poder Judiciário tocar, em alguns casos, o mérito administrativo, pode ser notada uma grave crise institucional com a judicialização das decisões relativas a políticas públicas.

---

306 "Não se abatem pardais disparando canhões."

A defesa da sociedade não pode servir de subterfúgio para a usurpação de competências constitucionais do Poder Executivo. A possibilidade de grupos sociais de pressão – em virtude do acesso irrestrito ao Poder Judiciário que lhes foi outorgado pela Constituição Federal – substituírem a sua participação legítima na elaboração das leis e dos atos administrativos por ações judiciais não pode ser chancelada de maneira indiscriminada pelos Tribunais.

O Poder Judiciário não deve encantarse com a possibilidade de implantar políticas públicas e sim agir como censor dos seus próprios excessos, sob pena de violação à norma do art. 2º da CF/88 e sob pena de fomentar rupturas institucionais somente sanáveis através de nova Assembleia Nacional Constituinte.

A jurisprudência alemã, antevendo o perigo institucional, construiu o princípio da reserva do possível (*Vorbehalt des Möglichen*). O Tribunal Constitucional da Alemanha (*Bundesverfassungsgericht*), ao julgar questão sobre o direito fundamental ao livre exercício do trabalho do art. 12, item 1, da Constituição alemã (*Grundgesetz*)[307], restringido pelo limitado acesso ao curso universitário de medicina, entendeu que o Estado pode opor a insuficiência de recursos financeiros para deixar de atender plenamente o direito fundamental em questão.

Nesse diapasão, as normas infraconstitucionais restritivas do acesso ao ensino superior, quando fundadas em critérios objetivos e na insuficiência de recursos para possibilitar o ingresso de todos que desejam, não poderão ser reputadas inconstitucionais no direito alemão.

A aplicação da cláusula da reserva do possível para afastar o mínimo existencial ainda não está pacificada no STJ, pois a 1ª Turma a entende oponível e a 2ª Turma, inoponível[308].

A avaliação das políticas públicas distingue-se das funções de fiscalização e controle, pois não é apenas a verificação da observância de normas administrativas ou técnicas, mas tende a comparar os resultados de uma política pública aos objetivos fixados e meios utilizados[309].

A extrema **judicialização** pode inviabilizar coletivamente uma política pública, pois as diversas decisões individuais podem tornar os resultados gerais inexpressivos, satisfazendo os interesses de poucos em detrimento dos interesses de muitos.

Não é fácil para a Administração Pública escolher entre um meio que restringe pouco um direito fundamental, mas, em contrapartida, promove pouco o fim colimado, e um outro meio que, ao mesmo tempo, promove intensamente o fim, mas provoca restrições a direitos fundamentais na mesma intensidade[310].

A Constituição Federal de 1988 ofertou exemplificativamente os seguintes instrumentos de controle judicial da Administração Pública: *habeas data*, mandado de injunção, mandado de segurança, ação popular e ação civil pública.

Controle e a Lei de Introdução às Normas do Direito Brasileiro

Não há questionamento de que vigora na Administração Pública direta e indireta de todos os entes da Federação a máxima "na dúvida, é melhor decidir contra o particular". O legislador, atento às questões de insegurança jurídica e técnica que tocam a atividade do agente público, procurou, com base em critérios objetivos, conferir mais segurança à atuação legal em favor do administrado, inclusive para reduzir a busca ao Poder Judiciário e reduzir a litigiosidade contra o Estado.

---

307 "Todos os alemães têm direito de livre escolha de profissão, emprego e formação profissional. O exercício de uma profissão pode ser regulamentado por meio de lei ou em razão de determinação legal."

308 STJ, RMS 28.962/MG, rel. Min. Benedito Gonçalves, 1ª Turma, julgado em 25-8-2009, *DJe* 3-9-2009, *LEXSTJ* v. 242, p. 55.

STJ, REsp 1.185.474/SC, rel. Min. Humberto Martins, 2ª Turma, julgado em 20-4-2010, *DJe* 29-4-2010.

309 LOMBARD, Martine. *Droit administratif*. 4. ed. Paris: Dalloz, 2001.

310 STJ, REsp 1.132.476PR (2009/00623896), rel. Min. Humberto Martins.

No dia 25 de abril de 2018, foi editada a Lei n. 13.655/2018 que, alterando a Lei de Introdução às Normas do Direito Brasileiro, dispôs sobre segurança jurídica e eficiência na criação e na aplicação do direito público.

Estabeleceu-se que, nas esferas administrativa, controladora e judicial, não se decidirá com base em valores jurídicos abstratos sem que sejam consideradas as **consequências práticas da decisão**.

O administrado terá como avaliar os critérios objetivamente usados pela administração para decidir.

A motivação demonstrará a necessidade e a adequação da medida imposta ou da invalidação de ato, contrato, ajuste, processo ou norma administrativa, inclusive em face das possíveis alternativas.

A decisão que, nas esferas administrativa, controladora ou judicial, decretar a invalidação de ato, contrato, ajuste, processo ou norma administrativa deverá indicar de modo expresso suas **consequências jurídicas e administrativas.**

A decisão deverá, quando for o caso, indicar as condições para que a regularização ocorra de modo proporcional e equânime e sem prejuízo aos interesses gerais, não se podendo impor aos sujeitos atingidos ônus ou perdas que, em função das peculiaridades do caso, sejam anormais ou excessivos.

A busca por alternativas possibilitará a adoção do princípio da eficiência para a Administração Pública e da menor lesividade para o administrado.

Na interpretação de normas sobre gestão pública, serão considerados os obstáculos e as dificuldades reais do gestor e as exigências das políticas públicas a seu cargo, sem prejuízo dos direitos dos administrados.

Em decisão sobre regularidade de conduta ou validade de ato, contrato, ajuste, processo ou norma administrativa, serão consideradas as circunstâncias práticas que houverem imposto, limitado ou condicionado a ação do agente.

Na aplicação de sanções, serão consideradas a natureza e a gravidade da infração cometida, os danos que dela provierem para a Administração Pública, as circunstâncias agravantes ou atenuantes e os antecedentes do agente. As sanções aplicadas ao agente serão levadas em conta na dosimetria das demais sanções de mesma natureza e relativas ao mesmo fato.

A decisão administrativa, controladora ou judicial que estabelecer interpretação ou orientação nova sobre norma de conteúdo indeterminado, impondo novo dever ou novo condicionamento de direito, deverá prever regime de transição quando indispensável para que o novo dever ou condicionamento de direito seja cumprido de modo proporcional, equânime e eficiente e sem prejuízo aos interesses gerais.

A revisão, nas esferas administrativa, controladora ou judicial, quanto à validade de ato, contrato, ajuste, processo ou norma administrativa cuja produção já se houver completado levará em conta as orientações gerais da época, sendo vedado que, com base em mudança posterior de orientação geral, se declarem inválidas situações plenamente constituídas. Consideram-se orientações gerais as interpretações e especificações contidas em atos públicos de caráter geral ou em jurisprudência judicial ou administrativa majoritária, e ainda as adotadas por prática administrativa reiterada e de amplo conhecimento público.

Para eliminar irregularidade, incerteza jurídica ou situação contenciosa na aplicação do direito público, inclusive no caso de expedição de licença, a autoridade administrativa poderá, após oitiva do órgão jurídico e, quando for o caso, após realização de consulta pública, e presentes razões de relevante interesse geral, celebrar compromisso com os interessados, observada a legislação aplicável, o qual só produzirá efeitos a partir de sua publicação oficial.

A decisão do processo, nas esferas administrativa, controladora ou judicial, poderá impor compensação por benefícios indevidos ou prejuízos anormais ou injustos resultantes do processo ou da conduta dos envolvidos.

A decisão sobre a compensação será motivada, ouvidas previamente as partes sobre seu cabimento, sua forma e, se for o caso, seu valor. Para prevenir ou regular a compensação, poderá ser celebrado compromisso processual entre os envolvidos.

O agente público responderá pessoalmente por suas decisões ou opiniões técnicas em caso de dolo ou erro grosseiro.

Em qualquer órgão ou Poder, a edição de atos normativos por autoridade administrativa, salvo os de mera organização interna, poderá ser precedida de consulta pública para manifestação de interessados, preferencialmente por meio eletrônico, a qual será considerada na decisão.

A convocação conterá a minuta do ato normativo e fixará o prazo e demais condições da consulta pública, observadas as normas legais e regulamentares específicas, se houver.

As autoridades públicas devem atuar para aumentar a segurança jurídica na aplicação das normas, inclusive por meio de regulamentos, súmulas administrativas e respostas a consultas. Os instrumentos em tela terão caráter vinculante em relação ao órgão ou entidade a que se destinam, até ulterior revisão.

Os novos artigos que tratam de direito administrativo da Lei de Introdução às Normas do Direito Brasileiro foram regulamentados pelo Decreto n. 9.830/2019.

Motivação e decisão

A decisão será motivada com a contextualização dos fatos, quando cabível, e com a indicação dos fundamentos de mérito e jurídicos. A motivação da decisão:

I – conterá os seus fundamentos e apresentará a congruência entre as normas e os fatos que a embasaram, de forma argumentativa;

II – indicará as normas, a interpretação jurídica, a jurisprudência ou a doutrina que a embasaram;

III – poderá ser constituída por declaração de concordância com o conteúdo de notas técnicas, pareceres, informações, decisões ou propostas que precederam a decisão.

A decisão que se basear exclusivamente em valores jurídicos abstratos observará o disposto acima e as consequências práticas da decisão. Consideram-se valores jurídicos abstratos aqueles previstos em normas jurídicas com alto grau de indeterminação e abstração.

Na indicação das consequências práticas da decisão, o decisor apresentará apenas aquelas consequências práticas que, no exercício diligente de sua atuação, consiga vislumbrar diante dos fatos e fundamentos de mérito e jurídicos.

A motivação demonstrará a necessidade e a adequação da medida imposta, inclusive consideradas as possíveis alternativas e observados os critérios de adequação, proporcionalidade e de razoabilidade.

A decisão que decretar invalidação de atos, contratos, ajustes, processos ou normas administrativos declinará os elementos de motivação e indicará, de modo expresso, as suas consequências jurídicas e administrativas.

A consideração das consequências jurídicas e administrativas é limitada aos fatos e fundamentos de mérito e jurídicos que se espera do decisor no exercício diligente de sua atuação.

A motivação demonstrará a necessidade e a adequação da medida imposta, consideradas as possíveis alternativas e observados os critérios de proporcionalidade e de razoabilidade.

Quando cabível, a decisão de invalidação indicará, na modulação de seus efeitos, as condições para que a regularização ocorra de forma proporcional e equânime e sem prejuízo aos interesses gerais.

Na declaração de invalidade de atos, contratos, ajustes, processos ou normas administrativos, o decisor poderá, consideradas as consequências jurídicas e administrativas da decisão para a Administração Pública e para o administrado:

I – restringir os efeitos da declaração; ou

II – decidir que sua eficácia se iniciará em momento posteriormente definido.

A modulação dos efeitos da decisão buscará a mitigação dos ônus ou das perdas dos administrados ou da Administração Pública que sejam anormais ou excessivos em função das peculiaridades do caso.

Revisão quanto à validade por mudança de orientação geral

Considera-se nova interpretação ou nova orientação aquela que altera o entendimento anterior consolidado.

A decisão administrativa que estabelecer interpretação ou orientação nova sobre norma de conteúdo indeterminado e impuser novo dever ou novo condicionamento de direito, preverá regime de transição, quando indispensável para que o novo dever ou o novo condicionamento de direito seja cumprido de modo proporcional, equânime e eficiente e sem prejuízo aos interesses gerais.

A instituição do regime de transição será motivada. A motivação considerará as condições e o tempo necessário para o cumprimento proporcional, equânime e eficiente do novo dever ou do novo condicionamento de direito e os eventuais prejuízos aos interesses gerais.

Interpretação de normas sobre gestão pública

Na interpretação de normas sobre gestão pública, serão considerados os obstáculos, as dificuldades reais do agente público e as exigências das políticas públicas a seu cargo, sem prejuízo dos direitos dos administrados.

Na decisão sempre motivada sobre a regularidade de conduta ou a validade de atos, contratos, ajustes, processos ou normas administrativos, serão consideradas as circunstâncias práticas que impuseram, limitaram ou condicionaram a ação do agente público.

Compensação

A decisão do processo administrativo poderá impor diretamente à pessoa obrigada compensação por benefícios indevidos ou prejuízos anormais ou injustos resultantes do processo ou da conduta dos envolvidos, com a finalidade de evitar procedimentos contenciosos de ressarcimento de danos.

A decisão do processo administrativo é de competência da autoridade pública, que poderá exigir compensação por benefícios indevidamente fruídos pelo particular ou por prejuízos resultantes do processo ou da conduta do particular.

A compensação será motivada e será precedida de manifestação das partes obrigadas sobre seu cabimento, sua forma e, se for o caso, seu valor. Além disso, poderá ser efetivada por meio do compromisso com os interessados.

Compromisso

Na hipótese de a autoridade entender conveniente para eliminar irregularidade, incerteza jurídica ou situações contenciosas na aplicação do direito público, poderá celebrar compromisso com os interessados, observada a legislação aplicável e as seguintes condições:

I – após oitiva do órgão jurídico;

II – após realização de consulta pública, caso seja cabível; e

III – presença de razões de relevante interesse geral.

A decisão de celebrar o compromisso será motivada. O compromisso:

I – buscará solução proporcional, equânime, eficiente e compatível com os interesses gerais;

II – não poderá conferir desoneração permanente de dever ou condicionamento de direito reconhecido por orientação geral; e

III – preverá:

    a)   as obrigações das partes;

    b)   o prazo e o modo para seu cumprimento;

    c)   a forma de fiscalização quanto a sua observância;

    d)   os fundamentos de fato e de direito;

    e)   a sua eficácia de título executivo extrajudicial; e

    f)   as sanções aplicáveis em caso de descumprimento.

O compromisso firmado somente produzirá efeitos a partir de sua publicação. O processo que subsidiar a decisão de celebrar o compromisso será instruído com:

I – o parecer técnico conclusivo do órgão competente sobre a viabilidade técnica, operacional e, quando for o caso, sobre as obrigações orçamentáriofinanceiras a serem assumidas;

II – o parecer conclusivo do órgão jurídico sobre a viabilidade jurídica do compromisso, que conterá a análise da minuta proposta;

III – a minuta do compromisso, que conterá as alterações decorrentes das análises técnica e jurídica previstas acima; e

IV – a cópia de outros documentos que possam auxiliar na decisão de celebrar o compromisso.

Na hipótese de o compromisso depender de autorização do Advogado-Geral da União e de Ministro de Estado ou ser firmado pela Advocacia-Geral da União, será acompanhado de manifestação de interesse da autoridade máxima do órgão ou da entidade da Administração Pública na celebração do compromisso.

A decisão final quanto à celebração do compromisso será do Advogado-Geral da União.

Termo de ajustamento de gestão

Poderá ser celebrado termo de ajustamento de gestão entre os agentes públicos e os órgãos de controle interno da Administração Pública com a finalidade de corrigir falhas apontadas em ações de controle, aprimorar procedimentos, assegurar a continuidade da execução do objeto, sempre que possível, e garantir o atendimento do interesse geral.

A decisão de celebrar o termo de ajustamento de gestão será motivada. Não será celebrado termo de ajustamento de gestão na hipótese de ocorrência de dano ao erário praticado por agentes públicos que agirem com dolo ou erro grosseiro.

A assinatura de termo de ajustamento de gestão será comunicada ao órgão central do sistema de controle interno.

Linhas de defesa

A Lei n. 14.133/2021 estabelece um conjunto de mecanismos voltados à governança e controle das licitações e contratos, que revelam sensível aperfeiçoamento do marco regulatório, estimulando-se a gestão inteligente, integridade das atividades administrativas, tal como a participação e controle social.

O art. 169 configura as seguintes linhas de defesa, com vistas à gestão de riscos, controle preventivo de legalidade, eficiência, eficácia e efetividade das contratações públicas:

    (i)   primeira linha de defesa: integrada por servidores e empregados públicos, agentes de licitação e autoridades que atuam na estrutura de governança do órgão ou entidade;

    (ii)   segunda linha de defesa, integrada pelas unidades de assessoramento jurídico e de controle interno do próprio órgão ou entidade;

(iii) terceira linha de defesa, integrada pelo órgão central de controle interno da Administração e pelo tribunal de contas.

O dispositivo conforma-se ao conceito de barreiras de contenção sucessivas, sendo a primeira barreira inerente aos agentes de contratação e a última ao órgão de controle externo.

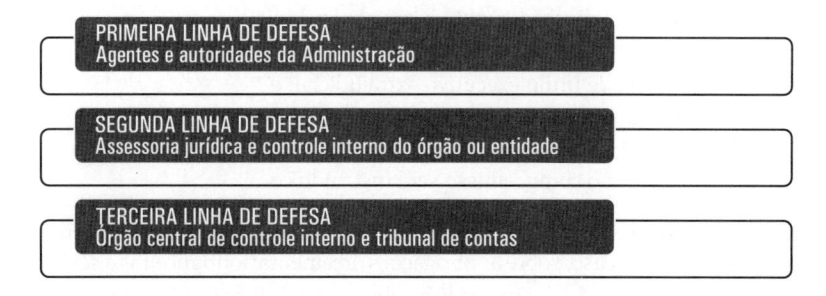

O conceito de linhas de defesa é bastante difundido nos manuais internacionais de auditoria, com destaque para o Committee of Sponsoring Organizations of the Treadway Commission (COSO).

Primeira linha de defesa

A primeira linha de defesa é formada pelos agentes engajados nas atividades de licitação e contratos: agentes de contratação, comissões de contratação, equipes de apoio, gestores e fiscais de contrato e autoridades tomadoras de decisão.

Esses agentes experimentam o dia a dia das licitações e contratos, atividades que integram suas rotinas, e devem contar com o apoio da alta gestão para o aperfeiçoamento de seus modelos de trabalho e gestão de riscos.

Os agentes da primeira linha de defesa são os que oferecem os mais importantes subsídios para o mapeamento de processos e gestão de riscos, aproveitando-se da experiência em casos concretos.

Segunda linha de defesa

A segunda linha de defesa é formada pelos agentes incumbidos precipuamente de atividades de controle interno, consultoria e assessoramento jurídico, e visa à verificação de conformidade técnica, financeira e jurídica dos atos praticados pela Administração.

Os integrantes da segunda linha de defesa devem trabalhar em estrita cooperação com os gestores responsáveis pelas licitações e contratações, com vistas à constatação prematura de falhas ou oportunidades de melhoria, tal como a coleta de informações para a formação de uma visão de riscos propícia ao funcionamento e atividades desenvolvidas pelo órgão ou entidade.

As funções de segunda linha de defesa incluem comumente atividades que requerem conhecimento especializado em gerenciamento de riscos, segurança da informação, controle financeiro, qualidade, saúde, avaliação da conformidade, sustentabilidade, logística e direito[311].

Normalmente, as atividades de segunda linha de defesa são segregadas das atividades operacionais, de modo que não participam diretamente da gestão, embora seja desejável seu assessoramento.

Terceira linha de defesa

A terceira linha de defesa é formada principalmente pelos auditores internos, que atuam com vistas ao controle das funções institucionais do órgão ou entidade, zelando pela conformidade às leis.

---

311 ANDERSON, Douglas, J.; EUBANKS, Gina. *Leveraging coso across the three lines of defense*. COSO, 2015.

A auditoria interna deve ser unidade dotada de independência funcional, ligada diretamente à alta direção, de modo a não guardar qualquer relação de subordinação hierárquica com as unidades auditadas.

É recomendável a elaboração de planos de auditoria, em que contidos elementos de planejamento para as atividades de controle por serem desenvolvidas em período determinado, o que não impede a realização de auditorias extraordinárias, sempre que constatada a necessidade.

Da terceira linha de defesa deflui relação biunívoca entre as unidades de controle interno e os órgãos de controle externo, máxime quanto ao que dispõe o art. 74, IV, § 1º, da Constituição Federal.

Os órgãos de contas – na União, o TCU – não ostentam atribuição jurisdicional, posto que seus processos têm natureza administrativa. É inegável, porém, que na seara administrativa suas decisões são definitivas, delas resultando, inclusive, eficácia de título executivo, por força do art. 71, § 3º, da Constituição da República: "As decisões do Tribunal de que resulte imputação de débito ou multa terão eficácia de título executivo".

Da competência conferida à Corte de Contas para a imposição de sanções aos administradores ou responsáveis pelos atos ou negócios públicos decorre importante aspecto preventivo, haja vista a expectativa de controle, bem como a atuação repressiva no combate à fraude e outros meios de ofensa à lei ou lesão ao erário[312].

Desse pressuposto de responsabilidade que pesa sobre os administradores públicos deflui uma relação biunívoca entre as unidades de controle interno e os órgãos de controle externo, máxime quanto ao que dispõe o art. 74, IV, § 1º, da Constituição Federal:

> Art. 74. Os Poderes Legislativo, Executivo e Judiciário manterão, de forma integrada, sistema de controle interno com a finalidade de:
>
> [...]
>
> IV – apoiar o controle externo no exercício de sua missão institucional.
>
> § 1º Os responsáveis pelo controle interno, ao tomarem conhecimento de qualquer irregularidade ou ilegalidade, dela darão ciência ao Tribunal de Contas da União, sob pena de responsabilidade solidária.

É incisivo o Texto Supremo quando impõe aos agentes de controle interno responsabilidade solidária por omissão diante de irregularidades ou ilegalidades praticadas pela Administração. Daí a necessária análise dos procedimentos licitatórios pela unidade de controle interno previamente à instauração do certame e à sua homologação[313].

Não existe nenhum vínculo funcional tampouco hierárquico entre o controle interno e o tribunal de contas, e entendimento contrário importaria em flagrante violação ao pacto federativo (art. 2º da Constituição da República).

Entretanto, a opção do constituinte delineou-se a fim de construir uma estrutura de controle transcendente aos limites de cada Poder, porque o cumprimento da lei, editada mediante processo legislativo por atuação de representantes do povo, independe dos interesses *interna corporis* dos Poderes do Estado.

Por isso, a unidade de controle interno deve atuar operacionalmente como uma *longa manus* da corte de contas, porque "apoiar o controle externo no exercício de sua missão institucional" é um mister que não se limita a abrir as portas aos auditores, mas adotar na rotina da Administração a conduta proativa de fazer cumprir a lei.

No cumprimento da missão constitucional de controle é comum que surjam certas dissidências entre a Administração e o Controle Interno, o que nos parece compreensível diante da constatação

---

312 O art. 58 da Lei n. 8.443/1992 dispõe em seus incisos sobre as condutas irregulares na gestão das contas públicas, ensejando-se a cominação de multa aos responsáveis.

313 Considerando-se que o disposto no art. 38, VI, da Lei de Licitações e Contratos constitua matéria de atribuição da Assessoria Jurídica.

de que os administradores têm à sua frente demandas prementes para as quais devem apresentar soluções, enquanto os agentes de controle interno devem assegurar que as medidas administrativas não ocorram ao arrepio da Constituição e das leis.

Ambos têm em comum o mesmo interesse: a satisfação das necessidades públicas, embora seus olhares sobre a atuação administrativa provenham de ângulos distintos. Para o Controle Interno, o ponto primeiro de apreciação das questões resume-se na garantia de que a eficiência administrativa não pode estar acima da lei[314].

Conquanto controvertida a inclusão da jurisprudência entre as fontes do direito[315], na tarefa de fiscalizar o cumprimento da lei, o controle interno tem no repositório jurisprudencial uma importante referência para o alcance da norma jurídica.

Consulta pública

A edição de atos normativos por autoridade administrativa poderá ser precedida de consulta pública para manifestação de interessados, preferencialmente por meio eletrônico. A decisão pela convocação de consulta pública será motivada.

A convocação de consulta pública conterá a minuta do ato normativo, disponibilizará a motivação do ato e fixará o prazo e as demais condições.

A autoridade decisora não será obrigada a comentar ou considerar individualmente as manifestações apresentadas e poderá agrupar manifestações por conexão e eliminar aquelas repetitivas ou de conteúdo não conexo ou irrelevante para a matéria em apreciação.

As propostas de consulta pública que envolverem atos normativos sujeitos a despacho presidencial serão formuladas nos termos do disposto no Decreto n. 9.191/2017.

As autoridades públicas atuarão com vistas a aumentar a segurança jurídica na aplicação das normas, inclusive por meio de normas complementares, orientações normativas, súmulas, enunciados e respostas a consultas.

Os instrumentos previstos acima terão caráter vinculante em relação ao órgão ou à entidade da Administração Pública a que se destinarem, até ulterior revisão.

Art. 170. Os órgãos de controle adotarão, na fiscalização dos atos previstos nesta Lei, critérios de oportunidade, materialidade, relevância e risco e considerarão as razões apresentadas pelos órgãos e entidades responsáveis e os resultados obtidos com a contratação, observado o disposto no § 3º do art. 169 desta Lei.

§ 1º As razões apresentadas pelos órgãos e entidades responsáveis deverão ser encaminhadas aos órgãos de controle até a conclusão da fase de instrução do processo e não poderão ser desentranhadas dos autos.

---

314 Essa submissão incondicional da Administração Pública à lei se explica a partir do evento histórico de transição do *Ancien Régime* para o Estado moderno, em sua acepção clássica, quando o império da lei, como instrumento a serviço da liberdade, ganha conteúdo em contraposição à ideia de governo dos soberanos. Assim, erige-se no estado de direito democrático a concepção de que o agir administrativo está vinculado aos termos da lei, porque na lei subsiste a expressa manifestação da vontade do povo, verdadeiro titular do poder. Como ensina Marinoni, o princípio da legalidade tinha estreita ligação com o princípio da liberdade, valor perseguido pelo Estado liberal a partir das ideias de que a Administração apenas podia fazer o que a lei autorizasse. Nessa época o Poder Legislativo exercia a função de maior relevo no Estado. A respeito: MARINONI, Luiz Guilherme. *Teoria geral do processo.* 3. ed. São Paulo: RT, 2008. p. 29.

315 Alguns doutrinadores consideram que os juízes e tribunais apenas devem julgar de acordo com o direito já expresso por outras fontes; outros entendem que os próprios juízes e tribunais, através de suas decisões, dão expressão às normas jurídicas até então não declaradas por qualquer das outras fontes. Cf. CINTRA, Antônio Carlos de Araújo; GRINOVER, Ada Pellegrini; DINAMARCO, Cândido Rangel. *Teoria geral do processo.* 18. ed. São Paulo: Malheiros, 2004. p. 94.

§ 2º A omissão na prestação das informações não impedirá as deliberações dos órgãos de controle nem retardará a aplicação de qualquer de seus prazos de tramitação e de deliberação.

§ 3º Os órgãos de controle desconsiderarão os documentos impertinentes, meramente protelatórios ou de nenhum interesse para o esclarecimento dos fatos.

§ 4º Qualquer licitante, contratado ou pessoa física ou jurídica poderá representar aos órgãos de controle interno ou ao tribunal de contas competente contra irregularidades na aplicação desta Lei.

DISPOSITIVO CORRELATO (Lei n. 8.666/93)

Art. 113. [...]

§ 1º Qualquer licitante, contratado ou pessoa física ou jurídica poderá representar ao Tribunal de Contas ou aos órgãos integrantes do sistema de controle interno contra irregularidades na aplicação desta Lei, para os fins do disposto neste artigo.

COMENTÁRIOS

O art. 170 da Lei n. 14.133/2021 fixa diretrizes para a atuação dos órgãos de controle.

Otimização

Os órgãos de controle devem pautar-se em critérios de oportunidade, materialidade, relevância e risco das licitações e contratações.

Promovendo-se em determinado órgão ou entidade a licitação dotada de alto grau de risco, contemplada com significativa fatia da dotação orçamentária, não é razoável que o órgão de controle disperse sua energia e esforço para a fiscalização de questões de menor importância.

É impossível fiscalizar tudo. Portanto, no planejamento das atividades de fiscalização, deve-se atuar com inteligência em busca do resultado ótimo.

Vinculação das razões apresentadas

As razões apresentadas pelos órgãos e entidades responsáveis, encaminhadas aos órgãos de controle até a conclusão da fase de instrução do processo, serão consideradas na função de controle interno e externo.

O § 1º do art. 170 da Lei n. 14.133/2021 determina que as razões apresentadas pelos órgãos e entidades não poderão ser desentranhadas dos autos.

Do comando normativo infere-se o exame da motivação dos atos levados a efeito nas licitações, a invocar a teoria dos motivos determinantes.

A motivação dos atos administrativos decorre do princípio da motivação. É a razão ou justificativa de decidir; representa a fundamentação fática e jurídica do ato implementado. Não é somente a exposição dos motivos, mas a explicação do objeto adotado em relação aos motivos observados. Deve ser exteriorizada antes ou durante a edição do ato, não podendo ser posterior, sob pena de invalidade.

A **teoria dos motivos determinantes** ilustra que os atos administrativos, ainda que independam de motivação, quando motivados ficam vinculados aos motivos ou causas expostos.

Art. 171. Na fiscalização de controle será observado o seguinte:

I – viabilização de oportunidade de manifestação aos gestores sobre possíveis propostas de encaminhamento que terão impacto significativo nas rotinas de trabalho dos órgãos e entidades fiscalizados, a fim de que eles disponibilizem subsídios para avaliação prévia da relação entre custo e benefício dessas possíveis proposições;

II – adoção de procedimentos objetivos e imparciais e elaboração de relatórios tecnicamente fundamentados, baseados exclusivamente nas evidências obtidas e organizados de acordo com as normas de auditoria do respectivo órgão de controle, de modo a evitar que interesses pessoais e interpretações tendenciosas interfiram na apresentação e no tratamento dos fatos levantados;

III – definição de objetivos, nos regimes de empreitada por preço global, empreitada integral, contratação semi-integrada e contratação integrada, atendidos os requisitos técnicos, legais, orçamentários e financeiros, de acordo com as finalidades da contratação, devendo, ainda, ser perquirida a conformidade do preço global com os parâmetros de mercado para o objeto contratado, considerada inclusive a dimensão geográfica.

§ 1º Ao suspender cautelarmente o processo licitatório, o tribunal de contas deverá pronunciar-se definitivamente sobre o mérito da irregularidade que tenha dado causa à suspensão no prazo de 25 (vinte e cinco) dias úteis, contado da data do recebimento das informações a que se refere o § 2º deste artigo, prorrogável por igual período uma única vez, e definirá objetivamente:

I – as causas da ordem de suspensão;

II – o modo como será garantido o atendimento do interesse público obstado pela suspensão da licitação, no caso de objetos essenciais ou de contratação por emergência.

§ 2º Ao ser intimado da ordem de suspensão do processo licitatório, o órgão ou entidade deverá, no prazo de 10 (dez) dias úteis, admitida a prorrogação:

I – informar as medidas adotadas para cumprimento da decisão;

II – prestar todas as informações cabíveis;

III – proceder à apuração de responsabilidade, se for o caso.

§ 3º A decisão que examinar o mérito da medida cautelar a que se refere o § 1º deste artigo deverá definir as medidas necessárias e adequadas, em face das alternativas possíveis, para o saneamento do processo licitatório, ou determinar a sua anulação.

§ 4º O descumprimento do disposto no § 2º deste artigo ensejará a apuração de responsabilidade e a obrigação de reparação do prejuízo causado ao erário.

COMENTÁRIOS

O agente público somente poderá ser responsabilizado por suas decisões ou opiniões técnicas se agir ou se omitir com dolo, direto ou eventual, ou cometer erro grosseiro, no desempenho de suas funções.

Considera-se erro grosseiro aquele manifesto, evidente e inescusável praticado com culpa grave, caracterizado por ação ou omissão com elevado grau de negligência, imprudência ou imperícia.

Não será configurado dolo ou erro grosseiro do agente público se não restar comprovada, nos autos do processo de responsabilização, situação ou circunstância fática capaz de caracterizar o dolo ou o erro grosseiro.

O mero nexo de causalidade entre a conduta e o resultado danoso não implica responsabilização, exceto se comprovado o dolo ou o erro grosseiro do agente público.

A complexidade da matéria e das atribuições exercidas pelo agente público será considerada em eventual responsabilização do agente público.

O montante do dano ao erário, ainda que expressivo, não poderá, por si só, ser elemento para caracterizar o erro grosseiro ou o dolo.

A responsabilização pela opinião técnica não se estende de forma automática ao decisor que a adotou como fundamento de decidir e somente se configurará se estiverem presentes elementos suficientes para o decisor aferir o dolo ou o erro grosseiro da opinião técnica ou se houver conluio entre os agentes.

No exercício do poder hierárquico, só responderá por culpa *in vigilando* aquele cuja omissão caracterizar erro grosseiro ou dolo.

O disposto acima não exime o agente público de atuar de forma diligente e eficiente no cumprimento dos seus deveres constitucionais e legais.

Análise de regularidade da decisão

A análise da regularidade da decisão não poderá substituir a atribuição do agente público, dos órgãos ou das entidades da Administração Pública no exercício de suas atribuições e competências, inclusive quanto à definição de políticas públicas.

A atuação de órgãos de controle privilegiará ações de prevenção antes de processos sancionadores.

A eventual estimativa de prejuízo causado ao erário não poderá ser considerada isolada e exclusivamente como motivação para se concluir pela irregularidade de atos, contratos, ajustes, processos ou normas administrativos.

Direito de regresso, defesa judicial e extrajudicial

No âmbito do Poder Executivo federal, o direito de regresso previsto no § 6º do art. 37 da Constituição somente será exercido na hipótese de o agente público ter agido com dolo ou erro grosseiro em suas decisões ou opiniões técnicas, nos termos do disposto no art. 28 do Decreto-lei n. 4.657/42, e com observância aos princípios constitucionais da proporcionalidade e da razoabilidade.

O agente público federal que tiver que se defender, judicial ou extrajudicialmente, por ato ou conduta praticada no exercício regular de suas atribuições institucionais, poderá solicitar à Advocacia-Geral da União que avalie a verossimilhança de suas alegações e a consequente possibilidade de realizar sua defesa, nos termos do disposto no art. 22 da Lei n. 9.028/95, e nas demais normas de regência.

Decisão que impuser sanção ao agente público

A decisão que impuser sanção ao agente público considerará:

I – a natureza e a gravidade da infração cometida;
II – os danos que dela provierem para a administração pública;
III – as circunstâncias agravantes ou atenuantes;
IV – os antecedentes do agente;
V – o nexo de causalidade; e
VI – a culpabilidade do agente.

A motivação da decisão acima observará o estabelecido no decreto em estudo. As sanções aplicadas ao agente público serão levadas em conta na dosimetria das demais sanções da mesma natureza e relativas ao mesmo fato.

O disposto no decreto em comento não afasta a possibilidade de aplicação de sanções previstas em normas disciplinares, inclusive nos casos de ação ou de omissão culposas de natureza leve.

Art. 172. (Vetado).

COMENTÁRIOS

O dispositivo vetado tratava da observância das súmulas do TCU, com o fim de assegurar uniformidade de entendimentos e segurança jurídica, exigindo-se a fundamentação de decisão não aderente aos seus enunciados, nos seguintes termos:

Art. 172. Os órgãos de controle deverão orientar-se pelos enunciados das súmulas do Tribunal de Contas da União relativos à aplicação desta Lei, de modo a garantir uniformidade de entendimentos e a propiciar segurança jurídica aos interessados.

Parágrafo único. A decisão que não acompanhar a orientação a que se refere o *caput* deste artigo deverá apresentar motivos relevantes devidamente justificados.

O fim almejado pelo legislador é salutar: promover segurança jurídica. Mas o comando legal sobredito careceria de força normativa ante a autonomia dos tribunais de contas dos Estados, dispostos pelas Constituições Estaduais, consoante o art. 75, parágrafo único, da Constituição da República.

Não é possível aplicar aos tribunais de contas a mesma lógica a reger a atuação dos tribunais de superposição, no âmbito do Poder Judiciário, que é uno. Convém ressaltar que, mesmo no Poder Judiciário, tal prerrogativa não se aplica sequer às súmulas do STJ, corte competente para a interpretação da legislação federal, consoante o art. 105 da CRFB.

Significa dizer: o STJ não tem competência constitucional para impor sua jurisprudência aos Tribunais de Justiça. Tal efeito decorre tão somente das súmulas vinculantes editadas pelo STF, na forma do art. 103-A da CRFB, que obrigam tanto o Judiciário quanto a Administração.

Conquanto as decisões do TCU sejam definitivas, das quais resulta eficácia de título executivo, por força do art. 71, § 3º, da CRFB, há de se salientar que o órgão não tem competência jurisdicional, posto que seu processo tem natureza administrativa. A esse respeito, o STF asseverou tratar--se de julgamento administrativo, ao ressalvar a competência revisora do Poder Judiciário, aplicável a todas as decisões dos tribunais de contas[316].

Considere-se situação em que determinado TCE profira decisão que, conquanto contrarie súmula do TCU, seja editada em observância à Constituição Federal, à Constituição do Estado, à Lei Orgânica do TCE e às demais normas de regência. Não parece plausível a responsabilização dos conselheiros, cuja atribuição emana do Texto Constitucional.

A inexistência de força vinculante, porém, não afeta a relevância dos enunciados da Corte de Contas da União como fonte do direito e referencial para a uniformização de entendimentos nos diversos órgãos de controle externo.

Art. 173. Os tribunais de contas deverão, por meio de suas escolas de contas, promover eventos de capacitação para os servidores efetivos e empregados públicos designados para o desempenho das funções essenciais à execução desta Lei, incluídos cursos presenciais e a distância, redes de aprendizagem, seminários e congressos sobre contratações públicas.

COMENTÁRIOS

O art. 7º, II, da Lei n. 14.133/2021 determina à autoridade máxima do órgão ou da entidade que na designação de agentes públicos para o desempenho de funções relacionadas a licitações e contratos, que esses agentes tenham atribuições relacionadas a licitações e contratos ou possuam formação compatível ou qualificação atestada por certificação profissional emitida por escola de governo criada e mantida pelo Poder Público.

Logo, a autoridade não poderá designar agentes públicos à sua livre e irrestrita escolha para atuação na área de licitações e contratos, porquanto a lei impõe limites para a aferição da discricionariedade.

São alternativos os pressupostos de comprovação: atribuições relacionadas a licitações e contratos; formação compatível ou; qualificação profissional emitida por escola de governo. Dessarte, a lei elenca três opções para a aferição da capacidade do agente público: a atribuição – constatada

---

316 COUTO, Reinaldo. *Curso de direito administrativo:* segundo a jurisprudência do STJ e do STF. São Paulo: Atlas, 2011.

por experiência pretérita ou exercício de cargo ou função específica –, a formação – sendo razoável que compreenda os níveis superior e técnico –, ou, na ausência de um desses elementos, a capacitação profissional.

O art. 173 atribui às escolas de contas a função de promover eventos de capacitação de agentes públicos vocacionados para a atuação na área de licitações e contratos. Com efeito, as escolas de contas tradicionalmente desempenham essa atividade, que agora assume a dimensão jurídica de obrigação legal.

A interação entre os órgãos de controle e órgão e entidades contratantes é medida salutar para o rompimento das barreiras que historicamente existem entre gestores e auditores, aperfeiçoando-se os resultados almejados pela função de controle estatal.

Evidentemente, a capacitação profissional por escola de governo é o requisito de base para a designação dos agentes públicos, o que não inviabiliza a complementação por capacitação específica, mediante ações de treinamento destinadas ao aperfeiçoamento ou formação.

TÍTULO V
DISPOSIÇÕES GERAIS

CAPÍTULO I
Do Portal Nacional de Contratações Públicas (PNCP)

Art. 174. É criado o Portal Nacional de Contratações Públicas (PNCP), sítio eletrônico oficial destinado à:

I – divulgação centralizada e obrigatória dos atos exigidos por esta Lei;

II – realização facultativa das contratações pelos órgãos e entidades dos Poderes Executivo, Legislativo e Judiciário de todos os entes federativos.

§ 1º O PNCP será gerido pelo Comitê Gestor da Rede Nacional de Contratações Públicas, a ser presidido por representante indicado pelo Presidente da República e composto de:

I – 3 (três) representantes da União indicados pelo Presidente da República;

II – 2 (dois) representantes dos Estados e do Distrito Federal indicados pelo Conselho Nacional de Secretários de Estado da Administração;

III – 2 (dois) representantes dos Municípios indicados pela Confederação Nacional de Municípios.

§ 2º O PNCP conterá, entre outras, as seguintes informações acerca das contratações:

I – planos de contratação anuais;

II – catálogos eletrônicos de padronização;

III – editais de credenciamento e de pré-qualificação, avisos de contratação direta e editais de licitação e respectivos anexos;

IV – atas de registro de preços;

V – contratos e termos aditivos;

VI – notas fiscais eletrônicas, quando for o caso.

§ 3º O PNCP deverá, entre outras funcionalidades, oferecer:

I – sistema de registro cadastral unificado;

II – painel para consulta de preços, banco de preços em saúde e acesso à base nacional de notas fiscais eletrônicas;

III – sistema de planejamento e gerenciamento de contratações, incluído o cadastro de atesto de cumprimento de obrigações previsto no § 4º do art. 88 desta Lei;

IV – sistema eletrônico para a realização de sessões públicas;

V – acesso ao Cadastro Nacional de Empresas Inidôneas e Suspensas (Ceis) e ao Cadastro Nacional de Empresas Punidas (Cnep);

VI – sistema de gestão compartilhada com a sociedade de informações referentes à execução do contrato, que possibilite:

a) envio, registro, armazenamento e divulgação de mensagens de texto ou imagens pelo interessado previamente identificado;

b) acesso ao sistema informatizado de acompanhamento de obras a que se refere o inciso III do *caput* do art. 19 desta Lei;

c) comunicação entre a população e representantes da Administração e do contratado designados para prestar as informações e esclarecimentos pertinentes, na forma de regulamento;

d) divulgação, na forma de regulamento, de relatório final com informações sobre a consecução dos objetivos que tenham justificado a contratação e eventuais condutas a serem adotadas para o aprimoramento das atividades da Administração.

§ 4º O PNCP adotará o formato de dados abertos e observará as exigências previstas na Lei n. 12.527, de 18 de novembro de 2011.

§ 5º (Vetado).

COMENTÁRIOS

O art. 174 da Lei n. 14.133/2021 dispõe sobre a criação do Portal Nacional de Contratações Públicas (PNCP), sítio eletrônico oficial destinado à divulgação obrigatória de atos referentes às licitações e contratos administrativos.

O PNCP terá abrangência nacional, abarcando todos os entes federados e Poderes da República, de modo a centralizar o meio de divulgação, otimizando-se a gestão pública, o engajamento de licitantes, a atuação dos órgãos de controle e a participação social.

Haja vista que o art. 17, § 2º, da Lei n. 14.133/2021 determina que as licitações sejam realizadas preferencialmente sob a forma eletrônica – exigindo-se justificativa para o procedimento presencial –, faculta-se aos órgãos e às entidades dos Poderes Executivo, Legislativo e Judiciário de todos os entes federativos o uso do PNCP para as licitações e contratações públicas.

O portal será gerido pelo Comitê Gestor da Rede Nacional de Contratações Públicas, presidido por representante indicado pelo Presidente da República e composto de:

(i)   três representantes da União indicados pelo Presidente da República;

(ii)   dois representantes dos Estados e do Distrito Federal indicados pelo Conselho Nacional de Secretários de Estado da Administração; e

(iii)   dois representantes dos Municípios indicados pela Confederação Nacional de Municípios.

O PNCP conterá, entre outras, as seguintes informações: planos de contratação anuais; catálogos eletrônicos de padronização; editais de credenciamento e de pré-qualificação; avisos de contratação direta; editais de licitação e anexos; atas de registro de preços; contratos e termos aditivos.

Importa salientar que o art. 174, I, da Lei n. 14.133/2021, determina a divulgação centralizada e obrigatória dos atos exigidos por esta lei. Significa dizer que, para todos os órgãos e entidades a conduzir licitações, em quaisquer dos entes federados, impõe-se a divulgação dos atos por meio do PNCP.

Conforme o art. 94, *caput*, a divulgação dos instrumentos de contrato e termos aditivos resultantes de licitação ou contratação direta realizada com base na Lei n. 14.133/2021 tem como condição indispensável de eficácia a divulgação no PNCP.

Por conseguinte, a divulgação no PNCP de atos da licitação e dos termos contratuais é pressuposto para a conformidade dos atos e negócios jurídicos ao mandamento legal.

Questão de relevo, porém, é que o referido portal ainda não foi implementado, salientando-se que, por força do art. 194 da Lei n. 14.133/2021, sua vigência teve início na data de publicação: 1º de abril de 2021.

Não parece razoável pressupor a operacionalização do portal como requisito indispensável para a condução de licitações na forma da nova lei, sobretudo porque o PNCP é meio de publicidade, que pode ser transitoriamente suprida mediante os meios atualmente empregados: publicação em sítios eletrônicos dos órgãos e entidades, nos veículos de imprensa e na imprensa oficial.

Há de se salientar que, com base no art. 191, *caput*, da Lei n. 14.133/2021, até a revogação da Lei n. 8.666/93, da Lei do Pregão e do RDC –após dois anos da publicação da Lei n. 14.133/2021 – a Administração poderá optar pelo regime jurídico de qualquer das leis, desde que observado o mesmo regime durante todo o certame e consequente contratação.

Como pressuposto, a lei exige tão somente a expressa indicação do regime jurídico no edital ou no aviso ou instrumento de contratação direta.

Por conseguinte, a operacionalização do PNCP não constitui fator imprescindível para a condução de licitação segundo o rito da Lei n. 14.133/2021. Interpretação em sentido contrário importaria em admitir o portal como condição de eficácia da lei, o que não parece razoável.

Ademais, interpretação nesse sentido ensejaria o agravamento da realidade se ocorrer mora do Poder Executivo Federal para a implementação do referido portal, espraiando-se consequências para todos os entes federados, resultando a lei em texto inócuo.

Art. 175. Sem prejuízo do disposto no art. 174 desta Lei, os entes federativos poderão instituir sítio eletrônico oficial para divulgação complementar e realização das respectivas contratações.

§ 1º Desde que mantida a integração com o PNCP, as contratações poderão ser realizadas por meio de sistema eletrônico fornecido por pessoa jurídica de direito privado, na forma de regulamento.

§ 2º Até 31 de dezembro de 2023, os Municípios deverão realizar divulgação complementar de suas contratações mediante publicação de extrato de edital de licitação em jornal diário de grande circulação local.

COMENTÁRIOS

Restabelecimento do § 2º

O § 2º em tela foi vetado pelo Presidente da República, sob o seguinte argumento:

"Razões do veto

A propositura estabelece que os entes federativos poderão instituir sítio eletrônico oficial para divulgação complementar e realização das respectivas contratações, e que, até 31 de dezembro de 2023, os Municípios deverão realizar divulgação complementar de suas contratações mediante publicação de extrato de edital de licitação em jornal diário de grande circulação local.

Todavia, e embora se reconheça o mérito da proposta, a determinação de publicação em jornal de grande circulação contraria o interesse público por ser uma medida desnecessária e antieconômica, tendo em vista que a divulgação em 'sítio eletrônico oficial' atende ao princípio constitucional da publicidade.

Além disso, tem-se que o princípio da publicidade, disposto no art. 37, *caput* da Constituição da República, já seria devidamente observado com a previsão contida no *caput* do art. 54, que prevê a divulgação dos instrumentos de contratação no Portal Nacional de Contratações Públicas (PNCP), o qual passará a centralizar a publicidade dos atos relativos às contratações públicas."

Apesar de o veto ter sido derrubado pelo Congresso Nacional, portanto a norma integra o ordenamento jurídico, entende-se que os argumentos usados no veto do Presidente da República são pertinentes, pois o Portal Nacional de Contratações Públicas (PNCP), previsão contida no *caput* do art. 54, é suficiente para resguardar o princípio da publicidade do *caput* do art. 37 da CF/88. Além disso, a publicação em jornal de grande divulgação, além de beneficiar determinado setor econômico, aumenta os custos das licitações.

Art. 176. Os Municípios com até 20.000 (vinte mil) habitantes terão o prazo de 6 (seis) anos, contado da data de publicação desta Lei, para cumprimento:

I – dos requisitos estabelecidos no art. 7º e no *caput* do art. 8º desta Lei;

II – da obrigatoriedade de realização da licitação sob a forma eletrônica a que se refere o § 2º do art. 17 desta Lei;

III – das regras relativas à divulgação em sítio eletrônico oficial.

Parágrafo único. Enquanto não adotarem o PNCP, os Municípios a que se refere o *caput* deste artigo deverão:

I – publicar, em diário oficial, as informações que esta Lei exige que sejam divulgadas em sítio eletrônico oficial, admitida a publicação de extrato;

II – disponibilizar a versão física dos documentos em suas repartições, vedada a cobrança de qualquer valor, salvo o referente ao fornecimento de edital ou de cópia de documento, que não será superior ao custo de sua reprodução gráfica.

COMENTÁRIOS

Para os Municípios com população de até vinte mil habitantes, o art. 176, *caput*, institui o prazo de seis anos, desde a sua publicação, para o cumprimento dos requisitos de capacitação e atuação dos agentes públicos dispostos na lei, realização da licitação sob forma eletrônica e divulgação das licitações e contratações em sítio eletrônico oficial.

Para Municípios com população maior que vinte mil habitantes, por interpretação lógica, o prazo para cumprimento dessas obrigações é de dois anos, findo o qual a Lei n. 14.133/2021 será o único regime jurídico aplicável. Essas obrigações traduzem motivo de preocupação para muitos Municípios, máxime nas regiões Norte e Nordeste do país, observadas restrições orçamentárias, tecnológicas e de pessoal.

No que concerne à formação de agentes públicos para a atuação em licitações e contratos, impõe-se a profissionalização dos servidores, mediante a instituição ou organização de carreiras, abrangendo-se os integrantes de órgãos de auditoria e da advocacia pública.

O fortalecimento das carreiras públicas é necessário para o respeito ao princípio da segregação de funções, porquanto o art. 7º, § 1º, da Lei n. 14.133/2021 proíbe "a designação do mesmo agente público para atuação simultânea em funções mais suscetíveis a riscos, de modo a reduzir a possibilidade de ocultação de erros e de ocorrência de fraudes na respectiva contratação".

Dadas as discrepâncias do modelo federativo brasileiro, há muitas administrações municipais atendidas por estrutura material ínfima e insuficiência de pessoal, além das restrições da infraestrutura de telecomunicações, problema cuja solução transcende a gestão dos Municípios, haja vista a competência da União para a regulação desses serviços e a implantação de infraestrutura, seja diretamente, seja mediante delegação, na forma do art. 21, XI, da CRFB.

CAPÍTULO II
Das Alterações Legislativas

Art. 177. O *caput* do art. 1.048 da Lei n. 13.105, de 16 de março de 2015 (Código de Processo Civil), passa a vigorar acrescido do seguinte inciso IV:

"Art. 1.048. [...]

IV – em que se discuta a aplicação do disposto nas normas gerais de licitação e contratação a que se refere o inciso XXVII do *caput* do art. 22 da Constituição Federal.

[...]" (NR)

COMENTÁRIOS

O art. 177 da Lei n. 14.133/2021 tem por finalidade incluir inciso no *caput* do art. 1.048 do Código de Processo Civil, que dispõe sobre prioridades de tramitação de procedimentos judiciais, incluindo-se ações judiciais que tratem de licitações e contratos.

Com a alteração de texto, há prioridade de tramitação, em qualquer juízo ou tribunal, os seguintes procedimentos judiciais:

I – em que figure como parte ou interessado pessoa com idade igual ou superior a sessenta anos ou portadora de doença grave;

II – regulados pelo Estatuto da Criança e do Adolescente;

III – em que figure como parte a vítima de violência doméstica e familiar, nos termos da Lei Maria da Penha;

IV – em que se discuta a aplicação do disposto nas normas gerais de licitação e contratação.

Art. 178. O Título XI da Parte Especial do Decreto-lei n. 2.848, de 7 de dezembro de 1940 (Código Penal), passa a vigorar acrescido do seguinte Capítulo II-B:

"CAPÍTULO II-B
Dos Crimes em Licitações e Contratos Administrativos

Contratação direta ilegal

Art. 337-E. Admitir, possibilitar ou dar causa à contratação direta fora das hipóteses previstas em lei:

Pena – reclusão, de 4 (quatro) a 8 (oito) anos, e multa".

DISPOSITIVO CORRELATO (Lei n. 8.666/93)
Art. 89. Dispensar ou inexigir licitação fora das hipóteses previstas em lei, ou deixar de observar as formalidades pertinentes à dispensa ou à inexigibilidade: Pena – detenção, de 3 (três) a 5 (cinco) anos, e multa. Parágrafo único. Na mesma pena incorre aquele que, tendo comprovadamente concorrido para a consumação da ilegalidade, beneficiou-se da dispensa ou inexigibilidade ilegal, para celebrar contrato com o Poder Público.

Frustração do caráter competitivo de licitação

Art. 337-F. Frustrar ou fraudar, com o intuito de obter para si ou para outrem vantagem decorrente da adjudicação do objeto da licitação, o caráter competitivo do processo licitatório:

Pena – reclusão, de 4 (quatro) anos a 8 (oito) anos, e multa.

DISPOSITIVO CORRELATO (Lei n. 8.666/93)
Art. 90. Frustrar ou fraudar, mediante ajuste, combinação ou qualquer outro expediente, o caráter competitivo do procedimento licitatório, com o intuito de obter, para si ou para outrem, vantagem decorrente da adjudicação do objeto da licitação: Pena – detenção, de 2 (dois) a 4 (quatro) anos, e multa.

Patrocínio de contratação indevida

Art. 337-G. Patrocinar, direta ou indiretamente, interesse privado perante a Administração Pública, dando causa à instauração de licitação ou à celebração de contrato cuja invalidação vier a ser decretada pelo Poder Judiciário:

Pena – reclusão, de 6 (seis) meses a 3 (três) anos, e multa.

DISPOSITIVO CORRELATO (Lei n. 8.666/93)

Art. 91. Patrocinar, direta ou indiretamente, interesse privado perante a Administração, dando causa à instauração de licitação ou à celebração de contrato, cuja invalidação vier a ser decretada pelo Poder Judiciário:
Pena – detenção, de 6 (seis) meses a 2 (dois) anos, e multa.

Modificação ou pagamento irregular em contrato administrativo

Art. 337-H. Admitir, possibilitar ou dar causa a qualquer modificação ou vantagem, inclusive prorrogação contratual, em favor do contratado, durante a execução dos contratos celebrados com a Administração Pública, sem autorização em lei, no edital da licitação ou nos respectivos instrumentos contratuais, ou, ainda, pagar fatura com preterição da ordem cronológica de sua exigibilidade:

Pena – reclusão, de 4 (quatro) anos a 8 (oito) anos, e multa.

DISPOSITIVO CORRELATO (Lei n. 8.666/93)

Art. 92. Admitir, possibilitar ou dar causa a qualquer modificação ou vantagem, inclusive prorrogação contratual, em favor do adjudicatário, durante a execução dos contratos celebrados com o Poder Público, sem autorização em lei, no ato convocatório da licitação ou nos respectivos instrumentos contratuais, ou, ainda, pagar fatura com preterição da ordem cronológica de sua exigibilidade, observado o disposto no art. 121 desta Lei: (Redação dada pela Lei n. 8.883, de 1994.)
Pena – detenção, de dois a quatro anos, e multa. (Redação dada pela Lei n. 8.883, de 1994.)
Parágrafo único. Incide na mesma pena o contratado que, tendo comprovadamente concorrido para a consumação da ilegalidade, obtém vantagem indevida ou se beneficia, injustamente, das modificações ou prorrogações contratuais.

Perturbação de processo licitatório

Art. 337-I. Impedir, perturbar ou fraudar a realização de qualquer ato de processo licitatório:

Pena – detenção, de 6 (seis) meses a 3 (três) anos, e multa.

DISPOSITIVO CORRELATO (Lei n. 8.666/93)

Art. 93. Impedir, perturbar ou fraudar a realização de qualquer ato de procedimento licitatório:
Pena – detenção, de 6 (seis) meses a 2 (dois) anos, e multa.

Violação de sigilo em licitação

Art. 337-J. Devassar o sigilo de proposta apresentada em processo licitatório ou proporcionar a terceiro o ensejo de devassá-lo:

Pena – detenção, de 2 (dois) anos a 3 (três) anos, e multa.

DISPOSITIVO CORRELATO (Lei n. 8.666/93)
Art. 94. Devassar o sigilo de proposta apresentada em procedimento licitatório, ou proporcionar a terceiro o ensejo de devassá-lo: Pena – detenção, de 2 (dois) a 3 (três) anos, e multa.

Afastamento de licitante

Art. 337-K. Afastar ou tentar afastar licitante por meio de violência, grave ameaça, fraude ou oferecimento de vantagem de qualquer tipo:

Pena – reclusão, de 3 (três) anos a 5 (cinco) anos, e multa, além da pena correspondente à violência.

Parágrafo único. Incorre na mesma pena quem se abstém ou desiste de licitar em razão de vantagem oferecida.

DISPOSITIVO CORRELATO (Lei n. 8.666/93)
Art. 95. Afastar ou procurar afastar licitante, por meio de violência, grave ameaça, fraude ou oferecimento de vantagem de qualquer tipo: Pena – detenção, de 2 (dois) a 4 (quatro) anos, e multa, além da pena correspondente à violência. Parágrafo único. Incorre na mesma pena quem se abstém ou desiste de licitar, em razão da vantagem oferecida.

Fraude em licitação ou contrato

Art. 337-L. Fraudar, em prejuízo da Administração Pública, licitação ou contrato dela decorrente, mediante:

I – entrega de mercadoria ou prestação de serviços com qualidade ou em quantidade diversas das previstas no edital ou nos instrumentos contratuais;

II – fornecimento, como verdadeira ou perfeita, de mercadoria falsificada, deteriorada, inservível para consumo ou com prazo de validade vencido;

III – entrega de uma mercadoria por outra;

IV – alteração da substância, qualidade ou quantidade da mercadoria ou do serviço fornecido;

V – qualquer meio fraudulento que torne injustamente mais onerosa para a Administração Pública a proposta ou a execução do contrato:

Pena – reclusão, de 4 (quatro) anos a 8 (oito) anos, e multa.

DISPOSITIVO CORRELATO (Lei n. 8.666/93)
Art. 96. Fraudar, em prejuízo da Fazenda Pública, licitação instaurada para aquisição ou venda de bens ou mercadorias, ou contrato dela decorrente: I – elevando arbitrariamente os preços; II – vendendo, como verdadeira ou perfeita, mercadoria falsificada ou deteriorada; III – entregando uma mercadoria por outra; IV – alterando substância, qualidade ou quantidade da mercadoria fornecida; V – tornando, por qualquer modo, injustamente, mais onerosa a proposta ou a execução do contrato: Pena – detenção, de 3 (três) a 6 (seis) anos, e multa.

Contratação inidônea

Art. 337-M. Admitir à licitação empresa ou profissional declarado inidôneo:

Pena – reclusão, de 1 (um) ano a 3 (três) anos, e multa.

§ 1º Celebrar contrato com empresa ou profissional declarado inidôneo:

Pena – reclusão, de 3 (três) anos a 6 (seis) anos, e multa.

§ 2º Incide na mesma pena do *caput* deste artigo aquele que, declarado inidôneo, venha a participar de licitação e, na mesma pena do § 1º deste artigo, aquele que, declarado inidôneo, venha a contratar com a Administração Pública.

DISPOSITIVO CORRELATO (Lei n. 8.666/93)
Art. 97. Admitir à licitação ou celebrar contrato com empresa ou profissional declarado inidôneo: Pena – detenção, de 6 (seis) meses a 2 (dois) anos, e multa. Parágrafo único. Incide na mesma pena aquele que, declarado inidôneo, venha a licitar ou a contratar com a Administração.

Impedimento indevido

Art. 337-N. Obstar, impedir ou dificultar injustamente a inscrição de qualquer interessado nos registros cadastrais ou promover indevidamente a alteração, a suspensão ou o cancelamento de registro do inscrito:

Pena – reclusão, de 6 (seis) meses a 2 (dois) anos, e multa.

DISPOSITIVO CORRELATO (Lei n. 8.666/93)
Art. 98. Obstar, impedir ou dificultar, injustamente, a inscrição de qualquer interessado nos registros cadastrais ou promover indevidamente a alteração, suspensão ou cancelamento de registro do inscrito: Pena – detenção, de 6 (seis) meses a 2 (dois) anos, e multa.

Omissão grave de dado ou de informação por projetista

Art. 337-O. Omitir, modificar ou entregar à Administração Pública levantamento cadastral ou condição de contorno em relevante dissonância com a realidade, em frustração ao caráter competitivo da licitação ou em detrimento da seleção da proposta mais vantajosa para a Administração Pública, em contratação para a elaboração de projeto básico, projeto executivo ou anteprojeto, em diálogo competitivo ou em procedimento de manifestação de interesse:

Pena – reclusão, de 6 (seis) meses a 3 (três) anos, e multa.

§ 1º Consideram-se condição de contorno as informações e os levantamentos suficientes e necessários para a definição da solução de projeto e dos respectivos preços pelo licitante, incluídos sondagens, topografia, estudos de demanda, condições ambientais e demais elementos ambientais impactantes, considerados requisitos mínimos ou obrigatórios em normas técnicas que orientam a elaboração de projetos.

§ 2º Se o crime é praticado com o fim de obter benefício, direto ou indireto, próprio ou de outrem, aplica-se em dobro a pena prevista no *caput* deste artigo.

Art. 337-P. A pena de multa cominada aos crimes previstos neste Capítulo seguirá a metodologia de cálculo prevista neste Código e não poderá ser inferior a 2% (dois por cento) do valor do contrato licitado ou celebrado com contratação direta."

COMENTÁRIOS

A Lei n. 14.133/2021 mantém as seguintes figuras delitivas previstas na Lei n. 8.666/93, promovendo-se o aperfeiçoamento textual das elementares dos tipos:

(i)   contratação direta ilegal;
(ii)   frustração do caráter competitivo de licitação;
(iii) patrocínio de contratação indevida;
(iv)   modificação ou pagamento irregular em contrato administrativo;
(v)   perturbação de processo licitatório;
(vi)   violação de sigilo em licitação;
(vii) afastamento de licitante;
(viii) fraude em licitação ou contrato;
(ix)   contratação inidônea; e
(x)   impedimento indevido.

Em relação ao regime anterior, tem-se como sensível distinção a majoração das penas: a Lei n. 8.666/93 comina a pena de detenção – cujo prazo mínimo varia, conforme o tipo penal, entre seis meses e três anos, e prazo máximo entre dois e seis anos – e multa a todos os crimes positivados na lei.

A Lei n. 14.133/2021 inclui o Capítulo II-B no texto do Código Penal, em que rege os crimes em licitações e contratos administrativos. Dessarte, a matéria penal de licitações e contratos, desde 1º de abril de 2021, data de publicação da Lei n. 14.133/2021, consta do Código Penal.

Merece ênfase a imediata revogação da matéria penal constante da Lei n. 8.666/93, de modo que, qualquer que seja o regime jurídico – Lei n. 8.666/93, Lei n. 10.520/2002, Lei n. 12.462/2011 ou Lei n. 14.133/2021 –, os crimes em licitações e contratos administrativos regem-se unicamente pelo Código Penal.

A Lei n. 14.133/2021 comina a pena de **reclusão** a quase todos os crimes previstos na lei, cujo prazo mínimo varia, conforme o tipo penal, entre seis meses e quatro anos, e prazo máximo entre três e oito anos. Admite-se a pena de detenção apenas para os crimes de perturbação de processo licitatório (detenção de seis meses a três anos e multa) e violação de sigilo em licitação (detenção de dois a três anos e multa). Em todos os casos, a pena de multa não será inferior a dois por cento do valor do contrato.

Conforme o art. 33 do Código Penal, a pena de reclusão deve ser cumprida em regime fechado, semiaberto ou aberto e a pena de detenção em regime semiaberto, ou aberto, salvo necessidade de transferência a regime fechado.

O art. 337-O da Lei n. 14.133/2021 dispõe sobre tipo penal não regido pela legislação anterior: omissão grave de dado ou de informação por projetista. Incide em casos nos quais o licitante pratique omissão, modificação ou entrega de levantamento cadastral ou condição de contorno dissonante da realidade, frustrando-se o caráter competitivo, em contratação para a elaboração de projeto básico, projeto executivo ou anteprojeto, em diálogo competitivo ou em procedimento de manifestação de interesse.

Do tipo penal em comento, depreende-se sua aplicabilidade aos casos de obras de infraestrutura, sobretudo de transportes – como rodovias, ferrovias e dutovias – em que o cadastro e as condições de contorno constituem elementos essenciais para a precificação do projeto ou obra e definição das soluções adequadas.

Art. 179. Os incisos II e III do *caput* do art. 2º da Lei n. 8.987, de 13 de fevereiro de 1995, passam a vigorar com a seguinte redação:
"Art. 2º
[...]

II – concessão de serviço público: a delegação de sua prestação, feita pelo poder concedente, mediante licitação, na modalidade concorrência ou diálogo competitivo, a pessoa jurídica ou consórcio de empresas que demonstre capacidade para seu desempenho, por sua conta e risco e por prazo determinado;

III – concessão de serviço público precedida da execução de obra pública: a construção, total ou parcial, conservação, reforma, ampliação ou melhoramento de quaisquer obras de interesse público, delegados pelo poder concedente, mediante licitação, na modalidade concorrência ou diálogo competitivo, a pessoa jurídica ou consórcio de empresas que demonstre capacidade para a sua realização, por sua conta e risco, de forma que o investimento da concessionária seja remunerado e amortizado mediante a exploração do serviço ou da obra por prazo determinado; [...]." (NR)

COMENTÁRIOS

Concessão de serviço público

A CF/88 estabelece, no seu art. 175:

> Art. 175. Incumbe ao Poder Público, na forma da lei, diretamente ou sob regime de concessão ou permissão, sempre através de licitação, a prestação de serviços públicos.
>
> Parágrafo único. A lei disporá sobre:
>
> I – o regime das empresas concessionárias e permissionárias de serviços públicos, o caráter especial de seu contrato e de sua prorrogação, bem como as condições de caducidade, fiscalização e rescisão da concessão ou permissão;
>
> II – os direitos dos usuários;
>
> III – política tarifária;
>
> IV – a obrigação de manter serviço adequado.

Foram estabelecidas duas formas gerais de prestação de serviço público: a direta e a indireta. A direta representa a realizada pelo próprio ente federado. A indireta é a transferida pela Administração Pública a terceiro.

Na indireta, o terceiro pode ser o particular ou pessoa jurídica integrante da Administração Pública indireta. A pessoa jurídica de direito privado presta serviço público sob o regime de concessão ou permissão. Já as pessoas jurídicas de direito público integrantes da Administração Pública indireta prestam serviço público através de outorga legal.

A delegação da prestação de serviço público a terceiro representa uma prerrogativa do ente federativo, pois é uma opção política inserida na Carta Maior. Assim, a concessão e a permissão não são obrigatórias, sendo certo que o Estado pode optar entre prestar diretamente ou transferir a sua prestação.

A própria CF/88 estabeleceu, no inciso I do parágrafo único do art. 175, a natureza jurídica da concessão de serviço público ao afirmar que a lei disporá sobre "o caráter especial de seu contrato".

Inquestionável, portanto, que a sua natureza jurídica é contratual, mas o seu regime contratual é especial, devendo a avença submeter-se ao regime jurídicoadministrativo.

A incidência do regime diferenciado pode ser vista também na fase précontratual, pois a escolha do particular que prestará o serviço público deverá ser feita através de licitação, a fim de que seja observado o princípio da impessoalidade.

Tanto o procedimento licitatório quanto as normas jurídicas que regem o contrato administrativo de concessão de serviço público têm como imperativos reitores não os artigos da Lei n. 8.666/93, mas as normas da Lei n. 8.987/95.

Espécies de concessão de serviço público

A Lei n. 8.987/95 estabeleceu duas espécies de concessão de serviço público, são elas:

a)   concessão de serviço público (concessão simples); e

b)   concessão de serviço público precedida de execução de obra pública.

A concessão de serviço público (concessão simples) é a transferência, por prazo determinado, da prestação de serviço público, através de licitação, na modalidade de concorrência, ao particular, por sua conta e risco, mediante a cobrança de contraprestação do usuário ou outra maneira de remuneração. A permissão possui a mesma natureza, porém com algumas características especiais.

A concessão de serviço público pode ser precedida de execução de obra pública pela concessionária, sendo que no edital da concorrência serão listados, na forma do inciso XV do art. 18 da Lei n. 8.987/95, os dados relativos à obra, dentre os quais os elementos do projeto básico que permitam sua plena caracterização, bem como as garantias exigidas para essa parte específica do contrato, adequadas a cada caso e limitadas ao valor da obra.

Os contratos relativos à concessão de serviço público precedida da execução de obra pública deverão, adicionalmente:

a) estipular os cronogramas físicofinanceiros de execução das obras vinculadas à concessão; e
b) exigir garantia do fiel cumprimento, pela concessionária, das obrigações relativas às obras vinculadas à concessão.

Licitação para a concessão de serviço público

A Lei n. 8.987/95 dispõe sobre o regime de concessão e permissão da prestação de serviços públicos previsto no art. 175 da Constituição Federal. Trata-se, pois, de lei especial de licitações e contratos.

O art. 2º, I, da lei em comento define poder concedente como:

> A União, o Estado, o Distrito Federal ou o Município, em cuja competência se encontre o serviço público, precedido ou não da execução de obra pública, objeto de concessão ou permissão.

As licitações para concessão de serviço público necessariamente observam a modalidade concorrência. Porém o art. 179 da Lei n. 14.133/2021 altera a redação dos incisos II e III do art. 2º da Lei de Concessões e Permissões, com o fim de incluir a modalidade diálogo competitivo.

Portanto, desde a publicação da Lei n. 14.133/2021, faculta-se aos poderes concedentes promover licitação para concessão de serviço público segundo a modalidade concorrência ou diálogo competitivo.

Art. 180. O *caput* do art. 10 da Lei n. 11.079, de 30 de dezembro de 2004, passa a vigorar com a seguinte redação:

"Art. 10. A contratação de parceria público-privada será precedida de licitação na modalidade concorrência ou diálogo competitivo, estando a abertura do processo licitatório condicionada a: [...]." (NR)

COMENTÁRIOS

As necessidades públicas são infinitas, mas os recursos públicos são limitados. Assim, o Estado não consegue suprir todas as demandas sociais, precisando, em diversos casos, do apoio da iniciativa privada.

Não há qualquer altruísmo da iniciativa privada na persecução do interesse público, visto que a satisfação daquele interesse pode gerar reflexos positivos também para os detentores dos meios de produção.

Neste espírito de cooperação, foi criado o instituto da parceria público-privada pela Lei n. 11.079/2004, que tem como finalidade primordial a execução de objetos de maior vulto. A lei em tela aplica-se aos órgãos da Administração Pública direta dos Poderes Executivo e Legislativo, aos fundos especiais, às autarquias, às fundações públicas, às empresas públicas, às sociedades de economia mista e às demais entidades controladas direta ou indiretamente pela União, Estados, Distrito Federal e Municípios.

A Exposição de Motivos n. 355/2003, parte integrante do Projeto de Lei n. 2.546/2003, encaminhado pelo Poder Executivo ao Congresso Nacional em 19 de novembro de 2003, ilustra que a parceria público-privada "constitui modalidade de contratação em que os entes públicos e as organizações privadas, mediante o compartilhamento de riscos e com financiamento obtido pelo setor privado, assumem a realização de serviços ou empreendimentos públicos".

A parceria público-privada pauta-se no binômio clássico licitaçãocontrato administrativo, pois a CF/88 impede qualquer inovação legal para mitigar os postulados de tais institutos.

A parceria público-privada representa o contrato de concessão na modalidade patrocinada ou administrativa, sendo que o seu traço característico – inclusive que a difere das concessões regidas pela Lei n. 8.987/95 – é a existência de contraprestação pecuniária do parceiro público ao parceiro privado.

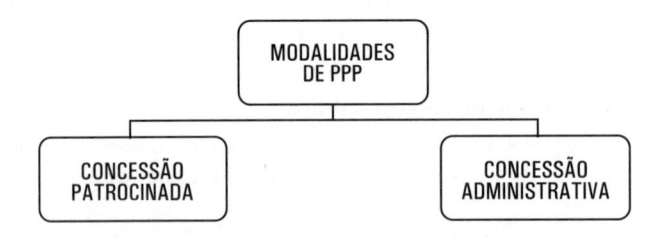

A **concessão patrocinada**, na forma do § 1º do art. 2º da Lei n. 11.079/2004, é concessão de serviços públicos ou de obras públicas de que trata a Lei n. 8.987/95, quando envolver, adicionalmente à tarifa cobrada dos usuários, contraprestação pecuniária do parceiro público ao parceiro privado.

Busca-se com esta modalidade:

I – atrair a iniciativa privada para os projetos que levarão um tempo maior para render lucro; e

II – garantir a modicidade das tarifas para os usuários. Ressalte-se que, na forma do § 3º do art. 10 da Lei n. 11.079/2004, as concessões patrocinadas em que mais de 70% (setenta por cento) da remuneração do parceiro privado for paga pela Administração Pública dependerão de autorização legislativa específica.

As **concessões patrocinadas** regemse pela lei acima mencionada, aplicando-se-lhes subsidiariamente o disposto na Lei n. 8.987, de 13 de fevereiro de 1995, e nas leis que lhe são correlatas.

A concessão administrativa, na forma do § 2º do art. 2º da Lei das PPP, é o contrato de prestação de serviços de que a Administração Pública seja a usuária direta ou indireta, ainda que envolva execução de obra ou fornecimento e instalação de bens. Como já foi dito, o regime jurídicofinanceiro da PPP tem mais um elemento, qual seja, a remuneração feita pelo Poder Público ao concessionário.

CONCESSÃO PATROCINADA	CONCESSÃO ADMINISTRATIVA
Tarifa paga pelo usuário + contraprestação pecuniária do parceiro público	Administração Pública usuária direta ou indireta

A parceria público-privada regese pela lei já citada, todavia tal estatuto normativo de trinta artigos não prevê todas as situações fáticas relacionadas com a licitação e com a contratação.

Desta forma, como já foi dito, há, no seu próprio texto, norma que permite a aplicação subsidiária da Lei n. 8.987/95 aos casos omissos. Na contratação de parceria público-privada, serão observadas as seguintes diretrizes:

a) eficiência no cumprimento das missões de Estado e no emprego dos recursos da sociedade;

b) respeito aos interesses e direitos dos destinatários dos serviços e dos entes privados incumbidos da sua execução;

c) indelegabilidade das funções de regulação, jurisdicional, do exercício do poder de polícia e de outras atividades exclusivas do Estado;

d) responsabilidade fiscal na celebração e execução das parcerias;

e) transparência dos procedimentos e das decisões;

f) repartição objetiva de riscos entre as partes; e

g) sustentabilidade financeira e vantagens socioeconômicas dos projetos de parceria.

Entre as diretrizes acima citadas, estabelecidas pelo art. 4º, uma chama mais a atenção – visto que todas as outras podem ser extraídas facilmente do regime jurídicoadministrativo –, a repartição objetiva de riscos entre as partes.

Na parceria público-privada, a repartição de riscos deve existir, em virtude de a cooperação ser mais efetiva que nos contratos administrativos convencionais. A lei mitiga o dogma da indisponibilidade do patrimônio público, permitindo que sejam assumidos riscos patrimoniais pelo Estado.

Outra peculiaridade na PPP é a obrigatoriedade de criação de uma Sociedade de Propósito Específico (SPE) antes da celebração do contrato, para implantar e gerir o objeto da parceria. A SPE poderá assumir a forma de companhia aberta, com valores mobiliários admitidos a negociação no mercado, deverá obedecer a padrões de governança corporativa e adotar contabilidade e demonstrações financeiras padronizadas, conforme regulamento.

Fica vedado à Administração Pública ser titular da maioria do capital votante das sociedades de que trata este Capítulo, porém a vedação não se aplica à eventual aquisição da maioria do capital votante da sociedade de propósito específico por instituição financeira controlada pelo Poder Público em caso de inadimplemento de contratos de financiamento.

Indubitável que, mesmo com diversas mitigações ao regime jurídicoadministrativo, a transferência do controle da SPE dependerá da anuência do parceiro público.

A contraprestação da Administração Pública nos contratos de parceria público-privada poderá ser feita por:

I – ordem bancária;

II – cessão de créditos não tributários;

III – outorga de direitos em face da Administração Pública;

IV – outorga de direitos sobre bens públicos dominicais;

V – outros meios admitidos em lei.

A contraprestação da Administração Pública será obrigatoriamente precedida da disponibilização do serviço objeto do contrato de parceria público-privada.

É facultado à Administração Pública, nos termos do contrato, efetuar o pagamento da contraprestação relativa à parcela fruível do serviço objeto do contrato de parceria público-privada.

O aporte de recursos da Administração Pública, quando realizado durante a fase dos investimentos a cargo do parceiro privado, deverá guardar proporcionalidade com as etapas efetivamente executadas.

As obrigações pecuniárias contraídas pela Administração Pública em contrato de parceria público-privada poderão ser garantidas mediante:

I – vinculação de receitas, observado o disposto no inciso IV do art. 167 da Constituição Federal;

II – instituição ou utilização de fundos especiais previstos em lei;

III – contratação de segurogarantia com as companhias seguradoras que não sejam controladas pelo Poder Público;

IV – garantia prestada por organismos internacionais ou instituições financeiras que não sejam controladas pelo Poder Público;

V – garantias prestadas por fundo garantidor ou empresa estatal criada para essa finalidade;

VI – outros mecanismos admitidos em lei.

A contratação de parceria público-privada é precedida de licitação na modalidade de concorrência. A partir da publicação da Lei n. 14.133/2021, que altera a redação do *caput* do art. 10 da Lei n. 11.079/2004, admite-se também a modalidade licitatória diálogo competitivo para a celebração de PPP.

CAPÍTULO III
Disposições Transitórias e Finais

Art. 181. Os entes federativos instituirão centrais de compras, com o objetivo de realizar compras em grande escala, para atender a diversos órgãos e entidades sob sua competência e atingir as finalidades desta Lei.

Parágrafo único. No caso dos Municípios com até 10.000 (dez mil) habitantes, serão preferencialmente constituídos consórcios públicos para a realização das atividades previstas no *caput* deste artigo, nos termos da Lei n. 11.107, de 6 de abril de 2005.

COMENTÁRIOS

O art. 181, *caput*, dispõe sobre a instituição de centrais de compras pelos entes federados, com o propósito de realizar compras em grande escala. A inteligência do dispositivo relaciona-se com a teoria da produção econômica, considerando-se que a mitigação dos custos marginais, a partir do aumento de produção, tem o efeito de diminuição do custo médio dos produtos. Ademais, a compra em escala potencializa o poder de mercado da Administração, isto é, sua capacidade de influir na formação de preços.

Para os pequenos Municípios, esse ganho de escala é reduzido, haja vista que usualmente suas aquisições têm volumes de menor lastro. Por isso, o parágrafo único do art. 181 traz diretriz a fim de que os Municípios com até dez mil habitantes constituam consórcios públicos para a realização de compras em grande escala. Enquanto entidade resultante da conjugação de vontades políticas entre os entes, a formação de consórcios dependerá das habilidades políticas de seus mandatários e convergência de interesses dos entes.

Em regiões abrangidas por Municípios limítrofes, a formação de consórcios públicos provavelmente ensejaria redução de custos de aquisição para todas as partes da associação pública instaladas na microrregião. Essa vantagem demonstra maior relevo quando considerada a redução dos custos logísticos, sobretudo em localidades no interior, não alcançadas pelos principais corredores viários nacionais.

Não raro, os custos logísticos podem mesmo superar o preço dos produtos objeto do negócio jurídico, ou mesmo afastar o interesse de fornecedores, prejudicando-se as contratações indispensáveis para a Administração.

Conceito de consórcio público

Muitos autores nacionais tratam do consórcio público dentro do capítulo referente ao contrato administrativo, mas tal conjunção de vontades, além de criar direitos e deveres para as partes envolvidas, cria nova pessoa jurídica.

No direito administrativo, consórcio é o agrupamento contratual, autorizado por lei, de entes da Federação na forma de pessoa jurídica de direito público (associação pública) ou de pessoa jurídica de direito privado para o desempenho de atividades públicas comuns.

Forma-se uma entidade interfederativa pertencente à Administração Pública de cada um dos entes envolvidos.

A contratação de consórcio público tem fundamento primeiro na CF/88. Eis o artigo:

> Art. 241. A União, os Estados, o Distrito Federal e os Municípios disciplinarão por meio de lei os consórcios públicos e os convênios de cooperação entre os entes federados, autorizando a gestão associada de serviços públicos, bem como a transferência total ou parcial de encargos, serviços, pessoal e bens essenciais à continuidade dos serviços transferidos.

A Emenda Constitucional n. 19/98, apesar de ter permitido a sua criação, não exigiu que fosse criada nova pessoa jurídica decorrente do consórcio, entretanto, o § 1º do art. 1º da Lei n. 11.107/2005 (normas gerais de contratação de consórcios públicos) dispõe que: "§ 1º O consórcio público constituirá associação pública ou pessoa jurídica de direito privado".

Forma de constituição

O consórcio público será constituído por contrato cuja celebração dependerá da prévia subscrição de protocolo de intenções.

São cláusulas necessárias do protocolo de intenções, dentre outras, as que estabeleçam: a denominação, a finalidade, o prazo de duração e a sede do consórcio; a identificação dos entes da Federação consorciados; a indicação da área de atuação do consórcio; a previsão de que o consórcio público é associação pública ou pessoa jurídica de direito privado sem fins econômicos.

Área de atuação

Quando o consórcio público é constituído somente por Municípios, Considera-se como área de atuação do consórcio público a que corresponde à soma dos territórios dos Municípios.

Número de votos de cada ente

O protocolo de intenções deve definir o número de votos que cada ente da Federação consorciado possui na assembleia geral, sendo assegurado 1 (um) voto a cada ente consorciado.

Vedação de contribuição financeira ou econômica

É nula a cláusula do contrato de consórcio que preveja determinadas contribuições financeiras ou econômicas de ente da Federação ao consórcio público, salvo a doação, destinação ou cessão do uso de bens móveis ou imóveis e as transferências ou cessões de direitos operadas por força de gestão associada de serviços públicos.

Cessão de servidores

Os entes da Federação consorciados, ou os com eles conveniados, poderão ceder-lhe servidores, na forma e condições da legislação de cada um.

Publicidade

O protocolo de intenções deverá ser publicado na imprensa oficial, a fim de que todos tenham conhecimento e eventual controle e fiscalização possam ser efetivados.

Ratificação

O contrato de consórcio público será celebrado com a ratificação, mediante lei, do protocolo de intenções. O contrato de consórcio público, caso assim preveja cláusula, pode ser celebrado por apenas 1 (uma) parcela dos entes da Federação que subscreveram o protocolo de intenções.

A ratificação pode ser realizada com reserva que, aceita pelos demais entes subscritores, implicará consorciamento parcial ou condicional. A ratificação realizada após 2 (dois) anos da subscrição do protocolo de intenções dependerá de homologação da assembleia geral do consórcio público.

É dispensado da ratificação acima prevista o ente da Federação que, antes de subscrever o protocolo de intenções, disciplinar por lei a sua participação no consórcio público.

O protocolo de intenções do consórcio é semelhante ao do tratado internacional, pois pode haver ratificação (adesão superveniente) com reservas de determinadas cláusulas, que poderá ser aceita ou não pelos demais subscritores.

Aquisição de personalidade jurídica

O consórcio público adquirirá personalidade jurídica:

I – de direito público, no caso de constituir associação pública, mediante a vigência das leis de ratificação do protocolo de intenções;

II – de direito privado, mediante o atendimento dos requisitos da legislação civil.

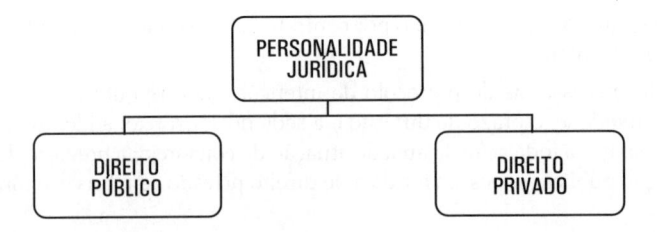

O consórcio público com personalidade jurídica de direito público integra a Administração indireta de todos os entes da Federação consorciados. O consórcio público, com personalidade jurídica de direito público ou privado, observará as normas de direito público no que concerne à realização de licitação, à celebração de contratos, à prestação de contas e à admissão de pessoal, que será regido pela Consolidação das Leis do Trabalho (CLT).

A contratação de pessoal pelo consórcio através do regime celetista permite que, caso o consórcio seja desfeito, possa haver dispensa dos contratados, portanto afasta qualquer vínculo de estabilidade. Os estatutos disporão sobre a organização e o funcionamento de cada um dos órgãos constitutivos do consórcio público.

Contrato de rateio

Os entes consorciados somente entregarão recursos ao consórcio público mediante contrato de rateio. O contrato de rateio será formalizado em cada exercício financeiro e seu prazo de vigência não será superior ao das dotações que o suportam, com exceção dos contratos que tenham por objeto exclusivamente projetos consistentes em programas e ações contemplados em plano plurianual ou a gestão associada de serviços públicos custeados por tarifas ou outros preços públicos.

É vedada a aplicação dos recursos entregues por meio de contrato de rateio para o atendimento de despesas genéricas, inclusive transferências ou operações de crédito.

Os entes consorciados, isolados ou em conjunto, bem como o consórcio público, são partes legítimas para exigir o cumprimento das obrigações previstas no contrato de rateio.

Contas

Com o objetivo de permitir o atendimento dos dispositivos da Lei de Responsabilidade Fiscal (Lei Complementar n. 101, de 4 de maio de 2000), o consórcio público deve fornecer as informações necessárias para que sejam consolidadas, nas contas dos entes consorciados, todas as despesas realizadas com os recursos entregues em virtude de contrato de rateio, de forma que possam ser contabilizadas nas contas de cada ente da Federação na conformidade dos elementos econômicos e das atividades ou projetos atendidos.

Exclusão de membro

Poderá ser excluído do consórcio público, após prévia suspensão, o ente consorciado que não consignar, em sua lei orçamentária ou em créditos adicionais, as dotações suficientes para suportar as despesas assumidas por meio de contrato de rateio.

Execução financeira

A execução das receitas e despesas do consórcio público deverá obedecer às normas de direito financeiro aplicáveis às entidades públicas.

Fiscalização

O consórcio público está sujeito à fiscalização contábil, operacional e patrimonial pelo Tribunal de Contas competente para apreciar as contas do chefe do Poder Executivo representante legal do consórcio, inclusive quanto à legalidade, legitimidade e economicidade das despesas, atos, contratos e renúncia de receitas, sem prejuízo do controle externo a ser exercido em razão de cada um dos contratos de rateio.

Responsabilidade dos agentes públicos

Os agentes públicos incumbidos da gestão de consórcio não responderão pessoalmente pelas obrigações contraídas pelo consórcio público, mas responderão pelos atos praticados em desconformidade com a lei ou com as disposições dos respectivos estatutos.

Retirada ou extinção

A retirada do ente da Federação do consórcio público dependerá de ato formal de seu representante na assembleia geral, na forma previamente disciplinada por lei.

Os bens destinados ao consórcio público pelo consorciado que se retira somente serão revertidos ou retrocedidos no caso de expressa previsão no contrato de consórcio público ou no instrumento de transferência ou de alienação.

A retirada ou a extinção do consórcio público não prejudicará as obrigações já constituídas, inclusive os contratos de programa, cuja extinção dependerá do prévio pagamento das indenizações eventualmente devidas.

A alteração ou a extinção de contrato de consórcio público dependerá de instrumento aprovado pela assembleia geral, ratificado mediante lei por todos os entes consorciados.

Bens e responsabilidades dos entes

Os bens, direitos, encargos e obrigações decorrentes da gestão associada de serviços públicos custeados por tarifas ou outra espécie de preço público serão atribuídos aos titulares dos respectivos serviços.

Até que haja decisão que indique os responsáveis por cada obrigação, os entes consorciados responderão solidariamente pelas obrigações remanescentes, garantindo o direito de regresso em face dos entes beneficiados ou dos que deram causa à obrigação.

Art. 182. O Poder Executivo federal atualizará, a cada dia 1º de janeiro, pelo Índice Nacional de Preços ao Consumidor Amplo Especial (IPCA-E) ou por índice que venha a substituí-lo, os valores fixados por esta Lei, os quais serão divulgados no PNCP.

COMENTÁRIOS

A Lei de Licitações e Contratos foi editada com parâmetro na realidade econômica atual do país, seus níveis de crescimento econômico, inflação e poder de compra da unidade monetária.

475 A NOVA LEI DE LICITAÇÕES E CONTRATOS

O fenômeno inflacionário é realidade natural das economias. Por isso, necessária a edição de regulamentos com o fim de atualizar os valores determinados pela lei, que em algum tempo tornar-se-ão defasados e inadequados para os fins colimados.

A título de exemplo, o art. 23, I, da Lei n. 8.666/93 dispõe sobre os seguintes limites relacionados às modalidades de licitação para a contratação de obras e serviços de engenharia:

a)   convite – até R$ 150.000,00 (cento e cinquenta mil reais);
b)   tomada de preços – até R$ 1.500.000,00 (um milhão e quinhentos mil reais);
c)   concorrência: acima de R$ 1.500.000,00 (um milhão e quinhentos mil reais).

O Decreto n. 9.412/2018 atualiza os valores das modalidades de licitação, estabelecendo os seguintes limites para as hipóteses do art. 23, I, da Lei n. 8.666/93, dentre outras hipóteses:

a)   na modalidade convite – até R$ 330.000,00 (trezentos e trinta mil reais);
b)   na modalidade tomada de preços – até R$ 3.300.000,00 (três milhões e trezentos mil reais); e
c)   na modalidade concorrência – acima de R$ 3.300.000,00 (três milhões e trezentos mil reais); e

O art. 182 da Lei n. 14.133/2021 obriga o Poder Executivo federal a atualizar, a cada dia 1º de janeiro, pelo Índice Nacional de Preços ao Consumidor Amplo Especial (IPCA-E) ou por índice que venha a substituí-lo, os valores fixados por esta Lei, divulgando-os no PNCP.

Logo, tais valores serão observados por todos os órgãos e entidades de todos os Poderes da República nos diversos entes federados.

Art. 183. Os prazos previstos nesta Lei serão contados com exclusão do dia do começo e inclusão do dia do vencimento e observarão as seguintes disposições:

> **DISPOSITIVO CORRELATO (Lei n. 8.666/93)**
>
> Art. 110. Na contagem dos prazos estabelecidos nesta Lei, excluir-se-á o dia do início e incluir-se-á o do vencimento, e considerar-se-ão os dias consecutivos, exceto quando for explicitamente disposto em contrário

I – os prazos expressos em dias corridos serão computados de modo contínuo;

II – os prazos expressos em meses ou anos serão computados de data a data;

III – nos prazos expressos em dias úteis, serão computados somente os dias em que ocorrer expediente administrativo no órgão ou entidade competente.

§ 1º Salvo disposição em contrário, considera-se dia do começo do prazo:

I – o primeiro dia útil seguinte ao da disponibilização da informação na internet;

> **DISPOSITIVO CORRELATO (Lei n. 8.666/93)**
>
> Art. 110. [...]
> Parágrafo único. Só se iniciam e vencem os prazos referidos neste artigo em dia de expediente no órgão ou na entidade.

II – a data de juntada aos autos do aviso de recebimento, quando a notificação for pelos correios.

§ 2º Considera-se prorrogado o prazo até o primeiro dia útil seguinte se o vencimento cair em dia em que não houver expediente, se o expediente for encerrado antes da hora normal ou se houver indisponibilidade da comunicação eletrônica.

§ 3º Na hipótese do inciso II do *caput* deste artigo, se no mês do vencimento não houver o dia equivalente àquele do início do prazo, considera-se como termo o último dia do mês.

COMENTÁRIOS

O art. 183 adota a mesma sistemática do art. 66 da Lei n. 9.784/99, que assim dispõe:

> Art. 66. Os prazos começam a correr a partir da data da cientificação oficial, excluindo-se da contagem o dia do começo e incluindo-se o do vencimento.
>
> § 1º Considera-se prorrogado o prazo até o primeiro dia útil seguinte se o vencimento cair em dia em que não houver expediente ou este for encerrado antes da hora normal.
>
> § 2º Os prazos expressos em dias contam-se de modo contínuo.
>
> § 3º Os prazos fixados em meses ou anos contam-se de data a data. Se no mês do vencimento não houver o dia equivalente àquele do início do prazo, tem-se como termo o último dia do mês.

Importantíssimo o conteúdo do inciso III do art. 183 da Lei n. 14.133/2021, o qual dispõe que nos prazos expressos em dias úteis, serão computados somente os dias em que ocorrer expediente administrativo no órgão ou entidade competente.

Ora, se em uma segunda-feira que não seja feriado, em que órgãos públicos, indústria e comércio funcionem normalmente, se por algum motivo determinado órgão – de que trata a licitação – declarar a suspensão de expediente ou ponto facultativo, esse dia não deve ser contado no curso do prazo processual.

Isso porque eventuais solicitações de informações ou documentos, pedidos de orientações e qualquer diligência da parte interessada seriam prejudicados, de modo que a contagem do dia em que não há expediente importaria em consequências materiais de supressão de prazo.

Art. 184. Aplicam-se as disposições desta Lei, no que couber e na ausência de norma específica, aos convênios, acordos, ajustes e outros instrumentos congêneres celebrados por órgãos e entidades da Administração Pública, na forma estabelecida em regulamento do Poder Executivo federal.

DISPOSITIVO CORRELATO (Lei n. 8.666/93)

Art. 116. Aplicam-se as disposições desta Lei, no que couber, aos convênios, acordos, ajustes e outros instrumentos congêneres celebrados por órgãos e entidades da Administração.

COMENTÁRIOS

A definição de convênio administrativo não é uniforme, em virtude da dificuldade de sua formulação, pois diversos dos seus elementos são vistos na definição de contrato administrativo.

O convênio administrativo é o acordo de vontades entre a Administração Pública e outras pessoas estatais de esferas distintas ou organizações de direito privado sem fins lucrativos idôneas[317], no qual todos os partícipes têm como objetivo primordial a satisfação de determinado interesse público.

---

317 STJ, MS 13.985/DF, rel. Min. Humberto Martins, 1ª Seção, julgado em 16-2-2009, *DJe* 5-3-2009.

O inciso I do § 1º do art. 1º do Decreto Federal n. 6.170/2007, apresenta o seguinte conceito jurídico formal de convênio:

> [...] acordo, ajuste ou qualquer outro instrumento que discipline a transferência de recursos financeiros de dotações consignadas nos Orçamentos Fiscal e da Seguridade Social da União e tenha como partícipe, de um lado, órgão ou entidade da administração pública federal, direta ou indireta, e, de outro lado, órgão ou entidade da administração pública estadual, distrital ou municipal, direta ou indireta, ou ainda, entidades privadas sem fins lucrativos, visando a execução de programa de governo, envolvendo a realização de projeto, atividade, serviço, aquisição de bens ou evento de interesse recíproco, em regime de mútua cooperação.

O contrato de repasse é definido pelo decreto em tela da seguinte maneira:

> [...] instrumento administrativo, de interesse recíproco, por meio do qual a transferência dos recursos financeiros se processa por intermédio de instituição ou agente financeiro público federal, que atua como mandatário da União.

O termo de execução descentralizada tem o seguinte conceito no decreto em questão:

> [...] instrumento por meio do qual é ajustada a descentralização de crédito entre órgãos e/ou entidades integrantes dos Orçamentos Fiscal e da Seguridade Social da União, para execução de ações de interesse da unidade orçamentária descentralizadora e consecução do objeto previsto no programa de trabalho, respeitada fielmente a classificação funcional programática.

O órgão da Administração Pública direta ou indireta, responsável pela transferência dos recursos financeiros ou pela descentralização dos créditos orçamentários destinados à execução do objeto do convênio é denominado concedente e o órgão ou a entidade da Administração Pública direta e indireta, de qualquer esfera de governo, bem como entidade privada sem fins lucrativos, com o qual a administração federal pactua a execução de programa, projeto/atividade ou evento mediante a celebração de convênio é denominado convenente.

O traço diferencial entre o contrato administrativo e o convênio administrativo não é a oposição ou não de interesses, pois não há, no contrato de qualquer espécie, interesses contrapostos. As pessoas contratam, inicialmente, para realizar, através da cooperação e da colaboração mútuas, determinado objeto.

Os interesses colidentes somente surgem do não cumprimento das cláusulas contratuais ou mesmo das cláusulas do convênio, mas, em ambos, não havendo patologia na execução da avença, os interesses são convergentes, pois todos os envolvidos desejam a consecução do seu objeto.

Os objetivos, nos contratos administrativos – estes sim –, são diversos. O contratado, em regra, busca o lucro e a Administração Pública intenta a satisfação do interesse público.

Os objetivos, nos convênios administrativos, são idênticos. O concedente e o convenente buscam a satisfação de determinado interesse público. Assim, mesmo as partes que possuem natureza jurídica de direito privado, nos convênios administrativos, têm como fim institucional – previsto, inclusive, nos seus atos constitutivos – a consecução do interesse público.

Vedações

Na Administração Pública federal, o art. 9º da Portaria Interministerial n. 424, de 30 de dezembro de 2016, dos Ministros de Estado de Planejamento, Desenvolvimento e Gestão, da Fazenda, e da Transparência, Fiscalização e Controladoria-Geral da União, veda a celebração de convênios, acordos e instrumentos congêneres em diversas hipóteses.

Dentre as restrições enumeradas no ato normativo, dispõe-se que é vedada a celebração de convênio:

I – para a execução de obras e serviços de engenharia, exceto nos seguintes casos:

    a)   instrumentos celebrados por órgãos da administração indireta que possuam estrutura descentralizada nas unidades da Federação para acompanhamento da execução das obras e serviços de engenharia;

    b)   instrumentos cujo objeto seja vinculado à função orçamentária defesa nacional, observado o disposto no art. 8º do Decreto n. 6.170, de 25 de julho de 2007; ou

    c)   instrumentos celebrados por órgãos e entidades da administração pública federal, que tenham por finalidade legal o desenvolvimento regional nos termos do art. 43 da Constituição Federal, observado o disposto no art. 8º do Decreto n. 6.170, de 25 de julho de 2007.

II – para a execução de atividades cujo objeto esteja relacionado ao pagamento de custeio continuado do proponente.

Outrossim, é vedada a celebração de convênios, acordos, ajustes e outros instrumentos congêneres com entidades privadas, exceto:

    a)   com entidades filantrópicas e sem fins lucrativos nos termos do § 1º do art. 199 da Constituição Federal; e

    b)   com os serviços sociais autônomos.

Chamamento público

O art. 8º da Portaria Interministerial n. 424, de 30 de dezembro de 2016, dispõe que para a celebração dos instrumentos por ela regulados, o órgão ou entidade da Administração Pública Federal, com vista a selecionar projetos e órgãos, entidades públicas ou entidades privadas sem fins lucrativos que tornem mais eficaz a execução do objeto, poderá realizar chamamento público, que deverá conter, no mínimo:

I – a descrição dos programas a serem executados de forma descentralizada; e

II – os critérios objetivos para a seleção do convenente, com base nas diretrizes e nos objetivos dos respectivos programas.

É obrigatória a realização prévia de chamamento público para a celebração de convênio ou contrato de repasse com entidades privadas sem fins lucrativos, salvo para transferências do Ministério da Saúde destinadas a serviços de saúde integrantes do Sistema Único de Saúde (SUS).

Prestação de contas

Outra cláusula que deve constar do instrumento de convênio é a que estabelece o dever da parte que receber os recursos de prestar contas. O convenente tem a faculdade, com base na sua autonomia, de celebrar ou não a avença, mas, tendo sido celebrada, não pode opor a sua autonomia de ente federativo para se furtar de prestar contas na forma estabelecida[318].

Não se trata de interferência na autonomia de outro ente federativo a exigência de documentos relativos aos programas e ações do convênio. Além disso, o dever de prestar contas é tão caro à sociedade brasileira que foi consignado pelo Poder Constituinte Originário como um dos princípios

---

318 *Venire contra factum proprium.*

sensíveis autorizadores da intervenção, na forma da alínea *d* do inciso VII do art. 34 e do inciso II do art. 35, tudo da CF/88.

O dever de prestar contas dos convenentes não representa controle interno ou externo do ente concedente perante o ente convenente, pois decorre de imposição das normas constitucionais citadas e de cláusula do convênio.

Podem existir, desta maneira, quatro formas de fiscalização das verbas: a da pessoa concedente (exigência contratual de prestação de contas), a de controle externo pelo Poder Legislativo do ente concedente, a de controle interno do ente convenente e a de controle externo do Poder Legislativo do ente convenente.

Observe-se que o controle e o direito de exigir prestação de contas da concedente se limita às verbas voluntariamente repassadas e que os controles interno e externo do convenente abrangem tanto a verba recebida quanto a contrapartida empregada.

Art. 185. Aplicam-se às licitações e aos contratos regidos pela Lei n. 13.303, de 30 de junho de 2016, as disposições do Capítulo II-B do Título XI da Parte Especial do Decreto-lei n. 2.848, de 7 de dezembro de 1940 (Código Penal).

COMENTÁRIOS

A licitação e contratação realizada por empresa pública, sociedade de economia mista e suas subsidiárias, no âmbito da União, dos Estados, do Distrito Federal e dos Municípios, rege-se pela Lei n. 13.303/2016 (Lei das Estatais).

Quanto aos crimes em licitações e contratos administrativos, porém, a Lei n. 14.133/2021, ao incluir o Capítulo II-B no Título XI da Parte Especial do Código Penal, concentrou o tratamento da matéria criminal na lei penal geral: o Código Penal.

Logo, quer em licitações e contratos realizados por órgãos, autarquias e fundações públicas, com fundamento na Lei n. 14.133/2021, quer em licitações e contratos realizados por empresas públicas, sociedades de economia mista e suas subsidiárias, na forma da Lei n. 13.303/2016, os tipos penais para ambos os casos regem-se pelo mesmo diploma: o Código Penal.

Art. 186. Aplicam-se as disposições desta Lei subsidiariamente à Lei n. 8.987, de 13 de fevereiro de 1995, à Lei n. 11.079, de 30 de dezembro de 2004, e à Lei n. 12.232, de 29 de abril de 2010.

COMENTÁRIOS

A Lei n. 8.987/95 dispõe sobre o regime de concessão e permissão da prestação de serviços públicos previsto no art. 175 da Constituição Federal, e dá outras providências.

A Lei n. 11.079/2004 institui normas gerais para licitação e contratação de parceria público-privada no âmbito da Administração Pública.

A Lei n. 12.232/2010 dispõe sobre as normas gerais para licitação e contratação pela Administração Pública de serviços de publicidade prestados por intermédio de agências de propaganda e dá outras providências.

Todas essas leis são diplomas especiais de licitações e contratos, de modo que as licitações e contratações que se enquadrarem nessas leis observarão regras, pressupostos e ritos próprios, apropriados ao objeto de que tratam.

Tais leis, porém, não possuem a completude normativa característica da Lei Geral de Licitações (Lei n. 14.133/2021), sendo natural a identificação de lacunas normativas em determinadas situações, quando a lei especial não possui regra positivada para aplicação ao caso concreto.

Havendo lacuna da lei, uma total omissão sobre determinado instituto, aplicam-se subsidiariamente as disposições da Lei n. 14.133/2021, promovendo-se a integração do sistema jurídico.

Art. 187. Os Estados, o Distrito Federal e os Municípios poderão aplicar os regulamentos editados pela União para execução desta Lei.

COMENTÁRIOS

A Lei n. 14.133/2021 contém vários mandados de regulamentação, impondo-se ao administrador a elaboração da disciplina para o fiel cumprimento dos requisitos discriminados pela lei, seja no que concerne à atuação dos agentes públicos e licitantes, seja em relação aos procedimentos por serem observados durante todas as fases da licitação.

O texto legal revela significativa preocupação quanto à uniformização de procedimentos, determinando-se aos órgãos dotados de competência regulamentar a edição de atos normativos com vistas à padronização de compras, serviços e obras, a centralização dos procedimentos de contratação de bens e serviços, a elaboração de minutas editalícias e termos de contrato padronizados, admitindo-se o emprego das minutas do Poder Executivo Federal por todos os entes federativos.

Com efeito, o legislador, considerando a vocação do Poder Executivo para a realização de licitações e contratos, e a abrangência da esfera federal, optou por centralizar no Executivo da União a definição de normas referenciais para toda a Administração Pública, consoante disposição explícita do art. 187: "Os Estados, o Distrito Federal e os Municípios poderão aplicar os regulamentos editados pela União para execução desta Lei".

O comando normativo é bastante salutar, consideradas as discrepâncias e complexidades da Federação brasileira, formada por União, 26 Estados, Distrito Federal e 5.570 Municípios.

Considerando-se a atuação de licitantes em pontos esparsos do território nacional, as distinções entre normas editadas por diversas administrações é fator que desencoraja a ampla participação nos certames, haja vista o incremento dos custos de transação e a necessidade de assimilação de procedimentos distintos para um mesmo fim: licitar.

Em respeito à autonomia dos entes federados, o dispositivo legal em comento tem natureza jurídica indicativa, com o fim de permitir aos entes federados a aplicação dos regulamentos da União, sem lhes suprimir a possibilidade de dispor de forma diversa, mediante regulamento próprio.

Art. 188. (Vetado).

COMENTÁRIOS

Merece ênfase o veto ao art. 188, que assim dispunha: "Ao regulamentar o disposto nesta Lei, os entes federativos editarão, preferencialmente, apenas 1 (um) ato normativo".

Em razões do veto, aponta-se que o dispositivo incorreria em vício de inconstitucionalidade formal, por se tratar de matéria reservada à lei complementar, nos termos do parágrafo único do art. 59 da Constituição da República.

Quanto às competências regulamentares, portanto, o dispositivo vetado afastar-se-ia da linha permissiva (que possibilita a adoção do regulamento federal por outros entes) e assumiria os contornos de um mandado de otimização.

Em cenário ótimo, haveria um único regulamento de licitações e contratos, editado pelo Poder Executivo Federal e aplicado por todos os Poderes, nas esferas federal, distrital, estadual e municipal.

Em termos de harmonização regulatória, essa configuração seria bem-vinda, porquanto extinguiria espaços normativos com regramentos peculiares e específicos que vão de encontro ao espírito da lei, vocacionada à promoção da eficiência, da eficácia, da celeridade e da economicidade.

Inegavelmente, a coexistência de diversos regulamentos, com características, pressupostos e ritos próprios, provocam a perda de recursos materiais e a alocação de tempo para o tratamento de questões meramente formais, em detrimentos dos princípios proclamados pela Lei.

Inferir-se-ia, pois, ante a vontade da lei – quanto à unicidade regulamentar – que a adoção de soluções diversas pelos entes federados, conquanto permitida, reclamaria adequada fundamentação.

Porém, exigência de tal natureza importaria malferimento ao princípio federativo, que tem por corolário a autonomia dos entes políticos, gravada nos arts. 25, § 1º, 30, II, e 32, § 1º, da Constituição Federal, cujo alcance a lei ordinária não poderia limitar.

A auto-organização dos entes federados serve para que instituam sua estrutura orgânica, de pessoal e procedimentos administrativos, em aderência às normas gerais editadas pela União. Não é outra a leitura que se extrai do art. 22, XXVII, da Constituição Federal, razão por que a exigência de regulamentação única, embora salutar, careceria de fundamento constitucional.

Art. 189. Aplica-se esta Lei às hipóteses previstas na legislação que façam referência expressa à Lei n. 8.666, de 21 de junho de 1993, à Lei n. 10.520, de 17 de julho de 2002, e aos arts. 1º a 47-A da Lei n. 12.462, de 4 de agosto de 2011.

COMENTÁRIOS

Ante a multiplicidade de diplomas legais que perfazem zonas de interseção temática, não raro é tecnicamente inviável a revisão simultânea de todo o ordenamento jurídico a reger determinada matéria, o que se nota com especial ênfase na seara das licitações e contratações públicas.

Têm-se, por exemplo, as remissões da Lei Complementar n. 123/2006, Estatuto Nacional da Microempresa e da Empresa de Pequeno Porte, à Lei n. 8.666/93.

Respeitando-se a vontade da lei, as remissões à Lei n. 8.666/93 devem ser integradas ao novo diploma, a Lei n. 14.133/2021, preservando-se a sua força normativa e efetividade.

É o caso, por exemplo, da regra disposta no art. 49, IV, da Lei Complementar n. 123/2006. Eis o texto:

> Art. 49. Não se aplica o disposto nos arts. 47 e 48 desta Lei Complementar quando:
> [...]
> IV – a licitação for dispensável ou inexigível, nos termos dos arts. 24 e 25 da Lei n. 8.666, de 21 de junho de 1993, excetuando-se as dispensas tratadas pelos incisos I e II do art. 24 da mesma Lei, nas quais a compra deverá ser feita preferencialmente de microempresas e empresas de pequeno porte, aplicando-se o disposto no inciso I do art. 48. (Redação dada pela Lei Complementar n. 147, de 2014)

O art. 47 da Lei Complementar n. 123/2006, dispõe:

> Nas contratações públicas da administração direta e indireta, autárquica e fundacional, federal, estadual e municipal, deverá ser concedido tratamento diferenciado e simplificado para as microempresas e empresas de pequeno porte objetivando a promoção do desenvolvimento econômico e social no âmbito municipal e regional, a ampliação da eficiência das políticas públicas e o incentivo à inovação tecnológica.

Portanto, da conjugação entre esses dispositivos do Estatuto Nacional da Microempresa e da Empresa de Pequeno Porte, infere-se que aquelas hipóteses de contratação por dispensa de licitação sob o regime da Lei n. 8.666/93, aplicam-se às hipóteses do art. 75, I e II, da Lei n. 14.133/2021.

Art. 190. O contrato cujo instrumento tenha sido assinado antes da entrada em vigor desta Lei continuará a ser regido de acordo com as regras previstas na legislação revogada.

COMENTÁRIOS

Não há, no contrato de qualquer espécie – e, portanto, no contrato administrativo –, interesses contrapostos. As pessoas contratam, inicialmente, para realizar, através da cooperação e da colaboração mútuas, determinado objeto.

Os interesses colidentes somente surgem do não cumprimento das cláusulas contratuais, mas não havendo patologia na execução da avença, os interesses são convergentes, pois todos os envolvidos desejam a consecução do seu objeto.

Os objetivos, nos contratos administrativos – estes sim –, são diversos. O contratado, em regra, busca o lucro e a Administração Pública intenta a satisfação do interesse público.

Haja vista que o contrato é instrumento a disciplinar a forma de cumprimento de uma obrigação e suas consequências, a segurança jurídica é componente essencial para a apresentação de ofertas pelos licitantes, mediante adequada projeção de investimentos, lucros e riscos.

As informações sobre as "regras do jogo" por serem observadas durante toda a relação do contratado com a Administração devem constar do edital e do contrato.

O princípio da segurança jurídica representa o conjunto de imperativos e garantias que torna possível às pessoas o conhecimento antecipado das consequências diretas dos seus atos e fatos à luz de uma liberdade conhecida; representa também a estabilização e a desejada imutabilidade do que foi praticado com base nesta liberdade[319].

Como decorrência do princípio da segurança jurídica, Nota-se o princípio da proteção da confiança; o primeiro está ligado a elementos objetivos da ordem jurídica, garantindo a estabilidade jurídica, a segurança de orientação e realização do direito; o segundo está ligado às ações dos indivíduos em relação aos efeitos dos atos jurídicos do Poder Público[320].

Afinal, o indivíduo e a sociedade têm o direito de acreditar que os seus atos não sofrerão novas e eternas confrontações com o intercambiante ordenamento jurídico[321].

Em homenagem ao princípio da segurança jurídica e ao princípio da vinculação ao ato convocatório, o art. 190 da Lei n. 14.133/2021 dispõe que o contrato cujo instrumento tenha sido assinado antes da entrada em vigor desta lei continuará a ser regido de acordo com as regras previstas na legislação revogada.

Art. 191. Até o decurso do prazo de que trata o inciso II do *caput* **do art. 193, a Administração poderá optar por licitar ou contratar diretamente de acordo com esta Lei ou de acordo com as leis citadas no referido inciso, e a opção escolhida deverá ser indicada expressamente no edital ou no aviso ou instrumento de contratação direta, vedada a aplicação combinada desta Lei com as citadas no referido inciso.**

Parágrafo único. Na hipótese do *caput* **deste artigo, se a Administração optar por licitar de acordo com as leis citadas no inciso II do** *caput* **do art. 193 desta Lei, o contrato respectivo será regido pelas regras nelas previstas durante toda a sua vigência.**

COMENTÁRIOS

A técnica legislativa manejada para a Lei n. 14.133/2021 inova quanto ao termo inicial de vigência. Tradicionalmente, diplomas legislativos caracterizados por alta complexidade instrumental, como códigos processuais, determinam período de *vacatio legis* para o início de sua vigência.

Esse prazo em que o diploma legislativo é válido, mas não vigente, possibilita aos intérpretes da lei o tempo necessário para estudo, aperfeiçoamento e adaptação ao novo regime jurídico.

No início da vigência de nova lei, opera-se a revogação da lei antiga, de modo que apenas a lei nova discipline as relações jurídicas sob sua égide. Quanto à Lei n. 14.133/2021, porém, o legislador optou pela **vigência ambivalente**, tanto da antiga Lei Geral de Licitações – Lei n. 8.666/93 – quanto da Lei n. 14.133/2021, durante o prazo de dois anos a partir da publicação desta.

---

319 VANOSSI, Jorge Reinaldo A. *El Estado de derecho en el constitucionalismo social*. Buenos Aires: Universitaria, 1982.

320 CANOTILHO, José Joaquim Gomes. *Direito constitucional e teoria da Constituição*. 3. ed. Coimbra: Almedina, 1999.

321 STJ, EREsp 575.551/SP, rel. Min. Nancy Andrighi, Corte Especial, julgado em 1º-4-2009, *DJe* 30-4-2009

A regra de vigência ambivalente abrange também a Lei n. 10.520/2002 (Lei do Pregão) e o Capítulo I da Lei n 12.462/2011 (Regime Diferenciado de Contratações Públicas – RDC).

Por conseguinte, desde a publicação da Lei n. 14.133/2021, em 1º de abril de 2021, o administrador público poderá optar pelo seu cumprimento imediato, ou pela observância de uma das leis antigas, não sendo permitida a aplicação combinada da Lei n. 14.133/2021 com disposições das leis antigas.

Dessarte, uma licitação promovida segundo a Lei n. 8.666/93 reger-se-á unicamente por essa lei, valendo a mesma regra para as licitações promovidas de acordo com a Lei n. 14.133/2021, que serão regidas por essa lei durante todo o certame e posterior contrato administrativo.

A escolha do legislador, embora inovadora, não é imune a críticas, haja vista que produz algum grau de insegurança jurídica, porquanto os potenciais licitantes desconhecem a tendência de opção por ser realizada pelos gestores públicos, cuja decisão é amplamente discricionária.

A lei a reger a licitação e o consequente contrato administrativo deve ser explicitamente indicada no edital de licitação, de modo que não existe variância do curso procedimental por ser adotado.

Inevitavelmente, porém, a existência síncrona de dois regimes jurídicos afeta o comportamento dos agentes de mercado, porquanto impacta a quantificação dos custos de transação e os ônus administrativos.

Emoldure-se, por exemplo, uma compra por dispensa de licitação. Segundo a lei antiga, o valor limite para contratação direta de obras e serviços de engenharia, mediante dispensa de licitação, corresponde a trinta e três mil reais, consoante o art. 24, I, da Lei n. 8.666/93 c/c o art. 1º, I, a, do Decreto n. 9.412/2018.

O art. 75, I, da Lei n. 14.133/2021, por sua vez, dispõe que é dispensável a licitação para contratação de obras e serviços de engenharia cujo valor seja inferior a cem mil reais.

A vigência ambivalente não importa, pois, tão somente a discricionariedade quanto ao rito procedimental a ser escolhido, mas produz efeitos sobre a própria obrigação de licitar.

Na hipótese mencionada, para a contratação de serviço de engenharia cujo orçamento seja superior a trinta e três mil reais e inferior a cem mil reais, o gestor obriga-se a licitar, se optar pelo regime jurídico anterior, desonerando-se dessa obrigação se decidir pelo uso da Lei n. 14.133/2021.

Imprescindível, pois, que a opção levada a efeito pela Administração seja motivada no instrumento editalício, para fins de controles interno, externo e social. Nesse ponto, convém lembrar a positivação do princípio da motivação no art. 5º da Lei n. 14.133/2021, o que ressalta sua força normativa.

Essa ambivalência permanecerá até o momento de revogação das leis antigas, que ocorrerá após dois anos da publicação da Lei n. 14.133/2021, produzindo-se **revogação diferida**.

Questão de relevo concerne aos procedimentos licitatórios em andamento no momento de revogação da Lei n. 8.666/93, da Lei n. 10.520/2002 e do Capítulo I da Lei n 12.462/2011 (RDC), em 1º de abril de 2023.

Haveria de se indagar qual o elemento material apto a demonstrar se o procedimento licitatório engendrou-se segundo as regras da lei nova ou de alguma das leis antigas.

A Lei n. 8.666/93 não traz delimitação precisa sobre o conteúdo da fase interna da licitação, cujo conceito formou-se a partir das lições doutrinárias. O legislador nacional, apreendendo o conceito doutrinário, positivou no texto da Lei n. 14.133/2021 o Capítulo II, em que dispõe sobre a fase preparatória da licitação.

A fase preparatória caracteriza-se pelo planejamento da licitação; é quando a Administração reúne e analisa suas necessidades, soluções, especificações técnicas e informações indispensáveis à deflagração do certame.

Decerto, não há marco temporal delimitado para a fase preparatória, que pode se distender segundo períodos distintos conforme a complexidade do objeto, afinal, natural presumir que o planejamento de uma licitação para a construção de usina hidrelétrica demande muito mais tempo que uma licitação para a aquisições de materiais de escritório.

Portanto, conforme o objeto, é natural que a fase preparatória perdure por anos, como no caso de empreendimentos de infraestrutura, perfazendo-se o tempo indispensável para os estudos, projetos, definição de traçados, condições de contorno, matriz de riscos, ciclo de vida e outros requisitos técnicos essenciais.

Com efeito, a exteriorização do procedimento licitatório ocorre mediante a edição de ato administrativo próprio: a publicação do edital, sendo esse o momento propício para caracterizar a obrigação disposta no art. 191 da Lei n. 14.133/2021.

Portanto, parece-nos que a opinião acertada reside em considerar que os editais publicados antes de 1º de abril de 2023 poderão reger-se por quaisquer dos diplomas legais aplicáveis: Lei n. 8.666/93, Lei n. 10.520/2002, RDC, ou Lei n. 14.133/2021. Após essa data, porém, qualquer edital deve contemplar as regras da Lei n. 14.133/2021, não se admitindo a adoção dos diplomas revogados.

Isso porque considerar que o marco temporal grava-se pelo início da fase preparatória propiciaria lastimáveis abusos, a ponto de comprometer a força normativa da Lei n. 14.133/2021.

Não surpreenderia a publicação de editais, vários anos após a revogação da Lei n. 8.666/93, regido pelas regras dessa lei, alegando-se que a preparação do procedimento licitatório teve início antes de sua revogação.

Esse parece ser o mesmo entendimento do Tribunal de Contas da União. Em julgado no qual apreciou a adoção da Lei n. 8.666/93, em detrimento da Lei n. 13.303/2016 (Lei das Estatais), assim considerou o Tribunal[322]:

> RELATÓRIO DE AUDITORIA. FISCOBRAS 2018. CONTRATAÇÃO DE EMPRESA PARA EXECUÇÃO DAS OBRAS CIVIS DE EXPANSÃO DA LINHA 1 – TRECHO SAMAMBAIA DO METRÔ NO DISTRITO FEDERAL. APLICAÇÃO DA LEI 13.303/2016 AOS PROCESSOS LICITATÓRIOS QUE SERÃO PUBLICADOS. ELABORAÇÃO DA REGULAMENTAÇÃO ESPECÍFICA SOBRE LICITAÇÕES E CONTRATOS. RECOMENDAÇÕES. CIÊNCIA.
>
> Trata-se de auditoria realizada na Companhia do Metropolitano de Brasília (Metrô-DF), no Ministério das Cidades e na Caixa Econômica Federal, com o objetivo de avaliar a conformidade do Edital de Concorrência 02/2018 e seus anexos, o qual tem como objeto a contratação de empresa para execução das obras civis de expansão da Linha 1 – Trecho Samambaia do Metrô, no Distrito Federal.
>
> [...]
>
> 6. Entretanto, no tocante à regularidade da condução da licitação, foi constatado que os procedimentos do Edital tiveram como base legal a Lei n. 8.666/93, Lei de Licitações e Contratos da Administração Pública, em detrimento da aplicação da Lei n. 13.303/2016 (Lei das Estatais).
>
> 7. A Lei das Estatais foi publicada em 1º-7-2016, com o objetivo de regulamentar o art. 173 da Constituição Federal, e *"dispõe sobre o estatuto jurídico da empresa pública, da sociedade de economia mista e de suas subsidiárias, abrangendo toda e qualquer empresa pública e sociedade de economia mista da União, dos Estados, do Distrito Federal e dos Municípios que explore atividade econômica de produção ou comercialização de bens ou de prestação de serviços"*. Esse normativo regulamentou todo o procedimento da realização de licitações das empresas estatais e trouxe um conjunto de regras que possibilitam otimizar e aumentar a eficiência das contratações, em termos de tempo, custo, qualidade e transparência.
>
> 8. Apesar da entrada em vigência a partir de sua publicação, o legislador optou por conceder prazo de 24 meses para que as estatais promovessem as regulamentações necessárias, o que flexibilizou sua utilização até a data de 1º-7-2018.
>
> 9. Ocorre que, mesmo após essa data limite, uma vez que o Edital 2/2018 do Metrô-DF, foi publicado na data de 20-9-2018, com base em argumentos da Diretoria Técnica do Metrô-DF e em parecer ju-

---

322 TCU. *Relatório de Auditoria (RA)*. Acórdão n. 22. Plenário. rel. Min. Augusto Nardes. 25-9-2019.

rídico da Procuradoria-Geral do Distrito Federal (Evidências 3, 4, 5, e 7), o Metrô-DF decidiu utilizar o regime jurídico da Lei n. 8.666/93 para a licitação em questão.

10. Em resumo, a mencionada diretoria argumenta que, desde 2014, **as peças técnicas da fase interna da licitação foram elaboradas tendo como base a Lei n. 8.666/93 e a Lei n. 10.520/2002 (Lei do Pregão)** e que, desde a publicação da Lei das Estatais, nenhum ato administrativo determinou ou regulamentou a migração gradual de licitações em fase interna ou na fase externa, tanto no âmbito federal como no distrital.

11. Por sua vez, o Parecer da Procuradoria-Geral do Distrito Federal, de 14/06/2018, (Evidência 7) concluiu pela possibilidade de continuidade do processo licitatório em tela em conformidade com a Lei n. 8.666/93, sob o argumento de que interpretar e aplicar a nova norma de forma antagônica aos critérios técnicos utilizados na fase interna da licitação, estruturada com base em lei anterior, ocasionaria paralisação do procedimento, o que seria contrário ao interesse público, devido à iminente publicação do edital.

12. Em essência, a discussão que se apresenta é a possibilidade de uma estatal utilizar as regras definidas em normativo de licitação anterior a Lei n. 13.303/2016 para a estruturação de edital publicado após decorrido o prazo de 24 meses da publicação da mencionada lei, sob a alegação de que os estudos da fase interna tiveram início em data anterior ao limite legal de 1º-7-2018.

13. Desde sua publicação, a Lei de Responsabilidade das Estatais suscitou diversas dúvidas afetas ao prazo para sua completa aplicação. Tal controvérsia decorreu do fato de que, por um lado, seu art. 97 estabelecia que a lei entraria em vigor a partir de sua publicação; e por outro, em seu art. 93, que as empresas estatais, constituídas anteriormente a 30 de junho de 2016 teriam 24 meses para promoverem as adequações necessárias para a aplicação da nova lei.

14. A aparente controvérsia foi dirimida pelo art. 71 do Decreto n. 8.945/2016 que deixou clara a auto aplicabilidade da Lei n. 13.303, exceto quanto às seguintes hipóteses:

I – procedimentos auxiliares das licitações, de que tratam os art. 63 a art. 67 da Lei n. 13.303, de 2016;

II – procedimento de manifestação de interesse privado para o recebimento de propostas e projetos de empreendimentos, de que trata o § 4º do art. 31 da Lei n. 13.303, de 2016;

III – etapa de lances exclusivamente eletrônica, de que trata o § 4º da art. 32 da Lei n. 13.303, de 2016;

IV – preparação das licitações com matriz de riscos, de que trata o inciso X do *caput* do art. 42 da Lei n. 13.303, de 2016;

V – observância da política de transações com partes relacionadas, a ser elaborada, de que trata o inciso V do *caput* do art. 32 da Lei n. 13.303, de 2016; e

VI – disponibilização na internet do conteúdo informacional requerido nos art. 32, § 3º, art. 39, art. 40 e art. 48 da Lei n. 13.303, de 2016.

15. O mencionado decreto, no § 2º do art. 71, deixou assente a permissão da *"utilização da legislação anterior para os procedimentos licitatórios e contratos iniciados ou celebrados até a edição do regulamento interno referido no § 1° ou até o dia 30 de junho de 2018, o que ocorrer primeiro"*, ou seja, enquanto as adaptações não fossem promovidas, dentro do prazo limite de 24 meses, poderia ser aplicada a lei antiga.

16. Apesar dessa controvérsia ter perdido importância, uma vez decorrido neste momento o prazo máximo de transição previsto em lei, a equipe técnica deste Tribunal identificou que os procedimentos licitatórios do "Edital de Concorrência 02/2018 do Metrô-DF", tiveram como base a Lei n. 8.666/93 (Lei Geral de Licitações e Contratos da Administração Pública), em detrimento da Lei n. 13.303/2016 (Lei das Estatais).

17. **A essência da discussão está no fato de o legislador não ter explicitado se esse início do procedimento licitatório se refere à sua efetiva publicação ou ao começo do planejamento da licitação,** em sua fase interna/preparatória. No presente caso, os estudos para as obras se iniciaram em 2014 (Evidência 4).

18. Entendo não haver dúvida em relação ao momento a ser considerado como de início do procedimento, isso porque não se pode ampliar a interpretação de concessão dada pelo legislador para uma transição de normativos. Com isso, **a melhor interpretação é a de que a transição vale para licitações que tiveram seu edital "publicado"** entre a edição do regulamento interno referido no § 1º ou até o dia 30 de junho de 2018, o que ocorrer primeiro.

19. E os motivos para essa interpretação são simples. Em primeiro lugar, **não seria razoável supor que o legislador fornecesse tempo indeterminado para a utilização da lei antiga**, pois, caso prevalecesse a tese encampada pela equipe técnica do Metrô, qualquer objeto que tivesse seus estudos iniciados anteriormente à data de publicação da Lei n. 13.303, 1º-7-2016, poderia ser licitado por uma empresa estatal com base na Lei n. 8.666/93, mesmo que decorrido um prazo elevado. Seria ampliar em demasia uma flexibilidade pensada pelo legislador para harmonizar a transição dos comandos de uma lei nova.

20. Em segundo, o prazo de dois anos definido para a mencionada transição foi suficiente para que todos os procedimentos de adaptação tivessem sido incorporados pelas estatais, seja em relação à definição de seus regulamentos internos, seja no tocante aos ajustes dos estudos desenvolvidos na fase interna. Não seria razoável a alegação de que houve surpresa para a equipe técnica por comandos exigidos em uma nova lei ou de que haveria custos de ajustes para um suposto "inédito" normativo, decorridos 24 meses de sua publicação.

21. Em terceiro, é da data de publicação do edital que as empresas concorrentes têm ciência do objeto a ser licitado e, automaticamente, começam a investir recursos na preparação de suas propostas. A preservação dos comandos contidos em lei anterior visou manter o equilíbrio econômico nos contratos firmados pela Administração com particulares no interregno transitório. Passado esse período, natural que as empresas submetidas à nova lei já tivessem adaptado todos os seus procedimentos.

22. Firmado esse posicionamento, entendo que, apesar da condução incorreta do procedimento pelo Metrô, seria desproporcional determinar a anulação de todo certame em função de todos os custos incorridos. Não obstante, oportuno que seja dada ciência à estatal da necessidade de aplicação da Lei n. 13.303/2016 nos procedimentos licitatórios que serão ainda publicados, mesmo que a fase interna tenha sido iniciada anteriormente à data prevista no art. 91 daquela lei, com vistas à obtenção dos potenciais benefícios apresentados pela nova legislação.

23. Também oportuno que seja recomendado ao Ministério do Desenvolvimento Regional, substituto do Ministério das Cidades na nova estrutura do Governo Federal, que atualize o seu Manual de Instruções para Aprovação e Execução dos Programas e Ações do Ministério para contemplar a obrigatoriedade de aplicação da Lei n. 13.303/2016 nas contratações que vierem a ser realizadas quando os intervenientes executores forem empresas públicas ou sociedades de economia mista.

(grifos nossos)

Haja vista a semelhança da questão apreciada pela Corte de Contas, conquanto distintos os diplomas legais aplicáveis, o conteúdo da decisão permite inferir certo grau de previsibilidade sobre a jurisprudência por ser formada no tribunal administrativo.

O gestor inteligente realizaria a fase preparatória da licitação segundo os requisitos disciplinados na Lei n. 14.133/2021 e, uma vez apto o procedimento para a publicação do edital, reuniria as condições necessárias para decidir sobre o diploma legal aplicável.

Em vereda contrária, se preparada a licitação segundo as regras da Lei n. 8.666/93, quando da publicação do edital, o procedimento licitatório careceria de elementos tidos por indispensáveis pela Lei n. 14.133/2021, como o Estudo Técnico Preliminar, inviabilizando-se a escolha desse diploma.

Não é demais salientar que a escolha do diploma legal aplicável deve ser motivada no edital de licitação, o que reforça a plausibilidade desse ato como marcador temporal para a opção a que alude o art. 191 da Lei n. 14.133/2021.

Art. 192. O contrato relativo a imóvel do patrimônio da União ou de suas autarquias e fundações continuará regido pela legislação pertinente, aplicada esta Lei subsidiariamente.

COMENTÁRIOS

A Lei n. 9.636/98 dispõe sobre a regularização, administração, aforamento e alienação de bens imóveis de domínio da União, altera dispositivos dos Decretos-leis n. 9.760, de 5 de setembro de

1946, e 2.398, de 21 de dezembro de 1987, regulamenta o § 2º do art. 49 do Ato das Disposições Constitucionais Transitórias, e dá outras providências.

A Lei n. 9.702/98 dispõe sobre critérios especiais para alienação de imóveis de propriedade do Instituto Nacional do Seguro Social (INSS) e dá outras providências.

A Lei n. 14.011/2020 aprimora os procedimentos de gestão e alienação dos imóveis da União; altera as Leis n. 6.015, de 31 de dezembro de 1973, 9.636, de 15 de maio de 1998, 13.240, de 30 de dezembro de 2015, 13.259, de 16 de março de 2016, e 10.204, de 22 de fevereiro de 2001, e o Decreto-lei n. 2.398, de 21 de dezembro de 1987; revoga dispositivos das Leis n. 9.702, de 17 de novembro de 1998, 11.481, de 31 de maio de 2007, e 13.874, de 20 de setembro de 2019; e dá outras providências.

Há um conjunto de leis e atos normativos infralegais que tratam de licitações e negócios jurídicos atinentes a imóveis do patrimônio da União e de suas autarquias e fundações.

O art. 192 da Lei n. 14.133/2021 assevera que esses contratos permanecerão regidos pela legislação especial, aplicando-se a Lei n. 14.133/2021.

Portanto, havendo lacuna da lei especial, uma total omissão sobre determinado instituto, aplicam-se subsidiariamente as disposições da Lei n. 14.133/2021, promovendo-se a integração do sistema jurídico.

Art. 193. Revogam-se:

I – os arts. 89 a 108 da Lei n. 8.666, de 21 de junho de 1993, na data de publicação desta Lei;

II – a Lei n. 8.666, de 21 de junho de 1993, a Lei n. 10.520, de 17 de julho de 2002, e os arts. 1º a 47-A da Lei n. 12.462, de 4 de agosto de 2011, após decorridos 2 (dois) anos da publicação oficial desta Lei.

COMENTÁRIOS

Alteração do Código Penal

A Lei n. 14.133/2021 inclui o Capítulo II-B no texto do Código Penal, em que rege os crimes em licitações e contratos administrativos. Dessarte, a matéria penal de licitações e contratos, desde 1º de abril de 2021, data de publicação da Lei n. 14.133/2021, consta do Código Penal.

A Lei n. 14.133/2021 efetua a imediata revogação da matéria penal constante da Lei n. 8.666/93, de modo que, qualquer que seja o regime jurídico – Lei n. 8.666/93, Lei n. 10.520/2002, Lei n. 12.462/2011 ou Lei n. 14.133/2021 –, desde o dia 1º de abril de 2021, os crimes em licitações e contratos administrativos regem-se unicamente pelo Código Penal.

Revogação da Lei Geral de Licitações e Contratos, da Lei do Pregão e do RDC

Mediante técnica jurídica inovadora, haverá vigência síncrona da Lei n. 8.666/93, Lei n. 10.520/2002, Lei n. 12.462/2011 e da Lei n. 14.133/2021, situação que permanecerá até o momento de revogação das leis antigas, que ocorrerá após dois anos da publicação da Lei n. 14.133/2021, produzindo-se **revogação diferida**.

Art. 194. Esta Lei entra em vigor na data de sua publicação.

COMENTÁRIOS

A Lei Complementar n. 95/98 dispõe sobre a elaboração, a redação, a alteração e a consolidação das leis, conforme determina o parágrafo único do art. 59 da Constituição Federal, e estabelece normas para a consolidação dos atos normativos que menciona.

O art. 8º da lei em comento dispõe que a vigência da lei será indicada de forma expressa e de modo a contemplar prazo razoável para que dela se tenha amplo conhecimento, reservada a cláusula "entra em vigor na data de sua publicação" para as leis de pequena repercussão.

O art. 1º da LINDB dispõe que salvo disposição contrária, a lei começa a vigorar em todo o país quarenta e cinco dias depois de oficialmente publicada.

O art. 194 da Lei n. 14.133/2021 é disposição em contrário à regra de *vacatio legis* indicada no art. 1º da LINDB.

Obviamente, a Lei n. 14.133/2021, que dispõe sobre normas gerais de licitações e contratos, não é lei de pequena repercussão, o que a enquadraria no conteúdo semântico disposto no art. 8º da LC n. 95/98.

Porém, o legislador inovou a técnica aplicada para a vigência da lei, trazendo solução inédita – ao menos no direito brasileiro – que possibilita a convivência transitória com os diplomas legais por serem revogados.

Tradicionalmente, diplomas legislativos caracterizados por alta complexidade instrumental, como códigos processuais, determinam período de *vacatio legis* para o início de sua vigência.

Esse prazo em que o diploma legislativo é válido, mas não vigente, possibilita aos intérpretes da lei o tempo necessário para estudo, aperfeiçoamento e adaptação ao novo regime jurídico.

No início da vigência de nova lei, opera-se a revogação da lei antiga, de modo que apenas a lei nova discipline as relações jurídicas sob sua égide. Quanto à Lei n. 14.133/2021, porém, o legislador optou pela **vigência ambivalente**, tanto da antiga Lei Geral de Licitações – Lei n. 8.666/93 – quanto da Lei n. 14.133/2021, durante o prazo de dois anos a partir da publicação desta.

Essa ambivalência permanecerá até o momento de revogação das leis antigas, que ocorrerá após dois anos da publicação da Lei n. 14.133/2021, isto é, 1º de abril de 2023, produzindo-se **revogação diferida**.

Brasília, 1º de abril de 2021; 200º da Independência e 133º da República.

REFERÊNCIAS

ASSOCIAÇÃO BRASILEIRA DAS INDÚSTRIAS DE MATERIAIS DE DEFESA E SEGURANÇA (ABIMDE). *Cadeia de valor e importância socioeconômica da indústria de defesa e segurança no Brasil.* São Paulo, 2015.

ASSOCIAÇÃO BRASILEIRA DE NORMAS TÉCNICAS. *ABNT ISO IEC Guia 2:* normalização e atividades relacionadas: vocabulário geral. Rio de Janeiro, 2006.

_____. *ABNT NBR 13752:1996:* Perícias de engenharia da construção civil. Rio de Janeiro, 1996.

_____. *ABNT NBR 14139:2013:* Via férrea: Locomotiva: Inspeção de segurança do tráfego. Rio de Janeiro, 2013.

_____. *ABNT NBR 14653-1:2001:* Avaliação de bens: procedimentos gerais. Rio de Janeiro, 2001.

_____. *ABNT NBR 15475:2015:* Acesso por corda: Qualificação e certificação de pessoas. Rio de Janeiro, 2015.

_____. *ABNT NBR 15801:2010:* Certificação de pessoas: Terminologia. Rio de Janeiro, 2010.

_____. *ABNT NBR 6484:2020:* Solo: Sondagem de simples reconhecimento com SPT: Método de ensaio. Rio de Janeiro, 2020.

_____. *ABNT NBR 9050:2004:* Acessibilidade a edificações, mobiliário, espaços e equipamentos urbanos. Rio de Janeiro, 2004.

_____. *ABNT NBR ISO 14040:2009:* Gestão ambiental: avaliação do ciclo de vida: princípios e estrutura. Rio de Janeiro, 2009.

_____. *ABNT NBR ISO 15795:2010:* Lápis: requisitos de desempenho. Rio de Janeiro, 2010.

_____. *ABNT NBR ISO 9000:2015:* Sistemas de gestão da qualidade – Fundamentos e vocabulário. Rio de Janeiro, 2015.

_____. *ABNT NBR ISO 9001:2015:* como usar. Rio de Janeiro, 2015.

_____. *ABNT NBR ISO/IEC 17011:2005:* avaliação da conformidade: requisitos gerais para os organismos de acreditação que realizam acreditação de organismos de avaliação de conformidade. Rio de Janeiro, 2005.

_____. *ABNT NBR ISO/IEC 17020:2013:* avaliação de conformidade: requisitos para o funcionamento de diferentes tipos de organismos que executam inspeção. Rio de Janeiro, 2013.

_____. *ABNT NBR ISO/IEC 17000: 2005:* avaliação de conformidade: vocabulário e princípios gerais. Rio de Janeiro, 2005.

_____. *ABNT NBR ISO/IEC 17025:2005:* Requisitos gerais para a competência de laboratórios de ensaio e calibração. Rio de Janeiro, 2005.

_____. *ABNT NBR ISO/IEC 17043:2011:* Avaliação da conformidade – Requisitos gerais para ensaios de proficiência, Rio de Janeiro, 2011.

_____. *ABNT NBR ISO/IEC 17011:2019:* Avaliação da conformidade: Requisitos gerais para os organismos de acreditação que realizam acreditação de organismos de avaliação de conformidade. Rio de Janeiro, 2019.

_____. *ABNT NBR ISO/IEC 17025:2005:* Requisitos gerais para a competência de laboratórios de ensaio e calibração. Rio de Janeiro, 2005.

_____. *ABNT NBR ISO/IEC 17020:2013:* Avaliação de conformidade: Requisitos para o funcionamento de diferentes tipos de organismos que executam inspeção. Rio de Janeiro, 2013.

_____. *ABNT NBR ISO/IEC 17065:2013:* Avaliação da conformidade: Requisitos para organismos de certificação de produtos, processos e serviços. Rio de Janeiro, 2013.

_____. *Avaliação de bens:* parte 1: procedimentos gerais. Rio de Janeiro, 2001.

ALESSI, Renato. *Principi di diritto amministrativo.* 3. ed. Milano: Giuffrè, 1974.

AMORIM Filho, Agnelo. Critério científico para distinguir a prescrição da decadência e para identificar as ações imprescritíveis, *Revista de Direito Processual Civil,* São Paulo, v. 3, p. 95132, jan./jun. 1961.

ANDERSON, Douglas, J.; EUBANKS, Gina. *Leveraging coso across the three lines of defense.* COSO, 2015.

ARANHA, Marcio Iorio. *Manual de direito regulatório:* fundamentos de direito regulatório. 3. ed. rev. ampl. Londres: Laccademia Publishing, 2015.

ARAÚJO Júnior, Ignácio Tavares de. *Uma análise dos custos e benefícios da entrada do Brasil no Acordo de Compras Governamentais da Organização Mundial do Comércio.* Texto para discussão. Brasília: IPEA, 2019.

ATALIBA, Geraldo. Decreto regulamentar no sistema brasileiro, *Revista de Direito Administrativo,* Rio de Janeiro, v. 97, jul./set. 1969.

ÁVILA, Humberto. *Interesses públicos versus interesses privados: desconstruindo o princípio de supremacia do interesse público.* Rio de Janeiro: Lumen Juris, 2010.

_____. *Teoria dos princípios da definição à aplicação dos princípios jurídicos.* 9. ed. São Paulo: Malheiros, 2009.

BALDWIN, Robert; CAVE, Martin; LODGE, Martin. *Understanding regulation:* theory, strategy, and practice. 2. ed. Oxford: Oxford University Press, 2012.

BANCO CENTRAL DO BRASIL. *Relatório de Gestão das Reservas Internacionais,* v. 11. Brasília, 2019.

BARBIER, E. *Economics, natural resource scarcity and development:* conventional and alternative views. London: Earthscan, 1989.

BEBCHUK, Lucian A., e STEVEN Shavell. 1991. Information and the scope of liability for breach of contract: the rule of Hadley V. Baxendale. *Journal of Law, Economics and Organization,* v. 7, 284-312.

BEVILÁQUA, Clóvis. *Teoria geral do direito civil.* 2. ed. São Paulo: Francisco Alves, 1929.

BOBBIO, Norberto. *O positivismo jurídico:* lições de filosofia do direito. São Paulo: Ícone, 2006.

BORGES, Alice Gonzalez. Supremacia do interesse público: desconstrução ou reconstrução? *Revista Diálogo Jurídico,* Salvador, Centro de Atualização Jurídica, n. 15, janeiro/março 2007. Disponível em: <http://www.direitopublico.com.br/>.

BRANDÃO, Antônio José. Moralidade administrativa. *Boletim de Direito Administrativo,* ano XII, n. 2, fev. 1996.

CANOTILHO, José Joaquim Gomes. *Direito constitucional e teoria da Constituição.* 3. ed. Coimbra: Almedina, 1999.

CAPAGIO, Álvaro do Canto; Filpi, Humberto Francisco Ferreira Campos Morato. Política energética europeia e euro standards: regulação da melhor técnica disponível para a redução de emissões. In: Derani, Cristiane; Moura, Aline Beltrame de; Noschang, Patricia Grazziotin. (Orgs.). *A regulamentação europeia sobre a água, energia e alimento para a sustentabilidade ambiental.* Florianópolis: Emais, 2021. p. 145-161.

CARVALHO FILHO, José dos Santos. *Manual de direito administrativo.* 28. ed. São Paulo: Atlas, 2015.

CERVO, Amado Luiz; BUENO, Clodoaldo. *História da política exterior do Brasil.* 2. ed. Brasília, DF: UnB, 2002.

CONSELHO FEDERAL DE CONTABILIDADE. *Manual de Auditoria do Sistema CFC/CRCs.* Brasília: CFC, 2007.

CONTROLADORIA-GERAL DA UNIÃO. *Programa de Integridade*: diretrizes para empresas privadas. Brasília: CGU, 2015.

_____. *Relatório de Avaliação 873259*. Brasília, 2021.

CHAPMAN, P. H. J. Dispute boards on major infrastructure projects. *Management, Procurement and Law*, London, v. 162, n. 1, p. 7-16, fev. 2009.

CHIAVENATO, Idalberto. *Introdução à teoria geral da administração:* uma visão abrangente da moderna administração das organizações. 7. ed. Rio de Janeiro: Elsevier, 2003.

CINTRA, Antônio Carlos de Araújo; GRINOVER, Ada Pellegrini; DINAMARCO, Cândido Rangel. *Teoria geral do processo*. 18. ed. São Paulo: Malheiros, 2004.

CORREIA, Jose Manuel Servulo. *Legalidade e autonomia contratual nos contratos administrativos*. Coimbra: Almedina, 1987.

COUTO, Reinaldo. *Curso de direito administrativo*. 4. ed. São Paulo: Saraiva, 2020.

_____. *Curso de direito administrativo:* segundo a jurisprudência do STJ e do STF. São Paulo: Atlas, 2011.

CRETELLA JÚNIOR, José. *Administração indireta brasileira*. Rio de Janeiro: Forense, 1980.

_____. *O Estado e a obrigação de indenizar*. São Paulo: Saraiva, 1980.

Cristóvam, José Sérgio da Silva. O conceito de interesse público no Estado constitucional de Direito, *Revista da ESMESC*, v. 20, n. 26, 2013. p. 223-248.

_____. O estado democrático de direito como princípio constitucional estruturante do direito administrativo: uma análise a partir do paradigma emergente da administração pública democrática, *Revista de Direito Administrativo e Gestão Pública*, Curitiba, v. 2, n. 2, p. 145-167, jul.-dez. 2016.

CRUZ, Carlos H. de Brito. Investimentos em C&T: uma comparação da situação brasileira com a de outros países desenvolvidos e em desenvolvimento. In: *Simpósio Pesquisa Pública e Privada*, 1996, Rio de Janeiro. Anais... Rio de Janeiro: UFRJ, 1996.

CUÉLLAR, Leila; MOREIRA, Egon Bockmann. Administração Pública e mediação: notas fundamentais. *Revista de Direito Público da Economia – RDPR*, Belo Horizonte, v. 16, n. 61, p. 119-146, jan./mar. 2018.

CUNHA JÚNIOR, Dirley da. *Curso de direito administrativo*. 4. ed. Salvador: JusPodivm, 2006.

DI PIETRO, Maria Sylvia Zanella. *Direito administrativo*. 25. ed. São Paulo: Atlas, 2012.

DOS SANTOS, Juarez Cirino. *Direito penal:* parte geral. 3. ed. Curitiba: ICPC; Lumen Juris, 2008.

DUGUIT, Leon. *Manuel de droit constitutionne*. Paris: Fontemoing et Cie., 1927.

EISENBERG, Melvin Aron. 1992. The principle of Hadley v Baxendale, *California Law Review*, v.80, 03, Article 2, p. 563-613.

EUROPEAN COMMISSION, Enterprise and Industry Directorate-General. *CERTIF 2013-01 REV3 – 'Non-national accreditation bodies' that claim to provide accreditation*. Brussels: European Commission, 2014.

FARIA, José Eduardo. Antinomias jurídicas e gestão econômica, *Lua Nova: Revista de Cultura e Política*, n. 25, abr. 1992, p. 167-184.

FIGUEIREDO, Douglas Dias Vieira de; AMARAL, Paulo Adyr Dias do. *Tributação regulatória e extrafiscalidade ambiental*. Florianópolis: Conpedi, 2014.

FIGUEIREDO, Lúcia Valle. *Curso de direito administrativo*. 5. ed. São Paulo: Malheiros, 2001.

FIUZA, César. *Contratos*. Belo Horizonte: Del Rey, 2009.

GASPARINI, Diógenes. *Direito administrativo*. 15. ed. São Paulo: Saraiva, 2010.

GOMES, Alexandre Travessoni; MERLE, JeanChristophe. *A moral e o direito em Kant:* ensaios analíticos. Belo Horizonte: Mandamentos, 2007.

GOMES, Carla Amado. A conformação da relação contratual no código dos contratos públicos. In: *Estudos de Contratação Pública I*. Coimbra: Coimbra Editora, 2008.

GOMES, Milton Carvalho. Riscos e incertezas em contratos públicos de concessão: uma análise econômica da repartição de responsabilidades. *Revista Jurídica Luso-Brasileira*, Lisboa, ano 6 (2020), n. 4, p. 2179-2239.

GOMES, Orlando. *Contratos*. Rio de Janeiro: Forense, 1997.

_____. *Introdução ao direito civil*. 3. ed. Rio de Janeiro: Forense, 1971.

GONÇALVES, Everton Das Neves; STRINGARI, Amana Kauling. A análise econômica do direito e a teoria de Richard Allen Posner. *XXVII Congresso Nacional do Conpedi*, 2018, Porto Alegre. Anais... Porto Alegre: Conpedi, 2018.

GORDILLO, Augustín. *Tratado de derecho administrativo*: parte general. 7. ed. Belo Horizonte: Del Rey e Fundación de Derecho Administrativo, 2003, t. I.

GRAMBERG, Bernadine Van. *Managing workplace conflict:* alternative dispute resolution in Australia. Sydney: The Federation Press, 2006.

GRAU, Eros Roberto. Inexigibilidade de licitação: serviços técnico-profissionais especializados; notória especialização, *Revista de Direito Público*, v. 25, n. 99, p. 70-77, jul./set. 1991.

GUNNINGHAM, Neil; SINCLAIR, Darren. Smart regulation. In: DRAHOS, Peter (Ed.). *Regulatory theory:* foundations and applications. Camberra: Australian National University Press, 2017.

HAURIOU, Maurice. *Précis de droit administratif et de droit public*. 7. ed. Paris: Sirey, 1911.

HOWE, Charles W. *Natural resource economics: issues, analysis, and policy*. New York: John Wiley and Sons, 1979.

INTERNATIONAL ORGANIZATION FOR STANDARDIZATION. *ISO/IEC 17011:2017*. Conformity assessment: General requirements for accreditation bodies accrediting conformity assessment bodies. Geneva, 2017.

_____. *ISSO/IEC 17000:2004:* Conformity assessment: vocabulary and general principles. Geneva, 2004.

JUSTEN FILHO, Marçal. *Comentários à lei de licitações e contratos administrativos*: Lei 8.666/93. 18. ed. rev., atual. e ampl. São Paulo: Thomson Reuters Brasil, 2019.

_____. *Curso de direito administrativo*. 10. ed. São Paulo: Revista dos Tribunais, 2014.

KANT, Immanuel. *Fundamentação da metafísica dos costumes*. 5. ed. Lisboa: Lisboa Editora, 1999.

LANA, Luciana. *Submarinos:* defesa e desenvolvimento para o Brasil. Rio de Janeiro: Versal, 2014.

LAUBADERE, Andre de. *Traité élémentaire de droit administratif*. Paris: LGDJ, 1963.

LOMBARD, Martine. *Droit administratif*. 4. ed. Paris: Dalloz, 2001.

LOPES, Uaçaí de Magalhães. *Educação e sustentabilidade*. Salvador: UFBA, 2009.

MARIENHOFF, Miguel S. *Contratos administrativos*. Primer Congreso Internacional y IV Jornadas Nacionales de Derecho Administrativo. Mendonza, 1977.

MARIENHOFF, Miguel S. *Tratado de derecho administrativo*. 3. ed. atual. Buenos Aires: AbeledoPerrot, 1980.

MARINELA, Fernanda. *Direito administrativo*. 6. ed. Niterói: Impetus, 2012.

MARTINS FILHO, Ives Gandra da Silva. *Processo coletivo do trabalho*. 4. ed. São Paulo: LTr, 2009.

MINISTÉRIO DA DEFESA. *Política nacional de defesa e estratégia nacional de defesa*. Brasília, 2020.

MEIRELLES, Hely Lopes. *Direito administrativo brasileiro*. 35. ed. São Paulo: Malheiros, 2009.

MEIRELLES, Hely Lopes; BURLE FILHO, José Emmanuel. *Direito administrativo brasileiro*. 42. ed. São Paulo: Malheiros, 2016.

MELLO, Celso Antônio Bandeira de. *Curso de direito administrativo*. 30. ed. São Paulo: Malheiros, 2012.

_____. *O conteúdo jurídico do princípio da igualdade*. 3. ed. São Paulo: Malheiros, 2017.

_____. Princípios gerais de direito administrativo. 2. ed. Rio de Janeiro: Forense, 1979.

MIRANDA, Pontes de. *Tratado de direito privado*. Campinas: Bookseller, 2000, t. XXIII.

MONTEFIORE, Alan. (Ed.). *Neutrality and impartiality:* the university and political commitment. Cambridge: Cambridge University Press, 2010.

MORAES, Germana de Oliveira. *Controle jurisdicional da administração pública*. São Paulo: Dialética, 1999.

MORGENTHAU, Hans J. *A política entre as nações:* a luta pelo poder e pela paz. Tradução de Oswaldo Biato da edição revisada por Kenneth W. Thompson. São Paulo: UnB, 2003.

MOTTA, Carlos Pinto Coelho (Coord.) *Curso prático de direito administrativo*. 2. ed. Belo Horizonte: Del Rey, 2004.

NDEKUGRI, Issaka; CHAPMAN, Peter; Smith, Nigel; Hughes, Will. Best practice in the training, appointment, and remuneration of members of dispute boards for large infrastructure projects. *Journal of Management in Engineering*, Reston, v. 30, n. 2, p. 185-193, mar. 2014.

NERY JUNIOR, Nelson; NERY, Rosa Maria de Andrade. In: *Código de Processo Civil comentado e legislação extravagante*. 9. ed. São Paulo: Editora Revista dos Tribunais, 2006.

PEREIRA JÚNIOR, Jessé Torres. *Comentários à lei das licitações e contratações da administração pública*. 7. ed. Rio de Janeiro: Renovar, 2007.

PEREIRA, Cláudia Fernanda de Oliveira. *Reforma administrativa:* o Estado, o serviço público e o servidor, Brasília: Brasília Jurídica, 1998.

RODRIGUES JUNIOR, Otavio Luiz. *Revisão judicial dos contratos:* autonomia da vontade e teoria da imprevisão. 2. ed. São Paulo: Atlas, 2006.

ROPPO, Enzo. *O contrato*. Coimbra: Almedina, 1999.

ROSS, Alf. *Direito e justiça*. Bauru: Edipro, 2000.

SANTAMARÍA PASTOR, Juan Alfonso. *Principios de derecho administrativo general*. Madrid: Iustel, 2004, v. II.

SARMENTO, Daniel (Org.). *Interesses públicos versus interesses privados:* desconstruindo o princípio de supremacia do interesse público. Rio de Janeiro: Lumen Juris, 2010.

SILVA, De Plácido e. *Vocabulário jurídico*. 27. ed. Atualizado por Nagib Slaibi Filho e Gláucia Carvalho. Rio de Janeiro: Forense, 2006.

SILVA, José Afonso da. *Curso de direito constitucional positivo*. 29. ed. São Paulo: Malheiros, 2007.

SINHA, Madhav N; WILLBORN, Walter W. O. *The management of quality assurance*. New York: John Wiley & Sons Inc., 1985.

SOUTO, Marcos Juruena Villela. *Direito administrativo contratual:* licitações contratos administrativos. Rio de Janeiro: Lumen Juris, 2004.

SOUZA, Carlos Aurélio Mota de. *Segurança jurídica e jurisprudência:* um enfoque filosóficojurídico. São Paulo: LTr, 1996.

SSENNOGA, F. Examining discriminatory procurement practices in developing countries, *Journal of Public Procurement*, v. 6, n. 3, p. 218, 2006.

STASSINOPOULOS, Michel D. *Traité des actes administratifs*. Atenas: LGDJ, 1973.

TRIONFETTI, F. Discriminatory public procurement and international trade. *World Economy*, v. 23, n. 1, p. 57-76, 2000.

ORGANIZAÇÃO DAS NAÇÕES UNIDAS PARA A EDUCAÇÃO, A CIÊNCIA E A CULTURA (UNESCO). *Relatório de Ciência da Unesco:* rumo a 2030. Visão geral e cenário brasileiro. Paris, 2015.

USC CENTER ON PUBLIC DIPLOMACY. *The soft power 30:* a global ranking of soft power. London: Portland, 2017.

VANOSSI, Jorge Reinaldo A. *El Estado de derecho en el constitucionalismo social*. Buenos Aires: Universitaria, 1982.

VERGOTTINI, Giuseppe de. A delegificação e sua incidência no sistema de fontes do direito (trad. Fernando Aurélio Zilveti). In: *Estudos em homenagem a Manoel Gonçalves Ferreira Filho*. São Paulo: Dialética, 1999.